コモンズのドラマ

コモンズのドラマ
―― 持続可能な資源管理論の15年 ――

全米研究評議会 編
地球環境変化の人間活動に関する側面についての検討委員会

Elinor Ostrom, Thomas Dietz, Nives Dolšak,
Paul C. Stern, Susan C. Stonich, Elke U. Weber
編

茂木愛一郎／三俣学／泉留維 監訳

知泉書館

The Drama of the COMMONS
by
Committee on the Human Dimensions of Global Change

Copyright ©2002 the National Academy of Sciences
Japanese translation rights arranged with
NATIONAL ACADEMY PRESS
through Japan UNI Agency, Inc., Tokyo.

日本の読者へのメッセージ

アルン・アグラワル[1]

　2002 年，英語で出版された『コモンズのドラマ』は，コモンズ研究にとって先駆的な貢献となっている。それは同時に資源ガバナンス論の分野にとっても同様な貢献といってよい。本書に収められた 13 の論文の著者には著名な学者や前途有望な研究者が含まれており，本書はコモンズ論に関わる最も重要な著書のひとつとなっている。ここに日本語版が生まれることは，この分野に関心をもつ学生，研究者，意思決定に携わる人々，そして資源に関わるコミュニティによって注目され称賛されるものとなるような出来事である。

　本書に収められた論考や研究論文は集成として、その内容に含まれる研究対象のみならず、それぞれが何を伝えようとしているのかという点において、読者にとって価値があるものとなっている。

　『コモンズのドラマ』はコモンズ研究において急速に拡大している対象領域に関する棚卸を試みたという意味でまず決定的に重要であると言える。本書はこのテーマに関心を抱く者にとって，多角的な視点からその対象分野を概観できるものを提供している。それらには，コモンズ研究者を動機付けるような鋭い問題提起に関する展望や社会分析を広範囲に行いたい探究者の関心にも共鳴するような方法，そして環境や資源の持続可能なガバナンスへの関心とコモンズに関心を持つ者が交差する場合の論点や社会システムと自然システムを合せて分析する場合に採られるべき多くの有益な方法といったものが含まれる。

　本書は単に棚卸をしたというだけでなく、またその執筆と編纂時点は 2002 年に行われたものであるものの、その内容は今後長期に亘ってこの分野の研究にとって切実な問題を提起している。それは、この分野を

---

1) 本書第 2 章の著者である。

概観するだけでなく、各論文は資源のガバナンスに関する研究の現状において浮かび上がってきている最も重要なテーマを確認したものとなっているからである。本書の各章の表題をざっと眺めるだけでも、著者たちが扱っているテーマが今日もなお意義のあるものであることが判るだろう。それらは持続可能性、公平や異質性、不確実性、複雑性、動的過程、クロス・スケールな相互作用、進化理論、規制と協調の対立といった、今日この分野を研究するものを活気づける論点であり、それらは今後とも暫くそうであり続けるであろう。それらのテーマは、今日、学際的研究の最前線に立つ、自然と人間の合わさったシステムに関する研究のための指針となるものである。本書の各章は全体としてのまとまりに向けて整合的に構成されているが、特に資源のガバナンス研究において執拗に聳え立つ主要な難題の存在を選り出していることで、若手の研究者でこの分野に対してより大胆な貢献をしたいと考えている者であれば、それらは必ず役に立つことになるであろう。それゆえ、本書は好奇心が旺盛な者に対し、継続して洞察の視点を与えるとともに研究をすればそれに応じた成果が得られるだろうことを教えるという意味で、価値あるものとして存在し続けるであろう。

　コモンズ研究はその始まりから、複雑性、不確実性、異質性、そして資源ガバナンスに向けたすべての取り組みに問題となって立ち現れるフリーライダー行為などの難題に対応しようとする際、人間のもつ創意工夫の才能、協調したいという意欲、そして制度のもつ対応能力が、中核的な特性となっていることを実証的に示すことであった。実際この学問は、ケース・スタディに対する入念な検討や詳細に亘る現場での調査、経済のモデル化による方法、そして最も早い時期になされた貢献といえるいくつかのケース・スタディに対する比較検討を通じてそれを行なってきているのである。その後時間を経て、この問題の解決に適切な追加的な研究手法が使用され適用されるようになった。それらとは、厳密な統計分析、実験室ならびに社会の現場での実験の実施、シミュレーション、そしてこれらすべての手法の組み合わせであった。本書で示された調査内容を見ると、この知的刺激に富んだ研究現場で使われる方法の豊富さ、幅と深さが見て取れるし、そこでは益々活動領域は増え、その活力と新鮮さを維持するために新しい人材を必要とし続ける様子を見て取

ることができる。

　結論を述べよう。コモンズに関する学問やこの『コモンズのドラマ』という書物が重要性を持つと言っても、それは対象とする特定の疑問に重要性があるのではなく、またそれらが成功した資源管理の事例を提供したり注目を集めされたりするからだけではない。コモンズ研究が行われる現場のあり方は、他の分野の社会科学研究にとってひとつの模範を示してくれていることが挙げられる。それらが模範である理由は、実務家たちが活用してきた方法に広さと深さを伴っていること、探求者たちが立ち向かってきた疑問に重要性を有していること、そして解決方法や解答に示される、それと格闘してきた人々が提供してきたものに幅の広さがあるからである。コモンズ研究者は特定のコモンズを限定して、事例としてできる限りストレートに焦点を絞り込もうとするかも知れない。しかし彼らは、経験科学からの関心という限定された領域のなかにあっても無限の興味ある疑問に対して探究の矛先を向けることが可能であることを証明してみせてくれるのである。本書とそこで示されるこの学問が展開する領域は、社会科学研究というものがたとえ研究企画部局や資金提供機関からの支援は相対的に小規模なものであろうとも、極めて重要な問題に対して永続的に回答を提供することができることを証明したものである。かくして、本書とこの学問領域の存在は人類と科学に備わった創造性というものへの約束の書なのである。

監訳者まえがき

───────

　本書は，全米研究評議会（National Research Council）が 2000 年段階でまとめたコモンズ論の代表的な論文集を訳出したものである。今日コモンズをめぐる議論が広がりつつあるが，北米を中心に進んできたコモンズ論をまとめたものとして，初学者にとってはコモンズ論の手引きになる本書を日本語で読めるものとして紹介するのが訳業に携わった一同の意思である。

　ここでまとめられたような北米を中心になされてきた持続可能な資源管理論としてのコモンズ論は，1968 年の生物学者 G・ハーディンが米国の科学誌 Science に寄稿した論文『コモンズの悲劇』の論旨に対して，社会学者，人類学者，経済学者からなされた実証的な反論を中心に展開されてきたと言ってよいものである。ハーディンは，共同利用を前提とするコモンズによる資源管理によっては必然的に過剰消費に繋がり，根本の資源ストックそのものが枯渇してしまうことを論じ，完全な公有か，さもなくば私有によってしか，資源問題は解決されないことを主張した。ところが，共有や共用などの諸制度は，資源枯渇を招来するものではなく，実際には，長期にわたり環境資源をうまく利用・保全してきた多くの事実があり，その歴史および現状分析を通じた研究が，ハーディン論文に対する異議申し立てとして始まることとなった。換言すれば，コモンズの再考・再評価に加え，その限界や課題に関する研究の始動こそが，今日的な意味でのコモンズ論の萌芽であったのである。それらは 1980 年代から研究が広がり，1985 年に米国アナポリスにおいて，初めて包括的な形での研究会議（本書同様，全米研究評議会が主催）が開催され，そこで広範で学際的な研究成果が生み出された[1]。その後の時代になる

---

1) その成果は，National Research Council（1986）にまとめられている。

と，地球の気候変動や資源の持続可能性の問題が人類にとっての大きなテーマとなってくるが，全米研究評議会のなかに「地球環境変化の人間活動に関する側面についての検討委員会」が設置され，そこでのコモンズに関する委嘱論文を収録したものが本書となっている。またそれらは 2000 年の第 8 回国際共有資源学会（International Association for the Study of Common Property, IASCP）において発表がなされたものでもある。つまり，本書は 2000 年の段階で，1985 年のアナポリス会議から数えて 15 年の歳月を経て蓄積されたコモンズ研究の展開を振り返り，今後の課題を提示した，コモンズ研究にとって重要な一里塚を形成するものとなっている。

　本書は，序章となる第 1 章と総括の第 13 章の 2 章と，それを挟んで各論をなす 11 章の合計 13 章からなり，そこに盛り込まれた内容は豊富である。各論の第 I 部はコモンズをめぐる資源，活動主体，取り巻く環境などの基礎要因の整理と，コモンズ論の研究手法に関する展望となっている。また，社会的ディレンマの研究を進めてきた実験社会心理学の蓄積を資源利用者の行動決定問題への適用を通じ協調行動を導く要因分析を行うとともに，コモンズ的解決の合理性が演繹的手法を通じて導出されることを説明している。第 II 部は私有化をテーマにあげているが，資源に所有権を付す取引可能環境許可証の導入による資源管理と市場機能の関係，そして許可証取引に対抗するコモンズを含む共有資源管理制度の特性が検討される。第 III 部は資源管理と規模・スケールの問題，またそれに関わる水平・垂直のレベル間での相互作用，すなわちクロス・スケールの問題を対象にしている。第 IV 部は今後検討を要する課題や研究手法としての複雑系理論や進化論の適用とその射程についての議論が展開されており，その内容は広範かつ多様である。寄稿した執筆者も多彩であり，2009 年のノーベル経済学賞受賞者の E・オストロムを始め，環境経済学の T・ティーテンバーグ，実験経済学の E・フェア，人類学者の B・マッケイ，開発経済論の P・バーダンや J・デイトン-ジョンソン，法学の C・ローズ，資源論の F・ベルケスなど錚々たるメンバーからなる。本書は，上述のとおり全米研究評議会のバックアップによるものであるが，研究討議の場としては 2000 年の上記国際共有資源学会が使われている。その会議の提出論文に関しては別の論文集 The Commons in the New Millennium（編者 N・ドルジャークおよび E・オストロム，出版 MIT Press）があるが，両者のテーマには重なる部分があるが，本書の内容はより学際性が強く，執筆者はコモンズ論のいわば重鎮が名を連ねている。

　さて本書の原題が『コモンズのドラマ』となかなかに魅力的なタイトルとなっているが，そこに込められた意味について触れておきたい。第1章に触れられていることであるが，ひとつには今日的な意味でのコモンズ論が研究史としてみても，学際的な議論と協力などその生成と展開がドラマに値する変遷を遂げてきたことがあげられる。もうひとつは，きっかけとなったハーディンの論文名が『コモンズの悲劇』という何ともセンセーショナルなタイトルを伴っていたことから，悲劇，すなわちドラマを捉えて，携わってきた研究者たちが研究の展開に対して，やや諧謔的に付けたと思われることである。なかにはコモンズの仕組みによって資源問題や社会的ディレンマが改善する場合を「コモンズの喜劇」と呼称する場合すらある。本訳書に関しては，副題として「持続可能な資源管理論の 15 年」を付けたが，それは本書が北米を中心としたコモンズ論の性格と変遷を顕したものであり，その意味を補う意図からである。

　そこでオストロムに代表される北米を中心とするコモンズ論の性格についてもう少し触れておきたい。コモンズ論をめぐる議論がハーディンのいう「コモンズの悲劇」をどのようにして回避するかという点に発したことは既に述べてきた。加えてオストロム[2]の学問的出自が政治学，それもウィリアム・ライカーに代表されるポリティカル・サイエンスを専攻してきたことから，コモンズを複雑な社会的ジレンマの解決方法として，合理性を行動原理とする演繹的手法によって位置づけるというように，厳密な方法的裏付けをもって発展させて行こうという志向が強いことがあげられる。この性格は本書の第1部において強く表れている。一方で文化・社会人類学者や社会学者，さらに資源論の学者によるフィールドをベースとした事実認識からのフィードバックも受け付けるというしなやかな側面も有している。事実，これまで展開されてきたコモンズ論は，人類学・社会学からの寄与なくして今日の姿はなく，アプ

---

[2] オストロムの研究の基本的性格については茂木（2010）を参照のこと。

ローチとしてもひとつの方法論を構成しており，本書でも人間-環境系の相互作用やコモンズの置かれた状況（コンテクスト）に発するダイナミズムを重視するB・マッケイや，複雑系からのアプローチなどラディカルな理論による学問的寄与もなされている。またオストロムを中心として，研究組織形成に示される旺盛な行動力もその特徴である。三俣・森元・室田編（2008）が指摘するように「大きな資金力と組織力を駆使して，世界各国に調査地点を設け，統一した聞き取り調査方法に基づきデータの蓄積を行うもの」[3] であり，「判明した結果は，短期間のうちに学術論文や著作となって世界各国に発信され[4]，研究の世界だけでなく，援助機関等実際の政策や現場にも強い影響力を与え」[5] てきた。

さて本書発刊からほぼ10年が経って，その後のコモンズ論の展開からみて，本書の位置づけをしてみる必要もでてこよう。いまこの論文集が編まれたとしたら，同書以降に本格的に議論がなされた次のような研究課題と成果が，大きく扱われていたことであろう。まず，その後の発展として，様々なコモンズの現実的状況を合理的に説明するために，因果要因の判別を可能にするラボにおける実験的手法やゲーム論を駆使したメカニズムの解明，フィールドから得られた作業仮説の検証と彫琢など，本書第4章，第5章でレビューされた研究手法の一層の進展があげられよう。またコモンズ論に新たな分析視角を与えるものとして，2000年前後に発表された，マイケル・ヘラーの『アンチ・コモンズの悲劇』（1998年）における，旧来の過剰消費問題をめぐるコモンズ論に対して過少消費に発する不効率な資源利用の問題，そしてローレンス・レッシグの『コモンズ ネット上の所有権強化は技術革新を殺す』（原著は2001年）が問題にする消費における控除性の低いインターネットを媒介とするデジタル化資源の出現，そこでの資源オープン化の再評価，グローバルコモンズの再定義の議論の展開など，知識・知見，さらには文化という資源蓄積をどう捉えるか，という「新しいコモンズ（new commons）」領

---

3) 三俣・森元・室田編（2008），序章，p3。
4) 1984年から始まった研究ネットワークのThe Common Property Networkもその一例である。これが発展したものが今日の国際コモンズ学会（International Association for the Study of the Commons）である。
5) 注2に同じ。

域での研究の展開がみられていることである。これらは，本書最終の第13章で多少触れられるところがあるが，本書においては本格的展開のない領域である。

　翻って日本におけるコモンズ論の進展であるが，これまでに蓄積された理論と実証研究は，山野海川にみられる日本社会の歴史に根付いた入会等のコモンズ的関係を，近代化とそのなかで岩手県小繋村や山梨県北富士などで繰り広げられてきた入会闘争などを含めて，これをどのように捉えるかという問題意識をもつものを主としていた。また従来からそうであるが，2011年3月の東日本大震災や東電原発事故を経験した現在，エネルギーを含めた資源管理との関連で日本の地域にとっては差し迫った課題として捉えようとする視点を強く内包しており，北米型コモンズ論とは相当に異なった問題意識とアプローチによって研究と実践がなされてきているといえよう[6]。世界のコモンズを地理的，歴史的に展望しつつ，日本からの視点を加味したうえでコモンズの機能を分類したものに監訳者のひとりである三俣によるものがあるが，それらとして自給的機能，環境保全的機能，地域財源機能，弱者救済機能を挙げている。日本におけるコモンズ研究の現段階での到達点は三俣とともに本書の監訳者である泉が関わった室田武編著『グローバル時代のローカル・コモンズ』に詳しいので，参照いただきたい。

　ここで改めて本書翻訳の意義の位置づけを行っておきたい。国内におけるコモンズ研究[7]は，これら海外のコモンズ研究の成果を踏まえようとするものは徐々にではあるが増えてきている。その試みは，特に若手研究者に顕著にみられるのだが，いずれもそれらコモンズ研究を批判的に摂取しつつも，日本のコモンズ研究に生かしきれていない状況にある。複数考えられるその原因の一つに，膨大に公表されてきた海外のコモンズ研究を翻訳した書物が一冊も刊行されていないことがある。そこで，

　6）井上（2004），宮内編（2006），井上編（2008），三俣・森元・室田編（2008），室田編（2009），秋道（2010）。

　7）1990年代の早い段階で，これら北米における新しいコモンズ研究の意義を紹介するとともに，社会的共通資本概念を提唱する宇沢弘文教授によってその構成要素である自然資本をコモンズとして位置づけし，広く概念上の近接性を扱ったものとして宇沢・茂木編『社会的共通資本　コモンズと都市』がある。宇沢教授はそれらを発展させてUzawa(2005)に繋げている。

日本・米国を中心とするコモンズ研究の双方にとって残念ともいえるこの状況を踏まえ，我々が取り掛かったのが本書の訳出計画であった．本書は，これまで海外において精力的にコモンズ研究を進めてきた複数の著者によって編まれた「コモンズ研究の成果の集大成」と呼ぶにふさわしい著書である．本書を上記趣旨に沿ってその特色を簡潔に述べるとすれば，以下の通りとなる．

- 米国を中心としたコモンズ研究のひとつの特色をなしてきたコモンズの長期存立のための「設計原理（design principles）」に関して，これまでにその条件を提示してきた主要研究者の見解をまとめていること
- 日本のコモンズ論が，近代化を自己批判的に捉え，その過程で自給・地域自給の重要性を強調する特徴を有するが，北米を中心とするコモンズ論の出自の違いを反映しそれを明確に示す書であること
- コモンズ研究における方法論的検討とその拡充への志向が強くみられること
- 事例研究だけでなく理論的整理がなされており，若い学究向けに最適であること

これらの要素は，環境資源管理の研究のさらなる展開においても，きわめて重要な位置を占めることは間違いない．また，単に研究分野だけでなく，地域の資源管理の実践・政策に携わる行政・NPO・NGO などの活動にも大変重要な貢献となることも期待したいところである．

本書翻訳の企画を思い立ったのは 2006 年に遡る．訳出の分担を当時大学院生か教職に就いて間もない研究者の皆さんにお願いしたが，いずれもコモンズ論に関わりのある分野でフィールド研究や理論的研究に励む人たちであった．同時に出版社探しを行っていたがこちらは大変に難航した．そのような折り，監訳者のひとり茂木にとって畏友である慶應義塾大学経済学部の丸山徹教授に相談したところ，今回多大なお世話を掛けることになった知泉書館小山光夫社長の紹介を受け，それからでも 4 年以上の時間を経て，この度出版に漕ぎ着けることができたものである．訳者諸氏，関係の皆様をお待たせしてしまったことについては，監訳者の不手際によるところが多く，ここに心よりお詫びを申し上げたい．当初，原書 13 章の約半分を訳出する案をもっていたが，小山社長より

監訳者まえがき

コモンズ論のもつ広範な学際性を周知するためには全訳が望ましいとの強い勧めがあり，書物に向かう姿勢を教えられ，監訳者一同襟を糺してこの訳業になったことをお伝えしたい。

最後に本翻訳書における翻訳上の限界についてもここで触れておく必要があろう。本書が単著ではなく論文集であり，複数の著者がそれぞれ広範に亘る分野について各自のスタイルで執筆がなされているため，首尾一貫した論旨で統一的に書かれたものでないことから，原文においても読みづらさ，重複感など已むを得ない部分が含まれている。訳出に際し，そのあたりを踏まえて読みやすくしなければならないものをなお工夫が未達であることをお詫びする次第である。また頻出する common property や common resource に対してどのような訳を付けるかにも苦心するところでもあった。具体的な所有形態や利用形態によって訳語のあてはめ方も違ってくるところであるが，総体として共同体の成員によって資源の共同利用がなされている場合を想定し，慣用に従い，共有資源，共有，共同所有などを宛てた。共有といっても持分の明確な所有権を必ずしも意味して使っている訳ではないことを付言したい。各章訳出は巻末の別紙担当の通りであるが，いうまでもなく訳文の責は訳者のみならず監訳者にもあることを記させていただきたい。

2013 年にはすでに触れたコモンズ論の世界的研究組織，国際コモンズ学会が初めて日本の北富士で開催される予定となっている。それも主催者が従来のように大学や研究機関ではなく，日本の代表的コモンズの主体である入会権者（commoners）富士吉田市外二ヶ村恩賜県有財産保護組合が中心となり，それに学会が協力して世界の研究者と対話を行う場となることが決まっている。このような変化のなか，本書の内容が，日本のコモンズ論にとってもひとつの鏡となり，一方で日本のもつ独自の視点を世界に向けて発信し，理解を得ることによって，今後のコモンズ論に深みと奥行きを与えることを期待したいところであり，本書がそのようなことの一助となれば，翻訳にあたった我々にとってそれに過ぎるものはないことを最後に申し述べたい。

監訳者　茂木愛一郎，三俣学，泉留維

監訳者まえがき

参考文献

秋道智彌『コモンズの地球史　グローバル化時代の共有論に向けて』岩波書店, 2010 年
井上真『コモンズの思想を求めて　カリマンタンの森で考える』岩波書店, 2004 年
井上真編『コモンズ論の挑戦　新たな資源管理を求めて』新曜社, 2008 年
宇沢弘文・茂木愛一郎編『社会的共通資本　コモンズと都市』東京大学出版会, 1994 年
三俣学・森元早苗・室田武編『コモンズ研究のフロンティア　山野海川の共的世界』東京大学出版会, 2008 年
宮内泰介編『コモンズをささえるしくみ　レジティマシーの環境社会学』新曜社, 2006 年
室田武編著『グローバル時代のローカル・コモンズ』ミネルヴァ書房, 2009 年
茂木愛一郎「Elinor Ostrom に関する覚書」『Local Commons, グローバル時代のローカル・コモンズの管理　ニュースレター第 11 号』科研費補助・特定領域研究「持続可能な発展の重層的ガバナンス」, 2010 年 1 月
National Research Council (1986), "Proceedings of the Conference on Common Property Resource Management," Panel on Common Property Resource Management, April 1985, National Academy Press.
Uzawa, Hirofumi (2005), *Economic Analysis of Social Common Capital*, Cambridge University Press.

序　文

　「コモンズ」の概念は，環境科学における枢要な概念となってすでに久しいが，その用語によって説明される資源や制度が，多くの環境問題，特にグローバルな環境変化に関する問題にとって中核的な意味をもつことが理解されるようになってからも久しいものがある。全米研究評議会（National Research Council, NRC）では「地球環境変化の人間活動に関する側面についての検討委員会（Committee on the Human Dimensions of Global Change）[1]」を1989年に設置，コモンズとコモンズに関する研究の重要性の認識に立って，1992年には「地球環境変化：その人間活動に関する側面の理解」（全米学術出版（National Academy Press））の刊行を行っている。コモンズは学問的にその固有の研究意義を有するが，国際協力，環境に関わる意思決定，資源管理制度の設計において特に中心となるテーマである。その重要性は「地球環境変化の人間活動に関する側面についての国際プログラム（International Human Dimensions Programme）[2]」の研究計画に上げられた「土地利用と土地被覆の変化（Land Use and Land Cover Change）」と「地球環境変化の制度に関する側面（Institutional Dimensions of Global Environmental Change）」において，このテーマが中核的に扱われていたことからも判る。そのようにコモンズはグローバルな環境変化の人間に関する側面の研究において国際的な研究テーマの中心に位置しているのである。
　このテーマに重要性がある理由の一つは，NRCが今の時点のコモン

　1）（訳注）この委員会の名称に「環境」を示す言葉は入っていないが，委員会の目的が人間の活動と地球環境変化との相互作用に関して米国内の研究を指導することとなっており，ここではその趣旨が簡明に判るよう訳語に加えた。
　2）（訳注）IHDPもグローバルな環境変化への人間活動の関与に関する研究・政策形成の国際的な支援組織であり，正式名はInternational Human Dimensions Programme on Global Environmental Changeとなっている。

ズに関する知見の吟味に取り組んだことが上げられる。二つ目は，NRC が主催した「共有資源管理に関する研究パネル（Panel on the Study of Common Property Resource Management）」における研究成果をまとめてちょうど 15 年が経ったということである。この研究については第 1 章で取り上げられているが，コモンズの研究史において転換点となるものであったからである。それはコモンズ理解に専心する学際的で国際的であることを自覚した研究コミュニティの形成を画したものでもあった。あの初期においてなされた統合的な作業から 15 年という稔りの多い研究の年月が流れた。

　本委員会は，この研究を進めるうえで米国科学財団（U. S. National Science Foundation）から支援をいただいていることに慶びを感ずるものである。我々は先ず，2000 年 6 月にインディアナ大学で開催された第 8 回国際共有資源学会（International Association for the Study of Common Property）での発表を目的とした一連の論文作成を委嘱することから始めた。その会議は，コモンズ研究を行っている国際的かつ学際的な専門家の間で仕掛り中の研究に関して意見交換する最適な場を提供するものであった。ロックフェラー兄弟基金は，その後 2000 年 9 月にニューヨークのタリータウン，ポカンティコで開いた執筆者と編者によるフォローアップ会議の助成を行ってくださった。

　本プロジェクトの成果は，現段階のコモンズに関する知見を検討するものとして，また過去においてはややバラバラな内容であった文献をまとめ上げるものであったこと，そして将来の研究の方向性を示す一連の研究論文を生み出すことができたことである。本書を読むことによって，以下に述べるいくつかの目標に達することを願いたい。1 番目は，Hardin が書いた 1968 年の画期をなす論文以来，次々と書かれた論文に必ずしも明るくない論者に対して，本書は Hardin のモデル提出以降，我々は何を学んできたのか，そしてどのような方法で，またどこの地域についてそれらの知見に前進がみられたのかということに関して，まずはこの議論にとって信頼のおける基盤となる知識を提供するものである。2 番目に，この分野ですでに研究を行っている者に対して，本書は広範にして最先端の水準から吟味を加えるものであり，また過去においては必ずしも明白でなかったが，これら知見相互に繋がりがあった

り，一方でなお隔たりを認めるべきことを示すものでもある。3番目は，研究者に対して，またそれら研究に資金を出す側に対してのものであるが，本書を通じてこれまでの研究が比較的少額の予算のもとで行われながらこれだけの成果を上げてきたことに誇りをもってよいということを伝え，将来の重点分野を自ずと指し示す内容となっていることである。最後に，本書はコモンズ管理のためのハンドブックという訳ではないが，コモンズに携わる制度の設計や運営をしていく人々にとっての手引きとなること，またこれを得ることで，管理に携わる人々が，彼らの意思決定は今得られる最善の科学的知見に基づいて行っているのだという論拠を得られやすくするものであることが上げられる。

　委員会を代表して，米国科学財団とロックフェラー兄弟基金に対し，本プロジェクトとインディアナ大学の「政治理論と政策分析に関するワークショップ（the Workshop in Political Theory and Policy Analysis, WPTPA）」のスタッフと学生に対する助成を行ってくださったことに感謝を申しあげたい。WPTPA はプロジェクト参加者のインディアナ滞在の際の接遇，またプロジェクトの様々なステージでの力添えを行ってくださった。本プロジェクトの初期にプロジェクトのロジスティクスを担ってくれた Brian Tobachnick，そして後半担当した Deborah Johnson に委員会から深甚の感謝を送りたい。また本書の完成には，原稿整理を引き受けてくれた Laura Penny と原稿段階での論評とりまとめと編集管理をしてくれた Yvonne Wise に多くを負っていることを申し上げたい。

　本書に収録された各論文について，原稿段階でのレヴューをお願いした下記の方々に感謝を申し上げたい。James Acheson（Indiana University），Robert Axelrod（University of Michigan），Susan Buck（University of North Carolina, Greensboro），Susan Hanna（Oregon State University），Peter Haas（University of Massachusetts），Kai Lee（Williams College, Williamstown, Massachusetts），Gary Libecap（University of Arizona），Margaret McKean（Duke University），Ruth Meinzen-Dick（International Food Policy Research Institute, Washington DC），Ronald Mitchell（Stanford University），Emilio Moran（Indiana University），Granger Morgan（Carnegie Mellon University），Edward Parson（John F. Kennedy School of Government, Harvard University），Pauline Peters（Harvard University），Charles Plott（California Technical Institute），Lore Ruttan

(Indiana University), Edella Schlager (University of Arizona), Robert Stavins (Harvard University), Mark Van Vugt (University of Southhampton, England), James Walker (Indiana University), そして Rick Wilson (Rice University)。

　上記の方々からは建設的なコメントやご示唆をいただいたが，本書の内容に関する最終的な責任は執筆者と編者にあることを申し上げておきたい。

地球環境変化の人間活動に関する側面についての検討委員会
委員長　トーマス・ディーツ

地球環境変化の人間活動に関する側面についての検討委員会
委員リスト

トーマス・ディーツ（Thomas Dietz）（議長）　　　ジョージ・メイソン大学
　　　　　　　（環境科学・政策学部および社会学・人類学研究学部）
バーバラ・エントゥイソー（Barbara Entwisle）　　ノース・カロライナ大学
　　　　　　　　　　　　　　　　　　　　　　　　　　　　（社会学部）
マイロン・ガットマン（Myron Gutmann）　　　　　テキサス大学
　　　　　　　　　　　　　　　　　　　オースティン校（歴史学部）
ローナルド・ミッチェル（Ronald Mitchell）　　　オレゴン大学
　　　　（政治学部）およびスタンフォード大学（国際学研究所）
エミーリオ・モラーン（Emilio Moran）　　　　　インディアナ大学
　　　　　　　　　　　　　　　　　　　　　　　　　　（人類学部）
M・グレインジャー・モーガン（M. Granger Morgan）　カーネギー・メロン大学
　　　　　　　　　　　　　　　　（エンジニアリング・公共政策学部）
エドワード・パーソン（Edward Parson）　　　　　ハーバード大学
　　　　　　（ジョン・F・ケネディ・スクール、環境・自然資源プログラム）
アラン・ランダール（Alan Randall）　　　　　　　オハイオ州立大学
　　　　　　　　　　　　　　　　　（農業・環境・開発経済学部）
ピーター・J・リチャーソン（Peter J. Richerson）　カリフォルニア州立大学
　　　　　　　　　　　　　　　　　　　　　デイビス校（環境学部）
マーク・ローゼンズワイグ（Mark Rosenzweig）　　ペンシルバニア大学
　　　　　　　　　　　　　　　　　　　　　　　　　　（経済学部）
スティーヴン・H・シュナイダー（Stephen H. Schneider）　スタンフォード大学
　　　　　　　　　　　　　　　　　　　　　　　　（生命科学学部）
スーザン・ストニック（Susan Stonich）　　　　　カリフォルニア州立大学
　　　　　　サンタバーバラ校（人類学部、環境研究プログラム）
エルケ・U・ウエーバー（Elke U. Weber）　　　　　コロンビア大学

	（心理学部）
トーマス・J・ウィルバンクス（Thomas J. Wilbanks）	オークリッジ国立研究所
チャールズ・ケネル（Charles Kennel）	カリフォルニア州立大学サンディエゴ校（スリップス海洋研究所）
オラン・R・ヤング（Oran R. Young）	ダートマス大学（北極研究所）
ポール・C・スターン（Paul C. Stern）	全米研究評議会（NRC），研究部長
デボラ・M・ジョンソン（Deborah M. Johnson）	同シニア・プロジェクト・アシスタント

目　次

日本の読者へのメッセージ……………アルン・アグラワル　v
監訳者まえがき……………………………………………………ix
序　文………………………………………………………………xvii
地球環境変化の人間活動に関する側面についての検討委員会
　委員リスト……………………………………………………xxi

序　論

第1章　コモンズのドラマ…………トーマス・ディーツ，
　　　　　　　　　　　ニーヴェス・ドルジャーク，エリノア・オストロム，
　　　　　　　　　　　　　　　　　　ポール・C・スターン　5
　1　コモンズ研究分野の研究小史……………………………10
　2　概念的発展と重要な用語…………………………………25
　3　本書の構成…………………………………………………38

第Ⅰ部
コモンズのドラマにおける
資源利用者，資源制度，および行動

第2章　共有資源と制度の持続可能性
　　　　　　　　　………………アルン・アグラワル　55
　1　コモン・プール資源の持続可能な管理に関する分析……64
　2　重要な意味をもつ要因についての補完…………………75
　3　方法論上の問題への取組み………………………………88
　4　結　論………………………………………………………97

第3章　不平等な灌漑利用主体：大規模多変量研究における
　　　　異質性とコモンズ管理‥‥‥‥‥ プラナーブ・バーダン，
　　　　　　　　　　　　　ジェフ・デイトン-ジョンソン　111
　1　異 質 性‥‥‥‥‥‥‥‥‥‥‥‥‥‥‥‥‥‥‥‥‥‥‥ 113
　2　大規模標本に基づく研究‥‥‥‥‥‥‥‥‥‥‥‥‥‥‥‥ 126
　3　結　論‥‥‥‥‥‥‥‥‥‥‥‥‥‥‥‥‥‥‥‥‥‥‥‥ 136

第4章　コモンズ・ディレンマにおける協調行動に影響を
　　　　与える諸要因——実験心理学的研究のレヴュー
　　　　‥‥‥‥‥‥‥‥‥‥‥‥‥‥ シューリ・コペルマン，
　　　　J・マーク・ウェバー，デイヴィッド・M・メスィック　147
　1　導　入‥‥‥‥‥‥‥‥‥‥‥‥‥‥‥‥‥‥‥‥‥‥‥‥ 148
　2　実験研究における最近の発見のレヴュー‥‥‥‥‥‥‥‥‥ 154
　3　結論と統合‥‥‥‥‥‥‥‥‥‥‥‥‥‥‥‥‥‥‥‥‥‥ 192

第5章　コモンズを利用する——ひとつの理論的説明
　　　　‥‥‥‥‥‥ アルミン・ファルク，エルンスト・フェア，
　　　　　　　　　　　　　　ウルス・フィッシュバッハー　209
　1　互恵主義と公正性の理論的モデル‥‥‥‥‥‥‥‥‥‥‥‥ 212
　2　理論的予測‥‥‥‥‥‥‥‥‥‥‥‥‥‥‥‥‥‥‥‥‥‥ 218
　3　公共財——比較‥‥‥‥‥‥‥‥‥‥‥‥‥‥‥‥‥‥‥‥ 236
　4　議　論‥‥‥‥‥‥‥‥‥‥‥‥‥‥‥‥‥‥‥‥‥‥‥‥ 240

第Ⅱ部
私有化とその限界

第6章　コモンズの保全に向けた許可証取引による
　　　　アプローチ——私たちは何を学んできたのか
　　　　‥‥‥‥‥‥‥‥‥‥‥‥ トム・ティーテンバーグ　261
　1　概　観‥‥‥‥‥‥‥‥‥‥‥‥‥‥‥‥‥‥‥‥‥‥‥‥ 263
　2　基本となる経済理論‥‥‥‥‥‥‥‥‥‥‥‥‥‥‥‥‥‥ 264
　3　設計の考察‥‥‥‥‥‥‥‥‥‥‥‥‥‥‥‥‥‥‥‥‥‥ 269

4　評価基準……………………………………………… 292
　　　5　教　訓………………………………………………… 300

第7章　共同所有，規制性所有，環境保護——共同体に根ざ
　　　　した管理と取引可能環境許可証の比較
　　　　　　　……………………… キャロル・M・ローズ　311
　　　1　管理体制としてのCBMRとTEA体制——異なる条件下
　　　　での異なる解決策………………………………………… 317

第Ⅲ部
クロス・スケールのリンケージと
動態的な相互作用

第8章　制度的相互作用——環境面におけるクロス・スケールな
　　　　相互作用の重要性 …………… オラン・R・ヤング　349
　　　1　〈準〉国家資源レジームと地域資源レジームの間での
　　　　相互作用…………………………………………………… 354
　　　2　国際環境レジームと国内環境レジームの間での相互作用‥ 368
　　　3　含意と残された更なる重要事項……………………… 377
　　　4　結　論………………………………………………… 380

第9章　クロス・スケールな制度的リンケージ——ボトム
　　　　アップからの展望 ……… フィクリット・ベルケス　387
　　　1　地域レベルの制度に対するより高次なレベルの制度の
　　　　影響………………………………………………………… 390
　　　2　クロス・スケールリンケージに向けて期待される制度… 396
　　　3　クロス・スケールな相互作用におけるダイナミズムと
　　　　スケール………………………………………………… 408
　　　4　結　論………………………………………………… 415

第Ⅳ部
新たに現れてきた課題

第 10 章　科学的不確実性，複雑系とコモン・プール制度の
デザイン ……………… ジェームズ・ウィルソン　429
1　ニューイングランド漁業から得られる事例………… 430
2　不確実性への対応…………………………………… 433
3　不確実性に関するこれまでの見解………………… 438
4　複雑適応系における不確実性……………………… 439
5　複雑適応系における学習…………………………… 442
6　複雑適応系における集合学習……………………… 449
7　要　約………………………………………………… 466

第 11 章　コモンズにおける制度生成——コンテクスト，状況，
イベント ……………… ボニー・J・マッケイ　475
1　本章の構成…………………………………………… 477
2　状況を負った合理的選択とコモンズにおける制度生成… 478
3　コモン・プール資源論における新旧のアプローチ…… 494
4　疑問連鎖型研究——社会構築主義とイベント・エコロジー… 513
5　結　論——コモンズを詳細にみるということ………… 520

第 12 章　コモンズ管理に関する一つの進化理論
……………… ピーター・J・リチャーソン，
ロバート・ボイド，ブライアン・ピチオッティ　533
1　協調の諸理論………………………………………… 535
2　協調的制度の進化…………………………………… 547
3　論点のおさらい：仮説を検証すること……………… 566
4　未解決の疑問点……………………………………… 568
5　小規模の文化的進化は問題となるのか，それとも富と
なるのか？…………………………………………… 574
6　結　論………………………………………………… 576

結　論

第13章　15年間の研究を経て得られた知見と残された課題……………………ポール・C・スターン，トーマス・ディーツ，ニーヴェス・ドルジャーク，エリノア・オストロム，スーザン・ストニック　591

1　はじめに……………………………………………591
2　進展のみられる研究分野……………………………592
3　研究から得られた学問的成果………………………605
4　今後の研究の方向性…………………………………622
5　結　語…………………………………………………640

著者紹介…………………………………………………655
翻訳者一覧………………………………………………657
索　引……………………………………………………659

コモンズのドラマ
――持続可能な資源管理論の15年――

序　論

第1章
コモンズのドラマ

トーマス・ディーツ，ニーヴェス・ドルジャーク，
エリノア・オストロム，ポール・C・スターン

　「コモンズの悲劇」は人類生態学と環境学における中心的なテーマである。その原型となるシナリオは単純なものである。まず，大勢の人々が権利をもつ資源（通常，コモンプール資源と捉えられるもの）があるとする。その資源とは，魚類を提供する海洋生態系であったり，地球温暖化ガスが放出される地球規模の大気や，木々が収穫される森林であったりする。資源の過剰利用は，しばしばその資源の持続可能性を破壊するような問題を生む。魚類の個体群が壊滅したり，気候変化が続いたり，樹木を伐った分を補うだけの森林の再生産が続かなくなることもありうる。それぞれの利用者はどれだけの量の資源を使うべきか（どれだけ漁獲してよいか，どれだけ温暖化ガスを排出してよいか，どれだけ樹木を伐ってよいか）の決断を迫られている。すべての利用者が自制するならば，資源は存続しうる。しかしそこにはジレンマがある。あなた自身が資源利用を自制しても，あなたの隣人がそうしなかった場合，資源の崩壊は免れず，あなたは資源から当然に得られるはずだった短期的利益を失うことになる（Hardin, 1968）。
　コモンズの悲劇の論理は回避しがたいものに思われる。しかし，我々が検討するように，その論理は，人間の動機やコモンズの利用を司るルール，そして共同利用資源の特性に関する，ある一連の前提があってはじめて成り立つものである。過去30年に及ぶ研究の重要な貢献は，コモンズの悲劇に内包された概念を明確化したことにある。原型となったモデルが示すようには，ことは単純ではない。人間の動機は複雑で，現実

のコモンズを司るルールは，全員の無制限な利用をいつも許すわけではなく，また資源システム（resource systems）そのものが動的であり人間の利用に影響を与えている。Hardin が描いたような悲劇に結果する例が多いというわけでもなく，McCay が「喜劇」（まさしくドラマであり，ハッピーエンドで終わるもの）として描いたような結果となることも多い（McCay, 1995, 1996; McCay and Acheson, 1987b; Rose, 1994 も参照のこと）。

30 年間の実証研究によって，多くの豊かで複雑なコモンズの管理をめぐる歴史が明らかになった。時にはこれらの歴史が Hardin の悲劇を物語ることもある。また時には，その帰結はより McCay の喜劇に近いものであることもある。しばしば，結末はこれら両端の間のどこかにあり，曖昧さに満ちている。しかし，そこには常にドラマが存在する。このことが，我々がこの本を「コモンズのドラマ」と呼ぶことにした理由である。なぜなら，コモンズは必然的に歴史と喜劇と悲劇を伴うものであるからである。

コモンズの研究はその実践的重要性ゆえに正当化されるべきものである。ほぼすべての環境学の研究課題は，その中にコモンズの側面がある。コモンズを研究することには重要な理論的な根拠もある。すべての社会理論の中心には，狭い利己心によって排他的に動機付けられる人間と，他者もしくは全体としての社会への関心によって動機付けられる人間の対照がある[1]。経済理論を支配し，社会学，政治・政策科学，人類学，心理学においても影響力がある合理的人間モデルは，完全な自己中心主義を前提にしている。Adam Smith の言葉を借りれば，「我々は利己欲を欠いた者など想像できない」（Adam Smith, 1977[1804]:446）ということになる。この前提が Hardin の分析を支えている。

しかし，反対の見方によれば，人間とは集団の利益を考慮するものであることを想定してきた。たとえば，社会学と人類学における機能主義論，とくに Rappaport と Vayda（Rappaport, 1984; Vayda and Rappaport, 1968）による人類生態学的な議論では，機能主義的立場に基づけば，偏狭な利己心よりは共同の善への関心によって個人が行動するように向か

---

1) 環境意識について考える場合，利己的な関心，他の人間の福利への関心，他の生物種，生態系，そして生物圏そのものへの関心，とを区別することが有益であった（Stern et al., 1993）。

わせる仕組みがあるので,「コモンズの悲劇」は回避しうるとの主張がみられる.この論争は社会科学に限定されてきたわけではない.進化論でも適応原理について,個体よりも集合全体もしくは種の利益を優先するものだとする議論は少なくとも 1960 年代以来,批判にさらされてきた.しかし,利他主義の存在を唱える強力な主張は残っている(Sober and Wilson, 1998).

　偏狭な利己心と 1 回限りのやり取りを想定するならば,コモンズの悲劇は,以下で示すようなパラドックスの 1 例である.囚人のジレンマは古典的なパラドックスのひとつである.標準的な定式化では二人の共謀者が警察に捕らえられる.どちらも否認を続けるならば,二人とも軽い刑罰に処される.一人が共謀を自白しもう一人が自白しないならば,自白した方はごく軽い刑罰で済むか釈放され,自白しなかった方は非常に重い刑を受ける.この利得条件に直面した時,各自の偏狭な利己心は両者に自白することを促し,二人とも口を割らない場合よりも二人にとって望ましくない結果を生むことになるというものである.

　Olson(1965)は,政治的・政策的成果のような集団共通の目的を追求する組織は,しばしば「フリーライダー問題」と呼ばれ,他の「公共財」に関してすでに発見されていたパラドックス(Samuelson,1954)に陥りやすいことを気付かせてくれた.公共財は誰もが利用できるものであるが,コモンプール資源とは異なり,資源を一人の人間が利用することにより,他の人間の利用可能性が必ずしも損なわれるものではない.公共ラジオ,科学知識,世界平和といったものは,誰もがその量と質を減らすことなくその恩恵を享受できるという点で公共財である.問題は,大きな集団において人は公共財の供給に貢献していてもいなくても,その恩恵に浴することができることである.人は対価を払って貢献していなくてもラジオを聴くことができる.そして人口が多ければ,ある人が貢献しようがしまいが,公共財の供給量に実質的な影響はない.だから偏狭な利己心の趣くままに従う人は,コスト負担を回避しようとする.このような人は他人の貢献によって恩恵を受け続けることができている.しかし誰もがこの論理に従うならば,公共財は提供されないか,望まれる状態よりは質・量とも低い状態でしか提供されないであろう.

　ここにコモンズの悲劇やその類似のシナリオの重要性がある.以上の

分析は素描にすぎないが、すべて、利己心を唯一の動機付けとし、コミュニケーションや信頼、拘束性のある協定を設定する能力のような利己心を制御する社会的仕組みを無視すること、もしくは効果を持たないとみなすことを前提としている。これらの条件は確かにある一定の人間の振る舞いを描いてはいる。しかし人は時に個人の利欲を超えて行動するものである。コミュニケーションや信頼、将来のやり取りへの期待、そして協定とルールを形成する能力は、時としてうまく行動を制御し、悲劇を未然に防ぐ。だからコモンズのドラマは常に悲劇に終わるとは限らないのである。

本書は、コモンズのドラマがいかに展開するかを追った、ここ何十年かの研究から得られた知見を検討するものである。それは生態系や水、大気といった重要なコモンズに関心を持つ人々にとって注目のテーマとなろう。さらに、このコモンズ的状況というものは、社会科学が抱える多くの中心的な課題に取り組む際に活用できる非常に重要な実験台を提供する。我々自身のくらし方は、我々の環境における資源とどのように関わっているのか？ 我々はどのように共生していけるのか？ 社会は個人の利己的で反社会的な衝動をどのように制御しているのか？ どの社会的装置が存続しどれが存続しないのか？ 長きにわたる人間の歴史的営みとそこに広がる幾多の社会形態を見るとき、体系的に考究するならばこれらの疑問は手に負えなくなるかもしれない。しかし、コモンズ概念は、これらの問題に取り組むうえで扱いやすく重要な下敷きを提供するものである。ちょうど進化生物学や発生生物学が、有効な実験台としての適性を持つショウジョウバエ（*Drosophila melanogaster*）を研究することによって発展したように、コモンズとそれに関連する問題の研究は、社会科学における多くの重要な課題の理想的な実験台ではないだろうか[2]。

本書の数章において明白なように、コモンズ研究は多くの社会科学の

---

[2] 同様の議論では、Axelrod（1997）がゲーム理論は社会科学にとって大腸菌（理想的な実験生物）を提供することであるという見方を提示している。我々にとっては、ショウジョウバエの譬えの方が好ましい。大腸菌は元来実験室内で研究されてきた。ショウジョウバエは実験室でも野外でも研究されてきており、両者の橋渡しをする重要な生物であり続けている（Dobzhansky et al., 1977; Rubin and Lewis, 2000）。このように、ショウジョウバエは、コモンズ問題が社会科学の中で果たす役割により近い類型を提供しているのである。

第1章 コモンズのドラマ

方法論的伝統をもとにすでに成果を上げている。美しい数学モデルや注意深く設計された室内実験，精緻な歴史分析および比較分析をともなう事例研究がある。大中規模のデータセットにも適用可能な統計分析ツールも用意されつつある。後に詳述するように，コモンズ研究は非常に多様な学問分野と世界中のあらゆる地域を出自とする科学者を魅了している。社会科学における進展は，実践的にも重要な理論的課題の中核に触れる問題に焦点を当てた方法論と視座の設定の双方が混り合ったものからふと生み出されることが多いと言ってよいのである。

　本書は，過去においていくぶん統一性に欠けていた文献を整理し，将来の方向性を示すために，コモンズについての知見をレビューし統合する論文を所収する。目標はいくつかある。ひとつは，1968年のHardin論文以降の豊富な文献に疎い人のために，得られた知見に接する指針を提供することである。二つ目は，フィールド研究者のために，フィールドを補う最新のレビューを提供し，かつては必ずしも明白でなかった関連性を示すことである。三つ目は，研究者と研究基金提供者のために，比較的小規模な資金で成し遂げられる研究分野であることを伝えるとともに，今後の研究領域の優先順位を示すことである。最後に，本書はマネジメントの手引書ではないけれども，コモンズに係る制度を設計し管理する人たちのために，最も適切な科学的知見を総合することによって，何らかの指針を与えることである。

　この章では，Hardinが与えた影響を端緒としながら，彼に先立つ研究者にも触れ，コモンズ研究の史的概略を提示する。そして1980年代半ばに行なわれた体系化作業について述べる。この作業をもとに，コモンズを理解するうえでの主要な概念について明らかにする。コモンズ研究の大きな貢献のひとつは，コモンズの理解のためにどの概念が使用されるべきか，そしてどのような分析枠組みが設定されるべきかをより一層明白にしたことである。これらの中には資源そのものや，人が資源利用を統治するために用いる手法，資源の特質とドラマ進行の鍵を握る対処手法を見る上で非常に重要な枠組みが含まれる。最後に本書の構成を描写して本章の結びとする。

1 コモンズ研究分野の研究小史

1.1 出発点

契機となったHardinによる1968年のScience誌上に掲載された『コモンズの悲劇』に関する論文は，20世紀の後半に書かれた最も多く引用される科学論文のひとつである。この論文は，広く自然科学，社会科学[3]の両分野にわたって知的関心を刺激し，広範な論争，そして新たな学際的研究分野を惹起した。コモンズにおける科学的関心は，大半がHardinの論文と多くの生物種の急激な個体数減少（特に海洋生物）についての恐るべき報告に反応する形で，1970年代と1980年代前半にかけて増大した。この関心は成長の限界に関する論争と，熱帯地域における森林伐採問題が取りざたされたことであおられた。

Hardin論文の発表より以前に「コモンズ（commons）」，「共有資源（common property resources）」もしくは「共有財産（common property）」をタイトルに含む英語による学術論文はわずか17例しかない。これらはインディアナ大学のHess氏が運営する「コモンプール資源文献目録」[4]に収められている。このときから1984年までの間，すなわち，全米研究評議会の共有資源管理に関するパネルによって開催されたメリーランド州アナポリスでの会議の前までに，このようなタイトルの数は115にのぼっていた。1985年のアナポリス会議では，コモンプール資源とその管理について検討するべく，様々な学問分野と様々な国・地域から多数の科学者が招集された[5]。この会議は1985年時点で学問分野ごとに

---

[3] Hardin自身が彼の原論文が他に与えたインパクトを論じた論文（Hardin, 1998）を参照のこと。

[4] コモンプール資源に関する最初の文献目録の作成は1985年，Martinによって開始された（Martin, 1989, 1992）。1993年にHessがコモンプール資源に関するデジタル媒体のデータベースに発展させ，さらに古い文献を盛り込んだ。彼女はその後も体系的な文献探索を行って文献データベースを構築し続けた（Hess, 1996a, 1996b, 1999）。2001年4月現在で，コモンプール資源データベースには29,800の文献が収録されている。このデータベースを使ってオンラインで検索が次のURLで利用できる。

(http://www.indiana.edu/~iascp/Iforms/searchcpr.html)

[5] この会議は，全米研究評議会，アメリカ合衆国国際開発庁（U. S. Agency for

閉じられていた知見（これについては本章で簡潔に要約する）を統合する機会を研究者に提供した。この会議やほぼ同時期に開催された他の会議によって，さらに強いコモンズへの関心が呼び起こされた。1985年から1990年にかけて，コモンズに関する研究は2倍以上に膨れ上がり275となった。次の5年間（1991-1995）には，さらに2倍近く増加し444の論文を数えた。1990年には国際共有資源学会（The International Association for the Study of Common Property, IASCP）が正式に設立された。デューク大学でのその最初の大会には，各方面の学問分野から150人の研究者たちが参加した。図1-1に見るように，この分野への着実な関心の増大を背景に，さらに多くの研究者がIASCPの会議に参加し続けている。2000年には600人以上の研究者がこれらの会議に参加している。

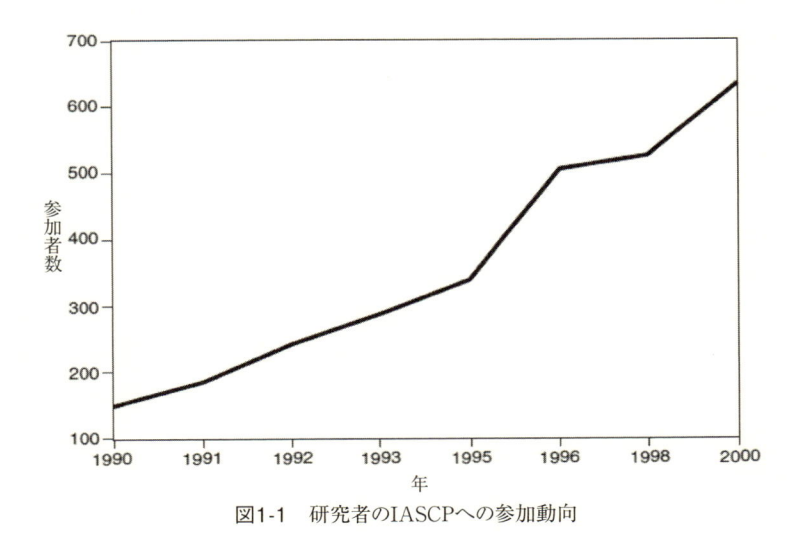

図1-1　研究者のIASCPへの参加動向

この研究分野に顕著な特徴は，急速な成長に加え，学際的かつ国際的

International Development），フォード財団，世界野生生物基金の共同スポンサーによって開催された。全米研究評議会の共有資源に関するパネルが組織されるとほぼ同時期に，AchesonとMcCayは，2つのシンポジウムと1つのワークショップを開催して専門の異なる人類学者たちを動員し，「コモンズ」概念の持つ意味を検討すると共に，社会文化人類学，経済人類学，生態人類学の方法論を使ってコモンズの提起する問題について一層の検討を行った。

に極めて広範な参加が見られることである。たとえば，12の学問分野と52カ国から研究者たちがIASCPの2000年会議に出席した。このように多彩な参加者が一堂に会することで，彼ら全員に共有する概念と共通の専門用語を見つけ出すことに関わらせることになったが，その結果は努力に十分に値するものであった。

1.2　黎明期のコモンズ研究

　Hardinの論文は近年のコモンプール資源に関する研究の支柱となってきたとはいえ，Hardinよりずっと先達の学者もこれらの資源の持続的管理に関して悲観的な見方を示していた。アリストテレスは「多くの者に共有されるものは最も注意が払われない。誰もが彼自身のものを良く考え，共通の利益となるものはすべてないがしろにされる。」と述べた（『政治学』第II巻第3章）。フランスの博物学者マルセーは，『政治経済学対話』（Marcet, 1819, Baumol and Oates 1988に引用）の中で，天然資源のオープンアクセスはこれらの資源の過剰収奪と収穫期を待たない収穫を招くと記述している。Lloyd（1977[1983]）はHardinに強い影響を与えた業績を残したものであるが，同じように彼は，コモンプール資源は，無制限利用にかかる将来の潜在的なコストに比して現時点での利用の利益がより大きいために，また特に各利用者がこのコストのほんのわずかしか負わず，現時点での利益をすっかり完全に得ている場合には，利用過剰になると主張している。さらにLloydは個人がコモンプール資源からもう一単位多く得ようとするか否かの決断は（Lloydの分析では，もう一人子供をもつかどうか），このような行動の得失を規定する制度によって左右されると主張している。

　それほど悲観的ではない意見も同様に古くから出されていた。Maine（1871）は，インドの村々，イングランドとスコットランドのタウンシップ（町区），複合的な初期的村落構造を持つドイツのマルク（the Mark）やロシアのミール（the mir）に関する古典的な研究の中で，どこにおいても村落共同体が生成し，それは農地を私有財産として分配し，耕地をとりまく森林や牧草地を共有地として提供することによって，人々の生計を支えていると論じた。ドイツの事例を記述する中で，Maineは「タウンシップ（Maineによる表現）とは組織化されたチュートン族の自治

的な集団であり，そこの Mark として明確な土地区画の上に共有権を行使し，その領域を共有システムによって耕作し，その生産物によって自らを維持している」と論じている（Maine, 1871:10）。Maine の業績の詳細な分析を行った Grossi（1981）は，とりわけ，村落共同体がいかに様々な状況のもとで，農地区画に対する私的所有の鋭敏な感覚を，森林と牧草地に対する共有システムと組み合わせながら発展させてきたかを Maine は明らかにしたと主張している。Malinowski（1926）は，いかなる所有レジーム（共同所有者のある共有財産も含む）にあっても，あるひと通りの成り行きしかたどらないことを特徴とする"単純な"システムであると信じないよう注意を促す。彼は次のように指摘する。

> それゆえ所有権とは，"共産主義"や"個人主義"といった言葉や，"合資会社"制度や"個人企業"と関連して定義されるわけではなく，具体的な事実と利用状態によって規定されるのである。それは義務や特権，そして共有者をその共有物および共有者同士を結ぶ相互関係の総体なのである（1926: 21）。

1.3　資源経済学者による初期の理論的コモンズ研究

　Gordon（1954）と Schaefer（1957）の画期的な研究は，あるタイプのコモンプール資源（漁業）の管理における経済的要素に着目した。Gordon と Schaefer は，漁業努力（漁業労働によって得られる魚の量）が生態学的に持続可能な漁獲量に与える影響をモデル化すると同時に，漁業努力の変化に応じた経済的結果を算出するモデルを示した。この，いわゆる Gordon-Schaefer モデルは 1950 年以降の漁業管理の研究および実践の中心的理論となっている。両研究者は，新しく開かれた漁場において漁業努力が低い段階では，生産量は漁業努力に応じて急速に増加するが，追加的な漁獲には単位漁獲あたりにより多くの努力が必要となるため，努力あたりの生産量は減少していくという見方を示した。しかし，魚類資源ストックの補充は現時点での魚類資源ストックの大きさに依存し，魚類資源ストックは漁獲量を補うのに必要なレベルを下回ると推測されるため，"最大持続可能生産量"（MSY）を超えて漁獲を増加させるならば，漁獲量と収入の減少という結果に陥る。漁業から得られる収入（漁

獲量×魚価）と漁業努力のコストを考慮に入れることによって，彼らは"最大経済生産量"（MEY），すなわち漁業収入とコストの差が最大になるような漁業努力量，およびオープンアクセス下での漁業努力レベルを定義した。彼らが述べた関係を示したのが図 1-2 である。

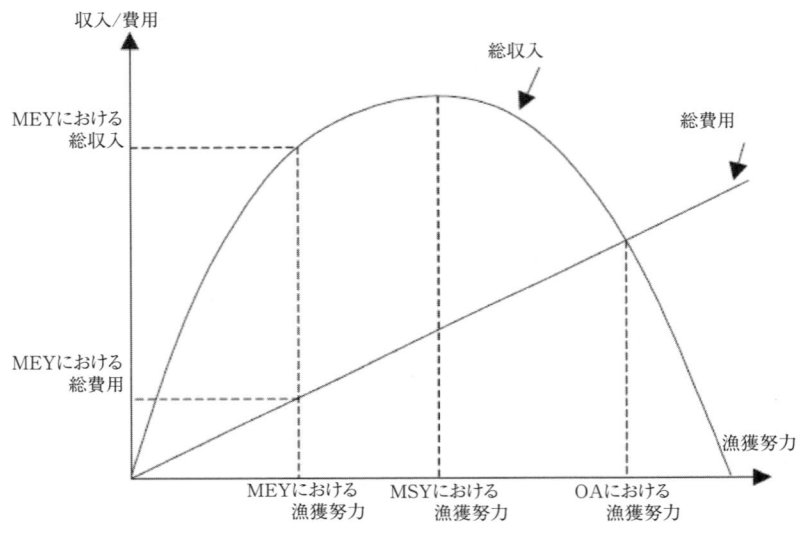

図1-2　漁場における漁獲努力・費用・収入の関係

（出所）Townsend and Wilson
　　　MEY: 最大経済生産量。
　　　MSY: 最大持続可能生産量。
　　　OA: オープンアクセス。
（注）　漁獲に伴う利益とは，収入マイナス費用で定義され，横軸の獲得努力に応じて描かれた総収入曲線と総費用曲線の垂直方法の差分に相当する。

　図 1-2 に見るように，横軸に示す漁獲努力と縦軸によって示されるコストの関係は直線であり，一方，収入（これもまた縦軸に示される）の関係は曲線である。これは，最大持続可能生産量を決定する際に基礎的な生物学的関係を想定した結果である。最大持続可能生産量に至るまでは努力に従って収穫量は増加するが，これを超えると，魚類資源ストックはより低いレベルでしか回復し得ない，つまり個体数は単純に落ち始める。個体数が持続的であるかどうかは，漁業者のやり方次第なのだ。
　もし漁獲のアクセスや量に何のルールも存在しなければ（オープンア

クセスの状況)，収支の均衡点は最大持続可能生産量（生物学的な意味で）や最大経済生産量（得られる額と努力に支払われるコストの差が最大となる漁獲量）よりも大きいところにある（図1-2参照）。各漁業者が自分の努力に対するコストのみを考慮に入れ，各自の漁業努力が他者に押し付けているコストの増加を考慮しないと，このような結果となる。最大経済生産量（アクセスと漁業活動を統制するルールが，経済的最適戦略を超える漁業努力を制するならば達成できる）は，生物学的な最大持続可能生産量より低いということになる。この分析に基づいて資源経済学者は，漁場やその他コモンプール資源というものは単体の所有者，望むらくは個人所有によって，より良く管理できると強く主張する。しかしながら，政府による所有管理も彼らの主張と相反するものではない。単体の所有者であれば，最大経済生産量を決定し，それが得られるような資源管理をすることができる（たとえば，Crutchfield, 1964; Demsetz, 1967: Johnson, 1972を参照）。

　GordonとSchaeferの業績によって，政策設計に生物科学とミクロ経済学が積極的に利用されるようになった。しかし，魚類個体数動態の科学は，Gordon-Schaeferモデルが仮定していたようにはうまく確立されなかった。特に，ある時期の成魚のストックと個体数回復率がその前の時期の漁業努力のみによって決まる「最大持続可能生産量」を想定して議論することを，すべての科学者が承認しているわけではない。Gordon自身，このことについて次のように注釈している。「しかし，大量の稚魚の発生が大量の抱卵成魚に依存しているようには見えず，魚類個体数が人間活動の影響とは完全に無関係であると信じることにつながりやすい（Gordon,1954: 126）」。Wilsonは本書第10章において，なぜ長年にわたって別の角度から顧みることがなされなかったのか, そして知識の質, 科学の不確実性，非科学者の知識がコモンプール資源の管理において重要な要素であることを論じるのである。

　1960年代，70年代の政策的革新の多くは，初期の資源経済学の業績に基づくものであり，「共有地における自由はすべての者に破滅をもたらす」(Hardin, 1968:1244) というHardinの命題に符合するものであった。この論文は，単一の主体による所有（これには私有とともに政府所有も含まれる）の重要性を強調したものである。しかし，この時代に多くの国，

特に発展途上国において遂行された主要な政策革新が，森林，牧場，沿岸漁業，その他自然資源を従来の資源所有の仕組みから政府所有へと移行するものであった（Arnold and Campbell, 1986 を参照）。

1968 年以降進展した研究と経験によって，これら所有権の移行は，保護しようとした資源に時に悲惨な結果をもたらすことが示された。資源に対して長期的な関心を持つ単体の所有者を創出したにもかかわらず，コモンプール資源の国有化は概して次のような状態をもたらした。(1) あらゆる在地の制度の存在を排除し，すなわち，現地管理者による資源保全行動を非合法とし，(2) 多くの政府が自ら所有を主張する資源に対する監視の手段を持たなかったために，資源の境界と収穫方法に関する監視は貧弱なものとなり，(3) 事実上のオープンアクセス状態と資源の争奪戦を招いた。このように，国家所有は「悲劇」に対して普遍的に応用可能な 2 つの「解決策」うちの 1 つであるという見込みは，これら歴史的経験によって深刻な課題を突き付けられた。

1.4　Hardin のモデルとその限界

Hardin は「人は，限りある世界において，際限なく自分の家畜の群れを殖やすよう駆り立てるシステムに組み入れられている」と論じた（Hardin, 1968: 1244）。彼はさらに良心を持つことは自己抹殺であると主張した[6]。コモンプール資源の利用に自制を施す者たちは，無制限の利用をする者たちに比べると，経済的に大きな損失をする。このように，進化論的プロセスは無制限な資源利用を行う者を選択し，獲得を自制するものを淘汰することになる。Hardin の解決策とは，「相互に合意された」強制であった。通常この公式からは 2 つの推論が導き出された。ひとつは，心理学者が嫌悪（強制）統制と呼ぶものだけが効果的たりうるのであって，内部化された規範や義務を作ることによって効果的なルールは成立し得ないとするものである。もうひとつは，ルールに関する合意は政府（通常は最上位の国家レベル）によってのみなされるべきとするもの

---

6)　Hardin の主張は，多くの進化論者が近年まで持っていた立場，すなわち，利己的な戦略は，常に互助的であったり協力的であったりする戦略よりも多くの利益を得，競争を通して利己的戦略以外のあらゆる戦略を駆逐する，という立場と極めてよく似ている。しかし，この見方は優勢を失いつつある。Sober and Wilson（1998）と本書第 12 章を参照のこと。

であり，地方行政とか非公式・非政府の組織では悲劇に向かう状況に歯止めをかけたり改善したりする効果的な方法を作り出せないということを意味している（Gibson, 2001）。

　概念基盤，経験的妥当性，理論的妥当性，および Hardin モデルと関連する資源経済学の業績の一般化への課題は，1970年代および80年代初頭を通じて明確になった。Hardin モデルの核心的問題点が，現実の世界の様々な共有資源制度に精通した研究者たちによって提示された。彼らは，Hardin は共有制度下の資源（common property）の概念と，参入と利用を制限するルールがまったく存在しないオープンアクセスの状態とを，ひどく混同していると論じた。Ciriacy-Wantrup and Bishop（1975: 715）が述べたように，「共有資源は万人の物ではない」のである。彼らとその他の研究者（たとえば Thompson, 1975 を参照）は，共有物の存在するところでは，資源利用者たちは資源に対して長期的関心を持ち，それゆえ過剰利用を避ける動機を有する者に限定した利用権を，複雑で入り組んだ体系に築き上げていることを強調した。共有資源レジームのすべてが機能性および公正性において最適であると主張する研究者はほとんどいない。むしろ，外部の権威が地域の慣習に介入しそれを侵害し，地域にとって公正には映らない一連の新しいルールを押し付けることを想定する前に，現実の仕組みを詳細に検討しなければならなかったのである。

　ゲーム理論研究者からは，別のタイプの問題点が提示された。コモンズの状況をゲーム理論を用いて定式化する初期の試みは，概して前述した囚人のジレンマ（Prisoners' Dilemma，以下 PD）の一種として示されるが，それは古典的な2プレーヤーによる場合から多プレーヤーによる場合へと発展した（たとえば，Dawes, 1980。しかし Rubenstein et al., 1974, Stern, 1976 を見ても，初期の定式化では PD ゲームとしてコモンズを扱ってはいない）。一度限りもしくは一定の時間内での繰り返しによって PD ゲームが行われる場合，すべてのプレーヤーが同様の合理性を追求するという前提で，合理的なプレーヤーは，そのゲームで短期的利益が最大となる一つの（そして，たった一つの）戦略を採る。その戦略とは,他のプレーヤーたちのことを密告することである（文字通り裏切りである）。近年まで，この一回限りの多プレーヤーによる PD が，大部分のコモンズの設

定に見られる状況の特質を，最もよく表しているとする見方が支配的であった。本書の Kopelman 他や Falk 他によってまとめられた研究では，Hardin の予言は意思疎通のない一回限りの条件下で有効であるが，ゲームが繰り返し行なわれる場合，終了時期が設定されていない場合，もしくは，意思疎通が可能な場合には，必ずしもそうはならないことが示されている（Axelrod, 1984 を参照）。

「保証ゲーム」や「チキンゲーム」のような，PD 以外のゲームの方が，少なくとも利用者が直面する一部の状況においては，より適当なモデルであると主張する研究者もいる（Taylor, 1987）。PD ゲームには単一の均衡点がある（したがって，各プレーヤーは，他者がどのような行動をしようとも，自分個人によりよい結果をもたらす単一の絶対優位戦略を採る）が，これとは異なり，これらのゲームは複数の均衡点をもつため（したがって，どのプレーヤーにも絶対優位戦略はない），どちらも協調により利益を得られる[7]。

Runge（1981,1984a,1984b）は一連の論文の中で，コモンプール資源の利用者は，少なくとも発展途上国においては，幾世代にもわたって家族が暮らしてきた同じ村に暮らしており，将来世代も同じ村に暮らし続けると考えている人々が大部分であることを強調した。多くの村人の貧困水準，自然資源への依存度，および利用可能な自然資源の不確実性を考慮し，Runge は，利用者がただ乗り（free riding）という絶対優位戦略を採るとみなすことは現実的ではないと主張した。彼は，発展途上国

  7）「チキンゲーム」は，一つのレーンで向き合ってかっ飛ばす二人のドライバーを用いて説明できる。二人は，少なくともどちらか一方がレーンを外れない限り，衝突する運命にあり，そのためお互いに勝ちきれない。どちらにとっても一方がレーンを外れてくれるのが好ましい。二人が直面している選択肢は，まっすぐ進むか，レーンを外れるかである。もし二人ともまっすぐ進むと，彼らは衝突してしまう。最善の結果の組み合わせは，一人が直進し，もう一方がレーンを外れることであるが，この結末では一方が他方より得をする。「保証ゲーム」，別の名を「シカ狩りゲーム」と呼ばれるゲームは，シカを追う二人のハンターを用いて説明できる。シカを捕らえるには両者の協力が必要であり，このことは最善の結果をもたらす。二人のハンターの元にウサギが近づいてきた時，二人はウサギを捕らえる誘惑に駆られる。ウサギを捕らえることは一人でもでき，協力してもらえる保証のないシカ狩りより確実に獲物を捕らえられる。二人でシカを狙うことは確かに合理的であるが，もしハンターがお互いの協力を疑う理由が少しでもあれば，振り返ってウサギ狩りを始めたほうがよい。これらコモンプール資源の説明に応用される 3 種類のゲームの違いに関する詳細な議論は，Ostrom et al. (1994) を参照のこと。

におけるコモンプール資源利用者は一回限りの PD ゲームよりはむしろ繰り返しの協調ゲームの中にあることを示唆した。このような状況の中では，すべての資源利用者は，他人も確実に自制する意思を持っている限り，自らの利用を制限する方法を探るものである。村の社会は，他人も同意のうえ設定された一連のルールに確実に従うという共通認識（村の文脈の中で）に各利用者が達することができるような仕組みを持っているものである。このように，Runge とその他研究者は，ジレンマよりは協調問題としてゲームを概念化した。

　人類学者や人類生態学者もまた，無情なコモンズの悲劇の概念に挑んだ。Dyson-Hudson and Smith（1978）は，資源にはその近くに住む者たちによって意味づけられた性格があると結論付けた。こうした資源の性格によっては，個人が私有財産として主張できるかどうか，地域共同体全体での資源所有方法を調整するためにアクセスと利用のルールを構築する必要があるかどうかという問題に影響することもある。同様に，Netting（1976）は，彼のスイスのアルプにおける私有財産と共有財産に関する広範な研究を元に，彼が財産の保有形態に関連していると主張する資源の性格について，明快に整理した。彼は，(1) 単位あたりの生産性の値が低い場合，(2) 収穫の頻度と信頼性が低い場合，(3) 改善の可能性が低い場合，(4) 有効な利用のためには土地面積が大きい必要がある場合，(5) 有効な投資を可能にするためには集団の規模が大きい必要がある場合に，利用者により共有物＝共有関係が形成されるという法則を述べた。同様に，反対の状況にあるとき，Netting は，利用者たちは何らかの私有財産の形態を発達させるものであると定式化した（Netting, 1981 も参照のこと）。Netting は，彼の主張を支持するのに十分な証拠を示し，さらに上記のような条件で構築されてきた共有制度は，資源を乱獲することなく数世紀にわたって維持されてきたことを示した。

　そのほかの人類学者は，どの資源が共有となり，どの資源が私有となるかは単一の側面では説明できないのであり，資源が時代とともに共有から私有へと変わる一方的な傾向は存在しないことを主張した。Leach（1954）は，北部ビルマにおける社会構造と所有権にみる長期的な周期変化を記述し，Bauer（1977）はエチオピアにおける短期的な同様の変化を記述した。McCay（1980, 1981）は，資源アクセスを共同体内に暮

らし働くものに対しては比較的開放的に保つために沿岸の漁民によって形成された地域組織の多様さを描いた。McCayは，これらの漁民が，「近代」資本主義的な組織形態を突きつけられた時でさえ，共有の形で利用するように団結を試みた奮闘を記述している。

このように，1980年代中頃までに，Hardinのモデル，すなわちコモンズの状況はすべて囚人のジレンマのようなものであるとか，政策の叡智はこれらの分析によってもたらされる，といった仮定に対する疑問が次から次へと浮上してきた。アフリカやラテンアメリカ，アジア，アメリカ合衆国における定性的な事例研究に通じた研究者たちは，資源の統治形態を地域共同体による共有から政府による統治へと変更する政策転換は，資源にとっても利用者にとっても，実際に事態を悪化させることを指摘し始めていた。このような政策を採った政府は多くの場合，現地で資源の監視をするための，十分に訓練された人材を持たなかった。このように，アクセスと利用形態に何らかの制限を持ち事実上共有物であったものが，法律上は政府の所有に変化した。しかし，執行能力の欠如から，しばしばそれらは事実上のオープンアクセスになった。腐敗した行政当局者は，公式には政府が所有する資源ながらその収奪を望む地域の資源利用者から賄賂を集める機会を得ることにもなった。

しかし，これらの論点や疑念は，それぞれの学問分野がそれぞれ独自の用語と理論を用いる傾向があったために，自然科学の分野や研究団体で広く議論されることはなかった。結果として，1980年代中頃までは学問分野および学会を横断するような成果はほとんどもたらされなかった。ある地域の中で研究する者は，他の地域で行なわれている研究について知ることがなかった。アフリカのような，一つの大陸を対象とする研究者でさえ，森林資源を研究する者は，同じ大陸における牧畜資源や沿岸漁業を研究している者の知見について無知であるという状況であった。

1.5 共有資源管理に関するパネル：初めての統合的議論

1983年9月，全米研究評議会は，共有資源管理に関するパネルを立

ち上げた[8]。その委員会ではその主要な任務のひとつとして，学問的出自を様々に持つ研究者が，様々な資源分野で運用されている多様な所有・利用に関わる制度について議論のやり取りを始められるようなフレームワークを創出することであると確認された。制度に関する長年の学術研究を素描しつつ，Oakerson があるフレームワークを構築した。そのフレームワークは，コモンプール資源と利用者との間の相互関係を熟知する，様々な専門分野の研究者が集う一連の小会議において使われた。課題は，これらの研究者がお互いに交流し，共通の体系的な知見を構築できるような方法を見つけ出すことであった。

その委員会は，メリーランド州アナポリスにおいて，アイデアの交換，統合，そして研究発展のための討論の場を提供する会議を 1985 年に開催した。アナポリス会議は，参加者が代表する研究分野，国，資源への関心は多岐にわたり，当時としては珍しい企画であった。Oakerson のフレームワークは会議の前後で何度か修正され，委員会の最終出版物の中心的業績となった (Oakerson, 1986; National Research Council, 1986; Bromley et al. 1992 も参照のこと)。

アナポリスでの最後のセッションでは，パネリストたちによって，そこで得られた学問的成果の概要が見事に提示された (Bromley, 1986; Ostrom, 1986; Peters, 1986)。それらは以下の項目からなる。

1. 制度的取り決めの機能性を，その環境と人間活動の両面について明らかにする必要性。
2. 制度的取り決めの生成，機能性，存続，および相対的な費用・便益に変化が起こる際の初期条件の重要性。相関関係の解明は，社会科学者がその時点での利用可能なデータを与えられて遂行できる最善の仕事であろう。
3. 資源（コモンプール資源）の性格と資源管理の仕組み（共有レジームもしくはその他の所有レジーム）を区別することの重要性。この区別が真剣になされなければ，分析の進展ははかばかしくなかっただろう。

---

8) この委員会は，Daniel W. Bromley, David H. Feeny, Jere L. Gilles, William T. Gladstone, Barbara J. Lausche, Margaret A. McKean, Ronald J. Oakerson, Elinor Ostrom, Pauline B. Peters, C. Ford Runge, James T. Thomson によって構成された。

4. 様々な学問分野を背景にもつ研究者が意見交換し知見を比較できるようなフレームワークを用いて，様々な専門分野で行なわれたコモンプール資源と共有レジームの分析を比較し統合する必要性。
5. 特に国際的な研究助成機関（団体）が，様々な所有権の変化が，収入，財産およびその他資源の分配にいかに影響を与えるかという，制度的取り決めの創出と継続において重要な局面となる事実を理解する必要性。
6. 資源賦存の空間的・時間的な不均一さが，ある者が他者の犠牲の上に利益を得る機会をいかに作り出し，それゆえしばしば平等問題をこじらせることを理解する必要性。
7. ある資源に対する様々な制度的取り決めの費用と便益を比較する必要性。ある状況では，共有レジームの方が私有レジームよりうまくいくこと。これは，(a) 私有財産権を確立し実効化するコストが高い，(b) 資源から生み出される経済的価値が低い，(c) 資源から得られる収益に空間的不確実性が高い，といった場合に起こる。このような状況下では，共有レジームは，ある期間内に全く収益がない危険性を軽減する手段を提供し，そのため私有レジームよりも好ましいものになりうる（Runge, 1986; Netting, 1976 を参照）。
8. 資源利用者が協力ではなく裏切りをいつも選択するとは限らない。個人の意思決定は彼らの交渉力，資源の初期状態，利用者共通の価値，その他の要素によって左右される。

パネリストたちはまた，未解決の課題と将来の研究領域を以下のように明らかにした。

1. 管理における複数の階層はいかに相互連関し，機能性に影響するか。
2. 制度的取り決めの機能性に与える集団規模の影響とはどんなものか。
3. 紛争解決する種々の仕組みにはどんな機能が働いているか。

これら3つの疑問は，野心的で科学的に解決困難な研究課題を示すものだった。未解決の課題のひとつ（集団規模の影響）は，1985年以降の

研究で繰り返し取り組まれ，本書第 2 章およびその他いくつかの章でも議論されている。しかし，この問題が単純に見えるのは外見上のことだと分かってきた。文脈によって異なる結果が得られているのである。管理における複数の階層間の関係については，第 8 章，第 9 章，そして本章でも扱うが，これも結果は複雑である。紛争解決のための様々な仕組みについての研究はほとんどなされていない。従来のコモンズ研究が紛争解決の研究とつながりうる，重要な研究領域として残されている。このトピックは第 13 章において再考される。

アナポリスでの会議の後，多数の関連した活動が次々と行なわれた。ひとつは，一連の研究者による単著や編集書籍の出版があり，それらはコモンプール資源研究の経験的基礎の重大な見直しへと導くものであった (Berkes, 1986, 1989; Berkes et al., 1989; Blomquist, 1992; McCay and Acheson, 1987a, 1987b; Ostrom, 1990; Pinkerton, 1989; Tang, 1992 を参照)。これらの研究は，Hardin の分析の妥当性と，政府所有と私的所有だけがコモンプール資源を管理する"唯一の"方法であるとする示唆への本格的な挑戦であった。彼らは，ある条件下で共有レジームを用いる集団が彼らの資源を極めてうまく管理できていることを実証した。この挑戦によって，広く適切な一般論として見られていた Hardin の公式は，特定の状況の下でしか観察されない特殊なケースであるとみなされるようになった。さらに，豊富な事例研究論文によって，コモンプール資源に依存して生活する人々が自らを組織化し，Hardin のモデルによって予言される以上に良い成果を得ている状況が非常に多様に存在することが明らかになった (Cordell, 1990; Ruddle and Johannes, 1985; Sengupta, 1991; Wade, 1994)。この研究によって，どこでも通用する厳正な概念や単一の正しい政策を追求することから，ある制度形態で利用者集団が長年にわたって彼らの資源を持続的に利用できている条件を理解する方向に，この研究分野の焦点が移った。この種の条件付きの研究結果は，時に，資源制度のための「設計原理」(Ostrom, 1990) として定式化され，以来，この定式は多大な学問的関心を刺激した (Agrawal による本書第 2 章の議論とまとめを参照のこと)。

アナポリス会議はまた，理論進化につながる定量的手法を促すことをもくろんだ，いくつかの比較データベース構築の契機となった。ひと

つは，事例に含まれる多くの重要な項目を捉えるための調査項目記載フォーマットの試案として，アナポリス会議中に始動した。このフォーマットは会議での提言を元に改訂され，その後インディアナ大学の研究者によって再調整された。そのフォーマットは，灌漑システムと沿岸漁業に関する国際比較研究にまず適用された。綿密な事例研究の場合，データベースに収録された項目と比較することで，どの程度網羅したものであるかが評価され，灌漑システムと沿岸漁の2つの部門においては，それぞれおよそ50の事例がコード化された（Schlager, 1994; Tang, 1992）。このアプローチによって，コモンズ管理の基礎的パターンを理解するうえで目覚しい進歩を可能にした（たとえば，BardhanとDayton-Johnsonによる本書第3章を参照）。そのデータベースは修正，更新され，ネパールにおける100以上の灌漑システムについての情報のコード化が可能となった。事例研究からコード化された情報は，現地を訪れ80以上の灌漑システムにおいて初期のコード化の確認と欠落した情報を埋め合わせることで補完された（Lam, 1998を参照）。もう一つの重要なデータベースは，国際林業資源制度機構（IFRI）の研究プログラムによって構築され，ボリビア，グァテマラ，インド，ケニヤ，マダガスカル，メキシコ，ネパール，タンザニア，ウガンダ，アメリカ合衆国における共同研究機関によって利用されている。共同研究機関ネットワークの目的は，一国内の一通りの事例に同一の主要な尺度を適用することと，定期的に研究対象地を訪れて長年にわたってコモンプール資源の管理の動的なプロセスの研究を可能にすることにある（Gibson et al., 2000aを参照）[9]。第3章では，さらに最近になって設計されたデータベースから得られた重要な知見のいくつかを概観する。

　以下の章で示すように，現時点はコモンズ研究の「歴史の終わり」ではない。むしろ，我々は，コモンプール資源とそれらを管理する（そして管理に失敗する）制度の動態に対する理解を深めようとする研究の急速かつ活発な成長のただ中にあるようだ。新しい類のコモンズが分析されつつあり，新しい方法論的手法と理論的視座が生まれようとしてお

---

[9] 森林面積，バイオマス，生物多様性の変化も，人口統計や経済状況，そして制度的変化と同様に，少なくとも5年間隔で調査されるように計画されることが望ましい（Ostrom, 1998を参照）。

り，現在進行中の研究はますます統合的かつ総合的になっている。このコモンズ研究の活況が本書編纂のきっかけとなっている。多くのことが分かってきて，それを元に研究は活発な歩みで前進し続けているのである。

本章の次節では，我々はコモンズ研究の主要な概念をレビューする。明確な概念的フレームワークの進化は，過去10年以上にわたってコモンズ研究の重要な部分となっていた。この研究分野の成長は，より明確な概念の形成と，それに伴って，複数の学問分野に類似の考え（たとえ相違する用語が使われていても）が生起してきたと認識されたことによって促進されている。言葉と概念が学問分野の伝統を越えて一致をみると，どちらかというと自発的な流れで進んできたこれらの研究は，相互の発展に資することができる。したがって概念発展の議論は，実際この研究分野の歴史についての我々の議論の延長であり，その研究の現状を概観するうえでの前奏曲となる。

2　概念的発展と重要な用語

1985年のアナポリス会議の重要な成果は，コモンズ（commons），コモンプール資源（common-pool resources），共有レジーム（common property regimes），および関連する理論的用語の様々な意味合いを整理する努力に注力したことであった。Bromley（1986）がアナポリス会議での総括で指摘したように，特有の特徴によって性格づけられる資源に言及するのに「共有財産」という所有制度にかかわる用語を用いることによって深刻な混乱がもたらされた。「共有財産」という用語は資源そのもののよりはむしろ人間によって作られた一種の管理上の取り決めを意味している。利用者を排除しにくい資源に対して望ましい用語は「コモンプール」資源である。しかし，「共同で蓄えている（common-pool）」という語は，それを管理してきた人間の取り決めよりはむしろ資源の特徴に焦点を置いている。このような資源は，ルールがなければオープンアクセスとなりうるし，私的所有のごとくひとつの政府によって管理されることも，また共有制度によっても管理されうる。共有資源という語

は，経済学や政治学の文章中の用語として組み込まれるようになり，この概念的前進を図ることは困難であった。この混乱はアナポリス会議を主催した全米研究評議会委員会の名称にも現れており，この過程の努力を通じて生まれた学会の公式ニュースレターのタイトル（The Common Property Resource Digest）にもなお用いられている。いくらか白熱した議論の後，"resource"の語は IASCP 自身の名前から外され，学会の名前は "resource" と組み合わせたものではなく，"property" の語を含むようになった。common-pool resources と common property resources のどちらも CPR と省略できることは，混乱を長引かせた。本書では，さらなる混乱を避けるため，CPR という略語を一切用いない。

この混乱が続いているため，主要用語の一連の定義をこの最初の章で示し，本書において一貫して用いられることが重要である。この章で我々は，今や学問分野を越えて比較的一般的な合意に至っている用語と概念に焦点を当てる。第 13 章では，この分野におけるより新しい概念的発展に目を向ける。

コモンズ（commons）という語は，日常的な言葉で，様々な資源や設備を指すと同時に，何らかの共同所有もしくは共同利用の側面を持つ所有制度を指す。すでに述べたように，分析によって得る利点は，人間によって価値付けられた資源や財という概念と，人間がこれらの資源を利用する際の態度や行動を統制・管理するルールの概念とに区別するところにある[10]。この見方では，コモンプール資源とは，複数の人間にとって利用可能で，過剰利用の結果として資源劣化に陥りやすい，価値付けされた天然もしくは人工の資源や設備のことである。コモンプール資源は，そこからの利用を排除することに費用がかかり，誰かの利用によって他人の利用可能な資源が差し引かれる資源である。コモンプール資源の利用を調整するために用いうる所有権制度の多様性は非常に大きく，

---

[10] もちろん，これは一つの分析上の区別である。人は資源そのものとそれをその時点で管理するために用いられている制度（どの様であれ）の双方と，行動するうえで対峙しており，それゆえ個人の選択を左右するものは資源と制度の両方に由来する。外部からの干渉は制度面を構成する要素に対して，資源そのものの特性に対してよりもはるかに多く加えられる場合が多いため，理論の検討段階，および政策提案においては，この区別をしておくことが重要である。

広く政府所有，私的所有，共同体所有などといったものも含まれる[11]。誰がコモンプール資源を利用できるのか，どのようにその利用が調整されるのかを定める所有権のあり方が定められていない場合，コモンプール資源はオープンアクセスの状況に置かれる。

人類は，コモンプール資源によって生み出される価値ある財の限られたフローの一部を収穫ないし抽出することによって，あるいは必要のない副産物をそこに放出する先，つまり流し台として扱うことによって，コモンプール資源を利用している[12]。通常，このタイプの資源を利用する人間は，少なくとも二つの行動原理に関する潜在的な問題に直面する（Burger et al., 2001; Ostrom et al., 1994）。第一の問題は，過剰利用や混雑の問題，もしくは資源破壊の問題でもある。これは，一人の人間による利用が他の人間が得られる利得を差し引いてしまうことによって生じる。第二の問題は，資源から得られる利得からある者を排除するコストの存在もしくは困難さに由来するフリーライダー問題である。アクセスと排除のルールを維持し行使することの利益は，正当な費用分担をしたかどうかにかかわらず，すべての利用者に及ぶ。人々がコモンプール資源利用を調整するために講じる制度は，これら二つの基本的な誘因が引き起こす問題に対処しようとするものでなければならない。それらの制度は，いかに過剰利用を防止し，いかに資源および制度そのものを維持するための仕組みを支える方向にすべてを結集できるか，に苦心するのである。

2.1 過剰利用の問題

コモンプール資源の第一に重要な性格は，資源が利用されればその分無くなるという控除性（subtractability）をもつことである。この性格については，消費の共同性，消費の競合性を含む多くの別称がある[13]。こ

---

11) 現実に用いられているルールには多様性があることから，所有権のカテゴリーそれぞれに様々な制度が含まれている。分類は最初の切り口であり，分析者にとっては，設定する目的次第でその有用性が認められることになる。その他の者にとっては，資源へのアクセスを制御し，他の選択肢を作るために使われているルールを正確に知る必要がある。

12) Schnaiberg（1980）は獲得源もしくは流し台としての生物物理学的な環境を論じている。

13) これはもともと，Samuelson（1954）が示した，財の世界を私的消費財と公共消費

れらすべての用語は，一人の人間の利用が他人の資源利用可能性に関与する点に焦点を当てている。一人の人間による魚，水，もしくは木材の獲得は，ある時点で（そして，潜在的には以降ずっと）他人の利用分として残されている資源量から差し引くことになる。コモンプール資源は控除的であるために，容易に混雑，過剰収奪，劣化，そして破壊さえ起こりうる。公共財に関する理論的文献で議論されている資源の中には，実際にはコモンプール資源が多い。なぜなら世界平和や科学知識のような古典的な公共財には控除性がないが，これらには控除性があるからである。

現代の最も深刻なコモンプール資源問題の中には，流し台（sinks）として使用されるコモンプール資源の問題があり，汚染により資源は劣化する。共用の流し台とは，世界中すべての国の一人一人の行動によって影響を受けるグローバルな大気から，ある特定の地域の人々によって影響を受けるローカルな流域や大気分水界まである。資源が流し台であるとき，過剰利用の問題とは，非常に大量の汚染物質を資源に流入させることであり，より馴染みのある過剰収奪の問題と対照的となる。多くの流水は2つのタイプの問題を同時に抱えている。すなわち，各利用者による過剰取水によって他者が利用する水の費用が増大し，汚染源の資源への過剰投入によって他者が利用する水質を低下させる。流し台的利用を理解する際にコモンプール資源分析の枠組みを利用することは有効に思えるが，こうした視角の分析は資源の収奪問題ほど精緻でないか，もしくは十分に検証されていない。

2.2 フリーライダー問題

この問題は，もともとは，いかなる資源も一度開発に着手されると受益者を排除することは不可能であることという，最も極端な形で定義されていた（Musgrave, 1959）[14]。しかし，ある資源の性質が本来的に排除

財の二類型への分類方法に由来する。私有財は控除的であり，公共財はそうではない。

14) Musgraveもまた，Samuelson（1954）のように，排除性という一つの性質を，私的と公的という二つのタイプの財に区分する方法として利用した。私的財に関連して利用されれば市場には望ましい性質があるということが示されたが，1950年代の経済学者間の主要な議論のテーマは市場の失敗を導く条件に関する問題に焦点が置かれた。暫くの間，学者たちは，すべての財，資源およびサービスを，「私的財」と呼びうる市場によって最適に配分され

第1章　コモンズのドラマ

問題の解決を不可能にするものであるなら，制度はそれら資源を管理する役割を何も持ち得ないことになる。現在では，潜在的な受益者を資源由来の恩恵から排除する費用の点で，様々なものがあることが判っている。利用者を排除することが現実的でなかったり，利用者に資源の開発と維持の費用を負担することを強いることが不可能であったりするとき，負担を支払わない利用者をフリーライダーと呼ぶ。潜在的な利用者を排除する費用は，しばしば技術的な問題である。有刺線柵が発明される前は，潜在的な利用者を放牧地から排除することは高くついたが，入る権利のない者を排除することは有刺線柵があることで実現可能性が高まった。

　このように，一連のルールが遵守されないのであれば，コモンプール資源の利用に関する中心的な問題は潜在的な利用者のアクセスを防ぐためのコストについてである。コモンプール資源に関して，利用者自身のコストと利益しか勘定に入れずに，個々人がそれぞれに資源を獲得したり，そこに汚物を投棄したりするとき，ただ乗りが起きる。社会的な利益と社会的なコストが考慮されるように個人の行動を調整するルールが適用され受け入れられたとき，フリーライダー問題は「解決」する。持続的にコモンプール資源を管理しようと適用されている特有のルールは，膨大な数にのぼるが，次のような一般的な類型をもったものに大別することができる。すなわち，境界規則（boundary rules），地位規則（position rules），認可基準規則（authority rules），適用範囲規則（scope rules），統合規則（aggregation rules），情報規則（information rules），利得配分規則（payoff rules）などである（Ostrom, 1999）。ある特定の構成のルールがある特定の資源システムのフリーライダー問題の解決に繋がるかどうかの帰趨は，ルールがいかにうまく該当する資源の生物物理学的な構造に即応しているか，そのルールが利用者に正当なものとして認められ実行されているかどうか，そのルールが関係者の間で同様な理解

るものと，「公共財」と呼びうる政府によって最適に提供されるものとに分類しようと試みた。制度的取り決めの効果を予想する課題にとって Samuelson と Musgrave によって提示された二分法が，理論的に適当でないことが明らかになるにつれて，財や資源には，利用者の行動動機に影響を与える複数の特性が存在するという認識が徐々に生じてきた（Chamberlin, 1974; Ostrom and Ostrom, 1977; Taylor, 1987 を参照）。

のされ方をしているかどうかにかかっている。

　排除の問題とフリーライダーが生ずる問題を分析するには，資源そのものを生み出しているシステム（川，森林，漁場）と，人間にとって価値のある資源ユニット（水，材木，魚類）とが区別されなければならない。資源ユニットをシステムから抽出したあとに，その得られた資源ユニットから潜在的受益者が消費することを排除するコストは，多くの場合比較的低く，資源ユニットは私的財としてみなしてもよい。すなわち，釣りに出掛ける人を制限するのは難しいかもしれないが，一度捕まえた魚を得る人を制御することは容易である。瓶詰めの水，魚，木材の効率的な市場は，収穫物から受益者を排除するコストの低さの上に成り立っている。泥棒を防ぐ実行力を与える法体系や強力な規範の組み合わせによって，潜在的利用者が対価を払わずにその資源を獲得することを容易に防止することができる。皮肉なことに，この収穫物に対する効率的な市場は，資源利用者が過剰収穫をする動機を生む主要な原因となる。過剰収穫者たちはその資源ユニットを扱う市場を通して，過剰収穫から得られるすべての利益を得，資源ユニットを育むシステムを過剰利用することによって他人に押し付けたコストのわずか一部しか負担しない。

　コモンプール資源は，国際平和，知識，公正な社会での暮らしといった公共財の供給と同様に排除困難の問題を抱えている（Olson, 1965; Young, 1989）。ひとたびこれらの財が何者か（多くは政府の機関）によって供給されるならば，その供給範囲に暮らす者は誰もその利益を享受することから容易に排除されることは不可能である。コモンプール資源と公共財にはこの共通した性質があるが，控除性に関しては異なった性格を持つ。一人の人間が物理法則の知識のような公共財を利用しても，彼以外の計り知れないほど多くの人々が同じ知識を利用する可能性は減退しない。

　すでに指摘したように，コモンプール資源および公共財双方にとって，排除にかかる高いコストに起因する主要な問題は，フリーライダー問題である。もし排除が物理的に困難で，資源を利用できる人，何を取り出してもよいかを規制するルールがなければ，すべての利用者は，他者の（最終的には彼ら自身に降りかかる）コストに影響する自身の行動に関心を払わずに，収穫率を高めようという動機を抱く。さらに，コモン

プール資源を統治するルールそれ自体が公共財である。なぜなら，ひとたびルールが供給されれば，そのルールを一人が利用することによって他者の利用可能性が差し引かれないからである。このように，コモンプール資源からの獲得もしくは収穫は，過剰利用になってしまう誘因を生むという構造を持っている。コモンプール資源を統治するルールを供給することは，関係者が費用を負担するにせよしないにせよこのようなルール適用の利益をみな得るため，関係者が効果的なルールを作成するために必要な時間と努力にただ乗りする誘因を生む構造を持っているのである。これら2種類の誘因は，組み合わさって，過剰利用を阻止する問題を現実に困難にしている。現在の研究者は，資源や利用者の特質に多くを依存するコモンプール資源の統治及び現行の管理の中に，実際に多数の「ゲーム」が含まれていることを強調してきた（Ostrom et al., 1994 を参照）。

2.3 制度の特性

制度とは，ある特定の状況について，人々が「してよいこととしてはいけないこと」を明確にするために構築したルールである。コモンプール資源に関しては，誰が資源へのアクセスを持っているか，収穫してよいもの，捨ててよいもの，資源に対して手を加えてよいことは何か，そして，これらの問題と他者への権利と義務の移転に関する重要な決定に係るのは誰か，がルールによって定められる。制度的取り決めが変更される原因は，しばしば資源の分配をめぐる紛争であった（Acheson and Knight, 2000; Knight, 1992; McCay の本書第11章を参照）。様々な形態の制度的取り決めが，分配をめぐる紛争と同様に過剰利用とフリーライダーの問題を軽減しようと考案されてきた。

すでに指摘したように，自らの利用を統制する制度を持たないコモンプール資源は，オープンアクセスレジームと呼ばれる。利用を統制する制度は，私有財産，共有財産，政府有財産に関連付けられる3つの大きな類型に整理される。これらそれぞれの類型には，非常に多様な形態が含まれ，また複合的な形態も数多くある。たとえば，政府有財産に関する制度の中には，中央政府が財を所有するが，その政府の機関が自己のために資源の利用と管理を直接行うような形態がありうる。または，国

家，州や地域行政府によって資源が「所有」されるが，アクセスしたり，資源を取り出したり，管理したり，誰が資源を使ってよいかを利用者が決定できる様々な権利を持っていることもありうる[15]。共有資源レジームの下での資源利用は，その利用資格を，協同組合，拡大家族，法人格を有する団体，地域共同体，もしくは，正式に認められたか非公式に組織された利用者集団に制限するといった形態がありうる。また私的所有レジームの中でも，コモンプール資源の利用を統制するために，非常に多様な形態のものが考案されてきた（Tietenbergの本書第6章を参照。Feeney et al., 1990 も参照）。

2.4 コモンプール資源にみられるその他の特性

排除にコストがかかることと控除性が，コモンプール資源の顕著な特性である[16]。このほかの様々なコモンプール資源の特性もまた人間の資源利用を形作る上で重要である。したがって，制度が過剰利用とフリーライダーの問題をいかに効率的に処理するか否かに関する一貫した理論を発達させるには，資源の特性の多様性を考慮する必要がある。さらに，資源の中には，地下水盆や大気分水界のように，純粋なコモンプール資源の形でしか供給されないものがある。一方，森林のように，何らかの取出しによって得られる生産物（たとえば，木材）と共に，取り出さずに得られる利益（たとえば，洪水の制御）をもたらす資源もある（Gibson et al., 2000a）。このように，森林資源に関して，制度がどのように行動に影響するかを理解しようと分析する研究者は，森林のどの側面がコモンプール資源で，どの側面が公共財なのかを理解する必要があるかもしれない。（しかし，取り出しによる生産物と取り出しによらない生産物は，たとえば木材伐採が森林の洪水防止機能を弱めうるように，関係性を持っている。）個人が直面する誘因に重大な影響を及ぼしうる資源の特性としてさらに3つ，すなわち再生可能性，規模（スケール），測定コストに

---

15) コモンプール資源利用に内在しているであろう「権利の束」の議論については，Schlager and Ostrom (1992) を参照。
16) すでに指摘したように，排除のコストは資源の特性の一部でしかない。資源の性格の問題であっても（たとえば，排除は湖よりも海における漁業のほうが難しい），排除のコストは，利用可能な技術や利用者集団の特質や制度の特質によっても影響を受ける。

ついて簡潔に述べる。

再生可能か再生不可能か　再生可能性は，取り出しによってもしくは流し台として利用される資源ユニットが長年にわたって利用される割合と関係している。時間当たりの更新率は0（再生不可能）から1（即時再生可能）までの値をとりうる。鉱物や石油は通常，埋蔵箇所から一度取り出すと人間の生存時間内には全く復元されないため，再生不可能であると考えられる。このように，再生不可能な資源を扱う際に直面する主要な問題は，資源の効率的採掘のための最適操業の径路探索を行うことである。（Libecap, 1990）。

一方，人間が利用するために収穫・捕獲される生物種は，繁殖個体ストックと繁殖環境が保護されるなら，1年未満から数十年に及ぶサイクルで自己再生する。長期にわたってこのような生物資源の持続的利用を望む者たちは，利用者を制限するルール（収穫・捕獲の技術や時期，数量，場所の制限）を編み出し，その種の生息地を保護する。それらのルールを設計，実行，監視し，適応させるコストは，獲得対象となる生物種の特徴，その生息場所，使われる技術，利用者の文化によって，大いに異なる。ゆっくりと回復する資源は，資源の回復が深刻な危機に陥るまで過剰収穫が発見されないため，より管理が難しい。群れを作る性質を持つ魚類は，広汎な海で拡散して生息する魚類よりも，魚群を探知し群れごと漁獲する限界的コストはずっと低いので，近代的漁業技術の元では枯渇しやすい（Clark, 1976, 1977）。

人工のコモンプール資源の中には，利用が中断されるか軽減されることによって非常に急速に回復するものがある。たとえば，放送の周波数帯はコモンプール資源である。なぜなら，それは有限で，ある者の利用は控除的となり，ゆえに一度に多くの利用者が同じ周波数帯を利用しようとすれば混雑が起こりうるからである。これはしかし，利用が減少すると資源は即座に回復する。したがって，控除性は時間を通して存在するのではなく，利用者間に存在するのである。このようなコモンズは，過剰利用によって永久的に破壊されることはありえない。電波周波数帯の利用を効果的に調整するルールのタイプは，生物種の利用を調整するのに必要なルールのタイプとはこのように全く異なるものであろう。

規　模　河川や湖沼の汚染，大気汚染物質の長距離伝播，世界的気候変動，生物多様性の危機，海洋漁獲の減少，大気圏外および北極南極への利用制御といった主要な国際問題は，コモンプール資源のもつ規模の特性への注意を喚起してきた（Benedick, 1991; Buck, 1998; Gibson et al., 2000b; Haas et al., 1993; Young, 1989）。ローカルなコモンプール資源とグローバルなコモンプール資源の間には，明確な違いがあるものの，多くの重要な類似点がある。研究の射程は，単一の階層の資源（地域的レベルか国際的レベルか）を超えて，異なる階層でコモンプール資源を比較し，またある階層から得られたものを他の階層に適用できるような成果を導出するものに移ってきた（Keohane and Ostrom, 1995; Ostrom et al., 1999）。ローカルな資源とグローバルな資源の明確な違いのひとつは，資源の存在範囲であり，それゆえ様々な場所で利用様式を監視するコストが異なってくる。グローバルな資源とローカルな資源は，さらに2つの点で違いがある。資源を利用するアクターの数，意思決定に発言の機会を持つアクターの数において，ローカルな資源の場合に比べて，グローバルな資源を利用する場合は多くなり，アクター間の異質性ははるかに高いのが普通である。これらの要素は二つとも，協力してルールの設計と遵守を担うと見込まれる階層に影響を及ぼし得る。

　ローカルなコモンプール資源に関する研究成果では，資源利用者の数が大きなことは，たとえこのことがルールを考案しモニタリングし実行するコストを吊り上げるとしても，必ずしも協力関係を妨げるわけではないことが示唆されている（Ostrom, 1990）。規模が大きいと，単一の層よりはむしろ複数の層にわたる入れ子状の制度が必要となる場合もある。しかし，国際的な場での協調に関する研究成果では，協調関係はアクターの数が大きくなるほど形成されにくいことが示唆されている。これらアクターの中には，国家レベルの意思決定者だけでなく，重要な役割を持つ非政府のアクターもしばしば含まれている（Benedick, 1991; Mitchell, 1995; Vogel, 1986）。これら非政府のアクターが政治的意思決定プロセスに参与することを認める制度は，潜在的協調可能性を左右する重要な役割も担う可能性がある（Dolšak, 2001; International Human Dimensions Program, 1999; Weaver and Rockman, 1993; Young, 1997）。

　資源利用者の異質性は，ローカルなコモンプール資源および国際的な

資源に同じ効果を及ぼすとは限らないだろう。ローカルなコモンプール資源に関する研究成果では，アクター間の異質性が協力関係に及ぼす影響は様々で，反対の結果さえもあることが示唆されている。異質性は協力関係を生む（Olson, 1965）とも，協力関係を阻害する（Libecap, 1995）とも論じられてきた。実証研究では，異質性は利用者がコモンプール資源を管理しようとする際にしばしば克服できた障壁であるという見方が示されてきた（Lam, 1998; Verughese and Ostrom, 2001）。この問題は，Bardhan and Dayton-Johnson（第3章）によってさらに議論される。しかし，国際的レベルでの研究，特に国際平和や国際的公共財の供給に関する研究では，異質性は協力関係を生じることが示唆されている（Martin, 1993, 1995）。多くの研究者が資源利用者の異質性が違いを生むことは了承しているものの，より一層の，この概念と影響を明らかにする研究が求められている[17]。

　ローカルなコモンプール資源とグローバルなコモンプール資源は，分析するうえで類似点があるだけでなく相互に関連性を持っていることが，次第に明らかになってきている。ローカルな階層での資源利用が，国際的資源およびグローバルな資源に影響を与えており，またその逆もある。したがって国際的資源およびグローバルな資源の利用に関するルールを構築する場合には，資源利用のローカルな特徴を注意深く検討する必要がある。たとえば，温暖化ガスの流し台として全球規模の大気を利用するために有効な国際的仕組みを構築するには，様々な利用者が様々な理由で様々な種類の温暖化ガスを排出すること，その利用状況をすべて同じ信頼度で計測できるわけではないこと，異なる利用者間で利用を軽減しうる能力に極めて大きな開きがあること，を理解することが重要である。これら規模（スケール）の異なる制度間のつながりや相互作用といった多くの問題については第8章と第9章でさらに深く議論する。

---

[17] たとえば，Keohane and Ostrom（1995）は，能力の異質性，選好の異質性，情報と信条の異質性，制度の異質性の4種類の異質性に着目している。これらの類型に加えて，世界的気候変動の政策に向けた手段を考案する最近の議論では，過去にその資源を使った程度に関する異質性もまた重要な役割を果たしていることが示唆されている。

測定のコスト　コモンプール資源の利用を制限し,混雑や過剰利用,資源破壊を被らないようにする効果的な制度を構築するためには,資源ユニットの量と所在を測定できる必要がある。コモンプール資源は,現在のストックとフローを測定し将来の状態の予測をする場合,その信頼性とかかる費用はそれぞれ大きく異なるものである。Schlagerとその同僚（1994）は,測定の難易度に強い影響を与える2つの物理的資源特性を明らかにした。それは,資源の貯蔵可能性と移動性である。貯蔵（たとえば,水分配システムにおけるダム）ができれば,管理者と利用者は,何が現在利用可能かという適切な情報に照らして,資源ストックを測定し長期にわたって資源を利用分配することができる。野生生物やダム化されていない流水のような移動性資源は,森林や放牧地などの静止した資源に比べるとはるかに測定し把握することが困難である。つまり,資源の移動性は,野生生物の測定を,それゆえ管理を,静止した資源よりもはるかに困難にするのである。

2.5　効果的な制度の探求

　資源システムを統制する方法の改善は,新世紀においても,主要な論点であり続けるだろう。気候変動,生物多様性の喪失,オゾン層の破壊,難分解性汚染物質の広範囲の分散など,大部分の環境問題の中にコモンズが含まれている。国際的な階層や,国,地方,そしてローカルな階層においてこれらの問題に携わっている当事者たちは,解決策を探究し続けるであろうし,自然資源を政府が所有すること,私的に所有すること,そして地域共同体が所有することの適切な役割について議論し続けるであろう。一方で,様々な所有レジームとそれに伴う制度的形態が資源の持続可能性にいかに影響するかについては,相当の科学的不確実性が存在している。

　これまでの優れた研究成果によって,ただ一つの最善の戦略を探究するのは不毛であることが,強く示されている。コモンプール資源を持続可能に管理する最善の手法は,その資源と利用者の性格次第で異なる。危機に瀕する物質資源や生物資源が多岐にわたっている状況を目前にし,複合的制度戦略が必要であるという基本的合意が徐々に進展しつつある。資源を取り巻く,より大きな巨視的政治制度,文化,そして経済

情勢を考慮すれば，ある特定の資源の特性に効果的に対処する制度を設計するためには相当の工夫が必要である。さらに理解が進展すれば，資源利用状況をうまく診断することで，望むべき目標に達しそうにない制度形式から有望な制度形式を分離し，追加的な改善に有効な科学的情報を与えることが可能になるかもしれない。

　我々の知識を発展させるには，様々なレベルの組織における広範囲に及ぶ政策オプションの実効性を分析することが必要であろう。それらの分析は，1）所有権レジームを2,3の主要な類型に分けた初期の大雑把な分類からより洗練された類型論へ，2）制度形態がうまく機能するかどうかという二項命題から背景の相違を考慮に入れたより複雑な理論へ，3）単一の社会階層での分析から異なる階層での制度形態間の連関を考慮に入れたものへ，と発展しているところである。制度設計には重要な克服すべき点がある（たとえば，資源特性との相性，資源と利用者のモニタリング，ルールの実行）という見方は，重要な前進であった。これによって，確固とした「設計原理」(Ostrom, 1990) が模索されることになった。成否は，設定した所有形態のような制度的特性より，設計上の課題への制度の適応可能性に依存するものになるであろう。この問題は第13章でより詳細な議論を行う。

　さらに，制度の機能性は，効率性，持続可能性，公正性を含む複数の評価基準で評価されうるという認識が形成されつつある。経済的効率性の基準は，個人および社会の合計費用に対する，個人及び社会の合計便益の関係に焦点を当てている。社会的な便益と費用を計測することはしばしば困難であるものの，効率性分析のための概念的基礎は明確である。資源によって左右される個人の福利について，資源の再配分によって他の個人の福利を犠牲にせずに改善できないのであれば，その制度的取り決めは経済的に効率的であると考えられている。持続可能性の基準は，資源とそれを統治する制度の両方に対して適用できる。資源に関しては，持続可能性とは資源システムや設備，資源ユニットのフローを生みだす資源ストックの存続（改善であってもよい）を意味する。制度に関しては，持続可能性とは，安定した政治的背景において，日常的なルールの中での修正を伴いながら，長年にわたって制度が継続的に適用されることを意味する。公正性の基準は，努力に対する個人の負担とそこから得られ

る利益との兼ね合いや，個々人の異なる支払い能力に基づいて，費用と便益の分配を評価するために用いられる。効率性，持続可能性，公正性を踏まえて，説明責任や適用可能性などの基準がしばしば導き出される。いつでもすべての評価基準について良好であるような制度的取り決めはありそうにない。したがって，実際には，評価される機能と機能の間に何らかのトレードオフ関係が含まれていることが普通である。経済効率が政策論争を支配することがしばしばであるが，公正性と資源の持続可能性に関心を払うほうが，政策提案から直接的に影響を受けることがらにとって重要かも知れない。

3　本書の構成

　研究の魅力ある部分を概観するには，様々なやり方がある。我々は，この分野における研究の最も誇るべき伝統的蓄積をレビューし，同時に，コモンズを理解するために用いられてきた方法論的，理論的手法に多様性があることを示す章から始めることにした。こうすることによって，読者がこの研究文献の高度な学際性と，刺激的な性質を感じ取って欲しいと考えている。その後に，市場とコモンズ制度の間の相互作用や，ローカルな制度，国家的制度，そしてグローバルな制度間で進む相互関連をいかに理解するか，といったコモンズ研究において浮かび上がってきた論題群に移る。最後に，まだ議論の地平に昇ったばかりだが，我々が10年後にコモンズ理解を概説するうえで中核となると確信している問題や研究アプローチに話題を移す。最終章では，総括を行い，将来の研究に向けての重要な課題を示したい。

　第2章から第12章までは，コモンプール資源のガバナンスに影響を与える重要な問題を概観する。まず第2章から第9章では，過去15年間に亘って発展してきた研究の知見をまとめ，他方，第10章から第12章では，研究によって明らかになってはきたが，いまだ詳細な検討が行なわれていない重要な問題に集中的に取り組んだものである。

　第2章から第5章は全く異なる研究方法から得られた知見に基づくものである。Agrawal（第2章）は，コモンプール資源を管理する制度の

運用の特性について提示されてきたいくつかの経験的一般化に関して検証する。この章は，ある程度数多くの資源管理制度からなる事例の体系的定性比較から得られた論拠に基づくものである。Bardhan and Dayton-Johnson（第3章）は，資源利用者間の異質性がもつ影響に焦点を当て，灌漑システムの定量的分析から論拠を導き出している。Kopelman, Weber, and Messik（第4章）は，模擬的にコモンプール資源利用者を設定した実験研究から得られた知見を概観することで，資源利用者，利用者集団，そして彼らが直面する課題それぞれに備わる特性の効果を検証している。Falk, Fehr, and Fischbacher（第5章）は，正規のゲーム理論を用いて，行動に関する少数の仮定を置くことで実証的に観察される現象を再現できる簡潔なモデルを開発したものである。これらの章は，コモンプール資源利用の理論における重要な基礎的問題を取り扱うだけでなく，この分野の知識に貢献している学問と研究アプローチの多彩さと，これらの学問とアプローチからもたらされる知識の種類の豊富さを示す。

　第6章と第7章は，2種類の所有権レジーム（取引可能環境許可証と共同体所有財産）での政策実験からの教訓を取り上げる。Tietenberg（第6章）は，大気と水における汚染と漁場へのアクセス権を統制するために用いられてきた，様々な取引許可に関する取り決めについて検討する。彼は，経済学理論から予期できることと現実の結果の双方を検討し，結果の相違につながる要素を整理し，観察された結果を説明しうる要因について考察した。Rose（第7章）は，所有形式の理念型に対応するものとして取引可能環境許可証と共有財産を対比して考察し，それぞれのタイプの制度の下で成功するための条件について，実証研究に基づく多くの仮説を提案している。

　第8章と第9章は，主要な論題である，規模（スケール）と制度間リンケージの問題を取り扱う。Young（第8章）は，クロス・スケール・リンケージについて分類を提示し，土地利用と海洋利用での運用についての実証的根拠を検討する。彼は，大きな規模のユニットと小さな規模のユニットの強みと弱点について，また，異なる規模の階層に権限を与える際のトレードオフについて結論を示す。Berkes（第9章）は，事例研究から，国家による関与がローカルな制度の運用を促進する場合もあ

れば妨害する場合もあるが，どのような条件がそれらを作り出すかについて議論する。そのうえで彼は，クロス・スケール・リンケージを改善する可能性を秘めたいくつかの制度形態について議論している。

　第10章から第12章では，払われて当然の集中的な研究関心が今のところ払われていない論題を提起する。Willson（第10章）は，科学的な漁業管理の歴史を検討し，資源管理における標準的な科学と在地知識の適切な役割についての問題と，決定論的な科学モデルを資源の主要な管理手段に用い得るのかどうかの判断に，科学のもつ不確実性の影響をどう扱うべきかという問題を提起する。McCay（第11章）は，他の研究文脈では注意が払われてきたものの，コモンプール資源の研究においてはあまり研究的関心が払われてこなかったいくつかの課題を取り上げる。それらの課題には，意思決定を行う主体の行動方針について，制度の紛争管理の役割について，環境に関わる制度を審議するプロセスの問題について，資源管理への漸進的変更の活用について，といった環境問題となりつつある課題が含まれる。Richerson, Boyd, and Paciotti（第12章）は，資源管理制度を文化的進化論の視座から論じる。彼らは，制度に適用可能な文化の「二重相続理論」を提示し，コモンズの制度にみられる経験的な規則性がこの理論に適合することがいかに重要であるかを論じ，さらにこの理論から導きだれる未だ発見されることのなかった一連の仮説を明らかにする。

　最後に，第13章では，人間集団がコモンズの悲劇を回避する手助けとなる制度設計の可能性に関する知見の現状を概観する。ここで，コモンプール資源管理の発展を研究分野として位置づけ，これまで学んできた主要な基本的な学問的成果を整理し，研究を通じて明らかとなった制度設計上の実践的な課題を確認する。最後に，現在進行中のいくつかの研究の一層の進展を含め，将来的な研究の方向性を提案し，重大であるが研究が十分に進んでいない4つの問題，すなわち，資源管理制度の動態を理解すること，もっと多くの種類のコモンプール資源に考察対象を広げること，制度に影響を与える背景を理解すること，制度間のリンケージの働きを理解すること，への新たな注目を提案する。

参 考 文 献

Acheson, J.M., and J. Knight(2000),Distribution fights, coordination games, and lobster management. *Comparative Studies in Society and History* 42(1): 209-238.
Arnold, J.E.M., and J.G. Campbell (1986), Collective management of hill forests in Nepal: The community forestry development project. pp..425-454 in National Research Council, *Proceedings of the Conference on Common Property Resource Management*. Washington, DC: National Academy Press.
Axelrod, R. (1984), The Evolution of Cooperation. New York: Basic Books.（松田裕之訳『つきあい方の科学：バクテリアから国際関係まで』ミネルヴァ書房，1998年）
Axelrod, R. (1997), *The Complexity of Cooperation*. Princeton, NJ: Princeton University Press.（寺野隆雄訳『対立と協調の科学：エージェント・ベース・モデルによる複雑系の解明』ダイヤモンド社，2003年）
Bauer, D.F. (1977), *Household and Society in Ethiopia*. East Lansing, MI: African Studies Center, Michigan State University.
Baumol, W.J., and W.E. Oates (1988), *The Theory of Environmental Policy*. 2d ed. Cambridge, Eng.: Cambridge University Press.
Benedick, R.E. (1991), *Ozone Diplomacy: New Directions in Safeguarding the Planet*. Cambridge, MA: Harvard University Press.（小田切力訳『環境外交の攻防：オゾン層保護条約の誕生と展開』工業調査会，1999年）
Berkes, F. (1986), Local-level management and the commons problem: A comparative study of Turkish coastal fisheries. *Marine Policy* 10: 215-229.
Berkes, F., ed. (1989), *Common Property Resources: Ecology and Community-Based Sustainable Development*. London: Belhaven Press.
Berkes, F., D. Feeny, B.J. McCay, and J.M. Acheson (1989), The benefits of the commons. *Nature* 340: 91-93.
Blomquist, A. (1992), *Dividing the Waters: Governing Groundwater in Southern California*. San Francisco: ICS Press.
Bromley, D.W. (1986), Closing comments at the conference on common property resource management. Pp.. 591-597 in National Research Council, *Proceedings of the Conference on Common Property Resource Management*. Washington, DC: National Academy Press.
Bromley, D.W., D. Feeny, M.A. McKean, PP.eters, J.L. Gilles, R.J. Oakerson, C.F. Runge, and J.T. Thomson, eds. (1992), *Making the Commons Work: Theory, Practice, and Policy*. San Francisco: ICS Press.
Buck, S.J. (1998), The *Global Commons: An Introduction*. Washington, DC: Island Press.
Burger, J., E. Ostrom, R.B. Norgaard, D. Policansky, and B.D. Goldstein, eds. (2001), *Protecting the Commons: A Framework for Resource Management in the Americas*.

Washington, DC: Island Press.

Chamberlin, J. (1974), Provision of collective goods as a function of group size. *American Political Science Review* 68:707-716.

Ciriacy-Wantrup, S.V., and R.C. Bishop (1975), Common property as a concept in natural resources policy. Natural Resources Journal 15(4): 713-727.

Clark, C.W. (1976), *Mathematical Bioeconomics*. New York: Wiley Publishers.（竹内啓・柳田英二訳『生物経済学：生きた資源の最適管理の数理』啓明社，1983年）

Clark, C.W. (1977), The economics of over-exploitation. In *Managing the Commons*, G. Hardin and J. Baden, eds. San Francisco: W.H. Freeman.

Cordell, J., ed. (1990), *A Sea of Small Boats*. Cambridge, MA: Cultural Survival.

Crutchfield, J.A. (1964), The marine fisheries: The problem in international cooperation. *American Economic Review* 54: 207-218.

Dawes, R.M. (1980), Social dilemmas. *Annual Review of Psychology* 31: 169-193.

Demsetz, H. (1967), Toward a theory of property rights. *American Economic Review* 62: 347-359.

Dobzhansky, T., F.J. Ayala, G.L. Stebbins, and J.W. Valente (1977), *Evolution*. San Francisco: W.H. Freeman.

Dolšak, N. (2001), Mitigating global climate change: Why are some countries more committed than others? *Policy Studies Journal,* 29(3): 414-436.

Dyson-Hudson, R., and E.A. Smith (1978), Human territoriality: An ecological reassessment. *American Anthropologist* 80: 21-41.

Feeny, D., F. Berkes, B.J. McCay, and J.M. Acheson (1990), The tragedy of the commons: Twenty-two years later. *Human Ecology* 18(1): 1-19.（田村典江訳「コモンズの悲劇：その22年後」『エコソフィア』1：76-87，1998年）

Gibson, C. (2001), Forest resources: Institutions for local governance in Guatemala. pp..71-89 in *Protecting the Commons: A Framework for Resource Management in the Americas,* J. Burger, E. Ostrom, R.B. Norgaard, D. Policansky, and B.D. Goldstein, eds. Washington, DC: Island Press.

Gibson, C., M. McKean, and E. Ostrom, eds. (2000a), *People and Forests: Communities, Institutions, and Governance.* Cambridge, MA: MIT Press.

Gibson, C., E. Ostrom, and T. Ahn (2000b), The concept of scale and the human dimensions of global change: A survey. *Ecological Economics* 32(2): 217-239.

Gordon, H.S. (1954), The economic theory of a common-property resource: The fishery. *Journal of Political Economy* 62(April): 124-142.

Grossi, P. (1981), *An Alternative to Private Property. Collective Property in the Juridical Consciousness of the Nineteenth Century.* Chicago: University of Chicago Press.

Haas, P.M., R.O. Keohane, and M.A. Levy, eds. (1993), *Institutions for the Earth: Sources of Effective International Environmental Protection.* Cambridge, MA: MIT Press.

Hardin, G. (1968), The tragedy of the commons. *Science* 162: 1243-1248.

Hardin, G. (1998), Extensions of the tragedy of the commons. *Science* 280(May): 682-683.

Hess, C. (1996a), *Common Pool Resources and Collective Action: A Bibliography; Volume 3.* Bloomington, IN: Indiana University Workshop in Political Theory and Policy Analysis.

Hess, C. (1996b), *Forestry Resources and Institutions: A Bibliography.* Bloomington, IN: Indiana University Workshop in Political Theory and Policy Analysis.

Hess, C. (1999), *A Comprehensive Bibliography of Common Pool Resources (CD-ROM).* Bloomington, IN: Workshop in Political Theory and Policy Analysis.

Hoskins, W.G., and L.D. Stamp (1963), *The Common Lands of England and Wales.* London: Collins.

International Human Dimensions Program (1999), *Institutional Dimensions of Global Environmental Change.* Bonn, Ger.: International Human Dimensions Program.

Johnson, O.E.G. (1972), Economic analysis, the legal framework and land tenure systems. *Journal of Law and Economics* 15: 259-276.

Keohane, R.O., and E. Ostrom, eds. (1995), *Local Commons and Global Interdependence: Heterogeneity and Cooperation in Two Domains.* London: Sage.

Knight, J. (1992), *Institutions and Social Conflict.* New York: Cambridge University Press.

Lam, W.F. (1998), *Governing Irrigation Systems in Nepal: Institutions, Infrastructure, and Collective Action.* San Francisco, CA: ICS Press.

Leach, E. (1954), *Political Systems of Highland Burma.* London: Bell Publishers.

Libecap, G. (1990), *Contracting for Property Rights.* New York: Cambridge University Press.

Libecap, G. (1995), The conditions for successful collective action. pp..161-190 in *Local Commons and Global Interdependence: Heterogeneity and Cooperation in Two Domains,* R. Keohane and E. Ostrom, eds. London: Sage.

Lloyd, W.F. (1977), [1833] On the checks to population. pp..8-15 in *Managing the Commons,* G. Hardin and J. Baden, eds. San Francisco: W.H. Freeman.

Maine, Sir Henry (1871), *Village Communities in the East and West.* New York and London: Henry Holt and Company.

Malinowski, B. (1926), *Crime and Punishment in Savage Society.* London: Kegan Paul, Trench and Trubner.

Martin, F. (1989), *Common Pool Resources and Collective Action: A Bibliography; Volume 1.* Bloomington, IN: Indiana University Workshop in Political Theory and Policy Analysis.

Martin, F. (1992), *Common Pool Resources and Collective Action: A Bibliography; Volume 2.* Bloomington, IN: Indiana University Workshop in Political Theory and Policy Analysis.

Martin, L. (1993), Credibility, costs, and institutions: Cooperation on economic sanctions. *World Politics* 45: 406-432.

Martin, L. (1995), Heterogeneity, linkage and commons problems. pp..71-92 in *Local Commons and Global Interdependence,* R. Keohane and E. Ostrom, eds. London: Sage Publications.

McCay, B.J. (1980), A fisherman'scooperative, *limited:* Indigenous resource management in a complex society. *Anthropological Quarterly* 53(January): 29-38.

McCay, B.J. (1981), Optimal foragers or political actors? Ecological analyses of a New Jersey

fishery. *American Ethnologist* 8(2): 356-382.
McCay, B.J. (1995), Common and private concerns. *Advances in Human Ecology* 4: 89-116.
McCay, B.J. (1996), Common and private concerns. pp..111-126 in Rights to *Nature: Ecological, Economic, Cultural, and Political Principles of Institutions for the Environment,* S. Hanna, C. Folke, and K.G. Mäler, eds. Washington, DC: Island Press.
McCay, B.J., and J.M. Acheson, eds. (1987a), Human ecology of the commons. pp..1-34 in *The Question of the Commons.* Tucson: University of Arizona Press.
McCay, B.J. (1987b), *The Question of the Commons:* The Culture and Ecology of Communal Resources. Tucson: University of Arizona Press.
Mitchell, R.B. (1995), Heterogeneities at two levels: States, non-state actors and international oil pollution. Pp.. 223-254 in *Local Commons and Global Interdependence: Heterogeneity and Cooperation in Two Domains,* R. Keohane and E. Ostrom, eds. London: Sage.
Musgrave, R.A. (1959), *The Theory of Public Finance: A Study in Public Economy.* New York: McGraw-Hill.（大阪大学財政研究会訳『財政学：理論・制度・政治』(1)～(3), 有斐閣, 1961年）
National Research Council (1986), *Proceedings of the Conference on Common Property Resource Management.* Washington, DC: National Academy Press.
Netting, R.M. (1976), What Alpine peasants have in common: Observations on communal tenure in a Swiss village. *Human Ecology* 4(2): 135-146.
Netting, R.M. (1981), *Balancing on an Alp: Ecological Change and Continuity in a Swiss Mountain Community.* Cambridge, Eng.: Cambridge University Press.
Oakerson, R.J. (1986), A model for the analysis of common property problems. pp..13-30 in *Proceedings of the Conference on Common Property Resource Management.* National Research Council. Washington, DC: National Academy Press.
Olson, M. (1965), *The Logic of Collective Action: Public Goods and the Theory of Groups.* Cambridge, MA: Harvard University Press.（依田博・森脇俊雅訳『集合行為論：公共財と集団理論』ミネルヴァ書房, 1983年）
Ostrom, E. (1986), Issues of definition and theory: Some conclusions and hypotheses. pp..599-614 in *National Research Council, Proceedings of the Conference on Common Property Resource Management.* Washington, DC: National Academy Press.
Ostrom, E. (1990), *Governing the Commons: The Evolution of Institutions for Collective Action.* New York: Cambridge University Press.
Ostrom, E. (1998), The international forestry resources and institutions research program: A methodology for relating human incentives and actions on forest cover and biodiversity. Pp.. 1-28 in *Forest Biodiversity in North, Central, and South America, and the Caribbean: Research and Monitoring,* F. Dallmeier and J.A. Comiskey, eds. Man and the Biosphere Series, Vol. 21. Paris: UNESCO.
Ostrom, E. (1999), Coping with tragedies of the commons. *Annual Review of Political Science* 2: 493-535.

Ostrom, E., J. Burger, C. Field, R.B. Norgaard, and D. Policansky (1999), Revisiting the commons: Local lessons, global challenges. *Science* 284: 278-282.

Ostrom, E., R. Gardner, and J. Walker (1994), *Rules, Games, and Common-Pool Resources.* Ann Arbor: University of Michigan Press.

Ostrom, V., and E. Ostrom (1977), Public goods and public choices. pp..7-49 in *Alternatives for Delivering Public Services: Toward Improved Performance,* E.S. Savas, ed. Boulder, CO: Westview Press.

Peters, P.E. (1986), Concluding statement. pp..615-621 in *National Research Council, Proceedings of the Conference on Common Property Resource Management.* Washington, DC: National Academy Press.

Pinkerton, E., ed. (1989), *Co-operative Management of Local Fisheries: New Directions for Improved Management and Community Development.* Vancouver: University of British Columbia Press.

Rappaport, R.A. (1984), *Pigs for the Ancestors: Ritual in the Ecology of a New Guinea People.* New Haven, CT: Yale University Press.

Rose, C. (1994), *Property and Persuasion: Essays on the History, Theory, and Rhetoric of Ownership.* Boulder, CO: Westview Press.

Rubenstein, F.D., G. Watzke, R.H. Doktor, and J. Dana (1974), The effect of two incentive schemes upon the conservation of shared resources by five-person groups. *Organizational Behavior and Human Performance* 13: 330-338.

Rubin, G.M., and E.B. Lewis (2000), A brief history of Drosophila's contributions to genome research. *Science* 287: 2216-2218.

Ruddle, K., and R.E. Johannes, eds. (1985), *The Traditional Knowledge and Management of Coastal Systems in Asia and the Pacific.* Jakarta: UNESCO.

Runge, C.F. (1981), Common property externalities: Isolation, assurance and resource depletion in a traditional grazing context. *American Journal of Agricultural Economics* 63: 595-606.

Runge, C.F. (1984a), Institutions and the free rider: The assurance problem in collective action. *Journal of Politics* 46: 154-181.

Runge, C.F. (1984b), Strategic interdependence in models of property rights. *American Journal of Agricultural Economics* 66:807-813.

Runge, C.F. (1986), Common property and collective action in economic development. pp..31-62 in National Research Council, *Proceedings of the Conference on Common Property Resource Management.* Washington, DC: National Academy Press.

Samuelson, P.A. (1954), The pure theory of public expenditure. *Review of Economics and Statistics* 36:387-389.

Schaefer, M.B. (1957), Some considerations of population dynamics and economics in relation to the management of commercial marine fisheries. *Journal of the Fisheries Research Board of Canada* 14: 669-681.

Schlager, E. (1994), Fishers' institutional responses to common-pool resource dilemmas. Pp..

247-265 in *Rules, Games, and Common-Pool Resources,* E. Ostrom, R. Gardner, and J. Walker, eds. Ann Arbor: University of Michigan Press.

Schlager, E., W. Blomquist, and S.Y. Tang (1994), Mobile flows, storage and self-organized institutions for governing common-pool resources. *Land Economics* 70(3): 294-317.

Schlager, E., and E. Ostrom (1992), Property rights and natural resources: A conceptual analysis. *Land Economics* 68(3): 249-262.

Schnaiberg, A. (1980), *The Environment: From Surplus to Scarcity.* New York: Oxford University Press.

Sengupta, N. (1991), *Managing Common Property: Irrigation in India and the Philipp.ines.* New Delhi: Sage.

Smith, A. (1977), [1804] *A Theory of Moral Sentiments.* New York: Oxford University Press. (米林富男『道徳情操論』(上)(下), 日光書院, 1948 年, 水田洋訳『道徳感情論』(上)(下), 岩波文庫, 2003 年)

Sober, E., and D.S. Wilson (1998), *Unto Others: The Evolution and Psychology of Unselfish Behavior.* Cambridge, MA: Harvard University Press.

Stern, P.C. (1976), Effect of incentives and education on resource conservation in a simulated commons dilemma. *Journal of Personality and Social Psychology* 34: 1285-1292.

Stern, P.C., T. Dietz, and L. Kalof (1993), Value orientations, gender and environmental concern. *Environment and Behavior* 25: 322-348.

Tang, S.Y. (1992), *Institutions and Collective Action: Self-governance in Irrigation.* San Francisco: ICS Press.

Taylor, M. (1987), *The Possibility of Cooperation.* New York: Cambridge University Press.

Thompson, E.P. (1975), *Whigs and Hunters.* London: Allen Lane.

Townsend, R., and J.A. Wilson (1987), An economic view of the commons. pp..311-326 in *The Question of the Commons,* B.J. McCay and J.M. Acheson, eds. Tucson: University of Arizona Press.

Varughese, G., and E. Ostrom (2001), The contested role of heterogeneity in collective action: Some evidence from community forestry in Nepal. *World Development* 29(5): 747-765.

Vayda, A.P., and R.A. Rappaport (1968), Ecology, cultural and noncultural. pp..477-497 in *Introduction to Cultural Anthropology,* J.A. Cliffton, ed. Boston: Houghton Mifflin.

Vogel, D. (1986), *National Styles of Regulation: Environmental Policy in Great Britain and the United States.* Ithaca, NY: Cornell University Press.

Wade, R. (1994), *Village Republics: Economic Conditions for Collective Action in South India.* San Francisco, CA: ICS Press.

Weaver, R.K., and B.A. Rockman, eds. (1993), *Do Institutions Matter? Government Capabilities in the United States and Abroad.* Washington, DC: Brookings Institution.

Williams, G.C. (1966), *Adaptation and Natural Selection: A Critique of Some Current Evolutionary Thought.* Princeton, NJ: Princeton University Press.

Young, O. (1989), *International Cooperation. Building Regimes for Natural Resources and the Environment.* Ithaca, NY: Cornell University Press.(1997), *Global Governance:*

Drawing Insights from the Environmental Experience. Cambridge, MA: MIT Press.

第 I 部

コモンズのドラマにおける資源利用者,資源制度,および行動

本書第Ⅰ部に収められた論文は，コモン・プール資源利用者の特性がコモンズのドラマの展開とその結末に向けた組立にどのように影響を与えているかという問い掛け対し，質的に異なったアプローチがあることを描き出したものである。これらのアプローチとは，秩序だったゲーム理論に基づきトップダウンに導きだした理論的見通し（第5章）と条件を統御したラボを使用して観察された行動の規則性に基づきボトムアップに導出された見通し（第4章），そして同様ながらフィールド研究に基づくもの（第3章）からなる。これらの検討から得られた結論は，本書で扱っているコモンズ的状況における様々な行動実態には，ある種の複雑さと状況次第で変わり得るという性質があるということである。特に，資源利用者の特性（例えば，不平等は嫌悪されているのか，経済状態の異質性（不均一性）は認められているのか）の与える影響をみる場合には，資源システムのもつ特性（例えば，どのくらいの規模か，境界はどのように定義されているのか）やそのシステムの目的達成との関係での特性（例えば，コミュニケーションをとることができるのか，制裁の制度はあるのか）と併せて考慮する必要があることが示される。第2章では，これら主たる影響のルートだけでなく，コモンズの管理と持続性の保持に成功した場合，そのことと因果関係をもつと判別される多様な変数間の相互作用についても研究する必要があることを強く主張したものとなっている。

　第Ⅰ部の各章は，資源利用者の特性による影響に関する分析において，異なった学問分野が示す強みにはそれぞれに違いがあり，補完し合って貢献をみせるということを鮮やかに示したものとなっている。Falk, Fehr, Fischbacher は第5章において，利用者とその目的を負った行動に関しいくつかの前提条件が置かれ，それらは最適化に使われる目的関数においてパラメーターとして運用されるが，均衡に達する行動とはどのようなものかという解答を引き出せるという意味で，経済モデルによる最適化の枠組みのもつ強みを証明している。Falk 他の研究者は，少ないパラメーターで周到に統御を行ったラボでの実験において，この種のモデルが広範囲に亘る定型化された事実の説明を行い得ることを見事な手法で示している。ただトップダウン型の経済理論によるモデル分析は，エレガントで数学的にも扱いやすいものであるが，行動の予想される方向性（prediction）のみに焦点を絞ったものとなる。

他方，ほかの社会科学分野における理論構築，特に心理学では，その研究目標はそういった予想だけでなく観察される事実の説明を行うことを目的にしており，よりデータ本位によってなされ，優雅さには欠けるものである。それゆえ理論と研究は，観察された行動を引き起こすに至ったプロセスを重点的に対象にするものとなる。この事象の説明とプロセスに集中することを通じて，心理学者を，影響を受ける側がとる広範な行動（例えば，コモン・プール資源の使用の程度だけでなく，公平の基準をどこに置いているのか，利用者によるその行為の正当化といったものを含む）についての研究に向かわせることになる。Kopelman, Weber, Messickは第4章において，コモンズのディレンマが生じた場合の行動に影響を与える，多数にのぼる資源利用者と利用グループの特性と状況に対応した変数の効果について，非常に有益な分類とロードマップを提供している。第2章のAgrawalによるコモンズの管理体制に関する政治学的フィールド研究からの批判的分析とその総合的結論には，資源利用グループの特性と共に，資源システムの特性，制度上の設定や外部環境の特性に関する分析が含まれる。すべての事例において，コモンズの持続可能性に与えるこれらの変数の影響は，分類すれば一定の配列に従っていることを発見している。利用者グループの規模や異質性といった基本的な特性の効果であっても，その他状況のコンテクストや媒介する要素に依存している。すべての関連する変数をひとつの予測関数に組み入れてしまうモデルから閉形式の解を得ることは困難なことだろう。それにもかかわらず，これらの影響が認識されていることやそれらの原因に関する因果関係の説明がなされているということは，研究者，資源利用者，そして政策決定者にとって理論的のみならず実際的にも重要な意味をもつものである。

　BardhanとDayton-Johnsonは第3章で，コモンズのディレンマを来している水資源問題に関し，資源利用者にみられる経済的異質性（不均一性）がもたらす効果を検討しているが，利用者の行動の経過レベルに焦点を当てることの効用と経済理論が提示する予測と観察から得られる規則性（彼らの事例では，large-nサンプルのフィールド研究で観察された規則性）とを突き合わせチェックしてみることの重要性を強調している。この章の筆者たちは，経済的異質性がコモン・プール資源管理のディレンマ（例

えば，協調行動をとるインセンティブに与える影響と社会的規範や制裁のあり様に与える影響との対立，また制度の選択への影響と制度ごとの慣行の実施や実効化への影響との対立）の解決に影響を与えたとしても，どんな経過を経てそうなったのか，様々な経過の違いを分けて考えるべきことを示している。それらの区別をすることで，経済的異質性の効果に関して理論ごとに明らかに矛盾する予想がなぜなされることになるのかを理解することができるのである。またBardhanとDayton-Johnsonは，いくつかの国際的フィールド研究での観察に基づき，利用者の行動を経過レベル毎に説明するという従来とは違った手法に注目しているが，それは果たして潜在的な説明力をもっているのかという評価をするなかで，ある種のメカニズム（例えば，オルソン（Olson）効果のような）による理解は，現場の実際から得られるものよりも理論的にもっともらしくみえることがあり得ることを例示している。

　Agrawalは第2章において，理論主導とデータ主導それぞれの研究アプローチの関係について論じている。彼によれば，それらが与える洞察力という点では単に両者を合わせたからといって相乗効果は少ないが，資源管理の運営面において両者は相互に必要とするものであるとみている。特に多数の変数が，ある種の形式で持続可能性に影響をするとみられたり，潜在的には数限りない相互作用が行われているということを前提にすると，理論によって主導されるトップダウンのアプローチは，希少な資源を実証的研究目的に最大効果的に利用しようとするフィールド研究にとって，研究方法の設計や実行，そして分析に指針を与えるものとして必要なものと思われる。

　要約すると，第Ⅰ部の4つの章には，資源利用者と利用者グループの特性が資源システムの特性と相互作用を起こし，それらの特性は制度が形づくられるプロセス，それから出現してくる制度のタイプ，そして実施の成功・不成功の程度に影響を与えるものであるが，それらの場合のやり方について，また，付随する対立がどのように収められるのかというやり方について，豊富な議論が提出されている。そしてそれらが一緒になって，これまでに生まれたいくつかの本質的な洞察，さらに重要なこととして，優れた方法論上そしてメタ理論上の洞察も含まれるが，ここには過去15年に亘って学んできたことが示されている。またそこで

は，コモンズ管理の設計に関しなお未解決の問題に対するロードマップが描かれていること，そして複雑な課題には高度に状況的な解答しかない場合が多いことを認めつつも，一方でそれは学問分野を横断する協働を必要とするという認識が示されている。

第2章
共有資源と制度の持続可能性

───────

アルン・アグラワル

　本章は，共有資源に関する膨大な実証研究に焦点を当てるものである。その目的は，この研究においてなされた最も重要な成果を正確に描き出し，一方でその研究が継続して抱えるいくつかの不完全な部分について議論し，そこに存在する欠点に対応できるような研究上のアプローチと方法のシフトを浮き彫りにすることにある。これまでの弛まざる努力によって，共有資源の研究者たちは，市場あるいは私有財産制度と国有あるいは国家による経営だけが自然資源利用管理に関して妥当する制度上の仕組みのすべてではない，ということを明らかにしてきた。しかし，このような洞察に対する記述や理論的防衛は，主として何百もの個別に成功したコモン・プール資源のガバナンス[1]に関する分析や調査に頼ったものである。これらの研究を個別にみると，"成功した"資源利用につながる要因に対して，異なる結論を生み出している。因果関係を説明する変数の多重性と一連の変数によって起こったと観察される結果も置かれた状況[2]に依存することに対する注意不足のために，共有資源制度が機能する方法を説明するときに重大なギャップが生じている。これらのギャップに取り組むことは，コモンズ研究者が行ってきた研究方法に対して，相当に大きな転換を求めるであろう。

───────

　1）（訳注）governance：資源，環境など客体の管理の総体をさす表現。本章では多用されているが，ガバナンス，ある場合は管理などの訳を充てた。
　2）（訳注）context：置かれた状況や文脈などと訳されるが，本章では調査研究対象に即した因果関係の前提となる社会的，歴史的，地理的，技術的状況を指している。本章ではcontextualなども多用されており，これらにコンテクスト，状況，文脈などの訳を充てた。

そのような転換は重要である。なぜなら，世界中の多くの国々で自然資源の管理において共有資源制度の枠組みが実態として続いているからである。加えて，ほとんどすべての発展途上国において，この10年間に，環境ガバナンスの分権のための新しい政策的推進策として，ローカルレベルの共有資源制度を採用しようとしてきたからである。この政策転換は，遅ればせながら，持続可能な資源管理とは，資源に対するガバナンスを形作る際に集合行為を基礎においた人間の制度の持続可能性から独立しては存在せず，また，ローカルな利用者は往々にして資源と制度の持続可能性に関して最大の利害関係を有するという認識を反映したものに他ならない。しかし，1970年代後半まで，共有資源に関する著述は，その研究対象に対し時代遅れの香りを与えていた。最も有名な事例であるイングランドのコモンズとその囲い込みに対する描写（Ault, 1952; Baker and Butlin, 1973; Thirsk, 1966; Yelling, 1977）は，それとなく，共有資源とは興味深い過去の遺物であり，近代化に向かう時代の潮流の中で消滅を運命付けられたものであると示唆するものであった[3]。多くの観察者たちにとって，共有資源を歴史的な過去に置くことは明らかであり自然であった。

19世紀の終わりごろに現れた共同体と共同的な生活のかたちに関する理論的な研究は，共同体の社会規範と共同的な生活のかたちの消失が，進歩の残念な側面であっても避けがたいものであるという考えに，一層の真実味を与えた。Auguste Comte, Emile Durkheim, Karl Marx, Herbert Spencer, Ferdinand Toennies, Max Weber などの当時の理論家たちは，社会制度に対する工業化の影響について述べ，その観察を理論化しようとした。彼らの多くが共同体の将来の状況を論じ立てるとき悲惨の語調を採用したために，社会の相互作用を形作っていた共同体や共同的な取り決めは時間とともに不可避に消失する社会の変化であるという，暗黙に込められた目的論が正しいようにみえることにさらなる論拠

---

3) Netting（1981）のスイスのコモンズに関する優れた研究でさえ，資源は（おそらく人口圧の増加と，その他の原因によって）より希少となるだろうという暗黙の仮定を有しており，共有資源制度はより明確で効率的な私有財産制のもとで促進される管理形態に置換されるだろうとしている。

を与えた[4]。

　同様に，多くの人類学者は民族学的調査を行い，村落一帯の資源や在地の人々の所有資源の管理が共同してなされる様を記述してきた。そして，そのような取り決めは近代的な生活の外側に位置することが暗に示されたのである。共同体に関する歴史的な研究が，共有資源を過去に置く一方で，人類学者による同時代の調査は，コモンズを非近代的，非西洋的社会に位置づけたのである。疑いもなく，洗練された民族学的分析は，いかに共有資源制度が機能しているかに関し我々がもつ現在の知識に対して大きな貢献を行ってきた。しかしながら，そのような研究は，不本意ながらも単に扱う題材のゆえに，共有資源は近代的世界の外側に落ちようとしている社会的な取決めの制度的残骸に過ぎないかもしれないとほのめかしてきたのも事実である[5]。

　そういうわけで，20世紀のほとんどの期間において，社会科学者が農民や村落の生活を見るための主要な理論のレンズは分析のビジョンをゆがめており，結果として共同体や社会の共同的なかたちとは，単に名残であり，過渡的な存在であり，エキゾチックな魅力にすぎないと示されてきたというのがフェアな表現であろう。経済的で政治的なパワーは都市の工業化された社会組織に置かれ，同時に村落での生活は影を潜める，とみられることとなった。植民地から独立した国々においては，速いペースの開発と急速な都市化を推進する政策によって，村落の共同体が蝕まれていると述べられているが（Bates, 1981），それもさして驚くほどのことではないだろう。市場関係の生成と波及の影響は個人が自己の利益や契約義務を追求し，共同体の倫理や慣習的なルールを滅ぼすことによって，歴史を大きく変化させたと見ることができる[6]。

　農民，共同体，村落での生活，そしてそれらの未来の裏づけとなって

　　4）　過ぎ去った世紀に関する研究のレビューとしては，Agrawal（1999b）を参照。
　　5）　現在のコモンズ研究にとってそれを原型とした関係にある民族学的研究は，非常に大きな集合体をなす。いくつかの具体的な，そして権威ある研究としては，Alexander (1977,1982), Berreman (1963), Brush (1977), Cole and Wolf (1974), Dahl (1976), Netting (1972, 1981) がある。
　　6）　共同体の関係性が国家政策や市場の力の侵食によって損なわれているとする観点は，1970年代半ばのいくつかの研究の基調をなしている（Dunn and Robertson, 1974; O'Brien, 1975; Scott, 1976）。とりわけPolanyi（1957）は，共同体と市場の相互作用に関して進められた多くの研究に対して多大な影響を与えた。

いた考え方は，環境保全に対し極めて特徴的な意味合いを与えるものであった。多くの研究者が指摘しているように，1980年代後半までの環境政策を組み立てている支配的な考えは，資源の公共財的な性質から生じる外部性に対処するには，市場と国家が制度的手段として最適であるとするものであった。多くの研究者は，これらの制度的取り決めに頼らなくては持続可能な資源利用を推進することはできないと考えていた[7]。多くは今でもそうであろう。

しかしながら，どのような種類の制度的取り決めが持続可能な資源利用のためにありうるかという問題についての議論は，1980年代半ばから目覚しい変化を経験した。この変化の一部は非協力ゲーム理論の分野における発展に呼応して生じたが（Falk et al., 本書第5章 ; Fudenberg and Maskin, 1986; Schotter, 1981; Sugden, 1984, 1989），より直接的には，共有資源の取り決めとコモン・プール資源に関する研究の爆発的な隆盛の結果として起こったものである（Berkes, 1989; McCay and Acheson, 1987; National Research Council, 1986; Ostrom, 1990）。資源制度における新たな見解では，共有資源とは持続可能な資源管理を推進するための，実行可能なメカニズムであるとしている。よって，共有資源に対する学問的研究は，民営化という一般化した政策処方に対して多くの修正を強いることとなった。この達成は過小評価することはできないし，されるべきではない。共有資源の研究者たちは，調査の主眼を成功したコモンズの管理を形作る分析的，構造的要素へと移すことで，コモンズと共同体に注目することが現代において環境資源を保全するためになされるべき努力の一部として必須であり不可欠であるというメッセージを伝える使者の先頭に立つことになった。彼らは，どのように環境が管理されるべきかに関する教科書を書き換えることになったのである。

共有資源に関する研究は多くの学問分野に広がっている。人類学，資源経済学，環境学，歴史学，政治科学，そして村落社会学などの分野の研究者たちが，このテーマについて溢れるほどの著述を発表している。最近のコモンズに関する実証研究は，所有権と制度の理論から導かれている[8]。同時にこれらの研究は，政治生態学や民族誌を含めて，多く

---

7) この研究のレビューとしては，Leach and Mearns（1996），Ostrom（1990）を参照。
8) 制度と所有権に関する膨大な研究が，共有資源研究にとって深い関連をもつこと

の他のアプローチを折衷して用いている。詳細な歴史的研究と現代を対象にした研究を用いたコモンズ研究によれば，資源利用者は長期間にわたって便益の公平な分配を可能にしながら，効率性の損失を限定的なものに留める制度的な取り決めや管理体制をしばしば作り出していることが示されている（Agrawal, 1999a; McKean, 1992a; Ostrom, 1992）。このような研究の多くは，ローカルに所在する小さな利用者集団や共同体に概して焦点を絞ったものであった[9]。

　もちろん，すべてのコモン・プール資源利用者が，彼らの資源を成功裡に保全しているわけではない。コモンズ管理の経験から得られる成果は非常に多様である。ローカルな資源管理体制の実践に関する著述は，我々に，成功したローカルなコモン・プール資源管理の多くの事例を与える。このような知見を考慮すると当然であるが，この分野での研究者や政策立案者は中央からの国家的介入，市場化あるいは資源に対する所有権の私有化といった提案をすることはない。むしろ，多くの研究者は共同体的な取り決めが私有や国有に比べてより好ましくなる条件について検討している。それを効率性の基準からも検討しているが，特に公平性と持続可能性が彼らの関心である。他のコモンズ研究者や制度理論家のなかには，一般になされる私有，共有，国有の3分法について疑問を抱いており，代わりに，資源へのアクセス，利用，管理，排除，譲渡可能性などの基本的な権利や権限が，資源を治めるルールを通じて利用者に与えられる点に直接分析の重点を置こうとしている[10]。共有資源研究者によって着手され実行された研究は，政策立案や資源管理の世界における重要な発展と並行している。国有林政策に関する近年の調査によれ

が判っている。この関心を追い求めるための出発点は，Bates（1989），Eggertsson（1990），Hechter et al.（1990），Knight and Sened（1995），Libecap（1989），North（1980, 1990），Rose（1994）である。このような研究の初期の土台は，Commons[1924 (1968)]や，Coarse（1937,1960）の二つの影響力のある論考と，Alchian and Demsetz（1972），Cheung（1970），Demsetz（1964）といった研究者による貢献に遡ることができる。このような研究のレビューとして，Ensminger（1992）の導入部分に優れた叙述がある。

9）ここで対象となる集団や資源がローカルなところにあるからと言って，外部にある勢力とローカルとみなされているものとの間に存在する，しばしば緊密な関係の存在を否定するものではない。ともあれ，共有資源に関する研究の影響は，国際関係論といったより広範な活動領域においても認めることができる。

10）異なった組み合わせが引き起こす，資源利用と管理に関係する権利の類型とインセンティブの性質に関わる議論については，Schlager and Ostrom（1992）を参照。

ば，50カ国以上の政府が，資源に対する一定のコントロールをローカルな利用者にゆだねるという新しい構想に従うと宣言している（Food and Agriculture Organization, 1999）。

　過去20年間に生じた集約的な実証研究を総合するために，本章では特定事例に関する豊富な記述，比較研究，そして，結果を説明変数とつなぐ妥当な因果関係のメカニズムをどうすれば開発できるか，それを提案する社会科学的方法論の研究から得られた洞察を活用していきたい。膨大な実験を導入した研究とゲーム理論研究もまた我々に，異なるインセンティブ構造の下ではどう人間が行動するかについての見解を教えてくれ始めている（Falk et al., 本書第5章 ; Kopelman et al., 本書第4章）。しかし本章にとって最も価値のある内容となったものは，相対的に数多くの事例を用いた明確な比較に基づいて結論を得た研究である（Baland and Platteau, 1996; Ostrom et al., 1994; Pinkerton, 1989; Pinkerton and Weinstein, 1995; Sengupta, 1991; Tang, 1992）。

　コモン・プール資源管理に関連する成果を特徴付けるものとして，効率性，公平性，持続可能性を挙げることになるが，その用語の厳密な定義は，本章の対象とする範囲を超えている[11]。とはいえ筆者は，"コモンズの持続可能性" という用語をもって，コモン・プール資源のガバナンスを形作る制度のもつ耐久性を考えてみたのであるが，そうすることも有用かも知れない。そして持続可能性をそのように概論的に扱っても許されるであろう。なぜなら，コモンズの成果を示す従属変数について厳密な評価の尺度を与えるようなコモンズ研究はまだほとんどないからである。持続可能性について厳密な定義を用いることは，却って研究間の比較を難しくすると思われる。同時に大部分のコモンズ研究では，成功している制度のことを，長期間にわたり持続しているもの，利用者に対して資源保護を強いているもの，そして公正な成果を産み出すものと暗黙に定義していることを認めなければならない[12]。

　11）用語の定義に関しては本書の第1章に多少の記述があるので参照されたい。
　12）たとえば，Ostrom（1990:89）を参照。Baland and Platteau（1996:285）には，「共有資源管理の経験をまったくの成功とか失敗というように評価してしまうことは，たぶん単純すぎる。中には部分的に成功と言えるようなものがかなりの数に上るということでしかないのではないか。」との記述がみられ，管理が成功したことを示すパラメータの決定には固有の困難を伴うことが示される。しかしながら，彼らが何をもって成功を意味しているか明確に

次節は，どのような条件下であれば利用者集団が自己組織化してコモンズのディレンマに対処するかという問題について，理論的に一般化を行った3つの総合的な研究に焦点を絞りたい[13]。これらの研究は，Wade（1988,1994），Ostrom（1990），Baland and Platteau（1996）によるものである[14]。私は彼らの結論の揺るぎのなさについて，多くのコモンズ研究によって確認されてきた研究成果と比較することで検討を行った。

　多くの共有資源研究者の結論は，集合行為論と制度分析の研究の理論的一般化から得られたものと一致する[15]。ただし，制度分析者と集合行為論者の場合も，ある場合にはディレンマ状態といった緊張関係を含んだ種々の予測を与えるが，共有資源研究者もしばしば互いに整合的でない成果と因果関係を強調することがある。コモンズの実証研究において結論が分かれる場合があるがその重要な理由として，その大半が事例研究の手法に基づいていることである。それぞれの研究における研究計画，サンプリングテクニック，データ収集法に統一性がなく，その多様性は百の花が咲く草原では歓迎されるかもしれない。それは同時に，発見事実と密接な関係をもつコンテクストと歴史の要因についての注意深い特定化や，調査結果に対する系統的な検定，そして前提条件を置いた因果関係の比較検討といったことが総じてほとんど行われていなかったこと

定義している訳ではない。

　13）「コモンズ的状況」とは資源利用における混雑と資源劣化の問題に潜在的に曝されている状況を指し，「コモンズのディレンマ」とはコモンズ資源の私的利用の場合には集合的組織化を伴わない限り解決できないようなコストが発生している状況を意味し，その両者の区別については，Blomquist and Ostrom（1985）を参照。

　14）本章での記述以外にもコモンズの管理に関し価値の高い比較研究が存在する。また読者はこの論文におけるよりも長い内容でそれを検討することができる。以下はそのリストである。Pinkerton and Weinstein（1995）と Steins（1999）は漁場を中心，Arnold and Stewart（1991）はインドにおける主として土地に付着した資源について，Raintree（1987）は森林農業における保有権に絡む問題について一層幅広く検討，Peters（1994）と Lane（1998）はアフリカにおける共有放牧地とそれに絡む生計実態の重要性の検討を，Sengupta（1991）はインドとフィリピンにおけるコミュニティ灌漑の管理に関するケーススタディ12件の比較，Redford and Padoch（1992）と Sandbukt（1995）では林野コモンズを巡って制度上の体制が相違する場合の検討が行われている。また Hanna and Munasinghe（1995）では，持続可能な制度設計一般に関するサーベイ研究がみられる。関心のある読者であれば，これらの追加の文献は追跡して価値があるものである。

　15）集合行為論に関する有益な研究サーベイは Hardin（1982），Hechter（1987），Sandler（1992）そして Lichbach（1996）にみられる。

を意味している。事例研究に基づいたコモンズの実証的研究を分析するにあたって，次節では，多くの自己組織化された資源管理制度研究を悩ませる，いくつかの典型的な手法上の問題点について焦点を当てる。私は，コモンズ研究にあっては事例分析が有効でない分野では特に注意深くあるべきであり，研究の目的をはっきり示し，事例研究アプローチを取ることの優位性について説明する必要があることを提案したい。さらに後に続く節では，ありうる補完的な手法と，共有資源研究が一層強調されるべき分野について提案を行うものである[16]。

　本稿の主な議論は，コモン・プール資源を巡って持続可能な制度を論ずる既存研究には，2つの問題点があるということを示すことである。1点目は実質的なものである。多くのコモンズ研究者は，コモン・プール資源をとりまく制度だけに狭く焦点を絞ってきた。制度に焦点を当てるということは，共有資源の取り決めが効率的な利用，公平な分配，そして持続可能な保全に結びつくことを示すという目的の観点では理解できる。しかしそれには一定の犠牲がある。すなわち，それはすべての制度の形成に関わるとともに，ある制度が他の制度よりも効率的であるように作用する様々なコンテクストが構成する要因に関する注意深い分析の不足という犠牲である。同じ制度的ルールであっても，生物物理学的，社会的，経済的，そして文化的状況における差異によっては，資源のガバナンスに対して，異なる影響を及ぼしうる。なぜなら既存のコモンズ研究は，資源システムとしての側面，利用者集団の成員の側面，そして外的な社会的，物理的，制度的環境が制度の耐久性やローカルレベルでの長期的な管理に与える影響について相対的に注意を怠っているからである。我々はこれらの疑問を明確に考慮するような新しい研究を必要としている（Lam, 1998; Ostrom, 1999; Ostrom et al., 1994; Tang, 1992）。

　2つ目の問題は手法に関連した，より根本的なものである。組織，適応性，共有資源の持続可能性に関して決定的な意味をもつ事項として多数の要因（次節では35項目ほどを対象）が注目され検討されてきたが，既存の研究は未だに何がコモン・プール資源管理を持続可能なものにしているかについての理論的な発展を完全に成しえていないと言ってよい

---

[16]　すでに共有資源論の文献を相当読み込んでいる読者は前半をスキップして，直接に議論を展開している節に進むことを勧めたい。そこではより興味深い内容が示されている。

第2章 共有資源と制度の持続可能性　　63

状況にあるのである。コモンズの持続可能性，公平性，あるいは効率性に影響する重要な要因に関し，その相対的な位置づけに関する体系的な検証は，さほど一般的になされているとはいえない (Bardhan and Dayton-Johnson, 本書第3章；Lam, 1998)。同様にあまり行われていないのは，因果の連鎖のなかにつきとめた説明変数同士を繋いだり，妥当な因果関係のメカニズムを提案したりする研究である。また共有資源の論文には，仮説の検証の際にみられる不完全なモデルの特定化や重要な説明変数の取り損ねの問題がしばしばみられる。このような手法上の問題は，本質的課題を取り扱うと宣言している研究共通の特色ですらある[17]。そこで，コモン・プール資源管理に関する事例研究やコモンズの比較研究から得られたものであっても，その多くの結論は，一般的に応用可能というよりは，対象にした特定のサンプルのみに適用可能なものとみなされるのである。

　もちろん，このような問題がコモンズの持続可能性研究に存在するのにはしかるべき理由がある。理由のいくつかは，データの入手可能性と収集の困難さ，コモンズ研究者のフィールドとする地域・地区への限定，専門分野に対する執着，そして単一の事例研究として成功しているコモン・プール資源管理事例をとかく選ぶ傾向などと関係している。しかしこれらの理由があるからと言って，より存続可能で説得力のあるコモン・プール資源管理の理論の必要性を否定するものではない。現に実施されているコモンズ管理に関する政策実験の数が多くなってきているため，そのような理論化が益々必要になっているというのが今日の状況である。これらの政策実験が進められ，多くの人と地域に適用が広がっているために，コモンズ研究者は以下の二つの重大な問いに対し真正面から向き合うことが必須となる。すなわち (1) 現在の研究から得られた教訓のうち，どれが制度的機能不全を究明するために十分信頼できるものか，(2) 共有資源研究は，制度的取り決めを改編しその実施を通じて，どのようにしてさらなる平等と公正の向上のために確実に貢献できるのか，というものである。

---

　17)　たとえば，Steins and Edwards (1999) は，元々，置かれた状況がある資源利用者のインセンティブにどのように影響するかを検討しようとしたものであるが，結論はある一種類の資源類型について唯一の事例から引き出したものであった。

1 コモン・プール資源の持続可能な管理に関する分析

　数々のコモンズに関する比較研究の中で，筆者は Wade（[1988], 1994），Ostrom（1990），Baland and Platteau（1996）による書物になった研究成果を選んだ。このうちの二つ，Wade と Ostrom によるものは，10年以上前に著されたものだが，共有資源とは歴史的な興味の対象でしかないという考え方に終焉をもたらした，コモンズに関する新たな著述の奔流のさきがけとなったものとみなし得るだろう。これらの著者を比較することで筆者が明白に得た主要な教訓は，頻繁に起こりうる条件のいくつかの組み合わせの下で，小集団の成員は持続可能な資源管理を支えるような制度的な取り決めを設計することができるということを著者たちが示したその方法についてである。彼らは詳細に分け入り，ローカルな資源の自主管理を最も促進するような特定の条件を識別するだけではなく，理論的な見識を用いて，自らが発見した実証的な規則性を論理的に主張し，説明しようとする。

　彼らの論文執筆時点での理論的発展に対する注意深さ，理論と自らの調査事例とを結び付けようとする努力，そして共有資源理論への貢献などによって，3 冊の本のそれぞれが，理論と実証的調査の間の注意深く厳密な対話となっているということをはっきり述べておきたい。彼らは皆，自らが蓄積した理論的な洞察の正しさを検証するために，膨大な実証的素材の集合を用いている。3 冊の書籍は実証的な比較研究に対して非常に異なったアプローチをとっており，かつ，非常に異なった種類のデータに依存しているが，データに即した実証的なものでありたいこととデータは理論的に説明可能であるべきであるとする彼らの関心は明白である。本稿にとって彼らの議論の最も目を引く側面の 1 つは，広範囲の議論と多数の要因に対する熟慮のあと，それぞれの著者がコモンズの制度が持続可能性をもつ場合に極めて重要であると考えた，一連の条件や結論に到達したことである。同時に，彼らの結論とは，コモンズを管理するための持続可能な制度的取り決めを説明するいくつかの要因の全体を分析することを目的として，新たな実施可能な出発点を形成してい

る。しかし，彼らの結論を議論しその成果から得られるインプリケーションを見通すと，彼らのコモンズの持続可能性に対する主張は補完される必要があるということも判ってくる。

　共有資源制度が何によって持続可能となるかについて，広く許容された単一の理論はないので，ここで取り上げる3組の著者の間にはっきりとした手法上の差異があるということを指摘することは重要だろう。Wade の場合，南インドの1つの地域の村々から自らが収集したデータに基づいている。彼のサンプルはその地域の灌漑制度を代表するものではないが，少なくともそれぞれの事例のデータ収集に一貫性があると推定することができる。Ostrom の場合は，自らの理論を検証するために他の研究者が生み出した詳細な事例研究を用いている。彼女が引用した研究はそれぞれ独立して行われたものであるため，彼女が扱った事例にはデータ収集の一貫性がないかもしれない。しかし，彼女はそれぞれの事例を同じ独立及び従属変数のセットで検証している。Baland and Platteau が自らに課した方法論的制約はもっと緩やかである。彼らの実証研究として行ったものは，所有権に関する経済学的文献の広範なレビューであるが，そのような文献からは，私有制が規制のかかった共有資源制度に優越しているかどうかに関して明解な結論は導かれないとしている。しかし，彼らの結論の正しさを検証するために，様々な事例の集合から得られた情報を用いている。重要な点として，それらの検証は「モデルの特定化」の方法の点で不完全なものとなっている（King et al., 1994）。

　南インドの共同で管理される灌漑システムに関する Wade（1994）の重要な業績は，31 の村のデータを用いて，これらの村で共同制度がいつ生じ，どのような要因で彼らがコモンズのディレンマを解決することに成功したのかを検証しようとするものである[18]。共同制度の発祥の原点に関する彼の議論は，端的に言えば，環境のリスクが重大な要因となりつつあるところにある。しかし彼は同時に，コモンズ管理の成功について，非常に微妙で熟慮したいくつかの理由を提供している。Wade によれば，多数の利用者があり，コモン・プール資源の境界が不明確で，

[18) いくつかの比較のために，Wade は灌漑制度のない 10 の村のデータも用いている。

広い範囲に散在した集団として利用者が居住し，ルール違反者を見つけることが難しいなどの場合には，資源への接近と利用に対する抑制に関する実効的なルールは継続しにくいとしている（Wade, 1988: 215）[19]。Wade は，資源，技術，利用者集団，目立ちやすさ，資源と利用者集団間の関係，利用者集団と国家間の関係などの項目によってそれぞれの変数を分類し，自らの結論をより詳細にわたって分析，特定化している（1988:215-216）[20]。Wade が持続可能性を担保するガバナンスにとって重要と考えたすべての条件を，Box 2-1 に示す。

全体で，Wade は，彼が調査したコモンズに即してその管理の成功を推進するために重要な 14 の条件を見いだしている[21]。彼の条件の大半は，地域の置かれた状況，利用者グループ，そして資源システムに関する一般的な記述であるが，いくつかの条件は利用者と資源の関係にかかわるものである。彼の条件のうち利用者グループや他の地域的な要因を外部と関連づけるものは一つだけである。

Wade の灌漑制度に関する研究以降，制度的な成功を促進するための要因リストにいくつかがつけ加えられたが，そこで上げられたいくつかの要因は今日，定例的に言及されるものとなっている。集団の規模の小ささ，資源の境界と利用者集団の成員資格が明確であること，モニタリングとルールの実効化（enforcement）の容易さ，そして利用者と資源の所在の近さなどがそれである。たとえば，Ostrom（1990）が共同体レベルの資源のガバナンスに関する彼女の決定的ともなった研究において列

---

19) Wade によるこれらの実証的な観察は，Ostrom 等による理論的な研究によっても裏付けられている（Ostrom et al:1994: 319）。そこでは，個人が互いに信頼を置かず，有効なコミュニケーションができず，合意の形成ができない場合，そこでみられる結果は，完全に合理的な個人が有限回繰り返し，完全情報下のコモン・プール資源ゲームを行った場合にみられる非協力行動についての理論的予測と，一致しやすいと示唆されている。

20) Wade の分類は，Ostrom（1985）によるコモンズでの集合的行動を促進するための説明変数のリストに一部を依拠している。Wade は「目立ちやすさ（noticeability）」を「規則違反者の見つけやすさ（ease of detection of rule breakers）」として解釈し，それを資源の規模や集団の規模，資源の場所と集団の居住地域の重なり具合によって決まるもの（関数）と考えている。Box 2-1 では，「（ルール）実効化の容易さ（ease of enforcement）」が Wade の用いた「見つけやすさ（ease of detection）」の変数に相当している。

21) Wade は 13 の条件のセットがあると述べている。しかし，彼が認識した第 1 の条件は，実際には 2 つの異なる条件，つまり，規模の小ささと，コモン・プール資源が明確に定義された境界をもつことに分かれる。

挙した8つの設計原理を考えてみよう。彼女はこれらの原理を14の事例をサンプルにして得られた見解に基づいて構築した。それらの事例では，成功の度合いに違いはあるが，利用者はコモンズを管理するための制度を創り出し，順応させ，持続させようとしている。Ostromにとっての設計原理とは，「これらの制度が"コモン・プール資源"を維持し，世代を越えて実施されるルールへの遵守が確保されることに成功することを理由づける重要な要素又は条件」を意味する（1990:90）。彼女はこれらの原理が資源管理体制に課すべき青写真を提供するものではないと強調する。原理のうち7つは，すべての強固なコモンズの制度においてはっきりと存在すると彼女は分析している。8つ目の原理は，連合組織のように，もっと複雑に組織化された事例にみられるものである。

Box 2-1
Wadeにより認識された促進条件

（1） 資源システムの特性
　（ⅰ） 規模の小ささ
　（ⅱ） 明確に定義された境界
（2） 集団の特性
　（ⅰ） 規模の小ささ
　（ⅱ） 明確に定義された境界
　（ⅲ） 過去の成功体験—社会関係資本
　（ⅳ） 集団成員間の相互依存性
（1と2） 資源システムの特性と集団の特性の関係
　（ⅰ） 利用者集団の居住地域と資源の所在の重複
　（ⅱ） 集団の成員の当該資源システムへの高度な依存
（3） 制度的取り決め
　（ⅰ） 地域的に工夫された資源へのアクセスと管理のルール
　（ⅱ） ルール実効化の容易さ
　（ⅲ） 徐々に強められる制裁措置
（1と3） 資源システムと制度的取り決めの関係
　（ⅰ） 資源の再生とつりあった収穫制限
（4） 外部環境
　（ⅰ） 技術：排除技術の費用の小ささ
　（ⅱ） 国家：
　　　（a） 中央政府は地域自治体を脅かさない

出典）Wade（1988）

Ostromは8つの原理を列挙したが，より詳細な検証をすれば条件の数はもっと多くなる。たとえば，第1原則はコモン・プール資源とグループの成員に関するはっきりと定義された境界についてのものであ

り，Wade による条件では2つに分割されているものである。第2原則は，同様に，2つの要素の合成物である。すなわち，制限のレベルと地域的な条件の適合そして利用と提供のルールとの適合である。したがって Ostrom は，8 ではなく 10 の一般原則を，コモンズ制度のよりよい成果を長期的に促すものとして考慮していると見るべきだろう（Box 2-2 参照）。

Box 2-2
Ostrom の設計原理

（1） 資源システムの特性
　（i） 明確に定義された境界
（2） 集団の特性
　（i） 明確に定義された境界
（1と2） 資源システムの特性と集団の特性の関係
　重要なものとしては示されていない
（3） 制度的取り決め
　（i） 地域的に工夫された資源へのアクセスと管理のルール
　（ii） ルール実効化の容易さ
　（iii） 徐々に強められる制裁措置
　（iv） 低い費用での裁定プロセスの実現可能性
　（v） モニタリング担当者やその他公職にある者の説明責任
（1と3） 資源システムと制度的取り決めの関係
　（i） 資源の再生とつりあった収穫制限
（4） 外部環境
　（i） 技術：重要なものとしては示されていない
　（ii） 国家：
　　（a） 中央政府は地域自治体を脅かさない
　　（b） 資源の利用，供給，実効化のための執行，統治の各層が入れ子構造であること

出典）Ostrom（1990）

　設計原理の2つ目の側面は，ふたたび Wade の促進条件と並行するものであるが，その大半が，説明のために構成される分析単位の性質同士の関係，あるいはその有効性が他の変数の存否に依存するような種々の要因としてよりも，むしろ，長期間存続する成功したコモンズ管理の一般的な特徴として表現されるということである。したがって，第7原則[22]が示唆するように，利用者は制度を考案するための彼らの権利が外部の政府という権威の挑戦を受けない場合に，自分たちのコモンズをよ

　22）（訳注）ここで言う第7原則とは，Ostrom の「設計原理」（Ostrom,E（1990）参照）において第7番目に挙げたものを意味していることに注意。

第 2 章　共有資源と制度の持続可能性　　69

り持続的に管理しやすい。これはすべてのコモンズの状況において考えうる一般的な原則である。この原則が示すように，外部の政府の干渉がなければ，いつでも，利用者たちは持続可能な管理を行いやすいのである。対照的に，第2原則が示すように，資源に対する数量単位の収穫制限は（利用のレベルが小さければ[あるいは大きければ]，管理はより成功しやすい[しにくい]というよりむしろ）地域的な条件に関連するだろう。したがって，利用のレベルが高い設定の資源と利用者集団の特性がどのようであるか，また，そのレベルを低く設定した場合には管理の困難さにつながるだろうと簡単に想像できるのである。たとえば，資源に対する補充が高いレベルで定期的に行われている場合，そして利用者集団の成員がその資源に相当程度依存している場合，低い収穫レベルの設定は不必要なルール侵害を導きやすいだろう。このように，第2原則は事例ごとに相当程度の変動があっても適合するといえるが，それにはいくらか曖昧さという犠牲を払っている。対照的に，第7原則はより明確であるのだが，それが成立し得ない状況を想像することもたやすいこととなる。

　最後に Ostrom の原理の大半は，まずローカルな制度か，そういったコンテクストの中での関係性を対象とするものである。そのうちの2つだけが，高位のレベルの権威によるその制度の法的な認知と入れ子状の制度に関するものであって，ある特定の集団と他の集団や外部の権威との関係性を問題にしているとみることができる。

　Baland and Platteau（1996）はコモンズに関する広範な研究の包括的かつ総合的なレビューにおいて，Ostrom（1990）とよく似た戦略をとった。彼らは，異なるタイプの所有権の体制を論ずる研究者の，互いに競合する理論的な主張を検討するところから研究に着手し，私有化をよしとする場合の核となる議論は「理想的な完全に効率的な私有財産制度とオープンアクセスによって作り出された無政府状態とを対照させたことにある」と示唆した（Baland and Platteau, 1996:175）。コモンズに関する初期の研究を反映して，彼らはオープンアクセスと共有資源制度との相違を強調し，私有財産体制を管理された共有資源制度と比較するならば（そして情報が完全で取引費用がない場合には），「管理された共有資源制度と私有財産制度は資源利用の効率性の観点からは同等のものである」と示

唆している（Baland and Platteau, 1996:175, 圏点による強調は原文による）。[23]
さらに，彼らが論じているように，コモン・プール資源の私有化であっても中央政府による利用量指示や規制であっても，共有資源制度を特徴付けている暗黙の利用権や個人的関係性を排除する傾向がある。この傾向は，効率性を阻害するだけではなく，伝統的な利用者の不利益をもたらしやすい。なぜなら，彼らの利用権は私有化や国家による収用の下ではめったに認識されないからである[24]。

所有権と経済理論に関する既存文献のレビューを通じて彼らは，「制度そのものに備わったような効率性を担保する所有権の制度は存在せず」，共有資源制度が非効率であると批判されるような要因は私有化手段にもつきまとうものであると断言している。エージェントが生態学的プロセスを完全に認識していない場合，あるいは，侵害者に対して資源を保護することが不可能な場合，または，環境を劣化させる機会費用が低い場合[25]，国家の介入は私有制ならびに共有資源を維持するために必要となるだろう（Baland and Platteau, 1996:178）。ある所有権制度の他に対する優越に関して理論的な予見が存在しない以上，彼らは具体的な社会の固有の歴史と文化的政治的要因[26]をはっきりと分析に取り込むことを共に積極的に許容して議論を行っている。そうすることでのみ，どのような時に人々は協力し，いかなる時に常習的な機会主義者が優越して集合的行為を不可能にするかを知ることができるであろう。

---

23) この結論は，取引費用が存在しない場合には所有権制度のあり方は無関係となるという Coarse（1960）の洞察を表現したものであることに注意されたい。またどのような条件の場合に共有資源が私的財産制度よりも大きな富裕感を産み出すかに関する Lueck（1994）の研究も参照されたい。

24) 世帯内の資源分配が，いかに共有資源体制の変化によって影響されるかについては，Maggs and Hoddinott（1999）を参照。

25) Baland and Platteau は貧困を，利用者に環境に関わる資源の乱用を促すような強制要因と見なしている。しかし富者は環境にほとんど配慮することなくより高いレベルで資源を消費することができるので——エネルギーコストにおよぼす潜在的な影響に考慮して，炭素排出削減の選挙公約を破棄したアメリカ大統領ジョージ・W・ブッシュ氏の見解の例を見よ——，彼らの議論を機会費用を使って論じ直すことは適当であろう。

26) Greif（1994a）の，文化的信念が制度の核心部分であり，異なる社会組織の進化と永続にどのように影響するかを検証した重要な研究を参照のこと。その他の論文では，Grief（1994b）が政治的制度と経済成長の関係を検証している。コモン・プール資源というコンテクストでの，政治と社会の関係に関する広範囲な議論としては，Cleaver（2000）と McCay and Jentoft（1998）がある。

> Box 2-3
> Baland and Platteau による
> コモンズのガバナンスを成功に結びつける促進要因に関する結論
>
> （1） 資源システムの特性
> 　重要なものとしては示されていない
> （2） 集団の特性
> 　（i） 規模の小ささ
> 　（ii） 規範の共有
> 　（iii） 過去の成功体験—社会関係資本
> 　（iv） 適切なリーダーシップ—
> 　　若さ，外部環境変化への適応性，地域の伝統的エリートと結節点があること
> 　（v） 集団成員間の相互依存性
> 　（vi） 賦存要素の異質性，固有意識（アイデンティティ）や利益目的の同質性
> （1と2） 資源システムの特性と集団の特性の関係
> 　（i） 利用者集団の居住地域と資源の所在の重複
> 　（ii） 共有資源から得られる便益分配の公平性
> （3） 制度的取り決め
> 　（i） ルールが単純で理解しやすい
> 　（ii） 地域的に工夫された資源へのアクセスと管理のルール
> 　（iii） ルールの実効化の容易さ
> 　（iv） モニタリング担当者やその他公職にある者の説明責任
> （1と3） 資源システムと制度的取り決めの関係
> 　重要なものとしては示されていない
> （4） 外部環境
> 　（i） 技術：重要なものとしては示されていない
> 　（ii） 国家：
> 　　（a） 制裁執行を支える外部機構
> 　　（b） 資源保護活動によって負担の発生する地域利用者への補償のための適切なレベルの外部からの援助
>
> 出典）Baland and Platteau（1996）

　Baland and Platteau はコモン・プール資源管理の実証研究に関する広範囲なレビューをした上で，既存研究が共同体レベルの制度にとって重大であると示唆するいくつかの説明変数に焦点を絞り，Wade と Ostrom と明らかに重なり合った結論に到達している。利用者集団の規模の小ささ，資源に近接した所在，集団成員間の均質性，効率的なルール実効化のしくみ，そして過去の協力の経験が，彼らが協力を達成するために重要だと強調するテーマである（Baland and Platteau, 1996:343-345）。加えて，彼らは外部からのサポートと強いリーダーシップの重要性を強調し

た[27]。

　Ostromと同様に，彼らが挙げた要因のいくつかは，実際には多数の条件を一体化したものである。たとえば，彼らの第3のポイントは，WadeとOstromが4つの異なる条件として数えたものである。つまり，利用者の所在と彼らが依存する資源との関係，利用者が自からルールを作り上げる能力の問題，利用者集団の成員によってルールがよく理解され執行されやすいかどうか，そして分配のルールが公正であるかどうかの4つである。彼らの条件のいくつかは，同様に，1つ以上の変数を意味している。したがって，8つの条件に代わって，Baland and Platteau は12の条件を認識したと見ることができる（Box 2-3 参照）。

　Baland and Platteau が到達した結論の大半は，利用者，資源，制度に関する一般的な説明内容であり，分析構成単位の特性間の関係性に関するものではない。彼らの結論のうち，ただ1つだけが関係性のタイプに関するものである。それは，集団の成員の居住地と資源システムの所在の接触を示すものである。最後に，WadeやOstromと比較すると，Baland and Platteau は外部からの影響力により注意を払っているといえる。彼らの議論の中に見られる，外部からの援助やルールの実効化，広範な経験を持ったリーダーシップなどがそれである。

　Box 2-4 が要約するように，Wade, Ostrom, Baland and Platteau はコモン・プール資源の持続可能的利用を促進するために重要なものとして，それぞれ異なる条件を認識した。Box 2-4 に列挙された条件をごく簡単に検討するだけでも，これら3つのランドマーク的研究の結論に明白なパターンがあることがわかるだろう[28]。彼らが考慮した事例は，因果関係の説明変数と被説明変数において幅広い差異がみられ，彼らはこの差異を用いて，より大きな成功をコモンズに促す条件のセットを認識しようとしたのである。Ostromがまずコモンズのガバナンスの成功を説明するような制度的取り決めに焦点を絞ったのに対し，WadeとBaland and Platteauはより広い網をかけ，結論の中に非制度的変数をも取り入れて

---

27) 彼らが引用した要因リストの総体は，Box 2-4 に要約されている。彼らが示した要因は「B&P」として記されている。
28) 本書の中の実験的アプローチならびにゲーム理論的論拠のレビューについては，Kopelman, et al.（第4章），Falk, et al.（第5章）を参照。

いる。彼らが発見した成功的した管理にみられる規則性は，4つの変数のセットのどれかと関連している。すなわち，(1) 資源の特性，(2) 資源に依存する集団の性質，(3) 資源が管理される制度上の体制の具体的な内容，(4) 利用集団と，市場，国家，技術など外部の力や権威との関係の性質である[29]。

資源特性とは，たとえば，資源が明確に定義された境界をもつといった特徴や資源フローに纏わるリスクと予測困難性，そして資源の移動性などを含むものだろう。集団特性については，いろいろな側面があるが，規模，富や所得の水準，様々なタイプの異質性，副次集団間での権力関係，そして経験などと関連する。制度上の体制の具体的中身は膨大な可能性の幅を持つが，制度的取り決めの重要な側面として認識されたものは，モニタリングと制裁措置，裁定プロセス，説明責任に関連するものである。最後に，さらに多くの特性をもつとすれば，地域に所在する集団や資源システム，そして制度的取り決めが，人口構造の変化や技術，市場，国家といった形の外部環境とどのような関係をもっているかに関連するものだろう。

Box 2-4 に示された情報の分析によって，コモン・プール資源のガバナンスが成功するために重要な普遍的要因の特定化に対して，いくつかの大きな障害があることが明らかである。これらのうち，3つは本質的な問題であり，2つは手法上の問題から生じている。これら3組の研究者により見失われている本質的な問題については次節でより詳しく検証するが，この問題は私の投げた網をさらに押し広げ，共有資源制度に関する重要な追加的研究を検証しようとするものである。残念ながら，本質的な問題をただそうとする試みは，私が本章の後半で解説するような手法上の問題をさらに困難にする可能性をもっている。私たちは，普遍

---

29) かなりの程度において，Wade, Ostrom, Baland and Platteau の認識した条件を分類するために，これら4つの広範なカテゴリを私が選択したことには，Ostrom と彼女の同僚が1980年代半ば以来，漁場，森林，灌漑そして牧畜の資源を対象として行った，インディアナ大学の「政治理論と政治分析のワークショップ」(Workshop in Political Theory and Policy Analysis) における研究成果に動機付けられていることがある。これらの異なる変数のセットの間の関係性を構築しようとする試みについては，同大学の研究者によって開発された「制度分析と開発のフレームワーク」Institutional Analysis and Development framework (Ostrom et al., 1994) の議論を参照。同じく，Oakerson (1992) と Edwards and Steins (1998) も参照のこと。

> Box 2-4
> Wade, Ostrom, Baland and Platteau によって認識された促進条件の統合
>
> （1） 資源システムの特性
> 　（ⅰ） 規模の小ささ（RW）
> 　（ⅱ） 明確に定義された境界（RW, EO）
> （2） 集団の特性
> 　（ⅰ） 規模の小ささ（RW, B&P）
> 　（ⅱ） 明確に定義された境界（RW, EO）
> 　（ⅲ） 規範の共有（B&P）
> 　（ⅳ） 過去の成功体験―社会関係資本（RW, B&P）
> 　（ⅴ） 適切なリーダーシップ―若く，外部環境の変化に適応でき，地域の伝統的エリートと結節点があること（B&P）
> 　（ⅵ） 集団成員間の相互依存性（RW, B&P）
> 　（ⅶ） 賦存要素の異質性，固有意識（アイデンティティ）と利益目的の同質性（B&P）
> （1と2） 資源システムの特性と集団の特性の関係
> 　（ⅰ） 利用者集団の居住地域と資源の所在の重複（RW, B&P）
> 　（ⅱ） 集団の成員の資源システムへの高度な依存（RW）
> 　（ⅲ） 共有資源から得られる便益分配の公平性（B&P）
> （3） 制度的取り決め
> 　（ⅰ） ルールが単純で理解しやすい（B&P）
> 　（ⅱ） 地域的に工夫された資源へのアクセスと管理のルール（RW, EO, B&P）
> 　（ⅲ） ルールの実効化の容易さ（RW, EO, B&P）
> 　（ⅳ） 徐々に強められる制裁措置（RW, EO）
> 　（ⅴ） 低い費用での裁定プロセスの実現可能性（EO）
> 　（ⅵ） モニタリング担当者やその他公職にある者の説明責任（EO, B&P）
> （1と3） 資源システムと制度的取り決めの関係
> 　（ⅰ） 資源の再生とつりあった収穫制限（RW, EO）
> （4） 外部環境
> 　（ⅰ） 技術：排除技術の費用の小ささ（RW）
> 　（ⅱ） 国家：
> 　　（a） 中央政府は地域自治体を脅かさない（RW, EO）
> 　　（b） 制裁執行を支える外部機構（B&P）
> 　　（c） 資源保護活動によって負担の発生する地域利用者への補償のための適切なレベルの外部からの援助（B&P）
> 　　（d） 資源の利用，供給，実効化のための執行，統治の各層が入れ子構造であること（EO）
>
> 　　出典）RW, Wade (1988); EO, Ostrom (1990); B&P, Baland and Platteau (1996)

的に適用できるような，ここで問題にしている存立にとって決定的となる条件のリストを作成しようとする試みが，認識論のレベルで失敗する可能性に取り組まなければならないのである。要因をリストアップすることによってはじめて，いかにこれらの要因が互いに，そして成果に対して関連するかについての説得力ある理論化に向けた探索のための出発

点となるだろう。すべてのコモンズ的状況に適用できる要因のリストを求めようとする代わりに，持続可能性に貢献するような条件の配列に焦点を絞る方がより実り多いであろう。このような配列の識別には，鋭い分析的洞察が要求される。そのような洞察は，注意深く選択した事例に基づく比較研究，または，因果関係の理論的特定化に適合するような事例選択を確保した後に，統計的な技法を用いて多様な事例から得られたデータを分析する比較研究によって得られるであろう。

2　重要な意味をもつ要因についての補完

　Wade, Ostrom, Baland and Platteau によって認識された要因のセットは，資源特性に対する考慮が相対的に見て欠けている。資源システムのただ2つの側面だけが，3組の著者によってはっきり言及されている。Baland and Platteau は彼らの最終的な結論において，資源の側面を全く含めていない。

　資源特性に対する関心が限定的であることは残念なことである。たとえ我々が，再生産や利用可能性のレベルに対して影響を与えるような気候や土壌の変数を考慮に入れないとしても，資源がもつ他の特性が，利用者が中心となって効率的な制度を維持のできる方法やその可能性の可否に深く関係しているかも知れないことを排除する理由はないのである[30]。たとえば，多様な野生生物の大規模な移動が地域的な管理のみには適合しない問題であることは明らかであると理解できる（Moseley, 1999; Naughton-Treves and Sanderson, 1995）[31]。コモン・プール資源のこの側面は，Wade の規模の小ささに関する議論とは異なる。問題となるの

---

30)　資源システムの特性を，資源を管理する制度の存続可能性と関連付けた優れた研究事例が，Netting（1981）である。この研究では，資源の希少性と価値，そしてその2つの要因と共有資源制度の耐久性との関係性に焦点を当てている。同じく，Thompson and Wisen（1994）も，メキシコでの同様の事例研究を行っている。共有資源制度の取り決めを検証した他の研究としては，Nugent and Sanchez（1998）があるが，これは環境リスクに焦点を当てている。

31)　人間が作り出したある形態の産物に対しても同じ議論が適合する――たとえば，温室効果ガスや産業公害など――これらは，多くの集団や管轄区域を越えて外部効果を作り出す。

は資源の移動性や，資源から得られる便益のフローの不安定な変動や予測困難性などであり，単に規模のことのみではない。

　資源特性について注意深く論じられた論文の中で，Blomquist et al.（1994）は資源システムのもつ静止性と貯蔵性という2つの物理的特徴について焦点を当てている。静止性は資源の移動性に関わっており，貯蔵性は「資源を集めて保持すること」が可能かどうかに関連している（1994:309）[32]。静止性と貯蔵性を2つに分かれた変数と考えるならば，コモン・プール資源を4つの類型に導く。野生動物のような資源は，移動はするが貯蔵できないものであり，地下水盆や湖沼は安定した水資源として貯蔵できるものである。貝類や牧草地は静止しているが，貯蔵の程度は制限されており，その一方で，貯水池を備えた灌漑水路は水資源を貯蔵できるが，移動するものでもある。共有資源として所有しかつ／あるいは管理される羊や牛の群れもまた，この最後の分類にあてはまるだろう。

　この2つの資源の物理的特性の外部性に与える影響を検証した後，Blomquistとその同僚は，これら2つの要因は，情報との関連から，管理に影響を及ぼすと結論付けた。資源のより大きな移動と貯蔵の難しさは，利用者にとって，コモン・プール資源のディレンマに対して制度的解決を与えることをより難しくする。なぜならば，そのような解決に必要とされる情報に対する信頼性と費用に影響が及ぶからである[33]。この点は同様に，どの程度資源の利用可能性が予測可能であるかという問題や（いくらかはNaughton-Treves and Sanderson（1995）によって述べられている），予測不可能性がどの程度，資源利用者が利用可能な資源を配分し，供給を増強するような活動を実行する能力に影響を及ぼすかという課題としても見てとることができる（本書第10章のWilsonも参照のこと）[34]。

　32）本論文の査読者の指摘によると，野生生物のような資源の移動と，灌漑用水のような資源の収集と保持は，空間と時間における移動性と見なされるものであり，このどちらもが資源システムからの産出を生産関数として捉えた場合，そこでみられる固有の変動に対処しようとするものである。同様に，ある意味で市場というものは個々の生産者に，機能が特定化された課題を越えてどのような場合にも資源調達を可能にするような移動性を提供するのである。

　33）実際，Ostromが指摘したように，コモンズ制度の持続可能性に対するすべての独立変数の影響は，個人の意思決定に関する費用便益分析で描写することができるのである。

　34）希少性の役割については，Bardhan（1993）およびScherr et al.（1995）を参照。

Wade, Ostrom, Baland and Platteau がその分析において限定的な注意しか払っていない広範な第2の領域は，外部の社会的，制度的，物理的環境である[35]。彼らのうち誰一人として，その結論において人口問題についてはっきり述べておらず，同様に，地域の需要圧を相対的に小さなものとする可能性がある，市場に繋げられる需要についてもほとんど顧慮されることはない。人口水準の変動や人口圧の変化は，地域の変化の結果であろうと人口移動によるものであろうと，資源管理における既存のルールや規範に従う能力に対して，確実に重大な影響を及ぼす。実際，資源利用に対する人口と市場の圧力の問題に焦点を当て，この2つの複合要因の重要性を主張する文献は数多く存在する[36]。

資源管理における人口の役割に関する著述は，長い歴史と印象深い理論の系統を有している（Ehrlich, 1968:15-16; Malthus, 1798, 1803, rpt. 1960）。より近年の研究者は，環境の劣化を相当程度直接に人口増加と結び付けている（Abernathy, 1993; Durning, 1989; Fischer, 1993; Hardin, 1993; Low and Heinen, 1993; Pimental et al., 1994）。全体として，議論がはっきりと両極に分かれている状況にある。一部の研究者は人口増加の圧力は極めて大きい影響力をもっていると断言する（Ehrlich and Ehrlich, 1991; Myers, 1991; Wilson, 1992）。一方で少数ながら主張の大きいグループはその影響度はなお限定的であると言っている（Lappé and Shurman, 1989; Leach and Mearns, 1996; Simon, 1990; Tiffen et al., 1994; Varughese and Ostrom, 1998）。

市場を議論に引き込んだ場合，同様の説明ぶりが存在するが以下の場合は例外として除かれる。すなわち，議論の論旨が両極端に振れない場合で，急速な市場との統合は通常，コモン・プール資源の管理に不都合な影響を与えるという点，特に道路によって遠隔地の資源とその利用者が他の利用者や市場と統合される場合に顕著であることについて広範な

---

35) 本稿では地域での資源保全や資源利用プロセスの展開方法に影響するような文化的コンテクストの要因には焦点を当てないが，そういった要因もまた，いくつかの事例において，重要な影響を有している（Uphoff and Langholz, 1998）。

36) この主題に関するいくつかの文献のレビューとして，また，資源状態に対する人口圧，市場圧，ルール実効化の制度の相対的な重要性の検証としては，Agrawal and Yadama（1997）を参照。Regev et al.（1998）はどのようにして市場関連の変化技術的変化が収穫率と資源の利用度に影響するかを検証している。

合意がある場合である（Chomitz, 1995; Young, 1994）。地域の経済がより大きな市場と結びついて拡大し，共有資源制度が貨幣との交換に直面すると，生存のために資源利用を行っていた者も資源を現金収入として利用できるようになるため，収穫レベルを増大しやすい（Carrier, 1987; Colchester, 1994: 86-87; Stocks, 1987: 119-120）。

　潜在的に高い収益率の場合は別として，共有資源制度が市場圧力によって損なわれる原因にはさらに付け加えられる点があると指摘することは重要である。市場による統合は共有資源制度が多くの場合対応してきたリスクの解決に対して新しい方策をもたらすのである。共有資源制度の下で可能となる資源プールがそのような体制に従う者を助けるのである。しかし彼らは同じ資源を個人的に占有利用することによっても，彼らが直面するリスクの減少を図ることによってこのことは可能になるのである[37]。空間と時間（貯蔵）に対する移動性の確保は生産の変動に対処する代替的なメカニズムである。しかし，市場と交換は，異なる経済活動に特化することを個人に奨励して，既往のメカニズムと競合しようとする。個人を異なる職業に特化させ，その余剰産出物を交換することで，個人の生産者は移動（彼ら自身の生産の手段があろうとなかろうと）と貯蔵の必要性を軽減することができる。加えて，市場はまた，いろいろな地域の制度の重要性を脅かすような方法で，信用を提供し特権を産み出す代替的な競争の場を形成する。

　市場の浸透とよく似ているのが，コモンズの機能を奪い去ってしまう技術的手段の利用可能性の問題である。コモンズからの収穫便益に対する費用便益比率を変化させるような，新しい技術革新が突然勃興すると，制度の持続可能性は脅かされやすい。利用者が新しい技術になじむようになるまで，一定の時間が必要とされるだろう。さらに，技術的な変化は移動や貯蔵，交換に関わる既存の調整機構がその制度の成員の要求を継続して満たしうる程度に関して混乱を引き起こすだけではなく，共有

---

[37] 希少資源の供給を独占することで得られる政治的な利得と交換に関連する取引費用が存在しないのであれば，プール制から得られる便益はない。取引費用が存在しない場合にプール制が無用なことについての，よりわかりやすい例としては，保険組織を考えるとよい。個人のレベルのリスクをプールしても意味がないならば，そのような組織が必要になることもない。

資源の創出と定義に立ち入るような極めて本質的な政治的・経済的熟慮をも崩壊させうるのである。有刺鉄線の発明がどれほど安価に囲い込みを成立せしめ，アメリカ西部の放牧地を排他的な資源へと転換するに役立ったかを思い出そう[38]。

　市場と新技術の到来，そして，既存の資源管理体制に及ぼそうとした変化は，無血とも潔白ともいえないプロセスであった (Oates, 1999)。典型的であるが，市場と技術変化から生まれる新しい需要圧は，どの生産物が収穫されるべきか，収穫の技術，収穫率に対して，異なるインセンティブを作り出しやすい。それらの変化はまた，コモン・プール資源を利用する集団内に存在する異なる副次集団が資源への異なるタイプの接近と策略にもとづいて利得を確保しようとするため，地域の権力関係を変化させることもある (Fernandes et al., 1988; Jessup and Peluso, 1986; Peluso, 1992) そして多くの事例において，新しい市場のアクターが特定のコモン・プール資源に対する接近を可能にすると，彼らはコモンズを私有化し，または自からの要求の卓越性を防御しようと努力して，国家というアクターとの連合を求めるようになるのである (Ascher and Healy, 1990; Azhar, 1993)。実際に，国家の公的部門自体がコモンズの私有化に関連するようになったり，以前は共有資源制度の下にあった資源から得られた生産物を販売するようになったりする (Rangarajan, 1996; Sivaramakrishnan, 1999; Skaria, 1999)。

　市場の影響の下での資源利用と管理制度の変化に関するこのような具体的な議論は，資本と市場の変化を促す役割と潜在的な力に関する，より一般的な認識につながる[39]。しかし明らかに，コモンズ制度の持続可能性に影響する要因に対するいかなる検証においても，市場と人口の圧力の違いについては十分な注意を払うことが必要である。異なるレベルの圧力に対応するだけではなくて，変化の影響と変化の度合についても

---

38) Hechter (1987) はケーブルテレビ産業における新技術がいかに排除性を決定づけたかを論じている。
39) 問題は過去に比べて現在において，市場と資本の入手可能性が影響を持つようになったかどうかではない。特定の場所において様々に異なる期間に亘ってインパクトを持つような，市場の力と資本の入手可能性の程度又は強度が問題なのである。たとえグローバリゼーションのプロセスが金と資本をより広範に撒き散らしたとしても，どこでも同様のやり方で進める訳ではない。

対応しようとすることが重要である。

　所有権制度を究極的に守護するものとして，国家とすべてを司る行政構造の役割は，コモン・プール資源管理のあり方が歴史的に辿った多くの状況において，決定的なものであった。多くの共同体と地域的な利用者集団が，新しい制度的取り決めを作り出し，実施する権利を有することは確かである。しかし，いまだ特定化されていない権利や広範な係争については，国家による介入なしに取り組むことができない（Rangan, 1997）。3組の著者らはローカル・コモンズにおける中央政府の潜在的な役割については，市場や人口圧力の問題に比べてより注意を払ってはいるが，地域―国家関係は本質的により注意深い調査を要求するものである[40]。より多くの政府が，天然資源に関する多様な管理を地域の利用者集団に分権化しようとしている場合に，このような管理の緩和の背景にある理由と，ガバナンスのレベルを超えた権威の組織構造の違いによる影響に関する問題は極めて重要となる。多数の研究がこれらの問題を調査しようとしてきた。一般的な資源管理の分権化に焦点を当てたものもあれば（Ascher, 1995; Poffenberger, 1990），資源管理に関連する法律と国家政策の役割を検証するものもある（Ascher and Healy, 1990; Lynch and Talbott, 1995; Repetto and Gillis, 1988）。しかし今までのところ，これらの関係性の変異に関して，また，このような違いがどのようにしてコモン・プール資源管理の本質と成果に影響するかについて，我々は体系だった検証も，明確な理解も手にしていない。

　市場や技術，国家，人口圧といった外部の要因について，コモンズ研究者がほとんど焦点を当ててこなかった1つの理由は，簡単に言えば彼らの研究関心や研究全体のあり方によるものである。彼らの努力は地域集団や制度，そして資源システムに関連しそれを取り巻く要因の重要性を示すことを目的としていたため，他の多くの分野での研究において注意されるような要因に対して相対的に焦点を当てることがなかったのだ。しかし，地域性と地域要因の重要性に焦点を当てているわりに，彼

---

[40] 国家―地域関係を巡る複雑な問題を検証した3つの研究は，Gibson（1999），Ribot（1999），Richards（1997）である。コモン・プール資源のコンテクストにおける分権化に直接焦点を当てた分析としては，Agrawal and Ostrom（2001年発行予定）とAgrawal and Ribot（1999）参照。

らはいかに地域というものが外部と非地域の環境の混合によって生み出されていることが多いかということを無視しているように見える。共有資源に関する研究は，ほとんど排他的に焦点を地域に当てているために，自分のフィールドそれ自体を世界のミニチュアと見なし，外部の政治的または経済的な影響に応じてのみ変化するものとするような人類学者に対するものと同じ批判に曝されてきたのである[41]。地域性というものがどのように形成されてきたかというコンテクストに配慮せず単に地域に注目するだけでは，人口，市場需要，国家政策といった要因がどのように地域の制度的取り決めや資源システムと相互作用するかに対してよりよい理解が生じるための障害となるだろう。

　市場，人口動態，国家に対して注意する私の議論は，なお部分的なものであるがコンテクストに関わる要因の本質と重要性について取り組もうとするものである。研究においてコンテクストとは，考慮しているシステム全体を規定する変数であり，その研究モデルのなかでは一定に保たれるが，モデル相互間ではその限りでないものと定義される。さらに，コンテクストと関係をもった変数の状態次第では，明示的に研究の対象となっている変数のもつ効果に影響が表れる。またアプリオリにコンテクストを構成する要因の集合体の性質を定義することはできない。なぜならば，与えられた研究におけるコンテクスト上の要因は，解答を求めている課題の設定自体に依存しているからである。しかしながら，制度的持続可能性を検証しようとするコモンズ研究は，市場の性質や市場に関連する変化，人口と人口学的変化，そして国家とその政策が一定である場合，これらを無視しても構わない。単一の期間，単一の場所を対象とする多くの事例研究において，これらの重要なコンテクスト上の変数に対する配慮を欠いていても正当と認められるだろう。しかし，研究がより一般化できる議論の展開を追い求めるならば，コンテクストに対する注意と，いかにコンテクスト上の要因と特定の因果関係を結びつけ

41）　多くの文化人類学者が今日，歴史とグローバリゼーションに魅了されているのに対して，1960年代と1970年代の多くの文化人類学的著述は，民族学的分析の対象を，時間を超越した関係の集合体として見ていた。この点に関する重要なレビューとしては，Dirks et al.（1994），Donham（1990），Mathur（2000），Roseberry（1989），Sahlins（1999），Wolf（1982）がある。

るかということに注意することが，極めて重要となる。事例研究においてさえ，以前は一定の（「ゆっくりとした」）変数が，どのように変化し，他の（「はやい」）変数と相互作用するかを検証することは可能であろう。このような状況では，持続可能性そのものを，静的な均衡というよりむしろ，ダイナミックに維持される体系の条件であると考えることができる（National Research Council, 1999）。

しかしながら，たとえ地域性そのものやコモンズを管理する利用者集団の重要な特徴について関心を向ける場合であっても，我々の理解に重要な欠落点が生じてしまう。以下に集団の3つの側面を例として挙げておきたい。すなわち，規模，異質性，貧困の程度である。

コモンズと集合的行為に関する膨大な文献によれば，その一部はOlson（1965）の独創的な研究に引き起こされたものであるが，より小さい集団は集合的行為を成功に結びつけやすいという。この結論はBaland and Platteau（1999:173）に支持されており，彼らはOlsonを反復して，「より小さい集団ほど集合的に実践するためにより大きな能力を保持している」と述べている。しかし他の研究者はOlsonの議論の曖昧さに注目し，集団の規模と集合的行為の関係性は直接的なものではないと示唆している。たとえば，Marwell and Oliver（1993:38）は，「実証的研究の主要な内容が教えるところは……，集団のサイズは集合的行為のレベルと正の相関をもつ」とかなり強く主張している[42]。Agrawal and Goyal（2001）は，コモン・プール資源の2つの分析的特徴——排除が完全には行われないことと第三者によるモニタリングに不可分性があること[43]——を用いて，集団の規模と集合的行為の成功の間に曲線的な関

---

42) Marwell and Oliverの結論は，共有財ではなく公共財に対するものである。しかし，共有財に対してでさえ，Esman and Uphoff（1984）はより広い地域的な組織であれば村落のイニシアティブを開発することに成功しやすいことを発見している。成功につれて，集団がその規模をどれほど大きくするかははっきりしないが，どんな事例においても，彼らの発見が示唆するように，たとえより小さな集団が集合的行為の開始にはより多く成功したとしても，より大きな集団はより効率的に機能することができる。Ruth Meinzen-Dickが私の注意をこの研究に向けてくれたことについて，大変感謝している。

43) モニタリングの規模に不可分性（lumpinees）があることについては，警備の専門家が共有資源制度の実施のために雇われるような状況を指している。このような状況では，警備員の所要給与は，1年のうち数か月また1年といった固定した期間に対して支払われ，1時間単位，1日単位で支払われるものではない。Agrawal and Goyal（2001）が確認した両要素の関係が示唆するように，ヒマラヤのKumanonという状況に設定された観察現場では，

係があるという仮説を呈している。彼らは自身の仮説を，ヒマラヤのKumaonから得た28の事例をサンプルとして検証している。現時点でのこの問題に関する知見は，Ostrom（1997）においておそらく最もよく要約されている。そこでは，集合的行為に対し集団の規模が与える影響は通常，他の多くの変数によって媒介されるとしている。これらの変数には集合財の生産技術，その排除可能性，供給の一体性，そして集団の異質性のレベルが含まれる（Hardin, 1982: 44-49）。集団の規模と集合的行為に関して30年以上に及ぶ研究がなされてきたが，この規模と集合的行為の成功の間の関係については一層注意深く精査する必要がある。

　論理立って実証的に支持される理論に知見の集積が計られるものであるが，集団の異質性の取り扱いにはなお困難が伴ってきた。大半の資源は複数の軸，たとえば民族，性，宗教，富，カーストなどによって分割される集団によって管理されていると論じて間違いないだろう（Agrawal and Gibson, 1999）。集団内の異質性の本質とは，複合的で矛盾した影響を持つことである[44]。WadeとBaland and Platteauは，持続可能な資源管理を促進するような制度を構築する基盤として，集団成員間の相互依存性の重要さを強調した。つけくわえて，Baland and Platteauはまた，異質性を3つのタイプに分類し，賦存要素の異質性が資源管理に正の影響を持つ一方，固有意識と利益目的の異質性は集合的行為の障害を産み出すという仮説を呈することによって，その本質に対する早い段階での評価を提供した。彼らの最初のポイントは，賦存要素の異質性が集合的行為の可能性を強化するというものであるが，これはOlson（1965）が産み出したものと類似している。しかし，彼らが異質性を分類したカテゴリーは，互いに排他的ではない。たとえば，利益目的の異質性は異なるタイプの経済的分業と異なるレベルの要素賦存を導くが，それによっ

100世帯を超えるような大きな集団や30世帯を下回るような小さな集団では，十分なモニタリングを確実にするための追加手当のレベルを発見することは困難であった。

　44）　不平等に関する彼らの近年の議論の序文において，Bowles and Gintis（1998:4）は，「平等化と民主的コントロールへと方向付けられた資本主義に対するほとんどうわべだけの修正は，経済的なパフォーマンスの低下という多大な負担を課すことになると経済理論が証明していると聞くひとがいるかもしれない。しかし，経済理論はそんなことを示唆していないのである。反対に，経済的平等と経済的パフォーマンスの改善をもたらすような経済ゲームのルールに対する変化の存在について，説得力のある経済学的な理論と十分な実証的論拠があるのである。……不平等は，しばしば生産性の障害となる」と述べている。

て今度は互いに便益のある交換を導くことができる[45]。さらに，異質性が集合的行為に影響するかどうかに対する経験的な論証は，未だに相当程度の曖昧さを含んでいる（Baland and Platteau, 1999; Bardhan and Dayton-Johnson, 本書第3章; Kanbur, 1992; Quiggin, 1993; Varughese and Ostrom, 1998）。したがって，もし，いくつかの副次集団が資源保護的な制度を強制的に運用しようとするならば，利益目的の異質性を高いレベルで保つ集団においてさえ，集合的行為を確実にすることは可能である（Agrawal, 1999a; Jodha, 1986; Peluso, 1993; ただし，Libecap, 1989, 1990 も参照のこと）。その一方で，集団内の分布に関する不均一性の果たす機能は，より定義に従いやすい。開発案件での影響とコモンズに関する研究が明白に示すように，より暮らし向きのよい集団の成員は資源からの便益において，より大きな分配を得やすい（たとえば，Agrawal, 2001 参照）。これは，集合的行為が集団内の不公平性を常に悪化させるということを意味するものではない。むしろ，単に集団内の不公平性は必ずしも解消される必要がないということを示している。なぜならば，集団の成員は集合的なゴールを達成するために喜んで協力するからである。

そしてもうひとつ，地域性と関連した要因として，資源利用者の貧困とコモン・プール資源利用の水準との関係がある。この要因は成果に大いに関係するが，必ずしもコンセンサスはないまま多くの研究が対象としているものである。貧困がコモンズに対する依存（Jodha, 1986）とその資源劣化を強めるかどうか，そして，少なくとも初期における富の増加が利用者によるコモンズの利用を強めるかどうかという疑問に答えることが，多くのコモンズに関連する政策がどのようになるかの輪郭を与えることになる。しかし，かなりの程度まで，この分野における政府の介入は，限定された情報とあまり信頼性の高くない分析に基づいている。

3つの要因—規模，異質性，そして貧困—のそれぞれについて，コモンズ制度の持続可能性に与える影響の方向性について既存研究がどの程度まで結論を得るに至ったのかはせいぜいのところ曖昧なままである。

---

[45] 利益目的の異質性が賦存要素の異質性と相互の便益の交換を導くという具体的な事例については，Agrawal (1999a) を参照のこと。より一般的には，遊牧民と農耕民の間の交換は，土地に関連した資源との関係で明確ながらも利益目的と賦存要素の異質性の程度に依存することになる。

これらの変数と持続可能性の関係が正なのか負なのか，あるいは曲線の関係にあるのか，これらは他のコンテクストに関わる要因や媒介要因など様々な要因に依存しているようにみえるが，これらの要因についてすらすべてが判っている訳ではない。Box 2-5 は Box 2-4 で示された変数の組み合わせを補完しようとして構成したものである。特定の著者のイニシャルを付していない要因は追加分である。Box 2-5 の中の要因は，多くのコモンズ研究者がコモンズの制度的持続可能性を達成するために重要と考えたものであるが，コモン・プール資源管理に影響するすべての要因を尽くしたものという訳ではない。同じく，誰もが認めるすべての変数のセットを作り出そうとするものでもない[46]。

　Box 2-5 は，コモンズ研究者がコモンズ制度の機能の持続可能性にとって決定的であると見なしてきた最も重要な変数を強調している[47]。Box 2-5 に表された条件を可能にするセットが包括的なものであるかどうかは，他のコモンズ研究者の独立した研究とその結果と関連付けて検証することによって，確かめることができる（McKean, 1992b: 275-276）。McKean は日本の森林を管理する共同体の歴史的な経験を検証して，9つの条件を認識した。彼女はそれらを論文の最後で，6つの結論に整理している。彼女の9つの条件とは，(1) コモンズの共同所有者は管理に一定の自治権を持つこと，(2) コモンズを共有する権利の配分は，(2a) 公平性 (2b) 経済的効率性，(2c) 生産特性に応じて注意深く配置されること，(3) 利用者の共同体内における豊かな副次集団も貧しい副次集団もともにコモンズ制度を支持すること，(4) コモンズからの強度の収穫にはインセンティブを低める，(5) ルールは容易に執行できること，(6) 注意深いモニタリングと制裁が (6a) 集団自身によって実行されること，そして (6b) 徐々に高まる制裁方式を取り入れていること，である。これらの条件はそれぞれ，Box 2-5 に含まれている。明らかに，Box 2-5 に

---

　46) Elster（1992: 14）はローカルな（局所的）正義という研究で，「ローカルな正義の理論を構成するのに必要十分な条件のセットを確定することは，大変面倒な作業でほとんど不可能である」と示している。ローカルな正義に対する彼の診断は，彼の処方箋（すなわち，理論なのか記述に留めるのかの間で選択する代わりに「認識可能な因果のパターン」に焦点を合わせること）と同じく，コモンズ研究に等しく応用できるだろう（Elster, 1992:16）。
　47) 共有資源制度の発祥は何によって説明できるかという議論については，McCay（本書第11章）を参照

表現されている条件の言葉は，McKean のものと常に同じではない。たとえば McKean の，豊かな副次集団も貧しい副次集団も双方ともにコモンズ制度を支持せよというポイントは，2つの独立した変数として Box 2-5 に異なる方法で表されている。つまり，規範の共有や利用者間の相互依存性に関係することである。

　このボックスが明らかにすることは，政策の革新は，コモンズ研究者が資源の持続可能な管理のために重要と考えるいくつかの変数に限って影響し，変化を及ぼす可能性があるということである。コモン・プール資源の地域管理を改善することを目的とする最近の政策実験は，コモンズの研究が生み出した，共有できる概念をもつという見解に，特に注意を払う必要がある。これらの中には，コモンズから得られた便益における公平性がある。それは，利用者が自分たちの資源を管理するために決定的と信じている制度的な取り組みを作り出し，実施し，実効あらしめようとする地域の自治であり，係争の裁定を低費用で行えるメカニズムと利用者に対する公職にある担当者の説明責任であり，代替できるものを開発する地域的なインセンティブのことである。

　Box 2-5 に挙げられた要因のうちいくつかは，持続可能な管理のためではなく，コモンズ制度の発祥を説明するために重要であると論じることができるだろう。たとえば，Ostrom（1999）は，多くの文献を検証して，彼女が資源利用者の自己組織化の発祥にとって重要と考える，資源の4つの属性と，資源利用者の7つの属性を抜粋した。これらのうちいくつか——実行可能な資源の改善方策と低い割引率の設定——は，Box 2-5 にはみられない。しかし，彼女のリストにある，資源からの便益フローの予測可能性や，利用者の資源に対する依存性，自己組織化が示した他の局面における成功経験などその他の属性は Box 2-5 に示されている。実際に，彼女がコモンズ制度の発祥にとって重要と数えた要因の少なくとも1つは，彼女の設計原理の1つでもある（利用者が自らで接近と収穫のルールを作り出すことができることに対する外部の権威による承認）。発祥を促し，制度機能の持続した成功を促す要因の重なり合いは，その2つが促進条件の同一のセットによって説明されるという示唆がなくとも，起源と継続的な存在の関係の緊密さと複合性を示している。

Box 2-5
コモンズの持続可能性を担保する決定的な条件

（1） 資源システムの特性
　（ⅰ） 規模の小ささ（RW）
　（ⅱ） 明確に定義された境界（RW, EO）
　（ⅲ） 移動性の低さ
　（ⅳ） 資源からの便益貯蔵の可能性
　（ⅴ） 予測可能性
（2） 集団の特性
　（ⅰ） 規模の小ささ（RW, B&P）
　（ⅱ） 明確に定義された境界（RW, EO）
　（ⅲ） 規範の共有（B&P）
　（ⅳ） 過去の成功体験—社会関係資本（RW, B&P）
　（ⅴ） 適切なリーダーシップ—若く，外部環境の変化に適応でき，地域の伝統的エリートと結節点があること（B&P）
　（ⅵ） 集団成員間の相互依存性（RW, B&P）
　（ⅶ） 賦存要素の異質性，固有意識（アイデンティティ）や利益目的の同質性（B&P）
　（ⅷ） 貧困レベルの低さ
（1と2） 資源システムの特性と集団の特性の関係
　（ⅰ） 利用者集団の居住地域と資源の所在の重複（RW, B&P）
　（ⅱ） 集団の成員の資源システムへの高度な依存（RW）
　（ⅲ） 共有資源から得られる便益分配の公平性（B&P）
　（ⅳ） 利用者の需要レベルの低さ
　（ⅴ） 需要レベルの段階的な変化
（3） 制度的取り決め
　（ⅰ） ルールが単純で理解しやすい（B&P）
　（ⅱ） 地域的に工夫された資源への接近と管理のルール（RW, EO, B&P）
　（ⅲ） ルールの実効化の容易さ（RW, EO, B&P）
　（ⅳ） 徐々に強められる制裁措置（RW, EO）
　（ⅴ） 低い費用での裁定プロセスの実現可能性（EO）
　（ⅵ） モニタリング担当者やその他公職にある者の説明責任（EO, B&P）
（1と3） 資源システムと制度的取り決めの関係
　（ⅰ） 資源の再生とつりあった収穫制限（RW, EO）
（4） 外部環境
　（ⅰ） 技術：
　　（a） 排除技術の費用の小ささ（RW）
　　（b） コモンズに関連する新技術に適応するまでの時間設定
　（ⅱ） 外部市場との統合度の低さ
　（ⅲ） 外部市場との統合の段階的変化
　（ⅳ） 国家：
　　（a） 中央政府は地域自治体を脅かさない（RW, EO）
　　（b） 制裁執行を支える外部機構（B&P）
　　（c） 資源保護活動によって負担の発生する地域利用者への補償のための適切なレベルの外部からの援助（B&P）
　　（d） 資源の利用，供給，実効化のための執行，統治の各層が入れ子構造であること（EO）

出典）RW, Wade, 1988; EO, Ostrom, 1990; B&P, Baland and Platteau, 1996

3 方法論上の問題への取組み

　前述の Box 2-5 に表された，資源の特性，集団の特性，制度的な取り決め，そして外部の環境に関連する要因は，共有資源研究者が行ってきた注意深い分析の実質的な成果といえる。ただ，この要因リストにはいくつかの重要な手法上の障害が含まれており，コモンズに関心のある研究者が今後解決するような能力を示すことが，コモンズに関する研究の継続的成功の条件でもある。

　1つの重要な問題は，コモンズの利用を促進する条件として，Box 2-5 に示された要因が，それらのほとんどはコモン・プール資源を成功裡に利用するための促進条件として一般化を計ろうとした結果であることから来ている。すなわち，これらの要因は，状況のある側面に関連したり依存したりというよりはむしろ，すべてのコモン・プール資源と制度に適用可能であることが期待されているのである[48]。例として，資源システムの特性という広範な分類の下で，Box 2-5 の二つの条件である規模の小ささと明確な境界について考えてみよう。Wade によると，相対的に小さな資源体系は，共有資源制度の下でより管理されやすく，Ostrom と Wade によれば，明確な境界を持つ資源は，共有資源としてより管理されやすい。これらの条件はすべてのコモンズについての一般命題として言い表そうとしたものであろう。しかし資源の規模や境界の定義に関する問題は，ある変数の効果は他の変数の状態によって変わり得るというように，状況次第で変わりうる命題として扱うことは原則可能であり，その方が議論防衛のしやすい方法である[49]。

---

　48) Ostrom（1998: 16）は政治分析における同様の傾向にコメントして，「政治体系は複雑に組織化されていて，我々はめったに1つの変数が従属変数といつでも正のあるいは負の関係にあると述べることができない」という認識を示している。
　49) ある変数が，他の変数の状態に依存して非常に異なった効果を示すというこの問題は，これらの著者によって暗黙の条件として置かれた「他の事情にして等しい」という条件によっては解決されない問題である。関連する変数の状態に依存して，他の変数の効果は，推測された方向と正反対に向かう場合もあるからである。したがって，Turner（1999）は，流動性と移動性の大きいという状況の下では境界の定義の明確化と排除する力の強化が対立の増加を導くかを示している。このような対立は，排除された人が代替的な就業の機会を見

境界が明確であるのは，コモンズから得られる便益のフローが予測可能で利用集団が移動しない場合であり，便益のフローに変動がある場合でかつ／あるいは，資源システムに依存する集団が移動する場合，利用集団の必要性や資源フローの変動に適応するために資源境界はあいまいなものとなる可能性がある（McCarthy et al.,1999 参照）。資源規模の影響も同様に論じられ，いつも同じ方向に流れるのではなく，その他の変数の状態次第となる。小さな資源体系は制度の持続可能性と正の関係性を持ちやすいという命題を受け入れるのではなく，たとえば，「資源システムのサイズは集団サイズに応じて変化し，より大きな資源に対して，集団内の権威関係は入れ子状になりやすい」という仮説を呈することは，より正当かもしれない。

コモンズの状況における多くの因果関係は，特定の変数の効果が異なる因果関係によって決められる状態に依存する，あるいは，いくつかのコンテクスト上の要因を反映した変数との関係に依存するというように，状況次第で変わり得る関係であることが多い。したがってコモンズ研究においてはそのような複合的関係を明らかにすることは非常に重要である（Rose, 本書第7章）。その他の事例としては，コモンズから得られる便益配分の公平性の問題がある。典型的には，多くのコモンズに対する研究と同様に，直感が示すように，便益のより公平な分配は，より持続可能な制度的取り決めを導きやすいと考えることになる。しかしながら，高度に階層化した社会政治的組織が特徴付ける社会的コンテクストにおいては，便益の非対称的な分配を特定する制度的取り決めの方が適しているかもしれない。

しかし，最も重要な方法に関する争点は，コモン・プール資源の良好な管理と関連性が深いと想定されている条件の数に関わっている[50]。

つけない限り，長期間にわたって継続する。Agrawal（1999a）はラジャスタン西部の Raika 牧羊民の事例を用いて，移動する牧羊民が資源に厳格な境界が引かれることと共同体の排除力によって周縁化する場合について同様の議論を行った。

50）手法に関する少し違った，しかし同様に決定的な疑問は，1つの分析レベル，あるいは特定の時間的／空間的レベルで得られた結論は，他のレベルにも適用可能なのかということである。ある地域レベルで正しかった推測は，さらに広いマクロレベルの現象に適用できるのか？私はこの疑問に取り組んではいないが，Berkes（本書第9章）と Young（本書第8章）は，それを注意深く検証している。

Wade, Ostrom, Baland and Platteau はあわせて 36 の重要な条件を同定している。全体とすれば，それらに重複は少ない。それでも彼らの条件のリストを互いに比較し，注意深く解釈し，共通条件を除けば，24 の異なる条件を見出すことができるだろう（Box 2-4 がそれである）。著者らはそれぞれの理論に基づいて議論しているため，実証研究を通じて発見されたこれらの条件は，より幅広い根拠から支持されるだろう。したがって，彼らが重要と考える条件からアプリオリに除くことは難しい。

　Wade, Ostrom, Baland and Platteau の結論に関するこれまでの節での議論に従えば，彼らが確認した 24 の要因であってもコモン・プール資源管理を行う上で重要となりうる条件のすべてを被い尽くしたものではない[51]。コモン・プール資源のローカル・ガバナンスに関する膨大な文献の中で，資源管理の持続可能性にとって重要と認識された追加的な要因を考慮に入れるならば，コモンズの管理の成功に影響するような要因の総数は，30 以上，もしかすると 40 近くになると考えられる。Box 2-5 では，全部で 33 の要因が列挙されており，これは潜在的にコモン・プール資源管理に影響を及ぼすような要因の，相対的に包括的なリストであり，妥当なものと考えられている。これらの要因のすべてが互いに独立なわけではない。このうちいくつかは実証的にみて相関している。たとえば，集団の規模と資源の規模，または，規範の共有と集団の成員間の相互依存性，分配ルールの公平性，あるいは，ルールの実効化の容易さと制裁執行を支える外部機構などがそうである。しかしながら，これまでの議論で重要であると浮かび上がってきた他の変数との関係を含め，変数同士がどの程度相関しているかを評価するような，信頼できうる方法はない。

　さらに，いくつかの変数の効果が他の変数の状態に依存し，変数間の相互作用が成果にも影響があるため，いかなるコモンズの持続可能性についての注意深い分析も，考慮の対象となる多数の変数間の相互作用の影響を取り入れる必要がある。ただ，30 から 40 の変数がコモン・プー

---

[51] 実際に，潜在的にまだ発見していない変数があるという私の議論は，これらの注意深い分析内容の欠陥を強調することではなく，大半の共有資源研究を特徴付けるような一般的な手法問題に焦点を合わせることであり，これらの研究が可能な限り避けようとしている事実が明らかになるであろう。

ル資源管理に影響を与えるという可能性を認め，そして，変数間に相互作用の影響を認めるや否や，さらに厳しい分析上の課題に直面することになる。

　多数の変数が存在するとき，調査の対象となっていない要因を制御するかたちの注意深い研究計画がないと，観察された成果の差異が実際に仮説とした原因の結果であるのかどうかを確かめることはほとんど不可能である。1つの例を考えてみよう。ある研究において，選択した事例がその他の重要な変数について適合するものであり，そして，集団の規模と移動性に（はっきりとした）違いがある場合にのみ，研究者は集団規模の大きさまたは移動性の高さを，管理の成功に影響を及ぼす妥当な原因変数（この場合，変数の増加は結果に対して逆向きに作用）として選択することができる。もし研究者が成功に影響を及ぼすような妥当な変数を明確に考慮に入れなければ，選択する事例の数は変数の数よりも大きくなるだろう。しかし，コモン・プール資源管理に関する研究で，管理の成功に決定的と考えられるいくつかの異なる変数を明示的に考慮した調査設計を開発したものはない。これは重要なことを意味するが，コモン・プール資源管理についての既存研究の多く，特に事例研究として実施されたもの，あるいは非常に少数の事例の結論に基づくものの場合，それらが検証しようとしている因果関係を明示するモデルの特定化していないという問題をはらんでいる。このような特定化の不在により，コモンズの定性的研究は潜在的に重大な方法問題に面している。これらの問題のうち，最も重要な2つの問題とは，「除外した変数がもたらすバイアス」の問題と，「変数間の関係を内生的なものとみるかどうか」の問題である（King et al., 1994: 168-182, 185-195）。これらの問題は方法上の欠陥として生まれるものであり，関係のない変数を要因として強調したり，関係のある変数を無視したり，偽の相関関係を指摘する可能性につながる。

　いくつかの原因変数を誤って強調することは，同様に，多様な因果関係が背後にある問題からもおこりうる。その場合，異なる種々の原因となる要因または原因となる要因の組み合わせが，同様の影響を通じて結果に繋がっているのかもしれない（Ragin, 1987）。予測できない便益のフローと不公平な分配の双方が，制度の耐久性に対して逆効果となるか

もしれない。しかし，特定の事例においては，便益のフローが予測困難でも，「便益の不公平な分配」に比べて，より小さな影響をこうむるにとどまり，そこでの分配の特質について研究者は無視してしまうかもしれない。このような状況では，研究者は変数を不適切に強調しすぎ，あるいは見落としてしまって，研究の結論が損なわれるだろう。この問題はコモンズ研究者にとって特によく散見される。というのも，多くの事例研究の分析から得られる結論は，正負によらず，独立変数に方向付けられた結果として表現されるからである。ここで「予見しない便益のフロー」とは，コモンズ制度の持続可能性を損なうものとして論じることができる。しかし，事例研究においては，特定の独立変数が互いにどう関連しているか，あるいは，観察された結果に対するその関係性の強さを明らかにすることは難しい。重要な点は，単一の事例分析，特に単一期間において行われたものでは，実際にはもっと不確定なあるいは連続の関係性があったとしても，結論は，因果関係が2変量の記述に制限されるということである。

共有資源を治める制度の持続可能性に，潜在的な影響を及ぼすような多数の変数を扱うことは，将来の研究に対して重要な理論的含意を有している。最も重要な含意は，おそらく，調査設計に関するものである。コモン・プール資源を扱う場合，事例を無作為性あるいは代表性を担保して選択するという要求を満足することは（たとえ事例の母集団を地理的に狭い範囲に絞ったとしても），概して非常に難しいため，調査目的が統計的分析であろうが体系的な比較分析であろうが，目的合致的なサンプリングが事例選択の場合，理論的防衛のために取られがちな戦略となる。目的合致的なサンプリングにおいては，事例は理論的に意味のある変数の変動を反映していることを理由に選択されることになる。この戦略は代表的なサンプルを選択するという努力よりも簡単に実行でき，理論的に妥当性のある変数を明示的に考慮することを要求するという2つの点で，正当なものと考えることができる（Bennett and George, 2001; Stern and Druckman, 2000)[52]。

目的合致的なサンプリングに関しては，選択された事例は理論的に意

---

52) 従属変数のサンプリングに起因するバイアス問題について論じるには，Kinge et al. (1994), Collier and Mahoney (1996) を参照。

味のある原因要因に基づく変化を反映しているものであるか，調査する者が選択された事例に対し，少なくとも観察された結果に関係する変動を反映したものであると確信をもっているという常識に基づく考慮を別にすると，この手法を行うための一般的な理論は存在しない[53]。そこで，調査設計では2つの要因が決定的なものとなりやすい。それは，ある変数は理論的に妥当な変数であるという意識と，そこでは理論的に妥当な変数を扱い得るという調査の対象となる事例に関する特定の知見である。たとえば，関心のある変数がモニタリングと制裁のメカニズムに関係している場合に，調査設計を組み立てようとするとき，調査する者にとって，集団が利用可能なモニタリングの異なる形態について詳しく知っていることが重要である。見張り番の存否は，第三者によるモニタリングが導入されていることを示唆するが，だからと言って調査対象としている集団がモニタリングの仕組みを導入していると即断することはできない。他の形態のモニタリングとは，集団の中の世帯が一緒にモニタリングと執行（enforcement）の責務を共有するような，相互モニタリングや交代のモニタリングを含むであろう。

　Box 2-5 に示された情報は，4つの主要なカテゴリーからなり，調査設計の形成と事例選択に役立つだろう。それらは，特定のコンテクストが与えられた中で事例選択をする場合に，注意深くなされるべき変数選択のための助けとなるだろう。たとえば，選択されるべき事例が同じ生態学的なゾーンにあり，同じ資源タイプを示しているならば，資源特性に関係する変数は，事例選択にあたってさほど重要とはならないかもしれない。このような変数の数を減少させることによる明らかなトレードオフは，制度的な持続可能性に関する予測レベルに違いを与える影響について，それらの研究がほとんどあるいはまったく見通しを与えないということだろう。調査の目的がもし予測不可能性のもつ効果を理解することにあるのならば，資源からの産出物が多くなるのか少なくなるのか

53）　しかしながら，成功や失敗の事例をいくつか含むように事例選択がなされてはならない。なぜならば，そうすることでサンプル選択にバイアスを発生させる可能性があるからだ（King et al., 1994）。結果に何の違いもなければ，たとえ選択された事例が当座有意味とみなした要因に応じて変動するとしても，その研究はある原因を想定するという仮説に基づき結果に与えた影響の違いについて，明らかにするところがほとんどないということに留意しなくてはらない。なぜならば，結果は選択されたサンプル内では一定であるからだ。

について予測が可能な事例から予測不可能な事例まで広い選択をすることが必須である。

　しかしながら，30以上の独立変数とその相互作用を取り入れた，large-Nタイプのコモンズ制度の研究はありえないほど多くのサンプルを必要とし，天文学的に高額な費用を伴うだろう。そのような研究を行う研究者は，たとえ，何千もの事例から情報を得ることができたとしても，データの解釈と結果の記述において，複雑な問題に直面するだろう。30以上の原因要因とその相互作用に関する変動を取り込んだ事例から目的にかなったサンプルを生み出すことができたとしても，不確定性と錯綜した複合性をもった因果関係という問題は消え去らない。不確定で複合的な因果関係の問題は，コモンズ研究者に対して，まずきちんと理論の裏付けをもった変数間の因果関係に関する仮説を導出することと，それら変数間に現れた因果関係の仮説を検証するための体系的な研究を要求している。

　より大きなサンプルサイズと統計的分析もまた，別の理由によって多くの独立変数を設定した場合の問題に対して，包括的な解答を示さない。本章の冒頭で論じたように，コンテクストを構成する変数のセットは潜在的には無限である。事例の数を増やすことは，同時に，特定の選択された事例の結果に影響を及ぼすような，コンテクスト上の変数の増大を意味するだろう。実証研究から導かれる結論は，それに影響を与える要因変数を実験室内と同等にはどうしてもコントロールすることができないように，与えられた研究において，統計的分析ならば可能になる強い相関関係を検証することよりも，より注意深く因果関係を理解する方が重要である。因果関係に関する議論が特定化され，調査設計が注意深く構築され，事例のサンプルが厳密に選択されて始めて，コモン・プール資源を巡る制度的取り決めの持続可能性を導く要因について，決定的な結論を立てることができるだろう。

　コモンズのディレンマの制度的解決に関連する調査計画を進める上で，2面からのアプローチが賢明であるようだ。まずコモンズ研究者は，最も重要な因果関係のメカニズムを識別し，その関係性において理論の裏付けのある変数とその相互関係に限定するような理論的な姿勢で行われる事例に基づく比較研究に取り組む必要がある。他方では，因果関係

の強さを明らかにするような large-N タイプの研究を行うことである。そうして初めて，コモンズにおいて制度的な持続可能性がどのように達成されるかに関する理解を，前進させることができるだろう。

Box 2-6
コモンズ調査における因果関係を示すひとつの図式

耐久性のある制度＝f（境界の定義，実効化のための執行，政府の認知）＋誤差
境界の定義＝f（集団の相互依存性，貧困，社会関係資本）＋誤差
集団の相互依存性＝f（集団の規模，資源の規模，移動性，市場圧）＋誤差
上記の方程式から導かれるものとして：
耐久性のある制度＝f（集団の規模，資源の規模，移動性，市場圧，集団の相互依存性，貧困，社会関係資本，実効化のための執行，政府の認知．）＋誤差

再び繰り返しになるが，Box 2-5 に示された要因のリストは，そうした因果関係に関する仮説を作り出すための出発点を提供する。たとえば，これまでに行われてきた多くのコモンズ研究が示すように，モニタリングや実効化のための執行の特性はコモンズを管理するための既存の制度的取り決めが持続するかどうかを決定する際の重要な変数となる。共有資源制度は概して資源利用を抑制することを目的とするものであり，実効化のための強制力をもつことを要求するものとなりやすい。この発見を注意深く検証するための複雑な因果関係として，Box 2-5 に上げられたいくつかの要因をつなげて，以下の3つの仮説が構築できるだろう（Box 2-6 を参照）。

1. 資源と集団の規模が小さく，資源の移動性が低く，市場の浸透が低いことは，集団の成員間での相互関係を強め，
2. 相互関係や社会関係資本，貧困レベルの低さは，集団と資源の境界を明確にし，
3. 明確な境界，実効化の容易さ，集団の権利に対する外部政治組織の認知が，持続可能な制度としての成果を導く

その他の変数でも，社会関係資本や実効化の容易さ，または集団の権利の認識と因果関係を持つものがあり，そして同様にこのような関係を他の変数についても詳しく調べて作り出すことが可能であろう。モニタリングとルールの実効化に関連する制度的な取り決めの影響は，人口密度の変化または予測困難な便益フローの変化によって過小評価されるかも知れない。しかし，それでもなお，相対的に少数の事例研究から得られ

たいくつかの因果関係のリストを調査することはできるだろう。なぜならば、それぞれの比較研究はほんの2つといった限定した因果関係に光を当てることができるからである。このような因果関係に関する調査は、特定の因果関係の影響を受けた結果が依拠するような、コンテクスト上の変数に特に注意を払うことで、コモンズ研究にとって必要なものであり続ける。

Box 2-7
コモンズ調査における因果関係を示す別の図式

制度の耐久性＝f（実効化のための強い執行，便益フローの予測可能性）＋誤差
実効化のための強い執行＝f（資源への高い依存性，人口移住レベルの低さ）＋誤差
高い依存性＝f（市場圧，人口圧，人口移住レベル，技術レベル）＋誤差
上記の方程式から導かれるものとして：
制度の耐久性＝f（市場圧，人口圧，人口移住レベル，技術レベル，実効化のための強い執行，便益フローの予測可能性）＋誤差

もう一つ別の例を考えてみよう。共有資源論者は資源に高度に依存する自給的経済であればあるほど、共有資源のガバナンスはより成功すると議論してきた。同じように、因果関係は以下のように示されよう。（Box 2-7 を参照）。

1. 市場が余り浸透しておらず、人口の圧力が高く、代替的な資源の利用可能性が低く、技術がさほど発達していない場合、共有資源に対する依存性を強め、
2. 共有資源に対する依存が高く、移動の可能性が小さい場合、利用者は強力な実効化のための執行のメカニズムを含む、資源利用に対する強い抑制を考案し、
3. 強力な執行メカニズムと予測可能な便益のフローがある場合、共有資源ガバナンスとして持続可能な制度的取り決めが導かれる

Box 2-6 と 2-7 は、本節において強調してきた方法上の問題を顕わにしたものといえる。これらが示すように、コンテクストを異にした別の分析者は、非常に異なる原因変数を強調し、同じ現象を説明しようとするかもしれない。それらはまた、コモンズ研究者の大半が直面せざるを得ないような現実世界の現象には、どれほど複合的な因果関係が存在するかを示している。最後に、Box 2-5 に示された要因についてであるが、実際の調査においてそれらを利用する場合の意味を分析者は理解してい

るだろうから，そこでの因果関係を構築し，調査設計や事例選択に役立つことを Box 2-6 や Box 2-7 での応用は示している。

　Box 2-6 や 2-7 に示した因果関係を検証するのに，新たな事例研究を始める必要はない。コモンズのディレンマについての研究はこれまでに多数行われており，特定の因果メカニズムの働きを理解するために，それらの実証内容を利用して，体系的に比較することが可能である。リストされた変数を用いて因果関係の仮説を立てることによって，データを収集すべき変数の総数を減らし，large-N 研究をより実際的に行うことができるだろう。しかし，Box 2-6 及び 2-7 に示され関係性の総体を調査するためには，それぞれの同定された変数に対するデータを含む，多数の研究から抽出された情報に対する分析が必要であろう。また Box に挙げられたいくつもの理論的に意味をもつ変数を算定するためには，1つ以上の実証的な尺度が必要となるため，非常に多くの研究もまた重要である。

4　結　　論

　本章では，コモン・プール資源のガバナンスに関する実証的研究から明らかになったことを統合し，コモンズ研究のこれまでの貢献と弱点を明らかにすることを試みた。本章で示唆されたように，共有資源に関する研究は，成功したガバナンスを可能にする分析的そして構造的要素に焦点を合わせることによって，資源管理を理解するための価値ある独自の貢献をなしている。コモンズに関する近年の旺盛な研究の奔流は，いかにして世界の共同体と国家が共有資源制度を天然資源のよりよいガバナンスのために用いているかということに関する豊富な実証的な素材を提供するものである。これらの研究内容が示すところによれば，コモン・プール資源が制度として強固な成果を生んでいるということと，以下に述べるような効果を生む政策選択と肯定的な関連があるといわれている。すなわち，コモンズから得られる便益の分配の公平性を奨励し，利用者に対して，資源管理にとって決定的となるような制度的取り決めを作り，導入し，実効あらしめるような自治を付与し，係争裁定のメカニ

ズムを低費用で制度化し，公職にある担当者が利用者に対して説明責任を果たすことを促進し，地域レベルの代替的なインセンティブを作り出してきたことである。これらの政策選択は，利用者が集団の成員に対してはっきりとした基準を開発し，彼らが保有する資源の再生産容量と収穫のルールのつりあいを取り，国家レベルの制度とよりよく調和するような，地域の制度的革新へと駆り立てるだろうというのである。コンテクストが様々に違ってくれば，その他の因果関係の説明がより説得力をもってくる場合もあるだろう。

コモンズの実証的研究に対する私のここでの検討は，究極的には，この研究分野における理論的基盤と方法論的前提を分析することを目的としている。いくつかのランドマーク的研究と多数の追加的研究をレビューしたのちに，私は，コモンズ研究は十分な発達を遂げているという立場をとり，今こそ注意深い調査設計と厳密な事例選択により補強される，比較研究ならびに統計的研究を行うべき時期にあるとするものである。そうして初めて，共有資源制度に関する既存の理解とその資源管理における役割は，より進展することができるのである。

私が強調した主な批判は，コモンズ研究者が天然資源の管理の成功にとって決定的であると仮定しているような非常に多数の要因と関連しており，そして，これらの要因の多くの効果が他の要因によって想定された状態に基づいているという事実があることである。この発見が直接問題とするのは，コモンズ研究で行われる方法である。事例研究の手法は多くのコモンズ研究者の分析手法としてなお取られている方法である。最もよく知られているコモンズ研究でさえ，15から30くらいの事例をサンプルとして用いているに過ぎない。原因要因の数がそれより多くなると，いかにコモンズ制度が機能するかを理解するために事例研究的手法を用いることは，特に，事例研究の著者が1ないし2つの要因を，成功を決定するものとして焦点を合わせている際には，不適切である。この方法論的束縛から脱出する方法を考え出すことは，特に急がなければならない。なぜならば，コモンズ研究の実証的重要性は，かつてないくらい大きくなっているからである。この10年の間，ほとんどすべての発展途上国の政府において，環境政策を地域化し，より効率的にするために，共同体レベルで制度の分権化に転じているからである。

束縛から脱出する1つの方法は,それぞれが同じ手法と変数を用いて,比較可能性を確保した上で,複合的な事例研究を実施することだろう。これはしかし,時間と費用の点であまりにも膨大な費用を必要とし,事例に対する個人の関与を寄せ付けないだろう。わずかながらそのような野心的なプロジェクトも試みられている[54]。本稿ではそれに代えて,より注意深い調査設計と事例選択に依拠する新しい研究方法の必要性を確認したい。ここで主張する研究とは,(1) 理論的な構成を伴った事例比較を通じて調査できる因果関係についての仮説の提出と,(2) 因果関係の確立した変数に基づいて合目的に選択された多数の事例の利用である。

共有資源制度に対する研究の現在の段階は,そのような体系的な研究を可能にするものである。因果関係の検証を実行するための一つの方策は,すでに完了している事例研究を使って,私がBox 2-5で挙げたような資源システム,利用者集団,制度的取り決め,そして外部環境にとって関連付けられる重要な変数に関する情報を含むものについてより注意深い研究を行うことである (Tang, 1992; Schlager, 1990)。そのような挑戦にフィットした事例をランダムに選択することが難しいだろう。しかし,事例をランダム選択の対象とすることは,あらゆる場合において現実的ではない。独立変数の多様性を確保しようとした意図的な事例選択によって漸く,因果関係の推測と相対的に低いレベルのバイアスが可能となるのである。コモンズ研究について最も興奮する点は,我々は,ローカルな制度に関するこれまでの研究蓄積によって,理論的にも首尾一貫した実証的にも支持されるコモンズの理論の構築に近づいてきたということである。

---

54) インディアナ大学の政治理論と政策分析に関するワークショップ (Workshop in Political Theory and Policy Analysis) における国際的森林資源と制度プログラム (The International Forestry Resources and Institutions Program) は,そのような野心的プロジェクトの中核である。メンバーらはちょうど,本稿で述べたような本質的で方法論的な批判に対する分析を始めたばかりである (Gibson et al., 2000における研究集積を参照)。しかしながら,このプロジェクトにおいても,事例選択は時によって資金調達の容易さや,個々の研究者の関心,異なる国の研究機関における協働的パートナーシップの築きやすさに依存することになっている。

参考文献

Abernathy, V.(1993), *Population Politics: The Choices that Shape Our Future.* New York: Plenum Press/Insight Books.

Agrawal, A. (1999a), *Greener Pastures: Politics, Markets, and Community among a Migrant Pastoral People.* Durham, NC: Duke University Press.

Agrawal, A. (1999b), Community: Tracing the outlines of an enchanting concept. pp..92-108 in *A New Moral Economy for India's Forests? Discourses of Community and Participation,* Roger Jeffrey and Nandini Sundar, eds., New Delhi: Sage Publications.

Agrawal, A. (2001), State formation in community spaces? Decentralization of control over forests in the Kumaon Himalaya, India. *Journal of Asian Studies* 60(1): 1-32.

Agrawal, A., and C. Gibson (1999), Community and conservation: Beyond enchantment and disenchantment. *World Development* 27(4): 629-649.

Agrawal, A., and S. Goyal (2001), Group size and collective action: Third party monitoring in common-pool resources. *Comparative Political Studies* 34(1): 63-93.

Agrawal, A., and E. Ostrom (2001), Collective action, property rights, and decentralization in resource use in India and Nepal. *Politics and Society.* 29(4): 485-514

Agrawal, A., and J. Ribot (1999), Accountability in decentralization: A framework with south Asian and west African cases. *Journal of Developing Areas* 33(Summer): 473-502.

Agrawal, A., and G. Yadama (1997), How do local institutions mediate market and population pressures on resources? Forest Panchayats in Kumaon, India. *Development and Change* 28(3): 437-466.

Alchian, A., and H. Demsetz (1972), Production, information costs, and economic organization. *American Economic Review* 62(December): 777-795.

Alexander, P. (1977), South Sri Lanka sea tenure. *Ethnology* 16:231-255.

Alexander, P. (1982), *Sri Lankan Fishermen: Rural Capitalism and Peasant Society.* Canberra: Australian National University.

Arnold, J.E.M., and W.C. Stewart (1991), *Common Property Resource Management in India.* Oxford, Eng.: Oxford Forestry Institute, University of Oxford.

Ascher, W. (1995), *Communities and Sustainable Forestry in Developing Countries.* San Francisco: ICS Press.

Ascher, W., and R. Healy (1990), *Natural Resource Policymaking in Developing Countries: Environment, Economic Growth, and Income Distribution.* Durham, NC: Duke University Press.

Ault, W.O. (1952), *Open Field Farming in Medieval England: The Self-Directing Activities of Village Communities in Medieval England.* Boston: Boston University Press.

Azhar, R. (1993), Commons, regulation, and rent-seeking behavior: The dilemma of

第2章　共有資源と制度の持続可能性　　　　　　　　　　　101

Pakistan's Guzara forests. *Economic Development and Cultural Change* 42(1): 115-128.
Baker, A., and R. Butlin (1973), *Studies of Field Systems in the British Isles.* Cambridge, Eng.: Cambridge University Press.
Baland, J., and J. Platteau (1996), *Halting Degradation of Natural Resources: Is There a Role for Rural Communities?* Oxford, Eng.: Clarendon Press.
Baland, J., and J. Platteau (1999), The ambiguous impact of inequality on local resource management. *World Development* 27: 773-788.
Bardhan, P. (1993), Analytics of the institutions of informal cooperation in rural development. *World Development* 21(4): 633-639.
Bates, R. (1981), *Markets and States in Tropical Africa: The Political Basis of Agricultural Policies.* Berkeley: University of California Press.
Bates, R. (1989), *Beyond the Miracle of the Market: The Political Economy of Agrarian Development in Kenya.* Cambridge, Eng.: Cambridge University Press.
Bennett, A., and A. George (2001), *Case Studies and Theory Development.* Cambridge, MA.: MIT Press.
Berkes, F., ed. (1989), *Common Property Resources: Ecology and Community-Based Sustainable Development.* London: Belhaven Press.
Berreman, G.D. (1963), *Hindus of the Himalayas: Ethnography and Change.* Berkeley: University of California Press.
Blomquist, W., and E. Ostrom (1985), Institutional capacity and the resolution of a commons dilemma. *Policies Studies Review* 5(2): 383-393.
Blomquist, W., E. Schlager, S. Yan Tang, and E. Ostrom (1994), Regularities from the field and possible explanations. pp..301-316 in *Rules, Games, and Common-Pool Resources,* E. Ostrom, R. Gardner, and J. Walker, eds. Ann Arbor: University of Michigan Press.
Bowles, S., and H. Gintis (1998), Effective redistribution: New rules of markets, states, and communities. pp..3-71 in *Recasting Egalitarianism: New Rules for Communities, States, and Markets,* E.O. Wright, ed., London:Verso.
Brush, S. (1977), *Mountain, Field, and Family: The Economy and Human Ecology of an Andean Valley.* Philadelphia: University of Pennsylvania Press.
Carrier, J. (1987), Marine tenure and conservation in Papua New Guinea: Problems in interpretation. pp..142-170 in *The Question of the Commons: The Culture and Ecology of Communal Resources,* B.J. McCay and J.M. Acheson, eds., Tucson: University of Arizona Press.
Cheung, S.N.S. (1970), The structure of a contract and the theory of a Non-Exclusive Resource. *Journal of Law and Economics* 13(1, April): 49-70.
Chomitz, K. (1995), Roads, Land, Markets and Deforestation: A Spatial Model of Land Use in Belize. Unpublished paper presented at the First Open Meeting of the Human Dimensions of Global Environmental Change Community, Duke University, Durham, NC, June 1-3.
Cleaver, F. (2000), Moral ecological rationality, institutions, and the management of common

property resources. *Development and Change* 31: 361-383.
Coase, R. (1937), The nature of the firm. *Economica* 4(3): 386-405.
Coase, R. (1960), The problem of social cost. *Journal of Law and Economics* 3:1-44.
Colchester, M. (1994), Sustaining the forests: The community-based approach in South and South-east Asia. *Development and Change* 25(1): 69-100.
Cole, J.W., and E.R. Wolf (1974), *The Hidden Frontier: Ecology and Ethnicity in an Alpine Valley*. New York: Academic Press.
Collier, D., and J. Mahoney (1996), Insights and pitfalls: Selection bias in quantitative research. *World Politics* 49(1): 56-91.
Commons, J.R.[1924](1968), *Legal Foundations of Capitalism*. Madison: University of Wisconsin Press. (新田隆信他訳『資本主義の法律的基礎』コロナ社, 1964 年)
Dahl, G. (1976), *Suffering Grass: Subsistence and Society of Waso Borana*. Stockholm: University of Stockholm Press.
Demsetz, H. (1964), The exchange and enforcement of property rights. *The Journal of Law and Economics* 3(1, October): 1-44.
Dirks, N., G. Eley, and S. Ortner, eds. (1994), *Culture/Power/History: A Reader in Contemporary Social Theory*. Princeton, NJ: Princeton University Press.
Donham, D. (1990), *History, Power, Ideology: Central Issues in Marxism and Anthropology*. Cambridge, Eng.: Cambridge University Press.
Dunn, J., and A.F. Robertson (1974), *Dependence and Opportunity: Political Change in Ahafo*. New York and London: Cambridge University Press.
Durning, A. (1989), *Poverty and the Environment: Reversing the Downward Spiral*. Washington, DC: Worldwatch Institute.
Edwards, V.M., and N.A. Steins (1998), Developing an analytical framework for multiple-use commons. *Journal of Theoretical Politics* 10(3): 347-383.
Eggertsson, T. (1990), *Economic Behavior and Institutions*. Cambridge, Eng.: Cambridge University Press. (竹下公視訳『制度の経済：制度と経済行動』晃洋書房, 1996 年)
Ehrlich, P. (1968), *The Population Bomb. New York: Ballantine*. (宮川毅訳『人口爆弾』河出書房新社, 1974 年)
Ehrlich, P., and A. Ehrlich (1991), *The Population Explosion*. New York: Touchstone, Simon and Schuster Inc. (水谷美穂訳『人口が爆発する！環境・資源・経済の視点から』新曜社, 1994 年)
Elster, J. (1992), *Local Justice: How Institutions Allocate Scarce Goods and Necessary Burdens*. New York: Russell Sage Foundation.
Ensminger, J. (1992), *Making a Market: The Institutional Transformation of an African Society*. Cambridge, Eng.: Cambridge University Press.
Esman, M., and N. Uphoff (1984), *Local Organizations: Intermediaries in Rural Development*. Ithaca, NY: Cornell University Press.
Fernandes, W., G. Menon, and P. Viegas (1988) *Forests, Environment, and Tribal Economy*. New Delhi: Indian Social Institute.

Fischer, G. (1993), The Population Explosion: Where is it Leading? *Population and Environment* 15(2): 139- 153. Food and Agriculture Organization (FAO)

Food and Agricutural Organization (FAO) (1999), Status and Progress in the Implementation of National Forest Programmes: Outcomes of an FAO Worldwide Survey. Mimeo. Rome: FAO.

Fudenberg, D., and E. Maskin (1986), The folk theorem in repeated games with discounting and imperfect information. *Econometrica* 54(3): 533-554.

Gibson, C. (1999), *Politicians and Poachers: The Political Economy of Wildlife Policy.* New York: Cambridge University Press.

Gibson, C., M.A. McKean, and E. Ostrom, eds. (2000), *People and Forests: Communities, Institutions, and Governance.* Cambridge, MA: MIT Press.

Greif, A. (1994a), Cultural beliefs and the organization of society: A historical and theoretical reflection on collectivist and individualist societies. *The Journal of Political Economy* 102(5): 912-950.

Greif, A. (1994b), On the political foundations of the late medieval commercial revolution: Genoa during the twelfth and thirteenth centuries. *Journal of Economic History* 54(2): 271-287.

Hanna, S., and M. Munasinghe, eds. (1995), *Property Rights in a Social and Ecological Context: Case Studies and Design Applications.* Washington, DC: The Beijer International Institute of Ecological Economics and The World Bank.

Hardin, G. (1993), *Living Within Limits.* New York: Oxford University Press.

Hardin, R. (1982), *Collective Action.* Baltimore, MD: Johns Hopkins University Press.

Hechter, M. (1987), *Principles of Group Solidarity.* Berkeley: University of California Press. (小林淳一・木村邦博・平田暢訳『連帯の条件：合理的選択理論によるアプローチ』ミネルヴァ書房, 2003年)

Hechter, M., K. Opp, and R. Wipp.ler, eds. (1990), *Social Institutions: Their Emergence, Maintenance, and Effects.* New York: Aldine de Gruyter.

Jessup, T.C., and N.L. Peluso (1986), Minor forest products as common property resources in East Kalimantan, Indonesia. Pp.. 501-531 in National Research Council, *Proceedings of the Conference on Common Property Resource Management.* Washington, DC: National Academy Press.

Jodha, N.S. (1986), Common property resources and rural poor in dry regions of India. *Economic and Political Weekly* 21(27): 1169-1182.

Kanbur, R. (1992), *Heterogeneity, Distribution, and Cooperation in Common Property Resource Management.* Policy Research Working Papers, WPS 844. Washington DC: World Bank.

Keohane, R., and E. Ostrom, eds. (1995), *Local Commons and Global Interdependence: Heterogeneity and Cooperation in Two Domains.* Thousand Oaks, CA: Sage Publications.

King, G., R. Keohane, and S. Verba (1994), *Designing Social Inquiry: Scientific Inference in Qualitative Research.* Princeton, NJ: Princeton University Press. (真渕勝監訳『社会科

学のリサーチ・デザイン：定性的研究における科学的推論』勁草書房，2004 年）
Knight, J., and I. Sened, eds. (1995), *Explaining Social Institutions.* Ann Arbor: University of Michigan Press.
Lam, W.F. (1998), *Governing Irrigation Systems in Nepal: Institutions, Infrastructure, and Collective Action.* San Francisco, CA: ICS Press.
Lane, C., ed. (1998), *Custodians of the Commons: Pastoral Land Tenure in East and West Africa.* London: Earthscan.
Lappé, F.M., and R. Shurman (1989), *Taking Population Seriously.* London: Earthscan. （戸田清訳『権力構造としての「人口問題」：女と男のエンパワーメントのために』新曜社，1998 年）
Leach, M., and R. Mearns, eds. (1996), *The Lie of the Land: Challenging Received Wisdom on the African Environment.* Oxford, Eng., and Portsmouth, NH: James Currey and Heinemann.
Libecap, G. (1989), Distributional issues in contracting for property rights. *Journal of Institutional and Theoretical Economics* 145:6-24.
Libecap, G. (1990), *Contracting for Property Rights.* New York: Cambridge University Press.
Lichbach, M. (1996), *The Cooperator's Dilemma.* Ann Arbor: University of Michigan Press.
Low, B., and J. Heinen (1993), Population, resources and environment: Implications of human behavioral ecology for conservation. *Population and Environment* 15(1): 7-41.
Lueck, D. (1994), Common property as an egalitarian share contract. *Journal of Economic Behavior and Organization* 25(1): 93-108.
Lynch, O.J., and K. Talbott (1995), Balancing Acts: *Community-Based Forest Management and National Law in Asia and the Pacific.* Washington, DC: World Resources Institute.
Maggs, P., and J. Hoddinott (1999), The impact of changes in common property resource management in intrahousehold allocation. *Journal of Public Economics* 72:317-324.
Malthus, T. (1960), *On Population (First Essay on Population, 1798, and Second Essay on Population, 1803).* New York: Random House. （永井義雄訳『人口論』中央公論社，1973 年）
Marwell, G., and P. Oliver (1993), *The Critical Mass in Collective Action: A Micro-Social Theory.* Cambridge, Eng. Cambridge University Press.
Mathur, S. (2000), History and anthropology in south Asia: Rethinking the archive. *Annual Reviews of Anthropology* 29: 89-106.
McCarthy, N., B. Swallow, M. Kirk, and P. Hazell (1999), *Property Rights, Risk, and Livestock Development in Africa.* Washington DC: International Livestock Research Institute and International Food Policy Research Institute.
McCay, B.J., and J. Acheson, eds. (1987), *The Question of the Commons: The Culture and Ecology of Communal Resources.* Tucson: University of Arizona Press.
McCay, B.J., and S. Jentoft (1998), Market or community failure? Critical perspectives on common property research. *Human Organization* 57(1): 21-29.
McKean, M. (1992a), Management of traditional common lands (Iriaichi) in Japan. Pp.. 63-

98 in *Making the Commons Work: Theory, Practice, and Policy,* D.W. Bromley, ed. San Francisco: ICS Press.

McKean, M. (1992b), Success on the commons: A comparative examination of institutions for common property resource management. *Journal of Theoretical Politics* 4(3): 247-281.

Moseley, C. (1999), New Ideas, Old Institutions: Environment, Community, and State in the Pacific North-west. Unpublished PhD. dissertation, Department of Political Science, Yale University.

Myers, N. (1991), The world's forests and human populations: The environmental interconnections. pp..237-251 in *Resources, Environment, and Population:* Present Knowledge, Future Options, K. Davis and M. Bernstam, eds. New York: Oxford University Press.

National Research Council (1986), *Proceedings of the Conference on Common Property Resource Management.* Washington, DC: National Academy Press.

National Research Council (1999), *Our Common Journey: A Transition Toward Sustainability.* Washington, DC: National Academy Press.

Naughton-Treves, L., and S. Sanderson (1995), Property, politics and wildlife conservation. *World Development* 23(8): 1265-1275.

Netting, R.M. (1972), Of men and meadows: Strategies of alpine land use. *Anthropological Quarterly* 45: 132-144.

Netting, R.M. (1981), *Balancing on an Alp.* Cambridge, Eng.: Cambridge University Press.

North, D.C. (1980), *Structure and Change in Economic History.* New York: Norton. (中島正人訳『文明史の経済学：財産権・国家・イデオロギー』春秋社，1989年)

North, D.C. (1990), *Institutions, Institutional Change and Economic Performance.* Cambridge, Eng.: Cambridge University Press. (竹下公視訳『制度・制度変化・経済成果』晃洋書房，1994年)

Nugent, J.B., and N. Sanchez (1998), Common property rights as an endogenous response to risk. *American Journal of Agricultural Economics* 80(3): 651-658.

Oakerson, R.J.(1992), Analyzing the commons: A framework. pp..41-59 in *Making the Commons Work: Theory, Practice and Policy,* D. Bromley, ed. San Francisco: ICS Press.

Oates, J.F. (1999), *Myth and Reality in the Rain Forest: How Conservation Strategies are Failing in West Africa.* Berkeley: University of California Press. (浦本昌紀訳『自然保護の神話と現実：アフリカ熱帯降雨林からの報告』緑風出版，2006年)

O'Brien, Donal C. (1975), *Saints and Politicians: Essays in the Organization of a Senegalese Peasant Society.* New York and London: Cambridge University Press.

Olson, M. (1965), *The Logic of Collective Action: Public Goods and the Theory of Groups.* Cambridge, MA: Harvard University Press. (依田博・森脇俊雅訳『集合行為論：公共財と集団理論』ミネルヴァ書房，1983年)

Ostrom, E. (1990), *Governing the Commons: The Evolution of Institutions for Collective Action.* Cambridge, Eng.: Cambridge University Press.

Ostrom, E. (1992), *Crafting Institutions for Self-Governing Irrigation Systems.* San Francisco:

ICS Press.

Ostrom, E. (1995), The Rudiments of a Revised Theory of the Origins, Survival, and Performance of Institutions for Collective Action. Working Paper No. W85-32, Workshop in Political Theory and Policy Analysis, Indiana University, Bloomington.

Ostrom, E. (1997), Self-Governance of Common-Pool Resources. W97-2, Workshop in Political Theory and Policy Analysis, Indiana University, Bloomington.

Ostrom, E. (1998), A behavioral approach to the rational choice theory of collective action. *American Political Science Review* 92(1): 1-22.

Ostrom, E. (1999), Self Governance and Forest Resources. Occasional Paper No. 20, Center for International Forestry Research, Bogor, Indonesia. Available: [http://www.cifor.cgiar.org/publications/pdf_files/OccPapers/OP-20.pdf [accessed Sept. 3, 2001).

Ostrom, E., R. Gardner, and J. Walker (1994), *Rules, Games, and Common-Pool Resources*. Ann Arbor: University of Michigan Press. Peluso, N.L.

Peluso, N.L. (1992), *Rich Forests, Poor People*. Berkeley: University of California Press.

Peluso, N.L (1993), Coercing conservation: The politics of state resource control. *Global Environmental Change* 3(2): 199-217.

Peters, P. (1994), *Dividing the Commons: Politics, Policy, and Culture in Botswana*. Charlottesville: University Press of Virginia.

Pimental, D., R. Harman, M. Pacenza, J. Pecarsky, and M. Pimental (1994), Natural resources and an optimal human population. *Population and Environment* 15(5): 347-369.

Pinkerton, E., ed. (1989), *Cooperative Management of Local Fisheries: New Directions for Improved Management and Community Development.* Vancouver: University of British Columbia Press.

Pinkerton, E., and M. Weinstein (1995), *Sustainability through Community-Based Management.* Vancouver, BC: The David Suzuki Foundation.

Poffenberger, M., ed. (1990), *Keepers of the Forest: Land Management Alternatives in Southeast Asia.* West Hartford, CT: Kumarian.

Polanyi, K. (1957), *The Great Transformation: The Political and Economic Origins of Our Time.* Boston: Beacon.（吉沢英成他訳『大転換：市場社会の形成と崩壊』東洋経済新報社，1975年）

Quiggin, J. (1993), Common property, equality, and development. *World Development* 21: 1123-1138.

Ragin, C.C. (1987), *The Comparative Method: Moving beyond Qualitative and Quantitative Strategies.* Berkeley: University of California Press.（鹿又伸夫監訳『社会科学における比較研究：質的分析と計量的分析の統合にむけて』ミネルヴァ書房，1993年）

Raintree, J.B., ed. (1987), *Land, Trees and Tenure: Proceedings of an International Workshop on Tenure Issues in Agroforestry.* Nairobi, Kenya: ICRAF and the Land Tenure Center.

Rangan, H. (1997), Property vs. control. The state and forest management in the Indian Himalaya. *Development and Change* 28(1): 71-94.

Rangarajan, M. (1996), *Fencing the Forest: Conservation and Ecological Change in India's*

Central Provinces, 1860-1914. New Delhi: Oxford University Press.

Redford, K.H., and C. Padoch, eds. (1992), *Conservation of Neotropical Forests: Working from Traditional Resource Use.* New York: Columbia University Press.

Regev, U., A.P. Gutierrez, S.J. Schreiber, and D. Zilberman (1998), Biological and economic foundations of renewable resource exploitation. *Ecological Economics* 26: 227-242.

Repetto, R., and M. Gillis, eds. (1988), *Public Policies and the Misuse of Forest Resources.* Cambridge, Eng.: Cambridge University Press.

Ribot, J.C. (1999), Decentralization, participation, and accountability in Sahelian forestry: Legal instruments of political-administrative control. *Africa* 69(1): 23-65.

Richards, M. (1997), Common property resource institutions and forest management in Latin America. *Development and Change* 28(1): 95-117.

Rose, C. (1994), *Property and Persuasion: Essays on the History, Theory, and Rhetoric of Ownership.* Boulder, CO: Westview.

Roseberry, W. (1989), *Anthropologies and Histories: Essays in Culture, History, and Political Economy.* New Brunswick, NJ: Rutgers University Press.

Sahlins, M. (1999), What is anthropological enlightenment? Some lessons of the twentieth century. *Annual Review of Anthropology* 28: i-xxiii.

Sandbukt, Ø., ed. (1995), *Management of Tropical Forests: Towards an Integrated Perspective.* Oslo, Norway: Center for Development and the Environment, University of Oslo.

Sandler, T. (1992), *Collective Action: Theory and Applications.* Ann Arbor: University of Michigan Press.

Scherr, S.J., L. Buck, R. Meinzen-Dick, and L.A. Jackson (1995), *Designing Policy Research on Local Organizations in Natural Resource Management.* EPTD Workshop Summary Paper 2. Washington, DC: International Food Policy Research Institute.

Schlager, E. (1990), Model Specification and Policy Analysis: The Governance of Coastal Fisheries. Unpublished PhD dissertation, Department of Political Science, Indiana University.

Schlager, E., and E. Ostrom (1992), Property rights regimes and natural resources: A conceptual analysis. *Land Economics* 68(3): 249-262.

Schotter, A. (1981), *The Economic Theory of Social Institutions.* New York: Cambridge University Press.

Scott, J.C. (1976), *The Moral Economy of the Peasant: Rebellion and Subsistence in Southeast Asia.* New Haven, CT:Yale University Press.（高橋彰訳『モーラル・エコノミー：東南アジアの農民叛乱と生存維持』勁草書房，1999 年）

Sengupta, N. (1991), *Managing Common Property: Irrigation in India and the Philippines.* London: Sage Publications.

Simon, J. (1990), *Population Matters: People, Resources, Environment and Integration.* New Brunswick, NJ: Transaction Publishers.

Sivaramakrishnan, K. (1999), *Modern Forests: Statemaking and Environmental Change in*

Colonial Eastern India. Stanford, CA: Stanford University Press.

Skaria, A. (1999), *Hybrid Histories: Forests, Frontiers, and Wildness in Western India.* New Delhi: Oxford University Press.

Steins, N.A. (1999), All Hands on Deck: An Interactive Perspective on Complex Common-Pool Resource Management Based on Case Studies in the Coastal Waters of the Isle of Wight (UK), Connemara (Ireland), and the Dutch Walden Sea. Unpublished Ph.D. thesis, Wageningen University, The Netherlands.

Steins, N.A., and V.M. Edwards (1999), Collective action in common-pool resource management: The contribution of a social constructivist perspective to existing theory. *Society and Natural Resources* 12: 539-557.

Stern, P.C., and D. Druckman (2000), Evaluating interventions in history: The case of international conflict resolution. pp..38-89 in National Research Council, *International Conflict Resolution after the Cold War,* P.C. Stern and D. Druckman, eds. Washington, DC: National Academy Press.

Stocks, A. (1987), Resource management in an Amazon Varzea lake ecosystem: The Cocamilla case. pp..108-120 in *The Question of the Commons: The Culture and Ecology of Communal Resources,* B.J. McCay and J.M. Acheson, eds. Tucson, AZ: University of Arizona Press.

Sugden, R.(1984), Reciprocity: The supply of public goods through voluntary contributions. *Economic Journal* 94: 772-787.

Sugden, R.（1989）Spontaneous order. *Journal of Economic Perspectives* 13(4): 85-97.

Tang, S.Y. (1992), *Institutions and Collective Action: Self Governance in Irrigation Systems.* San Francisco: ICS Press.

Thirsk, J (1966), The origins of the common fields. *Past and Present* 33(April): 142-147.

Thompson, G.D., and P.N. Wisen (1994), Ejido reforms in Mexico: Conceptual issues and potential outcomes. *Land Economics* 70(4): 448-465.

Tiffen, M., M. Mortimore, and F. Gichuki (1994), *More People, Less Erosion: Environmental Recovery in Kenya.* Chichester, Eng. John Wiley & Sons.

Turner, M.D. (1999), Conflict, environmental change, and social institutions in dryland Africa: Limitations of the community resource management approach. *Society and Natural Resources* 12(7): 643-658.

Uphoff, N., and J. Langholz (1998), Incentives for avoiding the tragedy of the commons. *Environmental Conservation* 25(3): 251-261.

Varughese, G., and E. Ostrom (1998), The Contested Role of Heterogeneity. Unpublished paper, Workshop in Political Theory and Policy Analysis, Indiana University.

Wade, R. [1988](1994), *Village Republics: Economic Conditions for Collective Action in South India.* San Francisco, CA: ICS Press.

Wilson, E.O. (1992), *The Diversity of Life.* New York: W.W. Norton.（大貫昌子・牧野俊一訳『生命の多様性』岩波書店，1995 年）

Wolf, E. (1982), *Europe and the People Without History.* Berkeley: University of California

Press.
Yelling, J.A. (1977), *Common Field and Enclosure in England,* 1450-1850. London: MacMillan.
Young, K.R. (1994), Roads and the environmental degradation of tropical montane forests. *Conservation Biology* 8(4): 972-976.

第3章
不平等な灌漑利用主体：
大規模多変量研究における異質性とコモンズ管理[*]

プラナーブ・バーダン，ジェフ・デイトン－ジョンソン

　コモン・プール資源は，農村部の貧困な人々の生計（Jodha, 1986, 1990）やローカルな環境条件を決定づけるときに，たいへん重要な役割を果している。過去15年間にわたる研究により，制度形態が，共有資源を利用するコミュニティのパフォーマンスに対して，重要な影響を与えることがはっきりと証明されてきた。共有資源利用というと，常に「コモンズの悲劇」というフレームワークのなかで考察しなければならないという考え方は完全に払拭されてきている。それにもかかわらず多くの研究では，従来どおりのフレームワークに基づいて，共有資源利用に関する多くのことが解釈され，まとめ上げられている状態にある。たとえば以下のような問題が未解決のまま残されている。コミュニティに根ざして天然資源を利用する主体の間に異質性がある場合，どのようなインパクトをもたらすのだろうか。これまでのコモンズに関するフィールド研究の多くでこの問題に触れられてきているが，その場合でも多くは主題として扱うようなものではなかった。学際的な実証研究でさえも異質性とコモンズの利用・管理との関係が複雑だということを確認するのにとどまっている。近年，経済学の理論的研究において，不平等とコモン

---

[*]（謝辞）本章の両著者は，本書の各編者，なかでも Elinor Ostron に対して，まず感謝を申し上げたい。また本書の他の著者の方々，そして Ruth Meinzen-Dick，さらに査読の労をとっていただいた匿名の方々に感謝を申し上げたい。そして2000年6月にインディアナ大学において開催された第8回国際コモンズ学会でのワークショップに参加した Emannuel Bon とその他の参加者にも感謝を申し上げたい。

ズの成果とを架橋する複雑なメカニズムについていくつか明らかにされてきた。我々も，この経済学的研究の視点から多くのケーススタディの文献を考察する。本章では，もっとも重要な異質性のタイプを明らかにし，異質性のタイプが影響をおよぼすコモンズの成果および異質性のタイプとコモンズの成果とを結びつけるメカニズムをも明らかにする[1]。

　本章の主な課題は，異質性とコモンズ管理の成功をめぐる関係を実証的に説明しようとするもので，ローカルに管理された灌漑システムの大規模調査を使って再検討することである。近年までコミュニティに根ざした灌漑（コモン・プール資源システムの研究の多くも同様であった）に関するほとんどの研究は，ひとつかふたつのシステムに焦点をあてるにすぎなかった。我々は，これらのケーススタディから多くのことを学んできたが，それらから異質性とコモンズ管理との関係を一般化できるものではない。もし大きな不平等を抱えている村でも，相対的に成功した灌漑管理制度をもっているならば，異質性と管理をめぐる一般的な関係を導出することは困難である。統計学の用語を用いて説明するならば，これらのケーススタディだけでは，ガバナンスの制度，パフォーマンスに関する多様な側面，資源を利用するコミュニティの構造的性格の間にみられる関係を判別するのに必要な自由度をもっていないということになる。さらに近年になって，ケーススタディ・アプローチの不足を補おうと，比較的多くの資源利用システムのなかから選別された情報に基づいてなされる研究も僅かながらみられるようになってきた。本章は，他の経験的調査方式（研究室での実験や人類学的ケーススタディ）ではなく，大規模な多変量研究に高い評価を与えているという点で，本書のなかでもとりわけユニークである。具体的に本章は，灌漑システムの研究にこの手法を使った成果から得られたレッスンをまとめたものである。

　本章が扱う現実の状況とは，以下に述べるように，貧困な水利経済，すなわち低収入な農村における水利用に焦点にあてたもの。分析の単位は，異質性を特徴とする資源利用集団である[2]。

　1）　我々の研究は，この事象に関する文献を調査する初めての試みではない。Baland and Platteau（1999）も参照せよ。
　2）　他の多くの集団特性の効果は，Agrawal（本書第2章）で体系的に考察されている。

1 異質性

　灌漑利用主体もしくは他のコモン・プール資源の利用主体であっても，経済的・社会的・文化的あるいは他の面において異質である場合がある。そこには経済的不平等だけを取ってもそれに関係する様々なタイプが存在している。経済的異質性は，つぎの4つの不平等を含んでいる。それらは1）資源利用集団メンバー間における富や収入の不平等，2）コミュニティ・メンバーがコモンズ管理制度に協調する際に生みだされる犠牲における不平等，3）そうした制度に由来する便益における不平等，4）コミュニティ外での稼得機会（「退出オプション」）における不平等である。経済的効果を有するであろう別の種類の格差も存在し，それらの格差は今度は協調行動に影響を及ぼす。たとえば，立地の差異は，富の不平等だけを問題にしているならば，その差異が土地所有や富の差異に未だ反映されていない限り，適切に考慮されていないかも知れない。灌漑システムの上流部と下流部の農民は，生産性が高いか低いかで分かれる漁獲スポットへのアクセスで違いのある漁業者と同様に（Berkes, 1986），協調にむけて異なるインセンティブをもつ（Bardhan, 1984; Ostrom, 1994）。灌漑利用主体にとって，長期的な位置上の有利と不利は，土地市場が十分合理的に機能するならば，土地の価値に還元されるだろう。このように，上流部と下流部の間の不平等は，富の不平等と同根と言えよう[3]。もちろん世界の多くの地域で土地市場は悪名高く，必ずしも合理的に機能するわけではない。例え上流と下流の間にみられる差異が土地の価値に完全に還元されても，位置上の差異は，単に富の差異の結果としては手に入れることのできない戦略的機会を提供する。上流の農民は貧しいかどうかにかかわらず，最初に水を利用することができる。同様に，資源を獲得する際の能力や効率性の差異は，協調行動に影響を与えるだろう（Johnson and Libecap, 1982）。多くの事例でみられるこれらの差異は，

---

[3] Ostrom and Gardner（1993）は，ネパールの灌漑システムの経験について，詳細に述べている。ネパールでは，より裕福な農家が下流部に位置している。このシステムは，下流部により貧困な者である場合よりもより良く維持管理される。

富と密接に相関するだろう。たとえば，より多くの道具をもっている漁業者は，より低い単位原価でより多くの漁獲高を得るだろう。経済学者のいう時間選好率における差異——要は，現在の資源採取活動において未来の状況を考慮する程度に関する，資源利用主体の間にみられる差異（Ostrom, 1990）——によっては，コモンズ利用者にとって資源保護のために比較的短期間の犠牲を払わねばならず，相当程度の耐え難さを引き起こすだろう。

灌漑利用主体の言語やカースト（社会階級）における差異といったエスニックな異質性もまた協調行動に影響を及ぼすだろう[4]。もしも灌漑利用主体が様々な異なる村の出身者から構成されているならば，水利コミュニティは社会的な異質性をもつと言うべきかもしれない。もちろん多くの事例では，エスニックな異質性や社会的異質性は，経済的異質性と相互に連関している。たとえば，特定の階級やエスニック集団が，ほかの集団よりも裕福あるいはより貧困という傾向をもつような場合，そのようなことが起こる。それにもかかわらず，これらの非経済的な異質性のタイプは，相互に連関する経済的異質性から独立した効果を潜在的にもっている。

不平等や異質性のほかのタイプは，信用や社会的結束力のような状態変数——これが欠如している状態を Baland and Platteau（1995）は文化的異質性と呼ぶ——によって測られる。一般に社会問題に関する共有された価値や解釈——文化的同質性——は，コモンズの利用をめぐって協力を促すことが可能である。文化的同質性と明白な経済的異質性が安定した関係にあるということは考えられる。たとえば，非常に不平等な農村社会では，ときに協力の合意を監視し強制するようなヒエラルキー的イデオロギーが普及するという様相を示すかもしれない[5]。

ある集団のなかに解釈や価値を共有するコミュニティが複数できているならば，そこに文化的異質性が存在するといえる。文化的異質性は，エスニック・社会的・空間的な異質性と部分的に重なりあうことも可能であるが，重なりあうことを必要とするわけではない。Kopelman et

---

4) Bardhan（1997）は，民族紛争の経済的側面を分析している。
5) Fafchamps（1992）は，繰り返しゲーム理論を用いて，農業経済における主従関係の生成を調査している。

al.（本書第4章）が考察した実験社会心理学の研究では，ある集団における「社会志向的」と「自己志向的」な個人の相対的な割合の方が決定的に重要であることを示している。この区分は，ほかのタイプの分化がみられないときに存在しうるだろう[6]。数名のプレイヤーが互恵主義や公正重視の選好をもつ可能性を受け入れた Falk et al.（本書第5章）において，ゲーム理論の文脈から関連するタイプの差異が提示される。

　本章で検討する異質性の源泉は，分化の可能性をあますところなく述べようと主張するものではない。ここでは同一資源の異なる利用という異質性のタイプについては検討しない。西部アメリカでは，この利用の違いという対立によって，生活用水利用主体と灌漑主体との間で競合が起こった。農村経済においては常に存在し，まず間違いなく最も重要な異質性の特徴として挙げられるものがジェンダーである。用水主体について，Meinzen-Dick and Jackson（1996）は，ジェンダーと利用方法による区分はしっかり重なりあうと述べている。多くの事例でみられるように，男性が換金作物を灌漑するために水を必要とするのに対して，女性は洗濯や料理のために水を必要とするのである[7]。

　なぜ異質性が重要なのだろうか。よく言われるように，我々が，良かれ悪しかれ不平等とコモンズの成果とを繋ぐ経験的規則性を認識できるならば，土地制度改革のような望ましい資産再分配政策や不平等の度合いに応じたコミュニティの貧困軽減や開発プログラムに対して影響を与えることになるような異質性は重要である。たとえば，政策決定者が地域コミュニティに公共灌漑施設の管理を委託しようとするとき，灌漑利用主体が特に異質であるところでは特別なタイプの補助が要請されるだろう。

　異質性は，どのようにコモンズの成果に影響を及ぼすのだろうか。この問いに対する答えは，どんな「コモンズの成果」を我々が求めているかによる。現実には多くのコモンズの成果が存在している。たとえば，資源利用者からなるコミュニティによる資源システム保護の成功

---

[6] コモンズ利用主体をめぐる，フィールドに基づいた研究室実験に関しては，Cárdenas（1999）と Henrich et al.（2000）が参考になる。

[7] 灌漑管理の移管の文脈におけるジェンダーの議論に関しては，Zwarteveen（1997）を参照せよ。

(フォーマルな管理制度を通じてであろうと，明白な資源利用ルールをもたないコミュニティにおいて功を奏する社会規範を通じてであろうと）がある。またあるコミュニティがコモンズを管理するルールの創出に成功した場合がある（(Ostrom, 1990) では，これを制度供給の問題として言及されている）。さらに，コミュニティによる管理制度の監視と実効化の成功，そしてコミュニティによる紛争解決と社会的・環境的条件の変化に応じた管理制度の修正の成功といったものもある。概して言うと理論的研究とケーススタディ研究は，ふたつのグループに分かれる傾向にある。ひとつは，異質性にポジティブな役割を見出す研究で，もうひとつは異質性のネガティブな役割を指摘する研究である。いましばらく経済的不平等への関心――これまで述べてきたように，実際には非常に広大かつ包括的である――を抑えて，不平等を善とする学派と不平等を悪とする学派についてさらに詳しくみてみることにしよう。

　不平等が，集合財の供給を促すということは，一般に「オルソン効果」とよばれる。Olson (1965: 34) は，古典的な仮説において，この効果をつぎのように説明した。

> 多くの不平等の程度により特徴づけられた小集団――つまり，集合財への関心に等しからざる「大きさ」や幅をもつメンバーから構成される集団――において，集合財が供給される見込みがもっとも高い。なぜなら個人メンバーいずれかの集合財への関心が大きければ大きいほど，たとえそのメンバーがあらゆるコストを自分で支払わなければならないとしても，当人は，財が供給されるとみなすことで得られる集合財がもたらす総便益の相当割合を獲得する可能性が高くなるとみているからである。

　資源開発の抑制と維持管理労働の協力（たとえば共有林の防火措置や灌漑システムの水路掃除など）は，おおよそ公共財といえる。つまり，村民ひとりの行為であっても，コミュニティの大半あるいは全員に便益を供給するものである。こうした環境で，支配的なプレイヤーは，彼／彼女が供給する集合財のかなり多くの部分を「内部化」するといってよい。このように，オルソンの仮説は，不平等はコモンズ管理の成功に有益で

第3章　不平等な灌漑利用主体　　　　　　　　　　117

あることを意味するものとなっている[8]。

　たとえば，コミュニティ管理の灌漑システムでは，それぞれの農民が共有水路網のうち自分の農地を横切る部分について掃除に責任があるならば，そして個人農地を横切る水路の長さが個人の土地所有権の規模に対し応分の関係にあるならば，オルソン効果は意味をもつ。水路掃除から得られる灌漑利用主体の利益もまた，彼あるいは彼女の土地所有権の大きさに比例する。これは，プル・エリヤ（Pul Eliya）という独立前のセイロンの村でラージャカリヤ（*rajakariya*）あるいは「王の仕事」として知られる集合的義務に関して Leach's（1961）が説明した事例である。たとえ他の灌漑利用主体がだれも従わなくても，大規模土地所有者たちは，水路掃除労働を提供するかもしれない。そうした場合，より小規模で協力的でない灌漑利用主体たちは，大規模なプレイヤーの貢献にただ乗り（フリーライド）をしていることになる[9]。

　コモンズ管理制度の設定に大規模な固定費用がかかるならば，オルソン効果が発生するといってよいだろう。これらの費用は，牧草地をとりかこむ柵の設置や灌漑水路の建設のように相当なものになるかもしれない。そうした初期費用には，資源利用コミュニティを集合的に動員する組織的な努力が含まれるといえよう。Vaidyanathan（1986）は，インド，中国，日本において灌漑管理制度の出現を促すときに，地方エリートが歴史的に重要な役割を果していることを描きだしている。Ruttan and Borgerhoff Mulder（1999）の牧畜民モデルは，より裕福なプレイヤーが，どのような条件なら，より貧困なプレイヤーを資源保全に駆り立てるまでに至る選択をするかについての状況を描きだした。Vaidyanathan の示した史実において，権力を握っているエリートたちが成功したひとつの理由として，物質的な富を支配すると同時に意思決定権を中央に集中し

　8）　この結果は，Bergstrom et al（1986）による純粋公共財のモデルにおいて一般化されている。（付言すると，Bergstrom et al は，経済学においてこれまで通念となっていた，富の配分における変化は，社会に供給された公共財の全体的なレベルに影響しないだろうとする説を払拭するものであった。）。

　9）　ラージャカリヤ（rajakariya）の事例は，別のところでも論ぜられている。Ostrom（1990）が成功したコモンズ管理制度によって見出せると主張した，費用と便益に比例関係がみられる場合の例に相当すると言ってもよいかもしれない。この研究のひとつの変形として，比例は，良かれ悪しかれ不平等の影響を中和すると言ってよいだろう。Dayton-Johnson（2000a）は，比例原則に関する簡潔なゲーム理論的な描写を提示している。

たことが挙げられている。本書第11章でMcCayが考察した意思決定力における異質性は，不平等のもうひとつの側面である。

　このタイプの大規模な初期費用の存在は，生産技術が非凸性を示す場合の例となる[10]。つまり，およそ便益が実現される以前に，まとまった努力が提供されなければならず，そこに閾値が存在するならば，集合行為から得られる便益は，それらの便益を生みだすために提供された努力・貢献の非凸関数となる。しかしながら，提供された貢献が閾値を超えて増加するとき，集団への便益も増加しはじめる。たとえば，灌漑は，ダムや水路（あるいは両者ともに）の建設または井戸の開削費用が確保され着手されない限り便益を提供しない。しかし，その後は，追加しておこなわれた貢献が，作物の収穫高を組織立って増大させる。この設定であれば，より裕福な農民たちは，ダム建設や掘抜き井戸の開削に必要な資本を動員することができるかもしれない。資源に，ある閾値以下では再生不可能となるようなストック量がある場合（たとえば，魚類や牧草地）にも非凸性が存在することになる。Baland an Platteau（1997）は，そうした非凸性が存在する場合におけるオルソン効果の理論的な可能性を論証している。この設定において不平等が拡大すると，協調行動をめぐる場面で，より裕福なプレイヤーの行動に不連続で急な変化（たとえば，維持管理面での注力や資源利用の制限などに関し）が起きる可能性がある。しかし，この結果は，資源利用技術の特性にかんする仮定に決定的に依存しているということをも示してもいる。

　もちろん，不平等がコモンズ管理の成功に有効だということに，あらゆる人が同意しているわけではない。特に，ケーススタディの文献は，不平等が及ぼす有害な影響を示す事例で満ちあふれている。しかしこれは，必ずしもオルソンの研究と矛盾するわけではない。個人の農地を横切る水路の長さが，その個人の区画の規模と釣り合わないような灌漑システム，あるいははっきりとした非凸性が存在しないコモンズというものを容易に想像することができる。こうした事例では，オルソン効果は必ずしも成立しない。実際，そう言ったフィールドワーク（因みに，異質性の強い例が多い）が異口同音に語るものは，不平等は有害だという

---

10) Agrawal（本書第2章）が平準化のもうひとつの事例として言及している第三者の監視における「効率が悪い融通のなさ」。

ものである。インドの灌漑事例をいくつか挙げて考えてみよう。グジャラートにおける表流水の灌漑プロジェクトに関する Jayaraman（1981）の研究は，農民たちが灌漑主体の協同組織を形成するためには，相対的に平等主義的な構造が重要であることを示している。これと同様に，タミル・ナドゥにおける 10 のタンク（ため池）による灌漑集団に関する Easter and Palanisami（1986）の研究では，農民たちの間で農地規模の差が小さければ小さいほど，灌漑利用主体の協同組織を形成しやすくなることを明らかにした[11]。Varughese and Ostrom（2001）も，ネパールの 18 の村において，貧富の格差の程度と森林利用における集合行為に関しある程度示される負の相関関係を見出している。

不平等と成功したコモンズ管理との間にみられるこの曖昧な関係は，経済学におけるより新しい理論的研究において論証されてきていることでもある。Dayton-Johnson and Bardhan（2002）＊は，コモンズのモデルでオルソン効果を実証したが，それにもかかわらず，不平等と保護との関係は U 字型だとも述べている。Dayton-Johnson and Bardhan では，ふたつのことを仮定している。まず，資源が完全に枯渇するまで，一次関数的な収穫技術をもつとされるが，これは収穫の努力におけるある一定の増加が，つねに収穫された資源においても一定の増加をもたらすということを意味する。たとえば，海洋に魚がいるかぎり，漁場に船を一艘追加で投入するたびに，漁獲量がつねに 1000 トン増加するといったことである（一次関数的な生産技術は，限定的な仮定として考えられているのかもしれないが，両者の間には明確な結果が存在する。生産技術に関するより一般的な仮定は，後述するように結果を非常に複雑なものにする）。ふたつ目の仮定は，コモンズの利用主体を制約するような表立ったルールは存在しないというものである。Dayton-Johnson and Bardhan は，これらの仮定に関して，より平等に配分された富をもつコミュニティは，より不平等なコミュニティよりも，資源を保護する割合がより高くなることを発見した。また一定以下の富しか保有しない資源利用主体の場合，他者の行為にかかわらず，資源を保護しないだろう。しかしながら，資源の利用主体というものは，その閾値を超えると，コモンズにおける他

11） この他，アジアにおける農家管理の灌漑システムのケーススタディに関する文献については，Bardhan（1995）を参照せよ。

者の資源利用の様子次第で保護を行っていくものである。閾値を下回る富の保有状態の資源利用主体が十分に多ければ——不平等な結果であるが——，保護は失敗に終わるだろう。

　Bardhan et al.（2000）は，集合財の供給に対する富の不平等の影響を定式化する際に，生産技術に関して狭義の凹関数からなる集合財の一般モデルを作りだした。この研究の示す結果は，一般的には不確定であるというものである。一方で，支配的なプレイヤーが集合財を供給するインセンティブをもつとき，たとえほかの人々がフリーライドするとしても，極度の不平等が集合財の供給にとって有利となる。これは，すでに述べられてきた「オルソン効果」のひとつである。もう一方で，技術が凹関数で表現される場合は，富の平等は，より高いレベルでの集合財の供給を促す。集合財の供給における不平等のネット効果は，これらふたつの効果の相対的な大きさによる。

　さらに，Bardhan et al. に従うと，市場の不完全さ（たとえば，土地，信用，保険において）——貧困な農業経済に広くみられる特徴である——が，オルソン効果を複雑なものにしている。特に，市場の不完全さが存在する状況での不平等の影響は，問題となる集合財の特徴によって左右される。筆者らは，集合財がコモン・プール資源の産出物の場合と公共財の場合とを区別することを提案する。たとえば，収穫努力への抑制がなされたり資源消費を減少させる技術が追加されるといった，集合財供給による正のスピルオーバー効果（溢出効果）が，古典的なコモンズにみられる混雑の外部性のような供給の負の外部性よりまさるとき，その集合財は公共財である。逆が成立するとき——すなわち負の溢出効果が，正の外部性を越えるとき——集合財は"コモン・プール資源"である。（因みに，ある財の供給の正の外部性が負の外部性を相殺するとき，それは私的財である）。ここで Bardhan et al. は，ほかの資源利用主体に影響をおよぼすスピルオーバー効果のみを考察している。

　市場が不完全な状況において，不平等が集合財の供給にもたらす影響についての議論に戻ろう。コモンズの事例では，信用・農地のように不完全な市場で取り引きされる財が，家計の生産において一般に提供される水・牧草地といった共有資源として提供されるものと補完関係にあるならば，不平等のレベルが高ければ高いほど，集合財に対する総収益率

で測った全体的な効率もより高くなる。(たとえば，用水利用の増加が土地生産性を高めるならば，水と土地は"補完的"であるといわれる。逆もまた同じである。こうした定義は2つの生産要素の関係に一般化できる。)これは不平等がより大きいところではコモンズの成果がより良くなると予測したオルソン効果と一致する。それらの生産要素が補完的でないならば，この結果は適用できない。さらに，公共財の事例（コモン・プール資源に対置される）では，補完的な財が不完全な市場で取引されるとき，不平等が増大するので，全体的な効率は"低下"する。

　経済的な不平等は，資源獲得にかかる費用の差を媒介にして，コモンズの成果に影響するかもしれない。より裕福なコモンズ利用主体は，費用になんらかの差が存在するならば，より少ない投入費用で済むよう試みるだろうが，この費用の不平等は，富や収入の不平等とは概念的に区別されることである。Aggarwal and Narayan（1999）は，用水主体間の費用に差異を組みこんだ地下水利用の二段階モデルを提示する。これは，貧困な農業経済では，資源の採取に一定容量を設定するとき信用確保に格段に違った費用が存在するという観察事実に基づいて，この費用の非対称性に注目する理由となったものである。Aggrawal と Narayan は，費用における不平等と資源のストックとの間にある U 字型の関係を証明してみせた。低レベルの費用の不平等から始めるとして始めるとして，最初は費用の不平等の増大が水利用の効率を減少させるが，その後，水利用の効率を増大させる[12]。

　まず，制度供給の問題において，ローカルなコモンズ管理制度を確立するのに必要な集合行為の形成を妨げることに関しては，経済的，社会的異質性の双方が特に重要であるかもしれない。社会的異質性は，制度設計のプロセスに内在する交渉や駆け引きなど取引費用を増大させる。経済的不平等は，ほかの制約にも縛られて，コモンズの利用主体が手に入れられるはずの取引の成果をきびしく制限してしまう。たとえば Johnson and Libecap（1982）は，南テキサスのエビ漁業の観察事例に基づいてモデルを定式化している。ここで漁業者は，彼らの有する生産性

---

　12) Baland and Platteau（2005）では，費用の不平等において，富の不平等の増大による影響は予想しがたいと述べている。コモンズにおける費用の不平等の問題については，Hackett（1992）の論文が参考になる。

によって区別されている。漁業者毎の割当と漁業者二者間での補償取り決め（どちらも同じことになる）のどちらも，管理主体にとって実用にならないということが見いだされた。おそらく，そうした制度は監視したり実効あるものにするのがたいへん困難である。ゆえに唯一の選択は，一律の割り当てシステムとなる。しかしながら，漁業者が生産的であればあるほど，この管理体制によってなされる制限もより大きくなる。このように，より生産的な漁業者は，協力的な取り決めのもとで損失を被るかもしれず，ゆえに協力的な取り決めそのものに反対するだろう。（この論理は，Kanbur, 1991 や Baland and Platteau, 1998 においてさらに展開されている。）

同様の論旨で関連するものとして，Quiggin（1993）は（本章で先にBaland and Platteau の論文（1997）の非凸性の事例で要約したように），生産において一定の規模の経済が存在するところでは，共有制が法的な形式をもって現れるという仮説を立てている。より裕福な管理主体であるほど，集合的に所有されている財から得られる規模の経済はより小さくなる。そこでかれらは，集合的組織から得られる便益に対し過大なほど多くの割合を要求するかも知れず，そのため集団の形成は失敗することになる[13]。Johnson and Libecap と Quiggin の研究では，実行可能な制度的取り決めを作ろうとすると，ある範囲で制約を伴うものとなる。たとえば，特定の配置のパラメーターのもとでは，この制限のために裕福なコモンズ利用主体と貧困なコモンズ利用主体をともに満足させるような取り決めを設計することができない。とりわけ資源を豊富に獲得する者たちは，この障害をうまく克服するかもしれないが，一般的に不平等は自己統治をより困難にする。

こうした複雑化の重要な要因は，退出オプションの存在である。資源の利用主体たちが，コモンズのほかに相対的に有利な収入の機会を有し

---

[13] 説明をくわえると，これらのメカニズムは，Persson and Tabellini（1994）によってモデル化されたマクロ経済的な再配分強制メカニズムの変形として観察されるかもしれない。そのモデルにおける不平等は，下からの強制によって収入を再配分することにつながるものであった。これは，投資と成長を低下させる資本に対する課税につながる。コモンズの制度供給の領域では，これとは対照的に，裕福な人々は，貧困な人々がすすんで受け入れる以上に，協力から得られる想定上の利得についてより多くを要求する。そしてコモンズの管理制度が生成するのに失敗することになる。

ているならば，退出オプションは，集合行為をうながすための社会的結束力に加えて，個人のインセンティブにも影響をあたえることが可能である。Dayton-Johnson and Bardhan（2002）のモデルでは，資源の獲得者たちは，現地に滞在しながら資源を保護することもできれば，現地に滞在し資源を劣化させることもでき，また資源を劣化させた後に現地を立ち去ることもできる。Dayton-Johnson and Bardhan によれば，保護に対するこれら退出オプションの効果は，予想されたとおり錯綜し複雑であるものの，富と退出オプションとの関係が，凹関数に従うかどうかに部分的に依存していると論証した。仮に資源獲得者たちの退出オプションが富の凹関数となるのであれば，資源獲得者たちの富のレベルが大きくなるにつれて退出オプションの価値も増大する。ただしその増加率は定義によって減少することになる[14]。資源獲得者たちの富が2倍になるならば，獲得者の退出オプションの価値は飛躍的に増大するかもしれない。もしも個人の富がふたたび倍増するなら，退出オプションの価値は，最初に倍増したときほどには増大しないだろう。退出オプションの関数が凹関数ならば，Dayton-Johnson and Bardhan が示したように，不平等が増大するにつれて，相対的に平等な富の配分からはじまり，しだいに資源の保護を減少させていくだろう。この事例では，相対的に貧困な資源獲得者は資源を保護しないことが最適な選択なのである。すなわち，資源獲得者の富が減少するにしたがって，資源の保護から得られる利益（これは富の一次関数である）は，退出オプションを行使することで得られる利益（これは富の凹関数である）よりも急速に減少する。貧しい資源獲得者たちは，このようにコモンズにとどまりコモンズの価値を低下させることによって，コモンズを退出する場合に得られる以上の高い収益を手に入れる。一方で，退出オプションが富のレベルの凸関数であるならば（たとえば，村民が借入をする場合も信用市場での制約に直面する場合に相当する），不平等の増大は資源保護への期待を高めるかも知れないし損ねるかも知れず，その効果は不確定である。

　Dayton-Johnson／Bardhan モデルにおいて保護が始まるとすれば，それは完全に非協力という設定，つまり管理制度がかならずしも存在しな

　14）　図表を用いると，退出オプションの関数（垂直軸で測られる）は，原点から急速に上昇するが，富が増加するにつれて（水平軸で測られる），しだいに横ばいに向かう。

いという設定のもとで起こる。管理制度が存在する場合，退出を考える者とはだいたいが将来に対しほとんど価値を置かない人たちであるならば，資源利用からの退出は資源を保護する助けとなるかもしれない。それにもかかわらず，退出はこの状況での集合行為を妨げるかもしれない。たとえば灌漑施設を維持管理するのに入手可能な労働力が減少するならば，そしてコミュニティが監視者や労働者を雇えるほど裕福でないならば，施設は老朽化するだろう。さらに，退出オプションがあるならば，コミュニティは，気ままに移動するかも知れない住民たちに対して協力を強制するようなメカニズムを何らもちあわせていないかもしれない。貧困な人々が資源を保護しない場合，資源保護が相当程度低下するのかという問題については，いまだ未解決のままである。Ruttan and Borgerhoff Mulder（1999）が調査した放牧者のように，ルール厳守の欠如がごくわずかな影響しかもたない資源に対して，貧しい資源獲得者は，わずかな影響しか及ぼさないかもしれない。Baland and Platteau（1999）も同様に，不平等について，裕福な人々の参加の増大は，貧しい人々の参加の欠如を埋め合わせることができると主張している。保護のネット効果は，使われる資源採取技術しだいである。

　退出オプションがあると，協力の成立する期待を弱めるという経験的証拠が存在する。Baland and Platteau（1996）は，世界中の漁業における職人的零細漁業者と産業的漁業者との対立に関連づけて，この現象を描きだしている。後者が高い移動性をもつのに対して，前者は，みずからの技術によって，きわめて制限された漁場に縛られる。マリとモーリタニアでは，多くの家畜群の所有者たち（大抵が不在地主である）は，小規模な牧畜業者ほどには，過放牧や砂漠化を防止するための土地全体の管理に関するローカルな取り決めについて関心をもっていない（Shanmugaratnam et al., 1992）。Freudenberger（1991）は，ムーリッド（Mouride）として知られる全国規模の農業団体の下部組織によるセネガルの森林生態系の破壊を描いている。近隣の小農や放牧者による相対的に低い資源利用は，集約栽培による換金作物（ピーナッツ）生産に移行してしまっている。ピーナッツ農業による土地の急速な荒廃の後，ムーリッドの全国的意思決定機関は，地域の森林の長期的な生存に強い関心を示す伝統的な利用主体とは異なり，どこであれ新しい領域での開拓を

始めたのである。Shanmugaratnam（1996）は，西ラジャスタンのいくつかの事例として，村の放牧地が私有化された後，大土地所有者たちは，今や私有地で飼料ニーズの大半を生産できるようになり，また市場で補充の飼料を購入できるようになったため，コモンズを維持するための持続的管理に関心をもたなくなる傾向にあると述べている。

これまで述べてきた多くの事例において，より裕福なあるいはより大規模なコモンズ利用主体たちは，持続的な資源管理から離脱する傾向にあった。他の研究者たちのなかには，より貧困なまたはより小規模な利用主体たちが退出オプションを行使すると報告している。Bergeret and Ribot（1990）は，Freudenberger の研究に類似した研究のなかで，より大規模な地域でより長期にわたる時間軸を設定して，セネガルのサヘルにおける森林破壊を描写している。ギニアからのフラニ族難民によって，サヘルの樹木が伐採されている。かれらは，ほかの農民に比べてわずかしか土地をもっておらず，急速に拡大する都市マーケットの木炭生産のために樹木を伐採している。性質上同じ状況がブルキナ・ファソ南部でも観察されている。移民たちは，共有林で破壊的な採集技術を利用する傾向が高い（Laurent et al., 1994）。（これらの事例にみられる貧困な人々は移民なので，かれらが元いた場所からの退出オプションをすでに行使したと推測するのは正確なところだろう。かれらは新しい場所との関係が不足しているため，環境に調和しないやり方を追求する）。

異質性の非経済的な原因が，どのようにして経済的な結果に影響を及ぼすのだろうか。公共財というまったく異なる領域において，Alesina et al.（1999）は，異なるエスニック集団は公共財（たとえば学校教育で使う言語）をめぐり異なる選好をもつので，エスニックな多様性が，合衆国の州自治体を超えて供給される公共財の低さと相関することを見いだした。本章で考察した農村社会では，エスニックな異質性は，社会規範や社会的制裁を通じて機能する。社会的制裁がエスニックな準拠集団を越える時，その効果は弱まる。この傾向について，Miguel（2000）は，理論的モデルを提示する。そこではエスニック集団がもつべき決定的な特徴は，逸脱した個人に対してコミュニティ内部で社会的制裁を実行する可能性であり，さらに複数均衡の状態において効率的な均衡へとまとめ上げる調整能力であるという。ケニア西部の農村地帯の初等学校委員

会の活動データをもとに，Miguel は，エスニックな多様性のレベルが高いほど，保護者会への参加率が低く，学校委員会の会議出席率も悪くなり，教師の出席とモチベーションも急激に低下することを示している[15]。

社会集団（エスニック集団に限らないが）とは，その集団の境界が共有された，社会規範の効果的な監視や実効化がなされる範囲と一致するものであると定義されるならば，社会的異質性に関する実行可能な概念を水利コミュニティにも付与することができる。これまで言及してきた文化的同質性の概念――多くの研究者たちが社会関係資本や社会的結束力と呼んできたものの変形――を理解するひとつの方法でもある[16]。灌漑システムは，社会的境界よりも水文学的な境界に従うため，多くの村の灌漑主体をその境界のうちに含むだろう。村の境界を横断する灌漑組織は，ひとつの村のなかで完結する灌漑組織に比べて，協調行動を実効化するために社会的制裁や社会規範に依存することは少ない。

2　大規模標本に基づく研究

ここまでしてきた議論を通じて，コモンズに関する理論的，経験的文献の豊かさを見て取ることができよう。経験的文献を注意深く読むと，人類学者，政治科学者，社会学者，工学者，あるいは少数の経済学者であるかどうかにかかわらず，ケーススタディが優勢であることがわかる。コモンズに関する経験則の統計的分析を可能にするような資源利用

---

15) Miguel の定義とは逆に，エスニシティとは，共有された規範と相関する特徴（アイデンティティ）として代替的に理解されるかもしれないが，必ずしも制裁を伴うものではない。そのように，エスニックな同質性や異質性は，制裁行動よりも共有された理解を通じてコモンズの管理により大きな影響を与えるだろう。

16) Dayton-Johnson (2001) は，「コミュニティ」から区別される社会的結束力を取り上げてゲーム論的モデルを構築している。コミュニティは，共有された価値や社会的現実の共有された解釈に基づいており，社会的結束力よりも強力な状態である。これらの概念は，現在の文脈において，まず外生的なものとみなさなければならない。Agrawal (1999:103) が述べているように，「共有された理解を意味するコミュニティの側面は，正確には外部の介入がほとんど不可能なものであるということだ。国家・NGO・官僚的権威・援助機関・政策策定者らは，共有された理解としてのコミュニティを直接的に創造することができない」。

システムの大規模調査は相対的に少ない。Ostrom et al.（1994）は，灌漑システム・共有林・漁業に関する膨大なケーススタディの文献を体系的に関連づけることによって，この研究上の不足を改善するよう試みている。確かに Ostrom らの研究方法は有益であるが，そうした「メタ評価」は，資源利用コミュニティを構成する多数のグループを対象とするサーベイ調査を代替するものではない。例えケーススタディを念入りに寄せ集めても，調査されたシステムの選定におけるバイアスそのものを解決することはできない。本章では，このような研究上のギャップを埋めようとするいくつかの農民管理灌漑システムの事例研究から得られる結果を総合しようと思う[17]。ここで紹介する研究は，構造的特徴，ガバナンスの制度，さまざまなパフォーマンスの測定方法における経験則を立証するという目的を共有している。ここでは，ある特定の特徴，つまり異質性そのもの，および制度やパフォーマンスと異質性との関係に焦点をあてる。本節で考察する主要な研究は，Lam（1998）のネパール研究，Dayton-Johnson（1999, 2000a, 2000b）のメキシコ研究，Bardhan（2000）のインド研究，Tang（1991, 1992, 1994）のケーススタディ文献に関するメタ評価である。フィリピンの公的灌漑機関から近年灌漑利用主体に譲渡された 46 の表流水システムに関する Fujita et al（2000）の研究にも触れる。それらは本章で考察した他の研究と同様の特徴をもっていることは明らかであるが，灌漑のパフォーマンスに対する経済的不平等の効果を明白に考察していないため，本章への有効性は限定されている。パキスタンの設備投資に関する Khwaja（2000）の研究は，調査が灌漑プロジェクトに限定されていないが，不平等に関する情報を含んでいる[18]。

　Lam（1998）は，自身で調査したおよそ 25 以上のシステムに加えて，ネパールの 127 の灌漑システムからなるデータセットから得られたものをデータとして分析している。メキシコやインドの事例と異なり，水利

　17）　近年の発展途上国における生産者の協同組合に関する経験的研究は，これらと同じ研究課題をなすものとして解釈できる。Banerjee et al（2001）や Seabright（1997）らによる近年の研究を見よ。同様に，Molinas（1998）のパラグアイと La Ferrara（1999）のタンザニア農村部におけるボランティア組織への人々の参加傾向に関する経験的研究は，経済的不平等の負の効果を示している。

　18）　灌漑システムに関するさらに初期の量的研究を本章では考察していないが，de los Reyes（1980）によって行われた。

コミュニティのサンプルは，無作為抽出されているわけではない。それにもかかわらず，そのデータセットは，ネパール内部の地域性について代表性をもっている。127のシステムの基礎データセットのうち，104のシステムでは農民自身が管理しており，残りのシステムでは公的な灌漑部門による管理がなされている。システムの平均的な規模は399ヘクタールにおよび，利用者数の平均は585人であり，利用者一人あたりの平均灌漑面積は三分の二ヘクタールを越える。Bardhan（2000）は，南アジアのタミル・ナドゥの6つの地域の異なる村において，アイアカット（ayacut）として知られている48の灌漑単位の調査データを分析している。半分のアイアカットは，大規模な水路システムに属しており，残り半分はより伝統的なタンク・システム（ため池灌漑システム）に属している。表面上は，すべて政府の管理下にあるようにみえるが，ほとんどのアイアカットでは，伝統的でインフォーマルなコミュニティ的管理制度を有している。灌漑資源あたりの平均戸数は53戸で，一戸当たりのアイアカットの面積は三分の一ヘクタールをわずかに越える程度だった。

　Dayton-Johnson（1999）は，中央メキシコのグアナファトのユニダデス・デ・リエゴ（unidades de riego）として知られている54の農民管理による灌漑システムのフィールドワークを描写している。これらすべてのユニダデス（unidades）は，国家的管理から自律的であり，すべて貯水池に発する表流水灌漑に基礎をおいている。このシステムの灌漑農家の平均戸数は123戸で，平均灌漑面積は449ヘクタール，一戸あたりの平均土地所有は3.3ヘクタールである。Tang（1991, 1992, 1994）は，灌漑のケーススタディの蓄積に対しメタ評価アプローチを適用した。Tangは，15カ国における47の灌漑システムから得られた情報を集計している。このうち農民による管理は29で，公的機関による管理は14，そして4つはその他のタイプのシステムである。パキスタン北部のヒマラヤにおけるさまざまなインフラ・プロジェクトに関するKhwaja（2000）の研究は，多様な形式の不平等について注意深い考察を行っている。Khwajaの外部からの投資を受けた123個のプロジェクトは，灌漑投資だけでなく，道路やほかのインフラの投資も含んでいる。

　これらの研究は異質性のもたらすインパクトの評価を行いながら，い

第3章　不平等な灌漑利用主体

くつかのコモンズの示す成果を明らかにしている。それらは大きく制度とパフォーマンスというふたつのタイプに分けられる。どちらも異質性の程度によって秩序立って変化するものかもしれない。Tang（1994: 231）は，制度に関して，ふたつのタイプの「利用ルール」の存在について述べている。それは境界規則（boundary rules: 配水以前に個人が満たさなければならない要件）と許可基準規制（authority rules: 受水の固定持分や番水といった配水の手続きやその根拠）である。Bardhan（2000）とDayton-Johnson（2000a）は，各戸の灌漑資源への要求を制約する用水の割当ルールに加えて，水路掃除や維持管理活動に動員に伴う費用負担ルールを考察している。

　パフォーマンスは，さまざまな方法で測定される。このうち上述の灌漑利用主体によって設定された"ルール遵守"の程度をもって測ることは，判りやすい方法のひとつと言えるだろう。Bardhan（2000）は，ある集団が，配水ルールを頻繁に破るかどうかを測定している。一方Tang（1994）は，灌漑ルールが履行されているかどうかについて，より一般的にコード化を施している。ルール遵守それ自体を測るのではなく，その代わりに設備の維持管理のレベルを測ることでそれを行うというものである。Bardhan（2000）は，分流と圃場の水路の維持管理について管理の程度が変数となるような指標を用いている。Dayton-Johnson（2000b）は，集計度を下げた変数を用いて，維持管理の3つの側面に関する統計的モデルを推計している。それは水路わきの傾斜輪郭の程度，圃場の取水口の補修状態，水路漏水の管理の程度に関してである。Lam（1998）は，システムの総合的な物理的条件を用いている。パフォーマンス変数のもうひとつの種類として，配水の適切性の測定をあげている。Lam は，システムのさまざまな地点での配水の適切性，利用主体間の公正，下流部での用水供給の信頼性に関する情報を統合する。Dayton-Johnson（2000）と Lam（1998）によれば，ヘクタール当たりの収量と灌漑システムの上流部と下流部での作付強度の情報の統合を行っているが，灌漑の成功を測る指標として作物収量は不完全であると考えている。そこで Lam は，確証因子分析のために，パフォーマンス測定尺度として3つの側面（条件，配水，生産性）を挙げているが，それらは必ずしも相関が高い訳ではない。Fujita et al（2000）は，維持管理ルール，

稲作植え付けスケジュールの調整，番水の実施方法，ルールの組織的な監視の存在にもとづいて，灌漑システムのパフォーマンスについて4つの側面から概念を提示する。Fujita et al では，パフォーマンスの指標に適切な重みづけを得るために4つの尺度に対して主成分分析を行っている。最後に，Bardhan（2000）もパフォーマンスの尺度として，用水をめぐる対立の不在を挙げて考察している。

これまで検討してきた研究はすべて多変量解析によるものであるが，独立変数として何が選ばれているかは，それぞれの研究によってまったく異なる。我々は，必ずしも比較可能とは言えない測定係数についてある程度の比較を行っているのであり，以下で要約した結果を考えるときには，留意が必要である。

収入の不平等　　異質性の効果とは何だろうか。まず収入における不平等について考えてみよう。Tang（1991）は，「灌漑利用主体間における平均的な年間家庭収入の低い分散は，ルール遵守の高さと健全な維持管理の高さに相関する傾向にある」ということを発見した。Tang（1992: 72-73）は，収入の分散程度について公刊されている研究から得られた27の事例について確認している。Tang は，収入の分散が高いシステムにおいて，17パーセントが高いレベルのルール遵守と維持管理を示していることを発見した。また収入の分散が中位のシステムでは，75パーセントが高いレベルのパフォーマンス尺度を示すこと，そして分散が低いシステムでは，89パーセントが高いレベルのパフォーマンスを示すことを発見した。（Tang は，彼自身がまとめたケーススタディの主要ないくつかにおいて収入の分散程度を確認できていないことから，これらの結果から多くを推論することには注意を発している）。Lam（1998）の回帰分析は，（年間の平均家庭収入における「低・中」または「高」の分散に対して0と1を割り当てた変数によって測定している）収入の不平等が配水パフォーマンスに対して有意かつ負の相関を示している。収入の不平等はネパールのシステムの生産性でも有意かつ負の相関を示している。しかしシステムの物理的条件との相関関係は有意でない。Khwaja（2000）はパキスタンの研究において，収入のある形式——プロジェクトによる収益——の不平等とプロジェクトの維持管理とのあいだにU字型の関係を見出

第3章 不平等な灌漑利用主体　　　131

した。受益者間でのプロジェクト収益における低レベルの不平等からはじまり，不平等の増大はプロジェクトの維持管理を減少させることにつながるが，プロジェクト収益の不平等があるレベルを超えると，不平等が拡大するにつれて維持管理は改善されるようになる。

　富の不平等　　富の不平等は，収入の不平等と非常に相関しているとみてよい。富の不平等の効果はここでも同様である。Bardhan（2000）と Dayton-Johnson（2000a, 2000b）が，インドとメキシコの研究に記載されている灌漑農地の保有主体についてジニ係数を測定している。ジニ係数は，パフォーマンスに連関する。この関係は，インドの研究では負の相関が有意である。Bardhan は，タミル・ナドゥのシステムにおいて，土地所有における不平等は，水路の維持管理と有意かつ負の相関を示すことを見出している。Bardhan は，用水をめぐる村内対立の指標について，ジニ係数とこれをパフォーマンスの指標としたものとの間に U 字型の関係があることを証拠付けている[19]。つまり低レベルの不平等と高いレベルの不平等では，村内対立はほとんどみられないが，中度の不平等では，対立がより多くみられるということに対応している。Bardhanは，ルール遵守に対する不平等の影響については，統計的に有意な効果が何もないことを見出す。メキシコの研究では，土地所有の不平等が維持管理にもたらす合算効果（ルール選択の間接的な効果を含んでいる）は，負の効果をもつが内容は複雑である[20]。Khwaja（2000）は，パキスタンの研究で，土地所有の不平等とプロジェクトの維持管理とのあいだにみられる U 字型の関係をふたたび見いだす。完全な平等状態からはじまり，ひきつづく不平等の増大が維持管理を減少させ，一方で高い不平等レベルでは，不平等の増大が維持管理を高める。

　19）　ジニ係数に掛かる推定値は，負かつ有意である。一方で，ジニ係数を 2 乗した変数に掛かる推定値は正かつ有意である。
　20）　ジニ係数の 2 乗項に掛かる推定値は，Dayton-Johnson（2000b）の 3 つのモデルのうち 2 つで正かつ有意で，維持管理に対して不平等が強い正の効果を示しているが，それにもかかわらず，不平等は，比例的な配水ルールに有意に相関しており，そのルールは維持管理の水準が低位になることと相関している。直接効果と間接効果を合算した不平等の効果は負の影響となる。

上流部と下流部　もうひとつの不平等は，水路網の上流部と下流部の不平等にみられる非対称な関係である。土地市場が十分にうまく機能しないことを前提にすれば，この非対称な関係は，一般に知られている土地所有の富における不平等と不完全ながら相関していることだけであろう。Tang（1992: 60-63, 73-74）は，「不利益を被る集団」があってそれらのルール遵守とその維持管理に対するインパクトについて考察している。システムのルールによって組織立って差別がなされている集団に言及している事例もいくつかあるが，多くの事例は下流部の用水主体に関するものとなっている。簡単な2変数の比較において，不利益集団をもたないほとんどのシステムは，高いレベルのルール遵守と維持管理を示した。不利益集団をもつシステムでは三分の一以下のみが，高いパフォーマンスのレベルを示した。

　水路網の下流部の灌漑利用主体間での対立の発生に関するひとつの予測統計量は，河川など水源から分水する近代的な頭首工の存在である。Lam（1998）は，近代的な頭首工の存在が，パフォーマンスのあらゆる指標に対して，有意に負の相関となることを発見している。厳格な工学的視点では，近代的な頭首工がパフォーマンスを改善すると予測するだろう。Lam は，近代的な頭首工が水路網の上流部の交渉力を増大するということを確証するものとして，みずからの調査結果を解釈する。Lam にとって，下流部での配水と作付強度は従属変数である。しかしながら，Fujita et al（2000）によるフィリピンの研究は，上流部と下流部の間での用水の利用可能性における格差を独立変数として考察している。Fujita et al の研究では，システムが，政府から利用主体に移管される前に利用可能性を測定し，移管後にパフォーマンスを測定しているので，この方法をとることが可能であった。また，上流部の灌漑利用主体は相対的に受水可能性が高く，下流部の灌漑利用主体の受水可能性が相対的に低いという両者の格差が，パフォーマンス全体の乏しさに有意に相関していることを発見している[21]。

　21）Bardhan（2000）は，アイアカットがより大規模なシステムの下流部に位置づけられているかどうかを示す変数を含めている。しかしながら，下流部の村は，他の事情にして等しいとき他の村々と異なる行動を採らなかった。

退出オプション　すでに述べた経済的不平等のもうひとつの側面は，基本的にコモンズに関連づけられていない差別的な収入機会である。様々な方法によって，退出オプションを経験的に発見することができる。Bardhan (2000) は，南アジアの研究で，都市中心部とのリンケージ指標（たとえばバスや電話）を扱っている。都市との近接が水路掃除の規則を実効することをより困難にするのであれば，このリンケージ指標は，システムの維持管理と有意に負の相関を示すことになる。これは Bardhan によるルール遵守の統計的モデルのなかで証明されている。このモデルではリンケージ効果は負である。リンケージは同様に村内の水争いの存在に正の有意な相関を示す。しかしながら，これは退出オプションが不平等に配分されている程度を示しているというわけではない。インドの事例の結果は，外部機会が存在する時に協調行動を維持しつづけるのはより困難であることを証明するにすぎない。Fujita et al (2000) によるフィリピンの研究は，水利コミュニティの境界内における農家にたいする非農家の割合によって非対称性を測定しようと試みている。（非農家の雇用は，この事例では退出オプションである。）非農家の割合の高さは，人々の生計手段における非対称性を示している。これは農業だけに依存する部分集団におけるインフォーマルな制裁を強制する力を弱体化させるかもしれない非対称性である。非農家の割合は，パフォーマンス尺度に有意かつ負の相関をもつ。（パフォーマンス指標の各種要素が従属変数としてそれぞれ単独に推定される別の回帰分析において，非農家の割合は，番水制度や組織的監視の発生頻度に負の影響を及ぼしている。）Bardhan は，インドの研究において，農家が代替的な灌漑資源へのアクセス権をもつとき，より頻繁に用水ルールを破る傾向にあるという，いくつかの（統計的にはやや弱い）証拠を発見している。とは言え，これはコモンズ外部への退出オプションであり，農業からの退出オプションではない。

エスニック・社会的な異質性　経済的異質性と非経済的異質性との境界は曖昧である。差異の付けられる退出オプションは，不平等な財産の保有に似ているので経済的である。それにもかかわらず，このような退出オプションの効果は，社会規範と制裁の弱体化を通じて作用すると我々は推測している。差異性が経済的性格の薄い形式をとっていても，

ここで考察してきた研究において重要な影響をもっている。Bardhan（2000）は、アイアカットでの調査農家のうち少なくとも四分の三が同じカーストに属するメンバーであるかどうかを確認している。この種のカーストの同質性は、村内対立がみられないことと強い相関を示すが、ルール遵守と有意に相関しているということではない。（Bardhan は維持管理の統計的モデルにおいて、カーストに関する同質性を含めていない。）Khwaja（2000）は、パキスタンの研究で、コミュニティに関するエスニック、政治、宗教に関する断片化指数の平均をとって「断片化指標（fragmentation index）」を算定している。それぞれの断片化指数は、あるコミュニティにおいて、無作為抽出された二人の個人が異なる集団に属する確率をもって記録するものである。Khwaja の断片化指標は、プロジェクトの維持管理と負の相関を示している。

社会的異質性の尺度は、灌漑利用主体がふたつ以上のコミュニティの出身であるかどうかによって測られる。Dayton-Johnson（2000b）は、自らの統計的モデルで、ユニダッド（unidad））メンバーが選びだされるエヒード（ejido：メキシコの農業改良コミュニティ）の数をその尺度として含めている。この指標は一貫してインフラの維持管理と負の相関を示す。これは、執行できる範囲がエヒードの境界を越える時、エヒードの数は効果的でなくなるという関係を強く支持するものである。それにもかかわらず、Fujita et al（2000）のフィリピンの研究では、同様の変数——灌漑システムにおける代表的な村の数——を含めているが、それは有意ではない。ヒマチャル・プラデシュにおける 39 のクール（*kuhl*）灌漑システムに関する Baker（1997）の研究は、差異がもたらす効果を次のように考察している。「クールがふたつ以上の村を灌漑し、クールの灌漑利用主体が複数のカーストから構成され、土地の分配が相対的に不平等であるとき、差異の影響は大きい」（Baker,1997:204）。Baker は、大きな差異が存在するとき、非農家雇用の機会の増大は、伝統的なクール管理制度にとって大きな圧力となるだろうと論じている[22]。「社会的，

---

22) Baker の主張は、ここで述べられるのとは微妙に差がある。Baker は、退出オプションの効果は差異に媒介されるだけでなく、水資源への信頼にも媒介されると主張する。信頼が高く、差異が少ないところでは、管理制度は強まる退出オプションに対抗することができる。それにもかかわらず、Baker の主張についての我々の理解は、差異が大きいところでは、

第3章　不平等な灌漑利用主体　　　　135

文化的分化」の効果に関する Tang（1992:68-72）の提示する証拠は曖昧で，わずかな観察によって結論づけられている。その効果は，灌漑システムの制度的性質によって媒介される。システムがコミュニティによって管理されるところでは，社会的文化的異質性によって，良きパフォーマンスが排除される訳ではない。システムが公的機関によって管理されているところでは，この異質性は，パフォーマンスの低さとつねに相関する。ここでおそらく見過ごされているのは，コミュニティ管理システムにおける選択のバイアスのことである。あるグループでは組織化ができていなかったり，グループ内対立がきわめて熾烈であるならば，研究者が現地に赴く時，そこにシステムがあるとは見えないだろう。ただし，公的機関によって管理されたシステムの場合については同じことは言えない。このように，我々には高いレベルの協調を要請するプロセスを生き抜いたコミュニティ管理システムの事例だけが観察対象に残されるのである。

　ルール選択　　最後に，異質性は，ルール選択に与える効果を通じてパフォーマンスに間接的に影響を及ぼす。Dayton-Johnson（2000a）は，富の不平等があると，比例した配水方法を採っている場合が多くなることを明らかにした。（全農家への平等な配水という原則があればそれとは対立する。）これは富に比例してより多くの用水供給を要求する裕福な土地所有者たちの存在と矛盾するものではない。メキシコの研究では，比例的な配水の場合，より低位の維持管理と相関していることを明らかにした。不平等は，このように灌漑システムが機能しない状態に向かわせる特定のルールの体系をもたらすかもしれない[23]。Bardhan（2000）の南インドの研究も，村のエリートが配水ルールを作り上げるとき，エリートによるルール破りは少なくなり，そうでない場合，エリートのルール破りは頻繁になることに関し有意な証拠を提示する。（全般的にみて，エ

信頼のレベルにかかわらず，ガバナンスの制度に降りかかるこのような圧力が決定的に重要だというものである。
　23)　メキシコの研究をみると，土地所有権の配分が農地改革によって固定されていたので，土地所有の不平等は，本質的に内生的に決ったものではない。そうでなければ，ルール選択を介したパフォーマンスに対する不平等の間接的な影響を確定するのはより困難であったろう。

リートは，非エリートよりも頻繁にルールを破るが，定義によると，エリートは非エリートよりも小集団である）。用水ルールが協働で作り上げられたものであると平均的な農家が信じるとき（つまり，集合的参加を伴い，村のエリートや政府だけによるルール作成とは相違するとき），その農家は配水システムや他の農家によるルール遵守にたいしてポジティブな評価をするようになることが観察される。こうした協働的なルール形成は，インドの事例における，もっとも高いレベルのルール遵守と相関する。Bardhan は，村々が比例型の費用負担ルール──つまり，灌漑施設の維持管理にかかる労働コストが土地所有（灌漑用と非灌漑用を含めて）の富に比例して負担されるルール──を採用する傾向が高いことを推定している[24]。この費用負担ルールは，一般的に協調が作り出される結果と正の相関をもつ。一方で，この費用負担ルールの適用は，土地所有の不平等と有意かつ正の相関を示すことでもある。これは富の不平等を考慮して費用負担ルールの再配分的調整を起こさせる社会的圧力発生の指標かもしれない。これはまた Varughese and Ostrom（2001: 762）が論じた重要でより一般的な観察を示している。Varughese and Ostrom は，多くの集団が「自らのローカルな状況に適応した革新的な制度的取り決めを形成することによって，多くの緊張をはらんだ異質性を克服している」ことを明らかにする。このネパール研究では，集合行為を通じて得られる重要な便益が存在するとき，森林利用主体たちは異質性に対処するため，様々な権利や義務をもつメンバーシップの多様な形式を作りだしている。

3　結　論

　表 3-1 は，前節で検討した大量の標本を使った研究から得られた証拠を要約している。その証拠は仮説的ではあるが，いくつかの結論を大胆

---

[24] 要約すると，土地所有の不平等は，インドの研究においては比例的な費用負担と相関し，メキシコの研究においては比例的な配水と相関する。比例的な費用負担は，インドではより良いパフォーマンスと相関する。一方，メキシコでは，比例的な配水は，下位レベルの管理と相関する。

第3章 不平等な灌漑利用主体　　　　　　　　　　　　　　　　137

表 3-1　異質性とコモンズの結果：経験的調査研究の概要

	南インド[a]	中央メキシコ[b]	フィリピン[c]	北パキスタン[d]	ネパール[e]	メタ分析[f]
収入の不平等（収入格差）				プロジェクト収入の不平等な管理とプロジェクト管理とのU字型の相関	家計収入の変化が大きいと，配水パフォーマンスと生産性がより低くなる	家計収入の変化が小さいと，ルール遵守と維持管理がより改善される
富の不平等	土地所有の不平等の大きさは，大まかな下位レベルの水路管理と相関する；土地所有の不平等と村内対立とのU字型の相関	土地所有権の不平等は維持管理に正の相関を示す		土地所有権の不平等とプロジェクト管理とのU字型の相関		
上流部／下流部			用水の入手可能性における上流部下流部の格差は，より低レベルのパフォーマンスに相関する		近代的な頭首工の出現は，最下流での送水と作付け強度にネガティブに相関する	「不利な立場にある集団」の存在は，ルール遵守と維持管理の低さと相関する
退出オプション	都市中心部との近接性は，おおまかな管理と弛緩したルール遵守に相関する；代替的な灌漑手段の有効性はルール遵守の低さと相関する		非農家戸数の割合が高いほど，パフォーマンスがより低くなる			
エスニック的な異質性／社会	カーストの同質性は地域内部の対立の発生頻度の低さに相関する	システムを構成するエヒードの数が多いほど，おおまかで下位レベルの管理になる	システムで代表される村の数は，何の影響ももたない	エスニック／宗教的／政治的な「断片化」は，おおまかな維持管理と相関する		「社会的，文化的な断片化」の曖昧な効果
ルール選択	共同で選択されたルールはしばしば次のような特徴をもつ：不平等は比例的な費用分担と正の相関を示す	富の不平等は，比例的な配水と正の相関を示す				

出典）
[a] Bardhan, 2000.
[b] Dayton-Johnson, 1999, 2000a, 2000b.
[c] Fujita et al., 2000.
[d] Khawja, 2000.
[e] Lam, 1998.
[f] Tang, 1991, 1992, 1994.

に主張するには十分である。第一に，異質性——いかように測定されるかは別として——は，これら灌漑事例におけるコモンズでの協力に負の

効果をもつというケーススタディ文献の結論についての確認である。異質性は，判別可能な負の効果を示すか，あるいはまったく効果を示さない。第二に，これらの研究が提示した証拠は，異質性が，協調行動と集合的合意を強化するような社会規範と制裁の効果を弱めるという仮説と一致する。そこで示された複数の村，複数のカーストからなる灌漑システムのパフォーマンスにみられた負の効果からも，この結論は支持される。しかしながら，第三に，この社会的異質性の吟味に関しては，経済的異質性それ自体が単独にもつ大きな負の効果が存在する。これは，たとえばメキシコとインドの研究におけるジニ係数の有意な効果によって示される。この結論は，Olson（1965）が先鞭をつけた理論的研究における経済的メカニズムの重要性を強調する。これらの経済的メカニズムは，社会規範とは区別される富や収入の配分により生みだされる，協調を作り出す特別のインセンティブに基づいている。さらに，経済理論は「オルソン効果」――不平等の正の効果――が優位であるかどうか予測できないが，灌漑利用主体に関する経験的証拠は，オルソン効果が優位ではないことを示している。この発見は，これまで要約してきた研究で適用された多変量解析アプローチの価値を強調することにつながる。こういったアプローチは，社会的異質性といった他の特質の効果を管理する一方で，富の不平等のような特定の構造的特質の影響・効果を特定することを可能にする。最後に第四として，異質性は水利コミュニティが適用する制度の効果を媒介にして，システムのパフォーマンスに直接的かつ間接的に影響をおよぼすという証拠が存在する。不平等は，灌漑利用主体がルールを遵守する程度に影響を与えるかもしれないし，選択されたルールのタイプにも影響を与えるかもしれない。ただしすべてのルールが，必ずしも良きパフォーマンスに平等に資するという訳ではない。直接的，間接的な効果の程度を定量化するには，これらの研究で用いられた多変量アプローチが必要である。

　これまで述べてきた研究は，灌漑システムに基づくこれらの結果が，ほかのタイプのコモンズにどの程度まで一般化することが可能かという問いを提起する。Blomquist et al（1994）では，他のタイプのコモンズとの関連で灌漑を位置づけるためのコモン・プール資源の類型を考察している。問題となるふたつの物理的側面は，資源の静止性（「資源の単位

は……収穫に先だって空間的に限定されている」Blomquist（1994: 308））と貯蔵の可能性である。このふたつの類型は，さらに4種類の物的資源のカテゴリーを形成し，灌漑システムは4つのカテゴリーのうち3つのカテゴリーにおいて見いだされる。地下水システムは静止しており貯蔵可能である。貯水池利用の水路システムは静止していないが，貯蔵が可能である。河川分水路システムは静止したものではなく，貯蔵も困難である。本章で検討してきた多くのシステムは，ふたつ目の水路をベースとしたシステムで，河川流水を使ったシステムは少数である。（Bardhan（2000）の南インドの研究では，システムの半数が水路によらない。）他のほとんどの種類のコモンズは，これらの特性の組み合わせとは異なっている。つまり，森林，放牧地とコミュニティの脱穀地は，静止したものであるが貯蔵する資源をもっていない。渡りや移動する生物種に静止性はなく貯蔵の可能性すらない。このような明確な構造的特性が存在する以上，これら灌漑に基づく知見をほかの設定に拡張する前に，さらに分析を進めることが必要である。

　水のような流動的資源と森林のような固定的資源との間にみられる区別に関しては，まず重力が流動資源においては（土地市場が機能するならば，長期的にみれば地域的な優位性は富の不平等に資本還元されるだろうと仮定しているのだが），地域的な上流部・下流部での立地という差異によって異質性をより明確にするということである。もうひとつの差異は，森林の場合，集合行為の一部が，水路灌漑では重要にならない植林や再生活動にあるということである。3つ目は，異なる時点をめぐる資源保護の問題は，地下水灌漑では重要であるけれども，水路灌漑ではそれほど際立った問題とはならない。これは時間を通じたダイナミックな資源保護に言及するだけではなく，異なる時点間の資源獲得主体の行動のもつ外部性に言及することになる。それによって，ひとりの人が現在おこなう資源採取が，別の人の次期の収益に影響するのである[25]。

　表流水の灌漑システムが果たしてコモン・プール資源であるかと問うことは理に適ったことである。地下水灌漑は言うまでもなく，放牧地や森林や魚類のように，枯渇のリスクだけでなく再生産が問題となる帯水

25）　これは，Dayton-Johnson and Bardhan（2002）のモデルで活用された重要なスピルオーバー効果である。

層という資源からの汲み上げによるものである。貯水池や河川分水に基づく水路システムがそうしたコモン・プール資源と原理的に類似性をもつ程度に応じ，水資源・水路・灌漑施設といった集合的に維持管理されるインフラについても同様の原理との類似を見出すことができる。水路掃除や施設の補修は，原理的に再植林，資源涵養，再生と同様である。さらに，ある個人の灌漑用水の利用は，他のタイプのコモン・プール資源システムと同様に，一人が灌漑水を利用すれば，それだけ他者の入手可能性を低減させる。それにもかかわらず，自然システムへの人間の介入は，おそらく漁業や薪炭林の採取よりも，灌漑においてより自然侵害的であると言ってよいだろう。（「灌漑を巡る例外主義」のこうした側面やほかの諸側面は，Roseの担当した本書第7章で考察されている）。

　もちろん成功するコモンズ管理の課題は，その多くが必ずしも自然資源そのものの特性——より初期のコモンズの悲劇の伝統が示していたように——に基づいているわけではなく，むしろ人々を協調させるという，より平凡な問題に基づいている。このように問題は，生産者や労働者の協働や組織のあり方の問題ととりわけ密接に関連している。協調行動への動員は，制度供給のレベルでとりわけ問題となり，制度の運用においても問題となる。

　関心の増大しているもうひとつの社会現象——自然現象というよりも——は，市場の失敗の影響である。市場の失敗は，財やサービスの市場が効率的であることに失敗するか，極端な場合には市場そのものが成立しない場合に現れると言われている。そうした信用・保険や土地の市場の失敗は，農業経済に特有であり，協調の問題と相互作用する。最適な管理制度を理論的に描写することは困難ではないが，現実世界の市場の失敗は，実行可能な取り決めの幅を狭めてしまう。これらの制約は，コモンズ利用主体にとってどんな種類の協調さえも交渉できないということを意味するのかもしれない。あるいはコモンズ利用主体が，それにもかかわらず環境破壊につながる合意に到達してしまうということなのかもしれない。頻繁に引き合いに出されるが，未だ十分に正当化されていない市場の失敗の例は，調整金（サイド・ペイメント）の活用を封じていること——あるいは同等のものとしてコモン・プール資源の流通市場の不在——である。

第3章　不平等な灌漑利用主体　　　141

　我々の経験的な知的準拠点に従うと，我々の研究成果をグローバル・コモンズへと一般化する可能性をまだ許さない。グローバル・コモンズでの行為主体は，農家ではなく国家や国際機関である。異質性の影響・効果に関する我々の結論は，国際的な気候変動枠組みの設定においては不適当である。なぜなら，たとえばそこでは，限りなく強大な権力をもつ行為主体がいることで，協調への期待が高まってしまうかもしれないからである[26]。

　本研究では，資源利用コミュニティの大規模標本を使った多変量解析の有用性について論じてきた。同様の結論のまとめは，他のタイプのコモンズ（漁業，森林，放牧地）やコミュニティにみられる他の構造的特徴（集団の規模）についても収集することで可能だろう[27]。本章で取り上げた優れた研究や論文にもかかわらず，我々の知識の空白はいまだに大きいと言わざるをえない。それは，政策決定者によってここで得られた知識の賢明な適用をコモンズ利用主体の福利に結び付ける潜在的な貢献を行う場合についても同様なことである。

参 考 文 献

Aggarwal, R., and T. Narayan (1999), Does Inequality Lead to Greater Efficiency in The Use of Local Commons? The Role of Sunk Costs and Strategic Investments. Unpublished paper, Department of Agricultural and Resource Economics, University of Maryland, College Park.

Agrawal, A. (1999), Community-in-conservation: Tracing the outlines of an enchanting concept. pp..92-108 in *A new moral economy for India's forests? Discourses of community and participation*, R. Jeffery and N. Sundar, eds. New Delhi: Sage Publications.

Agrawal, A., and S. Goyal (1999), Group Size and Collective Action: Third-Party Monitoring in Common-Pool Resources. Leitner Working Paper No.1999-09. New Haven, CT: The Leitner Program in International Political Economy, Yale University.

---

　26)　これらの問題については本書第8章で Young が考察している。
　27)　不平等な灌漑利用主体の枠を越えたこの種の研究の例として，Agrawal and Goyal (1999) は，インド・ヒマラヤの 28 の森林協議会のデータにもとづいて集団の規模を分析する。そこでの研究結果は，古典的な単調な結果ではなく，集団の規模と効果的な監視とのあいだには U 字型の関係が存在するということである。

Alesina, A., R. Baqir, and W. Easterly (1999), Public goods and ethnic divisions. *The Quarterly Journal of Economics* 114: 1243-1284.

Baker, J.M. (1997), Common property resource theory and the kuhl irrigation systems of Himachal Pradesh, India. *Human Organization* 56: 199-208.

Baland, J.M., and J.P.Platteau (1995), Does Heterogeneity Hinder Collective Action? Cahiers de la Faculté des sciences économiques et sociales de Namur, *Serie Recherche* No.146, Collection "Développement."

Baland, J.M., and J.P.Platteau (1996), *Halting Degradation of Natural Resources: Is There a Role for Rural Communities?* Oxford, Eng.: Oxford University Press.

Baland, J.M., and J.P.Platteau (1997), Wealth inequality and efficiency in the commons, i: The unregulated case. *Oxford Economic Papers* 49: 451-482.

Baland, J.M. and J.P.Platteau (1998), Wealth inequality and efficiency in the commons, ii: *The regulated case. Oxford Economic Papers* 50: 1-22.

Baland, J.M. and J.P.Platteau (1999), The ambiguous impact of inequality on local resource management. *World Development* 27: 773-788.

Baland, J.M. and J.P.Platteau (2005), Institutions and the efficient management of environmental resources. In *Handbook of Environmental Economics*, K.G. Mäler and J. Vincent, eds. Amsterdam: Elsevier. *

Banerjee, A., D. Mookherjee, K. Munshi, and D. Ray (2001), Inequality, control rights, and rent seeking: Sugar cooperatives in Maharashtra. *Journal of Political Economy* 109: 138-190.

Bardhan, P. K. (1984), *Land, Labor and Rural Poverty: Essays in Development Economics*. New York: Columbia University Press.

Bardhan, P. K. (1995), *Rational fools and cooperation in a poor hydraulic economy. In Choice, Welfare, And Development: A Festschrift in Honour of Amartya K. Sen*, K. Basu, P. Pattanaik, and K. Suzumura, eds. Oxford, Eng.: Clarendon Press.

Bardhan, P. K. (1997), Method in the madness? A political-economy analysis of the ethnic conflicts in less developed countries. *World Development* 25: 1381-1398.

Bardhan, P. K. (2000), Irrigation and cooperation: An empirical analysis of 48 irrigation communities in South India. *Economic Development and Cultural Change* 48: 847-865.

Bardhan, P. K., M. Ghatak, and A. Karaivanov (2000), Inequality, Market Imperfections, and Collective Action Problems. Unpublished paper, Department of Economics, University of California, Berkeley, and Department of Economics, University of Chicago.

Bergeret, A., and J.C. Ribot (1990), *L'arbre Nourricier en Pays Sahelien*. Paris: Éditions de la Maison des Sciences de L'homme.

Bergstrom, T.C., L. Blume, and H. Varian (1986), On the private provision of public goods. *Journal of Public Economics* 29: 25-49.

Berkes, F. (1986), Marine inshore fishery management in Turkey. pp..63-83 in National Research Council, *Proceedings of the Conference on Common Property Resource Management*. Washington, DC: National Academy Press.

Blomquist, W., E. Schlager, and S.Y. Tang (1994), Regularities from the field and possible explanations. pp..301-316 in Rules, *Games, And Common-Pool Resources*, E. Ostrom, R. Gardner, and J. Walker, eds. Ann Arbor: University of Michigan Press.

Cárdenas, J.C. (1999), Real Wealth and Experimental Cooperation: Evidence from Field Experiments. Unpublished paper, Department of Environmental and Resource Economics, University of Massachusetts, Amherst.

Dayton-Johnson, J. (1999), Irrigation organization in Mexican *unidades de riego*: Results of a field study. *Irrigation and Drainage Systems* 13: 55-74.

Dayton-Johnson, J. (2000a), Choosing rules to govern the commons: A model with evidence from Mexico. *Journal of Economic Behavior and Organization* 42: 19-41.

Dayton-Johnson, J. (2000b), The determinants of collective action on the local commons: A model with evidence from Mexico. *Journal of Development Economics* 62: 181-208.

Dayton-Johnson, J. (2001), Social Capital, Social Cohesion, Community: A Microeconomic Analysis. Mimeo. Dalhousie University.

Dayton-Johnson, J., and P.K. Bardhan (2002), Inequality and conservation on the local commons: A theoretical exercise. *Economic Journal* 112: 577-602. *

de los Reyes, R.P. (1980), 47 Communal Gravity Systems: Organizational Profiles. Quezon City: Institute of Philippine Culture.

Easter, K.W., and K. Palanisami (1986), *Tank Irrigation in India and Thailand: An Example of Common Property Resource Management*. Minneapolis: Department of Agricultural and Applied Economics Staff, University of Minnesota.

Fafchamps, M. (1992), Solidarity networks in preindustrial societies: Rational peasants with a moral economy. *Economic Development and Cultural Change* 41: 147-175.

Freudenberger, K.S. (1991), *Mbegué: The Disingenuous Destruction of a Sahelian Rainforest*. Paper No. 29. London: International Institute for Environment and Development.

Fujita, M., Y. Hayami, and M. Kikuchi (2000), *The Conditions of Collective Action for Local Commons Management: The Case of Irrigation in the Philippines*. Unpublished manuscript, Takushoku University, Foundation for Advanced Studies on International Development, and Chiba University.

Hackett, S.C. (1992), Heterogeneity and the provision of governance for common-pool resources. *Journal of Theoretical Politics* 4: 325-342.

Henrich, J., R. Boyd, S. Bowles, H. Gintis, E. Fehr, and R. MacElreath (2000), Cooperation, Reciprocity and Punishment: Experiments in 15 Small-Scale Societies. Mimeo, MacArthur Foundation.

Jayaraman, T.K. (1981), Farmers' organizations in surface irrigation project: Two empirical studies from Gujarat. *Economic and Political Weekly* 16: A89-A98.

Jodha, N.S. (1986), Common property resources and rural poor in dry regions of India. *Economic and Political Weekly* 21: 1169-1181.

Jodha, N.S. (1990), Rural common property resources: Contributions and crisis. *Economic and Political Weekly* 25: A65-A78.

Johnson, R.N., and G.D. Libecap (1982), Contracting problems and regulation: The case of the fishery. *American Economic Review* 72: 1005-1022.

Kanbur, R. (1991), Heterogeneity, Distribution and Cooperation in Common Property Resource Management. Background paper for the 1992 World Development Report, World Bank.

Khwaja, A.I. (2000), Leadership, Rights and Project Complexity: Determinants of Collective Action in the Maintenance of Infrastructural Projects in the Himalayas. Unpublished paper, Harvard University.

La Ferrara, E. (1999), Inequality and Participation: Theory and Evidence from Rural Tanzania. Unpublished paper, Innocenzo Gasparini Institute for Economic Research（IGIER）, Università Bocconi.

Lam, W.F. (1998), *Governing Irrigation Systems in Nepal: Institutions, Infrastructure, and Collective Action*. Oakland, CA: Institute for Contemporary Studies Press.

Laurent, P.J., P. Mathieu, and M. Totté (1994), Populations et Environnement Rural au Burkina Faso. Paris and Louvain-la-Neuve, Belg.: Université Catholique du Louvain/L'Harmattan （Les Cahiers du CIDEP, no. 20）.

Leach, E.R. (1961), Pul Eliya: *A village in Ceylon*. Cambridge, Eng.: Cambridge University Press.

Meinzen-Dick, R., and L.A. Jackson (1996), Multiple Uses, Multiple Users of Water Resources. Unpublished paper presented at Voices from the Commons, the Sixth Conference of the International Association for the Study of Common Property, University of California, Berkeley, June 5-8.

Miguel, E. (2000), The Political Economy Of Education and Health in Kenya. Unpublished Ph.D. dissertation, Harvard University.

Molinas, J.R. (1998), The impact of inequality, gender, external assistance and social capital on local-level cooperation. *World Development* 26: 413-431.

Olson, M. (1965), *The Logic of Collective Action: Public Goods and the Theory of Groups*. Harvard Economic Studies 124. Cambridge, MA: Harvard University Press.（依田博・森脇俊雅訳『集合行為論：公共財と集団理論』ミネルヴァ書房，1983年）

Ostrom, E. (1990), *Governing the Commons: The Evolution of Institutions for Collective Action*. New York: Cambridge University Press.

Ostrom, E. (1994), Constituting social capital and collective action. *Journal of Theoretical Politics* 6: 527-562.

Ostrom, E., and R. Gardner (1993), Coping with asymmetries in the commons: Self-governing irrigation systems can work. *Journal of Economic Perspectives* 7: 93-112.

Ostrom, E., R. Gardner, and J. Walker, eds. (1994), *Rules, Games, and Common-Pool Resources*. Ann Arbor: University of Michigan Press.

Persson, T., and G. Tabellini (1994), Is inequality harmful for growth? *American Economic Review* 84: 600-621.

Quiggin, J. (1993), Common property, equality, and development. *World Development* 21:

1123-1138.

Ruttan, L., and M. Borgerhoff Mulder (1999), Are East African pastoralists truly conservationists? *Current Anthropology* 40: 621-652.

Seabright, P. (1997), Is cooperation habit-forming? In *The Environment and Emerging Development Issues*, vol. 2, P. Dasgupta and K.-G. Mäler, eds. Oxford, Eng.: Clarendon Press.

Shanmugaratnam, N. (1996), Nationalization, privatization and the dilemmas of common property management in Western Rajasthan. *Journal of Development Studies* 33: 163-187.

Shanmugaratnam, N., T. Vedeld, A. Mossige, and M. Bovin (1992), Resource Management and Pastoral Institution-Building in the West African Sahel. Discussion Paper No. 175. Washington, DC: World Bank.

Shanmugaratnam, N. (1992), *Institutions and Collective Action: Self-Governance in Irrigation*. San Francisco: ICS Press.

Shanmugaratnam, N. (1994), *Institutions and performance in irrigation systems, in Rules, Games, and Common-Pool Resources*, E. Ostrom, R. Gardner, and J. Walker eds. Ann Arbor: University of Michigan Press.

Tang, S.Y. (1991), Institutional arrangements and the management of common-pool resources. *Public Administration Review* 51: 42-51.

Tang, S. Y. (1992), *Institutions and Collective Action: Self-Governance in Irrigation*. San Francisco: ICS Press.

Tang, S. Y.(1994), Institutions and performance in irrigation systems, in *Rules, Games, and Common –Pool Resources*, E. Ostrom, R. Gardner, and J. Walker eds. Ann Arbor: University of Michigan Press.

Vaidyanathan, A. (1986), Water control institutions and agriculture: A comparative perspective. *Indian Economic Review* 20: 25-83.

Varughese, G., and E. Ostrom (2001), The contested role of heterogeneity in collective action: Some evidence from community forestry in Nepal. *World Development* 29（5）: 747-765.

Zwarteveen, M. (1997), Water: From basic need to commodity. *World Development* 25: 1335-1349.

(＊は原著出版時点で「印刷中 (in press)」と表記されていた文献)

第4章
コモンズ・ディレンマにおける協調行動に影響を与える諸要因[*]
——実験心理学的研究のレヴュー——

シューリ・コペルマン，J・マーク・ウェバー，
デイヴィッド・M・メスィック

　本章は，コモンズ・ディレンマにおいて協調行動に影響を与える心理的要因についての最近の実験をレヴューする。コモンズ・ディレンマは，個々の人々のあいだの非協調行動がある資源の荒廃，場合によっては崩壊をもたらすような社会的ディレンマである（Hardin, 1968; Van Lange et al., 1992a）。共同放牧地を共有する牧夫たちに関する Hardin の寓話は典型的なコモンズ・ディレンマを説明していて，各人は放牧する羊の数を増やすインセンティブを持つが，もし実際にそうしてしまうと放牧地を台無しにする危険を冒すことになるというものである。経済学的視点からみるとコモンズ・ディレンマは，均衡の結果が（パレート）非効率であるような社会的相互作用の一分類である。そのような非効率な均衡

---

[*]　全米科学財団（National Science Foundation）に対してはこの野心的なプロジェクトに財政的支援をしてくれたことについて，Elke Weber と Paul Stern に対しては私たちの論文と同プロジェクトを完成に導いてくれたことについて感謝したい。三人の匿名の査読者と外部の調整担当者に対しては有益なコメントによって本章の最終原稿に枠組みを与えるのを容易にしてくれたことについて感謝したい。また本書の他の執筆者たちと編集者たちだけでなく，私たちの分野の同僚たちに対しても，本章の初期原稿にコメントしてくれたことについて感謝の意を表したい。彼らの激励と彼らのコメントによって本章が様々なかたちで改善されたことに感謝している。国際共有資源学会（International Association for the Study of Common Property）2000 年カンファレンスの「実践家でもある参加者たち」は，世界中の行動研究実験室で行なわれている実験研究は彼らの研究にとっても参考になり，フィールドでの彼らの努力に説明力のある光を当てているということを私たちに確信させてくれたのだが，彼らには特別な感謝の意を表したい。

は資源問題や環境問題に限らず，産業組織，財政，マクロ経済政策のように様々な分野でも生じている。

　形式的には，すべての社会的ディレンマは3つの性格によって定義できる（Dawes, 1980; Messick and Brewer, 1983; Yamagishi, 1986）。つまり（1）非協調的選択は他の人々の選択にかかわらず，常にその個人にとって協調的選択よりも利益になる，（2）非協調的選択は協調的選択に比べてつねに他の人々にとって有害である，（3）非協調的選択によって生じた他の人々の被害の総計はその個人の利益よりも大きい。コモンズ・ディレンマ（資源ディレンマと呼ばれることもある）は社会的ディレンマの部分集合であり，集合的な非協調行動が将来の資源の枯渇という深刻な脅威をもたらす状況として伝統的に定義されてきた（Hardin, 1968; Van Lange et al., 1992a）。短期的には個人的に満足できる行動が，長期的な集合的費用をもたらすため，それらは「社会的罠（social traps）」として分類できる（Cross and Guyer, 1980; Platt, 1973）。我々はコモンズ・ディレンマに注目するが，参考になるなら囚人のディレンマや公共財問題といった社会的ディレンマの他の種類に関する研究も利用する。

　本章の第一節は，最近の研究を歴史的な視野のなかに位置づけて，それから我々の枠組みを提示するとともに基本的な定義を与える。第二節は，我々が展開した分野別の枠組みのなかで，最近の研究蓄積に関する批判的なレヴューを行う。第三節は，我々のレヴューにおいて挙げられた諸問題を本書のなかの他の諸章に関連づけることによって，まとめとする。

1　導　入

1.1　コモンズ・ディレンマに関する実験研究の歴史的根源

　共有資源管理，コモンズ・ディレンマ，資源ディレンマあるいは社会的ディレンマというように，この分野には様々な呼称が与えられてきたが，これらに関する社会心理学的研究の現代史は1950年代に始まる。開拓的な書籍である『ゲームの理論と経済行動』（1944年）においてvon Neuman and Morgenstern は，（選好と効用の公理化とともに）個々人の

意思決定に関する理論の要点をまとめた特殊な部類のモデルを導入し，ゼロサム・ゲームと非ゼロサム・ゲームの両方について社会的相互依存に関する理論を提示した。世紀の変わり目からすでに経済学者たちは競争均衡から逸脱した状況について研究していたが，同書のために数多くの経験的な研究が短期間のうちに生み出され，意思決定と効用関数が研究された。1950年代後期までにゲーム理論の一般的な考えが，Luce and Raiffa（1957）によって数式を使ったやり方で，そして Thibaut and Kelley（1959）によって心理学理論の用語で，社会心理学に導入された。

1960年代には，二人ゲームや，それより多い人数での囚人のディレンマ・ゲームについて，そしてより重要なことに，囚人のディレンマという考えの，応用的な多人数状況への一般化についての実験が増大することになった。この時代の重要な二つの公刊物である Olson（1965）の『集合行為論』と Hardin（1968）の有名な論文「コモンズの悲劇」は学界にとっての諸問題を際立たせた。このあいだに実験心理学者と実験経済学者の関心は互いに乖離していった。経済学者の方は利得構造に加えてルールや制度に注目し続けた（実験経済学の初期の発展に関する優れた説明については Davis and Holt, 1993; Roth, 1995 を参照せよ）。心理学者のほうは，個人差（Kelley and Stahelski, 1970; Messick and McClintock, 1968）や，行動に対して利得変化のもつ影響（Kelley and Grezlak, 1972）そしてコミュニケーションの影響（Dawes, et al., 1977）といったような心理学的要因に関心を持つようになった。

より一般的には，1970年代と1980年代を通じて，心理学者たちはコモンズ・ディレンマ，囚人のディレンマ，公共財課題を含む社会的ディレンマの領域一帯で協調行動に影響を与える要因を調査した（社会心理学的研究における社会的ディレンマに関する，より広範なレヴューについては，Dawes, 1980; Komorita and Parks, 1994; Messick and Brewer, 1983 を参照せよ）。囚人のディレンマに関する初期の研究の多くは理論に基づいておらず，実験室の外の出来事についてはほとんどなにも言えないとして批判された（Pruitt and Kimmel, 1977）。

我々がレヴューした，より最近の研究から生じてきた興味深い一つの主題は，人々が他者参照的（other-regarding）である度合，もしくはそうではない度合（つまり，人々が他の人々の厚生を考慮に入れるとすれば，

どれくらいそうするのか）である。人々が他者参照的である，もしくはそのようになる性質というものはこれまでも中心的な研究論題であった。人々は他の人々の厚生について選好を持っているという仮説は少なくとも Adam Smith の『道徳感情論（*Theory of Moral Sentiments*）』[1]と同じくらい古いのだが，心理学者たちは相互依存的状況における選択行動を理解するうえで，この問題が極めて重要だと考えるようになった。20世紀後半になされた初期の研究は，利他主義を計測しようとした Sawyer (1966) と，「2変数の」効用関数を推定していた Conrath and Deci (1969)，そして社会的相互依存的な状況において分配すべき成果を配分する際の社会的動機について，ある種のランダム効用モデルを用いて調査しようとした Messick and McClintock (1968) によるものである。Messick and McClintock モデルにおいて，それぞれの選好（自身の成果を絶対値で最大化するもの，自身の成果を相対値で最大化するもの，自身と他者の両方の成果の合計を最大化するもの）は，ゼロではない相当大きな確率で実現する。1970年代には，経済学の研究者（たとえば Scott, 1972）や行動科学の研究者（たとえば MacCrimmon and Messick, 1976）が，同時に利他主義的でもあり利己主義的でもあり，そして競争主義的でもあるように見える選好構造について調べ始めた。

1980年代になると，Messick and Sentis (1985) が「社会的効用関数（social utility function）」を導入し，のちに Loewenstain et al. (1989) によって拡張された。社会的効用関数とは，各人の成果について加法的な（additive）選好や，ある個人と他の人々の成果の差についての選好を仮定するというものである。どちらの研究も，自分と他の人々の利得が等しいときには後者の個人間の成果の差について関数が最大値を得るということを発見するものであり，Falk et al.（本書第5章）の仮定を支持している。彼らの経済モデルはさらに，社会的効用の構成要素を，一人だけではなく複数の他者との比較にまで一般化している。

---

1) この処女作（18世紀中頃に出版されており，これは彼のより有名な，『国富論（*the wealth of nations*）』より十年早い）において，彼の仮説は早くから明確に示されている。「人がどれほど利己的であると思われようとも，彼の性質のいくつかの原則が明らかに存在しているのであって，それらが他の人々の運命について彼に関心を抱かせ，彼らの幸福から何も引き出せないとしても，それを彼にとって必要なものにしているのである」(Werhane, 1991: 25)。

第4章　コモンズ・ディレンマにおける協調行動に影響を与える諸要因　151

1.2　我々の枠組み

本章は心理学の主要な査読学術誌に発表された実験研究に注目する。そして，心理学者にとって興味深い変数を取り扱っている経済学の実験研究にも注意する。ここではコモンズ・ディレンマにおいて協調行動に影響を与える要因を操作している研究を取り上げ，行なわれた操作の種類という側面に沿って，これらの要因を分類している。

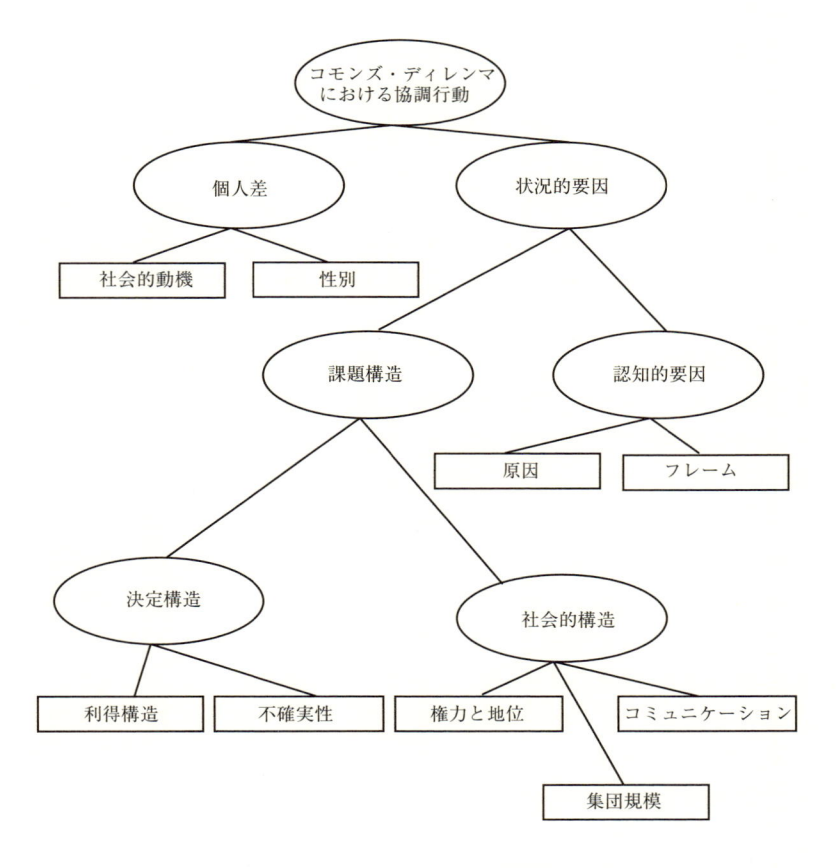

図4-1　コモンズ・ディレンマにおける協調行動に影響する要因

我々は，コモンズ・ディレンマにおいて協調行動に影響を与える独立変数について9つの分類を同定した。すなわち，社会的動機（social motives），ジェンダー，利得構造，不確実性，権力と地位（power and status），集団規模，コミュニケーション，原因，そしてフレームである。我々はこれらの分類を組織化し，まずは個人差（individual differences）（安定的な個人的特徴）と状況的要因（環境）とに区別した。状況的要因はさらに，課題構造それ自体（決定構造（decision structure）と社会的構造）に関連するものと，課題についての認知に関連するものとに区別されている（図4-1を見よ）。

　心理学の文献では，これまで研究されてきた主要な種類の個人差は社会的動機とジェンダーである。課題の決定構造は利得構造，そして資源に関わる不確実性の程度およびその種類といった要因を含む。社会的構造というのは，関係する個人や組織の権力と地位，集団規模，そして人々が互いにコミュニケーションを行う能力といった要因を含むものである。認知的要因については，(資源)不足について認知されている原因，あるいは協調行動のフレームのされ方を含んでいる。

1.3　実験入門

　心理学者は一般に，実験室の環境で仮説を検証するために実験アプローチを採用する。そのとき研究対象に含まれない影響をコントロールし，したがって研究対象の変数のあいだの因果関係を明らかにするような科学的で統計的な手法を用いる。ある参加者は対照条件（control condition）において課題を行うように指示され，他の参加者は実験条件（experimental condition）のほうに割り当てられる。これら2条件の間にはただ1つだけ違いがあり，それが実験内操作である。結果として，もしこれら2集団が統計的に異なる結果（従属変数）を生じさせると，それらの差異は実験内操作（独立変数）に起因すると考えられる。参加者を対照集団と実験集団に無作為に割り当てることで，科学者は原因となる要因を同定できる。

　あなたがある研究の参加者として実験室に入ってきたと想像しよう。あなたはある意思決定の課題に参加するのだと言われる。あなたと他の数人はゲームをするのだが，それは商業的な漁業者が1期間10シーズンにわたる漁獲量について決定するのを模したものである。あなたはいくらかの背景的情報を与えられ，数ラウンドにわたって漁獲量を決定す

第4章 コモンズ・ディレンマにおける協調行動に影響を与える諸要因　153

るように求められる（各ラウンドは連続する漁業シーズンのうちの1シーズンを表している）。利潤を最大化することがあなたの利益になるが，魚群がある水準を下回ると再生産率が下落し，回遊してくる魚がより少なくなることもあると告げられるかもしれない。他の参加者たちが同時に行なった決定，資源プールの規模，回復率，あるいは他の変数，これらについてフィードバックを得ることもあるだろうし，得られないこともあるだろう。一参加者として，あなたは研究対象とされている要因について気付くことはないし，自分が対照集団にいるのか実験集団にいるのかも分からない。

　もし研究者が，コモンズ・ディレンマにおいてコミュニケーションが協調行動に与える影響を研究したいのであれば，あなたや他の参加者が受け取る情報は同じものである。しかし，対照条件ではなく実験条件においては5ラウンド（つまり5シーズン）後にコミュニケーションを行うことが許される。たしかに，十分立証されている発見が明らかにするところでは，コミュニケーションを許された実験集団は，コミュニケーションの許されていない集団よりも一貫してより多くの協調行動をとるということである（レヴューとして，Dawes, 1980; Kerr and Kaufman-Gilliland, 1994; Messick and Brewer, 1983 を参照せよ）。本章で後に述べる実験は協調行動を発展させるうえでコミュニケーションのどの側面が決定的なのかを同定しようとするものである。

　実験手法の強みは，コントロールされた環境において隔絶された変数間の因果関係を検証できるところにある。相互作用する変数について，そのようなコントロールを実現するのは一般にフィールドでは可能ではない。しかし，ときとしてコントロールの程度が限界として解釈されてきた。とはいえ，実験室での研究は外的妥当性（つまり，発見を実験室の外側にも一般化できる可能性）をあまり持たないという一般的な想定にもかかわらず，最近の実験研究は，複数の研究領域にわたって実験室の研究がフィールド研究の発見と比べて，内容と効果量（effect size）の両面において同程度の発見を確かに得ているということを示唆している（Anderson et al., 1999）。

　実験室の環境は，フィールドにおいて行動に作用している同時的で相互作用する膨大な影響のうちの多くから行動が隔離されているという意

味で，意図的に人工的なものになっているのだが，それにもかかわらず，必ずしも文脈（context）を無視しているわけではない。しばしば実験の設計は2つの独立変数（たとえば信頼とコミュニケーション）の影響を同時に検証し，一方の他方に対する影響も評価できるようになっている。たとえば囚人のディレンマに関する最近の研究によると，単純な課題では対面的なコミュニケーションと電子メールでのコミュニケーションとのあいだに差異は生じないが，複雑な状況においては対面的なコミュニケーションは電子メールのコミュニケーションよりも多くの協調行動を引き出した（Frohlich and Oppenheimer, 1998）。コミュニケーションの種類と課題の種類の相互作用は，この両方の要因について調べなければ協調行動の予測をするのは困難だということを教えてくれる。

2　実験研究における最近の発見のレヴュー

人々のあいだにある差異，すなわち社会的動機とジェンダーの効果に関する議論から本節をはじめることにしよう。

2.1　個人差
① 社会的動機　社会的動機は個人の安定的な性格として概念化されてきた。囚人のディレンマを用いた実験に基づいて Kelley and Stahelski（1970:89）は，世界には2種類の人格（協調主義的人格 対 競争主義的人格）が存在しており，そうした性向はとても安定的で，彼らの相互行為もこれらの性向によって強固に「プログラムされ」ているから，(a) 彼らは性向レベルでは互いに影響を与えることはなく，(b) 互いの世界観に影響を与えることもないと結論した。

理論においては無数の社会的動機（ときどき社会的価値志向（social value orientations）として言及される）が区別されているが（McClintock, 1976, 1978），共通する理論的分類では4つの主要な動機付けの志向性が同定されている（McClintock, 1972）。つまり，(1) 個人主義 (individualism)——自分の利益を最大化しようとする動機，(2) 競争主義 (competition)——相対的利益すなわち自分の成果と他人の成果の差を最大化しようと

する動機，(3) 協調主義（cooperation）――合計利得を最大化しようとする動機，そして (4) 利他主義（altruism）――相手の利得を最大化しようとする動機である。個人主義と競争主義はしばしば「自己志向的（proself）」動機として言及され，協調主義と利他主義のほうは「社会志向的（prosocial）」動機として言及される。

　社会的動機を計測するには，経験的に最も頻繁に生じる3タイプ，すなわち個人主義的，競争主義的，協調主義的な社会的動機を代表するように選択肢が固定された，数回の分解ゲームを用いるのであって，その中の各ゲームは，自分自身に配分される点数と他の人物に配分されるその時々の合計について決定するよう求めるものとなっている（Kuhlman and Marshello, 1975）。社会的動機を評価するのに用いられる課題は内部整合的な測度であり（Liebrand and Van Run, 1985），高度な検証・再検証信頼度（test-retest reliability）を有しているので（Kulman et al., 1986），社会的動機を計測するのに信頼できる手段を提供している。

　資源ディレンマの文脈において，自己志向的な個人は社会志向的動機をもった個人よりも有意に多く収穫することが，互いに整合的ないくつかの発見によって明らかになっている（Kramer et al., 1986; Parks, 1994; Roch and Samuelson, 1997）。同様に，交通渋滞のような「現実生活の」社会的ディレンマを反映したシナリオでは，社会志向的な個人は自家用車よりも公共交通機関で通勤することにより強い選好を示し，自己志向的な個人よりも環境に対する集合的な結果により強く関心を持っている（Van Vugt et al., 1995; Van Vugt et al., 1996）。

　「対立する能力効果および道徳性効果（Might versus Morality Effect）」は，どのようにして社会的動機が選択行動だけでなく行動の解釈にも影響を与えるかについて明確な例を提供する。Liebrand et al. (1986) は社会的動機と，協調主義的行動および競争主義的行動に関する解釈との間の関係性を研究した。彼らは，個人主義的な社会的動機をもつ個人は能力次元（作用するもの）に沿って行動を解釈しがちであり，協調主義者は協調行動と競争行動を道徳性次元で変化するもの（善いことか悪いことか）としてみなす傾向にあることを発見した。さらに，社会志向的な人々は集合体という視野（共同体や集団レベル）で社会的ディレンマにおける合理性を考えるが，自己志向的な人々はそれを個人的合理性とい

う視野で（自己中心的に）考えるかもしれない。Van Lange et al.（1990: 36）は「もし受け取り手自身の目的や性向が彼／彼女の選択に影響するものであり，また合理性に関して採用される視点（集合的あるいは個人主義的）を表すものであるとも認めるのなら，知性（intelligence）に帰されるものは，相手による選択と被験者自身による選択の組合せによって決められるということになる」と論じている。このように社会的動機は選択行動における差異だけでなく合理性と知性に関する認知の差異にも関係しているのかもしれない。

「他の人々への関心」を計測する尺度に基づいて自分の行動を説明する際に，協調主義者たちは競争主義者たちよりも，協調的な人々と非協調的な人々とを鋭く対比するということを Van Lange and colleagues（1990）は確認した。協調主義者たちも裏切り者たち（非協調的な人々）も，協調行動のほうが非協調行動よりも他の人々への関心と関連があるという点では合意する。3つのN人囚人のディレンマ・ゲーム（恐怖（fear）と強欲さ（greed）が非協調行動の原因となる度合をそれぞれ変えてある）において，彼らは協調的な人々と非協調的な人々が行なった原因帰属を対比した。それぞれのゲームが終わると，参加者たちは2人の想像上の対象人物（一人は協調的な人物で，もう一人は非協調的な人物）が行なった協調的な選択と非協調的な選択について因果解釈をするように求められる。彼らの発見によると，協調主義者たち（囚人のディレンマにおいて協調的な選択をした参加者たち）は裏切り者たちよりも，協調行動を知性に帰す傾向が強く，裏切り者たちは協調主義者たちよりも，非協調行動を知性に帰す傾向が強かった。

Van Lange and Liebrand（1991）は特に，社会的動機の個人差が社会的ディレンマにおいて合理性の認知に影響を与えるかどうかを検証している。そこで彼らは公共財ディレンマにおいて相手の知性に関する認知を操作した。そこでの発見は彼らの予想を裏付けるもので，社会志向的な個人は非知性的な相手からよりも知性的な相手から協調行動を得られると期待するのに対し，競争主義的な個人は知性的な相手ではなく非知性的な相手から有意により多くの協調的な行動を期待するというものだった。

Van Lange and Kuhlman（1994）は，他の人々に関する情報の解釈のさ

れ方に社会的動機が影響を与えるかどうかを評価した。この実験において，異なる社会的動機をもつ人々はコモンズ・ディレンマについて異なる解釈を示した。公正性（fairness）や利己心（self-interest）と同様に，誠実さ（honesty）や知性に関する印象は，能力対道徳性枠組みと一致するものであった。協調主義的な個人は個人主義的および競争主義的な個人よりも誠実さに対してより大きな重み付けをしたが，個人主義者や競争主義者は社会志向的な個人よりも知性に対してより大きな重み付けをした。同様に，Samuelson（1993）は資源ディレンマにおいて公正性の次元と利己心の次元に付与される重要性について，協調主義者と競争主義者とのあいだに体系的な差異を発見した。協調主義者は公正性の次元により大きな重み付けをしたが，非協調主義者は利己心の次元により大きな重み付けをしたのである。

　社会的動機に関連しているかもしれない，もう一つの次元が文化である。集団主義的な文化（collectivist culture）の，つまり自己は他の人々と相互依存的であるとみなす文化の出身者たちは自分のグループのメンバーとは協調主義的に行動するが，グループ外のメンバーとは競争主義的に行動するし，個人主義的な文化（individualist culture）の，すなわち自己は独立した存在だとみなされるような文化の出身者たちは社会的な環境にはあまり注目せず，より課題志向的で，個人的な目標に注目する（Hofstede, 1980; Leung, 1997; Schwartz, 1994; Triandis, 1989）。文化と社会的動機の関係性は単純ではない。グループ間の囚人のディレンマを用いた研究において Probst and colleagues（1999）は，対立的な個人主義および集団主義という文化的価値観と社会的動機とは，表面的には同様の構図を描くことを発見した。しかしながら，これらの測度間の相関は低く，この著者たちは，社会的動機と文化の影響力について重複関係を仮定することに対して警告を発している。Gaerling（1999）は，社会的動機はいくつかの文化的価値観に関連するが，それ以外の文化的価値観とは関連しないことを発見した。社会志向的な個人は慈善（benevolence）（内面的な調和，友情，良好な関係，好かれること，そして安全と関連する文化的価値）ではなく，普遍主義（平等性，社会的正義，連帯と関連する文化的価値）の測度において，有意により高い点数を得たのである。文化は集団レベルの複雑な現象であるから，社会的動機のような個人差に関す

る測度に直接的に落とし込むことができないのかもしれない。研究者たちは社会的ディレンマに与える文化の影響に注目し始めたばかりである（Brett and Kopelman, 2004）＊。

　社会的動機に関する研究から導きだせるかもしれない主要な結論は，合理性を集団の観点で考えがちな社会志向的個人は，合理性を個人的な観点で考えがちな自己志向的個人よりも，コモンズ・ディレンマにおいて協調行動をとる傾向が強いということである。社会志向的な人々は協調主義を道徳的であり，競争主義を非道徳的であると考える傾向にあるが，自己志向的な人々は競争主義を有効（effective）だと考えるが，協調主義についてはそうではないと考える傾向にある。社会志向的な人々も自己志向的な人々も自分たちが好む戦略をより知性的だと考えているのだ。

　②ジェンダー　資源ディレンマにおいてジェンダーに注目した研究はあまり多くない。社会志向的な人々（協調主義者）の割合はわずかながら男性よりも女性のほうが高いが，自己志向的な人々（個人主義者と競争主義者）の割合は男性のほうが高いというように，ジェンダーと社会的動機との間には，弱いが信頼できる関係性が存在するように見える（たとえば，Van Lange et al., 1997）。ジェンダーと交渉競争力に関する最近のメタ分析もまた，交渉において女性のほうが男性よりも協調主義的にみえる傾向がわずかながら存在することを発見している（Walers et al., 1998）。ジェンダーの差異と社会的ディレンマに関するいくつかの実験は公共財パラダイムを用いて行なわれてきたが，それらの発見は互いに矛盾している。

　ジェンダーが協調行動に影響を与えるのは，男性と女性とでは集団の相互行為やグループディスカッションにおいて，互いに異なる反応をするためかもしれないし（Stockard et al., 1998），互いの行動に対する理解や反応において異なるのかもしれないし（Cadsby and Maynes, 1998），あるいは，ある種の資源には異なった反応をするためかもしれない（Sell et al., 1993）。ある研究では，同性4人のグループに参加したときに男性は女性よりも高い割合で公共財に寄与した（Brown Kruse and Hummels, 1993）。それとは反対に，もう一つの研究によると，全員が女性のグルー

プは，全員が男性のグループやジェンダーを混ぜたグループよりも協調主義的であった（Nowell and Tinkler, 1994）。同様にStockerd et al.(1988)は，ジェンダーを混ぜたグループにおいて，特にメンバー間の議論が許可されているときには，女性は男性よりも協調行動をとる傾向が強いことを発見した。しかし，また別の研究は，女性は最初に男性よりも有意に多く寄与するが，試行を経るにつれてその差は消滅することを発見している（Cadsby and Maynes, 1998）。Sell and colleagues（1993）は，公共財への寄与に対してグループのジェンダー構成が与える影響を発見していないし，金銭を資源としたときもジェンダーの効果を発見していない。しかし，資源が専門家と面談する時間に変更されると，男性は女性よりも有意に多くの協調行動をとった。

　これらの雑多な発見は，ジェンダーは社会的ディレンマにおける協調行動に対して影響力をもっているかもしれないが，その効果は小さく変動的であるかもしれないということを示唆している。特定のジェンダー構成よりも集団の多様性のほうが関連があるということかもしれない。意思決定における少数派の意見（Nemeth, 1986）やグループ内の多様性（Gruenfeld et al., 1996; Williams and O'Reilly, 1998）に関する研究は，課題に関する意見の乖離，つまり課題そのものにおける対立は，関係性における対立（Jehn, 1995）とは反対に，よりよい決定を導きだし，社会的ディレンマにおける協調行動に関する規範（norms）の発展に影響を与えるかもしれないということを示唆している。

2.2　課題の決定構造

① 利得構造　　歴史的に，あらゆる種類の社会的ディレンマに関する実験研究は，状況の基底をなす「利得構造」が有意な影響を与えることを明らかにしてきた。協調行動あるいは非協調行動を導きだす利得とはどのようなものか。どのようなリスクによって異なる選択が導きだされるのか。利得構造の影響は実験室だけでなくフィールドにおいても明らかになっている（Van Lange et al., 1992b）。これまでほとんどの場合，実験のゲームにおいては貨幣に関する利得構造が強調されてきたが，このレヴューでは，個人の選択に影響する，より広範な構造的要因について考えている。行動に関して広く行き渡っていて心理学的でもある理解

において中心的なのは，なにかしら行動というものは一般に，それに対して報酬があるときにはより引き出されそうであり，それに対して罰則が与えられるときにはあまり引き出されそうにないという考えである。いかなる所与の状況においても中心的な問題は，報酬（rewards）と罰則（punishments）（制裁（sanctions））のどのような組合せまたは形態が，効率的なあるいは望ましい結果を得るだろうかというものである。多くの最近の研究が，よりよいコモンズ管理技術の発展に対して生産的に適用できるかもしれない新しい知見を提供している。

　Gachter and Fehr（1999）は，実験において物質的経済的な報酬あるいは罰則を操作するというお馴染みの方法を踏み越えて，社会的報酬が公共財に寄与する意志に対して持つ影響を調べることにした。彼らは特に，社会的報酬だけでフリーライダー問題を克服できるかどうかに興味があった。まず，この研究者たちは最初にアンケート調査を行った。アンケートの結果は，参加者たちは「もし自分がより多く寄与すれば，より多くの承認（approval）を得られるし，もし他の人々がより多く寄与すれば，そうでない場合に比べて自分はあまり承認を得られないと期待している。加えて，もし他の人々もより多く寄与して，自分はそれよりも多く寄与すれば，さらに高い限界承認利益を得られると期待している」（p.346）ということを確認するものだった。本番の実験において，参加者たちは4条件のうちの1つの条件下で公共財ディレンマに直面した。つまり，(1) 誰とプレーしているのか決して知ることのない匿名性条件（anonymous condition），(2) ゲームの後に交流する機会がある「社会的交換（social exchange）」条件，(3) プレーの前に互いに出会うが，その後は互いに顔を見ないことが分かっている「集団同一性（group identity）」条件，そして (4) 参加者は事前に出会い，その後も交流する機会がある，条件2と条件3の組合せである。社会的親密（条件3）も，事後的に好意的評価の表明というかたちで社会的報酬を受け取る機会（条件2）も，基準となる匿名性条件に比べて協調行動の水準を改善しなかった。しかしながら，これら2つの条件の組合せ（条件4）は有意に高い協調行動の水準に帰結した。

　Gachter and Fehr（1999: 361-362）は，「もし被験者たちが完全な赤の他人（strangers）同士なら，社会的承認は集合行為への参加に対して，

かなり微弱な，正だが有意でない効果しか持たない。しかし，もし集団同一性と弱い社会的絆の形成の成立を可能にすることで被験者たちのあいだの社会的距離がいくぶんでも縮小されれば，承認インセンティブはフリーライディングの大幅で有意な減少を引き起こす」と結論している。彼らはさらに，集団同一性効果は社会的交換にとって支援的な「潤滑剤」として機能するのかもしれないと言っている。しかし，条件4においてさえ，終盤には社会的承認によって動機づけられることなく，搾取しようとしているように見えた参加者も少数ながら存在したことに注意するのは重要である。ゲームを用いた研究において整合的な発見は，相互行為が終わりに近づくにつれて協調行動は急速に減少することである。多くの現実世界のコモンズ・ディレンマは，当事者たちはそれが無限に存続することを望んでいるような資源に関わっているが，一人であれ複数であれ，その当事者がコモンズにおける自分たちの相互行為の，したがってその管理に伴う関係性の終焉を予見すると，同様の効果が生じる傾向にある。やはり本章のほかの箇所で記述したような発見と整合的なのだが，フリーライディングを減少させ協調行動を増加させることにおける社会的報酬の有効性は，社会的距離の減少と集団同一性の促進によって強化される。

　Bell et al.（1989）は過剰消費の問題に対して独特の解決策を提供している。つまり，消費者たちに互いに盗ませ合うのである。この研究者たちは，3（窃盗に対する罰則の確率）×3（過剰消費に対する罰則の確率）図式の実験を行なった。それぞれの要素の確率の水準は，ゼロ（対照［条件］），25（低い），75（高い）である。どちらの場合も罰則は得点の喪失である。プレーの各ラウンドにおいて，参加者は共同資源プールから収穫するか，あるいは他のプレーヤーから盗むことができる。結果は，一方の行動に対する罰則の確率を高めることは，その行動に対する有意な抑止効果を持つということを示唆している。どちらの行動に対しても罰則の実質的な効果があったのだ。しかし，「一方の行動に対する罰則は利己的な代替行動の発生を増大させた」（p.1483）。もし過剰消費に対する罰則の確率が高まると，隣人から盗む傾向も増大した。もし隣人から盗むことに対する罰則が高まると，過剰消費の傾向が増大した。「要するに，コモンズ・シミュレーションにおいては，過剰消費に対する罰則

は過剰消費を減少させコモンズの保全を容易にしたが，窃盗を増大させた。盗みに対する罰則は窃盗を抑止し，コモンズの枯渇を促進し過剰消費を増大させた」(p.1495)。

もちろん，現実世界においては複数種類と複数階層の強化因子(reinforcer) がつねに機能している。「たとえば，野生動物の密猟は，資源の枯渇に加えて，そのほかの帰結として，食糧と皮革という認知される報酬，狩猟体験という認知されるスリル，捕まって罰せられるリスク，潜在的な不都合を含んでいる」(Bell et al., 1989: 1491)。こうした要因の相互作用を理解するのは明らかに複雑な課題で，少なくともある程度はいかなる文脈においてもその文脈に独特のものである。

また Bell et al. (1989) の発見は，彼らの実験枠組みが窃盗を高度に公開された活動にしていることを理解したうえで読まれるべきである。現実世界の類例（たとえば障害者専用の駐車場所に駐車すること）もあるが，資源の窃盗の多くは告発がありそうもないという仮定のもとで行なわれる。彼らの実験は，違反の公開的性質にもかかわらず罰則の確率をそれぞれの場合ごとに固定しているが，同じ確率条件のもとで非公開の窃盗の可能性が異なる行動を生むかどうかは，経験的に答えの出ていない問題である。たしかに，承認と不承認による動機付けの影響に関して前に報告した発見（Gachter and Fehr, 1999）を考慮すると，より思慮深く違反できる機会が与えられれば，違反する意志はより強くなりそうだと予想するのも合理的な話である。

また別の興味深いコモンズ研究において Martichuski and Bell (1991) は，3 つの異なるゲーム構造（なわばり (territoriality),「黄金律」の道徳的勧告 ("golden rule" moral suasion), 基本構造）それぞれについて，3 つの強化設定（報酬，罰則，強化なし）で場合分けした。報酬とは，コモンズを維持する収穫選択をしたという確認（つまり「正しい選択だ，プレーヤー X」とコンピュータのスクリーンに表示されること）であり，コモンズを枯渇させる収穫選択に対する罰則は単にその逆（つまり「不適切な選択だ，プレーヤー Y」との表示）であった。なわばり構造は，より大きな資源を分割して，実質的には個々人が自分用の資源プールに対する自分自身のアクセスを管理するようになっていた。黄金律の道徳的勧告構造は，参加者が収穫の決定をするときに「ちょうど自分が他の人々に選

第4章　コモンズ・ディレンマにおける協調行動に影響を与える諸要因　163

択してほしいと思っているように」自分の決定も下すことで，大量得点を稼ぐことができるということを被験者に対して最初に告げるというものであった。基本構造は単純なコモンズ・ディレンマであった（Edney and Harper, 1978）。

　コモンズの保全について，私有化（つまり，なわばり）条件の人々は道徳的勧告条件の人々よりも上手くやっており，道徳的勧告条件の人々は基本構造条件の人々よりも上手くやった。報酬と罰則は道徳的勧告条件と基本構造条件において，コモンズの寿命を改善したが，私有化条件については認識できる影響力は持たなかった。さらに，報酬と罰則は同等の効果を持っていた。Martichuski and Bell（1991:1367）は「私有化された資源は，ゆるやかに回復する資源を保全しながら，個々人の収穫を最大化するようだし，報酬と罰則はこの最大値を増加させることはないようだ」といっている。このことは多くの興味深い問題をもたらす。たとえば，ある資源を管理するためのメカニズムとして，資源に関して計測し分割する精巧なシステム（制限や階層的な価格付け）は，精巧な報酬と罰則のシステムよりも単純でより有効なのだろうか。私有化と同様のシステムを施行するのは困難だが，強化を組み合わせた道徳的勧告システムは考察に値する戦略のようにみえる。

　この最後の点は，この研究で行なわれた一つのかなり弱い操作に照らすと特に興味深い。コンピュータのスクリーンに映る「正しい行動だ」というメッセージは強力な報酬にはほとんどならない。しかし，道徳的勧告条件も考慮に入れると，少なくとも1つの問題がある。つまり，この条件によって，道徳的に正しいこと（黄金律）と，個人の効用を最大化すること（「こっちが大量得点を稼ぐ方法だ…」）とが混同されているようにみえるのだ。社会的ディレンマの典型的な理解とは異なって，参加者の短期的な利益が共同体の問題を考慮することで改善されうることをこの操作が示唆していることを考えると，これは問題である。これらの発見を，道徳的勧告がより混乱したものでなく，かつより強力で現実的な報酬と罰則が使用される文脈においてさらに検証することは，興味深いことだし意義あることでもある。

　制裁システムの価値，必要性および有効性は文化によって異なる。Yamagishi（1988: 271）の発見によると，公共財実験におけるアメリカ

の参加者は，「制裁が存在しないとき，日本の被験者よりも積極的に協調行動をとった」。制裁は金銭上のもので，ある人が「罰則基金」に入金した額の2倍であった。Yamagishi（1988: 271）はその発見を，Taylor（1976）の「制裁のための強力な外部システム」の存在「は自発的協調行動の基盤を破壊する」という議論によって説明している。それゆえ，そのようなシステムは，「そのシステム自体を正当化していると主張されていて，またそのシステムが救済策だと思われているようなそもそもの状況を悪化させてしまう」。彼は，日本のより集団主義的な文化のために，そしてその文化が持つ相互監視と罰則への傾向のために，そのような統制メカニズムのない場合には，アメリカのより個人主義的な社会と比較して，信頼が下回ってしまうと示唆している。このことは日本の参加者のあいだの個人間の信頼が，アメリカの参加者のあいだよりも低い水準にあることを示すアンケート調査の発見によってさらに支持された。この発見はコモンズの管理に関心のある人々に対し，少なくとも2つの課題を提起する。第一に，コモンズ・ディレンマ戦略について発言する際には文化的要因に注意深い配慮を行うべきだということであり，第二に，制裁システムと権威が共同体における信頼および一般的な協調の傾向に与える長期的帰結を考慮するべきだということである。こうしたバランスをとることは難しい。

　我々は実験によるコモンズ・ディレンマ研究に注目して応用コモンズ・ディレンマ研究に注目していないとはいえ，実験室の外における報酬／罰則戦略の効果に関する数多くの研究がなされてきたことに注意するのは重要である。Van Vugt and Samuelson（1999）は，水の保全を進展させる構造的解決のフィールド実験を行なった。彼らは社会的ディレンマの枠組みを明示的に用いて，自然に生じている資源危機つまり水不足の期間中に個人毎に水使用量を計測することの効果を検証した。彼らは，人々が水不足は深刻であると認識しているとき，計測されている世帯は（計測されていない世帯に比べて）保全努力がより多くなされることを発見した。彼らは「いまや（個人的解決 対 構造的解決といった）単純な分類を越えて，それらの新しい相互依存構造の内部における，構造的変化と個人の心理的反応および行動的反応との間の動態的な相互関係について研究すべき時である」と示唆している（p.743）。

結論として，制裁システムは共同資源の管理に対して潜在的な便益を提供する。他方で制裁システムは，協調行動へ向かう固有の動機や個人間の信頼のような，共同体生活にとって有用な他の要因を切り崩すかもしれない。

② **不確実性**　環境の不確実性は社会的ディレンマを解決することをさらに難しくする。たとえば多くの環境問題において，資源プールの規模とその回復率は知られていないかもしれないし，その推定に対して異議が唱えられるかもしれない。コモンズ・ディレンマのような，複雑な順応的システム（adaptive system）における不確実性に対する制度的反応の議論については，Wilson（本書第10章）を参照して欲しい。本書の他の著者たちも，いくつかの種類の不確実性は共同資源を維持するという取り組み（Agrawal, 本書第2章）とそれが実際に試みられる可能性（McCay, 本書第11章）の両方を困難にすることがあるということを確認している。実験研究の文脈においても，環境の不確実性が協調行動に与える影響は重要な問題として浮上してきた。

決定的なパラメータに関して無知であることはコモンズ・ディレンマにおける協調行動を減少させる傾向にある。資源プール規模に関する環境の不確実性の水準がますます増大するのに直面すると，人々は自分自身のためにより多くを要求し，他の人々もまたより多くを要求すると期待して，資源プールの規模を過大評価し収穫努力をさらに変化させることになる（Budescu et al., 1990, 1992, 1995）。これらの実験は，プールの規模の不確実性は対称的な利得構造においても非対称的な利得構造においても行動に影響を与えるということを確証した。資源プール規模に関する不確実性の効果は，不確実性に関する実験内操作を再生率もまた不確実な状況にまで拡張した実験において，Hine and Gifford（1996）によってさらに強化された。規模と再生率に関するどちらの種類の環境の不確実性も過剰収穫のより大きな発生可能性をもたらした。これらの発見はまたGustafsson et al.（1999a; 1999b）によって支持されている。

なぜ資源の潜在的な規模の可変性あるいは回復に関する不確実性が増大すると，過剰使用が増大してしまうのだろうか。一つの説明は，資源プール規模の可変性が増大すると，人々が，他の人々の要求もまた

より可変的なものになるだろうと考えるようになるというものである。Budescu et al.（1990）は，個人がリスク探求的（risk seeking）であるかリスク回避的（risk averse）であるかに応じて，環境の不確実性はそれぞれ，コモンズに対するより大きな，あるいはより小さな要求につながるかもしれないと示唆している。彼らはリスク探求的な人々はリスク回避的な人々よりも資源プールからより多くを要求することを発見した。

　Roch and Samuelson（1997）による研究は，異なるタイプの人々は環境の不確実性について異なる認知をするという仮説を支持している。特に社会的動機は収穫行動に対する環境の不確実性の影響に関与している。この著者たちは，個人主義者および競争主義者は不確実な状況において，その収穫を増大させることを発見した。反対に，社会志向的な個人（協調主義者および利他主義者）はその収穫を一定に留めたか，より少なく収穫した。

　環境の不確実性に直面して収穫が増大することについては，別の説明も可能であって，それは，不確実な状況において人々は資源プールの規模を過大評価するという発見と関係がある。共同資源についての不確実性が増大すると，平均の推定値および関連する標準偏差の両方が増大する（Budescu et al., 1990）。一方で人々は，資源プールは潜在的にはより大きいものでありうるのだから，実際にもより大きいのだと信じるかもしれない。しかし，これによって過剰収穫行動が正当化される可能性がある。資源プールの規模の不確実性は安定的で外在的な正当化を貪欲さに与えるのである。つまり，「問題は私の貪欲さではない。私は単に資源プールはもっと大きいと思い込んでいたんだ。資源プールの大きさを実際に誰が知っていたっていうんだ」というわけだ。大集団における社会的責任の拡散（Darley and Latané, 1986; Fleshman, 1980）[2]のように，不確実性もまた個人の説明責任を拡散する働きをするのかもしれない。

　不確実な状況下における共同資源からの収穫の増大は，プレーの同時的手順の状況（Budescu et al., 1990）とプレーの逐次的手順の状況（Budescu et al., 1992; Rapoport et al., 1993）の両方において生じることである。「プレーの手順（protocol of play）」とは，共有している資源プールから人々

---

　[2]　非常事態に際し，ある人がそれに対処する傾向は，その人が目撃者は自分しかいないと思っている場合よりも，周囲に多くの通行人がいる場合のほうが弱い。

が収穫する時間的な順序のことである（Budescu et al., 1997）。同時的手順を用いると，人々は収穫決定を同時に，そしてしばしば匿名的に行う。逐次的手順のもとでは，予め決められた順序があり，各人はその順番の中の自分の位置を知っており，また自分の前までの収穫（つまり，自分の手番のときの資源の規模）を知っている。逐次的なプレーの手順においては，逆数関係がプレーヤーの位置と要求の大きさを特徴づける。つまり，一番初めのプレーヤーが最も多く収穫するというような追加的な効果が生じる。

　逐次的手順の興味深い変形は位置的手順（positional protocol）であって，そのとき後続プレーヤーにとっては資源規模について不確実性が存在する。この場合，初期の収穫の影響力は知られていないだろうから，先手の人々の収穫決定が，後から来てより大きな初期の収穫に順応することになる人々の収穫決定に依存することはあり得ない。位置的手順は意思決定について，3つの仮説を生じさせる。まず，逐次的な資源プール規模の情報が利用できないのだから，位置効果は存在しないはずである，つまり結果は同時的手順のようなものになるはずである。それとは違って，もしプレーヤー全員が位置効果が存在すると期待するならば，それに従って行動して位置効果を生じさせ，結果は逐次的手順のようなものになるはずである。最後に，初期に手番の回ってくるプレーヤーにとってさえ，収穫の仕方について曖昧さと不確実性があるため，適切なモデルは同時的手順であると考える収穫者もいれば，適切なモデルは逐次的手順であると考える収穫者もいるというようなことになる。もしこのようなことが起きると，結果は，同時的手順と逐次的手順という2つの「純粋な」基準点のあいだのどこかに落ち着くはずである。Budescu et al.（1995），Budescu et al.（1997）そして他の研究者たちは，この後者の2つの基準点の間という仮説を裏付けてきた。

　Van Dijk et al.（1999）は，環境の不確実性が裏切りをもたらすという支配的な見方に疑義を呈してきた。彼らは，環境の不確実性は必ずしも集合的利益にとって有害ではないことを発見した。複雑な環境の設定において，彼らは，社会的ディレンマにおける協調行動は，ディレンマの種類（公共財ディレンマか共同資源ディレンマか）と，集団内の位置の非対称性（たとえば，高位置プレーヤーは公共財ディレンマにおいてはより多

くの資源を持ち，共同資源ディレンマにおいてはより多く収穫できる），そして集団が直面する不確実性の種類に依存することを証明した。この著者たちは，集団が不確実な情報を斥け，自分たちの決定を確実な環境の情報に基づかせていることを発見した。

結論としては，不確実性はコモンズ・ディレンマにおける協調行動を減少させる傾向を有するが，つねにというわけではないということである。資源の規模と回復率についての科学的発見はしばしば論争的であるから，不確実性は事実によって簡単に解決されることはないが，不確実性がコモンズ・ディレンマにおける協調行動に対して持っている潜在的に否定的な影響力に注意することは重要である。

2.3　課題の社会的構造

過去 10 年間，コモンズに関連する決定を取り巻く社会的文脈の様々な要素に関する研究は，初期の発見に対して数多くの重要な説明をしてきたし，価値のある新しい研究領域にも取り組んできた。依然として議論は行なわれているが，繰り返しの相互行為をする集団は，毎回組み直される集団よりも高い協調行動率を示すということは，今日では明らかである（Keser and van Winden, 2000）。この研究の流れは，「赤の他人」との相互行為と，勝手知ったる社会的文脈のなかでの相互行為との間にある協調行動に関する違いを強調する。社会構造に関する問題について数多くの研究が存在する。本節では，3 つの広範な研究分野に注目する。つまり，(1) 権力，地位およびリーダーシップ，(2) 集団規模，そして (3) コモンズの周辺状況におけるコミュニケーションおよびコミュニケーション関連要因の役割の理解である。

① **権力と地位**　権力と地位の問題は古くから社会科学者にとって重要な関心を寄せる主題であった（たとえば，Weber, 1924）。ここ数年においては Preffer (1981) やその他による研究によって，人間行動を管理したり，人間行動に影響を与えたりすることにおける権力の遍在的な役割をよりよく理解するための努力が新たに活気づけられてきた。その焦点はいまや社会的ディレンマ状況に定められている。

個人が他の人々の期待を踏みにじり，その集団の他の成員に損害を与

第4章 コモンズ・ディレンマにおける協調行動に影響を与える諸要因　169

えるということは滅多にないことでもない。一般的には社会的ディレンマが，具体的にはコモンズ・ディレンマが，この種の期待の裏切りにとって恰好の文脈を提供している。公共財に寄与したり，共同資源からの収穫を抑制したりするよう期待されていながら，そうはせずに，他のすべての人々にとって望ましくない結果を引き起こすような人もいる。そのような状況において，侵害している本人が侵害行動の正当化を行うのは典型的なことである（正当化（justification）とは，ある行動に対する責任は受け入れながらも，その行動が誤りであったことを否定することと定義する。それは，侵害している当事者がその行動が誤りであったことに同意しつつも，その行動に対する責任を否定するような，言い逃れ（excuse）とは明らかに異なる）。

　ある研究者グループは，共同資源ディレンマ状況でなされる正当化について人々が下す判断に対して，権力と地位が与える影響を調査した（Massey et al., 1997）。正当化は共同資源ディレンマにおいて有意である。正当化とは次のような主張であり，つまり資源を管理しているルールや規範あるいはそれらの背後にある精神に対する侵害であるようにみえる行動は，実は侵害でもなんでもないというものである。これらのうちのある正当化が幅広く受け容れられて，行動に関する根本的な理解とルールが再定義されることもある。

　一連の3つの実験から4つの興味深い発見が得られる（Massey et al., 1997）。第一に，そして驚く必要の最も少ないことだが，正当化が妥当でないなら，妥当であるときよりも侵害行為は適切ではないものと判断された（正当化の妥当性は，同様の人々から無作為抽出して行なった大規模な予備調査を経て決められた）。第二に，侵害している個人がグループの他メンバーよりも高い地位（たとえば資源管理の博士号）を保持しているとき，その正当化もまた妥当であるか少なくとも妥当性が曖昧であるならば，その地位は，侵害行為の適切さについて他の人々が下す判断に対して肯定的な影響を与える。肯定的な方向への増幅効果は，正当化の妥当性が曖昧なときに最も大きかった。しかしながら，印象的なことに，正当化が妥当でないなら，侵害している個人がより高い地位を保持していると，それは不利に働く。第三に，侵害している個人のより高い水準の権力は，侵害行為の適切さについて他の人々が公にする判断には肯定

的な影響を与えたが，私的な判断にはそうした影響を与えなかった。最後に，侵害している個人が高い地位とより大きな権力の両方を保持していると，この組合せはその行為の適切性に対する他の人々の私的な判断にさえ肯定的な影響を与える結果になった。

　明らかに，コモンズ・ディレンマの文脈における行為主体の権力と地位は，その個人とその行為がどのように認知されるかに有意な影響を与えることがある。こうした変数に関するさらなる研究には，それを行うだけの価値があるのは確かなことである。正当化はある行為が誤りであることの否定を構成するのだから，これらの発見の興味深い含意の一つは，共同資源およびその管理に関する正当性を判断するとき，地位と権力を持つ人々は特権的な位置にいるかもしれないということである。

　Mannix（1991）はいくつかの組織的なグループの資源分配戦略について，それらを割引率の，つまり資源の価値が通時的にはどれくらいか，その関数として比較した。彼女の高割引率条件は12パーセントという値を割り振られたのに対し，低割引率条件は2パーセントの値であった。高割引率条件の人々がより少ないメンバーしか含まない提携（coalition）戦略を採用する傾向は，低割引率条件のグループよりも強かった。この戦略はより低い個人的成果，ひいてはより低いグループ成果に帰結した。反対に，低割引率グループは実際，資源プールを通時的に成長させた。なぜ高い割引率に直面する人々のあいだでは競争志向と破壊的行動が増大したのだろうか。Mannixはいくつかの仮説を提示している。第一に，資源プールの急速な価値の低下のためにグループのメンバーはそれぞれのラウンドを「それが最後であるかのように」扱ったかもしれないと彼女は示唆している（1991: 388）。第二に彼女が示唆するのは，資源価値が初期収穫価値に留まるのに比べれば，それが急速に割り引かれるのは衝撃的なことであり，グループメンバーはその埋め合わせをしようと短期間戦略へと急速に移行したのだということである。最後に，深刻な割引もまた関係性の価値に影響する，つまり「高割引条件における一人の裏切り者は，同じ裏切り者でもより安定的な環境下にあるのに比べて，より大きな恐怖心と防御的な行動を生成するかもしれない」ということを示唆している（1991: 389）。この研究は，将来の資源について参加者がおこなう価値付けが収穫決定に与える影響に関して多くの問題を提示

しているが，そのほとんどが解決されていない．それでもやはり，急速な価値の低下が認知されると，競争が増大し排他的な提携の形成に至ることがあるという Mannix の発見は注目に値するし，資源を管理する人々にとって教訓的な警告である．

　資源価値の割引と，ことによると不確実性に加えて，共同資源に依存する集団内部の権力の非平衡（imbalances）が提携形成の見込みを増大させることがある（Mannix, 1993:2）．Mannix は，非平衡が存在するとき個々のグループメンバーは，容易には相互の利益に意を注がないが，個々の利益を守ることには意を注ぐと論じている．提携は個々人や下位集団から，成功したり生存したりするのに必要な資源へのアクセスを奪うことができるから，集団全体の成果に対して負の効果を持ちうる．Mannix は彼女の仮説と整合的に，権力が非平衡なグループは平等な権力関係にあるグループに比べて，(1) 利用可能な資源をより非効率にしか使用しない，(2) グループの特定の下位集団に資源を分配し始める傾向がより強い，(3) 複数のラウンドを通じて資源利用により少ない人々しか参加しない，そして (4) 資源分配に関する合意により多くの労力を費やしてしまうということを発見した．権力の非平衡は，分権的な組織のなかの集団に対して異なる利得分配率を割り当てることで操作された（平等 対 不平等）．さらに，権力が非平衡なグループのメンバーはそのグループを競争主義的であるとみなし，個人の利益によって動機づけられ，自分を提携から外した人々に対して報復する傾向がより強く存在した．また権力が非平衡な集団にとっては，より大きな提携ではなく小さな提携を形成するほうが明らかに容易であった．

　Mannix（1993: 16）は，権力の非平衡は集団の成果にとって障害になりうると結論し，「権力の非平衡は競争と，個々人の成果への執着とを助長し，それほど集団統合的ではない合意に帰結する」ことに注意を促している．しかしながら，彼女はよりよく機能する集団になるための可能な処方箋も示している．「権力を平衡させる方法の一つは，階層における同じ位置から，集団が機能するのにそのすべてが必要な，多様な専門的技量の源泉を持つ構成員たちを集めることである．このようにすることで，集団構成員は依然として各自の利害と目的を持つだろうが，彼らは他の集団構成員の位置によって脅かされることはなくなるかもしれ

ない」(p.18-19)。

　Wade-Benzoni et al. (1996) は，コモンズ・ディレンマにおいて人々のあいだに存在する非対称な権力分布とコモンズ管理における自己中心性（自分一人だけの視点から世界を見る傾向）の両方の役割について重要な洞察をいくつか与えてくれる。現実世界の漁業資源を模した精巧な研究において彼らは，非対称なディレンマにおける公正性について個人とグループが抱く認知に対して，自己中心性の水準が影響することを発見した。次に，そしてより重要なことだが，彼らは，過剰収穫行動は自己中心性の水準と正の相関をしていることを発見した。これら2つの発見は自ずと，ディレンマ状況における自己中心的バイアスを減少させるために何かできることはないかという疑問に行き着く。討論の前と後の自己中心性を調べることで，この研究者たちは，討論が自己中心的バイアスを減少させるようにみえることを学んだ。このことから自己中心性の減少は，社会的ディレンマ一般においてコミュニケーションが協調行動に正の影響を与える理由のひとつであることが窺える（本レヴューで後に出てくるコミュニケーションに関する節を参照せよ）。Mannix (1993) の結論に留意すると，この研究の結果は，過剰収穫傾向は対称なディレンマにおいてよりも非対称なディレンマにおいてのほうが強いということを示唆していることになる。最後に過剰収穫行動はまた，他の参加者たちが行ないそうなことについて参加者たちが抱く信念とも関連がある。

　また，提携と権力分布の研究に関連するのが投票制度に関する研究である。Walker et al. (2000) は，投票が実質的にコモンズ・ディレンマ・ゲームの成果の効率性を増大させることを発見した。コミュニケーションが不可能なときには，投票がコミュニケーション・シグナルとして機能することがあるのだ。「提案をし，そしていくつかの提案について投票するというまさにその行為が，関連する全員に向けて限定的な情報を発信するのである。特にそうした行為は情報を生み出し，そのことが学習過程の実現を可能にしているようである」(p.231)。この学習はその後の状況にも影響を与え，提案のなされないラウンドにおいてさえ人々がその活動を調整することを可能にするのである。

　1991年，カリフォルニアの水不足は Tyler and Degoey (1995) に研究すべき自然のコモンズ・ディレンマを提供した。水不足から直接影響

を受けた400人から集めた完全な調査データを用いることで，共同資源ディレンマの管理との関係で政府機関とリーダーシップに関する数多くの興味深い問いを立てることができた。彼らの結果は以前からの実験による発見を繰り返すもので，深刻な資源不足に直面した人々は進んで政府機関に資源の追加的なコントロール権限を与えようとするというものであった（たとえば，Messick et al., 1983）。彼らはまた，そのような政府機関の正統性は大部分，政府機関の公正な配分へのコミットメントと意思決定手続き（手続き的正義）によって決定されることを発見した。おそらく最も興味深いのは，政府機関が公正な手続きを採用するということと，特定の人々を特別扱いして支持を得ようとしないにもかかわらず政府機関が広く支持されるということが，回答者による自己と共同体との社会的同一化のために，あまり対立しないようになっているという彼らの発見であった。自分たちの共同体を誇りに思っていて手続きが公正であると認知していた人々は，規制している政府機関に対してとりわけ強い支持を表明した。事実，共同体を誇りに思う人々は，個人的な成果について払う注意がずっと少なかった。全体としてTyler and Degoey（1995: 482）は，政府機関の有効性は「主に共同体の成員との社会的な絆の性質に関連して」いるということを示唆している。共同体との社会的同一化は重要な変数であって，資源ディレンマに関する将来の研究において見過ごされるべきではない。

　最近の数多くの発見が，社会的ディレンマ状況におけるリーダーシップと行政に関わる状況次第性（contingency）問題に言及している。たとえばWit and Wilke（1990）は，社会的ディレンマにおいて報酬と罰則を与える側と与えられる側の役割を検証した。実験の手続きは，参加者を廃棄物保管施設建設か廃棄物処理かの決定で悩んでいる化学企業経営者という役割に位置づけた。前者の選択は参加者の短期的な財務的利益であるが，後者は地域社会にとってより望ましく，より大きな長期的価値を約束するものだった。彼らは124人の学部生について，報酬や罰則が政府によって与えられるか親会社によって与えられるかにかかわらず，彼らの決定に対する報酬あるいは罰則の有効性の間に違いが存在することを発見しなかった。反対に，239人の経営者については，親会社によって与えられる報酬はかなり有効で，政府によって与えられる報酬は実際

には逆効果であった。この発見は現実世界におけるディレンマを管理しようとする人々にとって興味深い問題を提示している。つまり，制裁のどのような発生源が，重要な決定を下す人々によって最も受け入れられ尊重されそうだろうかというものである。

　膨大な既存研究は，コモンズ・ディレンマにおいて自分たちの目標の達成を援助するリーダーを任命するという選択を集団構成員が行う条件を明らかにしてきた（たとえば，Messick et al., 1983; Samuelson and Messick, 1986）。それが指摘しているのは，集団がリーダーを選ぶのは，資源を効率的に管理できていなかったり，収穫成果に不平等が生じたりしたときであるということや，支持者がリーダーを支持するのは，リーダーが共同資源の維持に成功しているときであるということである（Wilke et al., 1986; Wit and Wilke, 1988; Wit et al., 1989）。公共財に関する研究もまた，リーダーとは専制的な意思決定主体ではなく，むしろ協調行動をとるようにメンバーを効果的に説得するためにある形態の正統性を必要とするものであることを指摘している（Van Vugt and De Cremer, 1999）。

　Wit and Wilke（1988）は，リーダーが支持されるか否かが決まる際に，リーダーによる配分決定が果たす役割を検証した。彼らの実験はリーダーが自分自身に配分する成果（リーダーへの過剰支払い，リーダーへの平等支払い，リーダーへの過少支払い）と支持者への配分（参加者への過剰支払い，参加者への平等支払い，参加者への過少支払い）の両方を変化させるものであった。彼らは，リーダーに対する「支持が最も弱いのは，リーダーが自分自身に過剰支払いをしたとき」（p.151）と，評価を下す参加者が他のグループメンバーと比べて過少支払いを受けていたときとであることを発見した。より特殊な3つの発見もまた注目するに値する。第一に，リーダーが最も大きな支持を受けたのは，すべての配分が平等であるときであった。第二に，リーダーが自分自身に公正な取り分よりも少なく支払ったとき，参加者たちは自分と他の支持者の間の差にほとんど気付いていないようだった。第三に，参加者たちが過剰支払いを受けたとき，リーダーと他の支持者がどれだけ支払われたかにほとんど気に留めなかった。

② **集団規模**　初期の研究は，小さな集団はより大きな集団に比べて，より多くの協調的な成果を実現するという，頻繁に繰り返し主張されることになる傾向性を確立した（たとえば，Dawes, 1980）。ある最近の研究はこの傾向性を部分的に説明するかもしれないメカニズム，つまり自己効力感（self-efficacy）に関する興味深い洞察を示している。自己効力感とは，自分はある成果を実現するために有効な行為を起こすだけの資格と能力があるという個人の信念である（Bandura, 1986）。一連の実験によって Kerr（1989）は，集団規模が，参加者が成果に対して持ちうる影響力と客観的に無関係であるときでさえ，小さな集団の成員はより大きな集団の成員よりも，「自己効力的」であると感じることを実証した。この一連の実験のなかで最後に行なわれた実験では, 集団規模が,「集合的」効力感（"collective" efficacy）についての，つまり自分のグループがある課題で成功することができるという認知についての評価に与える影響が測定された。自己効力感の結果と概ね類似する効果が発見された。調達分岐点（公共財をもたらすのに必要な，寄与行動を見せるグループメンバーの割合）が高い（67%）とき集団規模は集合的効力感の評価に有意な影響力を持たなかった。しかし，調達分岐点が低い（33%）ときは，より小さなグループはより大きなグループよりも効力的であると認知された。Kerr（1989:307）は「印象的なことは，まったく正反対のことが客観的に真実であるときでさえ，この信念が消えないでいることである」と観察している。

　より小さな集団は公共財を得るうえで，より強い自己効力感および集合的効力感を持っているという判断に帰結するという，3 つの研究のあいだで整合的な Kerr の発見にもかかわらず，実際の協調的行動に対して集団規模効果が有意に存在したのは，最後の研究においてだけであった。Kerr は，集団規模の縮小は他の人々による協調的行動の有効性（efficacy）に関する評価を増大させ，それゆえフリーライディングを促すのかもしれないと仮説を立てた。Kerr の実験枠組みは，「相互行為と個人識別可能性を最小化することで」（p. 310），ほかの設定に比べてフリーライディングを促していたかもしれなかった。

　Kerr は自分の発見を「効力感の幻影」として言及していて，これを彼は「しばしば形成される，判断経験則（judgemental heuristics）であり，

さまざまな規模の集団における自己の経験の過剰な一般化を含むもの」(p. 287) に帰している。影響を受ける人々を区別したり下位集団の目標や制限を強調したりすることが，コモンズ・ディレンマにおける協調的行動を促すことになるかどうかを検証するのは興味深いことだろう。たとえば，単に州全体の節水の必要性を強調するのではなく，共同住宅や近隣居住地における水消費行動を強調するのである。他の研究は，小さな集団は大きな集団よりも強力に，資源を平等に分けるように動機づけられていると示唆している (Allison et al., 1992)。この傾向性はより小さな集団が適切な収穫決定をするのをより容易にしているのかもしれない。

逆に，経済学における最近の研究は，効率的な水準の純粋公共財を供給するための集団の能力は集団規模とは逆の関係にあるという広く抱かれている見解に反論している。Isaac et al. (1994) は，自分たちの受講生から実験参加者を募って公共財調達におけるフリーライディング行動を研究し，40人および100人の規模のグループはそれぞれ4人および10人の規模のグループよりも実際には効率的に公共財を調達することを発見した。大きな集団を研究することに伴っているかもしれない方法論的問題を克服するために，彼らは2つの方法論的修正を行なっている。つまり (1) 意思決定ラウンドは数分ではなく数日かかるという点と，(2) 報酬は現金ではなく授業の成績評価への加点に基づいているという点である。大きな集団における高水準の協調行動は標準的なナッシュ・モデルとは整合的ではないが，個々人が協調的な集団に参加することからいくらかの満足感（暖かな心地よさ）を得る均衡モデルを提示した Ledyard (1993) が用いたような，代替的アプローチによって説明することができる。

ある実験はコモンズを管理するために市場メカニズムを導入し，集団規模についていくらか異なった視点を提供している (Blount White, 1994)。各参加者は有限な給水源を利用する企業という役割を演じた。共同資源が危険な速度で減少しているのが明らかになると，参加者グループの半分には他の参加者を買収する選択肢が与えられた。「退出補償 (transfer payment)」条件においては，それぞれの参加者は水源から水を消費する自分の権利に価格をつけ，その他の参加者は売り手を買収

するための支出をすることができた。ある参加者がいったん他の参加者によって買収されると，その参加者は店仕舞いすることになった。それゆえ買収は給水源を利用する参加者の数を減少させ，実質的に集団規模を縮小させることができた。注意すべきなのは，参加者が買うことになるのは一定の消費割当て量に対する権利ではなく，単に共同資源を利用する企業の数を減少させることであったということである。

　Blount White（1994）は当初，コモンズから一人の参加者を取り除くために補償を支払うという行為は，まだ残っている参加者に対して過剰消費の真の費用を目につくものにして，その結果，彼らが残りの給水量を使い果たす速度を減じることになるだろうと仮説を立てた。興味深いことに，退出補償の選択肢があるグループの給水源は退出補償の選択肢のないグループの給水源よりも長続きすることはなかったというだけでなく，その選択肢を持つ人々は後のほうのラウンドにおいて，選択肢のない人々よりも有意に多く消費した。こうして「市場に基づく介入が枯渇を早めた」(p.443)。退出補償の選択肢は実際には，保全に対するより強い関心ではなく，より強い利己心を刺激した。なぜだろうか。実験終了後の面談において，参加者は共通して「自分自身のためにできるだけ多く引水して，そのあとで買収されようとするという戦略を挙げた」(p.443)。Blount White は「参加者が補償を支払ったとき，彼らはそれを消費の費用として認知的に解釈するのではなく，より多く消費する権利の購入として解釈したのかもしれない」(p.453) と示唆している。彼女は「自主規制的で市場に基づくアプローチは，有害な社会的選択パターンをコントロールするのに必ずしも有効ではない。」(p.454) と結論した。もちろん，この結論の追加的な検証はいくらでも行う価値があるだろうが，この発見はやはり興味深く，現実世界のコモンズ管理にも関係するものである。

　③　コミュニケーション　　実験による社会的ディレンマ研究において最も一貫性のある発見のなかに，1期間を費やして参加者たちのあいだでディスカッションを行うことは正の協調的効果をもたらすというものがある。協調行動に対してコミュニケーションが有する効果について印象的で体系的な研究プログラムが行なわれるなかで，この現象の説明

のうち 2 つだけを除く他のすべてが，コミュニケーション効果の不十分な説明として退けられてきた（Dawes et al., 1990）。それら 2 つの説明とは，(1) グループディスカッションは集団同一性と連帯感を強化する，および (2) グループディスカッションは協調へのコミットメントを引き出すというものである。さらに研究を進めて現実世界のディレンマに関する最適化戦略をより効果的に発展させるには，作用している因果メカニズムについて，より一層の明瞭さが必要である。ある効果を生み出すメカニズムを分解するという，この種の研究の試みに対してこそ，実験室における実験という手法だけが最もよく適しているように見える。

Kerr and Kaufman-Gilliland（1994）は一段階公共財課題において，集団同一性説とコミットメント説とを対立的に検証した。洗練された 8×2×2 の階乗的設計において彼らは，参加者の協調行動に関する自己効力感，ディスカッションの有無，ディスカッション後の協調行動決定の匿名性ないし公開性を操作した。彼らは結果について「コミットメントの誘発」説と整合的な，明確なパターンを発見した。「公共財調達に対して一人の協調行動がどれほど有効でないかにかかわらず，あらかじめ公共財についてディスカッションをした人々は，そのようなグループディスカッションに参加しなかった人々よりも 30％ ほど高い割合で協調行動を採った」（p.521）ディスカッションに参加したグループはより強く，より積極的な集団同一化の感覚を示し，集団同一化はディスカッション条件によって説明される部分を超えた変動のいくらかを説明したが，コミュニケーション効果の説明としては十分ではなかった。ディスカッションはコミットメントに帰結し，概して人々は一貫してコミットメントに従った。これらの結果はまた，公共財ディレンマにおいては「ある程度のコミットメントの誓約は協調的行動を促すこともある」（Chen and Komorita, 1994）という発見と整合的である。

Bouas and Komorita（1996）は，集団同一性強化はグループディスカッションの効果についての不十分な説明でしかないという Kerr and Kaufman-Gilliland（1994）の発見をさらに確かなものにした。しかし，彼らの実験の構造のために，十分な説明を構成するものについては，いくぶん異なった結論に行き着いた。Kerr and his colleague（1994）は全般的な合意（コミットメント）の効果を検証したわけだが，Bouas and

Komorita（1996）は，その合意の程度についてのより一般的な認知もまたコミュニケーション効果を誘発するのに十分であることを発見した。こうした研究の流れは現実世界の資源を管理している人々にとって，コミットメントを引き出して協調行動の合意の認知を最大化する方法を見つけることは価値あることかもしれないということを示唆している。

　これらの研究からは当然，追加的な疑問が出てくる。なぜ人々は自分のコミットメントに従うのか。彼らは社会的制裁を恐れているのか（社会的規範），内面的に動機づけられているのか（内面化された，あるいは個人的な規範）。Kerr and Kaufman-Gilliland による最初の研究（1994）の興味深い発見の一つは，実際の寄与に関する匿名性は決定に影響を与えなかったということである。不正が見つかる可能性がなくても，人々はコミットメントを全うしたのである。Kerr and his colleagues（Kerr et al., 1997）は，匿名性がグループディスカッションの効果を弱めるかどうかについてより厳密な検証によって研究を継続した。最初の研究における人々が，自分たちが不正をするかどうかを実験者が知るかもしれないと信じているというのはあり得ることだったが，この継続研究は，参加者が自分で行なったコミットメントを全うするかどうかを実験者が断定するのは不可能にみえるようにした。匿名性条件においては，それぞれの期間のために用意されたビデオテープをずたずたにしたことにして，参加者が決定をしなければならなくなる前に，それを彼らの面前に壊れた状態で吊るしておいた。この研究の結果は，そのような状況で機能する規範はほとんど自己監視によって決定されたものであるということを示唆する。このとき自分が言ったコミットメントに違反することに反対する規範はほとんどの人々にとって，社会的なものとは反対の「内面の個人的なもの」であると思われる。このことは市民のあいだによく内面化された個人的なコミットメント規範を浸透させるという社会の能力は対話とともに，長期的に資源ディレンマを管理するうえで制裁システムよりも有効であるかもしれないということを示唆している。しかし，Kerr and his colleagues（1997）が指摘して念を押すように，すべての人がそのような内面化された規範を厳密に守るわけではない。彼らの参加者の32%が守らなかった。これは単純に，道徳教育のためのよりよいパラダイムを展開することの価値を過小評価しているだけかもしれない。し

かしながら，それはおそらく自分勝手で無分別に活動しがちな人々に対処するために適当な種類の制裁システムを見つけることの重要性をさらに増大させることにもなる。こうした研究の流れは，集団において約束したりコミットメントしたりすることについてや，コミットメントに背きがちな人々の信頼性を強化する方法について，さらなる実証的研究は価値ある追求だろうということを意味している。

　ますます電子化していく我々の時代はコモンズ状況において生じるかもしれないコミュニケーションの種類を変化させている。コモンズ・ディレンマはしばしば，さまざまな制度のもとにいて地理的に分散している活動主体を含んでおり，そのため電子メールのコミュニケーションが共同資源の使用について議論し交渉するために一般的に用いられるかもしれない。電子メールのコミュニケーションと対面的なコミュニケーションの有効性の比較は理論的にも実践的にも興味深い。前にも述べたように，囚人のディレンマに関する研究は，単純な課題においては対面的なコミュニケーションと電子メールのコミュニケーションとの間に違いは存在しないが，複雑な設定においては対面的なコミュニケーションが電子メールのコミュニケーションよりも協調行動を引き出す（Frohlich and Oppenheimer, 1998）。この研究者たちはまた，もはやコミュニケーションが許されなくなる後のほうのラウンドにおける協調行動について，それより前のラウンドでなされるある形態のコミュニケーションがよりよい成果を上げるかどうかを調査している。彼らは，協調行動に対するコミュニケーション効果の「持久力（staying power）」をコミュニケーション経路の関数として捉えているが，それに基づく持久力の違いは発見していない。さらに，この研究は研究者にとっても含意を持っているかもしれない。実際的かつ経済的な理由のために多くの研究者が，実験室での実験において参加者に開くコミュニケーション経路として電子メール（通常は架空の他者に送られる）を提供する実験手法を採用してきた。報告した研究はそのような研究者に対して，コンピュータに基づく方法か「生きた」方法かの関数としての効果量についての，一般化可能性について警告を提起している。

　コミュニケーションは，使用される媒体についてだけでなく，方向性についても異なることがある。提起されてきた問題は，情報の一方向

的な流れは協調構造に正の影響をもたらすかどうかである。Bohnet and Frey（1999）は囚人のディレンマ・ゲームと独裁者ゲームの枠組みを使って，双方向のコミュニケーションは「連帯感（solidarity）」（協調主義）をもたらすのに必ずしも必要ではないと結論した。彼らは一方向の同一化だけでも参加者が匿名の他者を人称化したり，社会的距離を縮めたり，参加者の行動に正の影響を与えたりするのに十分だということを発見した。（相互の同一化と双方向のコミュニケーションは一般的に，依然としてより強力な効果を持っていた。）この著者たちは自分たちの研究を，「知れば知るほど，気にかけるようになる」という Schelling（1968）の主張を支持するものとして言及している。資源ディレンマの管理に関するこれらの発見は，「収穫者たち」と資源の枯渇から最初にあるいは最も損害を受けそうな人々との間の社会的距離を縮小する活動は有利な帰結をもたらすかもしれないということを示唆している。

2.4 認知要因

本節では，認知された原因と認識フレームとを操作することが資源ディレンマにおける協調行動に対して与える影響を問題としてきた，最近の研究をレヴューする。これらの研究の一般的な方法論的構造は，決定問題の基本的な経済構造を一定にして（あるいは，それを体系的に操作して），物事がそのようにある理由つまりフレーミングや，口頭記述，あるいは問題の文脈を体系的に変化させるというものである。目標は，非経済的で非制度的な変化が社会的ディレンマにおいて協調行動に影響を与えるかどうか，そしてもし与えるならどのようにしてかを断定することである。

① 原因　Hoffman and Spitzer（1985）は，共有されている資源へのアクセスに関する優先的位置について与えられる理由に応じて，人々が自分自身のためにどれだけの資源を要求するかに違いが生じることを証明した，おそらく最初の研究者たちである。この研究者たちが，参加者たちは，最初に獲りにいける，つまり「支配的利用者」になる「権利を自分で獲得した」ということを告げると彼らは，実験者によって支配的利用者に「任命された」と言われたときよりも多くの資源を取って

いった．この研究は Samuelson and Allison (1994) によって追跡調査され，彼らは特に，他の5人の参加者と共有していることになっている資源に対する優先的位置を割り当てられていることについて参加者に与えられる説明を体系的に変化させた．すべての参加者が，6人のうちで共同プールから資源を取り出す最初のプレーヤーになるように割り当てられていると言われた．しかし，4つある参加者のグループは，どのようにしてこの位置を得たのかについて別々の記述が与えられた．実験の基本的な発想は，特権的な位置を割り当てる正統な方法であれば，自分は資源の平等な分け前よりも多くを取っていくことを正当化されていると人々に信じさせ，非正統的あるいは疑わしい手続きならば，そのような正当化は支持されないだろうというものであった．特権を手に入れる手段と正当化とのあいだの「適合度」がよいほど，それぞれの配分課題から連想される「平等に分け合う」ルールから人々が乖離するということがより起きやすくなる（Messick, 1993）．

　Samuelson and Allison (1994) によると，この適合度が最大化されるのは，第一位置に帰結する過程が公正な仕組みの好例であるとき，つまり「早い者勝ち」ルールに通じるところのある選抜過程が適切な範例となっているときである．彼らはそうした仕組みを2つ提示していて，コイントスで決めることと学力テストで卓越することである．参加者のおよそ4分の1は，コイントスによって第一位置を手に入れたと告げられ，他の4分の1は，一般知識のテストでほとんどの問題に正しく答えたから第一位置を手に入れたと告げられた．他に2つの等しく無作為ではあるが，あまり範例的ではない方法が推定的に，他の参加者たちに第一位置を割り当てるのに用いられた．一方の4分の1は，学力テストのほとんどの答えが正しかったと言われたが，6つあるテストのうち自分が受けた1つは，他の人々がそれぞれ受けた他の5つよりもずっと易しかったことを知っていた．最も物知りな人ではなくて，幸運な人が首位につくことになっていたのである．これはテストとしては問題があるが，テストは無作為に配られる（被験者はそう告げられる）から，無作為抽出装置としては問題ない．ともかくそれは範例的な過程ではない．4つ目の仕組みも範例的ではなくて，一年のうち無作為に選ばれた一日から参加者の誕生日までの日数を計算するものだった．参加者たちはこの過程を

公正なものとして評価したが，範例的でないものとしても評価した。

研究結果は，特権的位置について2つの範例的な正当化を与えられた参加者は，より範例的ではない正当化を与えられた人々よりも，共有している資源を50パーセント近く多めに取っていくことを証明した。さらに正当化の重要性は決定問題の細部に依存した。過剰利用によって全員がゼロ利得に帰結するときは正当化の効果はなかった。どれだけ取っていってもそれを貯めておくことができるならば，範例的な正当化を与えられた参加者たちは，変則的な正当化を与えられた参加者たちよりも2倍近く多めに取っていった。

原因帰属もまた，資源プールの稀少性もしくは豊富さとの関連で重要である。なぜたくさんあるのか，もしくは，なぜほとんどないのか，その理由によって，人々が資源をどのように扱うか，そのあり方が変化するということが証明されている。カリフォルニアの1976-77年の旱魃のあいだの水利用に関するフィールド研究において Talarowski（1982）は，各自の水の配分制限内に留まる人々は，旱魃は自然の水不足によって起こされていると信じる傾向にあることを発見した。しかしながら，自分の配分を超過した人々は水不足は人為的なものだという見方を示した。この種の研究においては，信念が行動を引き起こすのか，行動が信念を引き起こすのか，どちらもそれ以外の要因によって引き起こされているのかを述べるのは不可能である。

Rutte et al.（1987）はこの問題に対して，実験に基づく回答を出そうとした。彼らの研究において参加者たちは，共有された資源プールから6人グループのなかで5番目に収穫する人間になると告げられた。すべての被験者は自分より前に順番が回ってくる（架空の）4人のグループメンバーの収穫を知ることになる。これら最初の4人のメンバーは合わせて20点（実験はオランダで行なわれたので，実験当時の通貨オランダ・ギルダー）を取っていくという設定である。被験者の半分は，資源プールには最初35点ある（最後の2人が分け合うべく15点が残されていることになる）と告げられ，もう半分は，それには25点ある（最後の2人が分け合うべく5点が残されていることになる）と告げられた。これら2つの条件のもとにいる人々のそれぞれ半分は，すべてのグループメンバーははじめから資源プールの規模を知っていると告げられ，それぞれのも

う半分は，最初の4人は資源プール規模を知らないと告げられた。全員が資源プール規模を知っていたとき，残された資源プールの不足ないし豊富さの原因は自分より前の他の人々に帰せられることになり，その最初の4人が資源プール規模を知らなかったときには，不足ないし豊富さの原因は，運に帰せられることになるはずである。

　すべてのグループメンバーが資源プール規模を知っているときには，最初の架空の4人の行動は，実在する参加者のうちに寛大な規範（35点あるとき）か貪欲な規範（25点あるとき）かどちらかの規範を確立する傾向にある。したがって予想としては，グループが原因としてみなされるときの，つまり最初の4人が資源プール規模を知っているグループにいる参加者は，最初の4人が資源プール規模を知らないグループにいる参加者よりも，貪欲であったり（資源プールに25点あるとき）貪欲でなかったり（35点あるとき）するだろうというものであった。データはこのパターンを確認した。人為的な不足を参加者が認知するときは，その参加者は自制しないという結果をもたらし，自然な不足を参加者が認知するときは必ずしもそうではないということである。

　Samuelson（1991）は，コモンズの危機に対する構造的解決策に関しての選好において，原因帰属が重要であることを証明した。グループには実験における資源プールを集団的に管理する機会が与えられ，そしてプールを管理するうえで彼らが上手く行かなかったという事後評価（feedback）も与えられた。人々の概ね半分は，ほとんどのグループが上手くやっていて，その課題はかなり簡単だと告げられたうえで，自分のグループの人々は貪欲であるという原因帰属を引き出した。他の半分は，その課題は困難なもので，ほとんどのグループが上手く行っていないと告げられ，その上で，芳しくない成果は困難な環境によるものだという原因帰属を引き出した。それから彼らには課題に取り組む2度目の機会が与えられると告げられた。この点に関して被験者は，過去に取り組んだのと同じ方法でその課題に取り組むこともできるし，もし望むならばリーダーを選出して各試行でのグループ全員の収穫とメンバーへの資源配分とを代行してもらうこともできると告げられた。Samuelson（1991）は，以前の失敗の理由が課題の困難さだと考えたとき（57パーセントがリーダーを持つことを好んだ）には，それが個人の貪欲さだと考

えるとき（30パーセントがリーダーを好んだ）よりも，2倍近い被験者がリーダーを持つことを好むことを発見し，「解決策」に関する選好が原因の認知に依存することを示唆した。

　原因について本節で述べておく必要のあることがもう一点あり，それは人々が社会的ディレンマを解決しようとするのは，彼らがそうすることを自分たちの責任だと考え，そして原因作用（causal agency）を自分たち自身に認めるときだけであるということである。Guagnano et al.（1994）による研究は，個人的責任の帰属が，さまざまな環境財について申告された支払い意志額と高度に相関していることを証明した。この成果は，人々が環境ディレンマの解決に対してより高い水準で寄与するためには，自分たち自身を適切な原因主体（causal agents）であるとみなす必要があることを示唆している。

　個人差や，決定構造および社会的構造という両課題構造の諸変数と比較すると，認知的要因の方が現実世界のディレンマにおいて，より操作しやすいかもしれない。しかしながら，原因帰属と認知フレームは，メディアや他の社会的制度によってディレンマに対して与えられる「情報工作（spin）」だけで操作可能なわけではない。原因帰属，つまり人々が現に生じている状況をどのように説明するかは，人々が自分自身のためにどれだけ多くの資源を請求するかに影響を与える。このことは，共有されている資源へのアクセスに関する優先的位置，資源プールの稀少性および豊富さ，そしてコモンズの危機に対する構造的解決策に関する選好，これらに関して明らかである。

　② フレーム　フレーミングは，意思決定における成果，選択肢，行為の記述のされ方と関係がある。フレームングに関する関心は「プロスペクト理論（prospect theory）」にさかのぼることができ，それはKahneman and Tversky（1979）の独創的な研究で，同額の成果が利益として記述されるか損失として記述されるかで人々は決定問題に対して異なる答え方をすることを証明した。この著者たちは損失回避性向（loss aversion）という概念を導入した。この概念は，リスクのある選択において所与の額の損失は，同じ（絶対）額の利益よりも深刻に評価されるという経験的な観察を指すものである。さらに，リスク態度は成果の

フレーミングの関数として変化することもある。Kahneman and Tversky (1979) は，人々は利得についてはリスク回避的で，損失に関してはリスク探求的である傾向にあると提唱した。貨幣的成果は，それらの評価の基準になる参照点を変えることでフレームされることがある。60,000 ドルの給与は，ある産業の平均よりも 10,000 ドルだけ多い（正のフレーム）とも，相当の学歴を持つ人々の平均給与よりも 10,000 ドルだけ少ない（負のフレーム）とも記述することができる。

　社会的ディレンマの研究において，成果のフレーミングという発想は公共財ディレンマとコモン・プール・ディレンマの間の区別に対応するようにみえる。公共財問題において，人々は寄与したり貨幣を与えたりしなければならず，損失を経験することになる。コモン・プール問題においては，資源から収穫して，利益を経験することになる（たとえば，Brewer and Kramer, 1986）。このように社会的ディレンマと成果のフレーミングの間には一対一対応が存在するようにみえるし，フレーミングに関する初期の研究の多くはこの対応に基づいている。これらの初期の諸研究は互いに非整合的で不可解な結果を発見した（Aquino et al., 1992; Brewer and Kramer, 1986; De Dreu et al., 1992; Fleishman. 1988; McDaniel and Sistrunk, 1991 を参照せよ）。これら初期の研究においては予測がなされても，それが損失回避概念に基づいているのか，利益および損失に対するリスク態度において想定される差異に基づいているのか必ずしも明確ではなかった。

　この種の最近の研究（Sonnemans et al., 1998）は，社会的ディレンマにプロスペクト理論を適用する単純な方法はないということを明確にしている。プロスペクト理論はプロスペクト，つまり見込みを評価するための参照点を明確に特定する必要があり，そして社会的ディレンマは，潜在的な参照点が数多く存在する複雑な決定状況なのである。さらに，この著者たちは，一方では人々が貨幣を手放して公共財をつくり出し，他方では人々が取っていくのを控えて財をつくり出すというように，あるゲームからの2つの派生形の間に協調行動に関する差異が当初はなくても，参加者が課題の経験を積むにつれてその差異が生じてくることを発見した。こうした結果から必要になるのは，参加者が自分たちの選択の帰結を知っていくのにつれて2つの異なる環境において生じる学習に

焦点をあてることができるような動学的理論であると，この著者たちは論じている。

　フレーミング効果が生じることに疑いはほとんどないのだが，その根本的な単一あるいは複数の原因について合意は存在しない。たしかに社会的ディレンマをフレームしたり協調行動の比率に影響を与えたりする方法は数多くあるだろうし，その事実がこの筋の実験の最も重要な結果なのかもしれない。次に挙げる実験はこれらのフレーミング操作とそれらの帰結のいくつかを明らかにする。

　De Dreu and McMusker（1997）は二人囚人のディレンマ・ゲームにおいて，利得を利益か損失かとしてどちらかで表した利得行列をつくることによって損失回避性向概念を探求した。そして彼らは成果を利益か損失かとしてフレームすることで，協調行動と裏切りのあいだの相対的な効用ないし選好が変化するが，その変化は個人の社会的価値志向に依存すると論じた。この著者たちは，選択の頻度が利得の重要性の差異の直接的な関数であるという仮定に基づいて，協調行動をとるインセンティブは協調主義的な志向をもった人々（2人の当事者の利得の合計を最大化しようとする）にとって，利益フレームよりも損失フレームにおいてのほうが大きいはずだと論じた。しかしながら，個人主義者（自分自身の利得を最大化しようとする）と競争主義者（自分の得るものともう一人の利得の間の差を最大化しようとする）にとっては，裏切るインセンティブは利益フレームよりも損失フレームにおいてのほうが大きい。したがって彼らが論じるには，フレーミングのために，より協調的になる人々もいれば，よりそうではなくなる人々もいるが，それはその人々の効用に依存するということである。この著者たちは自分たちの仮説に印象的な支持を与える一連の3つの実験を報告している。協調主義的な被験者は利益フレーム・ゲームにおいてよりも損失フレーム・ゲームにおいて，より協調行動をとったが，個人主義者と競争主義者については，逆のことが生じる傾向にあった。De Dreu and McMusker（1997）はまた，以前に行なわれた実験の十数件分についてレヴューし，それらの研究における被験者に対する実験前指導によって，損失フレームが協調行動に影響を与えるかどうか，そしてもし与えるならどのようにしてかが決定されているという示唆的な証拠を整理している。

すべてのフレーミングが損失と利益に関するものというわけではない。Batson and Moran（1999）は囚人のディレンマ実験を行なったが，そのときゲームは「商取引研究」か「社会的交換研究」かのどちらかとして記述された。前者に関する実験前指導はビジネスの例からなり，後者に関する実験前指導は非経済的な社会的交換に言及するものだった。ここにある発想は，課題についての異なる記述がそこでの相互行為の戦略について異なる評価方法を生じさせるだろうというものであった。期待された通り，課題が商取引研究としてよりも社会的交換研究としてフレームされたときに，人々はより多くの協調的選択をした。この著者たちはまた，相手参加者に対して共感が生じるとき，協調行動の水準はフレームに関係なく上昇することも明らかにした。

Elliot et al.（1998）によって証明されたように，フレームはまた実験前指導によって暗示されることがある。この研究において，被験者は企業家的ビジネス戦略か協調的ビジネス戦略かどちらかに関する短いニュース記事をいくつか読んだ。彼らはまた，それぞれ企業家的なもの，または協調的なもので成功しそうなビジネス戦略の例を提出するよう求められた。そのあと別の実験をするという文脈で6試行からなる一連の公共財社会的ディレンマに参加する機会を与えられた。Batson and Moran（1999）の実験とは異なり，ここではゲームに対する直接的なラベリングはされなかったが，実験の最初の部分でラベルは貼り付けられていたわけでもある。企業家フレームの人々は試行のおよそ39パーセントで協調行動をとったが，協調的フレームの人々は試行の75パーセントで協調行動をとった。

Larrick and Blount（1997）はこれと関連する発見を報告したことがある。彼らは，最後通牒交渉ゲームと，連続的な社会的ディレンマの基本的構造とは同一だと指摘した。しかし，概して社会的ディレンマ研究は最後通牒交渉ゲームに関して報告されるよりも多くの協調行動を実現させている。上手く考えられた一連の実験によってLarrick and Blount（1997）は，協調行動率の差異は手続き的フレーム，つまり行為の記述のされ方の違いに帰されるということを証明することができた。特に最後通牒交渉ゲームの後手は，先手によって残される申し出を自分が「受容するか拒否するか」だと言われるのに対し，連続的な社会的ディレン

マにおいて後手は先手によって残されるものを「請求する」ことができると言われるのである。興味深いのは，動詞の「請求する（claim）」という暗示が，後手だけでなく先手にも影響を与え，受容／拒否フレームにおけるよりも後手は自分に残されているものはいくらでも受容するようになり，先手はより多くのものを残そうとするようになるということである。

Van Dijk and Wilke（1997）は財産権のフレーミング，つまり共同資源か個人資源のどちらかとして暗示される所有が協調行動に影響を与えることがあると論じてきた。この著者たちはコモンズ・ディレンマ枠組みに公共財ディレンマ枠組みを対置している。資源ディレンマにおいて参加者は，（1グループに4人いて）80単位から成る共同プールのなかから20単位まで収穫できるのか，あるいは20単位から成る各自のプールから望むだけ収穫できるのか，どちらかを告げられた。公共財の場合には，各自の財産のなかから20単位まで寄与できると言われるか，80単位の共同プールのなかから20単位まで寄与できると言われるかのどちらかであった。この実験においてプールが各自のプールか共同プールかというフレーミングは資源ディレンマにおいて影響力を持った。人々は各自のプールから取っていくときには，共同プールから取っていくときよりも多く取っていった。後者の場合，人々は他の人々の行く末に関心を持ったのだと，この著者たちは推測している。前者の場合，他の人々について考える必要性は，より少なかった。しかしながら，公共財の文脈においては，寄与の目的が共有される成果を生み出すことであるから，その寄与が私的プールから拠出されるか共同プールから拠出されるかに関係なく，人々は他の人々について考えていることになると著者たちは論じている。このように著者らは公共財状況においてフレーミングによる差異を期待していなかったし，実際に発見しなかった。

Van Dijk and Wilke（2000）はこの問題について自分たちの以前の論文よりもさらにもう一段階進めて，フレーミングの操作で実際に起きているのは，人々が下すように要求される決定に応じてその人々はその関心を決定問題の一側面あるいは一変数に集中させているということだと示唆している。たとえば資源ディレンマにおける協調行動と公共財ディレンマにおける協調行動の間のひとつの違いは，前者における決定がどれ

だけ取っていくかであるのに対し，後者における決定はどれだけ与えるかであるということである。しかしながら，2つのディレンマに協調行動の測度として対応するのは，どれだけ残しておくかとどれだけ与えるかである。公共財ゲームにおいて与えるか取り置きしておくか，そして資源ゲームにおいて取っていくか残しておくかという動詞の選択は，選択の帰結とは独立に，決定をフレームしているかもしれない。取っていく，取り置きするというのは自分の手のうちに置くことを指し，残しておく，与えるというのは集団のものであることを指す。

　実際の決定（取っていく，取り置きする，残しておく，与える）によって，ある数量に注目させられ，その数量がその人の戦略を決定するということかもしれない。たとえば公共財ディレンマにおいて与えることについては，異なる賦存量を持つ人々が各自の賦存量から等しい割合だけ与えるという傾向がある。おそらくこれは公共財ディレンマの結果ではなくて，むしろ比例性という基準を満たすのに必要なのはどれだけかに人々が注目し，どれだけ残しておいてきたかには注目しないためである。同様に資源ディレンマにおいて，人々は概して平等な最終成果を達成することに注目する。おそらく，これは残しておくものではなく得るものに注目するように彼らが誘導されているからである。この仮説を検証するために，最終的に得る（取っていく，取り置きする）ものか寄与する（与える，残しておく）ものかのどちらか一方のみに参加者が注目するような資源ディレンマと公共財ディレンマがつくられた。こうして Van Dijk and Wilke（2000）は，個人が比例性と平等な最終成果のどちらをより達成しようとしているらしいのかを計算した。結果は，2種類のゲームの間の違いの大部分が，決定対象によって誘導された注目，あるいは注目するように誘導された数量によって説明されることを意味した。

　本節で我々が議論してきた研究のほとんどが，なんらかのかたちで直接的に決定フレームを操作した。このフレームを間接的に操作した一つの研究が Tenbrunsel and Messick（1999）によって報告された。この考察は仮想的な汚染決定における協調行動に対して経済的制裁が与える影響に関するもので，経済的制裁，つまり排出を減少させる合意に違反したことに対して罰金を科される可能性は，意思決定者にとって少なくとも2つの効果を持つことを示唆した。第一に，以前は倫理的な問題として

考えられていたことを，つまり排出を減らす義務を負うか否かを，経済的な問題に，つまり排出を減らすために支払いをするか否かに変形させる可能性がある。第二に，不正をより利益のないものにするように費用・便益計算を変化させる。しかしながら，この著者たちは，費用便益分析がなされたのは問題を経済問題とみなす人々に関してだけであったと論じている。もし決定が倫理問題としてみられるなら，正しいことは明確である。不正を働くべきではないのだ。

　もちろん，もし不十分な経済的制裁が導入されれば，そしてさらに，もし罰金が小額で発覚の可能性がわずかしかないなら，結果として不正は増加するかもしれない。その制裁はより多くの人々に問題を経済問題だと考えさせ，費用便益分析の結果，不正は利益が出るということに気付かせるだろう。しかしながら，もし制裁が強力であれば，不正に対する抑止効果を持つが，それは決定をビジネスの決定としてフレームする人々に対してだけである。決定を倫理的決定としてフレームする人々のあいだでは，不正は稀なことでありつづけるはずである。Tenbrunsel and Messick（1999）によって報告された実験の結果はこうした予想を支持した。不正は，制裁がない場合よりも不十分な場合のほうにおいてよく起きがちであったし，制裁は，より多くの人々に決定を倫理的決定としてよりもビジネスの決定だと考えさせた。しかしながら，制裁が強力であるとき不正は減少したが，それは決定をビジネスの決定とみなした人々に関してだけであった。

　社会的ディレンマにおける協調行動がフレーミング効果によって強く影響を受けることは明らかであるし，成果を利益と損失のどちらかとしてフレームすること，ゲームを企業家的なものと社会的交換とのどちらかとしてフレームすること，あるいは選択について，取っていく，取り置きする，残しておく，与えるとしてフレームすることというように，これらの効果が多種多様であることも同様に明らかである。しかしながら，実験室における実験の外側においては，互いに競合する利害をもつ人々によって主張される，互いに代替的な複数の参照フレームの対立というような干渉的な変数にも直面しなくはならない。

3 結論と統合

　本章でレヴューした研究は，コモンズ・ディレンマに関して行なわれた実験研究の幅広さと，過去10年間にこの領域で遂げられた進展とを明らかにしている。心理学における初期の研究に比べて，最近の研究はより理論的に根拠づけられ，フィールドでの実施をより意識したものになっている。本節では，本書の他の諸章で議論されている学問分野からの理論的発見および経験的発見を，我々がサーベイした論点と関連づけることにする。

3.1　他者参照的行動の発生

　我々がレヴューしてきた実験による発見の多くは，Falk et al.（本書第5章）が提示する一般的経済モデルと整合的である。人々が自分の成果を評価する際に，少なくともある部分においては，その他すべてが等しいとして，平等（equality）に関する一般的な選好を用いて他の人々の成果と比較しているということを彼らの理論は示唆している。我々がレヴューした研究は，他者参照行動はあるときは個人差として，またあるときは状況特性として考えられることを示唆している。

　個人差アプローチは，人々が成果の公正な分配について安定的な選好を持っていて，かつ関係する特定の人物とは無関係にその選好が成り立つことを前提にする。たとえば社会心理学研究において社会的動機は，長期間存続する安定的な個人差だとみなされている（Kuhlman et al., 1986）。協調主義者による他者参照的行動は最近まで経済学者によって，経済理論の根本にある合理的で利己的な行動から逸脱するという点で，「異常」であり「非効率な」ものとしてみなされてきた（Thaler, 1992）。しかしながら，Clark (1998)による最近の実験は，そのような「非効率な」戦略を選択する人々がその意思決定過程において発見過程上の誤りを犯しているからといって，彼らが経済的に合理的な行動から逸脱しているということにはならないことを発見している。たしかに，本章でサーベイした研究は，対立する「集団的」レベルと「個人的」レベルのどちら

かの合理性に人々は，従っていることを示唆している。

　状況も重要である。運動競技という状況において重要な成果はたいてい点数の差，つまり誰が勝って誰が負けたかである。ある種の訴訟事例において法廷は一方の当事者に有利な決定を下す。どちらも競争的な状況であり，あらゆるタイプの人々はそのことを理解していて，それに応じて動機や目的を変化させる。人々の選好に影響を与える一つの状況的あるいは社会的要因は，それぞれの人によって他の人々がどの程度協調的とみられているかである。人々はある状況に対して自分の選好を決める前に他の人々の行動を評価する。もし他の人々が自制するのなら，自分もそうしようというわけである。この場合，互恵主義の規範（Cialdini, 1993; Gouldner, 1960）であるとか人々のあいだの社会的歴史とかいうような，社会的メカニズムが作用し始めて，個人間の交換行動に影響を与えるのかもしれない（たとえば，Gallucci and Perugini, 2000; Ortmann et al., 2000）。

　Falk and colleagues（本書第5章）が鋭く指摘しているように，条件付き選好はコモン・プール資源問題を調整問題に変換することができる。彼らは自分たちのモデルが，コミュニケーション効果，制裁効果，他の人々が行うことを自分もしようとする意志，厳密かつ利己的な合理性これらについて十分に説明できることを証明した。彼らが提示するモデルは「様式化された」事実の水準で簡潔さという強力な長所を持ち，彼らの発想を拒否すべきと思われるものはない。我々のレヴューが示唆するのは，選好は Falk et al.（本書第5章）が提示する単純な「不公平回避（inequity aversion）」過程よりも複雑であるかもしれないということである。たとえば問題の因果的絡み合いは，協調行動をとる意志，あるいは選択に関するフレームのされ方や，記述のされ方に影響するかもしれない。我々は Falk et al.（本書第5章）によって提示されているモデルが，これまで記述してきた多種多様な結果を受容するのに十分な含蓄に富むような，個々人の選択に関する理論の生成に向けた価値ある第一歩であると信じている。

　我々がレヴューしてきた実験研究はまた，Richerson and colleagues（本書第12章）の結論を裏付けているが，それは人々が赤の他人とも協調行動をとること，協調行動は多くの事柄に依存すること，そして制度，

ないしその制度を生み出す契機が重要であることを我々が発見するという点においてである。人間の社交性の重要な諸側面が我々の進化的性質を構成していることに疑いはほとんどない。最も自明なことだが，子どもをもうけるリスクを引き受けることは女性にとって最も利益になるというわけでもないのだが，我々はこのリスクをとらないことを選択する女性の子孫ではない。そして我々が協調行動のためのルールを進化させてきたように，協調行動の形態とパターンを制御する制度もまた進化する必要がある。さらに，協調行動に向けた個人の心理とそれを促進し規制する制度のあいだの「適合性」がなくてはならない。我々は小さな平等主義的な家族や共同集団において協調行動をとるべく「縛られ」ているのかもしれないが，互いに赤の他人同士の大きな階層的な集団においてもまた，我々の進化的傾向性に対して「次善策を用いて（work around）」，共有される資源を安定的，効率的，持続可能にするための方法を見つけなければならない。

　McCay（本書第11章）は自己統治型の協調行動の発生に関する思慮深いモデルを提示している。人々はどのようなときに共同資源を調整しようと真剣に取り組むのだろうか。McCayによれば，人々は深刻な問題を認識して，付随する原因と影響の関係を断定し，そして「問題はもはや手遅れではないか」という疑問に答えを出さなくてはならない。彼女のモデルのいくつかの部分は本章でレヴューした研究によって支持されている。たとえば「問題はもはや手遅れではないか」という疑問は効力感の問題に直接関連する。それはつまり，我々はなんらかの影響力を持ちうるのだろうかという疑問である。我々がレヴューしてきた自己効力感に関する研究は，この疑問に対する肯定的な答えを，人々が真剣に取組むかどうかの重要な決定要因としてMcCayがみなしていることは絶対的に正しいことを意味している。

　McCayはまた，コミュニケーションと説得が人々を動員するのに重要であると論じている。我々としては，コミュニケーションに関する実験室での研究は，関係する当事者からコミットメントを引き出すことが最も大きな影響力を持っていそうであると示唆しているのだと付け加えることにしよう。同様に，決定構造と権力に関する実験研究は，同定されるマクロ制度構造のうちで，どれが動員を理解するために最も重

要な部分なのかをさらに特定することに役立つかもしれない。それは実験研究の初期の成果に基づいて提案された「資源ディレンマにおける構造変化」のモデルによって補完されるだろう（Samuelson and Messick, 1995）。

3.2 社会的不均質性

コモンズ・ディレンマについての，より広範な研究蓄積のなかで対立する理論的見解を刺激してきた疑問は，社会経済的な不均質性（heterogeneity）は協調行動をもたらすのか，それとも阻害するのかというものである。Bardhan and Dayton-Johnson（本書第3章）は，それぞれ地元で管理されている灌漑システムに関する大規模な調査において経済的不均質性に注目しており，後者の見解を支持する結果を得た。不均質性は協調行動を阻害するのだ。Bardhan and Dayton-Johnson が指摘しているように，他の種類の不均質性（社会的，民族的，文化的）もまた重要な役割を果たすかもしれない。ジェンダー構成について我々がサーベイしたいくつかの研究は，そうした集団不均質性が協調行動に影響を与えることを指摘しているが，その影響の方向については関連する付随的事柄（contingencies）のさらなる特定化を必要とする。

実験室と現地のコモン・プール資源ディレンマのあいだの乖離を縮小する一つの方法は，実際にフィールドで実験を行うというものである。優れた例が，いくつかの経済的不均質性の影響に注目した Cardenas (2000:4) によって行なわれた実験であり，「これらの効果を実験の制度やインセンティブを通して導入するのでもなく，かつこれらの要因がノイズとして実験の設計に入り込むのを回避しようとするのでもなく，人々がフィールドのなかにある実験室に入っていくのだと解釈できるほどに十分な情報を我々は明らかにし，それを実験の行動と成果に対置して分析した」。この研究は，参加者を実験室に入れるのではなく，実験室を共同体（コロンビアのいくつかの村落）のなかに持ち込んだのである。Bardhan and Dayton-Johnson（本書第3章）が報告したほかの発見と同様に，経済的不均質性は協調行動を減少させた。

3.3 ディレンマのスケール

　社会的不均質性は，異なる文化の成員が集まってコモンズ・ディレンマを解決する多国間ディレンマにおいて特に顕著になるだろう。これらが集団レベルで文化的価値および規範に関する差異へと変化するだけでなく，Young（本書第8章）が指摘するように，国際レジームもまた，制度的不均質性の主要部分を特徴づける社会的状況において機能する。この国際レベルでの決定は，国家レベルの権威へ垂直的に移行することに伴う緊張によってさらに複雑化される。Young はそのような合意の施行が国家政府の権能，適合性，法的資格に応じてどのように変化するか記述している。実験研究はもうひとつの障害を指摘している。国際合意の施行という地味な仕事はしばしば，様々な下位集団のあいだに分割されて，資源ディレンマを集団内の対立から集団間の対立へと本質的に転換してしまうことがある。枠組みを集団内のディレンマから集団間のディレンマに変換することは，社会的ディレンマにおける人々のインセンティブと行動を変えてしまう（Bornstein, 1992）。協調行動に影響を与える変数は，狭いスケールのコモンズの周辺状況と広いスケールのコモンズの周辺状況との間で比較して評価されるとき，同じ効果を持つことはないだろうから，実験を設計するときに，分析のレベルに沿って生じる変化は特に重要である。

　Biel（2001）によって最近書かれたある章は，(1) 実験室の実験，(2) 狭いスケールの共同体的所有体制，そして(3)広いスケールの社会的ディレンマのそれぞれにおいて評価されたときの，協調行動を促進する要因群のあいだの類似点と相異点とを議論している。たとえば，互恵主義とコミットメントの社会的規範は，社会的集団に実体がなくて対面的なコミュニケーションもなされそうにないような広いスケールのディレンマにおいては，重要な役割を果たすことはないかもしれない。他方で，広い範囲スケールのディレンマは（たとえば大気汚染のように）しばしば見えにくく，（たとえば海洋における問題のように）計測しにくいので，環境の不確実性がずっと大きな役割を果たしそうである。スケール間の差異を評価するとき，資源の性質および／あるいは制度の取り決めの複雑性がこれらの差異を説明するかどうかに注意することは重要である。

　Rose（本書第7章）は，広いスケールのディレンマとより狭いスケー

ルの共同所有体制とのそれぞれにおいて，有効ではあるが互いに異なる構造的解決を具体化している，現実世界の重要な事例を提示している。彼女が指摘するように，現実世界のコモンズ・ディレンマは，「事実」の真偽に関する不一致が必ず予想されるような，複雑で動態的なシステムにおいて生じる。なんらかの水準の不確実性を有するのが規範である。小さな共同体は複雑なルールと規範を発展させ，参入障壁をつくり出すことで資源とともに地元の共同体の利害を守ってきた。広いスケールの市場体制において類似のメカニズムを発展させることは難しいことなのだが，それというのも，取引可能環境許可証が権利についてのなんらかの不確実性をもたらすことになり，そうした許可証の制度化は簡単な課題ではないという意味においてである。つまり，それらは恒久的な権利なのだろうか。各許可証に付随する権利の内容は一定のままなのだろうかということが問題になる。このような問題に直面するとき，不確実性がどのようにして個々の行為主体に影響するかを理解すること，そして不確実性の減少がコモンズ・ディレンマにおける協調行動に対して持ちうる正の影響力を評価すること，この両方に価値がある。

3.4 環境の不確実性

実験室での研究とフィールドでの研究の両方が，個人と組織の両方のレベルで協調行動を促進するためには不確実性を減少させることが重要であるということを指摘してきた。我々がレヴューしてきた研究は，環境の不確実性が個々の意思決定主体による収穫行動をどのようにして増大させるのかを強調している。Wilsom（本書第10章）は，コモンズを管理するためのよりよい制度は設計可能であるが，これは環境の不確実性にアプローチする方法におけるパラダイム・シフトを必要とすると指摘している。制度設計の視点からすると目標は，平均的な利用者が自制を合理的なこととみなすような状況をつくり出すことである。Wilsonは，還元主義的な科学的アプローチがこの分野を支配してきたが，そのアプローチには，（海洋や気象パターンのような）複雑で動態的で順応的な過程を組み込む必要があると示唆している。このような「複雑で順応的なシステム」においては，原因と結果の関係性は弱められ，予測可能性は減少する。

3.5 最後の一言

実験研究者とフィールド研究者のあいだの活発な対話は双方にとって実りある結果をもたすことができる。質的研究は，実験による検証と制御分解にさらすことのできる豊かなモデルを発展させるうえで重要であるし，そうすることで将来の理論的モデルの発展とフィールドに基づいた研究に対する洞察を得ることができる。コモン・プール資源に関する伝統的で広範な事例に基づいた研究に関するAgrawalのレヴュー（本書第2章）は，研究されている変数の選択とその含意に関して，実験室研究とフィールド研究のあいだにかなりの重複があることを指摘している。彼のレヴューの読者は，集団規模から制裁そしてコミュニケーションと効力感の有効性にまで至る問題に関して，本章で報告されている発見との特筆すべき類似点を見出すに違いない。Agrawal（本書第2章）は「調査の対象になっていない要因を制御するかたちの注意深い研究計画」(p. 91)を採用することの重要性を認識している。これはちょうど実験アプローチが提供できるものである。実験手法の強みは，変数を孤立させることで，社会科学者が理論的な概念同士を対抗させ，因果連関を確立できるようにすることである。

参 考 文 献

Allison, S.T., L.R. McQueen, and L.M. Schaerfl (1992), Social decision making processes and the equal partitionment of shared resources. *Journal of Experimental Social Psychology* 28(1): 23-42.

Anderson, C.A., J.J. Lindsay, and B.J. Bushman (1999), Research in the psychological laboratory: Truth or triviality. *Current Directions in Psychological Science* 8(1): 3-9.

Aquino, K., V. Steisel, and A. Kay (1992), The effects of resource distribution, voice, and decision framing on the provision of public goods. *Journal of Conflict Resolution* 36(4): 665-687.

Bandura, A. (1986), *Social Foundation of Thought and Action: A Social Cognitive Theory.* Englewood Cliffs, NJ: Prentice-Hall.

Batson, C.D., and T. Moran (1999), Empathy-induced altruism in a prisoner's dilemma. European *Journal of Social Psychology* 29(7): 909-924.

Bell, P.A., T.R. Petersen, and J.E. Hautaluoma (1989), The effect of punishment probability on overconsumption and stealing in a simulated commons. *Journal of Applied Social Psychology* 19(17, Pt. 1): 1483-1495.

Biel, A. (2000), Factors promoting cooperation in the laboratory, in common pool resource dilemmas, and in large-scale dilemmas: similarities and differences. pp..25-41 in *Cooperation in Modern Society,* M. Van Vugt, M. Snyder, T. Tyler, and A. Biel, eds. London: Routledge.

Blount White, S.B. (1994), Testing an economic approach to resource dilemmas. *Organizational Behavior and Human Decision Processes* 58(3): 428-456.

Bohnet, I., and B.S. Frey (1999), The sound of silence in Prisoner's Dilemma and Dictator Games. *Journal of Economic Behavior and Organization* 38(1): 43-57.

Bornstein, G. (1992), The free-rider problem in intergroup conflicts over step-level and continuous public goods. *Journal of Personality and Social Psychology* 62(4): 597-606.

Bouas, K.S., and S.S. Komorita (1996), Group discussion and cooperation in social dilemmas. *Personality and Social Psychology Bulletin* 22(11): 1144-1150.

Brett, J., and S. Kopelman (2004), Cross-Cultural Perspectives on Cooperation in Social Dilemmas. Pp.. 395-413 in *The Handbook of Negotiation and Cultures,* M. Gelfand and J.M. Brett, eds. Stanford, CA: Stanford University Press. *

Brewer, M.B., and R.M. Kramer (1986), Choice behavior in social dilemmas: Effects of social identity, group size, and decision framing. *Journal of Personality and Social Psychology* 50(3): 543-549.

Brown Kruse, J., and D. Hummels (1993), Gender effects in laboratory public goods contribution: Do individuals put their money where their mouth is? *Journal of Economic Behavior and Organization* 22(3): 255-67.

Budescu, D.V., A. Rapoport, and R. Suleiman (1990), Resource dilemmas with environmental uncertainty and asymmetric players. *European Journal of Social Psychology* 20(6): 475-487.

Budescu, D.V., A. Rapoport, and R. Suleiman (1992), Simultaneous vs. sequential requests in resource dilemmas with incomplete information. *Acta Psychologica* 80: 297-310.

Budescu, D.V., R. Suleiman, and A. Rapoport (1995), Positional and group size effects in resource dilemmas with uncertain resources. *Organizational Behavior and Human Decision Processe*s 61(3): 225-238.

Budescu, D.V., W. Tung Au, and X.P. Chen (1997), Effects of protocol of play and social orientation on behavior in sequential resource dilemmas. *Organizational Behavior and Human Decision Processes* 69(3): 179-193.

Cadsby, C.B., and E. Maynes (1998), Gender and free riding in a threshold public goods game: Experimental evidence. *Journal of Economic Behavior and Organization* 34(4): 603-620.

Cárdenas, J.C. (2000), Real Wealth and Experimental Cooperation: Evidence from Field Experiments. Unpublished paper presented at the International Association for the Study of Common Property 2000 conference, Bloomington, IN, June 1-4.

Chen, X., and S.S. Komorita (1994), The effects of communication and commitment in a public goods social dilemma. *Organizational Behavior and Human Decision Processes* 60(3): 367-386.

Cialdini, R.B. (1993), *Influence: Science and Practice*. New York: Harper Collins College Publishers.

Clark, J. (1998), Fairness preferences and optimization skills: Are they substitutes? An experimental investigation. *Journal of Economic Behavior and Organization* 34(4): 541-557.

Conrath, D.W., and E.L. Deci (1969), The determination and scaling of a bivariate utility function. *Behavioral Science* 14(4): 316-327.

Cross, J.G., and M.J. Guyer (1980), *Social Traps*. Ann Arbor: University of Michigan Press.

Darley, J.M., and B. Latané (1968), Bystander intervention in emergencies: Diffusion of responsibility. *Journal of Personality and Social Psychology* 8: 377-383.

Davis, D.D., and C.A. Holt (1993), Experimental Economics. Princeton: Princeton University Press.

Dawes, R.M. (1980), Social dilemmas. *Annual Review of Psychology* 31: 169-193.

Dawes, R.M., J. McTavish, and H. Shaklee (1977), Behavior, communication, and assumptions about other people's behavior in a commons dilemma situation, *Journal of Personality and Social Psychology* 33(1).

Dawes, R.M., A.J.C. van de Kragt, and J.M. Orbell (1990), Cooperation for the benefit of us—Not me, or my conscience. Pp.. 97-110 in *Beyond Self-Interest*, J.J. Mansbridge, ed. Chicago: University of Chicago Press.

De Dreu, C.K., B.J. Emans, and E. Van de Vliert (1992), Frames of reference and cooperative social decision-making. *European Journal of Social Psychology* 22(3): 297-302.

De Dreu, C.K., and C. McCusker (1997), Gain-loss frames and cooperation in two-person social dilemmas: A transformational analysis. *Journal of Personality and Social Psychology* 72(5): 1093-1106.

Edney, J.J., and C.S. Harper (1978) Heroism in a resource crisis: A simulation study. *Environmental Managment* 2: 523-527.

Elliott, C.S., D.M. Hayward, and S. Canon (1998), Institutional framing: Some experimental evidence. *Journal of Economic Behavior and Organization* 35(4): 455-464.

Fleishman, J.A. (1980), Collective action as helping behavior: Effects of responsibility diffusion on contributions to a public good. *Journal of Personality and Social Psychology* 38(4): 629-637.

Fleishman, J.A. (1988), The effects of decision framing and others' behavior on cooperation in a social dilemma. *Journal of Conflict Resolution* 32(1): 162-180.

Frohlich, N., and J. Oppenheimer (1998), Some consequences of e-mail vs. face-to-face communication in experiment. *Journal of Economic Behavior and Organization* 35(3): 389-403.

Gachter, S., and E. Fehr (1999), Collective action as a social exchange. *Journal of Economic*

Behavior and Organization 39(4): 341-369.
Gaerling, T. (1999), Value priorities, social value orientations and cooperation in social dilemmas. *British Journal of Social Psychology* 38(4): 397-408.
Gallucci, M., and M. Perugini (2000), An experimental test of a game - Theoretical model of reciprocity. *Journal of Behavioral Decision Making* 13: 367-389.
Gouldner, A.W. (1960), The norm of reciprocity: A preliminary statement. *American Sociological Review* 25: 161-179.
Gruenfeld, D.H., E.A. Mannix, K.Y. Williams, and M.A. Neale (1996), Group composition and decision making: How member familiarity and information distribution affect process and performance. *Organizational Behavior and Human Decision Processes* 67(1): 1-15.
Guagnano, G.A., T. Dietz, and P.C. Stern (1994), Willingness to pay for public goods: A test of the contribution model. *Psychological Science* 5: 411-415.
Gustafsson, M., A. Biel, and T. Gaerling (1999a), Outcome-desirability bias in resource management problems. *Thinking and Reasoning* 5(4): 327-337.
─────────── (1999b), Overharvesting of resources of unknown size. *Acta Psychologica* 103: 47-64.
Hardin, G. (1968), The tragedy of the commons. *Science* 162: 1243-1248.（桜井徹訳「共有地の悲劇」京都生命倫理研究会訳『環境の倫理』（下），445-470頁，晃洋書房，1993年）
Hine, D.W., and R. Gifford (1996), Individual restraint and group efficiency in commons dilemmas: The effects of two types of environmental uncertainty. *Journal of Applied Social Psychology* 26(11):993-1009.
Hoffman, E., and M.L. Spitzer (1985), Entitlements, rights, and fairness: An experimental examination of subjects' concepts of distributive justice. *Journal of Legal Studies* 14: 259-297.
Hofstede, G. (1980), *Culture's Consequences: International Differences in Work-Related Values.* Newbury Park, CA: Sage.（万成博・安藤文四郎監訳『経営文化の国際比較：多国籍企業の中の国民性』産業能率大学出版部，1984年）
Isaac, M.R., J.M. Walker, and A.W. Williams (1994), Group size and the voluntary provision of public goods. *Journal of Public Economics* 54: 1-36.
Jehn, K.A. (1995), A multimethod examination of the benefits and detriments of intragroup conflict. *Administrative Science Quarterly* 40: 256-282.
Kahneman, D., and A. Tversky (1979), Prospect theory: An analysis of decision under risk. *Econometrica* 47: 263-291.
Kelley, H.H., and J. Grezlak (1972), Conflict between individual and common interest in an N-person relationship. *Journal of Personality and Social Psychology* 21(2): 190-197.
Kelley, H.H., and A.J. Stahelski (1970), Social interaction basis of cooperators' and competitors' beliefs about others. *Journal of Personality and Social Psychology* 16(1): 66-91.

Kerr, N.L. (1989), Illusions of efficacy: The effects of group size on perceived efficacy in social dilemmas. *Journal of Experimental Social Psychology* 25(4): 287-313.

Kerr, N.L., J. Garst, D.A. Lewandowski, and S.E. Harris (1997), That still, small voice: Commitment to cooperate as an internalized versus a social norm. *Personality and Social Psychology Bulletin* 23(12): 1300-1311.

Kerr, N.L., and C.M. Kaufman-Gilliland (1994), Communication, commitment, and cooperation in social dilemma. *Journal of Personality and Social Psychology* 66(3): 513-529.

Keser, C., and F. van Winden (2000), Conditional cooperation and voluntary contributions to public goods. *Scandinavian Journal of Economics* 102: 29-39.

Komorita, S., and C.D. Parks (1994), *Social Dilemmas*. Madison, WI: Brown and Benchmark.

Kramer, R.M., C.G. McClintock, and D.M. Messick (1986), Social values and cooperative response to a simulated resource conservation crisis. *Journal of Personality* 54(3): 576-592.

Kopelman,S.,and J.M.Brett (in press), Culture and social dilemmas. In M. Gelfand and J.M.Brett (Eds.), *Negotiation and Cultures : Research Perspectives*. Stanford, CA: Stanford University Press. [Brett, J., and S.Kopelman (2004), Cross-Cultural Perspectives on Cooperation in Social Dilemmas. pp.. 395-413 in *The Handbook of Negotiation and Cultures,* M.Gelfand and J.M.Brett, eds. Stanford, CA: Stanford University Press.]

Kuhlman, D.M., C. Camac, and D.A. Cunha (1986), Individual differences in social orientation. pp..151-176 in *Experimental Social Dilemmas,* D.M.H. Wilke, and C. Rutte, eds. New York: Verlag Peter Lang.

Kuhlman, D.M., and A.F. Marshello (1975), Individual differences in game motivation as moderators of preprogrammed strategy effects in prisoner's dilemma. *Journal of Personality and Social Psychology* 32(5): 922-931.

Larrick, R.P., and S. Blount (1997), The claiming effect: Why players are more generous in social dilemmas than in ultimatum games. *Journal of Personality and Social Psychology* 72(4): 810-825.

Ledyard, J.O. (1993), Is there a problem with public goods provision? pp..111-194 in *The Handbook of Experimental Economics,* J. Kagel and A.Roth, eds. Princeton: Princeton University Press.

Leung, K. (1997), Negotiation and reward allocations across cultures. pp..640-675 in *New Perspectives on International Industrial/Organizational Psychology,* P.C. Earley and M. Erez, eds. San Francisco: New Lexington Press.

Liebrand, W.B., R.W. Jansen, V.M. Rijken, and C.J. Suhre (1986), Might over morality: Social values and the perception of other players in experimental games. *Journal of Experimental Social Psychology* 22(3): 203-215.

Liebrand, W.B., and G.J. Van Run (1985), The effects of social motives on behavior in social dilemmas in two cultures. *Journal of Experimental Social Psychology* 21(1): 86-102.

Loewenstein, G.F., L. Thompson, and M.H. Bazerman (1989), Social utility and decision

making in interpersonal contexts. *Journal of Personality and Social Psychology* 57(3): 426-441.
Luce, R.D., and H. Raiffa (1957), *Games and Decisions: Introduction and Critical Survey.* New York: Wiley.
MacCrimmon, K.R., and D.M. Messick (1976), A framework for social motives. *Behavioral Science* 21(2): 86-100.
Mannix, E.A. (1991), Resource dilemmas and discount rates in decision making groups. *Journal of Experimental Social Psychology* 27(4): 379-391.
Mannix, E.A. (1993), Organizations as resource dilemmas: The effects of power balance on coalition formation in small groups. *Organizational Behavior and Human Decision Processes* 55(1): 1-22.
Martichuski, D.K., and P.A. Bell (1991), Reward, punishment, privatization, and moral suasion in a commons dilemma. *Journal of Applied Social Psychology* 21(16): 1356-1369.
Massey, K., S. Freeman, and M. Zelditch (1997), Status, power, and accounts. *Social Psychology Quarterly* 60(3): 238-251.
McClintock, C.G. (1972), Social motivation: A set of propositions. *Behavioral Science* 17(5): 438-455.
McClintock, C.G. (1976), Social motivations in settings of outcome interdependence. pp..49-77 in *Negotiations: Social Psychology Perspective,* D. Druckman, ed. Beverly Hills: Sage.
McClintock, C.G. (1978), Social values: Their definition, measurement, and development. *Journal of Research and Development in Education* 12: 121-137.
McDaniel, W.C., and F. Sistrunk (1991), Management dilemmas and decisions: Impact of framing and anticipated responses. *Journal of Conflict Resolution* 35(1): 21-42.
Messick, D.M. (1993), Equality as a decision heuristic. Pp.. 11-31 in *Psychological Perspectives on Justice: Theory and Applications,* B.A.B.J. Mellers, ed. Cambridge Series on Judgment and Decision Making. New York: Cambridge University Press.
Messick, D.M., and M.B. Brewer (1983), Solving social dilemmas: A review. pp..11-44 in *Review of Personality and Social Psychology,* Vol. 4, L. Wheeler and P. Shaver, eds. Beverly Hills: Sage.
Messick, D.M., and C.G. McClintock (1968), Motivational bases of choice in experimental games. *Journal of Experimental Social Psychology* 4(1): 1-25.
Messick, D.M., and K.P. Sentis (1985), Estimating social and nonsocial utility functions from ordinal data. *European Journal of Social Psychology* 15(4): 389-399.
Messick, D.M., H. Wilke, M.B. Brewer, R.M. Kramer, P.E. Zemke, and L. Lui (1983), Individual adaptations and structural change as solutions to social dilemmas. *Journal of Personality and Social Psychology* 44(2): 294-309.
Nemeth, C.J. (1986), Differential contributions of majority and minority influence. *Psychological Review* 93(1): 23-32.

Nowell, C., and S. Tinkler (1994), The influence of gender on the provision of a public good. *Journal of Economic Behavior and Organization* 25(1):25-36.

Olson, M.(1965), *The Logic of Collective Action*. Cambridge, MA: Harvard University Press. （依田博・森脇俊雅訳『集合行為論：公共財と集団理論』ミネルヴァ書房, 1983 年）

Ortmann, A., J. Fitzgerald, and C. Boeing (2000), Trust, reciprocity, and social history: A re-examination. *Experimental Economics* 3: 81-100.

Parks, C.D. (1994), The predictive ability of social values in resource dilemmas and public goods games. *Personality and Social Psychology Bulletin* 20(4): 431-438.

Pfeffer, J. (1981), *Power in Organizations*. Marchfield, MA: Pitman.

Platt, J. (1973), Social traps. *American Psychologist* 28(8): 641-651.

Probst, T., P.J. Carnevale, and H.C. Triandis (1999), Cultural values in intergroup and single-group social dilemmas. *Organizational Behavior and Human Decision Processes* 77(3): 171-191.

Pruitt, D.G., and M. Kimmel (1977), Twenty years of experimental gaming: Critique, synthesis, and suggestions for the future. *Annual Review of Psychology* 28: 363-392.

Rapoport, A., D.V. Budescu, and R. Suleiman (1993), Sequential requests from randomly distributed shared resources. *Journal of Mathematical Psychology* 37(2): 241-265.

Roch, S.G., and C.D. Samuelson (1997), Effects of environmental uncertainty and social value orientation in resource dilemmas. *Organizational Behavior and Human Decision Processes* 70(3): 221-235.

Roth, A.E. (1995), A brief history of experimental economics. pp..3-109 in *The Handbook of Experimental Economics,* J.H. Kagel and A. E. Roth, eds. Princeton, NJ: Princeton University Press.

Rutte, C.G., H.A. Wilke, and D.M. Messick (1987), Scarcity or abundance caused by people or the environment as determinants of behavior in the resource dilemma. *Journal of Experimental Social Psychology* 23(3): 208-216.

Samuelson, C.D. (1991), Perceived task difficulty, causal attributions, and preferences for structural change in resource dilemmas. *Personality and Social Psychology Bulletin* 17(2): 181-187.

Samuelson, C.D. (1993), A multiattribute evaluation approach to structural change in resource dilemmas. *Organizational Behavior and Human Decision Processes* 55(2): 298-324.

Samuelson, C.D., and S.T. Allison (1994), Cognitive factors affecting the use of social decision heuristics in resource-sharing tasks. *Organizational Behavior and Human Decision Processes* 58(1): 1-27.

Samuelson, C.D., and D.M. Messick (1986), Inequities in access to and use of shared resources in social dilemmas. *Journal of Personality and Social Psychology* 51(5): 960-967.

Samuelson, C.D., (1995), Let's make some new rules: Social factors that make freedom unattractive. In *Negotiation as a Social Process,* R. Kramer and D.M. Messick eds., Thousand Oaks, CA: Sage.

Sawyer, J. (1966), The Altruism Scale: A measure of co-operative, individualistic, and competitive interpersonal orientation. *American Journal of Sociology* 71(4): 407-416.

Schelling, T.C. (1968), The life you save may be your own. In *Problems in Public Expenditure Analysis,* S. Chase, ed., Washington, DC: Brookings Institution.

Schwartz, S.H. (1994), Beyond individualism/collectivism: New cultural dimensions of values. pp..85-117 in *Individualism and Collectivism,* U. Kim, H.C. Triandis, and G. Yoon, eds., London:Sage.

Scott, R.H. (1972), Avarice, altruism, and second party preferences. *Quarterly Journal of Economics* 86(1): 1-18.

Sell, J., W.I. Griffith, and R.K. Wilson (1993), Are women more cooperative than men in social dilemmas? *Social Psychology Quarterly* 56(3): 211-222.

Sonnemans, J., A. Schram, and T. Offerman (1998), Public good provision and public bad prevention: The effect of framing. *Journal of Economic Behavior and Organization* 34(1): 143-161.

Stockard, J., A.J. Van de Kragt, and P.J. Dodge (1988), Gender roles and behavior in social dilemmas: Are there sex differences in cooperation and in its justification? *Social Psychology Quarterly* 51(2): 154-163.

Talarowski, F.S. (1982), Attitudes Toward and Perceptions of Water Conservation in a Southern California Community. Unpublished dissertation, University of California, Santa Barbara.

Taylor, M. (1976), *Anarchy and Cooperation.* New York: Wiley.

Tenbrunsel, A.E., and D.M. Messick (1999), Sanctioning systems, decision frames, and cooperation. *Administrative Science Quarterly* 44(4): 684-707.

Thaler, R.H. (1992), *The Winner's Curse.* New York: Free Press. （篠原勝訳『市場と感情の経済学：「勝者の呪い」はなぜ起こるのか』ダイヤモンド社，1998年：同訳『セイラー教授の行動経済学入門』ダイヤモンド社，2007年）

Thibaut, J.W., and H.H. Kelley (1959), *The Social Psychology of Groups.* New York: Wiley.

Triandis, H.C. (1989), Cross-cultural studies of individualism and collectivism. Pp.. 41-133 in *Nebraska Symposium on Motivation,* J. Berman, ed., Lincoln:University of Nebraska Press.

Tyler, T.R., and P. Degoey (1995), Collective restraint in social dilemmas: Procedural justice and social identification effects on support for authorities. *Journal of Personality and Social Psychology* 69(3): 482-497.

van Dijk, E., and H. Wilke (1997), Is it mine or is it ours? Framing property rights and decision making in social dilemmas. *Organizational Behavior and Human Decision Processes* 71(2): 195-209.

van Dijk, (2000), Decision-induced focusing in social dilemmas: Give-some, keep-some, take-some, and leave-some dilemmas. *Journal of Personality and Social Psychology* 78(1): 92-104.

van Dijk, E., and H. Wilke, M. Wilke, and L. Metman (1999), What information do we use in social dilemmas? Environmental uncertainty and the employment of coordination rules. *Journal of Experimental Social Psychology* 35(2): 109-135.

Van Lange, P.A., and W.B. Liebrand (1991), Social value orientation and intelligence: A test of the Goal Prescribes Rationality Principle. *European Journal of Social Psychology* 21(4): 273-292.

Van Lange, P.A., and W.B. Liebrand, and D.M. Kuhlman (1990), Causal attribution of choice behavior in three N-Person Prisoner's Dilemmas. *Journal of Experimental Social Psychology* 26(1): 34-48.

Van Lange, P.A., E.M.N. De Bruin, W. Otten, and J.A. Joireman (1997), Development of prosocial, individualistic, and competitive orientations: Theory and preliminary evidence. *Journal of Personality and Social Psychology* 73(4): 733-746.

Van Lange, P.A., and D.M. Kuhlman (1994), Social value orientations and impressions of partner's honesty and intelligence: A test of the might versus morality effect. *Journal of Personality and Social Psychology* 67(1): 126-141.

Van Lange, P.A., W.B.G. Liebrand, D.M. Messick, and H.A.M. Wilke (1992a), Introduction and literature. In *Social Dilemmas: Theoretical Issues and Research Findings*, W. Leibrand, D. Messick, and H. Wilke, eds., Oxford: Pergamon Press.

Van Lange, P.A., W.B.G. Liebrand, D.M. Messick, and H.A.M. Wilke (1992b), Social dilemmas: The state of the art. In *Social Dilemmas: Theoretical Issues and Research Findings*, W. Leibrand, D. Messick, and H. Wilke, eds., Oxford: Pergamon Press.

Van Vugt, M., and D. De Cremer (1999), Leadership in social dilemmas: The effects of group identification on collective actions to provide public goods. *Journal of Personality and Social Psychology* 76(4): 587-599.

Van Lange, P.A., R.M. Meertens, and P.A.M. Van Lange (1995), Car versus public transportation? The role of social value orientations in a real-life social dilemma. *Journal of Applied Social Psychology* 25(3):258-278.

Van Lange, P.A., and C.D. Samuelson (1999), The impact of personal metering in the management of a natural resource crisis: A social dilemma analysis. *Personality and Social Psychology Bulletin* 25(6):731-745.

Van Lange, P.A., P.A.M. Van Lange, and R.M. Meertens (1996), Commuting by car or public transportation? A social dilemma analysis of travel mode judgments. *European Journal of Social Psychology* 26(3): 373-395.

Von Neumann, J., and O. Morgenstern (1944), *Theory of Games and Economic Behavior.* New York:Wiley. (銀林浩・橋本和美・宮本敏雄監訳『ゲームの理論と経済行動』I-III, 筑摩書房, 2009 年)

Wade-Benzoni, K.A., A.E. Tenbrunsel, and M.H. Bazerman (1996), Egocentric interpretations of fairness in asymmetric, environmental social dilemmas: Explaining harvesting behavior and the role of communication. *Organizational Behavior and Human Decision Processes* 67(2): 111-126.

Walker, J.M., R. Gardner, A. Herr, and E. Ostrom (2000), Collective choice in the commons:

Experimental results on proposed allocation rules and votes. *The Economic Journal* 110: 212-234.

Walters, A.E., A.F. Stuhlmacher, and L.L. Meyer (1998), Gender and negotiator competitiveness: A meta-analysis. *Organizational Behavior and Human Decision Processes* 76(1): 1-29.

Weber, M. (1978), *Economy and Society: An Outline of Interpretive Sociology*, E. Fischoff et al., trans. 1978 ed. Berkeley: University of California Press (first published in 1924).

Werhane, P.H. (1991), *Adam Smith and His Legacy for Modern Capitalism.* New York: Oxford University Press.

Wilke, H.A.M., W. Liebrand, and K. De Boer (1986), Differential access in a social dilemma situation. *British Journal of Social Psychology* 25: 57-65.

Williams, K.Y., and C.A. O'Reilly, eds. (1998), *Demography and Diversity in Organizations: A Review of 40 Years of Research.* Research in Organizational Behavior, Vol. 20. Greenwich, CT: JAI Press.

Wit, A., and H. Wilke (1988), Subordinates' endorsement of an allocating leader in a commons dilemma: An equity theoretical approach. *Journal of Economic Psychology* 9(2): 151-168.

Wit, A., (1990), The presentation of rewards and punishments in a simulated social dilemma. Social *Behaviour* 5(4):231-245.

Wit, A., H.A. Wilke, and E. Van Dijk (1989), Attribution of leadership in a resource management situation. *European Journal of Social Psychology* 19(4):327-338.

Yamagishi, T. (1986), The structural goal/expectation theory of cooperation in social dilemmas. pp..51-87 in *Advances in Group Processes,* Vol. 3, E. Lawler, ed. Greenwich, CT: JAI Press.

Yamagishi, T. (1988), The provision of a sanctioning system in the United States and Japan. *Social Psychology Quarterly* 51(3): 265-271.

（＊は，原著出版時点で「印刷中（in press）」と表記されていた文献である。）

第5章
コモンズを利用する
――ひとつの理論的説明――

アルミン・ファルク，エルンスト・フェア，
ウルス・フィッシュバッハー

　社会的ディレンマ状況に関する，その古典的な説明において Hardin (1968) は「コモンズの悲劇」という悲観的な見解を展開している。彼は社会的ディレンマのインセンティブ構造を所与として，コモン・プール資源の非効率な過剰利用を予見する。Hardin (1968) の見解は，Ostrom (1990) による先駆的な書籍のなかで報告されている数多くのフィールド研究の洞察によって異議を唱えられてきた。この書籍においては悲劇のメタファーにとって代わって，人々はコモンズを統治できるということが強調されている。Ostrom (1990) は，多くの状況において人々は協調することができ，全体の成果を改善することができることを証明している。さらに，報告されているフィールド研究は行動要因，制度，動機の重要性を指摘している。しかしながら，これらの要因が一緒になって行動に影響を与えていることは証明されてきたが，当然のことながら，個々の要因の影響力を分離することはほとんど不可能である。
　このために，我々はコントロールされた実験室での実験を必要とする。実験においてのみ，それぞれの要因の役割を個別に研究することができるのである。制度環境を注意深く変化させていくなかで，実験者は異なる制度と動機の重要性を紐解くことができる。実験室において発見されたいくつかの規則性は，今度はフィールドにおける行動をよりよく理解するのに使うことができる。本稿において我々は Walker et al., (1990) と Ostrom et al. (1992) に報告されているような，そうした経験的な規

則性の3つに集中する[1]。彼らはまず，すべてのコモン・プール資源問題の中心的な特徴を捉えた基準的状況を研究している。そこでは負の外部性のために，個人的に合理的な決定と社会的に最適な成果とは一致しないようになっている。次の段階において，基準的状況設定は，非公式な制裁（sanctions）の可能性とコミュニケーションの可能性という2つの制度的特徴によってその豊かさを増すことになる。経験的発見は次のように要約できる。すなわち，基準的コモン・プール資源実験における全体的な行動は，利己的な貨幣最大化主体（money maximizers）のナッシュ均衡によって最も適切に記述される。人々はコモン・プール資源を過剰に利用し，それゆえ Hardin（1968）によって予見された「悲劇」を生じさせる。しかしながら，互いに制裁を加える可能性を被験者（subjects）に与えると協調的行動の見込みを強力に改善する。理由は，多くの人々が裏切り者に制裁を加えるからである。制裁を加えるには費用がかかり，したがって Hardin の悲観的な見解に基礎を与える仮定，つまり被験者は利己的で合理的であるという仮定とは整合的ではないのだから，このことは驚くべきことである。同じような観察はコミュニケーション環境についても成り立つ。コミュニケーションは物的インセンティブを変えないのだから，結果として生じる効率性改善もまた Hardin（1968）の分析を支える行動仮定とは不整合的である。

　したがって，まとめると我々は次のような問題を抱えることになる。つまり，貧弱な制度環境においては，人々はコモン・プール資源を過剰収穫する傾向にある。この意味で，利己的な選好という仮定に基づく Gordon（1954）と Hardin（1968）による悲観的な予見は支持される。しかしながら同時に，非公式の制裁とコミュニケーションとが持っている，効率性向上効果を我々は発見する。これは標準的な合理的選択の見解と明らかに矛盾する関係にある。というのも，なぜ合理的で利己的な個人が他の被験者の行動に対して制裁を加えるために（自分の）金銭を犠牲にしなければならないのだろうか。そして，なぜ貨幣最大化行動をとる被験者が，チープトーク［口先だけのおしゃべり］（cheap talk）に

---

[1]　我々はまた，実験の発見について要約し議論している Ostrom et al.（1994）による書籍にも言及する。実験結果に関する概観については Kopelman et al.（本書第4章）もまた参照せよ。

第5章 コモンズを利用する

したがって，自身の利用水準を下げねばならないのだろうか。問題をより一般的に言えば，なぜ合理的選択概念が，ある状況では正しくて，ほかの状況では誤りということになるのだろうかということになる。

本稿において我々はこの問題を説明できる統合的な理論的枠組みを示唆する。報告されている規則性は，標準的な合理的選択アプローチを拡張し互恵主義（reciprocity）と公平性（equity）への選好を組み込んだ人間行動のモデルと両立可能であると我々は論じる。我々のモデルにおいて定式化されている基本的な行動原理は，主体たちの相当な割合は他の主体がどのように活動するかに依存して活動するというものである。もし他の主体がやさしくて協調的ならば，彼らも同じく協調的に活動するが，他の主体が敵対的ならば，彼らは報復する[2]。我々のモデルはまた，利己的な主体が存在して，彼らは標準的な合理的選択理論によって予見されるように行動するという事実も説明する。我々は数式を用いて，これら2つの異なる動機（互恵主義と利己主義）の相互作用と制度的設定が，実験において観察される成果の原因になっていることを証明する。効率的な利用水準を外部から強制する制度がなければ，利己的なプレーヤーが全体的な成果について決定的な存在となる。しかしながら，もし人々が非公式な制裁を加えることができるようにする，あるいはコミュニケーションを可能にする制度的設定があれば，互恵主義的な主体が利己的なプレーヤーを規律付けて全体的な成果を決定する。さらに我々のモデルは，ある集団のメンバーが互恵主義ないし公平性への選好を持つならば，コモン・プール資源問題は，効率的な均衡も非効率な均衡も存在する調整ゲームへと転換されることを証明する。それゆえ，もし主体たちがコミュニケーションをする機会を与えられれば，彼らは効率的な利用水準の均衡を確実に実現することができる。

互恵主義と公平性への選好があれば，コミュニケーションは，主体が自分たちの行動を低利用均衡に調整するのを容易にする調整装置である。このように制度的設定が制裁あるいはコミュニケーションを可能に

---

[2] 互恵主義の重要性は，100とはいわないまでも数十の実験において確認されてきた。親切な活動に対して報酬を与える行動に関してはFehr et al. (1993) あるいはBerg et al. (1995) を参照せよ。敵対的な活動に対して罰する行動についてはGüth et al. (1982) を参照せよ。最近の概観はOstrom (1998) およびFehr and Gächter (2000b) のなかで与えられている。

するならば，コモン・プール資源問題においては利用が低く抑えられ，公共財状況においてはより高い自発的寄与（voluntary contributions）が生じる。本章における我々の主要な目的は，コモン・プール資源実験において一見すると互いに矛盾するいくつかの証拠について，こうしたアプローチであれば説明することができるということを証明することであるのだが，我々は，ここで展開される議論がとても一般的なものであり，実験室を越えて妥当しそうであると信じている。

次節において，我々のアプローチの基本的構造と最近発展している公正性（fairness）モデルの要点を簡潔に述べる。それから我々のモデルを標準的なコモン・プール資源ゲームに適用し，経験的発見の見地から理論的予測を議論する。我々はまた，制裁機会のあるコモン・プール資源ゲームに関する命題とともに，互恵主義的選好が存在する場合におけるコミュニケーションの役割に関する議論を提示する。さらに続く節では，コモン・プール資源の結果を公共財ゲームにおいて到達した結果と比較する。最終節で結論を述べる。

1　互恵主義と公正性の理論的モデル

多くの証拠が，公正性と互恵主義が人間の行動の強力な決定要因であることを指摘している（一つの概観として，たとえば Fehr and Gächter, 2000b を参照せよ）。こうした証拠に対する反応として，互恵主義と公正性に関するさまざまな理論が展開されてきた（Rabin, 1993; Levine, 1998; Bolton and Ockenfels, 2000; Fehr and Schmidt, 1999; Falk and Fischbacher, 1998; Dufwenberg and Kirchsteiger, 1998; Charness and Rabin, 2000）。これらのモデルは，自分自身の物的な自己利益に加えて，人々は公正な成果あるいは公正な処遇についてもまた関心を持っていることを仮定している。これらのモデルのいくつかについて印象的な特徴は，それらが多種多様な実験ゲームにおける実験の成果を正しく予測できるということである。これらのモデルすべてに共通するのは，プレーヤーの効用が彼ら自身の利得だけでなく，他プレーヤー（たち）の利得にも依存するという前提である。この仮定は，主体の効用は彼らの絶対的な利得にのみ基

づくという標準的な経済モデルとは著しい対照をなす。

　先述のモデルのいくつかは，人々は公正な成果に配慮するという考えに基づいている（Bolton and Ockenfels, 2000; Fehr and Schmidt, 1999）。ほかのモデルは，人々は他の人々の行動の公正性を，その行動を引き起こした意図の親切さという観点で評価するという仮定に基づいている（Rabin, 1993; Dufwenberg and Kirchsteiger, 1998）。意図に基づく公正性モデルは，ある著者たち（たとえば，Lind and Tyler, 1988）によって手続き的公正性と呼ばれてきたものの重要な側面を捉えている。モデルの第三の部類は，公正性について成果に基づく考えと意図に基づく考えとを組み合わせている（Falk and Fischbacher, 1998; Charness and Rabin, 2000）。実験による証拠（たとえば，Blout, 1995; Falk et al., 2000a を参照せよ）は，被験者は公正な成果を達成したいから制裁を加えるだけでなく，不公正な意図を罰するという動機もまた制裁を加える行動の主要な決定要因でもあることを指し示している。それゆえ，分配的関心と，意図に報酬（reward）を与えたり制裁を加えたりすることとに注目するアプローチ（たとえば Falk and Fischbacher, 1998 におけるような）は実験における規則性を最もよく捉えている。

　先述の公正性理論はすべて相互依存的な選好を許容しているが，合理的な個人を想定しているという点で合理的選択理論である。人々はしばしば十分合理的には活動しないし，とはいえ限定的には合理的であるので，この仮定は批判されるかもしれない（たとえば，Selten, 1998; Dietz and Stern, 1995）。我々はこのような見方に一般的には共感するが，本章で提示される実験の結果を厳密に予測できるような，限定合理性の数式モデルはいまのところ存在しないことを指摘しておきたい。

　本章で分析されるゲームにおいて，Falk and Fischbacher モデルと Fehr and Schmidt モデルは同様の予測を導きだす。そこで我々は関心を後者に限定するが，それは，そちらのほうが我々の文脈において比較的適用しやすいからである。Bolton and Ockenfels モデルもまた基準的コモン・プール資源環境においては同様の予測を導きだすが，罰則（punishment）機会のあるコモン・プール資源ゲームにおいては誤った罰則パターンを予測する。その理由は，彼らのモデルにおいて，それぞれのプレーヤーが公正性を，（Falk and Fischbacher モデルや Fehr and Schmidt モデルにお

けるように）他プレーヤーそれぞれと比べてではなくて，むしろ集団平均と比べて評価するからである。最後に，Dufwenberg and Kirchsteiger モデルと Charness and Rabin モデルは極端に複雑であり，しばしば正確な予測を生み出さない。どちらのモデルもしばしば多数の均衡を予測する。最後に，我々が利他主義モデル（たとえば Palfrey and Prisbrey, 1997 を参照せよ）を適用することはないが，それは，こうしたモデルが制裁とも，人々が条件付きで協調するという事実とも両立しないからである。

Fehr and Schmidt モデルにおいて，公正性は「不公平回避性向（inequity aversion）」としてモデル化される。ある個人が不公平回避的であるとは，不公平として認知される成果を彼または彼女が嫌うことをいう。当然この定義は，個々人が成果の公正性をどのように計測または認識するのかという困難な問題をもたらす。公正性判断は不可避的にある種の中立的な準拠成果（reference outcome）に基づく。ある状況を評価するのに使われる準拠成果はそれ自体，複雑な社会的比較過程（social comparison processes）の産物である。社会心理学（Adams, 1963; Festinger, 1954; Homans, 1961）および社会学（Davis, 1959; Pollis, 1968; Runciman, 1966）において，社会的比較過程の妥当性は長い間強調されてきた。この研究分野における，ひとつの重要な洞察は，妥当な物的利得は人々の福祉と行動に影響するということである。これからみていくように，少なくともある人々にとっては相対利得が重要であるという仮定がなければ，コモン・プール資源実験で観測される実験の規則性を理解するのは，不可能でないにしても困難である。さらにまた，相対利得の重要性を示す直接的な実験の証拠がある。たとえば Agell and Lundborg（1995）および Bewley（1998）における結果は，相対利得に関する考慮が企業内部の賃金構造に対して重要な制約を構成していることを指摘している。さらに Clark and Oswald（1996）は，比較賃金が全体的な仕事の満足感に有意な影響力を持っていることを証明している。相対利得の重要性の強力な証拠はまた Loewenstein et al.（1989）によっても提示されている。この著者たちは被験者に，被験者自身と比較対象人物との間で利得の分配について異なった諸成果を，序数的に順序づけるように求めている。これらの序数的順序に基づいて，著者たちは相対的な物的利得が個人の効用関数にどのように入っているのか推計している。結果は，被験者は不

利な不平等に対して強力で頑健な回避性向を示すことを証明している。自分の所与の所得 x_i に対して比較人物が x_i よりも多く稼ぐ成果を，等しい物的利得の成果よりもかなり低く順序づけるのである。多くの被験者がまた有利な不平等に対する回避性向も見せたが，この効果は不利な不平等に対する回避性向よりも有意に弱いようである。

　ある特定の区分に属す個々人にとっての妥当な準拠集団（reference group）と妥当な準拠成果の決定は，究極的には経験的な問題である。社会的文脈，特定の行為主体の突出，そして個々人のあいだの社会的近接性はみな，準拠集団と準拠成果に影響を与える傾向にある[3]。あとに続く議論において，我々は経済的実験における個人の行動に関心を限定するから，この文脈において主流を占めそうな準拠集団と準拠成果に関する仮定を置かなければならない。実験室においては通常，被験者によって公平な配分として認識されるものを定義するのはずっと単純なことである。被験者は実験室に優劣のないものとして入るし，互いについて何も知らず，実験において異なる役割を無作為に割り振られる。したがって，単に準拠集団は互いにプレーする被験者たちの集合であり，準拠成果すなわち公平な成果が平等主義的な成果によって与えられると仮定するのは自然なことである。

　ここまで我々は相対利得に対する関心の重要性を強調してきた。しかしながら，このことは絶対利得が無視できる数量としてみなされるべきであることを意味するわけではない。さらにまた我々は，すべての人々が公平な分け前に対する類似した関心を共有しているとは主張していない。実際，多くの実験は被験者の不均質性（heterogeneity）と絶対利得の重要性を明らかにしてきた。個々人の選好の不均質性に関する議論は，たとえば Parks（1994），Van Lange et al.（1997）そして Kopelman et al.（本書第4章）において与えられている。この研究分野においては，協調主義者，個人主義者そして競争主義者のような，異なるタイプが議論されている。同様に我々は，自身の物質的利得にのみ配慮する利己的な人々と，公正な行動に報酬を与え不公正な行動を罰するという，公正を意識型の人々が存在すると仮定する。のちにみるように，これら2つ

---

　[3]　数式モデルにおいて準拠行為主体ないし準拠標準の選択を内生化しようとした最初の試みとして，Falk and Knell（2000）を参照せよ。

のタイプの間の相互作用が観測データの多くを説明する。

　正確には Fehr and Schmidt モデルにおいて，純粋に利己的な主体に加えて，不公平な成果を嫌悪する主体が存在することを仮定している。彼らは実験において他プレーヤーよりも物質的な点で厚生が悪くなるならば不公平を経験し，厚生がよりよくてもまた不公平を感じる。さらにまた主体は一般に，自分にとって物的に有利な不平等からよりも，自分にとって物的に不利な不公平からのほうが大きな苦痛を感じるということが仮定されている。数式を用いて，$i \in \{1,\ldots,n\}$ で表される n 人プレーヤーの集合を考え，$\pi = (\pi_1,\ldots,\pi_n)$ によって貨幣利得のベクトルを表そう。プレーヤー i の効用関数は，$\alpha_i \geq \beta_i \geq 0$ かつ $\beta_i < 1$ として，

$$U_i = \pi_i - \frac{\alpha_i}{n-1}\sum_{j,\pi_j>\pi_i}(\pi_j - \pi_i) - \frac{\beta_i}{n-1}\sum_{j,\pi_i>\pi_j}(\pi_i - \pi_j) \quad (5\text{-}1)$$

によって与えられる。

　等式 5-1 の初項 π_i はプレーヤー i の物的利得である。等式 5-1 の第二項は不利な不平等から生じる効用損失を計測し，第三項は有利な不平等から生じる損失を計測する。図 5-1 はプレーヤー i の効用を，ある所得 x_i に対する x_j の関数として図示している。彼自身の貨幣利得 x_i を所与として，プレーヤー i の効用関数は $x_j = x_i$ において最大値を得る。不利な不平等 $(x_j > x_i)$ から生じる効用損失は，プレーヤー i がプレーヤー j よりも厚生がよい $(x_j < x_i)$ ならば生じることになる効用損失よりも，大きい。

　この効用関数の含意を評価するために，2 人プレーヤーの場合から始めよう。単純さのためにこのモデルは，効用関数が x_i についてと同様に不平等回避性向（inequality aversion）についても線形であると仮定する。さらにまた仮定 $\alpha_i \geq \beta_i$ は，あるプレーヤーが自分にとって不利な不平等からは，より大きな苦痛を感じるという考えを捉えている。Loewenstein et al.（1989）によって言及されている論文は，この仮定が一般に妥当であるという強力な証拠を与えている。$\alpha_i \geq \beta_i$ は本質的に，主体が社会的比較において損失回避的（loss averse）であることを意味していることに注意してほしい。準拠成果からの負の逸脱は正の逸脱よりも大きな意味を持つのである。モデルはまた $0 \leq \beta_i < 1$ を仮定している。$\beta_i \geq 0$ が意味しているのは，モデルが，自分のほうが他主体たち

よりも厚生がよいことを好む主体の存在を除外しているということである。制約 $\beta_i < 1$ を解釈するために，プレーヤー i がプレーヤー j よりも高い貨幣利得を持っていると仮定しよう。この場合，$\beta_i = 0.5$ は，プレーヤー i が 1 ドルを保持することとこの 1 ドルをプレーヤー j に与えることとの間でちょうど無差別であることを意味する。もし $\beta_i = 1$ ならば，プレーヤー i はプレーヤー j に対する彼の有利を減少させるために 1 ドルを投げ捨てる用意があることになるが，それはありそうにないことである。このような理由から我々は $\beta_i \geq 1$ の場合を考えない。他方，α_i に上界（upper bound）を設定する正当な理由はない。これを確認するために，プレーヤー i がプレーヤー j よりも低い貨幣利得をもつと仮定しよう。この場合，プレーヤー i が自分自身の貨幣利得 1 ドルを諦めることで彼の相手の利得を $(1 - \alpha_i)/\alpha_i$ ドルだけ減少させることになるのなら，1 ドルを諦める用意がある。たとえば，もし $\alpha_i = 4$ とすれば，プレーヤー i が 1 ドルを諦めることで彼の相手の利得を 1.25 ドルだけ減少させるなら，すすんで 1 ドルを諦める気がある。

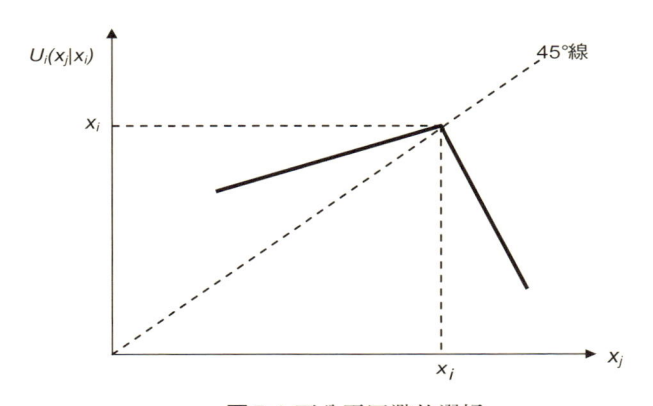

図5-1 不公平回避的選好

もし $n > 2$ 人プレーヤーがいるならば，プレーヤー i は彼の所得を他のすべての $n - 1$ 人のプレーヤーと比べる。この場合，不平等から生じる不効用は第二および第三項を $n - 1$ で割ることで正規化されている。この正規化は，プレーヤー i の総利得に対する不平等回避性向の影響を

プレーヤー数から確実に独立させるために必要である。さらにまた, 我々は単純さのために, 不平等から生じる不効用は, プレーヤー i が彼自身を他のプレーヤーのそれぞれと比較するが, 本質的に彼の相手たちの集団内の不平等については気にしないという意味で, 自己中心的であると仮定する。

2 理論的予測

つづく文中において, 典型的なコモン・プール資源ゲームにおける不公平回避性向の影響力について議論する。我々が分析する第一のゲームはコミュニケーションも制裁機会もない標準的なコモン・プール資源ゲームである。それに続いて, 費用のかかる制裁とコミュニケーションを加えたゲームをそれぞれ分析する。すべてのゲームについて, まず, すべての人が利己的で合理的であると仮定して, 標準的な経済学の予測つまりナッシュ均衡を導出する。我々はこの予測を, 実験結果と公正性モデルによって導出される予測とに対置する。実験結果を提示する際には関心を, 最終期における被験者の行動に限定するが, それは, その期における利己的ではない行動が将来期における報酬の期待によって合理化されることはあり得ないからである。さらにまた最終期なら, プレーヤーたちがプレーされているゲームを十分によく理解しているという確信がより強くなる。一回限りのデータ (たとえば Rutte and Wilke, 1985 におけるような) を分析しない理由は単純である。我々の知る限り, 同一のコモン・プール資源ゲームがさまざまな環境において研究されているような一回限りの実験が存在しないのだ。唯一, Walker and colleagues (1990) による繰り返しゲームのデータだけがこの種の分析を可能にするが, それは同じゲームをさまざまな制度的設定において研究しているからである。もちろん, 繰り返し相互行為の最終期はなんらかの点で, 純粋な一回限りゲームとは異なるかもしれない。たとえば, 一回しか相互行為をしないなら, 人々は制裁をしないかもしれないということは議論されてきた。しかしながら, 純粋な一回限りゲームにおいてさえ多くの人々は費用のかかる制裁を加えて裏切り者を罰するということを証明

している最近の実験による証拠（Falk et al., 2000b）によって，こうした予測は明らかに棄却される。

2.1 標準的なコモン・プール資源ゲーム

標準的なコモン・プール資源ゲームにおいて，それぞれのプレーヤーは賦存量（endowment）e を与えられている．集団のすべての n 人プレーヤーは，コモン・プール資源からどれだけ利用したいかを独立的かつ同時的に決定する．個人 i の利用決定は x_i によって表される．利用決定は利用1単位につき費用 c を生じさせるが，収入もまた生み出す．費用は他の集団メンバーの決定から独立であると仮定されているが，収入はすべてのプレーヤーの利用決定に依存する．より具体的には，すべてのプレーヤーのコモン・プール資源からの総収入は $f(\sum x_j)$ によって与えられ，ここで $\sum x_j$ は総利用量である．総利用の低い水準において $f(\sum x_j)$ は $\sum x_j$ について増加するが，ある水準を超えると $f(\sum x_j)$ は $\sum x_j$ について減少する．個人主体 i は総利用に対する自分の割合 $\frac{x_i}{\sum x_j}$ に応じて $f(\sum x_j)$ の一部分を受け取る．したがって，i の総物的利得は以下によって与えられる．

$$\pi_i = e - cx_i + \left[\frac{x_i}{\sum x_j}\right] f\left(\sum x_j\right).$$

Walker and colleagues（1990）の実験においては，$e = 10$（あるいは 25）で $f(\sum x_j) = 23\sum x_j - .25(\sum x_j)^2$ である．総収入は $f(\sum x_j) = 23\sum x_j - .25(\sum x_j)^2$ によって与えられる．したがって，この実験において，物的利得は以下のようになる．

$$\pi_i = 10 - 5x_i + \left[\frac{x_i}{\sum x_j}\right]\left[23\sum x_j - .25\left(\sum x_j\right)^2\right].$$

個人 i の利用決定 x_i がプレーヤー i の利得だけでなく，すべてのプレーヤーたちの利得にも影響するのだから，直観的にこれは社会的ディレンマ問題である．総利用についてある水準を超えると，プレーヤー i の利用が増加することで，他プレーヤーたちがコモン・プール資源から得る収入は低下する．利己的なプレーヤーは自分自身の福祉にしか関心がないから，自分たちが他プレーヤーたちに課す負の外部性について配慮することはない．これからみていくように，このことはこの種のディ

レンマ・ゲームの特徴となる典型的な非効率性を生じさせる。

Walker and colleagues（1990）に由来する上記の利得関数は $\pi_i = 10 + 18x_i - 0.25x_i \sum x_j$ として，あるいはより抽象的に $\pi_i =: e + ax_i - bx_i \sum x_j$ として変形できる。のちにみるように，この表記法はあとに続く議論において有用であろう。

このコモン・プール資源ゲームにおいては，標準的な経済学の予測（完全に利己的で合理的な主体を仮定している）は命題1に記述されているようなものである[4]。

命題1（利己的なナッシュ均衡）

もしすべてのプレーヤーが純粋に利己的な選好を持つならば，一意的なナッシュ均衡は対称的で，個人の利用水準は $x_i^* = \dfrac{a}{b(n+1)}$ によって与えられる。

以下では，この均衡を SNE（Selfish Nash Equilibrium；利己的ナッシュ均衡）と表し，対応する個人の利用水準を x_{SNE} として表す。命題1からわかるように，個人の寄与は賦存量から独立しており，それはプレーヤー数について減少する。Ostrom et al.（1992）の設定においては8人のプレーヤーから成るグループが実験に参加した。したがって彼女らの実験においては，予想される個人の寄与量は $x_i^* = \dfrac{18}{0.25(8+1)} = 8$ に相当する。集団規模を所与とすると総利用は64である。36という社会的最適と比較すると，この均衡はかなりの非効率を生じさせる[5]。重要なのは，主体はその決定において，他プレーヤーたちに課される負の外部性を無視するということである。プレーヤーたちは自分の物的利得のみを配慮するように仮定されているから，単にそうした外部性を配慮しないだけである。

不公平回避的なあるいは互恵主義的な意識をもった主体の存在がどのように標準的な経済学の予測を変化させるのか。この問題に答えるために，我々は2つの命題を議論しよう。最初の命題は対称均衡について考え，第二は非対称均衡を扱う。

---

4) すべての命題は本章の付録において証明されている。
5) 社会的最適の導出は本章の付録において与えられている。

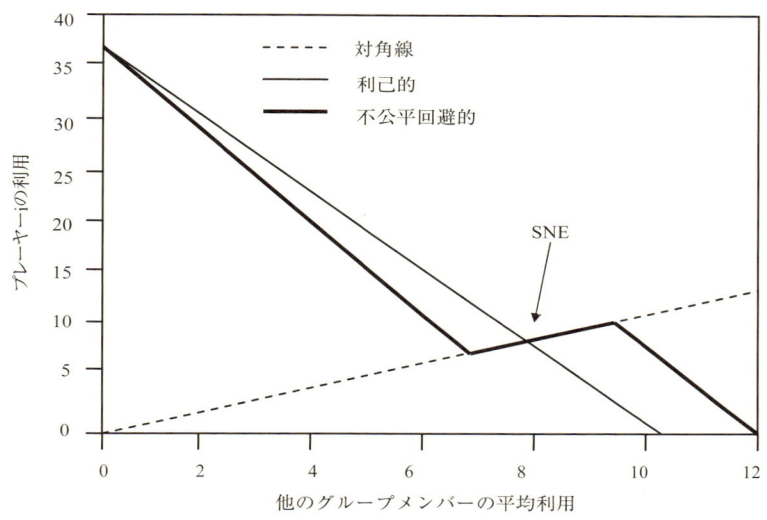

第5章 コモンズを利用する 221

図5-2 標準的コモン・プール資源ゲームにおける最適反応行動
（アルファ=4、ベータ=0.6）

　対称均衡の特性については，不公平回避的な主体の最適反応関数（best response function）の性質から議論を始めるのが有用である。最適反応関数は，すべての他プレーヤーの平均的利用に対する不公平回避的プレーヤーの最適利用反応を指し示す。図5-2は不公平回避的な主体の最適反応（正の α と β を伴う）を表し，それを利己的な主体のものと比較している。細線は他の集団メンバーの平均的利用水準を所与とした，利己的な主体の最適利用を表示している[6]。図5-2からわかるように，ある利己的な主体がより少なく利用すると，他の集団メンバーはそれだけより多く利用する。最適反応関数が対角線と交差する点において，SNE が他を制する。この点では他の $n-1$ 人のプレーヤーの平均的利用水準はそれぞれの個人プレーヤーの視点からみて8である。さらに，$n-1$ 人の他プレーヤーのこの平均的利用に対して自身も8という利用水準で反応するのが各プレーヤーにとって利益になる。それでは図5-2における太線

---

6) 図5-2が対称な場合を表していて，その場合には他プレーヤーたちの利用決定は互いに等しいということに注意せよ。

を見よう。この線は不公平回避的な主体の最適反応行動を示している。この関数の4つの側面は重要であり，強調しておこう。

第一に，対角線よりも上の領域，つまり他のプレーヤーが SNE におけるよりも少なく利用するところでは，不公平回避的なプレーヤーの最適反応曲線は利己的なプレーヤーの最適反応曲線よりも下に位置している。このことが意味するのは，もし他プレーヤーたちが物質的自己利益であるものよりも少なく利用するという意味で「やさしい」ならば，不公平回避的な主体もまたより少なく利用するということである。不公平回避的なプレーヤーたちは有利過ぎる位置にいることを嫌悪するため，彼らは他プレーヤーたちの親切さを搾取せず，むしろ他プレーヤーたちのために自分の資源のいくらかを自発的に犠牲にする。

第二に，対角線よりも下の領域がある。この領域においては，他の集団メンバーたちは SNE におけるよりも多く利用する。不公平回避的な主体の最適反応行動は，この場合において純粋な自己利益と一致するものよりも多く利用するよう命じる。これを直観的にいうと，他プレーヤーたちが SNE よりも多く利用しているから，不公平回避的プレーヤーは他プレーヤーたちに負の外部性を課すことで復讐しているということである。復讐するという欲望は，他の人々の高度な利用水準が不公平回避的主体にとって不利な不平等を生み出すという事実から生じる。この領域で［より多く］利用すれば自分自身の利得よりも他のプレーヤーたちの利得を減少させるから，不公平回避的プレーヤーは利得差を縮めることができる。他方で，利己的なプレーヤーは利得差を気にせず，それゆえこの状況においては，より少なく利用する。

第三に，不公平回避的プレーヤーの最適反応の一部はちょうど対角線上にある。これは対称均衡が存在するかもしれない領域である。主体たちが SNE におけるよりも少なく利用する均衡が存在するのと同様に，より多く利用する均衡もまた存在するかもしれない。特に興味深いのは，SNE よりも左側の均衡であるが，なぜならこの方向で効率性が増大していくからである（36の最適利用水準まで）。そのような均衡が存在するかどうかはパラメータ α と β の分布に依存する（命題2に関する我々の議論を参照せよ）。

第四に，他のプレーヤーたちがまったく利用しない場合には利己的

なプレーヤーと不公平回避的なプレーヤーの最適反応が一致することに注意しよう。一見すると，これは直観に反するようだが，というのも，まったく利用しないというのはある意味で他の集団メンバーによる最も友好的な選択だからである。しかしながら，そのような点において2つの最適反応関数が一致することは，まったく理にかなっている。その理由は，もし他の集団メンバーがまったく利用しないのなら，あるプレーヤーの利用決定は他プレーヤーの利得に全く影響しないからである。このようなことが起きるのは，総収入からの他プレーヤーたちの分け前 $\frac{x_i}{\sum x_j}$ がゼロだからである。ところで，不公平回避的プレーヤーは36単位という貨幣最大化利用水準など選択しないはずではないだろうか。等式5-1において特定化されている効用関数が絶対利得に対する関心と利得差に対する関心とを組み合わせていることを思い出そう。他プレーヤーたちがまったく利用しない場合，効用は $U_i = \pi_i - \beta_i(\pi_i - \pi_{-i}) = \pi_i(1 - \beta_i) + \beta_i \pi_{-i}$ に等しく，ここで π_{-i} はゼロ利用する $n-1$ 人の他のプレーヤーそれぞれの個人利得である。π_{-i} は e に等しいから，プレーヤー i の選択に依存しないし，$\beta_i < 1$ であるから，高度に不公平回避的な主体にとってさえ，貨幣最大化行動と効用最大化行動は一致することは明らかである。

不公平回避的主体の最適反応行動を所与としたとき，対称均衡の存在条件と性質は次の命題に記述される。この命題において，$\min(\beta_i)$ は n プレーヤーのなかで最小の β_i を表し，$\min(\alpha_i)$ は最小の α_i を表すことに注意しよう。

命題2（不公平回避的主体のいる対称均衡）
もし $\hat{x}$ が区間 $\left[\frac{a(1 - \min(\beta_i))}{b(1 + n(1 - \min(\beta_i)))}, \frac{a(1 + \min(\alpha_i))}{b - (1 + n(1 + \min(\alpha_i)))}\right]$ のなかに存在すれば，それぞれの主体が $x_i^* = \hat{x}$ を選択する対称均衡が存在する。

命題2の直観は次のようになる。もし最小の α_i と最小の β_i がともにゼロに等しいなら，唯一の均衡は SNE，つまり $\hat{x} = \frac{a}{b(n+1)}$ である。このことが意味するのは，集団に利己主義的なプレーヤー（$\alpha_i = \beta_i = 0$ である）がただひとり存在するだけで，すべての他プレーヤーがどれほ

ど不公平回避的であろうと，彼らを利己的に行為するように仕向けるには十分だということである。言い換えると，たとえ他の $n-1$ 人プレーヤーすべてが高度に不公平回避的であるとしても，利己主義者が一人いれば，SNE に比べた効率性の改善はどのようなものも排除されるのである。

命題2はとても強力な結果を伴っている。それが述べているのは，公平な成果に対して「最も弱い」選好をもつ主体が集団全体の成果を決定するということである。最低の α_i あるいは最低の β_i がゼロよりも大きいときだけ，SNE とは異なる非対称均衡が存在する。特に興味深いのは，最小の β_i がゼロよりも大きい均衡である。この場合，命題2で与えられている区間の下界 (lower bound) は x_{SNE} よりも小さく，つまり，SNE より「左側に」均衡が存在する。これらの均衡においては主体たちは SNE におけるよりも少なく利用する。同様に，もし最小の α_i がゼロよりも大きいならば，主体は SNE におけるよりも多く利用する。もし集団におけるすべてのプレーヤーが不公平回避的であり，かつ Ostrom et al. (1992) の実験のパラメータが与えられているならば，ありうるナッシュ均衡の値域 (range) は $0 < \hat{x} < 9$ であり，ここで α_i と β_i にかかわらず $x_{SNE} = 8$ はつねに均衡である[7]。

ここまで我々は対称均衡に集中してきた。しかしながら，非対称均衡もまた存在する。次の命題が詳細を述べる[8]。

命題3（不公平回避的な主体のいる非対称均衡）
(i) $\frac{\beta_i}{\alpha_i} \geq \frac{n-k}{k-1}$ であるようなプレーヤーが少なくとも k 人存在するならば，SNE におけるよりも少ない利用の均衡が存在する。この均衡において，少なくとも k 人のプレーヤーが同じ利用 $\hat{x} < x_{SNE}$ を選択する。他のプレーヤー j はより高い利用水準を選択する。(ii) $\frac{\beta_i}{\alpha_i} \geq \frac{n-k}{k-1}$ であるようなプレーヤーが少なくとも k 人存在するような k が存在しないならば，SNE におけるよりも少ない利用の均衡は存在しない。

---

[7] 当該値域 $[0 < \hat{x} < 9]$ 全体が均衡として存在するために，均衡選択の問題が生じる。この問題は調整に関する後節において議論される。
[8] 我々は，均衡利用が SNE におけるよりも少ない場合に関心を限定する。

第5章　コモンズを利用する

系1：もし $\frac{n}{2}$ あるいはそれよりも多い利己的なプレーヤーが存在するならば，SNEにおけるよりも少ない利用の均衡は存在しない。

命題3の直観は単純である。SNEよりも効率的な均衡を得るためには，主体たちの比較的大きな割合はかなり高い $\frac{\beta_i}{\alpha_i}$ の組合せを持つことを必要とする。$0 < \beta_i < 1$ かつ $\alpha_i > \beta_i$ であるために，式 $\frac{\beta_i}{\alpha_i}$ はゼロとイチのあいだに存在する。このことは，$k \leq \frac{n}{2}$ について唯一の均衡がSNEであることを意味する。k が $n/2$ よりも大きいときのみ，より効率的な均衡を保証する $\frac{\beta_i}{\alpha_i}$ の組合せが存在する。たとえば，もし集団規模が8ならば，そのような均衡を達成するためには少なくとも5人の非利己主義的なプレーヤーが必要である。この場合，これら5人の主体の $\frac{\beta_i}{\alpha_i}$ の組合せは少なくとも $\frac{\beta_i}{\alpha_i} > \frac{8-5}{5-1} = 3/4$ でなくてはならない。より多くの人々が利己的でなければ，それだけ $\frac{\beta_i}{\alpha_i}$ に関する要件は弱くなる

$$\left(k=6 \to \frac{\beta_i}{\alpha_i} > \frac{2}{5}; k=7 \to \frac{\beta_i}{\alpha_i} > \frac{1}{6}; k=8 \to \frac{\beta_i}{\alpha_i} > 0 \right).$$

このように，より効率的な成果を達成するためには，多くの主体が極端な値ではない $\frac{\beta_i}{\alpha_i}$ の組合せを持つか，より少ない（しかし，$n/2$ よりもなお多い）主体がとても高い $\frac{\beta_i}{\alpha_i}$ の組合せを持つ必要がある。式 $\frac{\beta_i}{\alpha_i}$ は β_i について上昇し，α_i について減少することに注意しよう。それゆえ，もし主体たちが有利な不平等からはかなり大きな効用損失を経験し，かつ不利な不平等からはかなり小さな効用損失を経験するならば，より効率的な均衡が達成されそうである。

本節の結果をまとめよう。SNEよりも「よい」成果が実現する見込みはどのようなものであろうか。もし命題2および命題3の要件をみれば，そのような成果実現について懐疑的になってしまう。要件がかなり厳しいのだ。対称な場合において，利己的な主体がただ一人いれば，確実に唯一の均衡がSNEになる。もちろん，より効率的な均衡は可能である。しかしながら，それは通例というよりも例外であると思われる。たとえば，純粋に利己的なプレーヤーがおよそ25パーセント存在すると仮定すれば（これ自体がかなり楽観的な推測であるが），無作為に抜き出された8人の主体のグループのなかに一人も利己主義者がいない確率はおよそ10パーセントである。これはつまり，平均して10グループのうち1グ

ループについてのみ，SNE におけるよりも少ない利用を期待できるだろうということである。

非対称な場合についてはどうだろうか。一見すると，要件はより弱いように見える。利己的なプレーヤーが存在しても，より効率的な成果が成立する。しかしながら，(i) 利己的ではなく，かつ (ii) 不利な不平等に由来する効用損失と比較して，有利な不平等から生じる効用損失がかなり大きい，そのようなプレーヤーが半数以上いることがなおも必要である。この種の選好が十分広範に見られるというのはかなり疑わしい。我々が指摘してきたように，不利な不平等に対する回避性向はたいてい，有利な不平等から生じるものよりもずっと強力であることが予想される（Loewenstein et al., 1989 も参照せよ）。

したがって我々の結論は，多くの不公平回避的で互恵主義的な主体が存在しても，SNE よりも効率的な均衡を実現する見込みは標準的なコモン・プール資源ゲームにおいてはかなり弱いというものである。これは報告されているデータの多くと整合的であり，それらのデータによると，概して SNE は全体的な行動をまったく的確に記述しているということになる。Ostrom et al. (1994) は彼女らの繰り返しコモン・プール資源ゲームにおいて，3 つの異なるグループの平均的な最終期の利用水準はそれぞれ 63 と 64 と 78（賦存量が 25 トークンである場合）および 60 と 63 と 70（賦存量が 10 トークンである場合）である[9]。これらの数字は 64 という標準的な予測に非常に近い。

2.2 制裁機会のあるコモン・プール資源ゲーム

本節では，標準的なコモン・プール資源ゲームの変化型について議論する。さらに，我々は Ostrom et al., (1992) の実験設定に従う[10]。彼女らの制裁制度は，前に議論した標準的なコモン・プール資源ゲームに追加するかたちで組み込まれている。被験者たちは最初に標準ゲームをプレーし，プレーのそれぞれのラウンド後にすべての被験者がすべての個々人の利用決定のデータを受け取る。それから，それぞれの被験者は

---

9) 我々は繰り返しゲーム効果から生じうる混乱を排除し，行動を一回限りの予測と比較できるようにするために，最終期における主体の行動に限定して注目している。

10) 制裁制度は Yamagishi (1986) によって初めて研究された。

他の集団メンバーのだれに対してでも、ある一定の費用をかけて制裁を加えることを選択できる。技術的にはどのプレーヤー i も、プレーヤー j の利得から p_{ij} を費用 cp_{ij} で差し引くことができ、ここで c は 1 よりも小さい正の定数である。報告されている実験においては、さまざまなパラメータの組合せが使用されており、p_{ij} は 10 セントから 80 セントまで、cp_{ij} は 5 セントから 20 セントまで幅がある。

この種の実験において制裁には費用がかかるから、(利己的な選好を仮定している)標準的なゲーム理論の予測はちょうど命題 1 に述べられているとおりである。この予測の論拠は単純である。なぜ合理的で利己的な人物が最終期に自分の資源を費やして、ほかの人物に制裁を加えねばならないのか。制裁には費用がかかるし、効用は自分の物的利得にだけ依存するのだから、制裁は貨幣を投げ捨てるのも同然である。合理的な主体は必要な後方帰納法(逆向き帰納法)(backward induction)を実行することができ、そのため、最初期の利用行動が実際どれほど利己主義的であるとしても、だれも制裁を加えないことを全員が知っている。こうして利用は、制裁段階の存在によってはまったく影響を受けない。

この予測に反して、Ostrom et al.(1994:176)はつぎのような、様式化された事実を報告している[11]。

- 標準的な予測によるものよりも有意に多くの制裁が生じる。
- 制裁は制裁の費用(c)とは逆数関係にある。
- 制裁は主に、コモン・プール資源から最も多く利用する主体に向けられる。
- 制裁は利用行動に対して控えめな効率性向上効果を持つ(つまり、SNE におけるよりも少ない利用が生じる)。
- 「過誤の罰則、時間差のある罰則、あるいは『見境なし』の復讐」として分類できる制裁行動が存在する。

---

11) Moir(1999)は制裁に追加して監視の影響力を研究した。彼は、単なる監視は過剰利用を克服するのに役に立たないことを指摘している。高水準の監視がなされても、制裁が低水準の制度は、いかなる監視も伴わない制度よりも多くの利用を引き起こすことにさえなりかねない。異なる設計は Casari and Plott(1999)によって示唆されていて、監視と罰則が単一の決定にまとめられている。彼らの問題設定における効率性はまた、監視/罰則のない基準的問題設定と比較しても、より高い。

・制裁の費用を考慮に入れると，全体の効率性は制裁機会のない標準的なコモン・プール資源と同等である。

この証拠は経済人（homo economicus）視点とは大いに食い違う。しかしながら，この証拠は相互依存的な選好を仮定することで説明できる。特に我々のモデルは，公平性と互恵主義に対する十分に強い選好をもつプレーヤーによって裏切り者が罰せられることを予測する。この罰則は利己的なプレーヤーに対する規律付け装置として機能する。結果として，利己的なプレーヤーは制裁制度のない状況と比べて，より協調的に行為するインセンティブをもつ。こうして，ある集団（利己的な主体と不公平回避的な主体から成る）に関して，より効率的な利用水準の見込みは，制裁可能性のあるコモン・プール資源環境において明らかに改善される。SNE よりも下の利用水準の均衡が存在するための正確な条件は，次の命題に与えられている。

命題4（制裁可能性のある均衡）

すべてのプレーヤー $i \leq k$ にとって，効用パラメータ α_i と β_i が以下の条件を満たすような，ある数 $k \leq n$ が存在するとしよう。

$$c < \frac{\alpha_i}{(1+\alpha_i)(n-k)+(k-1)(1-\beta_i)}$$
$$= \frac{\alpha_i}{(n-1)(1+\alpha_i)-(k-1)(\alpha_i+\beta_i)} \equiv \hat{c}$$

この条件を満たすプレーヤーを，「条件付き協調主義的［協調］強制人（conditionally cooperative enforcers）」（CCEs）と呼ぶ。さらに，すべてのプレーヤー $i > k$ が条件 $\alpha_i = \beta_i = 0$ に従う，つまり，彼らは利己的であると仮定しよう。$\beta_{\min} = \min_{i \leq k} \beta_i$ を CCEs のあいだで最小の β_i として定義する。そのとき次のように特徴づけられる均衡が存在する。(i) すべてのプレーヤーは $x \in \left[\frac{a(1-\beta_{\min})}{b(1+n(1-\beta_{\min}))}, x_{SNE}\right]$ を選択する。(ii) もしそれぞれのプレーヤがそうするならば，第二段階において制裁はない。(iii) もしあるプレーヤーがより高い利用水準を選択するならば，このプレーヤーはすべてのCCEsによって等しく制裁を加えられる。制裁は制裁を加える人々の利得と x から逸脱するプレーヤーの利得とを均一にする。(iv) x を選択しないプレーヤーが1人より多くても，制裁

第 5 章　コモンズを利用する

が生じる部分ゲームの均衡がプレーされる。

　命題 4 は，すべてのプレーヤーが x_{SNE} よりも少なく利用する均衡の枢要な条件を断定している。それは，制裁の費用 c はある閾値費用 $\hat{c}$ 水準より下でなければならず，後者は CCEs のパラメータによって定義されるということを言っている。閾値 $\hat{c}$ は α_i，β_i そして k について増加する。

　$\hat{c}$ と α_i のあいだの正の関係についての直観は次のようなものである。高い α_i をもつプレーヤーは不利な不公平から多大な不効用を経験する。したがって，このプレーヤーは，たとえ制裁費用が高くても，x よりも多く利用する（したがって，プレーヤー i よりも多く稼ぐ）利己的なプレーヤーをすすんで罰しようとする。

　なぜ決定的な費用 $\hat{c}$ が β_i について増加するのだろうか。高い β_i をもつ人物は有利な不平等に対して強い嫌悪を抱くことを思い出そう。したがって，そのようなプレーヤー i は，自分［だけ］が利己的なプレーヤーを罰しないとき，他の CCEs に対する有利な不公平から強力な不効用を経験する。換言すると，他の人々が裏切り者に制裁を加えるために資源を費やすならば，高い β_i を持つ人物はこれらの懲罰人たちに対して連帯感を感じるだろう。このように，高い α_i が罰則を招くのは逸脱する人物との不公平のためであるが，高い β_i は，実際に罰する人々との不公平を縮小しようとして罰則を招くのである。

　最後に，なぜ $\hat{c}$ は k について増加するのだろうか。より高い k は，x から逸脱するプレーヤーをすすんで罰しようとする主体がより多いことを意味する。したがって，罰する人々と連帯したいという欲望は同じように増大し，つまり，ほかの条件が等しければ，より多くの罰則が生じるだろう[12]。

　制裁機会があるときは，標準的なコモン・プール資源ゲームと比べて，協調的な成果を持続させる条件を満たすのはより容易であることに注意してほしい。制裁が排除されているとき，α_i と β_i が満たすべき条件はより厳しいものである。換言すると，不公平回避的な主体と利己的な主

---

[12]　命題 4 によると，c が k について増加する理由は，罰則の費用がより多くの懲罰人によって分担されるからというわけではないということに注意しよう。

体に関するある分布について，制裁が不可能であるときには，協調的な成果を伴う均衡を達成するのは不可能であるかもしれないが，制裁が可能であるときには，協調的な成果を伴う均衡が存在する。このように，なぜ制裁装置があれば，それがないときよりも利用が効率的であるのかを当モデルは説明することができるのである。それはまた，「合意された」利用水準 x から逸脱する主体が罰せられるだろうということも予測している。これはとても重要なことである。罰せられるのはまさしく裏切り者であるのだから，集団は利己的なプレーヤーを規律付けることができる。十分な「規範強制人（norm enforcer）」がいるかぎり，潜在的な逸脱者は自分が利己的に振る舞えば罰せられるという信用できる脅しに直面するため，協調は高水準であり安定的であろう。したがって，罰則行動のこのパターンは規範強制装置（norm enforcement device）として理解できる（Fehr and Gächter, 2000a を参照せよ）。Fehr and Schmidt モデルと Falk and Fischbacher（1998）モデルがこの特徴を共有していると付け加えておきたい[13]。最後に，当モデルは，なぜ制裁活動が制裁の費用と逆数関係にあるのか説明している。これは命題4から直接導かれる。選好の所与の集合について，罰則の費用が低ければ低いほど，協調的成果を伴う均衡はより生じやすくなるのである。

　ここまで分析してきた実験において，制裁を加える可能性は協調の見込みを明確に改善する。しかしながら，インセンティブ契約のような明示的インセンティブ装置（これもまた不遵守を罰する）の実装は逆効果であるかもしれないということが論じられてきた。公正性選好が存在すると，もしインセンティブ装置が不公正として認知されるならば，それらは自発的な協調を「締め出す」かもしれない（たとえば，Andreoni and Varian, 1999 を参照せよ）。

　我々の見解では，それらが逆効果であるかどうかは明示的インセンティブの細かい性質に大きく依存する。互恵主義に基づく罰則（前に議

---

13) 他のモデルは罰則について非常に異なるパターンを予測する。たとえば，Bolton and Ockenfels（2000）において，罰則は個人に向けられるのではなく，集団平均に向けられる。たとえばこのことは，逸脱する人々は罰せられないで，協調する人々が罰せられることを意味しうる。これは実験による発見とは食い違う。さらにまたそれは，互恵主義的な選好あるいは公平性選好が社会的規範を確立しそれを強制する可能性を説明できない。この点の詳細な議論については，Falk et al.（2000b）を参照せよ。

論された実験において観察されるような）および繰り返しゲームのインセンティブは協調的雰囲気と両立可能であるようにみえるが（Gächter and Falk, 2000），明示的インセンティブ契約は必ずしもそうではない。協調的雰囲気がコモンズを管理するのに重要であるならば，それゆえに明示的なインセンティブの潜在的な長所と短所の帳尻を合わせることも重要である。

2.3 コミュニケーションの影響力

ここまで議論されてきたゲームにおいて主体たちは匿名で，かつコミュニケーションなしに相互行為をしている。しかしながら，現実において人々はしばしばコミュニケーションを行う。彼らは「魚の乱獲」のような問題について議論するし，どのように行動すべきか（非）拘束的な合意をつくり，そして（対面的な）コミュニケーションを通じて承認（approval）や不承認（disapproval）を表明する。しかしながら，合意が厳密な意味において拘束的でなければ，行動に関する標準的な予測は変化しないままである。すべてのプレーヤーが完全に利己的であるとき，過剰に利用しないという約束の後，主体がその約束を守るという望みはない。ただ単に約束を守るために金銭を諦めるという話になるとき，標準的な理論は，主体が自分の物質的自己利益を追求することを躊躇しないだろうと予測する。この意味において，コミュニケーションをする機会は，制裁機会がある場合とちょうど同じように，予測される成果に対して無意味である。

Ostrom et al.,（1994）に報告されている実験による証拠はこの予測に対して深刻な疑問を投げかけている[14]。彼女らは，「ただ一度きりのコミュニケーションをする機会をもつ」被験者たちは，「コミュニケーションのない…基準的な実験において得られるよりも高い純収量の割合を得た（21 パーセントに対し 55 パーセント）」と報告している（1994:98）。被験者たちが繰り返しコミュニケーションできるようにすると，効率性はさらにいっそう増大する（73 パーセント）[15]。

100 を超える公共財実験における協調行動の決定因に関する Sally

---

14) Ostrom and Walker（1991）も参照せよ。
15) コミュニケーションについては，Kopelman et al.（本書第 4 章）も参照せよ。

（1995）のメタ研究において，コミュニケーションは有意にして正の影響力を持っている。一回限りゲームにおいて，協調行動は平均して45パーセント上昇し，繰り返しゲームにおいて上昇は40パーセントである。しかしながら，コミュニケーションはとらえどころのない術語である。ある実験においては，被験者たちは実際互いに話しかけており，つまり言語表現と表情を交換している。別の実験においては，被験者たちは対面的にはコミュニケーションを行なわず，コンピュータやノートへの記入を通じて行なっている。さらに別の実験においては，被験者たちは実際には会話せず，互いを識別しているだけであり，つまりいかなる言語情報も交換していない。なぜコミュニケーションが正の影響力をもつかという議論は実験と同じくらいに多様なものがある。たとえばKerr and Kaufman-Gilliland（1994）はコミュニケーションが持ちうる9つの異なる効果について議論している。これらの問題に長々と取り組むのは我々の目的ではない。本節の目的は，公正性への関心が役割を演じるときにコミュニケーションがどのように決定に影響するか議論することである。この視野から我々がふさわしいと考える2つの主要な効果は調整，そして承認および不承認の表明である。被験者たちは情報を交換するだけでなく互いを見て話しかけるのだから，どちらの効果も前に概略を述べたコモン・プール資源のコミュニケーション状況設定において生じうる。

① 調整　不公平回避的あるいは互恵主義的な選好が存在する標準的なコモン・プール資源問題においては複数均衡がありうることを思い出そう。SNE はつねに，より効率的である（効率的でない）他の均衡とともに存在しており，これらの均衡のうちの一つである。我々の要点を強調するために詳細を捨象し，2人プレーヤーのコモン・プール資源ゲームを仮定しよう。物質的利得の観点では，ゲームは表5-1aに表されるもののように映り，つまりコモン・プール資源ゲームは囚人のディレンマ・ゲームと同様である。低い利用水準を選択することが共通の利益であるとしても，もし高利用戦略を選択するならば，どちらのプレーヤーも個人的に物質的利得を改善できる。これは，どちらのプレーヤーも高い利用を選択する一意的な均衡を得る。どちらのプレーヤーも純粋に利

己的な選好をもつならば，これで話は終わりである（そしてコミュニケーションは効果を持たない）。

表5-1a　互恵的選好のない単純なCPRゲーム

		プレーヤー2	
		低利用	高利用
プレーヤー1	低利用	10,10	0,15
	高利用	15,0	5,5

表5-1b　互恵的選好が存在する単純なCPRゲーム

		プレーヤー2	
		低利用	高利用
プレーヤー1	低利用	10,10	0,9
	高利用	9,0	5,5

　しかしながら，互恵主義的な選好が存在すると，コモン・プール資源ゲームはもはや囚人のディレンマではない（表5-1bを見よ）。理由は，もしどちらのプレーヤーも十分に互恵主義的に動機付けられているならば，彼らは互いに不正を働くことを好まないからである。たとえば，もしプレーヤー1が低利用戦略を選択すれば，互恵主義的な選好をもつプレーヤー2は高利用戦略ではなく低利用戦略を選択することで厚生が改善され，逆もまた真である。たとえプレーヤーたちがいくらかの物質的利得について，それなしで済ませても，他方のプレーヤーのやさしい行動に報いるならば，より高い効用を得られる。しかしながら，もしプレーヤー1が高利用水準を選択すれば，プレーヤー2は低水準を選択する欲望を持たない（彼が利己的なプレーヤーであろうと互恵主義的なプレーヤーであろうと持たないのである）。むしろプレーヤー2もまたこの場合，高利用戦略をプレーする。結果として，いまや2つの（純粋）均衡が存在し，それらは低利用の効率的な均衡と高利用の非効率的な均衡である。換言すると，表5-1aにおける，一意で非効率的な均衡を伴う囚人のディレンマ・ゲームは，ひとつの効率的な均衡ともうひとつの非効率的な均衡をもつ調整ゲームに変わってしまっているのである。ゲーム理論はこの状況においてはあまり役に立たない。それは単に，なんらかのナッシュ均衡がプレーされるだろうと予測するだけで，実際にプレーされるのが

どのナッシュ均衡なのかは予測しないのである[16]。

　複数均衡が生じると，主体は途方もない戦略的不確実性に直面する。どの戦略を他方のプレーヤーが選ぶのかを，どのようにしてある人物が知るのだろうか。戦略的に不確実な状況においてコミュニケーションが正の影響力をもつのは明らかである。実際，プレーヤーたちがよりよい均衡に向けて調整するのにコミュニケーションが役立つということは実験で証明されてきた[17]。例として，異なる調整ゲームをコミュニケーションの有無によって研究している Cooper et al.（1992）をとりあげよう。彼らは，調整ゲームの詳細な構造によっては，コミュニケーションが効率性を改善することがあるということを発見している。すべての告知（announcements）が非拘束的であるとしても，このことは成り立つ。しかしながら，彼らはまた，コミュニケーションが必ずしも調整を改善するわけでもないことも証明している。協調行動が改善されるという見込みは，ゲームの性質とコミュニケーション過程の性質との両方に依存しているのである。

　前に述べたコミュニケーションのあるコモン・プール資源実験においては，プレーヤーは実際に互いに話しかけることができたし，ある制限つきではあるが議論したいことはなんでも議論することが許されていたから，コミュニケーションに関して非常に豊富な機会を有していたことになる。Ostrom et al.,（1994）に報告されているように，被験者は通常，特定の量（たとえば，5トークン）だけ利用することで合意するようになった。もしこういう場合なら，「よい」均衡に関する調整は可能であるようにみえる。これらの拡張的なコミュニケーション機会と，かなりの割合の互恵主義的プレーヤーたちがたいていは存在するという事実を考えれば，被験者たちがより効率的な均衡に関して彼らの選択を調整できるからコミュニケーションは効率性を上昇させるというのは，まったくもってありそうなことであるように思われる。

　② 制裁装置としてのコミュニケーション　　社会的相互行為にはし

---

16) しかしながら，たとえば，Harsanyi and Selten（1988）所収の均衡選択に関する文献群を参照せよ。
17) 調整ゲームの実験については，Ochs（1995）を参照せよ。

ばしば社会的な承認や不承認がつきまとう。そのような社会的な報酬や罰則の予期は重要な経済的帰結を伴うかもしれない。それはたとえば，チーム生産の効率性および，脱税，福祉国家での不正受給，犯罪活動，労働組合加入そして投票行動のような様々な領域における決定に影響するかもしれない。社会的な報酬や罰則が行動に対して演じる役割は社会的交換理論（Blau, 1964）において強調されている。純粋な経済的交換とは反対に，社会的交換は経済的報酬の交換だけでなく，社会的報酬の交換もまた含んでいる。親，教師，職場の同僚，そして傍観者によってときどき表明される承認や軽蔑は社会的報酬の主要な例である。一般に，社会的報酬は明示的な契約的取り決めには基づかないが，それぞれ承認や不承認として解釈できる自然発生的な正ないし負の感情によって引き起こされる。

　もちろん承認や不承認はコモン・プール資源ゲームにおいて伝達され，個人の行動に重要な影響力を持つことがある。互いに話しかける人々は社会的関係に入るのである。この関係性のなかで承認や不承認の交換が可能である。しかしながら，SNE と比較して，より協調的な行動を観察するためには 2 つの仮定がなければならない。第一に，承認と不承認を実際に気にかけ，そのような承認や不承認の期待のなかで行動を変える主体がいなくてはならない。第二に，承認と不承認を実際に表明する主体がいなければならない。第一の条件は自明である。第二の条件が重要なのは，承認や特に不承認を表明するのはたいてい，費用がかからないわけではないからである。我々の要点は，互恵主義的に動機付けられた主体はその費用をすすんで負担するし，他の人々による協調的あるいは非協調的な行為にすすんで報いるということである。このように我々のモデルで仮定されているような選好は，なぜ承認および不承認の表明と組み合わされたコミュニケーションが協調的行動に対して正の影響力を持ちうるのかを説明するかもしれない。

　まとめると我々は，互恵主義的な選好が存在するときにコミュニケーションが協調的行動を引き出す潜在的な経路 2 つを記述してきた。第一のものは情報の交換のみに依存しているが，第二のものは対面的なコミュニケーションの可能性のうえに築かれている。それゆえ（すでに議論した問題設定における場合のように）対面的なコミュニケーションが可

能であるならば，コミュニケーション効果は特に強力であると期待される。これはまた Rocco and Warglien（1995）の結論であって，彼らは，大きな差をつくるのは対面的なコミュニケーションであることを証明する研究を報告している（この点については，Frey and Bohnet, 1995; Bohnet and Frey, 1999a; Bohnet and Frey, 1999b そして Ostrom, 1998 を参照せよ）。

3　公共財——比較

　ここまで我々はコモン・プール資源ゲームを分析してきた。しかしながら，その議論の多くは公共財ゲームにもまた適用できる。事実，公共財ゲームとコモン・プール資源ゲームはとてもよく似ている。コモン・プール資源ゲームにおいては，主体の決定は他の主体たちに負の外部性を課すが，公共財ゲームにおいて主体は正の外部性を生み出す。コモン・プール資源ゲームにおいては，あまり多くとりすぎないのがやさしく親切なことであるが，公共財ゲームにおいては公共財にあまりに少なく寄与しないことが親切なことである。公共財状況は現実においてとても重要であり，またとても頻繁に生じている[18]。さらにまた，公共財実験に関する膨大な実験の研究蓄積が存在する。これから示すように，コモン・プール資源問題について報告されている発見の多くは公共財の発見にも当てはまる。本節において，一段階公共財ゲーム（標準的なコモン・プール資源ゲームと同様である）と，一段階公共財ゲームのあとで主体が制裁機会をもつ二段階公共財ゲーム（制裁機会のあるコモン・プール資源と同様である）について議論する。

　つぎのような線形の公共財ゲームから始めよう。$n \geq 2$ プレーヤーがいて，公共財への寄与水準 $g_i \in [0, y], i \in [1, \ldots, n]$ を同時に決定する。それぞれのプレーヤーは y の賦存量を持つ。プレーヤー i の貨幣利得は，$1/n < a < 1$ として，$x_i(g_1, \ldots, g_n) = y - g_i + a\sum_j g_j$ によって与えられる。$a < 1$ であるから，G への限界投資は $(1-a)$ の貨幣損失を引き起こし，つまるところ，完全に利己的なプレーヤーの支配戦略は $g_i = 0$ を

---

[18]　公共財実験に関する概観については，Ledyard（1995）を参照せよ。

選択することである．しかしながら，$a > 1/n$ であるから，もしそれぞれのプレーヤーが $g_i = y$ を選択するならば，合計の貨幣利得は最大化される．

今度は2段階から成る，若干異なった公共財ゲームを考えよう．段階1では，ゲームは前のゲームと同一である．段階2で，それぞれのプレーヤー i は他のすべてのプレーヤーの寄与について知らされて，先程まで議論された制裁コモン・プール資源ゲームのように，費用のかかる罰則を他のプレーヤーに同時に課すことができる．

標準的なモデルはどのような予測をするだろうか．罰則は費用がかかるから，段階2での二段階ゲームについてプレーヤーたちの支配戦略は罰しないことである．したがって，もし利己心と合理性が共有知識（common knowledge）であるなら，それぞれのプレーヤーは，第2段階は完全に無意味だということを知っていることになる．結果として，段階1でプレーヤーは，罰則のない一段階ゲームにおけるのとちょうど同じインセンティブをもち，つまるところ，それぞれのプレーヤーはまったく寄与しない．

標準的なモデルのこうした予測は，どの程度まで公共財実験からのデータと整合的なのだろうか．一段階ゲームについては幸運にも，非常に多くの実験研究がある．12の実験研究（合計1,042人の被験者が参加している）に関するメタ研究において Fehr and Schmidt (1999) は，罰則のない公共財ゲームの最終期において被験者の圧倒的多数が完全なフリーライディングという均衡戦略をプレーすると報告している．平均して全被験者の73パーセントが最終期に $g_i = 0$ を選択する．正確に均衡戦略をプレーするこれらの被験者に加えて，均衡に「近い」プレーをする被験者も無視できない割合でいるということも言及に値する[19]．これらの事実の観点からは，標準的なモデルは被験者の大多数の選択にかなり適切に「近似している」というのが正しいようにみえる．しかしながら，罰則を伴う公共財ゲームに目を向けると，標準的なモデルは一段階ゲームにおけるような予測をするとはいえ，かなり異なる絵が現れる．図

---

19) メタ研究の結果は，集団規模が10人よりも小さい公共財ゲームを参照している．集団規模のかなり大きい実験（40人と100人）もまた存在する．この実験において，最終期の寄与は小集団に比べて高い（Isaac et al., 1994）．

5-3 は，Fehr and Gächter（2000a）によって行なわれた二段階ゲームの最終期における寄与の分布を示している。罰則を伴わないゲームと伴うゲームにおいて同じ被験者が異なる分布を生み出していることに注意してほしい。罰則を伴わないゲームにおいては，ほとんどの被験者が完全な裏切りに近いプレーをするが，罰則を伴うゲームにおいては，82.5 パーセントという著しく大きな割合が完全に協調行動をとっている。Fehr and Gächter は，罰則の圧倒的多数が協調者によって裏切り者に対して加えられ，また寄与水準がより低いと，それだけ高い罰則を受けることになると報告している。このように裏切り者は罰せられるから，フリーライディングから得るものはない。

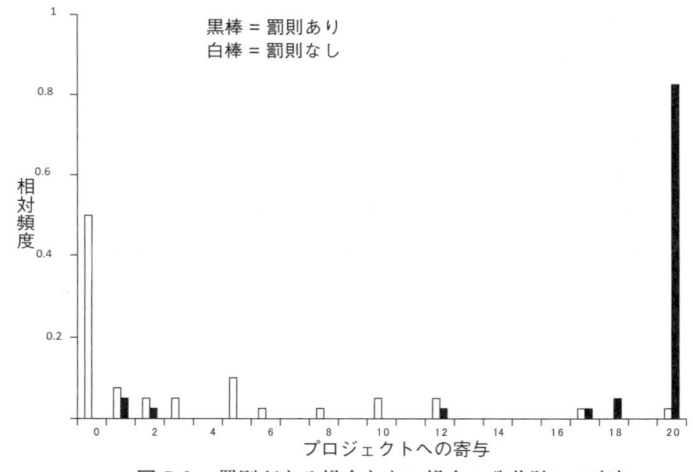

図 5-3 罰則がある場合とない場合の公共財への寄与

これらの結果をコモン・プール資源ゲームからの証拠と比較するとき，著しい類似性が明らかになる。標準的なコモン・プール資源ゲームにおいて，（最終期における）平均的な行動は標準的な予測とかなり整合的である。しかしながら，被験者が互いに制裁を加える機会をもつならば，標準的な予測がなおも同じ成果を導出するとしても，実際の行動はずっと協調的なものになる。我々の議論において見てきたように，我々の公正性モデルは制裁機会の有無両方のコモン・プール資源ゲームにおける

証拠を説明することができる。このことは公共財ゲームに関しても成り立つ。一段階公共財ゲームに関する直観は簡単である。十分多くの主体が有利な不公平を嫌悪するときだけ，彼らはいくらか協調的な成果を達成することができる。他のプレーヤーたちが同様に寄与するならば自分もすすんで寄与するというプレーヤーがごく少数しかいない限り，彼らはフリーライディングによって生じる不利な不平等によって大いに苦しめられる。このように不公平回避的プレーヤーは，利己的なプレーヤーが存在することを知っているならば，裏切ることを選好する。換言すると，「カモ（sucker）」であることに対する回避性向が大きければ大きいほど，一段階ゲームにおいて協調を持続させることはますます困難になる。

今度は罰則のある公共財ゲームを考えよう。我々のモデルはどの程度まで，この状況設定におけるとても高い協調を説明することができるだろうか。枢要な点は，フリーライディングは，協調する人々と比べて有利な物質的利得を生み出すということである。$c < 1$ であるから，フリーライダーを罰することで利得上の不利を縮小できる。したがって，もし協調する人々が彼らにとって不利な不平等によって相当不快になるならば，つまり，もし彼らが十分に高い α をもつならば，彼らは自分たち自身に費用がかかっても，裏切り者をすすんで罰する。このように，フリーライダーを罰するという脅しは信用できるかもしれないし，それによって潜在的な裏切り者がゲームの最初期において寄与するようになるかもしれない。

現在のモデル（そして一般には不公平回避アプローチ）によると，ある人物が別の人物を罰するのは，そうすることで自分と相手（たち）との差を縮小できるときであり，かつそのときだけであるということに注意しよう。したがって，（前に分析したコモン・プール資源ゲームと公共財ゲームにおける場合のように）$c < 1$ である限り，モデルは相当に不公平回避的な主体についてその主体による罰則執行を予測する。他方で，もし $c \geq 1$ であるならば，Fehr-Schmidt モデルはまったく罰則の実行を予測しない。これは公共財ゲームをみるかコモン・プール資源問題をみるかに関係なく成り立つ。しかしながら，実験による証拠は，（もし $c \geq 1$ ならばという場合のように）たとえ罰則が不公平を縮小しないとしても，

多くの被験者は事実，他の被験者を罰すると主張している。Falk and colleagues（2000b）はこの問題についてより詳細に取り扱った実験をいくつか提示している。それが明らかにしているようにかなりの件数の罰則が，不公平が縮小されえない状況においてさえ生じている。たとえば，彼らの罰則を伴う公共財実験のひとつにおいて，彼らは $c = 1$ の罰則費用を設定した。それでもやはり，このゲームにおいて協調した被験者の46.8パーセントは裏切り者を罰した。したがって，Falk et al.（2000b）から得られる結論は，不公平を縮小したいという欲望は不親切な行為を罰する唯一の動機ではありえないということである。代替的な解釈はFalk and Fischbacher（1998）によって提出されていて，彼らは罰則を，不親切なプレーヤーの利得を減少させたいという欲望としてモデル化している。彼らのモデルもまた，罰則が費用のかかるものであり，不公平を縮小できない状況における罰則を正確に予測している。

4 議　　論

　先行諸節では，単純な公正性理論を用いればコモン・プール資源実験あるいは公共財実験の定式化された多くの事実が説明できることを明らかにしてきた。事実，我々の公正性理論を用いて成功裡に分析されてきた実験の範囲はより一層広い。Fehr and Schmidt（1999）のモデルとFalk and Fischbacher（1998）のモデルの両方が，一見すると互いに矛盾している，多種多様な実験の事実を正しく予測することができる。それらは特に，完全契約（complete contracts）を伴う競争的な実験市場においては，純粋な自己利益モデルの予測と両立可能な，とても不公正な成果が出現し，二者間交渉（bilateral bargaining）状況あるいは不完全契約を伴う市場においては，より公正で公平な成果の方向への，自己利益モデルからの安定的な逸脱が通例であるという，悩ましい証拠を一致させることができる。
　これらのモデルにおいて形式化されている基本的な行動原理は，主体のかなりの部分が，他の主体のやることに基づいて条件付きで行動するということである。もし他の人々がやさしい，あるいは協調的であるな

第5章　コモンズを利用する

らば，彼らもまた協調的に活動するが，もし他の人々が敵対的であるならば，彼らは報復する。これらのモデルはまた，主体間に大きな個人差があるという事実にも注意を払う。特に，標準的な経済理論によって予測される通りに行動する利己的な主体と，ちょうど先程述べたような種類の条件付き行動を呈する互恵主義的な主体がいるということを仮定している。これらのさまざまな動機と制度的設定の相互作用が，観察された実験の成果を引き起こしている。もし外部から協調を強制するような，あるいは制裁の可能性を許すような制度的ルールがないならば，利己的な主体と条件付き協調主義的な主体との相互作用は，頻繁に非協調的な成果へと行き着く。他方で，もし主体たちが制裁の可能性をなしですませても，互恵主義的な主体が利己的なプレーヤーを規律付けることができる。結果として，より多くの協調的成果が生じるだろう。このアプローチは標準的な経済学的着想を超えているが，なぜかといえば少なくとも，このアプローチがかなり重要な役割を制度に割り振っているからである。互恵主義的な主体と利己的な主体が存在すると，どのタイプの選好が均衡成果に対して極めて重要になるのかは，制度が決定する。ある意味で制度が，最終結果を方向づけるプレーヤーのタイプを選択するのである。

　もちろん，我々が扱ってこなかったり，あるいは提示されている理論的枠組みを用いて説明できなかったりする重要な行動要因がいくつか存在する。たとえば，社会的ディレンマ状況に固有のフリーライダー・インセンティブを克服するメカニズムとして価値観と利他主義の重要性を指摘する，社会心理学研究における長い伝統がある。「社会的動機（social motives）」あるいは「社会的価値志向（social value orientation）」の概念と関連する研究のいくつかは Kopelman et al.（本書第4章）において議論されている。本稿で提示されている説明に対する，もうひとつの代替的な説明は，道徳規範活性化（moral norm activation）の理論に起源をもつ，利他主義に関する研究（Schwartz, 1977），そして人間の価値観の構造に関する研究（Schwartz, 1992）に由来する。この研究は，フィールド状況における個人行動の研究を通じて環境資源管理と結びつけられてきたのであり，そこでの個人行動は主に調査における態度指標と自己報告指標によって計測されていた。Stern et al.（1999）において，たとえば，

ある社会的な運動の価値を受け入れ，これらの価値にとって重要なものが脅かされていると信じており，かつ自分たちの行為がその脅威を緩和するのに役立つかもしれないと信じている人々は，その運動を支持する個人的規範を経験することが証明されている．

後者の説明と本稿で提示されている公正性モデルとは，実験の発見によって示唆されているようなフリーライダー・インセンティブを緩和する社会志向的動機（prosocial motives）について異なるものを仮定している．しかしながら，これらの理論は，そのような社会志向的行動の進化的根源としてどのようなものがありうるかは問わない．この重要な問題は Richerson et al.,（本書第 12 章）で扱われている[20]．

しかし，もうひとつの見解が生じてくる．我々は互恵主義と不公平回避を強調してきたが，評判効果と繰り返しゲーム効果の影響力については言及してこなかった．現実生活のコモン・プール資源問題あるいは公共財問題の多くは，事実，繰り返して「プレーされ」る．そのような繰り返し相互行為において，プレーヤーはたいていその行動を他のプレーヤーの過去の行動に条件付ける．このことによって，利己的なプレーヤーたちのあいだでさえ，プレーヤーは評判を立てて協調的成果を確実なものにできる．ゲーム理論の業界用語で言えば，この種の行動は，無限繰り返しゲームにおいて均衡としてサポートされたり（フォーク定理），あるいは不完備情報を伴う有限繰り返しゲームにおいて均衡としてサポートされたりするということである（Kreps et al., 1982 を参照せよ）[21]．多くの実験が，一回限りの相互行為と比較して，繰り返し相互行為が持っている効率性向上効果を証明してきた．さらにまた，互恵主義と繰り返しゲーム効果は補完的な方法で相互作用することが証明されてきた（Gächter and Falk 2002*）．二者間労働関係に関する Gächter and Falk の実験研究において，労働者と企業のあいだの互恵主義的関係は，

---

[20] Gintis (2000), Sethi and Somanathan (2000), そして Huck and Oechssler (1999) も参照せよ．条件付き行動がチンパンジーのあいだで観察されることを証明している de Waal (1996) も参照せよ．彼らの食物分け合い行動はある互恵主義的なパターンを見せている．あるチンパンジーが過去に別のチンパンジーと食物を分け合ったならば，他の条件が等しいとして，後者のチンパンジーは前者のチンパンジーと，よりすすんで分け合おうとする．

[21] 後者のモデルは，利己的なタイプおよび互恵主義的な（しっぺ返し（tit-for-tat））タイプがいるという仮定の上に築かれていることに注意せよ．

一回限りの遭遇に比べて，繰り返しの相互行為のなかで有意に強化されている。互恵主義的行動のこうした「押し込み（crowding in）」の背後にある駆動力は，一回限りゲームでは利己的に行動する人々が繰り返しゲームにおいては互恵主義を模倣するインセンティブをもつという事実である[22]。このように繰り返しゲーム・インセンティブが存在することで，協調的成果の見込みは，本稿において行なわれた一回限り［ゲームの］分析から期待されるよりもよいことが期待される。

参 考 文 献

Adams, J.S. (1963) Toward an understanding of inequity. *Journal of Abnormal and Social Psychology* 62:422-436.
Agell, J., and P. Lundborg (1995), Theories of pay and unemployment: Survey evidence from Swedish manufacturing firms. *Scandinavian Journal Of Economics* 97:295-307.
Andreoni, J., and H. Varian (1999), Preplay contracting in the prisoner's dilemma. Proceedings of the National Academy of Sciences 96:10933-10938.
Berg, J., J. Dickhaut, and K. McCabe (1995), Trust, reciprocity and social history. *Games and Economic Behavior* 10:122-142.
Bewley, T. (1998), Why not cut pay? *European Economic Review* 42:459-490.
Blau, P. (1964), *Exchange and Power in Social Life*. New York: Wiley. （間場寿一他訳『交換と権力：社会過程の弁証法社会学』新曜社，1974 年）
Blount, S. (1995), When social outcomes aren't fair: The effect of causal attributions on preferences. *Organizational Behavior and Human Decision Processes* 63(2):131-144.
Bohnet, I., and B.S. Frey (1999a), The sound of silence in prisoner's dilemma games. *Journal of Economic Behavior and Organization* 38:43-57.
─────(1999b), Social distance and other rewarding behavior in dictator games: Comment. *American Economic Review* 89:335-339.
Bolton, G.E., and A. Ockenfels (2000), A theory of equity, reciprocity and competition. *American Economic Review* 90:166-193.
Casari, M., and C. Plott (1999), Agents Monitoring Each Other in a Common-Pool Resource Environment. Working paper, California Institute of Technology, Pasadena.
Chamess, G., and M. Rabin (2000), Social Preferences: Some Simple Tests and a New Model. Working paper, University of California Berkeley.

---

22) 評判と互恵主義のあいだの補完的関係については，Ostrom（1998）による論文を参照せよ。

Clark, A.E., and A.J. Oswald (1996), Satisfaction and comparison income. *Journal of Public Economics* 61:359-381.

Cooper, R., D. DeJong, R. Forsythe, and T. Ross (1992), Communication in coordination games. *Quarterly Journal of Economics* 107:739-771.

Davis, J.A. (1959), A formal interpretation of the theory of relative deprivation. *Sociometry* 102:280-296.

Dietz, T., and P.C. Stern (1995), Toward a theory of choice: Socially embedded preference construction. *Journal of Socio-Economics* 24(2):261-279.

Dufwenberg, M., and G. Kirchsteiger (1998), A Theory of Sequential Reciprocity. Discussion paper, Center for Economic Research, Tilburg University.

Falk, A., E. Fehr, and U. Fischbacher (2000a), Testing Theories of Fairness: Intentions Matter. Working paper, Institute for Empirical Research, University of Zurich.

Falk, A., and U. Fischbacher (2000b) Informal Sanctions. Working paper, Institute for Empirical Research, University of Zurich.

Falk, A., and U. Fischbacher (1998) A Theory of Reciprocity. Working paper 6, Institute for Empirical Research, University of Zurich.

Fehr, E., and S. Gächter (2000a), Cooperation and punishment in public good experiments—An experimental analysis of norm formation and norm enforcement. *American Economic Review* 90:980-994.

Fehr, E., and S. Gächter (2000b), Fairness and retaliation: The economics of reciprocity. *Journal of Economic Perspectives* 14:159-181.

Fehr, E., G. Kirchsteiger, and A. Riedl (1993) Does fairness prevent market clearing? An experimental investigation. *Quarterly Journal of Economics* 108:437-460.

Falk, A., and M. Knell (2000), Choosing the Joneses: On the Endogeneity of Reference Groups? Working paper 53, Institute for Empirical Research, University of Zurich.

Fehr, E., and K. Schmidt (1999), A theory of fairness, competition, and cooperation. *Quarterly Journal of Economics* 114:817-851.

Festinger, L. (1954) A theory of social comparison processes. *Human Relations* 7:117-140.

Frey, B.S., and I. Bohnet (1995), Institutions affect fairness: Experimental investigations. *Journal of Institutional and Theoretical Economics* 151:286-303.

Gächter, S., and A. Falk (2000), Work motivation, institutions, and performance. In *Advances in Experimental Business Research*, R. Zwick and A. Rapoport, eds. Kluwer Academic Publishers.

Gächter, S., and A. Falk (2002) Reputation or Reciprocity:Consequences for the Labour Market. *Scandinavian Journal of Economics*, 104(1): 1-26 *

Gintis, H. (2000), Strong reciprocity and human sociality. *Journal of Theoretical Biology*, 206(2):169-179

Gordon, S. (1954), The economic theory of common-property resource: The fishery. *Journal of Political Economy* 62:124-142.

Güth, W., R. Schmittberger, and B. Schwarze (1982), An experimental analysis of ultimatum bargaining. *Journal of Economic Behavior and Organization* 3(3):367-388.

Hardin, G. (1968), The tragedy of the commons. *Science* 162:1243-1248. (桜井徹訳「共有地の悲劇」, 京都生命倫理研究会訳『環境の倫理』(下), 445-470頁, 晃洋書房, 1993年)

Harsanyi, J., and R. Selten (1988) *A General Theory of Equilibrium Selection in Games*. Cambridge, MA: MIT Press.

Homans, G.C. (1961), *Social Behavior: Its Elementary Forms*. New York: Harcourt, Brace & World.

Huck, S., and J. Oechssler (1996), The indirect evolutionary approach to explaining fair allocations. *Games and Economic Behavior* 28:13-24.

Isaac, M.R., J.M. Walker, and A.M. Williams (1994), Group size and the voluntary provision of public goods. *Journal of Public Economics* 54:1-36.

Kerr, N., and C. Kaufmann-Gilliland (1994) Communication, commitment and coordination in social dilemmas. *Journal of Personality and Social Psychology* 66:513-529.

Kreps, D., P. Milgrom, Roberts, and R. Wilson (1982), Rational cooperation in the finitely repeated Prisoners' Dilemma. *Journal of Economic* Theory 27:245-252.

Ledyard, J. (1995) Public goods: A survey of experimental research. in *Handbook of Experimental Economics*, J. Kagel and A. Roth, eds. Princeton: Princeton University Press.

Levine, D. (1998), Modeling altruism and spitefulness in experiments. *Review of Economic Dynamics* 1:593-622.

Lind, E.A., and T.R. Tyler (1988) *The Social Psychology of Procedural Justice*. New York: Plenum Press. (菅原郁夫・大淵憲一訳『フェアネスと手続きの社会心理学：裁判, 政治, 組織への応用』ブレーン出版, 1995年)

Loewenstein, G.F., L. Thompson, and M.H. Bazerman (1989), Social utility and decision making in interpersonal contexts. *Journal of Personality and Social Psychology* 57:426-441.

Moir, R. (1999), Spies and Swords: Behavior in Environments with Costly Monitoring and Sanctioning. Working paper, University of New Brunswick.

Ochs, J. (1995) Coordination problems. in *Handbook of Experimental Economics*, J. Kagel and A. Roth, eds. Princeton: Princeton University Press.

Ostrom E. (1990), *Governing the Commons: The Evolution of Institutions for Collective Action*. New York: Cambridge University Press.

Ostrom E. (1998), A behavioral approach to the rational choice theory of collective action—Presidential address of the American Political Science Association 1997. *American Political Science Review* 92:1-22.

Ostrom E., R. Gardner, and J. Walker (1994), *Rules, Games, and Common Pool Resources*. Ann Arbor: University of Michigan Press.

Ostrom E., and J. Walker (1991), Communication in a commons: Cooperation without external enforcement. Pp.. 287-322 in *Laboratory Research in Political Economy*, T.

Palfrey, ed. Ann Arbor: University of Michigan.

Ostrom E., J. Walker, and R. Gardner (1992), Covenants with and without a sword: Self-governance is possible. *American Political Science Review* 40:309-317.

Palfrey, T., and J. Prisbrey (1997), Anomalous behavior in public goods experiments: How much and why? *American Economic Review* 87:829-846.

Parks, C.D. (1994), The predictive ability of social values in resource dilemmas and public goods games. *Personality and Social Psychology Bulletin* 20(4): 431-438.

Pollis, N.P. (1968), Reference groups re-examined. *British Journal of Sociology* 19: 300-307.

Rabin, M. (1993), Incorporating fairness into game theory and economics. *American Economic Review* 83(5): 1281-1302.

Rocco, E., and M. Warglien (1995), Computer Mediated Communication and the Emergence of Electronic Opportunism. Working paper RCC 13659, Universita degli Studi di Venezia.

Runciman, W.G. (1966) *Relative Deprivation and Social Justice*. New York: Penguin.

Rutte, C.G., and H.A.M. Wilke (1985) Preference for decision structures in a social dilemma situation. *European Journal of Social Psychology* 15: 367-370.

Sally, D. (1995), Conversation and Cooperation in Social Dilemmas: A Meta-Analysis of Experiments from 1958 to 1992. *Rationality and Society* 7(1): 58-92.

Schwartz, S.H. (1977), Normative Influences on Altruism. pp..221-279 in *Advances in Experimental Social Psychology Volume 10*, L. Berkowitz, ed. New York: Academic Press.

Schwartz, S.H (1992), Universals in the content and structure of values: Theoretical advances and empirical tests in 20 countries. pp..1-65 in *Advances in Experimental Social Psychology Volume 25*, L. Berkowitz, ed. New York: Academic Press.

Selten, R. (1998), Features of experimentally observed bounded rationality. *European Economic Review* 42:413-436.

Sethi, R., and E. Somananthan (2000), Preference evolution and reciprocity. *Journal of Economic Theory*, 97(2): 273-297

Stem, P.C., T. Dietz, G.A. Guagnano, and L. Kalof (1999), A Value-belief-norm theory of support for social movements: The case of environmentalism. *Human Ecology Review* 6(2): 81-97

Van Lange, P.A.M., W. Otten, E.M.N. De Bruin, and J.A. Joireman (1997), Development of prosocial, individualistic, and competitive orientations: Theory and preliminary evidence. *Journal of Personality and Social Psychology*, 73: 733-746.

de Waal, F. (1996), *Good Natured. The Origins of Right and Wrong in Humans and Other Animals*. Cambridge, MA: Harvard University Press. (西田利貞・藤井留美訳『利己的なサル，他人を思いやるサル：モラルはなぜ生まれたのか』草思社，1998年)

Walker, J., R. Gardner, and E. Ostrom (1990), Rent dissipation in a limited access common-pool resource: experimental evidence. *Journal of Environmental Economics and Management* 19:203-211.

Yamagishi, T. (1986), The provision of a sanctioning system as a public good. *Journal of Personality and Social Psychology* 51: 110-116.

（＊は，原著出版時点で「印刷中（in press）」と表記されていた文献である。）

第5章への付録

命題1の証明（利己的なナッシュ均衡）

我々が見てきた標準的なコモン・プール資源ゲームは以下のような形態である。

$$\pi_i = 50 - 5x_i + \left[\frac{x_i}{\sum x_j}\right]\left[23\sum x_j - .25\left(\sum x_j\right)^2\right].$$

$e = 50$, $a = 18$, そして $b = 0.25$ と定めると，以下を得る。

$$\pi_i = 50 + 18x_i - 0.25x_i \sum x_j,$$
$$\pi_i =: e + ax_i - bx_i \sum x_j.$$

x_i について利己的な最適応答（best reply）を見つけるには，以下を計算する。

$$\frac{\partial \pi_i}{\partial x_i} = a - 2bx_i - b\sum_{j \neq i} x_j$$

これをゼロに等しいとすると，最適応答として，$x_i = \max\left(0, \frac{1}{2}\left(\frac{a}{b} - \sum_{j \neq i} x_j\right)\right)$ を得る。

まず，すべての x_i^* について $x_i^* > 0$ を仮定する。この場合，$2bx_i^* = a - b\sum_{j \neq i} x_j^*$.

すべての i について各項を足し合わせると，$2b\sum x_i^* = na - b(n-1)\sum x_i^*$ を得る。

したがって，$\sum x_i^* = \dfrac{na}{b(n+1)}$ である。

この合計を $2bx_i^* = a - b\sum x_j^*$ に挿入すると，$x_i^* = \dfrac{a}{b(n+1)}$ を得る。今度は，0を選択するプレーヤーがいると考えよう。n_0 を，ゼロに等しい x_i を選択するプレーヤーの人数としよう。このとき，ゼロより大きなすべての値は $\dfrac{a}{b(n-n_0+1)}$ に等しくなくてはならない。もともと0をプレーした人のプレーヤーのひとりについて最適応答を計算すると，矛盾を得る。QED［証明終了］

社会的最適：社会的最適をみつけるために，我々は以下を計算する。

第5章 コモンズを利用する

$$\frac{\partial (\sum \pi_i)}{\partial x_i} = a - 2b \sum_j x_j.$$

したがって，社会的最適においては $\sum_j x_j = \frac{a}{2b}$ を得る。

命題2の証明（不公平回避主体のいる対称均衡）

まず，もし $\sum_j x_j < \frac{a}{b}$ ならば，より高い利用水準を選択するプレーヤーはまた，［以下のような，］より高い利得を得ることに注意しよう。

$$\begin{aligned}\pi_j - \pi_i &= \left(e + ax_j - bx_j \sum x_k\right) - \left(e + ax_i - bx_i \sum x_k\right) \\ &= \left(a - b \sum x_k\right)(x_j - x_i).\end{aligned}$$

そこで，まずはこの場合を考えよう。

すべてのプレーヤー $j \neq i$ が，$x_j = \hat{x} \leq x_{\text{SNE}}$ を選択すると仮定する。U_i は x_i について凹であるから，最適応答は一意である。したがって，$x_i^* = \hat{x}$ が最適応答であることを証明するためには，それが局所最適であることを証明すれば十分である。$x_i^* \geq \hat{x}$ でなければプレーヤー i は，x_i を増加させることで不公平を縮小するのと同様に彼の物質的利得も改善できるので，$x_i^* \geq \hat{x}$ であることは明らかである。i が x_i を $\hat{x}$ より上では増加させるインセンティブがないことを確認することが残っている。次の計算が示すように，上からの偏微分 $\frac{\partial U_i}{\partial x_i^+}(x)$ は x について線形関数である。したがって，もしこの偏微分が少なくともゼロに等しいならば，プレーヤー i は x_i^* を $\hat{x}$ より上では増加させるインセンティブをもたない。

$$\begin{aligned}0 &\geq \frac{\partial U_i}{\partial x_i^+} = \frac{\partial}{\partial x_i}\left(\pi_i - \frac{\beta_i}{n-1} \sum_{j, \pi_i > \pi_j}(\pi_i - \pi_j)\right) \\ &= \frac{\partial}{\partial x_i}(\pi_i - \beta_i(\pi_i - \pi_j)) \\ &= \frac{\partial}{\partial x_i}(\pi_i(1 - \beta_i) + \beta_i \pi_j) \\ &= \left(a - bx_i - b \sum x_j\right)(1 - \beta_i) - \beta_i bx_i\end{aligned}$$

こうして，x_i^* についての枢要な条件を得る。

$$x_i^* \geq \frac{a(1-\beta_i)}{b(1+n(1-\beta_i))}. \tag{5-A}$$

この不等式の右辺は β_i について減少する。そのため，命題の左の不等式が満たされるのは，すべての i について（5-A）が満たされるときであり，そのときに限る。

こんどは，すべてのほかのプレーヤー $j \neq i$ が $x_j = \hat{x} > x_{SNE}; \hat{x} \leq \frac{a}{nb}$ を選択すると仮定する。いまや，枢要な条件は $\frac{\partial U_i}{\partial x_i^-}(x) \geq 0$ である。

$$\begin{aligned}
\frac{\partial U_i}{\partial x_i^-} &= \frac{\partial}{\partial x_i}\left(\pi_i - \frac{\alpha_i}{n-1}\sum_{j,\pi_j > \pi_i}(\pi_j - \pi_i)\right) \\
&= \frac{\partial}{\partial x_i}(\pi_i - \alpha_i(\pi_j - \pi_i)) \\
&= \frac{\partial}{\partial x_i}(\pi_i(1+\alpha_i) - \alpha_i\pi_j) \\
&= \left(a - bx_i - b\sum x_j\right)(1+\alpha_i) + \alpha_i b x_i
\end{aligned}$$

こうして，[x_i^* について] 以下の枢要な条件を得る

$$x_i^* \leq \frac{a(1+\alpha_i)}{b(1+n(1+\alpha_i))}. \tag{5-A(1)}$$

この不等式の右辺は α_i について増加する。そのため，命題の右の不等式が満たされるのは，すべての i について（5-A(1)）が満たされるときであり，かつ，そのときに限るのであって，命題の右の不等式を得る。

$\frac{a}{nb}$ より上にある利用決定を伴う均衡が存在しないことを証明することが残っている。$x_j = \hat{x} > \frac{a}{nb}$ と固定する。枢要な条件は $\frac{\partial U_i}{\partial x_i^-}(x) \geq 0$ である。利用水準の減少はいまやプレーヤー i に有利な不公平を生み出すから，次の条件を得る。

$$\begin{aligned}
0 &\leq \frac{\partial U_i}{\partial x_i^-} = \frac{\partial}{\partial x_i}\left(\pi_i - \frac{\beta_i}{n-1}\sum_{j,\pi_i > \pi_j}(\pi_i - \pi_j)\right) \\
&= (a - 2bx_i - b(n-1)x^*)(1-\beta_i) - \beta_i b x_i \\
&\leq \left(a - 2bx_i - b(n-1)\frac{a}{nb}\right)(1-\beta_i) - \beta_i b x_i \\
&= \left(\frac{a}{nb} - 2x_i\right)b(1-\beta_i) - \beta_i b x_i \\
&\leq (\hat{x} - 2x_i)b(1-\beta_i) - \beta_i b x_i
\end{aligned}$$

$\beta_i < 1$ であるから，もし x_i が $\hat{x}$ に近いならば，最終項は負である。

したがって, $x^* > \dfrac{a}{nb}$ であるような均衡は存在しない。QED

命題3の証明（不公平回避主体のいる非対称均衡）

まず (ii) を証明する。いくつかの $x_i^* < x_{\text{SNE}}$ を伴う均衡が存在すると仮定しよう。プレーヤーの番号をつけ直すことで, $x_1^* \leq x_2^* \leq \ldots \leq x_n^*$ であると仮定できる。さらに, k を, $x_1^* = x_k^*$ であるような最高の指数とする。いま, $i \leq k$ について考えよう。均衡にあるから, $\dfrac{\partial U_i}{\partial x_i^+} \leq 0$ である。$\pi_j - \pi_i = (a - b\sum x_k)(x_j - x_i)$ であることを思い出そう。ゆえに,

$$0 \geq \frac{\partial U_i}{\partial x_i^+}(x^*)$$

$$= \frac{\partial}{\partial x_i}\left(\pi_i - \frac{(a - b\sum x_k)}{n-1}\left(\beta_i(k-1)(x_i - x_1^*) + \alpha_i \sum_{j>k}(x_j^* - x_i)\right)\right)$$

$$= \frac{\partial \pi_i}{\partial x_i^+} - \frac{(a - b\sum x_k)}{n-1}(\beta_i(k-1) - \alpha_i(n-k))$$

$$+ \frac{b}{n-1}\left(\beta_i(k-1)(x_i - x_1^*) + \alpha_i \sum_{j>k}(x_j^* - x_i)\right)$$

$$\geq -\frac{(a - b\sum x_k)}{n-1}(\beta_i(k-1) - \alpha_i(n-k))$$

したがって,
$$\beta_i(k-1) - \alpha_i(n-k) \geq 0,$$
あるいは
$$\frac{\beta_i}{\alpha_i} \geq \frac{n-k}{k-1}.$$

よって, (ii) が示された。

こんどは, (i) の証明に取り掛かろう。一般性を失うことなく, 1 と k のあいだの i について, $\dfrac{\beta_i}{\alpha_i} > \dfrac{n-k}{k-1}$ である。これは, $\dfrac{\beta_i}{\alpha_i} < 1$ であるから, $k > \dfrac{n}{2}$ を意味する。$x_1 = x_2 = \ldots = x_k < x_{\text{SNE}}$ なる均衡が存在することを証明しよう。$x \in [0, x_{\text{SNE}}]$ について, 戦略の組合せ $s(x)$ をつぎのように定義する。$i \leq k$ について $s(x)_i = x$ と固定し, $j > k$ について $s(x)_j$ を結合最適応答として選択する。それは $s(x)_j$ が, 最初の k プレーヤーによる x の選択を固定することによって導出される $(n-k)$

人プレーヤー・ゲームにおける，あるナッシュ均衡の一部であることを意味する．少なくともプレーヤーの半分が x を選択するから，最適応答は x より小さいことは決してない（x より下では利用水準を上昇させることで，物質的利得は増加させることができ，不公平不効用は同様に減少させられる）．もし $\frac{\partial U_i}{\partial x_i^+}(s(\hat{x})) \leq 0$ なる $\hat{x}$ を見つければ，$(\hat{x}, \ldots, \hat{x}, s(\hat{x})_{k+1}, \ldots, s(\hat{x})_n)$ が所望の均衡である．

いま，以下のようになっている．

$$\begin{aligned}
\frac{\partial U_i}{\partial x_i^*}(s(\hat{x})) &= \frac{\partial \pi_i}{\partial x_i} - \frac{(a - b\sum s(\hat{x})_j)}{n-1}(\beta_i(k-1) - \alpha(n-k)) \\
&\quad + \frac{b}{n-1}\left(\beta_i(k-1)(x_i - \hat{x}) + \alpha_i \sum_{j>k}(s(\hat{x})_j - x_i)\right) \\
&= \frac{\partial \pi_i}{\partial x_i} - \frac{(a - b\sum s(\hat{x})_j)}{n-1}(\beta_i(k-1) - \alpha_i(n-k)) \\
&\quad + \frac{b}{n-1}\left(\alpha_i \sum_{j>k}(s(\hat{x})_j - x_i)\right)
\end{aligned}$$

そこで以下を得る．

$$\lim_{\hat{x} \to x_{NE}} \frac{\partial U_i}{\partial x_i^+}(s(\hat{x})) = \frac{(a - b\sum s(\hat{x})_j)}{n-1}(\beta_i(k-1) - \alpha_i(N-k)) < 0.$$

したがって，x_{SNE} に十分近い $\hat{x}$ について，$\frac{\partial U_i}{\partial x_i^*}(s(\hat{x})) < 0$ を得る．戦略の組合せ $s(\hat{x})$ が所望の均衡である．QED

命題4の証明（制裁可能性のある均衡）

証明：以下に注意する．
（A）条件 $x \in \left[\frac{a(1-\beta_{\min})}{b(1+n(1-\beta_{\min}))}, x_{SNE}\right]$ は，もしほかのすべてのプレーヤーが x を選択するならば，x が CCEs にとっての効用を最大化することを保証する．

第一段階において，x を選択するのに比べて，より高い利得に帰結する利用 x' を選択するプレーヤーを逸脱者と呼ぶ．

（B）もし単独の逸脱者が存在するならば，他プレーヤーにとっての利得は，逸脱者がいない場合に比べて，より小さい．

まず，罰則が執行されるならば，利己的なプレーヤーは逸脱するイン

センティブをもたない。罰則はCCEsと逸脱者とで等しい利得に帰結するから，この利得は，CCEの第一段階における利得よりも小さい。したがって，利己的な逸脱者は，罰せられる危険を冒すことになるなら，逸脱するインセンティブをもたない。

こんどは，もし利己的なプレーヤーが x を選択していないならば罰則戦略を変えるというインセンティブをもつCCEがいないことを証明しよう。π_p を，CCEsにとって，そして逸脱者にとっての，罰則後の利得であるとしよう。π_s を利己的なプレーヤーの利得としよう。CCEプレーヤーは，均衡罰則よりも高い罰則を選択するインセンティブを決してもたない。そのようなことをしても，すべてのプレーヤーにとって不公平を増大させ，物的利得を減少させるだけだからである。そこで，w を正の数とし，CCEプレーヤーが，ある罰則について p ではなくて $p-w$ という選択すると仮定しよう。我々は以下を得る。

$$\begin{aligned} U_i &= \pi_p + cw - \frac{(n-k-1)\alpha_i}{n-1}(\pi_s - (\pi_p + cw)) \\ &- \frac{\alpha_i}{n-1}(\pi_s + w - (\pi_p + cw)) - \frac{(k-1)\beta_i}{n-1}(\pi_p + cw - \pi_p) \end{aligned}$$

これは w について線形関数である。プレーヤー i が逸脱するインセンティブを持たない必要十分条件は，w に関する偏微分が負であることであり，したがって以下の通りである。

$$\begin{aligned} 0 &\geq \frac{\partial U_i}{\partial w} = c + c\frac{(n-k-1)\alpha_i}{n-1} - (1-c)\frac{\alpha_i}{n-1} - c\frac{(k-1)\beta_i}{n-1} \\ &\Leftrightarrow c[(n-1) + (n-k-1)\alpha_i + \alpha_i - (k-1)\beta_i] \leq \alpha_i \\ &\Leftrightarrow c \leq \frac{\alpha_i}{(n-1)(1+\alpha_i) - (k-1)(\alpha_i + \beta_i)}. \end{aligned}$$

QED

第Ⅱ部

私有化とその限界

> ある政策を実行するのに市場をいつでも設定することができるならば，政策担当者は市場なしですますことはできないだろう。そのことで私がそう間違っていないとするならば，皆さんや私が思い描くどんな公害防止政策を実施する場合も，市場の活用が可能だろう。
>
> 　　　　　　　　　Dales（1968年），圏点は原文のとおり。

　TietenbergとRoseによる2つの章は，コモンズのディレンマの解決策として私有化を説いてきた影響力のあるこれまでの論文の主張に対して挑戦するものである（Gordon, 1954; Hardin, 1968; Crocker, 1966; Montgomery, 1972）。理論では，私的財に関しては，市場は何を，どれだけ，いかに，そして誰のために産出するかという問題を，今日についても将来に亘っても効率的に決定することが導き出される。TietenbergとRoseは，現実の複雑な世界では効率的市場が機能するための前提条件である所有権というものが容易に定義できず，その確立も必ずしも担保される状況にはない以上，コモン・プール資源の私有化には困難を伴うことを主張する。Tietenbergは，どのような方法と時期ならばそれは可能か，コモン・プール資源の私有化を行う場合の制度，特に許可証取引について，その展開方法について提言を行っている。一方Roseは，共有資源の管理体制が許可証取引による方法よりも，コモン・プール制度によるものの方が有効に行える条件の識別を行っている。

　Tietenbergによる第6章は，1980年代になされた許可証取引の利用で問題が解決するという楽観論が，その許可証を使うにしても与えられた環境保護基準をいかに費用を掛けずに達成できるかの条件を研究するという現実的アプローチに変化してきたこと，そしてそれには理由があったことを教えてくれる。そこでは，この政策手段の示す結果的有効性の二つの側面，すなわち環境保全的有効性と経済的有効性について分析がなされる。しかし，そこでは同時に「実施上の達成可能性」の重要性が指摘される。許可証取引による方法は，コモン・プール資源についても外部不経済性を一定の限度に抑えながら有効に機能することが考察されている。これは第7章でのRoseの主張と呼応するものである。

　第7章では，共有資源制度と取引可能環境許可証について，（1）資源

への需要の変化と（2）資源供給状態の変動の両面に対して対処可能なのかどうかという点で，実際に実行した場合の相対的パフォーマンスについて仮説の検証が行われている。制度のパフォーマンスは以下の要因によって影響を受けるという仮説を置いている。すなわち，（1）コモン・プール資源の規模と複雑性，（2）その資源の利用が取り出し（採取など）なのか，追加的な持ち込み（汚染など）なのか，（3）資源利用者の特性と相互作用の3つである。

　コモン・プール資源の過剰使用の問題が所有権確定の不全を理由とするならば，その確定がなされれば問題は解決することを意味する。しかし問題はその先にあり，コモン・プール資源の過剰利用を予防するために，所有権者にその資源保全のための投資をさせる必要なインセンティブをもたらすような一連の権利（特に，そのコモン・プール資源の管理と譲渡について）とはどのようなものか，そして誰ならばその所有権を確定し，個人に配分することができるのか，という問題が控えていることになる。許可証取引と共有資源制度は，この次元で相違をみせるだろう。

　これら二つのレジームでは，権利の定義に関する詳細の程度と，時間の経過につれて資源使用率の変動を行い得るかという制御能力という点で，大きな違いがある。権利に関しては，許可証取引制度より共有資源制度の方が詳細で柔軟な対応がとれる。なぜならその権利自体は市場で取引されるものではないからである。事実，資源利用の様々な局面で重要な相互作用を現出するような，複雑で時間を経るに従って変化を示す資源においては，共有資源制度の方が許可証取引制度よりも優位なパフォーマンスを示し，特に利用者が，結束が強く信頼関係の強い共同体に属しているような場合にそれが妥当することをRoseは指摘している。

　一方，許可証取引制度は市場取引（これは見知らぬ者同士の取引をも成り立たせるものである）において取引がスムースになされることを保障するような統一的な規則が形成される。それゆえこの制度は，コモン・プール資源が大規模な場合や複雑でない場合には優良なパフォーマンスを示すことになる。複雑なコモン・プール資源の場合においても，どのような規則が許可証取引制度の運用を効果的なものにし，資源の過剰使用を防止することができるかの方法についてTietenbergは明示を行っている。また彼は，許可証取引制度が公平性や環境保全効果を損なって

いるのではないかという批判に対する対処方法の考察も行っている。もしその社会が特定の資源利用者に許可証が集中するようなことを防止しようと考えるならば，経済的効果の低下は承知のうえで配分される許可証に譲渡制限を加えることの検討が必要であるとの提案も行っている。

Tietenberg は，地域あるいは州ないし国家がコモン・プール資源利用者に許可証の所有権の付与と配分を行う事例について検討を行っている。実際には，資源利用者は完備した一連の権利をすべて配分される訳ではなく，資源から得られるものの取り出し（資源に汚染物を持ち込むという場合もあるが）とその配分を他者に売却することができるという部分的な権利である。利用者は配分全体に影響力をもたないために，コモン・プール資源使用の総量の決定，ひいては資源の劣化に繋がる場合もあるが，それは政府の意思決定次第であるということになる。共有資源制度の場合には，通常利用者は個々の配分量を使用せず売却する権利がない。一方で彼らの場合，コモン・プール資源利用の総量は共同で決定できる。しかしながら重要なこととして，許可証取引制度を実施する政府と共有資源制度の下での資源利用共同体双方が担うべき機能である資源の最大可能持続使用量を確定することが，科学的にも困難を伴うこと（Wilson による本書第 10 章を参照）と，政治的に微妙な問題を含むこと（McCay による本書第 11 章を参照）を理解すべきことがあげられる。

Tietenberg と Rose はいくつもの問題について共通の記述をそれぞれの章で行っている。第一は，外部不経済がほとんどなく単純なコモン・プール資源の管理では許可証取引がよりよいパーフォーマンスを示すことである。第二は，権利の配分というものは，環境保全に関わる制度では必ず解決しなければならない政治プロセスであるが，困難なプロセスであることである。配分のプロセスは，「実施上の達成可能性」の分析において特段の重点事項である。第三に，両章とも，共有資源を統御する制度設定にとって監視と実効化の問題が極めて重大な意味をもつことを指摘している。一方で，許可証取引の場合，市場で売却すれば金銭的報酬という重要なものを提供できるという事実を認めつつも，その制度設計においては資源使用の状態だけでなく許可証の枚数と取引数に関して追加的なモニタリングが備わるよう担保しなければならない。これはモニタリングの費用を増加させることになる。

要約すると，これらの章は，様々な代替的な制度メカニズムを通していかなる条件であればコモン・プール資源をよりよく管理できるかという問題を理解するうえで，重要な貢献を行っている。特に，コモン・プール資源の管理に関して，許可証取引制度と共有資源制度のもつ長所と欠点について入念な検討がなされている。

参 考 文 献

Crocker, T.D.(1996) The Structuring of atmospheric pollution control systems. In *The Economics of Air Pollution,* H.Wolozin, ed. New York: Norton.

Dales, J. (1968) *Pollution, Property, and Prices. An Essay in Policy-Making and Economics.* Toronto: University of Toronto Press.

Gordon, H.S. (1954) The economic theory of a common property resource: The Fishery. *Journal of Political Economy* 62: 124-142.

Hardin, G. (1968) The tragedy of the commons. *Science* 162: 1243-1248.

Montgomery, D.W. (1972) Markets in licenses and efficient pollution control system. *Journal of Economic Theory* 5: 395-418.

第6章
コモンズの保全に向けた
許可証取引によるアプローチ
――私たちは何を学んできたのか――

トム・ティーテンバーグ

　コモンズへのアクセスを制限するという問題への対処方法として，許可証取引（tradable permits）を用いる新しい制度的枠組みがある。このアプローチの応用は，様々な形態の資源，様々な国々へと広がってきている。近年の調査では，大気汚染の管理において9つの応用例，漁業において75の応用例，水資源の管理において3つの応用例，水質汚染の管理において5つの応用例，土地利用の管理において5つの応用例がみられる（Organization for Economic Co-operation and Development,1999:Appendix 1: 18-19）。しかも，これらの調査は，近年の応用例の多くを含んでいない[1]。

　許可証取引は，資源へのアクセスを制限し，その結果生じるアクセス権を私有化することによって，コモンズに関する問題に対応する。最初の段階で，利用者の資源へのアクセスに，上限を設定することを必要とする。これは，漁業では漁獲可能量（TAC: total allowable catch）を意味し，水の供給においては，利用可能な水資源の量を意味するだろう。汚染の制御においては，一般的には，制御の対象となる地域の中で許可される

---

[1] その調査のリストに含まれていない既存の取り組みの例として，次の2つが挙げられる。それは，アメリカ合衆国北東部における窒素酸化物割当大気汚染防止計画（NOx Budget air pollution control program）（Farrell et al., 1999）と幾つかの州における通常の大気汚染物質を管理する計画（Solomon and Gorman, 1998）である。こうした仕組みを扱う幅広いオンライン上の資料については，http://www.colby.edu/personal/t/thtieten/ を参照。

総排出量を設定することを意味する。この制限は，認可された資源へのアクセスの総量を定める。従って，これらのアクセス権は，（明記された）幾つかの基準によって潜在的な個々の利用者に割当てられる。特定のシステムでは，これらの権利は他の利用者に譲渡されたり，将来の利用における便益を確実にしたりする。利用者が保有している権利に割当てられている制限を越した者は，罰則が課され，場合によっては参加の権利を失うこともある。

　許可証取引によるこうした手法は，これまで論争の対象となってきた[2]。この論争には幾つかの争点があるが，最も重要な点は，対象となる資源と密接に関係する富の配分に関わるものである。許可証取引だからと言って，通念が示唆するような一般的私有化を行うものではないが，資源へのアクセスや利用において，少なくともある程度の私有化を伴うものである。資源が効率的に管理された場合，アクセス権は非常に高価なものになる可能性があるので，アクセス権の所有者はかなり大きな富を得ることができるかもしれない。これまでの富の浪費を，持続可能な行動をとる動機づけによって是正できることは，このシステムの大きな強みであるが，競合する権利主張者間での分配という倫理的問題は，重要であり，論争の種となり続けている（McCay,1999）。

　その他の論争の要因は，幅広い外部性と関わるものである。一般的に外部性は，生態系や他の集団に影響を与え，それらは，アクセス権を持つ者の意思決定に十分に反映されていない。許可証取引によって規制されている場合とは異なり，外部性が十分に内部化されていない場合には，許可証取引によって規制されていない魚種や排出物の空間的集中において，また上流における水利用が下流の利用者に与える結果において負の影響を伴うといったこと等，非常に幅広い問題が起こりうる。

　2）　3つの例に限定して考えてみよう。大気汚染防止では，1977年におけるロサンゼルスでの法的な異議申し立てが，ロサンゼルスに本拠地を置く，良き環境のためのコミュニティー（Communities for a Better Environment）によって行われた（Tietenberg, 1995a）。漁業では，アラスカでオヒョウ（halibut）/ギンダラ（sablefishi）への許可証取引制度の導入に対して異議申し立てが行われ（Black, 1997），議会は，米国における漁業への許可証取引制度の導入を凍結した（National Research Council, 1999）。両訴訟事例において異議は棄却されたにもかかわらず，そして，全米研究評議会（National Research Council）の解除勧告にもかかわらず，本章を執筆している段階ではこの凍結は継続中である。

論争の要因として最後に挙げることができるのは，イデオロギー的なものである。資本主義の下での所有権が問題の根源となっているので，これらと同様の権利の設定が解決の一助になりうるとは考えられないとしている[3]。

1 概　　観

本章では，許可証取引制度の主要な3の応用事例，すなわち，大気汚染制御，水の供給，そして漁場管理について検討する[4]。

次節では，これらのプログラムの背後にある理論と，その理論によって予想される経済と環境における帰結について概要を示す。環境税と法的規制といった競合的，かつ／もしくは，補完的な公共政策について，幾つかの簡単な比較をおこなう。

本稿は，これらのプログラムが持つ共通要素や，その手法における設計上の疑問などについての記述をおこなう。これらは，監視や実効化（enforcement）の手続きと同様，アクセス制限の設定，権利の初期配分，譲渡移転の可能性（参加者の間によるものと時間の経過によるものとの両方）に関するルールを含んでいる。そして，これらの設計上の疑問に対して，大気汚染，漁業，そして水の供給への応用事例の中でどのようにして答えが出されてきたのか，そして出された答えがどのように進化してきたのか，についての考察が続く。この進化は，技術変化，システムの認知度の上昇，そしてこれらの手法をめぐる論争に対処したいという願望に影響を受けてきた。

最後から2番目の節では，この手法を採用した場合の経済的そして環境的帰結として得られる確たる証拠について吟味がなされる。ここでの証拠は，許可証取引に関する経済理論と，共同管理（co-management）かそれとも許可証取引かという選択に関するRoseの理論（本書第7章）

　3）　たとえば，ある著者は，許可証取引制度を中世の免罪符と比較している（Goodin, 1994）。
　4）　複数の資源に関する許可証取引制度について，横断的に検討した先行研究としては，Colby（2000）を参照。

の双方から導出されうる妥当性を検証すべく対置されることになる。

最後の節では，この研究から導き出された幾つかの暫定的な教訓を導出する。

2　基本となる経済理論

私たちの疑問は，最適な資源配分とは何を意味するのかを定義すること，そして，その最適条件を満たすような経済的インセンティブ政策の設計に用いることができる原理を導き出すこと，から始まる。最適理論は，我々が利用者の利用における最も好ましい状況での経済的取り組みの特徴を理解し，有効性を最大化する手段（instrument）を設計する助けとなる。

2.1　最適資源管理への経済的取り組み

資源の最適配分が何を意味するのかは，"政策目標"がどのように定義されているのか，に依存する。考えられる幾つかの目標は，既存の研究の中で考察されてきた[5]。手段の設計への最初の取り組みは，古典的な経済的効率性を基礎とするものであった。経済的な資源配分の効率性は，部分均衡分析の用語で定義すると，社会の純便益を最大化することであり，ここで純便益とは，費用を上回っている便益の部分と定義される[6]。端点解（すなわち，最適が何も利用しないこと，またはすべてを利用することを意味する場合）を無視すると，最後の1単位の使用から得られる限界便益がそれを供給するための限界費用と等しくなる場合に，効率性が達成される。

結果として生じる責任の配分は，空間と時間との両側面の考察に対して極めて敏感なので，効率性の側面から最適性を定義することは，モデ

---

5) 管理責任の配分に影響を与える他の特徴は，汚染物質が時間の経過を通じてどの程度蓄積されるかである。簡略化のために，私はそのような問題は考察の対象に含めていない。この点については，Griffin（1987）を参照。

6) 効用理論を用いて効率的な配分を導出する一般均衡分析については，Tietenberg（1973）を参照。

ル作成者と政策実施責任者の両者に対して，情報を扱う上での大きな負荷を課すことになる。効率性を目標とする場合には，資源を使用する際に生まれる物理的関係性の追跡を必要とするだけでなく，その結果（人間と人間以外の両方についての）の貨幣化をも必要とする。これらのすべての段階が不確実性とデータ制約の下にある。

　効率性基準に伴う情報面での難点が乗り越えられた時でさえも，経済学以外の学問分野では，効率性の基準が適切な基準として広く受け入れられることはない。この基準の適用は，いくつかの微妙な含意を持っているが，極めて問題の多い場合もある。1つの例として，一群の汚染源（the class of pollutants）が人間の健康に重大な影響を与える場合をとりあげる。効率性の基準は，他の条件が一定ならば，より多くの人々に影響を与えるような汚染を制御するために，より多くの人々に影響を与えるような，より多くの資源をつぎ込むことを意味する（なぜなら，そのような条件の下では，汚染1単位によって引き起こされる限界損害はより高くなるからである）。この特定の制御のための資源配分は，結果として深刻な汚染に曝されている個人のリスクを低下させることになりうる。これは，市民がどこで働いている，もしくはどこで居住しているかにかかわらず，同じ個人的リスクに直面している，というよく用いられる政策の前提と矛盾する[7]。

　効率性アプローチ（efficiency approach）に付随する情報と道徳との両方の問題に対応するために，許可証取引アプローチ（tradable permits approach）について，持続可能性という視点から見ていくことにする[8]。効率性が持続可能な配分と一致するかどうかにかかわらず，許可証取引の計画は，持続可能性目標（sustainable target）を設定することから始まる。持続可能性目標は，効率的であるかもしれないし，そうでないかも

　7）　興味深い余談であるが，効率性アプローチは，ある特定の支出水準の下での健康被害を最小化する傾向にあるが，それは，ある個人をより高いリスクに曝すことによって可能となる。
　8）　本章では，「持続可能性という視点」を資源そのものが保全されている状況をさすものとして用いる。しばしば環境の持続可能性（Tietenberg, 2000:97）と呼ばれるものであるが，これは，それぞれ総資本蓄積そして自然資本蓄積の価値を一定に保とうとする弱い持続可能性や強い持続可能性といった従来型の概念より，さらに限定的なものである。

しれないが[9]，たとえ効率的な配分が持続可能性と両立できない場合でさえも，持続可能な結果（sustainable outcome）を達成するための良い機会を提供する[10]。

2.2 価値最大化，持続可能な政策手段

経験的な研究から得られる洞察の1つは，伝統的な指令・統制型（command and control）の規制手段は，目標設定と目標達成手段の両方を政府に依存するものであるが，多くの場合，資源の価値を保護する上で十分ではない，ということである[11]。環境経済学の主要な理論の1つは，ある特定の条件の下で，適切に設定された許可証取引制度は，持続可能性制約のもとで資源から得られる価値の最大化が可能なことを示している（Baumol and Oates,1971,1988）。

この結果の背後にある論理は，とても単純である。完全競争市場において，許可証は，それらが最も高い評価で使用される方に向かって移動するだろう。許可証の使用でより低い価値を得る人は（たとえば，高い費用のために），許可証をより高く評価する誰かと取引するインセンティブを持つだろう。その取引は，両者に便益をもたらす。売り手は，自身が許可証を使用した場合に得られたであろう便益よりも多くを得て，買い手は，許可証に対して支払ったよりも多くの価値を得る。

より注目すべき命題（Montgomery,1972）は，その許可証が競合する利用者の間で，どのように初期配分されたとしても，この理論が妥当するというものである。許可証が競売されるか，あるいは無償で配分されるかにかかわらず，それは妥当する。さらに，許可証が無償で配分された時，どんな特定の初期配分ルールも費用効果的（cost-effective）な配分を支持することができる。繰り返すが，この結果の背後にある論理は，

---

9) たとえば，米国の大気汚染防止では，「受容可能な」環境中の汚染濃度は，人間の健康上の理由を根拠に設定されてきた。漁業では，漁獲可能量（total allowable catch）は，生物学的漁獲可能量（allowable biological catch）という観点から設定される。これら両方の設定過程において，純便益が明示的に計算されてきたわけではないので，それらは全くの偶然によって効率的になっているかもしれない。

10) 再生可能資源と非再生可能資源の両方における効率性と持続可能性の関係を理論的に扱った優れた研究としては，Heal（1998）を参照。

11) 汚染制御に対する市場を基礎にしたアプローチがより進化の速度を速めている状況についての詳細な説明は，Tietenberg 他（1999）を参照。

極めて明解なものである。初期配分がどのようなものであろうが，許可証の移転可能性によって，許可証が最終的には最も使用価値の高いところへ移動することを可能にする。これらの使用が初期配分に依存しないので，すべての初期配分は，同じ結果に到達し，その結果は費用効果的なものになる。

この命題の潜在的重要性は非常に大きなものである。許可証取引を用いた場合，資源管理者は費用対効果を犠牲にすることなく，資源の初期配分を（政治的実行可能性や倫理に関することのような）他の目標のために使用可能であることを意味している。たとえば，アラスカの漁業では，共同体の利益を保護することを目的として，割当て量のいくらかが（個人ではなく）共同体に配分されている（Ginter,1995）[12]。

2.3 前提条件

市場の状態が健全ではない場合，許可証取引制度は，資源の価値を最大化しない可能性がある[13]。状態が健全でない状況とは，市場支配力の存在可能性（Hahn,1984），高い取引費用の存在（Stavins,1995），そして，不十分な監視と実効化を意味する。しかし許可証取引がアクセスに関する総量制限を必然的に設定するものであるため，市場支配力，そして/または，高い取引費用がもたらす帰結は，概して環境の質よりもむしろ費用に影響を及ぼす。なお，これらの不完全性が存在する場合でも，許可証取引は，それらの不都合な結果を緩和するように設計することが可能である[14]。

効果的な実効化がなされなければ，逮捕されることのない許可証保有

---

12) 残念ながら，初期配分によって達成すべき目標が2つ以上になる場合には，この命題の有用性は限定的なものになる。これは，たとえば，資源を管理するものが，計画の履行のための十分な支援を行うことと，すべての権利主張者を公平に扱おうとすることの両方を，初期配分によって達成しようとした場合等によくあることである。これら2つの目標を達成するための初期配分は，極めて異なったものになるだろう。

13) もちろん，不十分な監視と実効化は，許可証取引制度だけでなく，すべての政策手段を苦しめるものである。

14) 漁業において市場支配力が存在する場合，個人あるいは特定の集団が保有可能な許可証の最大数は，規制によって制限されている（National Research Council, 1999）。取引費用においては，それを最小化するように運用の仕組みを設計することが可能である（Tietenberg, 1998c）。

者は，彼らに配分された許可証によって制限されている範囲内で操業するよりも，不正を働いたほうがより多く稼ぐことができるだろう。すでに述べた2つの不完全性とは対照的に，これは，総量制限が破られる可能性があるので，資源の劣化につながるかもしれない。

他の重要な前提条件として，内部化されていない外部性が大規模に存在しないことを必要とする[15]。内部化されていない外部性の存在は，たとえある環境目標が達成されていたとしても，許可証保有者の純便益の最大化が社会全体としての純便益を必ずしも最大化しないことを意味するだろう。たとえば，漁業者は，対象となる種を規定された量だけ捕獲したとしても，彼らが海洋生態系の他の構成要素を破壊するような漁具を用いるかもしれない。汚染者が，対象となる汚染物質を投入物の変更によって削減することは，規制の対象となっていない他の汚染物質の排出を増加させる可能性がある。その規制は，他の環境資源を犠牲にして，ある環境資源を保全する役割を果たしている可能性がある。

2.4 許可証取引と環境税の比較

これまで言及されてきた理論の背景にある数理モデルは，環境税において同様の理論的特性を示すようにも用いることができる。すべての資源の価値を最大化する許可証取引制度には，同じ結果を実現することができる環境税が存在する。従って，原理的には税と許可証取引は明確な類似性がある。

しかし，実際にはこの類似性は消滅し，明確な違いが浮かび上がる。ひとたび量的な制限が確定されれば，許可証取引制度においては，市場が価格を決定するので，政府が適正な価格を見つけ出す必要性はない。租税制度においては，政府が適切な税率を決定する必要があり，これは小さな任務ではない。そして，租税制度においては，資源の超過利潤（rent）が政府にもたらされる。一方，許可証取引では，一般的に資源の利用者がそれらを確保する。租税制度に元来ある歪みの存在が選択された手段の効率性にどのような影響を与えるかを考察する近年の研究で

---

15) 内部化されていない外部性は，他の大多数の政策手段を同様に苦境に落とし入れる。この前提条件は，許可証取引制度を他の取り組みと区別する為のものではなく，そのような諸制度が上手く機能する条件を指摘する為のものである。

は，租税収入を（それを許可証の保有者に与えるのではなく）再循環させることによって，その制度における費用効率性を高めることができることを提示しているものが多い。そのような研究は，税または競売形式の許可証取引（auctioned permits）を好意的にとらえ，「既得権に基づく無償割り当て方式（grandfathered）」による許可証取引を遠ざける（Goulder et al., 1999）。しかし，どのように租税収入が再分配されるかもまた，様々な利害関係者にとっての環境保護の代替的アプローチの魅力の大きさに影響を与える。利害関係者らが政策の選択に影響を与える程度が増すにつれて，"無償割り当て方式（grandfathering）"の実行可能性が増加するだろう（Svendsen, 1999）。

2つの制度は，政府が市場に介入しないと決めているならば，時間の経過とともに極めて異なった働き方をするだろう。許可証取引制度においては，インフレーションは，単に許可証価格の上昇に結びつくだけで，制限は損なわれないまま残るだろう。租税の場合では，何らかの指数化方式・物価スライド方式（indexing scheme）が存在しない場合，（税の実質価値が低下するので）環境保全の程度は時間の経過とともに低下するだろう。逆に言えば，遵守する費用を低下させるような技術進歩は，許可証取引よりも租税によってのほうがより環境保全的な結果につながるだろう。最後になるが，費用と便益に関する不確実性の存在によって，一方の手段をとるか他方をとるかは不確実性の性質に依存することになる（Weitzman, 1974）。

3　設計の考察

3.1　ガバナンス構造

学界では，利用者が重要な役割を担い，環境資源を共同管理（co-management）することの重要性が強調されてきた。このことによって，ルール遵守の傾向が高まっていくと推定される[16]。

16）　実施されている計画の中にも，このような提案を支持するような事実が出現し始めている。たとえば，英国の漁業（それは，譲渡可能個別割当（individual transferable quota），すなわち，ITQによる漁業ではないのだが）における遵守行為についての研究は，管理制度

原則的には，許可証取引は多様なガバナンスの仕組みを許容するが，3つすべての応用例における現在の支配的な形態は，大部分の共同管理で構想されているよりも利用者の果たす役割が小さな，分担管理（shared management）の仕組みのようだ。米国におけるこれらの資源レジーム（resource regimes）においては，（国家であれ州であれ）政府が目標を設定することは一般的であり，これらの実例からしても"上意下達型（top-down）"の管理であると考えられる。

　大気汚染の事例では，国家レベルで一定の量的環境水準が設定され，すべての計画がこの制限の範囲内で実施されなければならない。国の計画である硫黄割当て計画では，国家レベルで排出の上限が設定された。大気清浄化地域市場制度（RECLAIM）では，排出の上限は，地方の大気質を管理する部局で設定されたが，その部局は米国環境保護庁（the National Environmental Protection Agency :EPA）の監督に従い，その選択がどのようにして国家的に設定された環境基準を満たすことができるのかを示す必要があった。

　漁業においても，ある程度同様のガバナンスの取り決めがある。商務長官と，その実施機関である全米海洋水産局は，彼らの監督と認可における権力を用いて，地方で作り出されたアプローチが，改正されたマグナソン・スティーブンス法[17]（Magnuson-Stevens Act）で要求されている様々な条件を満たすことを保証するようにと試みた。量的に明確な環境基準と異なり，これらの目標は，より曖昧に規定されている。このことは，長官により多くの裁量を与える。それは，より強い統制を実施することもあれば，共同体の裁量をより多く認めることもある[18]。この監督に従い，地方の漁業の協議会は，上限とルールの両方を定める。アクセス権保有者の団体は，他の団体と同様に，たいていこれらの協議会に代

に深く関わっていると感じている個人は，違反を犯す確率が統計的に十分に低いことを明らかにした。

　17）その法律は，過剰な漁獲を止め，過剰に利用された漁業資源を再生し，魚の主要な生息場所を保護し，混獲を減少させ，そして，漁業共同体に配慮すること等を要求している（National Research Council, 1999）。

　18）この関係性についての主要な分析は，商務長官と米国海洋水産局（National Marine Fisheries Service）が，地域の委員会に多くの権限を委譲し過ぎたのではなく，むしろ，細かく管理し過ぎることによって失敗してきたことを明らかにしている（National Research Council, 1999:8）。

表者を送っている。

　大気汚染制御において本質的な共同管理が用いられることは稀であるが，幾つかの制限された形態が漁業と水資源の両方で出現し始めている。たとえばチリでは，水利用者組合が水資源の配分において重要な役割を果たしている。水総局（Direccion General de Aguas）は水資源の管理における広範な権利を持っているが，日常の川の流量の制御は，すべての利用者と川の共用部分に関して設定された利用者組合からなる水監視組合（Juntas de vigilancia）によって実施されている。

　カリフォルニアの地下水をめぐっては，集権化された管理の不在が，採水者によって制御されている流域単位の管理当局（basin authorities）の数の増加に結び付いている。地下水の採水者の間で発生する権利の取引は，"非公式な"許可証取引市場[19]であるとみなされうる。これらの非公式な市場は，より一層，利用者が定めるルール（user-defined rules）を伴うようになると思われる。

　漁業では，特にロブスターなどの定住性の高い種を扱う漁業では，一般的に漁業者によるしっかりとした地域管理が実施されている[20]。たとえば，メイン州は区画化制度（zonal system）を用いてロブスター漁を管理している。これらの区画内の漁業者は，彼らの区画内での漁業活動を統治するルールを設定するうえで非常に重要な役割を果たしている。今のところ許可証取引を用いている区画は1つもないが，その選択肢は議論され始めている。

　米国議会が課した譲渡可能個別割当（individual transferable quotas: ITQs）に対するモラトリアムに次いで，漁業において，幾つかの自主

　19）　カリフォルニアのレイモンド水盆の例について考えてみよう。「水交換協定の下で，関係者はそれぞれ，「交換のための貯水量（exchange pool）」を申し出なければならない。それは，次年度に必要な水量を超過する部分に対する権利であり，その関係者が水を汲み上げるためにかかる平均費用を上回ることの無い価格でなければならない。次の年に利用できる水の量が，自分たちが必要とする水の量と比較して不十分だと予想する関係者は，交換のための貯水量に対する要求を提出する。水の監督者は，こうした要求に対して，最初に最も低い価格の水の割当てとのすり合わせを行い，その後，次に低い価格とのすり合わせを行い，さらに次にという形で，すり合わせを行っていく。実際の配分では，水の移動は伴わず，ある特定の量の水を汲み上げる権利だけが配分される」（Blomquist, 1992:87-88）。

　20）　MacCay（2001）は，漁業における他の形態の共同管理（co-management）の事例を示している。彼女の事例の多くは，譲渡可能個別割当（ITQs）を含むものではなく，利用者による加入制限を伴うものである。

規制による代替策が提案されてきた。ベーリング海での漁業を含む太平洋のタラ漁では，タラの漁獲可能量（TAC）が，1997年から2001年の漁獲可能量の34パーセントを占めた漁獲－加工処理船（cather-processor vessels）を含む様々な部門に割り当てられた（National Research Council,1999:130）。1997年4月に漁獲－加工処理部門で加入制限のある許可証を持った4つの会社が，彼ら自身の間で割当てを配分することに合意し，その目的のために協同組合を設立した。米国での利用者による管理取り決めの妨げになる潜在的可能性があるので，構成員は，反トラストで起訴されることを避けるために，それを認可する米国司法省へ提案書を提出した。これは公式な許可証取引ではないが，参加者の間での配分を巡る交渉は，非公式な市場の性質を帯び始めている。

　許可証取引制度が潜在的に共同管理の役割を果たす可能性を持ちながら，漁業と水資源だけでしか，この方向への進化の形跡がみられないのは，驚くべきことではない。汚染や自然資源の事例は，重要な非対称性を示している。大気汚染制御にとっては，資源保護の便益は，資源を使用する汚染者にではなく，大気汚染の犠牲者に帰着する。極めて利己的な視点からは，資源の利用者（汚染者）は，もし彼らが罰せられずに逃れられるのならば，資源を劣化させることは一貫性をもったことと受け取るだろう。他方で，水の利用者や漁業者は共に，資源を保護することから便益を得ることができる。彼らの集合的な利己心は，資源保護と両立できる。このことは，集合行為へのインセンティブは明らかに，これらの2つの事例において極めて異なっていることを示している。

3.2　ベースラインに関わる問題

　一般的に許可証取引は，クレジット方式（credit program）とキャップ・アンド・トレード方式（cap-and-trade program）の2つの部類のどちらか1つに沿うものになる。クレジット方式は，相対的なベースラインを必要とする。クレジット方式では，個別のアクセスのベースラインがそれぞれの資源利用者のために設けられる。（許可されているよりも少ない漁獲量や許可されているよりも少ない汚染の排出などのように）法的に要求されている以上の取り組みをした利用者は，取引可能なクレジットとして異なった証明を得ることができる。

キャップ・アンド・トレード方式は，絶対的な基準値を必要とし，クレジットではなく割当て量を取引する。この場合，ある資源へのアクセス全体に制限が設定され，その後に，利用者の間に配分される。大気汚染制御制度や水資源では，両形態の事例がある。漁業の許可証取引は，すべてがキャップ・アンド・トレード方式の一種である。

合衆国の（初期の）排出量取引計画（Emissions Trading Program）で用いられたクレジット取引は，法的な要求以上の排出削減者に対して，それを取引可能なクレジットとして認定することを認めている。クレジットのための基準値は，伝統的な技術を基準とした基準値によって与えられている。クレジット取引は，これらの基準が事前に存在することを想定しており，そこでは排出源ごとの基準が達成されると総目標が達成されるという純濃度の高い手段を提供するものである。

合衆国の酸性雨計画（Acid Rain Program）で用いられている割当て量の取引は，汚染者に対して事前に特定の割当て量を認める。一般的に，発行される割当て量は時間の経過と共に減少し，初期の割当ては，伝統的な技術を基準とした基準値を基礎とする必要性はない。大部分の場合，割当ての配分による総削減量は，現在知られている技術を基にした基準値によって達成可能なものを超える。

それらの明らかな類似性にもかかわらず，クレジットを基礎とした取引制度と割当てを基礎とした取引制度の違いを見落としてはいけない。クレジットの取引は，事前に設定された規制基準の存在に依存している。割当ての取引はそうではない。一度，割当の総量が決定すると，原理的には，それらを排出源間に配分する方法は無限に存在する。実践的には，割当ては次のような状況下でさえも，用いることができることを意味している。それは，(1) 技術を基準とした基準値が設定されていない，あるいは設定することができない場合，(2) 削減が永続的というよりむしろ（基準が早期に達成されてしまうような）短期間である場合，である。

そのほかの主な相違点は，一般的にキャップ・アンド・トレード方式は資源の使用における総量に上限を設定しているが，一方で，クレジット方式はそれぞれの利用者の上限を設定しているだけである。追加的な利用者に対する他の何らかの形の制御が存在しなければ，利用者数の増加は，総使用量の増加につながり，最終的には資源の劣化につながる可

能性がある。

3.3 エンタイトルメント (Entitlement) の法的性質

　一般的な文献で許可証取引は"資源の私有化"を認める取り組みだとしばしば論じられることがあるが (Spulber and Sabbaghi, 1993; Anderson, 1995)，多くの場合はそうではない。合衆国で，なぜ許可証取引がこれらの資源の私有化ではないのかについて最も説得力のある理由は，これまで確立されてきた"公共信託法理 (public trust doctrine)"が侵される可能性があるからだ。このコモン・ローの原則は，ある特定の資源は公共に属し，政府は公共の信託のもとでそれらを保持しているので，それらを売り払うことができないことを示している[21]。

　経済学者は一貫して，取引可能な許可証は，資源に投資しようとするインセンティブを保護するために保証された財産権 (property right) であるべきだと主張してきた。権利の没収は全体の過程を衰退させる。

　他方で，環境保全に関わりのある機関や団体 (the environmental community) は，大気，水資源，そして魚は人々に属するものであり，また倫理の問題もあり，私的財産 (private property) になるべきではないと主張してきた (Kelman, 1981)。この観点からは，共同体の権利を私的な権利に移転することは，とても正当化できない (MaCay, 1998)。

　この軋轢の実践的解決法は，許可証は財産権ではないことを明らかにする一方で，許可証の保有者に（完全なものとは反対に）"妥当な"保証を与えようと試みることである[22]。たとえば，硫黄割当て計画についての合衆国大気浄化法 (U.S. Clean Air Act) の権利 (title) は，次のようなものである。「この権利 (title) の下にある割当ては，亜硫酸ガスの排出に限定された権利であり，……，そのような割当ては財産権を構成するものではない」(104 Stat.2591)。

　実際には，これは，裁量で権利が没収されることがなく，投資保護の必要性を行政官が認識することが期待されていることを意味する。しか

---

　21) たとえば，1879年のカリフォルニア州の憲法は，個人の水の所有権を否定し，水を利用する権利である用益権 (usufructuary right) を認めていた。
　22) 重要な例外の1つが，ニュージーランドの譲渡可能個別割当 (ITQ) 制度である。それは権利を永久に認めている (National Research Council, 1999:97)。

し，彼らは，汚染削減要求を上昇させるのに応じて，要求を変更する権限を手放すことは無い。特に，もし割当てに完全な財産権が認められていれば，排出量の権利の一部が取り消されたことに対して補償を支払う必要性があっただろうが，彼らは，補償の支払いによって妨げられることは無いだろう。これら2つに折り合いをつけることはある程度困難が伴うが，うまく機能していると思われる。

3.4 順応的管理（Adaptive Management）

許可証取引制度において最も懸念されることの1つが，特に許可証保有者に十分な保証を与えることが必要だという観点から，過度に固定的になる可能性があることである。政策の固定化は，資源の変化に対して，あるいは，より良い情報に対して，制度が対応することを妨げる可能性があるだろう。この固定性が生態系の回復能力（resilience）を深刻に低下させてしまう可能性がある（Holling, 1978）。

既存の許可証取引制度は，対象とする資源形態の違いによって，異なった方法でこの難題に対応してきた。一般的に，大気汚染制御では，順応的管理の必要性は直接的なものではなく，割当ても一般的にトン単位で規定されている。漁業など生物に関わる制度では，その権利は一般的に漁獲可能量における占有率という形で規定されている。この方法では，資源の管理者は，権利保有者による補償請求訴訟の引き金を引くことなく，生物的な状態の変化に対応して漁獲可能量を変えることができる[23]。関連する2つの権利を定めている漁場もある（Young, 1999）。第1のものは，漁獲可能量の占有率を示しており，第2のものは個々の年に何トンの漁獲量を水揚げすることができるかについての権利を示している。2つの権利を分離することは，漁業者が，将来のアクセスを放棄することなしに，（おそらく病気や漁具の不具合などのために）ある年の漁をおこなう権利を売却することを可能にする[24]。

---

23) この場合を，権利が何トンかという形で設定されている場合と比較してみよう。もし，生物学的状態が漁獲可能量を大幅に引き下げる必要性を示したならば，既存の権利を没収する必要があり，それは，資源管理者に対して補償を求める訴訟の引き金となるだろう。

24) 他の制度は，権利保有者にある特定の期間他人に権利を貸与することを認めることによって，これを達成している。

水資源は違った種類の順応的管理を必要とする。利用可能な水の量が年毎に大幅に変動する可能性があるという事実によって，利用者の間には深刻な不確実性が生じる[25]。不足量に対応する能力が利用者によって大きく異なるので，この水を配分する制度はこの多様性に柔軟に対応する必要があり，そうでなければ，深刻な水の配分の失敗をもたらす可能性がある。

これらの必要性は，（一般的には水の貯蔵による）技術的な解決方法とその権利の制度に柔軟性を組み込むことによって満たされてきた。アメリカの西部では，鉱山基地を起源とする資源の専用使用に関する原則が最初に使用した日付を基準にした優先権の制度として創出された。より古参の権利は，どんな年でも利用可能な水を主張する優先権を持ち，結果的に最も高い価格を主張することになると予想される（Howe and Lee,1983; Livingston,1998）[26]。他の制度としては，オーストラリアで最もよく知られている例で，漁業の占有率の制度に似た比例制度を用いているものがある（Livingston,1998）。

保証を伴った柔軟性への取り組みとして他に挙げられる例に，多数の固定期間エンタイトルメントを含む"ドロップ・スルー・メカニズム (drop-through mechanism)"があり，この取り組みの一種は，現在ニューサウスウェールズの漁業で用いられているとともに（Young,1999），気候変動の制御に用いることが提案されている（Tietenberg,1998b）。この枠組みの下では，初期のエンタイトルメント（これをシリーズＡエンタイトルメントと呼ぶ）は，ある限定された期間に設定されているが，十分な投資を促進する長さである（図示するために，たとえば30年としておく：図6－1参照）。シリーズＡエンタイトルメントで扱われる権利と義務は，事前に知らされている[27]。定期的に（図示するために，たとえば10年毎），包括的な見直しが実施され，30年間の存続期間を持つ新しい

---

25) Livingston (1998) は，公刊されていない世界銀行の報告書で，35の途上国についての分析で，半数以上が40%の流動的な降雨量であることが明らかになったと報告している。

26) 米国西部では，ある年に実現することができると予想される権利の数は，雪塊の計測と衛星による流量の監視によって決定される。

27) この枠組みは，時間の経過とともにエンタイトルメントが上昇したり，下落したり，あるいは，一定であったりすることができるように，十分に柔軟である。主要な条件は，特定のシリーズの期間についての時間経路が固定されていることである。

エンタイトルメント（シリーズB，シリーズCなど）を設定する。シリーズAエンタイトルメントを保有する排出源は，シリーズAエンタイトルメントの終了期間よりも早い時点であればいつでも，新しく設定されたエンタイトルメントに切り替えるかどうかの選択肢を持っている。それが切り替えられると，シリーズBエンタイトルメントを残りの期間保有することができる。この過程が見直しをもはや必要としないことが明らかになるまで続けられる。

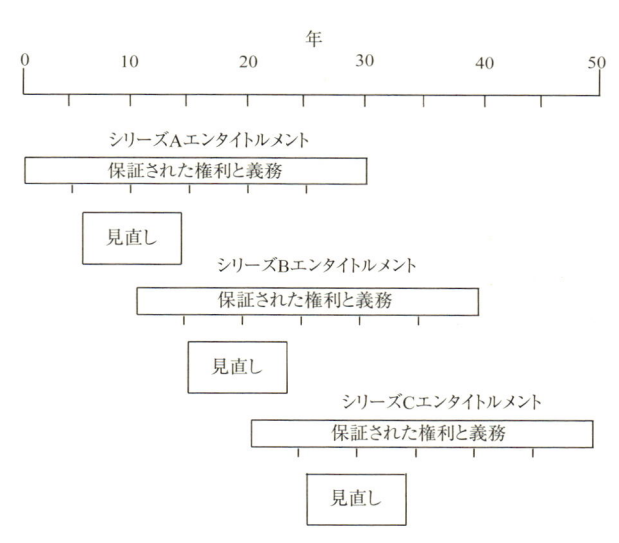

図6-1 許可証取引制度に向けてのレジリアンスの構築
（出所）Young and McCay(1995)のFigure7-1に基づく（転載は著者の了解済）

3.5 総制限量の設定

3つの応用例すべてにおいて，その制限量は，持続可能な使用（sustainable use）という概念を基準に設定されている。大気汚染制御において，その制限量は，結果的な濃度が環境大気質基準（Ambient Air Quality Standards :AAQS）より確実に低くなるように設定されている。環境大気質基準は，主に人間の健康を保護するような水準に設定されて

いる[28]。水資源では，一般的に総制限量は予期される水の流量を基礎としている（Easter et al., 1998）。公式な許可証取引による漁業では，統治主体は，漁業を持続可能なものにするために，日常的に魚のストックを推計しており，この量は，"生物学的漁獲可能量（allowable biological catch :ABC）という用語になっている。漁業者が許可されている漁獲水準，すなわち，漁獲可能量は通常，生物学的漁獲可能量に等しいか，あるいはそれ未満である（National Research Council,1999:3）。

3.6 初期配分の方法

エンタイトルメントの初期配分は，おそらく，許可証取引制度で最も論争の多い側面である。エンタイトルメントの初期配分として可能性のある4つの方法は次のとおりである。

無作為利用（Random access）（くじ）
先着順（First come, first served）
適格性基準に基づく行政上のルール
競売

これら4つのすべてが1つの文脈，あるいはその他で使用される。くじと競売は共に，大きな動物を対象とした猟の許可証を配分する際に用いられることが多い。くじは住民の間で許可証を配分する際に一般的で，競売は住民以外に配分する際に一般的である。先着順の方式は，歴史的に水資源において，それが希少でない場合に，一般的であった。しかし，ここで議論している目的について，最も一般的な手段は，歴史的な使用方法に基づいてアクセス権を配分するというものだ。

このアプローチを正当化するために，典型的には，次の2点が提示さ

28）追加的な要求を課す計画もある。段階的鉛廃止計画（The Lead Phaseout Program）では，年毎の上限は，時間の経過とともに低く設定されてゆき，最終年にはゼロになった（Nussbaum, 1992）。ロサンゼルスの大気清浄化地域市場制度（RECLAIM）では，上限は，毎年8％ずつ低下していった（Fromm and Hansjurgens, 1996; Zerlauth and Schubert, 1999）。

れている[29]。第1に，それは導入を容易にする，ということである[30]。エンタイトルメントを配分する際に，歴史的なパターンからの乖離を最も小さくするからだけでなく，それは，利用者に競売方式よりもより小さな金銭的負担しか負わせないからである[31] (Lyon,1982; Tietenberg,1985; Hausker,1990; Grafton and Devlin,1996)。第2に，それは，資源の採取に投資した人に許可証を配分するからである。この意味で，それはこれらの投資を認め，保護する役割を果たしている[32]。

歳入があっても大衆受けする戦略的用途がない場合，あるいは競争者の誰もが同様の金銭的負担に直面しようとする可能性がない場合には，既存資源の許可証を無償で分配することは，政治的反発を相当程度抑えることに役立つものとなろう。配分ルールの数は無限に存在する可能性があるので，"既得権に基づく無償割当て（grandfathered）"のルールが支配的になる傾向がある。"無償割当て方式（grandfathering）"とは，初期配分を歴史的な使用に基づいて決定するアプローチを意味する。無償割当方式の下では，現存の資源利用者は（競売市場ですべての許可証を購入するのと反対に），初期配分されたものを超えて資源を必要とする時にだけ，追加的な許可証を購入する必要がある。

規制のために許可証を必要としている資源利用者にこれらを売るとい

---

29) チリの大気汚染制御（ari pollution control）についての実証的研究から，第三の興味深い可能性が出現してきた（Montero, 2000a）。明らかに，無償割当て方式による配分は，これらの許可証を保有することによって得られる超過利潤（rent）も関係しているが，これまで発見されていなかった排出源が数多く出現し，計画に参入する資格を得るために自らの排出を認めることになった。

30) たとえば，この方法によって権利を割当てることは，長年にわたって失敗してきた酸性雨制御の仕組みを，米国がどのようにして履行することができたのかという問題における，1つの要因だと考えられている（Kete, 1992）。

31) 利用者の視点から，金銭的負担に関する2つの要素が重要である。（1）採取及び制御の費用。（2）許可証への支出。しかし，前者だけが社会全体に対する資源の費用であり（後者は社会のある集団から他の集団に移転されるにすぎない），利用者にとっては両者が金銭的負担となる。実証研究は，許可証の配分に伝統的な競売が用いられた場合（あるいは，同様に，制御されていない排出が排出税（emission tax）の対象になる場合），許可証への支払い（あるいは，税支払い）は制御費用（control cost）を超え，排出源は，制御装置に支払うよりも多くを許可証に支払うことになる，ことを示している（Tietenberg, 1985）。

32) 投資が許可証の初期配分を増やすという目的のためだけに行われた場合，負の影響がもたらされる。こうした投資が非効率だというだけでなく，そうした投資に報いることは，歴史的な利用に基づく初期配分という倫理的な基礎を損なう。

うことは，政治的に最も簡単な方法であるが，無償割当て方式は欠点を持っている。租税制度に内在する歪みの存在は，租税収入を再循環させることで，費用対効果（cost-effectiveness）を向上させることができる。このことは，費用効果性あるいは効率性の観点からは，許可証の競売方式は，無償割当て方式よりも好ましい可能性があることを意味している（Goulder et al., 1999）。

　第2に考慮すべき点は，新規に参入する事業者の扱いについてである。新しい事業者のために許可証を確保しておくことは可能であるが，この選択肢が実際に実行されることは稀である。結果として，無償配布の管理形態のもとでは，既存の事業者が初期配分を無償で得ることができる一方で，新しい事業者はすべての許可証を購入しなければならない。従って，無償配分制度は，新しい事業者に対して，彼らの金銭的負担がそれ以外の既存の事業者のそれよりも大きくなるという意味において，偏りが生まれる。大気汚染制御では，この「新しい利用者」の偏りは，最新の技術革新を体現した新しい設備の建設費用面での優位性を減少させることで，新しい技術や新しい設備の導入を妨げてきた（Maloney and Brady, 1988 ; Nelson et al., 1993）[33]。

　他の初期配分の問題は，許可証を受け取る適格性と妥当な配分を決定するガバナンスの過程との両方を決定することに関わる[34]。両方の要素について，特に漁業において論争が起こっている。漁業において，許可証を船の所有者に配分するという決定は，乗組員と加工業者との両者から厳しい反発を呼び起こしている。

　いくつかの漁場では，船の所有者への配分によって，報酬の取り決めに変化が生じている。すなわち，事前に決定された配分の比率を基に漁獲量からもたらされるリスクと収入を共有するというものから，賃金制度への変化である。この移行が乗組員に高い所得をもたらす結果になることができているにもかかわらず（Knapp, 1997），状況の変化は，

---

[33] 「新しい排出源に関する偏り」は，もちろん許可証取引制度に固有の問題ではない。既存の排出源よりも，新規の排出源に対して，より厳格な条件を課すどのような規制にも当てはまる。

[34] 許可証取引制度は，共同管理（co-management）の原則と完全に両立しうるものである。この場合，制度における目標と過程を決定する上で，共同体は重要な役割を果たすだろう。National Research Council（1999: 135-138）を参照のこと。

漁業のリスクと報酬との両方を共有する共同事業 (co-venture) をおこなってきた人々に受け入れられることが困難である (McCay et al.,1989; McCay and Greed,1990)。

　加工業者もまた，成功はしていないが，今日に至るまで（特にアラスカにおいて）彼ら自身の割当ての要求を主張している (Mutulich et al.,1996)。その主張は，加工業資本設備の移動不可能性と船の所有者に割当量を配分することが加工業者の利益を損なう形で交渉関係を変化させる，という事実に基づいておこなわれている (Matulich and Sever,1999)。

　最後になるが，初期配分の対象となった主体以外の主体が，加入手続きを経て加入できる制度も存在する。これは，硫黄割当て計画において顕著な特徴であるが，逆選択の問題に悩まされる可能性がある (Montero,1999,2000b)。

3.7　譲渡可能性（Transferability）に関するルール

　許可証取引に関する最も大きな論点は，許可証を初期配分する方法に関するものだと思われるが，他の重要な論点は，譲渡可能性を統治するルールに関わるものである。支持者によると，譲渡可能性は，その権利が最も使用価値の高いところへと移動していくことを保証するだけでなく，自主的にその資源を使用しないと決定した者への金銭的な補償をも提供する。従って，譲渡可能性の制限は，その制度の効率性を低下させるだけである。批判者によると，権利の取引を認めることは，権利の集中，共同体の利益の破壊，そして，環境と利用者の間の伝統的な関係との両方を破壊すること，を含む数多くの社会的に受け入れがたい結果をもたらす。

　権利を取引可能にすることは，幾つかの集団が許可証を蓄積することを可能にする。少数の者の手に許可証が集中することは，許可証取引制度の効率性を低下させるか (Hahn,1984;Anderson,1991; Van Egteren and Webber,1996)，あるいは他の市場で経済的な権力を得るための手段として使用される可能性がある (Misiolek and Elder,1989; Sartzetakis,1997)。大気汚染制御では，そのような役割を果たすことはなかったが，漁業ではその要因となり得る (Palsson and Helgason,1995)。

典型的には，漁業における問題は，反トラストに抵触するほど集中が進むからではなく（Adelaja et al.,1998），零細な漁業経営体がより大きな漁業経営体に買収されることを許してしまうからである。より小さな漁業経営体は，それが保護されるべきであるような特別な社会的価値を持っていると思われる。

不当な割当の集中から保護することは，共通の認識となっている。1つの典型的な方法は，1人の保有者に蓄積することができる割当ての量を制限するという戦略である。たとえば，ニュージーランドの漁業では，1保有者が保持する割当ての範囲は，魚種によって20%から30%に定められている（National Research Council,1999:90-91）。一方で，アイスランドでは，タラで10%，そして他の魚種で20%に制限されている（1999:102）。

他の戦略は，蓄積によって非競争的な影響を与える可能性のある要因を拡散させようとするものである。合衆国の硫黄割当計画は，これを2つの方法でおこなっている。1つ目は，もし保有者が新しい参入者に売ることを拒否すれば，事前に決定された（高い）価格で売ることができる割当ての供給を差し止める，というものである[35]。2つ目は，ゼロ収入競売（zero-revenue auction）を導入し，年に一度，公共的な競売において，許可証の保有者に3%近くの割当て量を売ることを要求するというものである[36]。

他の取り組みは，それが公共の利益を侵害するようであれば，取引に直接の制限を加えることを含むものである。たとえば，アラスカのカラスガレイやギンダラの譲渡可能個別割当て（ITQ）計画では，大型船については，その大きさに応じて幾つかの等級が設定されている。初期の配分は，それぞれの大型船の等級ごとに記録されている漁獲量によっておこなわれ，漁獲する船の等級を超えた割当て量の取引は禁止されている（National Research Council,1999: 310）。更に制限は，割当ての所有者

---

[35] 十分な許可証が通常の方法によって入手可能であるため，この差し止めが実際に行われたことは無い。しかしながら，それは必ずしも，差し止めが有効ではないことを意味するのではなく，差し止めが無ければこの計画の実行が困難になっていたかもしれない問題を差し止めがあることによって緩和してきたのである。

[36] その収入は，政府にもたらされるのではなく，もともとの許可証保有者に帰っていく。従って，「ゼロ収入競売」と名付けられているのである（Svendsen and Christensen, 1999）。

が，魚が引き上げられる時に船上にいなければならないことを要求している。これは，権利の取引によって「不在船主」になることを防ぐ試みであることを意味している。

2つ目の懸念事項は，許可証の取引が共同体に非経済的な衝撃を与える潜在的な可能性に関係している[37]。許可証を取引したこれらの保有者は，彼らが過去に商売で依存していた共同体の利益を守る必然性はないだろう。たとえば，漁業においてある割当ての保有者から他者への取引は，他の共同体でその魚が捕獲される十分な要因になるだろう。大気汚染制御では，工場の所有者がある共同体で操業を停止した場合，許可証を持って他の共同体で再建するかもしれない。

この問題への共通した答えの1つに，割当を直接，共同体に配分するということが含まれる。アラスカの多数の先住民を含む離れた村々に便益をもたらすように設計された1992年ベーリング海共同体発展割当計画（The 1992 Bering Sea Community Development Quota Program）では，スケトウダラの割当量の7.5％がこれらの共同体に配分された（Ginter,1995）。ニュージーランドでは，1992年のワイタンギ条約解決法（the Treaty of Waitangi Settlement Act）では，ニュージーランドの譲渡可能個別割当の40％近くの所有権がマオリの人々に移転された（Annala,1996）。これらの配分によって，その共同体は取引の支配力を維持し，この支配力が共同体の利益を守るための力になっている。アイスランドでは，次のような規定によって，この種類の制御が行われている。すなわち，割当が他の場所で操業する大型船に貸し出されるか，あるいは売られる場合，地方自治体と地域の漁業者組合の承諾を得なければならないという規定である。（National Research Council,1999: 83）。

譲渡可能性に関わる最後の懸念事項は，取引に伴う外部効果の可能性に関係する。理論的には，取引は，許可証をより使用価値の高い人にもたらすことを可能にし，純便益を増大させると考えられている。しかし，実際には，取引によって第3者に便益または費用という外部性がもたらされる場合，必ずしもそうとはいえない。

---

37) こうした問題は，すべての共同体で起こっているわけではない。なぜなら，幾つかの漁業や大気汚染制御では，こうした取引による影響はほとんど無視できる程度のものであるからだ。

そのような外部効果は稀なことではない。たとえば水資源の場合，ある人の使用から他者への取引による移転は，他の下流の利用者に供給される量，質，時期に影響を与えるだろう[38]（Livingston,1998）。大気汚染制御においては，取引が汚染の空間的分配に影響を与えるだろうし，それは，環境正義（environmental justice）上の懸念を引き起こす可能性がある（Tietenberg,1995b）[39]。漁業では，割当が損害をより多く与える漁具の保有者，あるいは，混獲の魚をより沢山網に掛ける傾向がある漁業者に移転するかもしれない。すべての事例で，「漏出（leakage）」が，他の潜在的な外部効果をもたらす。漏出は，資源の規制への圧力が，規制されていない，あるいはより規制の弱い資源への転換をもたらす場合，たとえば，漁師が自らの船を他の漁場に移動させたり，汚染者が汚染を生み出す工場をより環境基準の低い国へ移転させたりというような場合に起こる。

合衆国西部の水の市場では，影響を受けるどんな集団にも取引の手続きに介入できる機会を与えることによって，外部性の問題を解決しようと試みている（Colby,1995）。第三者集団が介入した事例においては，取引する集団は，第三者に損害を与えないことを確実なものにする負担を負わなければならない。これは，外部性を内部化する有効な方法となり得るが，取引費用が非常に高くなり，その他の場合と比べて，非常に少ない取引しかおこなわれない結果となった（Livingston,1998）。技術（開

---

38) こうした影響は，距離の短い水系では顕在化しないであろう。これは，チリにおいて水に関する許可証取引市場が非常に活発であることの理由を説明する1つの要因であろう。

39) 1997年の6月にカリフォルニアで行われた前例の無い告訴では，ロサンゼルスに拠点を置く良き環境のためのコミュニティー（Communities for a Better Environment）は，大気清浄化地域市場制度（RECLAIM）は低所得者の共同体への汚染物質の集中をもたらしている，と訴えた。大気清浄化地域市場制度（RECLAIM）の下では，ロサンゼルス地域の製造業者は，汚染削減クレジットを生み出すために，古くて汚染度の高い車を買い，廃棄することができる。こうしたクレジットは，製造業者自身の操業に対する削減要求を減らすために用いることができる大気清浄化地域市場制度（RECLAIM）の下で，カリフォルニアの精製所の大部分は，有害な煙霧の95％を除去できる装置を導入したが，問題となる最終的な部分ではほとんど削減されていない。なぜなら，企業が7400台以上の古い車を処分し，彼らへの削減要求に対して使用することができる排出削減クレジットを受け取っていたからである。訴えは，自動車からの排出削減は地域全体にいきわたるのに対して，その代わりに増加した精製所からの排出は，低所得者層の居住地域に集中している，と主張している（Marla Cone, Los Angeles Times, as cited in GREENWIRE, 7/23/97:http://www.eenews.net/greenwire.htm）。この訴訟そのものは，法廷によって棄却されたが，訴訟に繋がった主張は，沈静化とは程遠い状況にある。

発）によって，現在，より低い取引費用での水取引市場への入り口が創出されている（たとえば，カリフォルニアの電子水取引のウォーターリンクス）(Organization for Economic Co-operation and Development, 1999)。

　空間的外部性の問題を解決するために合衆国の大気汚染制御政策で用いられている1つの戦略は，規制を層状に積み重ねるというものである。規制を層状に積み重ねるということは，同時に複数の規制レジームを適用することを意味する。合衆国における亜硫酸ガスによる汚染は，地域環境大気質基準を達成するために設計された規制と硫黄割当の取引計画の両方によって，管理されている。すべての取引は，両方の計画を満たすものでなければならない。従って，取引は，空間的な条件によって制約されるのではなく（国家取引も可能である），獲得した割当ての使用が環境基準に沿って人の健康を保護するという，地域の規制に従うものでなければならない。第1の規制の層が制限されていない割当の取引を認めたのに対して，第2の規制の層は，有害な汚染の空間的集中から（その基準を破るような特定の取引を認めないことによって）保護する。硫黄の削減は非常に大きく，取引によって大部分の地域大気質基準の達成が危うくなるというようなことはないので，この規定から影響を受ける取引はほとんどなかった。さらに，地域の大気質が危険にさらされるかもしれないという危惧は，軽減されている。

3.8　時間的側面

　標準的な理論によると，完全な価値最大化をおこなう許可証取引制度は，時間的な代替可能性を完全に備えたものでなければならず，それは，割当を借りることができ，かつ，貯蓄する（banked）ことができることを意味している（Kling and Rubin, 1997; Rubin, 1996）。貯蓄は，利用者にその許可証を将来の使用のために貯めておくことを可能にする。借り出し（borrowing）の場合は，許可証の保有者が許可証に規定されているよりも早くそれを使用することができる。

　私が知っている既存の制度には，時間的に代替可能なものは1つもない。より古い汚染制御計画であるほど，より制限された取り組み方をしている。排出取引計画（The Emission Trading Program）は，貯蓄は認めているが，借りることは認めていない。段階的鉛廃止計画（The Lead

Phaseout Program）は，最初はどちらも認めていなかったが，計画が進むにつれて，少なくとも計画が公式に終了しすべての残されたクレジットが使用できなくなるまでは，貯蓄を認めた。硫黄割当て計画では，貯蓄は認めているが，借りることは認めていないし，大気清浄化地域市場制度（RECLAIM）はどちらも認めていない（Tietenberg,1998c）。

何故，完全な時間的な代替可能性を認めている計画がそれ程少ないのであろうか。その答えは，経済学ではなく政治学の領域にあるようだ。

第一の懸念は，排出の時間的な集中を生み出してしまう可能性に関係する。異時点間の取引が一対一を基本として決定される場合，排出が時間的に集中してしまう可能性がある。排出が空間的あるいは時間的に集中することは，〈用量作用関数（dose response function）が非線形であるために〉分散して排出される場合よりもより破壊的であるので，規制主体は，それが課された場合の経済的不利にもかかわらず，許可証が使用される時間に制限を課すことを選択する。

第二の懸念は，違反へ罰則を課すことが難しいような場合（特に地球温暖化問題のような）に発生する。京都議定書が各国に課すことを構想しているような，年々累積する排出量の削減計画（emission budget）を実効あるものにすることは，初期時点に沢山の借り入れを行うことが可能となるものであるが，時間が経過するにつれて難しくなっていくだろうと考えられている（Tietenberg et al.,1998）。最も良い状態において，国際的なコミットメントを実効化する場合の内在的な問題は所与のものとして，借り入れの反対者は，借り入れが持つどんな可能性も無視することによって，この問題を防ぐことができると主張する。彼らは，実効化のために必要となる費用の増加は，将来の実効化のための圧力から解放されるために支払う正当な価格だと見ている。

3.9 監視と実効化（enforcement）

許可証取引制度が上手く設計されるかどうかにかかわらず，違反は，その経済的，社会的，そして環境面での目的を達成することを妨げる可能性がある。違反は，定められた目標を達成することを困難にするだけでなく，目標が達成されたかどうかを知ることをもしばしば困難にす

る[40]。

　どんな管理レジームも監視と実効化で問題をはら孕むことは事実であるが，許可証取引制度は，幾つかの特殊な問題を提起する。許可証取引の最も望ましい側面の１つは，資源の価値を増加させる能力にあるが，それは違反に対するインセンティブを生みもするので，諸刃の剣である。効果的な実効化の制度が存在しなければ，だますことから得られる高い利益が，不法行為を促進するだろう。不十分な監視と実効化は，許可証取引制度を環境保全のための制度として留めておくことをも失敗させるだろう[41]。

　監視や実効化の費用は，許可証取引計画の下で上昇するのであろうか。その答えは，必要とされる実効化活動の水準（明らかに，実効化のレベルが高くなればなるほどコストは高くなる。）と既存の実効化のための資源が効率的に使われるか否かの両方に依存する。高い実効化費用は，それ自身で，何か特別な問題となるわけではない。なぜならば，それらは，許可証取引制度によってもたらされた利潤の増加から調達されるからである[42]。

　① 監視　割当量を破るという許可証取引の方法をとった場合に直面する可能性に加えて，漁業が直面している問題として，（資格のない漁

　40）　たとえば，漁業では，資源量は，漁獲量やその構成比率などを基に評価される。もし，水揚げした漁獲量の構成比率が，不法な廃棄によって実際の漁獲量の構成比率を反映していなければ，漁業資源の評価やそれによって決定される漁獲可能量（total allowable catch）に歪みが生じてしまう可能性がある。本当の死亡率（mortality rate）が表面上の死亡率よりも高いというだけでなく，水揚げされた漁獲物における年齢や大きさの分布が，（不法な廃棄の前の）最初に漁獲された時点での分布と異なっている。漁業では，これは「データ汚し（data fouling）」として知られている。

　41）　1988年以前には，譲渡可能個別割当（ITQs）は，オランダの小型漁船漁業（Dutch cutter fishery）では，不十分な実効化のために，その期待された正の効果は実現されていなかった。漁船の能力がさらに向上し，漁獲競争が継続していたので，割当は，海に出る日を制限する等，投入（input）の管理によって補足されなければならなかった（National Research Council, 1999:176）。

　42）　監視と実効化の費用の回収が幾つかの漁場で標準的な実践になってきているだけでなく（たとえば，ニュージーランド），少なくともある程度の監視と実効化のための費用を，漁業によってもたらされた超過利潤（rent）から積み立てておこうとする取り組みが，すでに米国マグナソン・スティーブンス法（U. S. Magnuson-Stevens Act）の最近の改正法の条文にも含まれている。硫黄割当計画も，排出源の財源調達による排出監視の継続を要求している。

師によって漁がされるという）密漁,（割当て量をより価値の高い魚のために使うために価値の低い魚を捨てるという）報告されないハイグレーディング[43]（highgrading），そして，（目的としない魚種の捕獲と廃棄という）混獲物（bycatch）の廃棄などの問題がある（National Research Council, 1999: 175-180）。

これらの問題が許可証取引計画の実行によって増大するのかそれとも減少するのかは，参加者が直面する経済的インセンティブに依存する。たとえば，ハイグレーディングのインセンティブは，目的となる魚種のサイズや形態による価格の違いの大きさに依存する。ある特定の魚の大きさや形態による価格の割り増しが増えれば増えるほど，特定の価値のある魚のために割当てを使おうとするインセンティブは増加し，それに伴い，価値の低い魚を廃棄しようとするインセンティブも増加する（Anderson, 1994）。

混獲に対するインセンティブも同様に，非常に多様であろう（Boyce, 1996; Larson et al., 1998）。個人漁獲量割当（IFQs）によってより時間を割くことが可能な漁業では，漁師たちを，より混獲が起こりやすい時間帯や地理的範囲での操業を避ける方向へと向かわせる[44]。同時に，より時間をかけた漁業は，空間を保有することの機会費用を低下させ，結果として，結合生産物としての混獲物の割合を高く保たせる新しい機会を漁師に生じさせるかもしれない。たとえば，オヒョウ（halibut）の漁業では，かなりのロックフィッシュ（rockfish）の混獲に直面している。大部分のロックフィッシュやソーニーヘッズ（thornyheads）は高い着船渡しの価格（high exvessel price）を示しているが，オヒョウはより価値が高かったので，ダービー漁業[45]（derby fishery）の期間，これらの混獲物は捨てられていた。この混獲の大部分は，現在でも続けられている。

---

43)（訳者注）ハイグレーディングとは，獲れた魚のうち，より市場価値の高い魚を残すため，船上で魚種や大きさの選別を行い，市場価値の低い魚を海上で廃棄することを意味する。

44) 個人漁獲量割当（IFQ）は，ある制限された利用制度の基で，ある特定の量の漁獲を行ってもよいという権利である。譲渡可能個別割当制度（ITQs）は，権利を売買することができる個人漁獲量割当制度の一形態である。

45)（訳者注）ダービー漁業とは，ある時期に一斉に漁業を開始し，漁獲量の合計が漁獲枠に達したら終了とするような漁場管理方式を意味する。

第6章 コモンズの保全に向けた許可証取引によるアプローチ

　一方で，個人漁獲量割当てによる管理体制の実施は，他のそれよりも，幾つかの技術にとっては好ましい。もし，その好ましい技術がより多くの混獲と関係するならば，実効化がなければ，混獲の割合は増加するだろう。
　従って，最終的には，個人漁獲量割当による管理体制の下でハイグレーディング，混獲，混獲物の廃棄が増加するか減少するかは，地域の状況，ハイグレーディングと混獲物の廃棄が合法（あるいは要求されてさえいる）かどうか，そして，実効化に対する反応に依存する。
　すべての監視制度は，許可証取引計画が実行されるのを監視する上で必要な情報とその情報を収集，解釈，そして，実行するという管理の構成要素の両方を明らかにする必要がある。市場の監視や分析が実施できるように，譲渡証書についてのデータを収集しなければならない。効果的な監視制度は，データ，データの管理，そして検証という構成要素からなる。
　一般的に，許可証取引計画のスムーズな履行には，2つの種類の監視データが必要である。1つ目として，資源の状態に関する定期的なデータが，その計画の通時的な有効性を評価するうえで必要となる。これらのデータは，状況が許容する環境基準（environmental limit）を調整する際の基礎として用いられる。2つ目として，管理者は，規制制度によって課された様々な制限が遵守されているかを監視するための十分なデータを必要とする。
　許可証取引計画でモニタリングが遵守されるためには，許可証の保有者，それぞれの保有者が所有している許可証の量，許可証，そして許可証の取引を確認するためのデータが必要とされる。計画が，（装置の型などの）許可証の使用における追加的な制限，あるいは，（"資格を有する"買い手だけへの）割当て量の取引における追加的な制限などを含む場合，データはこれらの情報を含み，そして，逸脱する行動を迅速に認識するために十分なものでなければならない。
　許可証取引計画のスムーズな履行のための1つの鍵は，すべてのデータが資格を持つ利用者がリアルタイムでアクセスできる統合されたコンピュータシステムに入力されることを保証することである。そのようなシステムは，利用者と実効化主体との両方に，許可証の利用に関する最

新の情報を提供する。理想的には，それは，陸に向かって進んでいる船に予想した以上の混獲があり，陸揚げするまでに混獲した魚種に対する追加的な割当の取得を必要とする場合のような，緊急の取引に対しても許可するものである。この種の柔軟性を増すことは，許可証の保有者に違法な廃棄の代替となる法律を提供することによって，その計画の目的を危険にさらすことなく，実効化の負担を大きく低減させるであろう。

コンピュータシステムもまた容易なデータ入力を提供するべきである。カード読み取りシステム，たとえば，アラスカのオヒョウやギンダラの個人漁獲量割当て漁業で用いられているようなそれは，識別が必要なすべてのデータを自動的に入力するので，漁獲量（従って許可証の使用）が記録されるだけでよい。漁獲量を重量計から直接記録させることも可能である（「氷と砂泥」あるいはすでに処理された魚の程度に対する適切な調整を伴って）。マスターコンピューターシステム（master computer system）に繋がった入力端末（entry terminals）がすべての公認された水揚げ港で利用可能である必要がある。

技術は，合衆国の硫黄割当制度においても重要な役割を果たしてきた（Kruger et al.,2000）。継続的な排出の監視から得られた情報の収集と普及は，現在ではウェブを経由して処理されている。特別なソフトウェアーが，個人からの入力を得，一般社会と米国環境保護庁の実効化活動の双方にとっての情報を生み出すために開発されてきている。Kruger et al.（2000）によると，この技術の開発は，行政の効率性を増加させ，取引費用を低下させ，そして，多大な環境説明責任を提供している。

情報技術は，情報の透明性を生み出すことによって，重大な説明責任を果たすことをも可能にしている。情報をオンラインで公的に入手可能にすることによって提示された証拠は，遵守をより増大させるだろう。それは，公共の圧力と非政府の環境主体や市民の法的行為の可能性を増大させもするだろう（Tietenberg,1998a）。

報告されたデータの正確性を保証するために，プログラムの中に幾つかの安全装置を構築する必要がある。漁業の正確な制御処理手続きは，陸上と海上との両方の構成要素を含んでいる。海上でのチェックの制度は，登録された買い手に対してだけ売ることができ，買い手と割当ての保有者の両者は，水揚げの登録証への連名での署名が要求されることな

どを含んでいる。こうした手法は，直ぐに電子的な監視ができる監査証跡（audit trail）を作り出し，加工処理された製品の重量と記録されている購入量の比較し，疑わしい高い製品回収率を提示することができる。海上での監視の構成要素は，漁業者が費用を負担しても十分利益がある船上の監視者と適切な当局によるランダムなチェック（あるいはおそらくビデオでの監視）の両方を含む。船上での監視は，混獲とハイグレーディングが問題となるような漁業においては，特に重要である。

② 実効化　成功する実効化プログラムは，違反に対して，注意深く構築された制裁を必要とする。罰金（penalties）は，違反がひき起こした危険性に釣り合ったものでなければならない。非現実的に高い罰金は，もし当局がそれらを課すことに対して気が引けていて，漁師もそのことを知っている場合，逆効果になるだろう。非現実的に高い罰金は，上訴の過程で罰金の執行に対する救済措置を求めることになるので，実効化のための資源も過剰に消費してしまいやすい。

多くの場合，事前に定められた罰金は，"日常的な"違反に対しては，実効化機関（enforcing agency）自身によって課されるだろう。たとえば，アラスカの個人漁獲量割当て計画では，その漁業者の個人漁獲量割当ての10％分までの超過については，次の年の個人漁獲量割当ての許可証の量から差し引かれるということで調整される。10％より大きな超過分については，重大な違反と考えられ，実効化機関の職員によって処理される。理想的な制度では，違反の程度あるいは違反の回数によって計られるより深刻な違反は，民事罰（civil penalty）（罰金や漁獲物，設備，割当の没収もあり得る）の引金を引くだろう。刑事罰（criminal penalty）は，公文書の偽造や最も深刻な違反に対するものとして確保しておくべきである。

他の制裁も可能である。たとえば，硫黄割当て計画では，違反は，十分な金銭的罰則を支払う必要があるだけでなく，彼らは，超過分を償うために十分なだけの将来の割当ての権利を失わなければならない。遵守する者だけに許可証の取引を認めるということも可能である。目に余る違反をするものに対しては，そのプログラムに参加する権利を完全に失効させることも可能である。

一般的に，漁業からの所得水準は，効果的な個人漁獲量割当て計画の実施によって増強されている。効果的な計画は，効果的な実効化を前提としている。正直な漁師は，増加した超過利潤（rent）の一部を効果的な個人漁獲量割当て管理体制の持続的な存続に貢献するために用いるべきである。

4 評価基準

これらの制度を評価する際，注目すべき効果は，大きく3つに分類できる。第1の点は，履行（implementation）可能性である。提案されている政策レジームは，もしそれが実行されなければ，あるいは，もしその主要な保護メカニズムが効果的でなくなるように履行過程で弱体化されていたとすれば，コモン・プール資源（common-pool resources）を保護できない。問題となるのは，政策レジームが原理的にどのように機能するのかではなく，それが実際にどのように機能するのかである。第2の点は，次の疑問に答えることを必要としている。コモン・プール資源のためだけでなく，その履行によって正または負の影響を受けるかもしれない他の資源に対して，どれだけ保護を与えることができるか。最後の点は，その資源を直接的または間接的に利用する主体にどのような経済的影響を与えるのか，である。

4.1 履行可能性

資源を管理するために許可証取引の方法を用いるのは，他のよく知られた取り組みが試されて失敗した後であることを，その記録が示しているようである。基本的に，この制度を履行するための費用は非常に大きいと思われているので，大きな費用が正当化されるのは，移行を正当化する程，便益が大きく増加する場合のみである（Libecap,1990）。

許可証取引政策に移行した漁場は，大部分が，投入と産出の管理を行う他の主要な取り組みで，資源に対する圧力を抑制することに失敗した後に，移行をおこなってきた。同様のことは，大気汚染抑制においても語られる。合衆国で大気汚染を抑制するために導入されたその政策は，

経済成長を可能にしたいという欲求と大気の質を改善したいという欲求を両立させようとした他のすべての政策に，その能力がなかったために生まれた。

　許可証取引を履行しようとするすべての試みが成功したわけではないことは明らかである。許可証取引の手法を確立しようとした大気汚染の管理は，ポーランド（Zylicz,1999），ドイツ（Scharer,1999），そしてイギリス（Sorrell,1999）で失敗してきた。水質汚染抑制のプログラムでは，一般的に成功していない（Hahn and Hester,1989）。

　他方で，新しい許可証取引プログラムの導入は，それがより広く知られるようになるにつれて容易になりつつあることは明らかである。鉛製品の段階的廃止計画での大きな成功に続き，合衆国では，新しい支持者が現れ，硫黄割当て計画を認めさせることを可能にした[46]。

　初期配分のために無償割当て方式（grandfathering）を使う方法は，この方法（取引可能な許可証）を履行する際に必要な政治的支持を生み出すうえで，欠くことができない構成要素になっているということは，少なくとも現在までのところ，明らかなことである[47]。将来の潜在的利用者はそうではないが，既存の利用者は履行を阻止する力を持つ。このことは，資源が提供してきた経済的超過利潤（rent）のかなりの部分を，既存の利用者に，彼らの支持を得られるような価格で配分する際，政治的に都合の良いものであった。この戦略は，既存の利用者の調整費用を削減するが，一般的に，新しい利用者のそれを上昇させる[48]。

　その計画の設計上の特徴は，経験と共に進化するので，常に一定ではない。許可証取引の考え方を用いた初期のものとして，排出量取引計画

---

[46] 取引費用を削減できるので，新しい計画は，「キャップ・アンド・トレード（cap-and-trade）」型にすべきであるという提案がしばしばなされる。それらが取引費用を削減するということについては同意するが，より強く制御されたクレジット方式を通じて認知度を高めることなしに，キャップ・アンド・トレードは，政治的な意志の履行を常に達成できるかどうかは，不透明だと思われる。米国の場合についての私見は，もし最初にクレジット方式を実施していないのであれば，私たちは現時点でキャップ・アンド・トレード方式を導入すべきではないというものである。クレジット方式は，様々な利害関係者にとって，より柔軟性のある方式に移行する前の，訓練の場としての役割を果たすであろう。

[47] 例外の1つは，チリの漁業で導入された個人の移転可能な割当（ITQ）計画である。ここでは，許可証は競売形式で配分された（Bernal and Aliaga, 1999）。

[48] 新規利用者はその制度に加入するために購入する必要がある一方で，既存の利用者は彼らの伝統的な権利を持ち続けることができる。

(the Emissions Trading Program) があるが，これは，既存の規制による管理体制にクレジットの取引を付加し，その計画の履行可能性を高めるために設計されたものである。ベースラインは，前もって定められた基準によって決定され，技術を基にした基準（technology-based standards）と生み出されたクレジットは，これらの水準をすべて満たすように用いることができなかった。あるものは，必要不可欠な技術が導入されなければならなかった。

酸性雨や大気清浄化地域市場制度（RECLAIM）のようなより最近の計画では，伝統的な規制は，補完ではなく代替されている。これらの計画での割当ての配分は，既存の技術を基にした基準によるものでなかった。大気清浄化地域市場制度の事例では，管理当局〈南岸大気質管理行政区（the South Coast Air Quality Management District）〉は，割当を既存の基準を基にしようとする傾向があったにもかかわらず，そうすることはなかった。必要とされる環境の改善を提供する（しかも経済と工学の両方の意味において（適切な）完全な技術の組み合わせを設定することは不可能だということが証明された。伝統的な規制では，大気浄化法（Clean Air Act）で要求された程度の削減を提供することは不可能だった。

4.2 環境への効果

許可証取引計画に関する共通した考えの1つとして，その環境への効果は，課された制限総量によって純粋に決定されるという考えがあり，実行されたか否かは制度の外の問題であると考えられている。従って，その制度の主要な目的は，資源の経済的価値を守ることであって，資源そのものを守ることではない，と信じられている。

それは，幾つかの理由により簡略化し過ぎである。第1に，ある総制限が政治的に設定可能かどうかは，それを達成するために用いられる政策に依存する。第2に，その制限の大きさとそれが時間の経過とともにどう進化するかは，その政策に関係するだろう。第3に，政策レジームの選択は，監視と実効化の水準に影響し，違反はその制限の達成度を低下させる可能性がある。第4に，政策は，制限の対象になっていない環境に対しても効果を与えるきっかけになるかもしれない。

伝統的な規制政策が価値最大化を実現するものではなかったという説

明は，2つの鏡像（mirror-image）となる含意を持っていたことになる。それは，同じ環境目標はより低い費用で実現することができること，あるいは，同じ費用でより良い環境の質が実現できることを意味していた。大気汚染制御では，初期の計画は1つ目の意味での目的のために設計されたが，後期の計画は，より良い大気の質とより低いコストの実現を試みていた[49]。

① 制限の設定　大気取引計画では，取引によってもたらされるコストの低下は，より厳格な汚染抑制目標〈酸性雨計画，オゾン層破壊ガス（ozone-depleting gasses），鉛製品の段階的廃止，そして大気清浄化地域市場制度〉，または，より早期の期限〈鉛製品の段階的廃止計画〉を達成するための初期の交渉に用いられた。より厳格な制限によって影響を受けた大気の質は，非達成地域における取引に，1.0〈それぞれの部分への要求がより良い大気の質になることを意味する〉以上に設定された相殺比率を用いることによって強化される。加えて，環境団体が割当てを購入し，それを放棄することが認められていた〈酸性雨計画〉。割当てを放棄することは，公認された排出量が排出されないことを意味している。

漁業では，譲渡可能個別割当（ITQs）の制度が，いつもではないが時々，より低い〈より保護的な〉漁獲可能量制度（TACs）という結果になることがあった。例えばオランダではツノガレイの漁獲枠が半減された（同時に価格の上昇によって所得への影響は緩和された）。（Davidse, 1999）

② 制限を満たす　理論的には，許可証取引計画によってもたらされる柔軟性は制限を達成することを容易にするので，制限が満たされる可能性は，許可証取引制度の下でのほうが，それより以前に存在した制度の下でよりも高くなる。多くの漁業では，この予想は，支持されてき

---

[49] カリフォルニアでの軽量自動車（light-duty vehicles，訳者注：普通乗用車，バン，スポーツ用多目的車（SUV）などに相当するもので，日本で呼ばれるところの軽自動車ではない）に対する排出量取引の履行をもとにした，費用と排出量の節減についての興味深い研究で，Kling (1994) は次の点を明らかにした。排出量取引計画（排出量を一定に保つ）の履行による費用節減は，控えめなもの（1%から10%程度）であったが，排出量削減の可能性（費用を一定に保つ）はより大きなもの（7%から65%の範囲）であった。

たように思われる。たとえば，アラスカのオヒョウとギンダラの漁業では，譲渡可能個別割当て制度が置かれる以前は漁獲可能量を超過するのが一般的であったが，譲渡可能個別割当てが導入されてからは超過する頻度が大幅に低下した（National Research Council, 1999）。

近年の経済開発協力機構（Organization for Economic Co-operation and Development）の調査は次のように結論付けている。

　　資源保全における個人割当管理（individual quota management）の結果は，相反するものを含んでいる。ほとんどの場合，個人割当（IQs）と譲渡可能個別割当（ITQs）は，管理当局（management authorities）が設定した漁獲可能量で，あるいは漁獲可能量以下に，漁獲量を制限する上で効果的である。この結果について情報が入手できた31の漁場のうち24の漁場で，漁獲量が漁獲可能量の水準，あるいはそれ以下で維持されていた。多くの場合，不十分な監視と実効化が漁獲可能量を超える漁獲量を許してきた。

　③　制限の実効化（enforcing）　譲渡可能排出許可証取引計画に含まれる超過利潤は，優れた実効化制度の資金を調達するために使われることがある。たとえば，硫黄割当て計画では，対象となるすべての施設における排出の継続的な監視の導入〈そして資金調達〉を，環境保全に関わりのある機関や団体が要求した〈そして受け入れられた〉。これと，より厳重な罰則制度を組み合わせることによって，100パーセントの遵守を実現してきた。

　譲渡可能個別割当によってもたらされた超過利潤も，政府に実効化と管理の費用を賄う政府の収入を提供してきた。オーストラリア，カナダ，アイスランド，そしてニュージーランドの多くの個人割当て漁業では，業界が割当て所有者から徴収された料金を管理と実効化のために支払っている。

　しかし，許可証取引を利用することによって，すべて監視と実効化問題に対して説得力のある解決策を提示しているわけではない。漁業に関しては，1つの包括的な調査（Organization for Economic Co-operation and Development, 1997:84）が次の点を見出している。

　　より高額な実効化費用，そして，あるいは，より深刻な実効化問題

が発生している 18 の漁場が，改善を経た 5 つの漁場と比較された。実効化は，高価な魚を扱う漁場，多種の魚を扱う漁場，そして国家間の漁場で特に難しいことが証明された。割当の保有者は，他人による違法な漁が彼らの割当の権利に損害を与えることを認識し，実効化を担う当局を支援するインセンティブを持っているので，実効化をより有効にするための業界からの援助は一般的である。譲渡可能個別割当による管理，漁業者と実効化当局との協力を増進することにつながる事例は，ニュージーランドで一般的であり，合衆国のニシオオスズキ（wreckfish）漁業などいくつかでもみられる。漁獲量の過小な報告やデータの捏造は 12 の漁場で報告されているが，6 つの漁場では改善されている。

④　資源への効果　　大気汚染において，その計画は，排出を削減するうえで非常に大きな正の効果をもたらしてきた。鉛製品の段階的廃止とオゾン層破壊ガス（ozone-depleting gasses）の計画では，標的となった汚染は，削減ではなく削除された。酸性雨と大気清浄化地域市場制度では，時間の経過と共に排出の着実な削減が実現している（Tietenberg,1999）。

漁業において，生物量に対する効果はどうなっているのであろうか。その証拠は，相反するものを含んでいる。チリのスクワットロブスター（squat lobster）漁においては，利用可能なバイオマスが，（譲渡可能個別割当以前の）約 15,500 トンの低水準から，1998 年の 80,000 トンと 100,000 トンとの間という水準までに跳ね上がっている（Bernal and Aliaga,1999）。アイスランドのマス漁でも同様の跳ね上がりを経験している（Runolfsson,1999）。

他方で，ある調査では，37 の譲渡可能個別割当または個人割当漁場で，その計画が実施されてから，少なくともある期間のストックの減少を経験したことが明らかになっている。これらは，大まかには，保護的な漁獲可能量制度が設定されている対象についての不十分な情報と違法な漁業活動の組み合わせによるものだった。興味深いことに，減少を経験した 24 の漁場のうち 20 の漁場で，区域の閉鎖，大きさを選別する規制，出漁の制限，そして漁船制限などの追加的な規制を設けていた

(Organization for Economic Co-operation and Development,1997:82)。これらの追加的な規制も資源の保護には効果的ではないようだ。

　⑤　他に及ぼす影響　　水資源については，「流水」の保護が重要な問題の一つになっている。合衆国のいくつかの州では，流れから引き込まれ消費される場合，水に対する私的な権利のみを保護していた。近年の政策の変化といくつかの法律上の決定で，これらの水の環境的利用に対し，より多くの保護を与えるようになった。

　大気汚染制御では，幾つかの効果が通常のその計画の領域を超えている。たとえば，気候変動計画では，温室効果ガスの抑制は，副次的効果として他の汚染をかなり削減する結果になるであろうことは広く認識されている（Ekins,1996）。その他，より有害な効果には，空間的あるいは時間的な汚染の集中が含まれる。

　漁業では，2つの主要な影響は，混獲とハイグレーディングである。混獲は，制御手段にかかわらず多くの漁業で問題となっている。譲渡可能個別割当の導入が混獲とハイグレーディングに対してどのような影響を与えているのかについての漁業からの証拠は，相反するものを含んでいる。2つの調査（National Research Council,1999:193; Organization for Economic Co-operation and Development,1997:83）は，漁業によって混獲とハイグレーディングは，増えもするし減りもするであろうことを明らかにした。

4.3　経済的効果

　環境への結果についての証拠は相反するものを含んでいるが〈特に漁業で〉，経済的結果はある程度明確である。十分な実効化が存在すれば，許可証取引は，許可証が適用されたコモンズの価値を増大させることは明らかである。大気汚染制御では，汚染抑制目標を達成するうえで非常に大きな節約効果をもたらした（Hahn and Hester,1989; Tietenberg,1990）。水資源においては，より低い価値での利用からより高い価値での利用へ資源が移転することで，価値の増加がもたらされること意味している（Easter et al.,1998）。漁業においてそれは，より適切な規模の資本投資によってもたらされる利潤〈過剰投資の削減の結果〉を意味するだけでな

く，譲渡可能個別割当はしばしば，より価値の高い製品をより高い価格〈冷凍された魚ではなく新鮮な魚〉で売ることを可能にするという事実をも含む（National Research Council,1999）。22の漁場を対象にしたある調査では，譲渡可能個別割当の導入が全22漁場において富の増加をもたらしたことが明らかになった（Organization for Economic Co-operation and Development,1997:83）。

水質汚濁と大気汚染の両者において，移行は，オープン・アクセスの状態からすべて許可証取引体制への移行を意味している訳ではなく，むしろ，柔軟性の低い管理体制から柔軟のより高い管理体制への移行である。説得力のある評価をおこなうのに十分なデータは存在しないが，その移行は，雇用への逆効果をほとんど伴うこと無く成し遂げられてきた（Goodstein,1996）。

漁業における雇用への影響はより過酷なものである。合理的な実効化を伴う漁業では，譲渡可能個別割当の導入は，通常，漁獲努力量（amount of fishing effort）の大きな削減によって成し遂げられてきた。一般的に，このことは，より少ない船を意味するだけでなく，より少ない雇用を意味する。しかし，実証結果は，その産業に留まった労働者は，その期間中より長時間働きより多くのお金を稼いでいることも示している（National Research Council,1999:101）。

漁業における譲渡可能個別割当の導入は，乗組員，加工業者，共同体に対する含意を持っている。多くの漁場では伝統的に，乗組員は漁業という事業における共同事業者であり，リスクと報酬を共有してきた。譲渡可能個別割当へ移行した幾つかの事例では，共有されたリスク，究極的には共有された補償制度を，利潤の共有制度から賃金制度へ移行してきている。これは，必ずしも所得を低下させてはいないが，漁業の文化を変化させてきている（McCay et al.,1989;McCay and Greed,1990）。

加工処理業者も，いろいろな形で譲渡可能個別割当の導入から影響を受ける可能性がある。第1に，加工処理部門は，一般的に漁獲部門と同様で，設備投資が過剰である[50]。譲渡可能個別割当の導入は，一般的に漁期を拡大し，その産業の加工処理への需要を分散させるので，必要と

---

50) ダービー漁業では，漁獲物は比較的短時間のうちに陸揚げされるので，より大きな最大処理能力への要求が生まれる。

される加工処理設備の規模はより小さくなる。加えて，よりゆっくりとしたペースでの漁業は，加工処理業者の漁業者に対する交渉力を低下させる。アラスカのような幾つかの地域では，この加工処理設備の多くの部分がその移動不可能性のために価値を失うだろう（Matulich et al.,1996;Matulich and Sever,1999）。

地域で保有されていた漁業割当が他の共同体で操業する漁業者に移転した場合，共同体は負の影響を受ける可能性がある，あるいは，幾つかの事例ではすでに受けている。しかし，これらの負の影響を軽減するための技術の開発は，少なくともある程度は成功しているようである（National Research Council,1999:206）。

一般的に，市場支配力は，割当が集中する傾向にあるにもかかわらず，大部分の許可証市場では重要な問題になってこなかった。部分的には，これは，割当保有者に課された買い集め制限によるものであり，実際，割当の集中が大きな独占力を生み出すような市場にはなっていない[51]。漁業では，譲渡可能個別割当の導入は小さな漁業者がより大きな漁業者に買収されてしまうため小さな漁業者の消滅につながるとの懸念が表明されてきた（Palsson,1998）。実際の証拠は，この懸念を支持しないと思われる[52]。

5 教　訓

許可証取引制度に関する理論的，そして実際の実施経験の概略によって何を見出すことができたのであろうか。

5.1 評　価

我々は，許可証取引の実施による環境面と経済面での効果だけではなく，許可証取引の実行可能性に影響を与える要因についての評価から導

51）たとえば，多くの漁場では，関連する市場はグローバルなものであり，多くの異なった資源の供給源がある。大気汚染では，参加者の数は一般的には極めて多い。

52）経済開発協力機構の調査は，「小規模な漁業者が排除されるという仮説を支持する証拠はほとんど得られなかった」（National Research Council, 1999:84）と結論付けている。

き出される教訓を明らかにすることから始める。
 ・大気汚染プログラムでは，結局のところ環境面と経済面の両方の目標を達成することに最も成功しているようである。これは，プログラムにおける外部性の存在が非常に小さい（ゼロではないが）ためであるようだ。漁業では，多数の魚種がいる漁場では潜在的に深刻な混獲問題に対処しなければならない。水資源管理当局は，下流との取引の結果に対処する必要がある。これらの複数の外部性を伴う小規模で複雑な資源は，協力的調整（cooperative arrangement）によって管理されるのが最適だろう。
 ・学界は，利用者が重要な役割を果たすような環境資源の共同管理の重要性を強調してきた。許可証取引制度は主に，多様なガバナンス制度を認めてきたが，漁業と水資源においてのみ，この方向での進化の証拠が存在する。大気汚染制御と漁業での現在の支配的な形態は，大部分の共同管理で想定されているよりも，利用者が小さな役割を果たす分担管理であるようだ。合衆国での資源レジームにおいては，国家レベルで目標が設定され，強い"トップダウン"による管理がはっきりとみられることが一般的である。水資源の管理は，利用者による制御（user-controlled）での共同管理に最も近いと思われる。これらの制度では，権利の市場はその領域の"非公式"側の端に位置している。
 ・許可証取引制度は原則として，多様なガバナンス制度を許容してきたが，真の共同管理に向かって進化しているという証拠は，漁業と水資源だけに存在する。汚染や自然資源の事例は，重大な非対称を示している。大気汚染制御では，資源の保護からもたらされる便益は，資源を使用する汚染者ではなく，大気汚染の被害者にもたらされる。純粋な自己利益という視点からは，資源の利用者（汚染者）は，罰せられずに済むのならば，大気を汚染することは極めて理にかなっている。他方で，水の利用者と漁業者の両者は，その資源の保護から便益を得ることができる。彼らの集合的自己利益は，資源保護と両立可能である。これは，これらの2つの場合では集合行為に対するインセンティブが極めて異なっており，この相違が大気汚染の場合における集団的自治（collective self-governance）に対する非常に低調な傾向をうまく説明できることを示している。

- 許可証取引制度における論争の主要要素は，初期配分を決定する過程と初期配分そのものの両方を含む。これらの問題は，大気汚染では最も重要性が低く，漁業では最も重要性が高いようである。それらの利用において，近年の経験はとても創造的だというわけではないようだ。
- 許可証取引制度は，資源管理のためのある程度固定的な取り組みとして維持されてきた。この想定は，一度実施されたら所有権は変更することができないという信念によってもたらされている。実際，実施されている許可証取引計画は，かなりの柔軟性を示してきた。多様な新しい設計上の特徴〈ゼロ収入競売，混獲割当（bycatch quota），ドロップ・スルー・メカニズムなどのような〉が出現してきており，それぞれの資源の特徴にあわせて調整されている。これらは，特定の資源システムの必要を満たす大きな柔軟性を提供している。たとえば，特に柔軟な順応的管理制度は，多様性に富んだ資源の保護のために設計された計画において進化している（漁業や水資源）。
- これらの最も成功した応用例では，許可証取引は資源を保護することと，利用者に持続可能な所得を提供することを同時に可能にしてきた。コンピューター化された取引などの技術進歩は，取引費用を低下させることに役立っており，従って，より多くの超過利潤（rent）を受け取ることを促進している。
- 許可証取引計画の成功を危うくする2つの重要な要素は，不十分な実効化と内部化されていない外部性である。

5.2 実現していない理論的予想

　経済理論から導き出された2つの重要な予想は，現実を特徴付けることに失敗したことが明らかになった。
- 1番目のものは，許可証取引プログラムは上限によって操作されるので，資源の保全を達成できないという理論的予想である。理論的には，上限の設定は理論外部の問題だと考えられている。従って，その制度の主要な目的は，資源そのものではなく，資源の経済的価値の保護であると信じられている。それは，幾つかの理由で単純化し過ぎである。第1に，総量制限を設定することが政治的に可能性かどうかは，それを達成するために用いる政策いかんによって変わるだろう。たとえば，酸性雨

プログラムでの無償割当て方式に基づく許可証の使用は，硫黄の排出に制限を設けることを可能にした。第2に，漁業と大気汚染制御の両者における証拠が，制限を履行することの重大さと時間の経過による進化の両方がその政策に関係するであろうことを示している。許可証取引制度によってもたらされる柔軟性と制限を満たすためのコストの低さは，より厳重な制限を受け入れる結果になる可能性があり，また，実際にそうであった。第3に，政策の選択は監視と実効化に影響を与える可能性があり，そして，違反は，制限を満たすことを難しくするだろう。実際の経験は，許可証取引制度がその文脈によって，監視や実効化の状況を改善する可能性もあれば，悪化させる可能性もあることを示している。第4に，その政策は，規制の対象になっていない環境に影響を与える引き金になるかもしれない。取り組みは，対象となっている資源から，対象となっていない資源へと広がっていくかもしれない。

・第2の理論的予想は，履行の経験という観点から出てきたもので，許可証取引制度における効率性と公平性の間でのトレードオフに関係している。伝統的な理論によれば，許可証取引においては初期配分にかかわらず，市場取引が成立することによって最も高い価値をもたらす利用に向かって許可証が移動していくことを保証するので，無償での効率性と公平性のトレードオフが可能であるとしている。これは，初期配分を，資源の価値を低下させることなく公平性の目標を追求するために，使うことが可能であることを示唆している。実際に履行の際に考慮されることは，それが最も公平な配分かどうかにかかわらず，許可証を歴史的な使用に対して配分するということである。この公平性を確保するために初期配分を用いることの失敗は，公平を確保するための他の手段（取引の制限のような）を導入する要因となる。追加的な制限は，一般的にその資源の価値を低下させる。従って，実際には，許可証取引制度は，他の政策一般でそうであるように，効率性と公平性のトレードオフを回避していない。

この証拠は，許可証取引は万能薬ではないが，それにふさわしい役割を持っていることを示しているようだ。

参考文献

Adelaja, A., J. Menzo, and B. McCay (1998), Market power, industrial organization and tradeable quotas. *Review of Industrial Organization* 13(5): 589-601.

Anderson, L.G. (1991), A note on market power in ITQ fisheries. *Journal of Environmental Economics and Management* 21(2): 291-296.

Anderson, (1994), An economic analysis of highgrading in ITQ fisheries regulation programs. *Marine Resource Economics* 9:189-207.

Anderson, (1995), Privatizing open access fisheries: Individual transferable quotas. pp..453-474 in *The Handbook of Environmental Economics*, D.W. Bromley, ed. Oxford, Eng.: Blackwell.

Annala, J.H. (1996), New Zealand's ITQ system: Have the first eight years been a success or a failure? *Reviews in Fish Biology and Fisheries* 6: 43-62.

Baumol, W.J., and W.E. Oates (1971), The use of standards and prices for protection of the environment. *Swedish Journal of Economics* 73: 42-54.

Baumol, W.J., and W.E.Qates(1988), *The Theory of Environmental Policy.* Cambridge, Eng.: Cambridge University Press.

Bernal, P., and B. Aliaga (1999), ITQ's in Chilean fisheries. In *The Definition and Allocation of Use Rights in European Fisheries: Proceedings of the Second Workshop held in Brest, France, 5-7 May 1999,* A. Hatcher and K. Robinson, eds. Portsmouth, Eng.: Centre for the Economics and Management of Aquatic Resources.

Black, N.D. (1997), Balancing the advantages of individual transferable quotas against their redistributive effects: The case of Alliance Against IFQs v. Brown. *International Law Review* 9(3): 727-746.

Blomquist, W. (1992), *Dividing the Waters: Governing Groundwater in Southern California.* San Francisco: ICS Press.

Boyce, J.R. (1996), An economic analysis of the fisheries bycatch problem. *Journal of Environmental Economics and Management* 31(3): 314-336.

Colby, B.G. (1995), Regulation, imperfect markets and transactions costs: The elusive quest for efficiency in water allocation. pp.475-502 in *The Handbook of Environmental Economics,* D.W. Bromley, ed. Oxford, Eng.: Blackwell.

Colby, B.G. (2000), Cap and trade challenges: A tale of three markets. *Land Economics* 76(4): 638-658.

Davidse, W. (1999), Lessons from twenty years of experience with property rights in the Dutch fishery. pp..153-163 in *The Definition and Allocation of Use Rights in European Fisheries: Proceedings of the Second Workshop held in Brest, France, 5-7 May 1999,* A. Hatcher and K. Robinson, eds. Portsmouth, Eng.: Centre for the Economics and

Management of Aquatic Resources.

Easter, K.W., A. Dinar, and M.W. Rosegrant (1998), Water markets: transactions costs and institutional options. *Markets for Water: Potential and Performance,* K.W. Easter, A. Dinar, and M.W. Rosegrant, eds. Boston: Kluwer Academic Publishers.

Ekins, P. (1996), The secondary benefits of CO_2 abatement: How much emission reduction do they justify? *Ecological Economics* 16(1): 13-24.

Farrell, A., R. Carter, and R. Raufer (1999), The NOx Budget: Market-based control of tropospheric ozone in the northeastern United States. *Resource and Energy Economics* 21(2): 103-124.

Fromm, O., and B. Hansjurgens (1996), Emission trading in theory and practice: An analysis of RECLAIM in Southern California. *Environment and Planning C - Government and Policy* 14(3): 367-384.

Ginter, J.J.C. (1995), The Alaska Community Development Quota Fisheries Management Program. *Ocean and Coastal Management* 28(1-3): 147-163.

Goodin, R.E. (1994), Selling environmental indulgences. Kyklos 47(4): 573-596.

Goodstein, E. (1996), Jobs and the environment - An overview. *Environmental Management* 20(3): 313-321.

Goulder, L.H., I.W.H. Parry, R.C. Williams, III, and D. Burtraw (1999), The cost-effectiveness of alternative instruments for environmental protection in a second-best setting. *Journal of Public Economics* 72(3): 329-360.

Grafton, R.Q., and R.A. Devlin (1996), Paying for pollution - Permits and charges. *Scandinavian Journal of Economics* 98(2): 275-288.

Griffin, R.C. (1987), Environmental policy for spatial and persistent pollutants. *Journal of Environmental Economics and Management* 14(1): 41-53.

Hahn, R.W. (1984), Market power and transferable property rights. *Quarterly Journal of Economics* 99(4): 753-765.

Hahn, R.W., and G.L. Hester (1989), Marketable permits: Lessons from theory and practice. *Ecology Law Quarterly* 16: 361-406.

Hausker, K. (1990), Coping with the cap: How auctions can help the allowance market work. *Public Utilities Fortnightly* 125: 28-34.

Heal, G.M. (1998), *Valuing the Future: Economic Theory and Sustainability.* New York: Columbia University Press.

Hearne, R.R. (1998), Institutional and organizational arrangements for water markets in Chile. pp..141-157 in *Market for Water: Potential and Performance,* K.W. Easter, M.W. Rosegrant, and A. Dinar, eds. Boston: Kluwer Academic Publishers.

Holling, C.S. (1978), *Adaptive Environmental Assessment and Management.* New York: John Wiley & Sons.

Howe, C.W., and D.R. Lee (1983), Priority pollution rights: Adapting pollution control to a variable environment, *Land Economics* 59(2): 141-149.

Kelman, S. (1981), *What Price Incentives? Economists and the Environment.* Westport, CT:

Greenwood Publishing Group.

Kete, N. (1992) The U.S. acid rain control allowance trading system. pp.. 69-93 in *Climate Change: Designing a Tradeable Permit System,* T. Jones, and J. Corfee-Morlot, eds. Paris: Organization for Economic Co-operation and Development.

Kling, C.L. (1994), Environmental benefits from marketable discharge permits or an ecological vs. economical perspective on marketable permits. *Ecological Economics* 11(1): 57-64.

Kling, C., and J. Rubin (1997), Bankable permits for the control of environmental pollution. *Journal of Public Economics* 64(1): 99-113.

Knapp, G. (1997), Initial effects of the Alaska Halibut IFQ Program: Survey comments of Alaska fishermen. *Marine Resource Economics* 12(3): 239-248.

Kruger, J.A., B. McLean, and R.A. Chen (2000), A tale of two revolutions: Administration of the SO2 trading program. In *Emissions Trading: Environmental Policy's New Tool,* R.F. Kosobud, ed. New York: Wiley.

Larson, D.M., B.W. House, and J.M. Terry (1998), Bycatch control in multispecies fisheries: A quasi-rent share approach to the Bering Sea/ Aleutian Islands midwater trawl pollock fishery. *American Journal of Agricultural Economics* 80(4): 778-792.

Libecap, G.D. (1990), *Contracting for Property Rights.* Cambridge, Eng.: Cambridge University Press.

Livingston, M.L. (1998), Institutional requisites for efficient water markets. pp.. 19-33 in *Markets of Water: Potential and Performance,* K.W. Easter, M.W. Rosengrant, and A. Dinar, eds. Boston: Kluwer Academic Publishers.

Lyon, R.M. (1982), Auctions and alternative procedures for allocating pollution rights. *Land Economics* 58(1):16-32.

Maloney, M., and G.L. Brady (1988), Capital turnover and marketable property rights. *The Journal of Law and Economics* 31(1): 203-226.

Matulich, S.C., R.C. Mittelhammer, and C. Reberte (1996), Toward a more complete model of individual transferable fishing quotas: Implications of incorporating the processing sector. *Journal of Environmental Economics and Management* 31(1): 112-128.

Matulich, S.C., and M. Sever (1999), Reconsidering the initial allocation of ITQs: The search for a Pareto-safe allocation between fishing and processing sectors. *Land Economics* 75(2): 203-219.

McCay, B.J. (1998), *Oyster Wars and the Public Trust: Property, Law and Ecology in New Jersey History.* Tucson: University of Arizona Press.

McCay, B.J. (1999), Resistance to Changes in Property Rights Or, Why Not ITQs? Unpublished paper presented to Mini-Course, FishRights 99, Fremantle, Australia, November.

McCay, B.J. (2001), Community-based and cooperative solutions to the "Fishermen's Problem" in the Americas. In *Protecting the Commons: A Framework for Resource Management in the Americas,* J. Burger, R. Norgaard, E. Ostrom, D. Policansky, and B.D.

Goldstein, eds. Washington, DC: Island Press.
McCay, B.J., and C.F. Creed (1990), Social structure and debates on fisheries management in the Mid-Atlantic surf clam fishery. *Ocean & Shoreline Management* 13: 199-229.
McCay, B.J., J.B. Gatewood, and C.F. Creed (1989), Labor and the labor process in a limited entry fishery. *Marine Resource Economics* 6: 311-330.
Misiolek, W.S., and H.W. Elder (1989), Exclusionary manipulation of markets for pollution rights. *Journal of Environmental Economics and Management* 16(2): 156-66.
Montero, J.P. (1999), Voluntary compliance with market-based environmental policy: Evidence from the U.S. Acid Rain Program, *Journal of Political Economy* 107(5): 998-1033.
Montero, J.P. (2000a), A Market-Based Environmental Policy Experiment in Chile. Working Paper of the Center for Energy and Environmental Policy Research, Massachusetts Institute of Technology. MIT-CEEPR 2000-005 WP (August).
Montero, J.P. (2000b), Optimal design of a phase-in emissions trading program. *Journal of Public Economics* 75(2): 273-291.
Montgomery, W.D. (1972), Markets in licenses and efficient pollution control programs. *Journal of Economic Theory* 5(3): 395-418.
National Research Council (1999), *Sharing the Fish: Toward a National Policy on Fishing Quotas.* Committee to Review Individual Fishing Quotas. Washington, DC: National Academy Press.
Nelson, R., T. Tietenberg and M.R. Donihue (1993), Differential environmental regulation: Effects on electric utility capital turnover and emissions. *Review of Economics and Statistics* 75(2): 368-373.
Nussbaum, B.D. (1992), Phasing down lead in gasoline in the U.S.: Mandates, incentives, trading and banking. pp..21-34 in *Climate Change: Designing a Tradeable Permit System,* T. Jones and J. Corfee-Morlot, eds. Paris: Organization for Economic Co-operation and Development.
Organization for Economic Co-operation and Development (1997), *Towards Sustainable Fisheries: Economic Aspects of the Management of Living Marine Resources.* Paris: Organization for Economic Co-operation and Development.
Organization for Economic Co-operation and Development (1999), *Implementing Domestic Tradable Permits for Environmental Protection.* Paris: Organization for Economic Co-operation and Development. （小林節雄・山本壽訳『環境保護と排出権取引：OECD諸国における国内排出権取引の現状と展望』技術経済研究所，2002年）
Palsson, G. (1998), The virtual aquarium: Commodity fiction and cod fishing. *Ecological Economics* 24(2-3): 275-288.
Palsson, G., and A.Helgason (1995), Figuring fish and measuring men: The individual transferable quota system in Icelandic cod fishery. *Ocean and Coastal Management* 28(1-3): 117-146.
Rubin, J. D. (1996), A model of intertemporal emission trading, banking, and borrowing.

Journal of Environmental Economics and Management 31(3): 269-286.

Runolfsson, B. (1999), ITSQs in Icelandic fisheries: A rights-based approach to fisheries management. pp.. 164-193 in *The Definition and Allocation of Use Rights in European Fisheries: Proceedings of the Second Workshop held in Brest, France, 5-7 May 1999*, A. Hatcher and K. Robinson, eds. Portsmouth, Eng. Centre for the Economics and Management of Aquatic Resources.

Sartzetakis, E.S. (1997), Raising rivals' costs: Strategies via emission permits markets. *Review of Industrial Organization* 12(5-6): 751-765.

Scharer, B. (1999), Tradable emission permits in German clean air policy: Considerations on the efficiency of environmental policy instruments. pp.. 141-153 in *Pollution for Sale: Emissions Trading and Joint Implementation,* S. Sorrell and J. Skea, eds. Cheltenham, Eng.: Edward Elgar Publishing Limited.

Solomon, B.D., and H.S. Gorman (1998), State-level air emissions trading: The Michigan and Illinois Models. *Journal of the Air & Waste Management Association* 48(12): 1156-1165.

Sorrell, S. (1999), Why sulphur trading failed in the UK. pp.. 170-210 in *Pollution for Sale: Emissions Trading and Joint Implementation,* S. Sorrell and J. Skea, eds. Cheltenham, Eng.: Elgar Publishing Limited.

Spulber, N., and A. Sabbaghi (1993) *Economics of Water Resources: From Regulation to Privatization.* Hingham, MA: Kluwer Academic Publishers.

Stavins, R.N. (1995), Transaction costs and tradeable permits. *Journal of Environmental Economics and Management* 29(2): 133-148.

Svendsen, G.T. (1999), Interest groups prefer emission trading: A new perspective. *Public Choice* 101(1-2): 109-28.

Svendsen, G.T., and J.L. Christensen (1999), The US SO2 auction: Analysis and generalization. *Energy Economics* 21(5): 403-416.

Tietenberg, T.H. (1973), Specific taxes and the control of pollution: A general equilibrium analysis. *Quarterly Journal of Economics* 87(4): 503-522.

Tietenberg, T.H. (1985), *Emissions Trading: An Exercise in Reforming Pollution Policy.* Washington, DC: Resources for the Future.

Tietenberg, T.H. (1990), Economic instruments for environmental regulation. *Oxford Review of Economic Policy* 6(1):17-33.

Tietenberg, T.H. (1995a), Design lessons from existing air pollution control systems: The United States. pp..15-32 in *Property Rights in a Social and Ecological Context: Case Studies and Design Applications,* S. Hanna and M. Munasinghe, eds. Washington DC: The World Bank.

Tietenberg, T.H. (1995b), Tradeable permits for pollution control when emission location matters: What have we learned? *Environmental and Resource Economics* 5(2): 95-113.

Tietenberg, T.H. (1998a), Disclosure strategies for pollution control. *Environmental & Resource Economics* 11(3-4): 587-602.

Tietenberg, T.H. (1998b), Economic analysis and climate change. *Environment and Develop-*

ment Economics 3(3): 402-405.

Tietenberg, T.H. (1998c), Tradable permits and the control of air pollution—Lessons from the United States. *Zeitschrift für Angewandte Umweltforschung* 9:11-31.

Tietenberg, T.H. (1999), Lessons from using transferable permits to control air pollution in the United States. pp.. 275-292 in *Handbook of Environmental and Resource Economics,* J.C.J. Van den Bergh, ed. Cheltenham, Eng.: Edward Elgar Publishing Limited.

Tietenberg, T.H. (2000), *Environmental and Natural Resource Economics.* 5th ed. Reading, MA: Addison-Wesley.

Tietenberg, T.H., M. Grubb, A. Michaelowa, B. Swift, and Z.X. Zhang (1998), *International Rules for Greenhouse Gas Emissions Trading: Defining the Principles, Modalities, Rules and Guidelines for Verification, Reporting and Accountability.* Geneva: United Nations. UNCTAD/GDS/GFSB/Misc.6.

Tietenberg, T.H., K. Button, and P. Nijkamp (1999), Introduction. pp.. xvii-xxvi in *Environmental Instruments and Institutions,* T.H. Tietenberg, K. Button, and P. Nijkamp, eds. Cheltenham:Eng.: Edward Elgar Publishing Limited.

Van Egteren, H., and M. Weber (1996), Marketable permits, market power and cheating. *Journal of Environmental Economics and Management* 30(2):161-173.

Weitzman, M. (1974), Prices vs. quantities. *Review of Economic Studies* 41: 447-491.

Young, M.D. (1999), The design of fishing-right systems - The NSW Experience. *Ecological Economics* 31(2): 305-316.

Young, M.D., and B.J. McCay (1995), Building equity, stewardship and resilience into market-based property right systems. In *Property Rights and the Environment: Social and Ecological Issues,* S. Hanna and M. Munasinghe, eds. Washington, DC: Beijer International Institute of Ecological Economics and the World Bank.

Zerlauth, A., and U. Schubert (1999), Air quality management systems in urban regions: An analysis of RECLAIM in Los Angeles and its transferability to Vienna. *Cities* 16(4): 269-283.

Zylicz, T. (1999), Obstacles to implementing tradable pollution permits: The case of Poland. pp.. 147-165 in *Implementing Domestic Tradable Permits for Environmental Protection.* Paris: Organization for Economic Co-operation and Development. (小林節雄・山本壽訳『環境保護と排出権取引：OECD諸国における国内排出権取引の現状と展望』技術経済研究所，2002年)

第7章
共同所有，規制性所有，環境保護
——共同体に根ざした管理と取引可能環境許可証の比較——

キャロル・M・ローズ

　人為的活動から区別できる「自然」だとか「自然界」などというものがあると環境保護論者たちが信じていた日々はすでに遠く過ぎ去ってしまった。現在の新聞は，深い海の底にはじまり，遠く離れた森林をくぐり抜け，遥かなる上空にまで及ぶ，昔なら純粋な「自然」だと考えられたようなものにも人間の影響が及んでいるという話で満ちている。人間の農耕，輸送，製造，そして資源採取が，地球上で最も近づき難いと思えるような場所にさえ影響を与えているのである。
　世界の環境で人間の活動が接触していない部分などないのだから，環境保護はほとんど人間の社会組織の問題として考えられなければならない。しかし，環境資源を取り扱うものとしてどんな社会組織が考えられるだろうか。Hardinとその後継者であるOphulsの悲観的な見方は数十年の間によく知られるようになった。Hardinの分析はOphulsによって洗練されたが，それによると環境資源は「コモンズの悲劇」，つまり多人数の囚人のディレンマ（PD: prisoners' dilemma）が生じる場所である（Hardin, 1968; Ophuls, 1977; Ullmann-Margalit, 1977）。そこでは，保全のためにはなにもせずに限界まで資源を開発するのが，それぞれの資源利用者にとって個人的には都合が良いのだが，その結果，本来なら再生可能資源であるものが打って変わって減耗資産になってしまう。Hardin／Ophulsの見方によると，過剰漁獲，森林破壊，過放牧，汚染，その他あらゆる環境劣化は，繰り返し生じる「悲劇」の寒々しい羅列にすぎず，そして破滅をなんとかして食い止めるためには，二つの解決策だけが可

能なのである。そのうちの一方は個人所有で，それはコモン・プール開発に伴う外部性を内部化するものであり，もう一方は「レヴァイアサン」，すなわち政府の指令によって，共通善が促進されるようなやり方で個々人を行動させることである（Hardin, 1968; Ophuls, 1977）。

　Ostromとその研究仲間たちの偉大な貢献は，こうした魅力のない見解に反論したことであり，環境保全的な社会制度という反例の数々を効果的に提示したことである。Ostromやその他の研究者は，Hardinが「コモンズ」と呼んだ問題は実際には「オープンアクセス」の問題であって，特定の利用者集団に限定される共同資源（common resource）はそのような劣化問題に煩わされることはないと指摘してきた。実際，中世の共同耕地というHardinのなかで支配的な例はまったく悲劇的ではなく，むしろ数多く存在する，共同体に根ざした持続可能な農耕の慣行の一例だったのであり，それらは一千年とはいわないまでも数世紀の間は存続したのである（Cox, 1985; Dahlman, 1980; Ostrom, 1990; Rieser, 1999; Smith, 2000）。

　本書第1章が注意を促しているように，このような制限された共同資源とそれらを管理する共同体ガバナンスの過程を意味する術語には様々なものが存在してきたが[1]，私は本章の目的に合わせて，共同所有資源の共同体に根ざした管理体制（community-based management regimes）を「CBMRs」と呼ぶ。私がこの術語を用いるのは，ガバナンス制度およびその実践に少しでもより大きな関心を寄せたいと思っているからであって，それらの根底にあるコモン・プール資源そのものに関心を寄せようとは思っていないからである。しかしながら，明らかに物理的なものと制度的なものは絡み合っているのであって，疑いなく，術語上の困難が生じてしまう。

　なんと呼ばれようと，そして何が強調されようと，共同資源を管理するための制度は，ますます多くの，そしてかなり熱心な研究の主題となってきた。こうした研究のなかには，トルコの漁業，日本とスイスの放牧共同体，スペインの古代および現代の灌漑システム，インドとインドネシアの共同体林業，中世イングランドの「沼地住民（fen people）」

---

1) P. Seabright（1993:114）もまた，共有制度およびその資源に与えられた様々な名称について議論している。

による湿地管理，カナダ北部の氏族集団の漁撈慣行と狩猟慣行，メイン州のロブスター漁共同体というように，世界各地の共同体による資源管理の悲劇的ではない実践の記述と分析が含まれている（Berkes, 1995; Bosselman, 1996; Ostrom, 1990）。

明らかに，「コモンズ」が実際に意味するもの，これまで意味してきたものについて誤解を正すために言わなければならないことはたくさんある。しかし，同様に CBMR 研究には暗黙にであれ明示的にであれ，より重要な教訓があり，それらはどちらかというとより政治的な性質の教訓である。第一の教訓は，自発的な社会的活動は考慮に値し，特に資源に関連する問題を解決する手段として選択肢になりうるという教訓である。つまり，陰鬱な科学のかなり悲観的な主張とは反対に，人類は必ずしも個人的な最大化主体（individual maximizers）で n 人 PDs の終わることのない繰り返しから脱け出せなくなっているわけではない。そうではなくて，きわめて普通の人々は共通の利害に関する事柄について協調的な取り決めに達することができるくらいの心理的，社会的，道徳的資質は持ち合わせている。第二の教訓は，大きいことが必ずしもよいわけではないということである。より具体的には，より大きな政府が資源管理に進出しても，共同体に根ざした解決に比べて明らかに劣っており，その過程では，完璧に機能する共同体システムが政府の介入によってひどく傷つけられてきたという膨大な事例を CBMR 研究は提示している（Higgs, 1996; Ostrom, 1990; Pinkerton, 1987）。簡潔に言うと，ますます増大している CBMR の研究成果は，非官設で共同体に根ざした資源管理が，効率的で持続可能な資源利用のモデルを提供できると強く主張している。

共同体に根ざした資源管理体制に関する関心が高まっていることを考えると，そうした体制の制度的構造が，環境規制を改善するための法的な提案のなかにそれほど頻繁に現れていないということは興味深いことである。これは法学研究者が共同体に根ざした共同所有に関する文献を知らないからではない。CBMR 研究者はたいてい法学の研究において論及されていないようにみえるが，その逆は真ではない。法学研究者は知的財産（Merges, 1996）から非公式な規範に関する萌芽的な研究（Ellickson, 1991）までの様々な文脈において主要な研究を当然のように

引用している。特にインターネットに関する法学研究は，かなり古い共同資源体制において生じたボトムアップな共同体の自己組織化との類似性を引き出している（Rose, 1998）。それでもやはり，一握りの研究者（Bosselman, 1996; Rieser, 1997; Rose, 2000）を除いて，よりよい環境規制を機能させるための潜在的なエンジンとして共同体に根ざした管理制度に大きな関心を払ってきた人は法学界にはほとんどいない。

むしろ法学研究者のあいだでは，提案される環境規制改善のシンボルは，個別の権利付与の新しい形態で，私が取引可能環境許可証（tradable environmental allowances）（TEAs）と呼ぶものである。TEA 体制においては，政府の規制当局が実際に，ある資源の利用可能な総量について，その利用が採取的なものであれ汚染的なものであれ，上限（upper limit）あるいはキャップを設定する。そして規制当局はキャップのついた総量を個々の許可証というかたちで分割する。それから，すべての資源利用者に必ずそれぞれの利用量に応じて許可証を購入したり取引したりすることを要求するのである。

こうしたモデルに沿った TEAs はすでにアメリカの二酸化硫黄汚染の規制のために展開されていて，大いに賞賛されている。また，オーストラリア，ニュージーランドおよびその他の地域でも漁場管理のために利用されている。そして，温室効果ガスをコントロールするための将来的な国際的体制の一要素として盛んに議論されている（Rieser, 1997; Stavins, 1998; Tietenberg, 1985; Tietenberg, 本書第6章）。

少なくとも理論上は，それぞれの TEA 体制は問題の資源へのアクセスを，分割可能だが有限の総量に変換しており，それぞれの資源利用者は大気中に放出される汚染一ポンド毎に，あるいは水揚げした漁獲一ポンド毎に支払いをしなければならない。こうして資源利用は事実上，購入と取引を通じて獲得しなければならない，ある種の私有財産になっている。［このような］財産のようにみえる TEAs の性格がその魅力の核心にある。よりありきたりな私有財産についてしばしば議論されてきたように，その根底にある考え方は，もし資源利用者が TEAs を購入する必要に直面すれば，資源を注意深く有効利用するようになるだろうし，現行では高価な資源利用に代替するような節約や技術革新を行うだろうということである（Ackerman and Stewart, 1988; Kriz, 1998; Rose, 1994;

第7章　共同所有，規制性所有，環境保護　　　　　　　　　315

Tipton, 1995)。

　TEAs は，統治構造の選択は私有財産かレヴァイアサンかのどちらかであるという Hardin ／ Ophuls の見解を全面的に擁護するものではないが，この2つに関して TEAs は，自己組織的な CBMRs よりはずっと，Hardin ／ Ophuls のような響きがある。TEAs は実際，レヴァイアサンと私有財産とを結合させているのであって，他の財とともに市場で取引できる，国家によって創られた私的な権利なのである。

　しかし，TEA 制度と共同体に根ざした制度との違いにもかかわらず，資源管理体制のこれら2つの類型は根本的な構造を共有している。どちらも環境保護に対して「不干渉主義的 (hands off)」アプローチをとらないということである。不干渉主義的アプローチとは正反対に，どちらの類型の体制も人間による再生可能資源の利用あるいは消費について熟慮しており，しかも資源については，野生生物，魚類，牧草，木々，地球を覆う大気，地下の帯水層，地表水ストック，さらには全体の生態系まで対象にしている。さらには，どちらの類型の体制も規制対象の資源に対する人間の侵入について熟慮しているが，両体制にとって最も重要な問題は，こういった侵入を，資源ストックの基盤的な主要部分の再生と両立する，度を超さない「周辺的な (fringe)」数量に制限することである。そして最後に，どちらの類型の体制も根本的には所有体制なのである。TEAs の場合は個人所有，CBMRs の場合は共同所有というわけである。どちらの場合も資源が世界全体に開かれているわけではなく，むしろ個々の所有者あるいは共同所有者たちが優先される対象として扱われる。

　しかしながら，これら基礎的な部分から離れると，CBMR 体制と TEA 体制はしばしば大きく乖離しており，そのためこれらは所有に基づく環境管理への非常に異なるアプローチを表す二者択一的な理念型だと思われるほどである。たとえば TEA 体制においては，現代のあらゆる法的プログラムにおけるのと同様に，立法機関と公衆は問題の資源について適切で許容可能な「周辺的な」利用，つまり許容可能な採取総量あるいは資源利用に対する規制総量 (total cap) について明示的に議論するだろう (Ackerman and Stewart, 1988)。他方，CBMRs においては，この種の明示的な議論はそれほど起こりそうにはなく，それよりも総採

取量はすでに確立されている慣行から生じていそうである。そしてその慣行は，非常に大きな資源の管理に表立って取り組もうとしてというよりも，資源利用に伴う個人間の紛争を処理しようとすることに端を発している（Bardhan and Dayton-Johnson, 本書第 3 章 ; McCay, 本書第 11 章 ; Seabright, 1993）。これよりずっと分かりやすいのは，体制の 2 類型において，個々の権利が配分され保障される方法が非常に異なるということである。TEA 体制においては，規制当局が許容可能な総採取量を個々の許可証として分割し，これらの許可証を配分する。そうしたのちに規制当局による監視と実効化のもとで，許可証保持者たちが彼らのあいだで彼らの望む通りに取引することになる。他方，共同体に根ざした体制においては，利用者集団自身の慣行が個々の権利を定める。こうした権利は一般に，長年にわたって居住していること，評判，そして，しばしばとても複雑で，共同体の成員自身によって実際に維持される規範である，共同体規範をきちんと守っていることに依存し，しばしば取引はほとんど制限されている。私はこれらの主題，すなわち一方の総採取量の設定という問題と他方の権利の構造という問題について，手短に再び論じることになるだろう。私がそうするのは，これらの主題がこれから行う一連の比較にある程度関連しているからである。

　以下の比較において，私は CBMR 体制と TEA 体制と，所有に基づく環境管理の理念型として扱う。ここで断っておきたいことがある。最もよく知られている共同体に根ざした共同所有体制はしばしば非常に長い年月のあいだ存続しており，ほとんど伝統的なものになりがちなのだが，TEA 体制はまったくもって新しいものになりがちで，このことがそれ自身，これらの体制のあいだの違いを目立たせている要因であるかもしれないということである。このことを心に留めておくのは重要なことである。二つ目に断っておきたいことは正反対の内容である。つまり，現実の世界はどんな理念型よりもずっと曖昧な事象であって，実際には，いくつかの共同体に根ざした体制はときとして，いくつかの取引可能許可証体制といくつかの特徴を共有していると思えてくる。たしかに，後で明らかにするように，現代の環境管理のための発想で本当に有望なものには，これらの異なるアプローチを結合させようとするものもある。しかし，私は CBMR 体制と TEA 体制を多少なりとも「純粋」類型とし

て取り出すことで，それぞれの典型的な特徴のいくつかを明らかにしたいと思っている。より重要なことだが，それらの異なる典型的な特徴がどのようにして現在の環境問題の異なる次元に位置づけられるのか，そしてそれらがどのようにして所有に基づく環境管理のあり方として，全く異なる強みと弱みを生じさせるのかも私は明らかにしたいと思っている。

1 管理体制としてのCBMRとTEA体制
―― 異なる条件下での異なる解決策

1.1 資源規模

　どのような環境問題についても一つの重要な側面は単純に，問題の資源の規模である。環境資源は一般に個人所有にとっては大きすぎる。実際，そのために環境問題が生じている。個々の資源利用は他の人々や資源に対して漏出効果（spillover effects）あるいはコモン・プール効果を持っている。個々の所有地は一般に空気，地表水，地下水そして野生生物のような環境資源と密接している。しかしそれだけでなくゴミを燃やす土地所有者は近隣の人々の空気に影響を与えることになる。同様に，自分の土地から木々を取り除く土地所有者はそこに巣を作っている鳥たちを減少させ，近所一帯に虫を大量発生させることになるかもしれない。同じような例をもう一つ挙げれば，地面に有毒物質を垂れ流す土地所有者は帯水層や小川を汚染して，致死的な物質を何マイルも遠くまで運んでしまうことになる。これらすべての例において，個人財産の個々の利用の影響はより大きな環境の領域へと漏れ出ている。地球規模の環境問題は，途方もなく大きな空間のなかで生じている多くの活動を巻き込んでいる。スクーターや裏庭のバーベキューといった世界中の日常的な燃焼の様式のほとんどが温室効果ガスの増加に寄与し，そのガスによって地球の気温と海水面を上昇させ，ツンドラを溶かしているのかもしれないのである（Wiener, 1999）。

　① **CBMRと資源規模**　多くの環境問題が途方もない規模で生じて

いるということは，共同体に根ざした制度が環境資源の社会的管理体制であって，一般的にも法的規制として取り入れられるべき候補であるというように認識されることがほとんどなかった一つの理由かもしれない。ある限られた例外を除いて，CBMRs はかなり小さなスケールで生じる活動しか取り込んでいない傾向にある。

　多くの CBMRs は，急速に発展している「新制度派経済学（new institutional economics）」つまり，政府に依存しないかたちでの社会問題の解決のあらゆる種類に関連する研究分野という文脈において研究されてきており，こうした研究成果は，一般に小規模な共同体管理制度を擁護する理由をいくつか提示している。形成されつつある大方の意見は，人類は「コモンズの悲劇」というかたちの n 人 PDs も含めて，PD 問題を克服できると示唆している。たしかにこのことは新しい共同所有研究の主要な教訓の一つである。しかし，いくつかの集団要因がこうした問題を克服するうえで重要な役割を演じている。特に，集団が比較的少人数であることや，親族関係か宗教のような強固な関係，あるいはまた様々な場面での集団成員間のやりとりである。このような要因は，集団の成員が密接にかつ比較的低い費用で互いを監視すること，そのうえで相互の信頼関係と，共有される行動規範とを形成することを可能にする。そして今度は信頼と規範が，環境問題もその一例であるコモンズ問題を人々が克服することをも可能にする（Ellickson, 1991; Greif, 1989; Ullmann-Margalit, 1977）。

　しかし共同体管理制度は，その多くあるいはそのほとんどが小規模であるため，環境問題がしばしばそうであるように，より大きな規模で，さらには地球規模で生じるような場合には，一見したところ不適当なものになっているように思われる。単純に，CBMRs を取り巻く社会的な相互作用が及ぶ通常の範囲は，より大きな範囲で生じる環境被害を抑えるには，あまりにも限定されているように思われる。実際，このような集団の慣行に関して調整された活動が，そういったより大きな範囲での被害を悪化させるかもしれない。たとえば 19 世紀の捕鯨船の船員は世界中を航海するにしても，しばしば同じ町から集まっていて，本国では濃密で家族のような結社的関係性を享受していたのである。おそらく驚くことではないが，彼らが海にいる時，こうした近所の仲間たちは集団

の慣習行為を生成させ，それによって大きくて危険な獲物を協力して捕獲するのが容易になった。しかし，離ればなれになっている捕鯨船団の間では，様々な鯨の種類について総捕獲量を規制するための包括的な集団間の社会的規範が展開されることはなく，最も価値のある鯨類の頭数が大幅に減少するという周知の結果を招いた。

② 「入れ子状の」CBMRs　小規模というパターンは共同体に根ざした制度すべてに一律に成り立つわけではない。Ostrom (1990, 1992) は，より小さな共同体制度をより大きな協力体へと「入れ子状に納める」ことで流域全体にわたって古くから存在する灌漑システムの例を提示している。こうした理由のために，Snidal (1995:57) が注意を促しているように，規模というものは，共同体に根ざした資源ガバナンスの成功あるいは失敗に対して過大評価された要因であり，制度構造に比して二次的であると Ostrom はみなしている。それにもかかわらず，同じく Snidal (1995:59, n.20) が示唆しているように，成功する CBMR 制度に関する Ostrom の基準の多くが暗黙のうちに規模を制限するものになっている。さらに共同体は管理に対する援助のために，より広いスケールの政府のもとにある（あるいは，そのもとにおかれている）かもしれないし，そのような場合，より大きな主体が管理の実効化および／あるいは調整を担うことになるが，そのような主体は自己組織的な主体というよりは官設の主体になってしまう (Oye and Maxwell, 1995; Snidal, 1995)。

とにかく，入れ子状の CBMRs の主要な例は灌漑であるが，灌漑は自然システムに対する集中的な人為的介入を伴っており，せいぜい環境保全の両義的な例を示すものである。その問題は無視するとして，灌漑もまた共同体管理制度のなかではちょっとした特殊事例であるかもしれないし，実際に，より小さな CBMR のほうがより一般的に見られるのはなぜなのかを示唆しているような例外であるのかもしれない。おそらくその鍵は監視にある。共同体に根ざした自然資源管理体制のほとんどはその起源を知られていないが，もしそれらが資源への競争とそれに伴う紛争を抑えようとして生じるのなら，McCay（本書第 11 章）の言うように，管理制度を生じさせる活動において，一般的に，共同体の成員が互いの行動と，共有されている共同資源に対するその影響とを観察できるよう

になっているということはありそうなことである。水路に水を引くことや，インフラストラクチュアの発展や維持のために労働を供出することといった灌漑に伴う資源関連活動は，相互監視が特に行ないやすくなっている。ある農民が他の農民を水路沿いに観察できるだけでなく，上流と下流の共同体は他の共同体が水利用とインフラストラクチュアの維持に関して何をやっているのかを観察できる（Maass and Anderson, 1978; Ostrom, 1990）。

　しかし，たとえば，広範囲に分布する魚類や動物，あるいは広く拡散したり目に見えなかったりする汚染といった多くの環境資源の場合，共同体の成員は共同体内部で生じる行動の影響さえ観察できそうにないし，共同体間に存在する基盤に対して共同体外部の人々が与える環境影響についてはなおさらである。それゆえ共同体は，資源全体に関する資源関連規範を生み出すことができないかもしれないし，できたとしてもせいぜい資源利用のある側面に関するものを生じさせるだけであるかもしれない（McCay, 本書第11章）。灌漑を除いて，少なくとも自己組織的な基盤に基づいた，より広いスケールの入れ子状の共同体管理制度の例がほとんどないのは，おそらくこうした理由による。もちろん，このように言ったからといって，Agrawal and Ribot（1999）がインドのクマオン地方（Kumaon District）の共同体林業の事例について議論しているように，より大きな政府の制度が「入れ子状の」CBMRsを組織するために介入しないといっているわけではない。公式的な政府が資源全体の管理者のように振る舞う限り，CBMRsはある重要な特徴をTEA体制と共有することになる。

　③　**TEAsと資源規模**　TEAsおよびその資源規模との関係に移ると，TEA体制は，より大きな資源規模向けに特に調整されているようにみえるという点で，典型的な共同体に根ざした制度とは全く異なっている。TEAシステムは政府によって公式に構造化され，一般に社会的規範ではなく非人格的な政府による実効化に依拠している。したがって，こうした制度は基本的に政府自体の領域と，あるいは政府間協定のもとにあるような，より大きな地域と一致する環境問題を取り扱うことができる。

第7章 共同所有，規制性所有，環境保護

それが政府に起源を持つことは完全におくとしても，TEAs がより大きなスケールで最もよく機能し，局地レベルではずっと不完全にしか機能しないことについて，重要な構造的理由がほかにもある。TEAs の実証的な特徴の一つはまさに，それらが取引可能であり，それゆえそれらに最も高い価値をつける人々のもとに流れて行くということである。しかし，取引は大きくて分厚い市場において最もよく機能するものである。そういうわけで TEAs は，二酸化硫黄のような広範囲に拡散する気体に関するもので，かつ多くの参加者が取引に参加できる場合には適したものであるが，より局地化した汚染物質に対しては，それほど容易には確立できない（Schmalensee et al., 1998）。

ある興味深い可能性が，特に Rieser によって漁場の文脈で明らかにされており，それはまた TEAs と CBMRs のいくつかの側面を曖昧にする。TEA 体制が少なくともいくらかの割当量を個人ではなく共同体に配分するということもあると彼女は示唆している（Rieser, 1997）。これは TEA 体制の支援下で共同体に根ざした制度を可能にするアプローチであり，そして TEAs の有する大きなスケールにおける有効性と，本章で後に議論の主題となる資源の複雑性に対して，共同体に根ざした制度が有する，より繊細なアプローチとを結びつけることができるものである。もし Ostrom が議論するように，より大きなスケールの共同体資源管理に対する鍵が制度的構造であるのなら，そしてもし Snidal が議論し Berkes（本書第9章）が記述するように，共同体体制がすでに調整と実効化について，より大規模な政府に依存しているのなら，TEAs は，そうした調整のための興味深い制度的構造，つまり市場を組み込んだ制度を通じて CBMRs をある種の「入れ子状にすること」を示しているのかもしれない。

資源規模について最後に注記しておくことがある。調整されずに「入れ子状」でないままのときでさえ，孤立した共同体の資源体制はなおも，ある重要な環境問題については，地球規模のものも含めて，適切であるかもしれない。大規模にみえる環境問題でも，そのほとんどがかなり局地的な問題が足し合わされたものなのである。たとえば「生物多様性の喪失」というものはある程度，テキサスはオースティンのキホオアメリカムシクイからマダガスカルのホウシャガメとキツネザルまで，一連の

地域的な喪失全体について総まとめにした用語である（Webster, 1997）。アメリカにおいては，種の喪失の最も深刻な脅威は孤立したハワイにおいて生じている。こういったパターンは典型的である。というのは現代経済に包囲されつつある固有の植物や動物を有するのは，まさしく孤立した地域だからである（Dobson et al., 1997）。さらに地球規模の問題については，局地的に行なわれる解決策が少なくともいくつかは存在する。たとえば温室効果ガスは地域の森林に固定されるし，その地域の森林は共同体制度を通じて管理されるかもしれない。環境問題がより地域的な問題に細分化できるかぎり，典型的に小さなCBMRsでさえ，なおも環境ゲームのプレーヤーであることができるかもしれない。

1.2 資源の複雑性

すべてものは他のすべてのものとつながっているという主張は，環境保護主義においては自明の理である。しばしば言われるように，糸を一本引けば，糸束全体がほどけていくのだ。もしこれが事実なら，TEA体制もCBMRsも資源利用について考えているのだから，この複雑な相互結合性はどちらの体制にとっても問題を生じさせる。環境に親和的であるためには，TEA体制もCBMRsも許容可能な利用量に対する抑制に，つまり対象資源が埋め込まれている資源間の複雑なネットワーク全体の再生可能性と両立可能な水準までという抑制に取り組まなければならない。こうして環境資源の複雑性と相互作用性は，先述した問題へと我々を連れ戻す。その問題とは，ある任意の環境資源について適切な利用水準，総「採取量」あるいは規制総量とはどのようなものか，ということである。私はCBMRsおよびTEAsの話に戻る前に，この問題について簡単に議論しておく。

水産業が，この問題について最初に学術的な方法で答えようとしたといえるかもしれない（Scheiber and Carr, 1997）。19世紀も終わりに近づいて，水産業の専門家は，漁獲努力をその基盤ストックに対する影響に関連づける数量，「最大持続可能収量（maximum sustainable yield）」概念を思いついた。この分析において総漁獲努力の適切な制限とは，最大漁獲水準を一貫して維持することができるものであった。同じような考えはすぐに林業の取組みにも普及し，MUSY（最大利用持続可能

収量（miximum use, sustainable yield））という合衆国森林局（U.S. Forest Service）のマントラに反映されている．1950年代までに，偉大な資源経済学者Gordonがモデルを洗練して，適切な経済的目標は収量ではなく，むしろ収入と採取の費用との差，「レント」を最大化することであるとした．Gordonの研究によると，資源管理の目的は，最大収量という目標ではなく，「最大経済的収量（maximum *economic* yield）」（MEY）であるべきであり，それはかなり保全主義的な総採取水準で，資源経済学においては新しい通念となっている（Gordon, 1954; Townsend and Wilson; 1987; Brown, 2000）．

しかし，より最近の研究は環境の文脈においてMEY目標にさえ疑問を投げかけている．ふたたび水産業を例にとろう．人間の漁獲水準は明らかに魚群個体数に影響を与えているが，同様に他の多くの物事もまた影響を与えている．いくつかの要因を挙げるだけでも，気象パターンや，水温と水流の変化，そして食料資源と捕食者に関する変動がある．こうした撹乱要因すべてが，任意の資源の理想的な頂点均衡状態（climax equilibrium state）という概念だけでなく，人間行動（たとえば漁獲や汚染）と資源ストック水準（たとえば豊富な魚群と新鮮な空気）との間の滑らかな曲線関係という理想も切り崩している．新しい「非均衡（nonequilibrium）」思考によると，複雑で相互に連関している資源はかなり極端な仕方で変動し，最良の管理方法は「順応的管理（adaptive management）」と呼ばれるもので，基本的には，集中的に利用したうえで，異常が疑われた初期の段階ですぐにその資源から手を引いて，資源が回復できるようにするというものである（Tarlock, 1994; Townsend and Wilson, 1987）．

これからTEAsとCBMRsに戻って，まずはTEAsから始めることにしよう．

① **TEAsと資源の複雑性**　TEA体制における総採取量あるいは規制総量というレトリックは，しばしば資源経済学の伝統的なモデルにかなり近いかのように聞こえる．たとえば「最適汚染」を分析するときに，その目標は，伝統的な図に描かれた曲線によって表されるように，ともに限界的な防止費用と環境損害とを等しくすることだとしばしば言われ

る（たとえば Kaplow and Shavell, 1996）。しかし実際には，現行の TEA 体制は経済モデルとは異なったやり方で規制総量を設定しているのであって，一般的には歴史的実績をベンチマークとしてきた。つまり一般的には，以前の利用を，合意できた割合だけ削減するのである（Heinzerling, 1995; Stavins, 1998; Tipson, 1995）。

　以前の利用からの削減こそ，TEA 体制にとって許容可能な総量を設定する方法であるべきだといってもそれほど驚くことではない。どんなものであれ新しい環境規制の取組みの導入は強烈な政治的圧力を生じさせるものである。特に資源利用者が以前は「タダとして」扱っていたものに対して支払いをしなくてはならなくなるような規制の変化の場合はなおさらである（Libecap, 1989）。削減は理解しやすい概念であり，概ね公正に費用を割り当てるように思われる。さらに，削減は総利用量を減らすのに効果的である。たとえば，アメリカにおける酸性雨をコントロールするための立法措置は二酸化硫黄の TEAs を制度化し，二酸化硫黄の発生を大幅に削減した（Schmalensee et al., 1998）。それでも，削減は「順応的管理」とは呼べない。将来的にはさらなる削減も可能だが，削減水準が一度設定されると政治的慣性が，迅速な順応に抵抗する「粘着性（stickiness）」をつくり出すのである。

　さらに，もう一つの要因もまた TEA 体制の迅速な順応を妨害し，個々の権利の配分方法という，先述した第二の主題に舞い戻ることになる。もし TEAs が，権利者による配慮と投資とを促進するという，財産権の通常の利点をもたらすべきならば，個々の割当ては比較的安全なもので，権利者はそれをあてにして，しかるべく計画を立てることができるようになっていなければならない。さらに，TEAs が取引と市場流通可能性の標準的な便益をもたらし，権利がそれに最も高い価値をつける人々の手に渡ることが可能になるべきなら，これらの許可証に伴う権利構造は比較的単純なものでなければならない。単純さが必要なのは，こうした権利同士が多少とも代替可能（fungible）になり，また将来の保持者が，自分の持つことになる物がどのようなものであるかを知ることができるようにするためである。このように，もし規制が TEAs に但し書きや条件を課すと，それは安全性と市場流通可能性とを切り崩すことになる（Rose, 2000）。

第7章　共同所有，規制性所有，環境保護

　この要件はTEA体制にとってちょっとした柔軟性のディレンマを作り出す。たとえばニュージーランドでは，漁業へのTEAsが当初は絶対量として設定された。しかし，もしより広域の漁場の健全性のために総許容可能漁獲量（TAC）をさらに削減しなければならなくなったら，TEA保持者からそれに応じた補償を要求されることになるということを，漁場管理のための諸機関が認識するのにあまり時間はかからなかった。この問題だけでなく，さらにTEA買い戻し事業に政治家たちは躊躇するだろうということも認識しているため，TEAsの提唱者の多くは，TEAsはある一定の量ではなく資源のあるパーセンテージについて定めるべきだと提案している。ちなみにニュージーランドも現在ではこのような解決策を採用している（Clark et al., 1989; Tipton, 1995）。しかし，もちろんこの解決策は避けることのできないトレードオフを含んでいる。パーセンテージに基づく権利は短期間の権利と同様に，より低い安全性と市場流通可能性しか権利者に与えないことになる。
　これらはTEA体制にとって克服できない問題ではないし，おそらくなんらかの工夫によって柔軟性と安全性の間で実践的なバランスをとることが容易になりうるという点では，他の所有体制の場合と同様だろう。というのも地上の財産でさえ，比較的安全ではあるとはいえ，依然として収用権（eminent domain）と規制のもとにある。しかし以上の問題は，環境資源が最も濃密に相互作用的で複雑で変動的であるとき，TEA体制が十分には感応的でないかもしれないということを示唆している。たとえば最近の評論家は，TEAsを湿地帯という濃密な相互作用のなかにある資源に適用することの困難さを指摘している（Salzman and Ruhl, 2000）。
　関連する実効化問題もまた，TEAsが有する必然的に比較的単純な権利構造を原因とする。TEAsは取引できるように設計されるから，それらの権利構造はかなり単純になっているはずである。というのも，そうでなければ容易には取引できないからである。大気が汚染された地域においてTEAsは，酸性雨の原因物質に対する既存の規制でいうところの二酸化硫黄のような，単一汚染物質に注目する。おそらく将来の温室効果ガス規制は二酸化炭素に注目するだろう。漁場においてもTEAsは，特定魚種の一定重量を単位として定義される。たとえば各TEAは数ポ

ンドのホンビノスガイやバカガイに対応する。しかし，これらの比較的単純な基準が，複雑で相互作用のなかにある資源に対して適用されると，諸問題が発生する。たとえば漁業において，水揚げされた漁獲量の総重量などというものは非常に不正確にしか，種の保全への貢献に対応しないだろう。漁業 TEAs の保持者はより大きい魚はより小さいものより利益が大きいことを知っており，「いいとこ取りする (highgrading)」漁業者はその許可証が提示するよりも多くの魚を実際には獲っていて，より小さな個体を投げ捨てながら，大きな魚だけは残しておくのかもしれない。まさに複雑な生態系ほど深刻なのだが，ある対象種に関する TEAs は漁業者をその種に対しては注意深くするが，他の高く売れない種類を「混獲物」として廃棄することで殺しているかもしれない (Tipton, 1995; Rieser, 1997; Rose, 2000)。

いいとこ取りと混獲物に関する，こうした問題は漁業 TEAs の既存研究において指摘されてきており，混獲物問題について TEA 体制は他の規制よりも深刻ではないが (Tietenberg, 本書第 6 章)，強力な TEA 支持者でさえ，これらの問題をコントロールするためには補助的な指令統制型の規制が必要かもしれないと主張してきた (Hsu and Wilen, 1997)。私が他のところで指摘しているように，これらの問題は「過剰な所有」として位置づけられる現象の例である。一つの資源に財産権をつくると不平衡が生じてしまい，財産とされる資源には配慮と注意を引きつけながら，財産とはされない資源を押し出してしまうのである (Rose, 1998)。資源が複雑に相互作用するときには，この種の不平衡はより深刻になりやすい。他の規制や補助的な所有体制が課されないと，こうした相互作用する資源間の網の一部分に対する所有権は，より大きな生態系を切り崩しかねない。しかし，規制的な防止措置は TEA の財産権を複雑なものにし，したがって保持者にとってはより安全でないものに，そして他の人々にとっては取引し難いものにしてしまう。

十分興味深いことに，たとえ TEAs が複雑な資源に対する適合可能性に関する問題を露呈するとしても，この次元においては CBMRs のほうがかなり上手くやっている。

② **CBMRs と資源の複雑性**　たとえ伝統的な共同体資源制度がそ

れほど合理的計画を中心にして組織化されておらず，それよりもはるかに慣習と規範とによって動かされているとしても，それらの管理慣行のいくつかは，複雑な資源への順応可能性に関する長所を持っているかもしれない。環境資源について最近登場した動学的な理解によれば，集中的な利用と機敏な切り換えは複雑な資源基盤に対する適切な順応的管理技術だということである（Townsend and Wilson, 1987）。たとえそのように計画されていないとしても，狩猟や漁撈，植栽，そして採集が「周期的パターン」にしたがって行なわれ，時が経つにつれてある資源から別の資源へと移っていくかぎりは，伝統的な資源管理慣行もこのパターンに従っているのである（Berkes, 1987; McEvoy, 1986）。

　この周期的パターンはストック全体に関する様々な意識的計算にしたがっているわけではない。たしかに狩猟共同体や漁撈共同体に共通の伝統的な信念は，人間活動は野生動物のストックに影響を与えることはないというものである。動物や魚が人間の活動の影響を受けると主張することは獲られる動物や魚に対して無礼なことだと考える人々もいるようだ。そうではなくて資源ストックは動物自身によって，あるいは神によってコントロールされていると考えられている（Berkes, 1987; Brightman, 1987; Carrier, 1987）。そうした信念が一般的な「自然への敬意」を構成するだとか，あるいは，ある野生生物資源への「敬意」が必然的に保全を伴うなどと考えることは明らかに空想的だろう。まったく反対に，動物自身がその数をコントロールしているという考えは狩猟あるいは漁猟を制限する努力を妨げるかもしれないし，「敬意」の概念が，魚類やそのほかの野生生物の数を計算するというような近代的な資源管理技術に対する反対を引き起こすかもしれない（Berkes, 1987）。このような理由から，伝統的な信念はある状況においては特定の資源の破滅に寄与しかねない。こうしたことは伝統的慣行が外部者からの商業的な需要の急激な変動に直面するときに最も起こりやすいのだが，この主題にはあとで手短に触れる。こういったからといって，おそらく資源枯渇の衝撃を経験し，そこから学習した結果として，たしかに彼らなりの「敬意」の概念のなかに保全を組み入れた伝統的集団もあるという証拠を否定することにはならない（Berkes, 1987; Brightman, 1987）。しかしながら，全体的な資源ストックを意識的に考えたかどうかはまったく別として，伝統的

な狩猟慣行や漁撈慣行および採集慣行はしばしば多様な資源基盤に依存しており，そこでは採取の周期的パターンと比較的低い技術的手段のために，しばしば回復するのに十分な資源が残されていて，そのことがより形式的な順応的管理行為に概ね対応している（Berkes, 1987; McEvoy, 1986）。

牧草管理体制あるいは灌漑管理体制のような，より安定的なCBMRsにおいては参加者たちが，基盤資源に対する自分たちの影響をより明示的に調整する傾向にある。これは，農業資源や水位は野生生物ストックよりも可視的であり，したがって人間の影響を監視でき，より容易に集団的規律の影響下に置くことが出来るからであるかもしれない。ここでもまた，ある共同体の伝統的な慣行はおそらく，野生生物に依存する共同体におけるよりも，全体的な資源水準に順応的に反応する。たとえばスイスの放牧村落は，「共同地（common）」に対する，どの住民の権利についても，その住民が冬季に食べさせていけるよりも多くの羊に対応することのないように制限している。これは個々人の共同牧草地の利用を制限し，概ね消費量が利用可能な牧草に対応するようにするルールである（Netting, 1981）。灌漑共同体もまた個々人の水の利用をその季節の水位に応じて注意深く調整している（Ostrom, 1990, 1992; Maass and Anderson, 1978）。

CBMRsにとってこうした調整が可能なのは，そうした体制における個々の権利はしばしば，より固定的なTEA権利とは異なって，季節的な変動や資源に関する変動を織り込んだ複雑な方法によって定められるからである。TEAsと同様に，ここでもトレードオフが存在するが，それは逆方向のものである。共同体による管理の取り組みはしばしば，動学的な自然変化に対するかなりの柔軟性と感応性を示すが，それは投資と技術革新を促す安全性と取引可能性を犠牲にしている。他方で，TEAsは投資と取引を促進しているが，それは複雑な自然変化に対する感応性を幾分犠牲にしているのである。

1.3 採取 対 汚染

環境問題はおおまかに2つの種類に分けられるかもしれない。汚染問題あるいは「詰め込み」問題と，そして漁業または狩猟さらには農業の

ような「取り出し」問題あるいは採取問題とである。十分興味深いことに，この区別は概ね TEA 体制と CBMRs に対応する。今では個別漁獲割当量というかたちで採取に関する TEAs があるのだが，最もよく知られている TEAs は汚染を規制するためにつくられたものである。つまり，アメリカの酸性雨プログラムの二酸化硫黄 TEAs である（Stavins, 1998）。新しく適用することが提案されている TEAs も汚染コントロール，特に地球全体の温室効果ガス排出を削減する試みに注目する傾向にある。反対に，共同体に根ざした制度は一般に漁業，狩猟，灌漑，農業，放牧などの，「取り出し」問題あるいは採取問題をめぐって組織化される。

　こうしたパターンの理由はなんだろうか。どのような答えも必然的に推論的であるが，このおおまかな分業について考えられる理由はいくつかあり，そのうちのまたいくつかは先に触れた主題に戻ることになる。

　第一は，扱おうとするコモン・プール問題の規模と比較した，体制の規模という要因である。汚染問題は典型的に，部分的にであれ全体的にであれ，局外者に外部化される。共同体による管理の慣行は疑いなく，共同体内部の汚染の悪影響をコントロールするが，主として局外者に影響を与える汚染については，「下流の」共同体との相互作用から必要となるのでもないかぎり，参加者はそれを抑える動機も能力もそれほど持ち合わせていない。それこそ，まさに共同体内部の汚染を浄化する活動が，廃棄物を河や小川に流し込むようなかたちで他所の汚染を悪化させることになりかねない。他方，一般的に TEAs は，より大きな行政機構によって組織化され，まさしく環境資源の使用に伴う外部効果をコントロールすることを目的にしている（Esty, 1996）。このように環境問題が汚染であり，特に汚染物質が排出源から遠くまで流れていくような場合には，環境問題に対する所有アプローチとしては，TEA 体制のほうが CBMRs よりも実用的であるように思われる。広大な地域にわたってコモン・プール効果をもたらすような採取問題もあるかもしれないが（たとえば捕鯨），その多くが珊瑚礁での漁業や特定の山の草地での放牧のように，局地的なものであり，したがってより小さな CBMRs によって管理することができる。

　第二の要因は監視である。CBMRs も TEA 体制も，ともに監視が不可欠である。たしかに所有に基づく体制はすべて，権利者が実際にその割

当ての範囲にとどまっているのか，あるいはそうなっておらずに体制全体が解体しようとしているのかを確かめることができなければならない。しかし，一般に，採取活動は汚染活動よりも監視するのがずっと容易である。伐り出された丸太は観察できるし，漁撈や狩猟の獲物は見ることができ，そして放牧地の過剰利用は気づきやすい。他方，汚染はまったく目では見えない。秘密で行なわれる採取活動もある（たとえば，灌漑水路から水を引くのに不正をはたらく）かもしれないが，CBMRs は一般的に，この種の出し抜きについて共同体の成員が互いに監視しコントロールできるように権利を構築している（Ostrom, 1990, Smith, 2000）。

採取活動の監視においてどんな困難があろうと，大気，水，地下水に汚染物質を垂れ流すのを監視するのに比べれば，それらはたいしたものではない。汚染物質を吸収した媒介物質がそれを拡散するだけでなく，汚染物質が目に見えず，触れられるものでないかぎり，汚染者自身さえ自分が何をやっているのか分かっていないかもしれない。このようなときにも，しばしばそうであるように CBMRs が比較的小さくて科学的に複雑ではない共同体によって実現している場合，その参加者は多くの形態の汚染を監視する技術的能力を欠いているかもしれない。TEA 体制についてもまた，汚染物質の監視は致命的で極端に困難な問題ではあるが，より大きな政府は科学的調査について規模の経済を享受できる（Esty, 1996）。たしかに TEAs は，政府が遠隔探査衛星や精巧な化学物質伝票を用いて，汚染を監視し目に見える形にする技術的な能力を得ているときにだけ，実行可能であった（Rose, 1998; Schmalensee et al., 1998; Tietenberg, 本書；第 6 章）。

第三の要因は，環境の新しい動学モデルに関して前に議論した，「詰め込み」活動と「取り出し」活動の，互いに異なるフィードバック効果である。果実や貝のような資源がより大きな生態系から採取されるとき，予期しないフィードバック・ループを通して，有害な影響が生態系全体に波及するかもしれない。しかし，ここで CBMRs の実践的な「順応的管理」が強みになる。それらの順応的慣行は特定の資源の不足に対して，過剰採取の悪影響がより大きな生態系に付随的な撹乱をもたらして資源全体の崩壊を引き起こす前に，ほかの資源に移行することで対応することができる。

採取のように，汚染物質も生態系全体に波及効果をもつ。そのため，ある汚染物質の除去もまた波及効果を持つ。しかし，汚染除去の場合，採取とは異なって，波及効果は一般に純粋に望ましいことだと考えられている。このため，TEAs が単純なもので単一要素に注目していることは，一般に汚染コントロールに関しては問題のない点である。たとえば二酸化硫黄の除去は疑いなく，TEA 保持者が考慮しない相乗効果を持っているが，そういった効果はみな肯定的なものである。しかし，同じ理由から共同体による管理慣行のより柔軟で多面的な反応は汚染除去に関しては特に強みを持っていない。たとえ TEA 体制が全体的に単純で単一資源に注目するかたちで汚染を削減しても，その汚染の減少は依然として，より汚染されている状態に比べれば改善であることが多い。CBMRs が強みを持ちうる，柔軟で多面的な反応は，必ずしもこの便益を生み出さない。

こうした様々な理由により，CBMRs は「取り出し」あるいは資源採取を伴う環境問題について最も効果的であり，TEA 体制はおそらく「詰め込み」問題あるいは汚染問題に関して最も効果的であることが予想される。間違いなく例外は存在するが，結局のところ，我々が汚染コントロールに関する TEA 体制と資源採取に関連する共同体に根ざした体制とを見出しがちだということは偶然ではないだろう。

1.4 資源における商業

西洋の法体制においては，商取引によって入手可能な資源は，有限で比較的限定された数の権利概念を参照して論じられる傾向にある。こうしてヨーロッパ大陸の国々においては，権利の性質は「大昔から決まりきった枠組み（numerus clausus）」，つまり審理可能な種類の財産権からなる定義済みの閉集合のなかに収まらねばならない。幾分同様に英米系の所有体制もまた，多くの既製の所有形態を呈しており，より複雑な所有のあり方を創ろうとする努力を急激に萎えさせるものとなっている。最近の研究によると，こうしたパターンの由来は，西洋の法体制において財産権は，契約的権利から区別されたものとして，ある人格から次の人格へ，それからまた次から次へと商業的に取引されるという事実にある。財産がよそ者へと取引されるから，所有権は比較的単純なもので，

自分が何を得ようとしているのかをよそ者が知ることができるようなものになっている必要がある。（反対に，契約はずっと複雑な権利と義務の形態をつくり出すことができるが，それは，そうした義務は一般に，「取決め内容」を知っている直接的な当事者にしか影響しないからである。）こうして，完全なよそ者同士の間で数年間かけて行われることもある取引のために，西洋の財産権は限定された数の比較的単純な形態にまで財産権を削り落としている（Merrill and Smith, 2000; Rose, 1999）。

　TEAs が取引可能である以上，こうした単純化への同じ圧力を受けている。しかしながら，TEAs における単純化は欠陥を引き起こすことがよく知られている。たとえば二酸化硫黄 TEAs が単純にトン数という重量のみに基づいて設定されるとき，よくある西から東への風向きのために，もしアメリカ中西部の方へと取引されてそこで行使されようものなら，大西洋岸で行使される場合よりも被害が大きくなる。これは東海岸で生じる汚染 1 トンは害もなく海上に吹き飛ばされるのに対し，中西部で生じる 1 トンは，ニューイングランドに降ってくるからである（Revesz, 1996; Salzman and Ruhl, 2000; Stavins, 1998）。TEAs は地域的影響を考慮して「摘み出す」ことができるが，もし TEAs がこのような但し書きを課されるなら，それらは非常に多くの別々の市場に分けられ，（交渉保留あるいは戦略的交渉のような）薄い市場ではありきたりの問題を発生させ，さらに監視の問題も生じさせる（「工場 X はその立地に適切な種類の権利を十分に購入したのか。」）。

　それにもかかわらず，不完全であるが比較的単純な形態（たとえば，単純に排出トンで測られた許可証）であることで，TEAs は取引を成り立たせ，かつその取引によそ者を参加させるための有効な装置たりうる。これらの粗くて単純な権利の定義によって可能になる非常に大きな市場において，よそ者および革新者が TEAs を売買することができ，そして，その利用者が誰であれ，行政官はそれらの利用を監視し取り締まることができる。もし需要が増大して，ある環境資源が稀少になれば，市場に基づく TEA 体制は価格の上昇を通じて自動的に反応する。さらに価格上昇は節約や，汚染のない代替物あるいは，より効果的で安価な汚染防止装置の導入を通じて革新をよく促すかもしれない。このような方法で，TEA 体制は環境資源を商業需要の変化から守ることになる。

第7章　共同所有，規制性所有，環境保護

　繰り返しになるが，TEAs は様々な望ましい要素間のトレードオフを明らかにしているということに注意すべきである。他の財についてよく機能している商業市場のように，TEA 体制は価格変化を通じて需要の変動を緩和することができるし，最も高く評価する人々へ権利が移動することだけでなく技術革新をも促す。しかし，これらの長所に伴う費用は，TEAs は比較的単純でなければならず，そのため自然環境の条件に不正確にしか調整されないかもしれないということである。

　CBMRs は，ときに自然の変化には高度に順応的であるが，商業的な変化に対してはずっと順応的ではないし，ある点では外部からの商業的圧力に対して環境資源をかなり脆弱なままにしておくかもしれない。商業は資源を共同体外部の膨大な数の利用者に対して開くことができるが，しかし不幸にも，共同体管理体制には十分な備えがなく，この現象をうまく処理できないようなときもある。特に悲しい環境の衰退の例が現在マダガスカルで生じていて，そこでは絶滅の危機に瀕したホウシャセンガメが地元の採集民によって狩られている。この生き物は，かつてはたまにしかない祝祭日の食事のためだけに狩られていたが，今では世界中の収集家相手の非合法だが，見たところ飽くことのない商売の対象なのである。この商業需要の急増に対する地元の人々の反応といえば，今日獲れるだけ多くのカメを獲り，明日にはほとんど確実に生じる消滅についてはよく考えないというものだった（Webster, 1997）。数世紀前の北カナダのビーバーの毛皮に対するヨーロッパの需要をおそらく思い起こさせることだが，この需要があまりに突然で意外なものだったために，地元の人々はこうした猛攻に耐えるような，あるいはそれに自分たちが手を貸すのを抑えるような慣習や規範を発展させるのに十分な時間を持っていなかったようである（Brightman, 1987）。

　これについてすべてを言っておくと，まさしく共同体規範が商業に対してつくった障害のために，方法によっては共同体管理の慣習行為がときとして商業の猛攻を緩和することになる。TEAs はほとんどの西洋の財産権のように，比較的単純な形態にならざるをえないが，CBMRs における権利は複雑なものにならざるをえないようである。共同体に根ざした体制における権利構造は途方もなく複雑である。たとえばパプアの漁師たちはある装置で漁をするための権利に加えて，ある場所で漁をす

るための別の権利を重複して持っている（Carrier, 1987）。西洋と接触する前のマオリ族のいくつかの家族は茂みほどの小さな対象のそれぞれについて重複する権利を持っていた（ある家族はそこで野鳥を獲る権利を，他の家族はその同じ場所でベリーを採る権利を持っていた）(Banner, 1999)。今日のスイスの村落と同様に中世のヨーロッパでは，村人は耕地に散り散りになった細長い土地を持っていた（Dahlman, 1980; Netting, 1981; Smith, 2000)。フィリピンのより近代的な灌漑共同体においてさえ，水利権保有者もまたその耕地を散り散りにしている（Ostrom, 1990）。長く住んでいることや，親族関係，多種多様な活動への参加そして仲間への敬意がこれら多くの権利を完全に享受するためには必要である。たまにやってきた外部者が，たとえば土地を買ったり結婚したりして入ってくるときでも，彼あるいは彼女は一人前の成員になる過程にあるとみなされる（たとえば，Acheson, 1975, 1987; Netting, 1981; Ostrom, 1990）。

　要するに，TEA 体制とは正反対に，共同体に根ざした制度においては，外部者は参入するのが難しいと考えるし，内部者は容易に売り払うことができないようになっている。しかし，これが意味するのは，CBMR の参加者はまさにその権利構造の複雑さのために，互いに縛られているということである（Bardhan and Dayton-Johnson, 本書第 3 章）。互いに縛られているから，多様な局面で相互作用するようになりやすくなる。さらには，そうした濃密な相互作用のために，自分たちの資源利用を調停するのを助ける規範的構造を生みやすくなる（Ostrom, 1990, 2000; Rose, 2000; Ullman-Margalit, 1977）。その意味で，CBMR の権利構造の複雑さは，環境資源を内部者による侵食だけでなく外部者による侵食からも保護するような社会のあり方の一部分をなしている。複雑な権利が外部者を困惑させ挫折させるかぎり，外部者は共同資源に手をかける意欲をそがれるかもしれない。したがって，共同体に根ざした権利の反商業的な性格は，こうした資源を商業の変動から保護するかもしれない。

　しかしながら，CBMR の慣行は，共同体がその福祉にとって最も中心的だと考えている資源に対してであれば，外部からのアクセスを妨げることもあるとはいえ，以前から共同体の成員にとって重要であるとか稀少であるとは考えられていなかった資源については，それらに対する商業需要の予期せぬ波を抑えることはできないということを歴史的な

事例と現代的な事例が示唆している。マダガスカルのホウシャガメの恐るべき過剰狩猟は一つの例であり，西洋との接触直後のハワイにおけるビャクダンの激減はもう一つの例であり，カナダ北部のビーバーの歴史的な過剰捕獲はおそらく三つ目の例である。これらの事例だけでなく他の事例においても同様に，外部の商業需要は，名目上は共同体のコントロール下にあった環境資源を荒廃させた。たしかに共同体の成員が過剰採集に参加すべく雇われた（Berkes, 本書；第9章）。おそらくCBMR体制はあまりにしばしば，長い時間をかけて発生した規範によって統治されているために，これらの体制の多くは人間の需要のあまりにも急速な高騰から資源を救うのに十分速く順応することができないということが明らかになってきた。

　こうした失敗から推測されることは，TEAsとCBMRsのうちでは，TEAsのほうが自然資源に対する人間の需要の変動に対処するための備えが非常によくできているということである。自然の変動から生じる資源の稀少性に関する場合との相違に注意しておこう。後者に関しては，すでに議論したように，共同体に根ざした慣行が望ましいかもしれないし，そのように計画されていてもいなくても，「順応的管理」の特徴のより多くを示すかもしれない。しかし，商業については話が変わってくる。TEAsは財産に関する徹底的な商業的理解の産物であり，その還元主義的欠点すべてと過剰な単純化のおかげで，そうした理解は主に余所者同士の経済的関係を調停し監視しコントロールすることを意図したものになっている。

　こうしたすべてのことは，もし共同体に根ざした構造が，保護区の野生生物のような，現代世界で商業的に価値を持ってしまっている環境資源を管理するために展開されるべきなら，問題の共同体は，商業需要との直接的接触から，その共同体自身とそれらの資源を守るために，国家による支援を，そしてもしかすると国家による抑制を必要とするかもしれない。

1.5　まとめ

　これらの要素をまとめると，TEAsとCBMRsがどの程度鏡像になっていて，どの程度正反対の強みと弱みを持っているのかということに注

意が向けられる。表の形にして「理念型」表現の極端を割り引くと，それらの状況に応じた優位はそれぞれ表 7-1 にあるように配置されるだろう。

表 7-1　取引可能環境許可証（TEA）と共同体に根付いた管理体制（CBMR）の特徴と長所

	TEA の特徴／長所	CBMR の特徴／長所
規模	より大きい	より小さい（「入れ子状に」ならない，あるいは調整されない場合）
資源の複雑性	単純な単一資源への注目	複雑，相互作用的
奨励される行為	投資の安全性，技術革新	順応，長期的安定性，リスクの共有
社会的構造	緩い，余所者関係	固い結束
自然環境における変動に対する順応	より順応的ではない	より順応的
人間の需要における変動に対する順応	より順応的	より順応的ではない
典型的な資源利用	汚染（詰め込み）	採取（取り出し）
商業との関係	商業を調整	商業に対し脆弱

　一緒にして考えると，これらの対照的な性格は，TEAs は環境資源における現代財産権スキームにとって最も重要なものになっているが，CBMR 制度もまた，所有に基づく環境ガバナンスにとって多くの肯定的な特徴を持っている。たしかに CBMRs の肯定的な特徴のほとんどは，まさしく TEAs が環境の保護者として最も有効でない点，つまり森林や湿地帯のような地域的に濃密で複雑な自然システムを扱うときに現れる（Salzman and Ruhl, 2000）。
　現代の環境保護論者が現在，共同体に根ざした資源管理に対して国家による支援およびコントロールを与えるような方法を実験しているのは，おそらく特にこのような理由による。一つの，よく知られた実験は，ジンバブエの CAMPFIRE（国有資源のための共同体地域管理プログラム：Communal Areas Management Program for Indigenous Resources）であり，

第7章　共同所有，規制性所有，環境保護　　　337

そこでは国家の保全努力のもとで，共同体が野生生物の「所有者」として扱われることもある。期待されていることは，共同体が観光やスポーツとしての狩猟を外部者に許可することで収入を得るだろうから，動物を密猟者に届けるためではなくて保護するために，これらの共同体の成員はその知識と技能を使うインセンティブをもつだろうということであり，それはすでにある程度実現している。（Anderson and Grewell, 1999）。これについて大まかに見ると，このプログラムは個人ではなく共同体に漁業 TEAs を配分するという，すでに言及した考えによく似ている。またすでに言及した，より大きな政府機関がいくつかの共同体による林業慣行を調整し「入れ子状にする」，インドの林業プログラムにも似ている。

　こうしたプログラムについて問題となる主要な点は，中央当局がどの程度の収入，したがって保全インセンティブを地域共同体に譲り渡すのに同意するかということである（Agrawal and Ribot, 1999）。こうした問題は，とても重要でより大きな問題点を明らかにしている。つまり，このような混合体制における成功は，より大きな政府の誠実さと行政能力に大きく依存するということである。それでもやはり，国家機関が共同体に根ざした制度に組み込まれるときには疑いなくレント・シーキングと軋轢が生じるのだが，分権的な管理に対するより広汎な政府コントロールというものは基本的に，共同体制度の精巧な資源管理慣行の強みを利用することができると同時に，それらに典型的な弱みを克服することを助けることもできる。政府は様々な共同体の努力を調整し，紛争を仲介することができる。つまり，全体の割当量をすべての共同体の総需要を賄うように設定できるのである。それに，外部者から共同体制度を防御することもできる。たしかに古代のスペインの灌漑 CBMRs でさえ，明らかにその主要な機能のいくつかを守るために，国家官僚機構を共同体の慣行に組み入れた（Glick, 1979; Maass and Anderson, 1978）。

　新制度派経済学者のあいだでは，共同体に根ざした環境管理がいくつかの利点を持っているというのは真新しいことではない。CBMRs はそれを研究する人々のあいだに，ある種の応援部隊を得てきた。しかしながら，この応援部隊に無条件で加入することには用心しなければならない理由がいくつかある。過去の経験，特にアメリカの法制度に由来する，いくつかの批判を覚えておくのは賢明だろう。過去においてアメリ

カの法廷はおおよそ「慣習法」と慣習行為の法的地位を要求する努力に対して無慈悲にも敵対的であった。金鉱業者や捕鯨業者のような，いくつかの新しい産業において新規に形成された慣習的規範の受容というような，顕著な例外は存在した。しかしイギリスの法廷とは異なってアメリカの法廷は，共同体を統治する法的権利を積年の実績だけで創り出すことができるという主張を受け入れることを拒否した（Rose, 1994）。

　その理由は教訓的である。アメリカの法廷は，慣習的権利というものは封建制の残滓であり荘園生活の位階性を彷彿とさせ，同時に硬直的で反民主的であると考えた。アメリカの法廷は，共同体は古臭い慣習という偶然によって統治されるのではなく，法律が選挙を経た代表によって公然と議論され決定され変更されるような，民主的共和国の開かれた立憲的活動にしたがって統治されるべきだと考えたのである（Rose, 1994）。

　現代のCBMRsに対する偏見のない見方は，まさに「慣習法」に敵対的な19世紀アメリカの法学を貫くのと同じ関心をいくつか引き起こすに違いない。たとえばAchesonの魅力的で生き生きとしており，しばしば引用されるメイン州モンヒーガン島のロブスター漁師の描写を取り上げてみよう。島民は，自分たちの間で漁業権を配分し，漁場の「防衛線」を外部者から防御するために非公式の罰則を使うといった慣習的規範に従うことで近くのロブスター漁場での侵食をコントロールしながら，ロブスターのストックを共同財産として効果的に管理している（Acheson, 1975, 1987）。しかしながら，いくらか厳しい目で見ると，これらの同じロブスター漁師がずっと魅力的ではないように見えてくる。よそ者嫌い，序列的，乱暴で，徹底的な男尊女卑であるように見える。国際的な人権に関するフェミニストの著述家たちは，原理主義的な宗教共同体に統治権限を委譲することを求める声について議論する際に，このような注意を繰り返し表明している（Shacher, 1998）。これらの共同体もまたよそ者嫌い，序列的，乱暴で，徹底的な男尊女卑であるように見える。これは，すべてのCBMRsが疑いをもって見られるべきだと言っているのではない。しかし，それらのうちのいくつかは，どれほど環境親和的であろうとも，民主的な根拠において疑いをもって見られるべきである。

　CBMRsの承認と奨励のための最も強力な論拠の一つとして，国際的

な人権という特徴があげられる。つまり共同体による管理の慣行の承認は，それがなければ長年の居場所と生活の糧を一緒に奪われてしまう伝統的な人々を保護するのを容易にすることができるとされている。伝統的なヨーロッパモデルの所有体制では，伝統的な共同体による管理の慣行は所有としては確認できなくなってしまうので，実際，このような略奪の多くはこうしたヨーロッパモデルの所有体制の運用を通じて発生してきた（Rose, 1998）。Breckenridge（1992）が指摘したように，環境保全主義的な関心と，こうした人権への関心とが重なる領域は数多く存在し，共同体資源管理の承認が当事者に財産権を配分する根拠として最も共感を集めるのもまた，こうした領域においてである。

こうした問題のひとまとまりをわきに置いたとしても，本稿や他の論文が指摘しているように，伝統的なCBMRsから学ぶのに恰好の環境保護の事例がある。あるCBMRsにとっては恰好の政治的事例さえたしかに存在する。Ostrom（1990）が強調するように，最も長く続いている共同体体制は，幅広い成員の参加，紛争解決，集団間協調といった魅力的な特徴を持っていそうである。しかし，この政治的事例は，参加者がより平等主義的で潜在的にはより包摂的であるような現代のCBMRsを考案しようと試みることによって，さらに強調されるかもしれない。Dagan and Heller（2001）は，協同組合や，分譲アパート，さらには企業さえ，自己統治と，より大きな法制度の監視との混合を意味しており，これらのモデルすべてに共同「リベラル所有」体制（common "liberal property" regimes）のモデルがある，と論じている。その一方で，共同体に対するTEA割当量の配分という最近の提案もまた，これら共同所有制度をリベラル化する改革を取り込んでいる（Rieser, 1997; Rose, 2000）。

CBMRsの未来は，それらの多くの環境面での強みとともに，たしかに，こういったよりリベラルな方向にあるということかもしれない。依存として確認しなければならないのは，より一層のリベラル化と開放性が，まさにCBMRsの環境面での強みを生じさせている社会的慣行と両立可能かどうかである。

参考文献

Acheson, M. (1975), *The Lobster Gangs of Maine*. Hanover, NH.: University Press of New England

Acheson, M. (1987), The lobster fiefs revisited: Economic and ecological effects of territoriality in the Maine lobster industry. pp..37-68 in *The Question of the Commons: The Culture and Ecology of Communal Resources,* B.J. McCay and J.M. Acheson, eds. Tucson: University of Arizona Press.

Ackerman, B.A., and R.B. Stewart (1988), Reforming environmental law: The democratic case for market incentives. *Columbia Journal of Environmental Law* 13: 171-199.

Agrawal, A., and J. Ribot (1999), Accountability in decentralization: A framework with South Asian and West African Cases. *The Journal of Developing Areas* 33: 473-502.

Anderson, T.L., and J.B. Grewell (1999), Property rights solutions for the global commons: Bottom up or top down? *Duke Environmental Law and Policy Forum* 10: 73-101.

Banner, S. (1999), Two properties, one land: Law and space in nineteenth-century New Zealand. *Law and Social Inquiry* 24: 807-852.

Berkes, F. (1987), Common-property resource management and Cree Indian fisheries in subarctic Canada. Pp.. 66-91 in *The Question of the Commons: The Culture and Ecology of Communal Resources,* B.J. McCay and J.M. Acheson, eds. Tucson: University of Arizona Press.

Berkes, F. (1995), Indigenous knowledge and resource management systems: A native Canadian case study from James Bay. pp.. 99-109 in *Property Rights in a Social and Ecological Context: Case Studies and Design Application,* S. Hanna and M. Munasinghe, eds., Washington, DC: World Bank.

Bosselman, F.P. (1996), Limitations inherent in the title to wetlands at common law. *Stanford Environmental Law Journal* 15: 247-337.

Breckenridge, L. (1992), Protection of biological and cultural diversity: Emerging recognition of local community rights in ecosystems under international environmental law. *Tennessee Law Review* 59: 735-785.

Brightman, R.A. (1987), Conservation and resource depletion: The case of the boreal forest Algonquians. pp.. 121-141 in *The Question of the Commons: The Culture and Ecology of Communal Resources,* B.J. McCay and J.M. Acheson, eds. Tucson: University of Arizona Press.

Brown, G.M. (2000), Renewable natural resource management and use without markets. *Journal of Economic Literature* 38: 875-914.

Carrier, J.G. (1987), Marine tenure and conservation in Papua New Guinea. pp..142-167 in *The Question of the Commons: The Culture and Ecology of Communal Resources,* B.J.

McCay and J.M. Acheson, eds. Tucson: University of Arizona Press.
Clark, I.N., P.J. Major, and N. Mollett (1989), The development and implementation of New Zealand's ITQ Management System. pp..117-145 in *Rights Based Fishing,* P.A. Neher, R. Arnason, and N. Mollett, eds. Dordrecht Boston: Kluwer Academic Publishers.
Cox, S.J.B. (1985), No tragedy of the commons. *Environmental Ethics* 7: 49-61.
Dagan, H., and M.A. Heller (2001), The liberal commons. *Yale Law Journal* 110: 549-623.
Dahlman, C.J. (1980), *The Open Field System and Beyond: A Property Rights Analysis of an Economic Institution.* Cambridge, Eng.: Cambridge University Press.
Dobson, A.P., J.P. Rodriguez, W.M. Roberts, and D.S. Wilcove (1997), Graphic distribution of endangered species in the United States. *Science* 275: 550-553.
Ellickson, R.C. (1991), *Order Without Law: How Neighbors Settle Disputes.* Cambridge, MA: Harvard University Press.
Esty, D.C. (1996), Revitalizing environmental federalism. *Michigan Law Review* 95:570-653.
Glick, T.F. (1979), *Irrigation and Society in Medieval Valencia.* Cambridge, MA: Harvard University Press.
Gordon, H.S. (1954), The economic theory of a common-property resource: The fishery. *Journal of Political Economy* 62: 124-142.
Greif, A. (1989), Reputation and coalitions in medieval trade: evidence on the Maghribi traders. *Journal of Economic History* 49 : 857-882.
Hardin, G. (1968), The tragedy of the commons. *Science* 162: 1243-1248. (桜井徹訳「共有地の悲劇」, 京都生命倫理研究会訳『環境の倫理』(下), 445-470頁, 晃洋書房, 1993年)
Heinzerling, L. (1995), Selling pollution, forcing democracy. *Stanford Environmental Law Journal* 14: 300-344.
Higgs, R. (1996), Legally induced technical regress in the Washington salmon fishery. pp..247-277 in *Empirical Studies in Institutional Change,* L.J. Alston, T. Eggerstsson, and D.C. North, eds. Cambridge, Eng.: Cambridge University Press.
Hsu, S.L., and J.E. Wilen (1997), Ecosystem management and the 1996 Sustainable Fisheries Act. *Ecology Law Quarterly* 24: 799-811.
Kaplow, L., and S. Shavell (1996), Property rules versus liability rules: An economic analysis. *Harvard Law Review* 109: 713-790.
Kriz, M. (1998), After Argentina. *National Journal* 30(49): 2848-2853.
Libecap, G.D. (1989), *Contracting for Property Rights.* Cambridge, Eng.: Cambridge University Press.
Maass, A., and R.L. Anderson (1978), *...And the Desert Shall Rejoice: Conflict, Growth, and Justice in Arid Environments.* Cambridge, MA: MIT Press.
McEvoy, A.F. (1986), *The Fisherman's Problem: Ecology and Law in the California Fisheries 1850-1980.* Cambridge, Eng.: Cambridge University Press.
Merges, R.P. (1996), Contracting into liability rules: Intellectual property rights and collective rights organizations. *California Law Review* 84: 1293-1393.

Merrill, T.W., and H.E. Smith (2000), Optimal standardization in the law of property: The numerus clausus principle. *Yale Law Journal* 110: 1-70.

Netting, R.M. (1981), *Balancing on an Alp: Ecological Change and Continuity in a Swiss Mountain Village.* Cambridge, Eng.: Cambridge University Press.

Ophuls, W. (1977), *Ecology and the Politics of Scarcity.* San Francisco: Freeman.

Ostrom, E. (1990), *Governing the Commons. Cambridge,* Eng: Cambridge University Press

Ostrom, E. (1992), *Crafting Institutions for Self-Governing Irrigation Systems.* San Francisco: Institute for Contemporary Studies Press.

Ostrom, E. (2000), Collective action and the evolution of social norms. *Journal of Economic Perspectives* 14: 137-158.

Oye, K.A., and J.H. Maxwell (1995), Self-interest and environmental management. pp..191-221 in *Local Commons and Global Interdependence: Heterogeneity and Cooperation in Two Domains ,* R.O. Keohane, and E. Ostrom, eds. London: Sage Publications.

Pinkerton, E. (1987), Intercepting the state: Dramatic processes in the assertion of local comanagement rights. pp.. 344-369 in *The Question of the Commons: The Culture and Ecology of Communal Resources,* B.J. McCay and J.M. Acheson, eds., Tucson: University of Arizona Press.

Revesz, R.L. (1996), Federalism and interstate environmental externalities. *University of Pennsylvania Law Review* 144: 2341-2416.

Rieser, A. (1997), Property rights and ecosystem management in U.S. fisheries: Contracting for the commons? *Ecology Law Quarterly* 24: 813-832.

Rieser, A (1999), Prescriptions for the commons: Environmental scholarship and the fishing quotas debate. *Harvard Environmental Law Review* 23: 393-421.

Rose, C.M. (1994), *Property and Persuasion: Essays on the History, Theory and Rhetoric of Ownership.* Boulder, CO: Westview Press.

Rose, C.M.(1998), The several futures of property: Of cyberspace and folk tales, emission trades and ecosystems. *Minnesota Law Review* 83: 129-182.

Rose, C.M. (1999), What government can do for property (and vice versa). pp..209-222 in *The Fundamental Interrelationships Between Government and Property,* N. Mercuro and W.J. Samuels., eds. Stamford, CT: JAI Press.

Rose, C.M. (2000), Expanding the choices for the global commons: Comparing newfangled tradable emission allowance schemes to oldfashioned common property regimes. *Duke Environmental Law and Policy Review* 10:45-72.

Salzman, J., and J.B. Ruhl (2000), Currencies and the commodification of environmental law. *Stanford Law Review* 53: 607-694.

Scheiber, H.N., and C. Carr (1997), The limited entry concept and the pre-history of the ITQ movement in fisheries management. pp..235-260 in *Social Implications of Quota Systems in Fisheries,* G. Palsson and G. Petursdottir, eds. Copenhagen: Nordic Council of Ministers.

Schmalensee, R., P.L. Joskow, A.D. Ellerman, J.P. Montero, and E.M. Bailey (1998), An interim evaluation of sulfur dioxide emissions trading. *Journal of Economic Perspectives* 12: 58-68.

Seabright, P. (1993), Managing local commons: Theoretical issues in incentive design. *Journal of Economic Perspectives* 7: 113-134.

Shachar, A. (1998), Group identity and women's rights in family law: The perils of multicultural accommodation. *Journal of Political Philosophy* 6: 285-306.

Smith, H.E. (2000), Semicommon property rights and scattering in the open fields. *Journal of Legal Studies* 29: 131-169.

Snidal, D. (1995), The politics of scope: endogenous actors, heterogeneity and institutions. pp..47-70 in *Local Commons and Global Interdependence: Heterogeneity and Cooperation in Two Domains,* R.O. Keohane and E. Ostrom, eds. London: Sage Publications.

Stavins, R.N. (1998), What can we learn from the grand policy experiment? Lessons from SO2 allowance trading. *Journal of Economic Perspectives* 12: 69-88.

Tarlock, A.D. (1994), The nonequilibrium paradigm in ecology and the partial unraveling of environmental law. *Loyola of Los Angeles Law Review* 27: 1121-1144.

Tietenberg, T.H. (1985), *Emissions Trading: An Exercise in Reforming Pollution Policy.* Washington, DC: Re sources for the Future.

Tipton, C.A. (1995), Protecting tomorrow's harvest: Developing a national system of individual transferable quotas to conserve ocean resources. *Virginia Environmental Law Journal* 14: 381-421.

Townsend, R., and J.A. Wilson (1987), An economic view of the tragedy of the commons. Pp.. 311-326 in *The Question of the Commons: The Culture and Ecology of Communal Resources,* B.J. McCay and J.M. Acheson, eds. Tucson: University of Arizona Press.

Ullmann-Margalit, E. (1977), *The Emergence of Norms. Oxford,* Eng.: Oxford University Press.

Webster, D. (1997), The animal smugglers: The looting and smuggling and fencing and hoarding of impossibly precious, feathered and scaly wild things. *The New York Times Magazine,* 16 February.

Wiener, J.B. (1999), Global environmental regulation: Instrument choice in legal context. *Yale Law Journal* 108: 677-800.

第Ⅲ部

クロス・スケールのリンケージと動態的な相互作用

コモンズのもつドラマとしての側面というものは，第Ⅲ部の2つの章において際立ってその性格を現わすといえよう．どちらの章も，クロス・スケールのリンケージという最近になって極めて重要となってきている問題と，地域・国・国際の各レベルで現に存在するか生成する制度においてみられる動態的な相互作用をめぐる問題について検討した内容となっている．このドラマの核心は，関係する勢力間の熾烈な対立を伴った状況や一連の事象を意味するとともに，行動や対話を通じて語られる物語として表現されるが，これらは，YoungとBerkesの各章において明示された課題において具体的に示されている．これらの章は共に，次の二つのことを結びつける役割を果たしているといえる．ひとつは本書の前の方に収められた各章において中心的に検討されている個々の主体や制度に関することであり，もうひとつは本書の後半で扱っているコモン・プール資源や共有資源管理体制に関する研究において新しく立ち現れてくる課題関することである．YoungとBerkesの各章はまた本書の結語の章において触れられるいくつかの理論や方法論，そして実務に関係する問題に関し伏線をなすものとなっている．YoungとBerkesは，この経済面，政治面でグローバル化が進展する時代において，新しく生まれる制度は多様なグローバル化の過程を促進したり制限したりする作用をもつものであり，それら制度自体が地域，国，国際間あるいは多国籍の新しいネットワークにおいて変化し相互作用を起こすのに応じて，益々重要な事柄となっていくことになるという論点を指摘している．この2章は意義のある方法で相互に補完し合っている．第8章のYoungの論文はグローバルなリンケージのなかでの国家レベルの問題を主として（そのことだけではないが）扱っている．これに対しBerkesは第9章においてボトムアップで論考を進めている．すなわち，こちらは地域の制度に根ざしたものであり，それらの制度が国や国際といった上位レベルの制度によって影響を受けたり，逆に与えたりするその態様を論じた内容となっている．

　Youngは，コモン・プール資源の管理に関わる制度が多様化し多段階となっていることを理解するために，これらの制度は，広範囲の生物・地球物理的基盤と社会的な文脈において位置づけられなければならないこと，そして相互作用を通じてそれらの制度の有効性が検証されなけれ

ばならないことを明確に示したものである。彼は，そのような制度は水平方向（同じ規模・水準の社会組織）と垂直方向（規模の差を超えて，地域レベルから国・国際のレベルまで）にある他の制度と不断に相互交流を計らなければならないと主張する。Young は，「制度的相互作用に関するタイプ分け」と名付けた 2 行 2 列の行列形式で，これらの相互関係に関する分類を試験的に行っている。ひとつの次元については「機能性」と「政治性」に分け，もうひとつの次元については「水平方向」と「垂直方向」に分けている。Young の分析は，地域，国，国際レベルの制度における垂直方向の差異と別の次元である機能性の強弱とが重なる領域に基本的な関心を置いている。しかしながら，本書の結論部分の章において指摘されているように，水平方向での相互作用も，現下のグローバルな文脈のなかで重要性を増しつつあるといえよう。

　Young が特に検討の対象にしたものは，陸域と海域という二つの性格を異にした地域における垂直方向での相互作用であり，それは国家レベルと地域レベルの制度の間で対立する地位に関するものであり，また国際的政治体制と個々の国民国家との関係についてである。様々な規模やレベルの違いを有する社会制度で活動する主体の間（2 者間あるいは多者間で）で繰り返される紛争，衝突，そして交渉が夥しい数に上っていることからはみて，それらからは大きなドラマが作り出されているといってよい。関係者が 2 者間，多者間で織りなす相互関係は複雑さを加速させていくことになるが，そこでは，彼らがそれぞれに持つ勢力が相対的にみて対称的であるか非対称的であるかが影響するのである。関係者が国と地域の場合，衝突が起こるのは，公共財産に分類されているものに対して国家政府によって改めて公有物であると主張がなされたとき，あるいは，地域においてはコモン・プール資源と認識されてきたものに対して地域の一部の主体が所有を訴えでる場合である。国際的組織と個々の国家組織との間の場合，衝突は多くの要素から生じることになる。例えば，ある合意内容を実施しようとした場合，国家組織の側の権限，適合性，行為能力と国際合意の内容との間に不適合が生じていることがあげられる。Young は，規模の大きな環境への負の影響を緩和するためには，制度同士の相互作用という力学を一層理解することによって，組織の設計や改良に利用することができると，最後に希望を込めた提言

を行うことで締めくくっている。

　Berkes の章の内容は，コモン・プール資源管理に関わってきた地域の制度に関する何十年にも亘る実証研究のなかから生み出されたものである。Berkes は Young が発した関心事項に対して，さらに地域には独特の特性があることを付け加えている。Berkes は，クロス・スケールな工夫をした制度形態があること，それらが制度のレベル毎にリンクをつけるときに効果を発揮することを明解に語っている。彼は，様々な規模での制度や事業実施プロセスを検討することの重要性を証明するものとして，上位の制度が下位の地域の制度にプラスとマイナスの影響を与えている事実を吟味することから始めている。これらに影響を与えるものとして，「意思決定の中央集権化」，「知識体系の転換」，「植民地化と脱植民地化」，「資源の国有化」，「市場への参入の増加」，そして「開発政策の実施」があげられる。Berkes は次に，クロス・スケールな相互作用が効果的に進むことを促進できるという期待が間違いないことを示す多様な制度形態について概説をすることに移っていく。それらは，共同管理，複数の利害関係者主体，開発・エンパワーメント・共同管理を進める組織，市民科学，政策共同体，そして社会運動推進ネットワークといった用語で活動を表現し分類されるような，かなり幅のある形態をとっている。Berkes は制度形態それ自体の分析を越えて，制度変化を起こしうる実効的なプロセスの検証にまで拡大することの重要性を周到に指摘している。最後に Berkes は，順応的管理の方法（「経験による学習（learuing by doing）の管理手法への適用」）とレジリアンス（各種の発生する動揺を吸収するシステムの有する能力）の概念を使うことによって，コモンズ研究をその方向に進展させることを提案している。これらは社会システムと自然システムの統合やクロス・スケールな制度間リンケージに向けた活動を促進する有効な方法を提供するものと彼は確信している。

第8章
制度的相互作用[*]
——環境面におけるクロス・スケールな相互作用の重要性——

オラン・R・ヤング

　個々の制度は非常に複雑なので，多くの研究者は特定の制度的取り決め（institutional arrangements）に焦点を当て，これらの仕組みの形成，パフォーマンス，そして進化について，課題を設定している[1]。これらの目的において，個々の制度に対する外因的な力についての考察は重要ではない（Agrawal, 本書第2章）という仮定を置いている。しかし，ある社会的空間で運用される制度の密度が上昇すればするほど，個々の制度の間での，あるいはそれらの集合体の中での，相互作用（interplay）の可能性は高まる。複雑な社会において，制度的相互作用（institutional interplay）は一般的な現象であり，そこで生ずる相互作用（interaction）は，個々の制度のパフォーマンスや制度が変化への様々な圧力に直面した際

---

[*]　本章は，全米科学アカデミー（National Academy of Science）のプロジェクト，コモンズのドラマ—コモンズ管理の制度—のために準備したものであるが，1999年6月24~26日に日本の湘南国際村で開かれた「地球環境変化の人間活動に関する側面についての研究者集団による公開会議（Open Meeting of the Human Dimensions of Global Environmental Change Research Community）」での「制度的相互作用：その垂直的側面」における分科会3.2での報告に部分的に基づいている。それ以来，私は何回かに亘って本論文を修正することで，視野を拡大し，議論の論理を再構築し，地球環境変化の制度に関する側面（Institutional Dimensions of Global Environmental Change（IDGEC））における国際プロジェクトの関心事に結びつけてきた。IDGECについての詳細は，ウェブサイト（http://www.dartmouth.edu/~idgec）を参照。

[1]　この研究課題に取り組む他の研究者と同様に，私は制度という用語を，社会的実践をもたらし，この実践への参加者に役割を割り当て，そうした役割を持つもの同士の間での相互作用（interactions）を統治するようなルール，意思決定過程，そして計画の集合体を意味するものとして用いる。

の頑強性や耐久性を決定づけるものとして否応なく機能することが期待されると言ってよいであろう。環境問題を扱う制度〈一般的に，資源あるいは環境レジーム（resource or environmental regime）と呼ばれるものであるが（Young, 1982a)〉に関しては，そこでは，レジームが生み出す結果が持続可能であるかどうか，また様々な効率性や公平性の基準を満たすことに関しては相当低いかもしれないが，それらを評価する際に，相互作用はそれらを促進する力として理解されていることに触れておきたい。

　分析上区分すべき2つのまとまりを設定することによって，制度的相互作用の考察に枠組みを与えるとともに，本章における主要な関心を相互作用に関するこれまでの総合的な知見において明確に位置づける一助となろう。(Young et al., 1999)。制度は，水平的あるいは同次元の社会機構〈たとえば，国際的な次元で運用される貿易レジーム（trade regime）と環境レジーム（environmental regime）の間の相互作用〉と垂直的あるいは次元横断的な社会機構〈たとえば，土地保有に関する地域の仕組みと土地使用問題を扱う国家的な規制の仕組みの間の相互作用〉の両方で相互作用する。結果として生じる結びつきは，地域のレジームがグローバルなレジームに組み込まれることによって強化される場合のように有益な場合もあれば，国家の土地使用規制が地域で運用されている非公式な土地保有制度を弱体化させる場合のように，有害な場合もある。水平的相互作用（horizontal interplay）と垂直的相互作用（vertical interplay）の両方は，本来多かれ少なかれ対称的なもの，あるいは相補的なものであるだろう。異なる制度間の相互作用の中には，一方向あるいは非対称的なものもあるだろう。地域に内在する制度（local institutions）に劇的な影響を与える一方で，地域の取り決めに与える影響に対して一般的に鈍感な国家の規制レジームは，この場合の典型例である。他の場合では，相互作用はより対称的である。たとえば，国際的な次元における貿易レジームと環境レジームの相互作用は，かつてそれらはとても非対称的であったものが，環境レジームが強化されグローバルな貿易制度を運用するうえで重要な結果をもたらすようになるにつれ，対称的になってきていると考える十分な理由がある。

　本来備わっている結びつきから生じる機能面での相互依存関係と政

第 8 章 制度的相互作用

治的設計（political design）や管理から生じる戦略的な結びつきの両方によっても，制度は互いに作用している。機能的相互依存関係は，避けられないものである。それは，我々が好きであろうとなかろうと，2つ以上の制度が扱う独立した問題あるいは活動が生物地球物理学的（biogeophysical）あるいは社会経済的に結びついている場合に起こる。成層圏オゾンの保護を扱う国際レジーム（international regime）と気候変動を扱う国際レジームは，本質的に関係していることが示される（Oberthür, 1999）。それは，オゾンレジームの中心的関心事項であるクロロフルオロカーボン（chlorofluorocarbons: CFCs）は，潜在的な温室効果ガスでもあるという理由と，クロロフルオロカーボン（CFCs）の代用として魅力的だとみなされている化学物質が同様に温室効果ガスであるという理由の両方による。海洋汚染の規制を扱うレジームと海洋の魚類と哺乳類の個体数保護を扱うレジームとは，本質的な意味において結びついている。なぜなら，汚染を制御する取り組みの成功または失敗は，海洋生態系と魚類の個体数そしてそれらを取り巻く他の生命体の健全な生育に大きな影響を与えることが予想されるためである。

対照的に，政治的設計や管理を含む戦略的な結びつきまたは相互作用は，関係者が個人的あるいは集合的な目的を追求することによる利益を意図するような制度間での結合を作りだそうとする場合に生じる（Young, 1996）。政治的設計の実施は，制度上の効果を強化するということによって動機付けられることもある。地域的なレジーム〈たとえば，海洋関係の様々な制度〉を広域あるいは包括的な取り決め〈たとえば，海に関する一般的な法律〉の中に入れ子状に組み込もうとする取り組みは，より大規模な仕組みに統合することで小規模な仕組みの効率性を高めようとする自発的な取り組みであると解釈することができる。この他，戦略的な結びつきのなかには，他の目的のために作られた制度的な取り決めの副作用を処理しようとする意図的な取り組みを反映するものである。それらの究極的な目的は何であれ，近年の世界環境機関（World Environment Organization: WEO）の設立に対する差し迫った近年の要求は，世界貿易機関（World Trade Organization: WTO）が地球規模での貿易を実施する上で意図せざる深刻な影響を与えており，貿易を扱う制度と環境を扱う制度の間での相互作用を対等にするために，世界貿易機関

(WTO）と対置しうる機関が必要であるという認識に負う部分が大きい（Biermann, 2000）。また，他の場合には，戦略的な結びつきは，2つあるいはそれ以上の異なる制度的取り決めを運用する必要がある際に，サービスの供給を中央集権化することによって効率性を改善することができるという新しい機会への反応として起こる。資金調達の仕組みと紛争解決の手続きは，正にはっきりとした事例である。たとえば，地球環境ファシリティ（Global Environmental Facility: GEF）は，気候レジームと生物多様性を保全するために設計されたレジームの両方のために資金を供給している（Sand, 1999）。しかし，他のサービスでは，特別な場合において供給が共同でなされることを条件とするかもしれない。

　こうした区別によって，本章での中心的な関心ごとを制度的相互作用の領域に置くことが可能になる。全体を通じて強調したい点は，異なる次元の社会組織で運用されている制度の間での垂直的な相互作用のことである。関心のレベルは，小規模（micro-scale）あるいは地域制度から，大規模（macro-scale）あるいはグローバルな制度まで，広範囲にわたる[2]。しかし，大部分では，私は（1）地域に内在する制度（local institutions）と〈準〉国家制度（(snb) national institutions），（2）国家制度と国際制度，の間での相互作用に関心を向けている。こうしたクロス・スケールな相互作用（cross-scale interaction）の帰結についての議論で，私は機能的相互依存関係（functional interdependencies）についての議論から始める。国家レベルでの公有（public property）制度の創設が，地域レベルでの共有（common-property）制度の運用にどのような影響を与えるのだろうか。加盟諸国の政治制度の性質が，気候変動や生物多様性の減少のような問題を扱う地球規模での制度の運用に，どのような影響を与えるのだろうか。機能的相互依存関係がプラスに作用している場合は，その研究を続行する必要はない。しかし，これらの相互依存関係がプラスに作用している場合，あるいは，他の人々よりもある特定の利害関係者だけに恩恵を与えるものである場合〈しばしばそうであるの

　2）この点を考慮して，社会組織の次元（level of social organization）という概念を，空間的観点から規模の範囲を決定することを意味するものとして使う。たとえば，地域単位で運用されている制度と国家単位で運用されている制度との間で，相互作用が起こった場合，私は，結果として起こった相互作用をクロス・スケールな相互作用の例として扱う。

だが〉，戦略的な結びつき（strategic link）の考察に取り組むのが当然であろう。利害をめぐる軋轢を最小化する，あるいは，共通の目標を追求する際の効率性を最大化するような，クロス・スケールな相互作用を管理する方法はあるのだろうか。この点に関して，本章では，機能的相互依存関係の考察から教訓を導きだそうとしており，それらは，設計や管理に関する政策に役に立つことが示されるだろう。

　本書の前半の章は既存の仕事を評価しようとしてきたのに対して，本章は，人と環境の関係を統治する制度の研究に新しい分野を切り開こうとするものである。制度的相互作用に対する関心は，今日急速に高まっている。しかし，そのような問題を研究しようとする十分な文献やこの問題を評価するための十分なデータは，存在しない。その結果，本章で私が述べることは，これまでの章で行われてきた分析に比べて，より予備的でより暫定的なものになる。したがって，私は，クロス・スケールな相互作用がもたらし得る帰結に関する初期の仮説を述べることから始め，それらを一連の事例と共に描写する。多くの場合，これらの仮説は，次の点で功利主義的な前提に基づいている。すなわち，主要な当事者が制度的取り決めに対応する際，彼らの利益に結びつく動機（誘因）を中心に据えていることである。さらに言えば，主要な当事者は自己の利益が一層増大するように制度的取り決め自体を巧みに改変しようと懸命になる場合もあるくらいにそういった動機（誘因）に注目したものとなっている。この例は，人間が陸および海の資源を利用するという状況において，この過程がどこまで続くのかを示す。私の目的は，ある特定の状況における制度的相互作用に関して十分検証された結論に達することではなく，制度的相互作用の重要性を示し，この新しく出現してくる分野における将来の研究についての計画を提案することである。

　この章の基本的な議論は，述べるのは簡単であるが，その含意は奥深い。ある特定の環境あるいは資源レジームがもたらす持続可能性〈効率性や公平性で劣るとしても〉の程度は，社会組織の異なる次元で活動する制度間での任務の配分の機能だけでなく，異なった制度的取り決めの間でのクロス・スケールな相互作用の機能にも依存する。もっともなことだが，程度の差こそあれ制度的相互作用から生まれてくる深刻な軋轢は，相互作用の結果を彼らの有利になるように目論む影響力のある主体

あるいは利害関係者にイニシアチブを取らせる引き金になりうる。しかし，そのような軋轢は，共通善（common good）や公益（public interest）を促進するような制度的相互作用を管理しようとする制度設計の訓練にもなりうる。以下の節では，人間と環境の関係から生じるある特定の問題を扱う際に，適切な次元あるいは規模を探すことだけに排他的に焦点を当てても，ほとんど意味がないことを述べる。小規模あるいは地域での取り決めには，それら自身の抱える問題があることがよく知られているが，より高次の社会組織において，大規模な海や陸の生態系に関わる活動をする人間に直接的な規制を加えることを可能にする管理レジームを形成する場合にも落とし穴があることに，十分な注意を払う理由がある。ほとんどの場合では，成功への鍵は，特定の任務を適切な次元の社会組織に配分し，クロス・スケールな相互作用が軋轢を生み出すのではなく，補完的に作用するように手順を踏むことである。

1 〈準〉国家資源レジームと地域資源レジームの間での相互作用

　土地利用形態と人間と環境の関係の持続可能性は，かなりの部分が〈準〉国家〈近代的であり，公式な形態をとることが顕著である〉による公有による仕組み，共有の取り決め[3]をもとにした地域〈しばしば非公式であるが〉の土地保有の仕組みとの相互作用によって決定される。海の利用形態に関連する海洋生態系の持続可能性は，〈準〉国家レベルの規制制度〈1970年代から1980年代に創設された排他的経済水域（exclusive economic zones：EEZs）によって正当化されてしまったが〉と，海洋資源の地域の利用者の行動を導く自給的あるいは手仕事に基づく慣

---

[3] 以下の議論では，公有（public property）は国によって所有される土地・海とそれに関連する天然資源を意味し，私有（private property）は社会の各個人に属する土地・海とそれに関連する天然資源を意味し，そして，共有（common property）は特定可能な共同体の構成員によって共同で所有されている土地・海とそれに関連する天然資源を意味する。異なった構造の所有権の間での相互作用の結果を分析する際は，広くコモン・プール資源（common-pool resources）として知られている資源だけに限定せずに，様々な種類の天然資源や環境サービス（environmental service）について考察する。

行との相互作用によって大きな影響を受ける。

　本節では，分析のために出発点として以下のような予備的な仮説をおく。国家の取り決めは，大規模な海と陸の生態系の動態を考慮し，生態系全体の管理（Sherman, 1992）を含む諸々の実践を導入するための重要な機会を提供する。しかし，国家レベルで構築されたレジームは，次のような資源利用を許したり時には促進したりする。すなわち，商品化（commodification）あるいは，他の言葉で言えば，大規模で，消費的で，市場主導型の，そしてしばしば持続不可能な対象資源の利用〈たとえば木材や魚〉，である。こうしたレジームは，強力で地域住民ではない主体の利害が，小規模な地域の利用者の利害を支配する場（arenas）を提供する。対照的に，地域の仕組みは，そこに住む資源利用者の経験の積み重ねによって進化してきた小規模な生活資源の利用に，親和的になる傾向がある。さらに，地域の仕組みは，市場とはあまり結びついておらず，生態系の長期的な持続性に高い優先順位を与える。非公式で地域的な仕組みと近代的で国家的な仕組みは並存しているので〈政治的・法的な場でそれらが対等の立場を享受していることはほとんどないが〉，実際の土地の利用と海の利用の形態は，社会組織の異なる次元で運用されている異なった仕組みの間でのクロス・スケールな相互作用の影響を強く受ける。以下の節では，陸と海の生態系を参照しながらこれらの仮説を検証し，東南アジアにおける森林利用，ロシア北部における放牧地の利用，そして東ベーリング海における漁業資源の利用についての記述を行い，その動態を描き出す。しかし，海と陸の資源を含む相互作用の類似の形態は，他の多くの状況でも起こりうることである。

1.1　土地保有の仕組み

　国境内に位置するすべての土地と天然資源（natural resources）を中央政府が管轄する権利は，広く承認されている[4]。これは，政府が公布した規制に権威付けを与えるものであり，私有財産の所有者と共有財産の利用者の両方に適用される。しかし，これ以上に，政府は公有という形

4）　たとえば，ストックホルム宣言（Stockholm Declaration）の第21原則とリオ宣言（Rio Declaration）の第2原則は，「国家は，・・・自国内の資源を採取する権利を有する……」と宣言している。

態によって土地と関連する天然資源を所有するという遠大な要求を主張することが可能であり，しばしば，実行に移される。それは，占領〈たとえばロシアによるシベリアの所有〉，王室の特権の行使〈たとえばスウェーデンにおける王領の設置〉，購入〈たとえばアメリカによるアラスカの獲得〉，相続（inheritance）〈たとえば1867年の英領北アメリカ法（the British North America Act）の下でのカナダによる王領の相続〉，継承（succession）〈たとえば脱植民地化の過程の中でかつてオランダ領であった東インド諸島のインドネシアによる主張〉，あるいは，これらの主張の組み合わせとして行われる。大部分の国において，公有への要求は注目に値する程大きい。私有化が広く知られているにもかかわらず，ロシア連邦の政府は，ロシアの土地の大部分は公有であると主張している。カナダ政府は，国の土地の大部分を公有であると主張している[5]。私有と自由な企業の砦とされるアメリカ合衆国でさえ，連邦政府は，国土の1/3は，公有であると主張している（Brubaker, 1984）。

　しかし，以上の議論が土地保有の仕組みに関する議論のすべてではない。近代，今日に至るまで大部分の時期において，効率的な統制は中央政府によって絶え間なく行われてきたが，小規模な在地のあるいは伝統的な集団は，国家に属してはいるものの独自の社会慣行を築いてきており，土地と資源の大部分の所有形態が共有であるという彼らの主張を放棄することはなかった（Berkes, 1989; Bromley, 1992）。こうした主張は，しばしば，問題となっている場所は公有地の一部であるとする中央政府側の主張と重なったり対立したりする。たとえば，ブリティッシュコロンビアの先住民の土地における主張は，その州の土地の全域にまたがるものである。幾つかの事例では，中央政府はこうした主張を認め，先住民や旧来からの権利主張者と合意に至るための取り組みを始めている。このことに関して特に注目すべきは，カナダ政府が過去数十年間にわたり交渉し，こうした主張が包括的に解決されたことや，デンマーク政府とグリーンランド自治政府とが土地利用を巡って協力的な取り決めを行ったことなどである。他の事例では，地域の共同体による所有（ある

---

[5]　カナダの北部の先住民の人々の包括的な要求についての近年の合意によって，公有の範囲はある程度減少した。同時に，より複雑な形態で，興味深い土地保有の取り決めが導入された。それにもかかわらず，カナダでは公有地は，依然として一般的なものである。

いは使用でさえ）の権利を主張するための努力が，中央政府側による強力な抵抗に直面してきた。スウェーデンのサーメ人が放牧地の利用における彼らの権利の認知を得ようとしてきた取り組みが，その特筆すべき好例である（Svensson, 1997）。さらに他の事例では，中央政府は，共同体による権利の主張（共有の権利も含む）を真剣に取り扱おうとする努力をほとんど行ってこなかった。ロシア連邦の大部分では，ソビエト時代に導入された集産主義化の遺産が強く残っており，地域の人々による土地への主張がようやく表面化し始めたところである（Fondahl, 1998）。

中央政府による公有という主張と地域共同体による共有という主張との衝突は，どのようにすれば解決できるのであろうか。ある事例では，アラスカでの先住民による土地への権利主張の解決のように，最終的な結果は，一部の土地の土地財産所有権（title）が先住民の人々（あるいは彼らを代表して活動する組織）に公式に移譲され，その代わりとして，彼らが他の場所で主張を行っていた権利は失効することを受け入れる，という形態をとってきた[6]。しかしながら，オーストラリア，カナダ，グリーンランド，そして，フェノスカンディア（Fenno-Scandia）などの場所での経験が明らかにしたように，所有という概念は，権利の束を含むものであり，この束の構成要素は，様々な方法で分けることができる[7]。このことは，利用者の集団が土地と天然資源に対する完全な土地財産所有権（title）が認められていない状況において，自然や用益権（usufructuary rights）の程度についての活発な論争を生んでいる。この討論の中で最も深刻な問題は，地域の人々が長年続けてきた自給的あるいは熟練した技法で生物資源（living resources）の利用を行ううえで重要な場所で，中央政府が森林，炭化水素，そして，非燃料鉱物などの消費的な利用を許可する権限についての問題である。

公有という〈準〉国家の仕組みと共有という地域の仕組みの間で生ず

---

6) たとえば，1971年のアラスカ先住民権益措置法（the Alaska Native Claims Settlement Act）[P.L. 92-203] は，アメリカ政府は，おおよそ4400万エーカーの土地の土地財産所有権（title）を先住民の団体に認めたが，同時に，「たとえあるとしても，すべての先住民の土地財産所有権（title）とアラスカにおける土地財産所有権の主張，そして，存在すると思われる先住民の狩猟や漁労の権利は，これによって無効となる」[See. 4b] と宣言されている。

7) Hallowell（1943）は，古いものの，社会装置としての所有制度を扱う上で今なお有益である。

る相互作用は，土地利用の全般的な形態や様々な地域における人と環境の関係の持続可能性に関して，どのような違いを生み出すのであろうか。この疑問に対する答えは，国家の政策担当者と地域の利害関係者の動機の違いについての考察から導き出される。たとえば，政府は公有財産を次のようにみなしている。すなわち，輸出主導型の経済成長を追求することや国外からの直接投資を呼び込もうとする努力によって促進される活動を通じて，国益を推進するための手段とみている。このことは，しばしば，森林や非再生可能資源を世界市場の需要を満たすために伐採または採取する商品として扱うことを意味する。このことは以下に述べる2つの要因によって公有を用いるというこの方法を補強するわけであるが，それは，特に発展途上国や移行期の国において顕著である。中央政府は，地域に出自を持っておらず，主に公有地に存在する天然資源の利権を個人的な富を蓄積するための手段であるとみなす，強力な政治家の要求を満たそうとする傾向にある。特にこの現象の悪性のものには，縁故資本主義（crony capitalism）の慣行や闇市場の出現等を含むものであり，東南アジアの多くの観察者たちによって詳細に描写されてきた（Dauvergne, 1997a）。環境団体や幾つかの非政府組織（NGOs）は，しばしば，こうした力に反対しようと，あるいは少なくとも軽減しようと，努力してきた。しかし，多国間開発銀行（multilateral development banks）のような政府間組織（IGOs）は，その権限によって発展途上国の経済成長を加速させ，地域の人々の土地利用形態に関する選好と反対になるような歪んだ結果を助長するように活動している（Lipschutz and Conca, 1993）。世界銀行による大規模灌漑施設，道路建設，そして，非再生可能資源の採取等を通じた途上国への支援活動は，これらを示す特筆すべき実例を提供している。

　一方で地域の人々を，彼らの社会的慣行が生態系に深刻な変化をもたらすことはないという受託者責任をもった財産管理人（stewards）として理想化するのは間違っているだろう。焼畑農業，森林の下層低木への意図的な火入れ，そして，野生生物の採取のすべてが生態系に深刻な結果をもたらす可能性があることを示す十分な証拠がある（Krech, 1999）。天然資源の利用における持続不可能な慣行が，中東や中央アメリカと同様に様々な地域において，小規模な生態系の崩壊に貢献してきたことは

明らかである。しかし，非公式な社会経済的仕組みが変わらずに残っている限りは，地域の人々は，木材を輸出用に伐採したり，炭化水素や燃料以外の鉱物を世界市場に輸出するために採取したり，大規模灌漑や産業的農業を支援するために巨大なダムを建設したりする，強い動機を持つことはない[8]。したがって，地域の利用者によって共有地を管理する仕組みが主流となっている場合には，そのような土地利用の形態は，公有の仕組みが主流となっているような場合の土地利用の形態とは，明らかに違うと予想できる。要するに，公有による取り決めが土地や天然資源の利用を統治している仕組みにおいては，木材，パーム油，炭化水素，そして，燃料以外の鉱物等の大規模な輸出が行われるという著しい傾向が見られると考えられる。他方，共有の仕組みの下で利用を行っている地域の人々は，自給的あるいは手仕事による生活様式を支えるために土地を利用し，公有制度の特徴であった採取的で開発的な形態を避ける傾向が強い。言うまでもなく，こうした動態は，公有への国家の主張と共有への地域の主張との間のバランスを争うものとなるか，あるいは，そうした争いを解決しようとする努力が，主張を行う複数の集団に対して，複雑で時には混乱をきたすような所有権を構成する完全な束を配分する結果をもたらすのである。しかし，その一般的な傾向は明らだと思われる。

　この理論が実際にはどのように作用しているのかを見るために，東南アジアの森林とロシア北部の牧草地に影響を与えた近年の変化について考察する。多くの観察者が指摘しているように，インドネシア，マレーシア，そしてフィリピンの熱帯林は，過去数十年間に渡って持続不可能な形で伐採されてきた（Peluso, 1992; Dauverge, 1997a）。たとえば，Dauverge（1997a: 2）は，「伐採業者が東南アジアにおける原生林（old-growth forest）の多くを劣化させ，森林減少の拡大の引き金を引いてきた」こと，そして，そうした活動が「原生林の経済的，生物的，そして環境的な価値を不可逆的に劣化させた」ことを示してきた。なぜこういったことが起こっているのか。多くの評論が需要側の事情を強調し，日本が熱帯材の消費者として果たしてきた役割を指摘し，日本の企業は，ぎり

8）　既存の自給的慣行が混合経済に取って替わられている場合，地域の人々は，現金収入を増やすために天然資源を採取する必要性が増加することを経験するだろう。

ぎりの採算で操業しており，東南アジアの森林の持続可能な利用を促進しようとする動機をほとんど持っていなかったと論じている。一方で少なくとも供給側の事情もみる必要がある。東南アジアの森林の他の利用方法についての決断に影響を与えるようなゲームのルールの役割は，より重要である。この議論における決定的な点は，脱植民地化の過程や第2次世界大戦直後のインドネシア，マレーシア，そしてフィリピンにおける独立国家の設立の過程において，中央政府によって管理される公有という仕組みを設けたことにある。結果的に，こうした国々における公有の出現は，この地域の全域に渡って広がった森林劣化における不可避の前提となった。しかしながらそれらの取り組みそのものが，輸出主導型の成長を追求するために森林の利権と折り合いをつけたり，あるいは，縁故資本主義（crony capitalism）と呼ばれるような慣行を黙認することを中央政府に積極的にすすめるものでは全くなかった。公有制度と共有制度との間の移行のバランスは，こうした開発が行われることを許容する上で，主要な役割を果たしてきた。森林劣化をもたらし，その過程において，生活様式を維持するために必要となる資源の基盤を破壊する戦略をとるような動機は，地域の人々によって長期間にわたって確立されてきた生活様式からは生じてこない。とりわけ，これは，森林破壊の要因となる土地利用慣行の改革とインドネシアやマレーシア等の国々における在地の伝統的な人々の権利を強化しようとする取り組みとを結びつけようとする多くの活動家達の考えを説明する[9]。

　他の記述は北シベリアの土地利用の形態についてのもので，そこでは，石油と特に天然ガスの世界級の埋蔵量が発見されており，ヤマル半島（Yamal Peninsula）とペチョラ川（Pechora River）流域の平野に住むネネツ（Nenets）のような先住民は，そこを共同体の移動場所やトナカイの放牧地として長年にわたって利用している（Osherenko, 1995）。ソビエト時代には，炭化水素の開発とこの地域の人々の生活様式の保護との間の選択に関しては，疑う余地がなかった。中央政府は，その地域の土地と天然資源の所有権は公有あるいは国有であると主張し，石油とガスの開発には，経済開発を促進する手段としてだけではなく，外貨獲

---

[9] 世界の他の地域でも同様の相互作用が見られることの証拠としては，Gibson et al.（2000）を参照。

得の手段として，強い優先順位が与えられた。他方で，その地域の先住民の人々のことに関しては，無視されるか派生的な事柄として扱われてきた。ソビエト連邦は，その終焉期には，世界で最大の天然ガスの生産国と輸出国であった。しかし，Osherenko（1995）が示しているように，この地域において近年，新しい土地利用形態が見られる。これは，ソビエト連邦崩壊やロシア連邦全体で起こっている経済の低迷が影響している。しかし，こうした新しい土地利用形態の出現は，ソビエト時代の集団農場（collective farm）と国営農場（state farm）からトナカイ放牧を再生し，地域経済を維持するために必要な移動と放牧のために共有の権利を再び主張しようとする先住民の人々の努力をある程度反映したものである。これらの人々にとっては，世界市場での石油や天然ガスの価格にもかかわらず，こうした形態の土地利用は，非再生可能資源の開発よりも優先されるのである。

　この地域の将来がどのようになっているのかについて予測するのは，まだ早すぎる。たとえば，ヤマル半島におけるガス田の開発は，現在，一時停止している状態である。世界市場での価格上昇とロシア経済全般の再生によって，このシベリア地域におけるガス田と輸送路の開発を再開しようとする圧力が強まる可能性がある。しかし，国家の公有への主張と地域の共有への主張の間でのバランスの変化は，北西シベリアにおける将来の土地利用形態を決定する上で非常に重要な役割を果たすであろうことは明らかである。

1.2　海洋保有の仕組み

　海洋での保有の議論は，前節で取り上げた土地保有の説明とは〈しばしば劇的に〉異なる。

　我々が土地利用の形態や土地保有の仕組みという概念について考察する際には，特に困難は無かったが，海洋資源でこれに対応する用語では，「海洋利用」や「海洋保有」となり，奇妙な響きである。なぜこうなるのであろうか。概して，この違いは，次のような事実によるものだと言うのが適切であろう。すなわち，海洋資源の人間による利用の管理という場合，一般的な用語の感覚では，私有はほとんど歴史が無く，公有についても限られた経験しかない，という事実である。

土地利用を扱う取り決めと，それと対になる海洋の利用の統治の場合との差異の一部は，海洋資源に関しては，効果的な排除の仕組みを構築することがしばしば困難であるという事実によるものである（Dietz et al., 本書第1章）。これは，海洋資源が流動的な形で扱われてきた理由であり，魚のようにある場所から別の場所へと自由に移動する生物資源の場合には，個人や共同体によって所有権を確立しようとする努力は，挫折してきた。多くの漁業資源に所有権を割り当てようとする努力は，土地所有の仕組みの中に，渡り鳥の私的所有権を組み込もうとする努力のようなものであろう。例えそうだとしても，海洋資源の所有権に関するこの議論を大げさに捉えることは間違いである。関連する資源が固着性のものである場合（たとえば，二枚貝やカキの生息場所），所有権を設定している好例がある。特に，使用権（use right）という形で，権利の保有者には，二枚貝，カキ，そして，区画化された場所でのロブスターなどのような生物資源の採取を排他的に行うことが認められている（Acheson, 1987）。ましてや，魚を養殖するために囲われた場所や特殊な海洋構造物が設置された場所で，権利が保障されていることに依存するような様々な形態の水産養殖に従事する人には，より進んだ権利が認められている。

　これらの最近の調査が示しているように，我々が通常，私有や公有に関して考える場合のような完全な権利の束を基礎にした仕組みを確立できる見込みがほとんど無い場合でも，所有に関する権利の束の個々の構成要素が現実と関わりをもつようにそこでの取り決めについて考慮することが重要である。多くの状況で，たとえば，特定の漁業資源に対する使用権（use rights）が，ある特定の場所を使ってあるいは特定の道具を使って漁を行うことについての優先権，あるいは，ある年のある特定の漁場に割り振られている漁獲可能量（total allowable catch: TAC）の特定の割合を水揚げする権利，のような形態で設定されている。様々な漁業における近年の譲渡可能個別割当（individual transferable quotas: ITQs）という仕組みの出現は，このことに関するものの中でも特に着目すべき点である（Iudicello et al., 1999; Tietenberg, 本書第6章）。

　海洋資源に関して私有や公有という仕組みがほとんど無いのは，海洋について国家によって統制できることが限られているということに，あ

る程度起因している。近代国家の仕組みが登場した17世紀から，国家は，国境の内側にある陸域の生態系については無制限の管轄権を持つ領土として扱ってきたのに対して，隣接した海洋については管轄権を持とうとすることはほとんど無かった（Anand, 1983）。初期の段階で，国家は，沿岸に隣接する海域において，領海（territorial sea）として知られているように帯状の形で管轄権を主張し始めた。しかし，多くの地域で，領海において管轄権を認めることは，防衛上の必要性による取り決めとして正当化されていた。この取り決めの下では，沿岸の国家は，領海内あるいは領海に影響を与える場所で，様々な活動〈無害な船の通行，海底ケーブルの設置，航空機の飛行〉を外部のものが行うことを認めていた。公有地を所有するのと同じ観点に立ち，国家によって事実上所有される領域という理由から，海洋を公有財産とみなす権利を主張することは，国家自身が認められないものである，と考えてきた。

このことを前提にすると，20世紀は，空間的にも機能的にも海洋を巡る沿岸国の管轄権が著しく拡大した時代だとみなすことができる（Juda, 1996）。伝統的な3マイルの領海は，12マイルまで拡大し，排他的経済水域の設立により，世界の海の約11％の面積と海洋生物資源のほぼすべてに沿岸国の管轄権が認められた。海洋における沿岸国の拡大した管轄権は，保全や持続可能な利用の達成に関する議論を基礎に正当化され，現在，再生可能資源と非再生可能資源の採取や様々な形態での汚染から海を保護するという活動にまで及んでいる。そうであっても，公有地に組み入れられた陸域での場合と比べて，国家が権利の束を取得することは難しいので，沿岸国の権威は限定的である点に注意しておくことは重要である。沿岸国は，国家が伝統的に公有地の多くの部分を処分することができたように，海洋における所有権原（title）を個人の所有者に移転する権限を持っていない。多くの政府は，生産要素として扱われる海洋資源の利用に対して経済的な見返りを徴収することでさえ，不適切であると考えている。こうしたことは，公有地における天然資源〈たとえば，木材や炭化水素〉の利用という状況では，当然のこととして行われていることである。こういった制約があるからといって，海洋資源の利用者が自らの活動に関する持続可能性や環境の質といった問題に注意を払うように設計され，政府機関〈あるいはその出先機関〉によっ

て実施される，規制レジームの開発を政府に思いとどまらせてきたわけではない。それにもかかわらず，それらは，海の保有の仕組みという言葉を考えることを難しいと思わせる状況を生み出している。

同時に，国家による管理権の統合といったものとは違って，小規模な地域の取り決めによる運営となると，土地の利用と海の利用との間に類似点が存在する。すべての事例では事実上，こうした地域の取り決めは，ある種の共有の形態の特徴を持つものであると考えることができる（Pinckerton, 1989）。驚くことではないが，生物地球物理学的（biogeophysical）な仕組みの特徴，漁業の方法の性質，そして，利用者集団の構成員の間で影響を及ぼす文化的規範の内容によって，多くの違いがある。それにもかかわらず，こうした仕組みのほぼすべてが数多くの共通の特徴を持っている。個人の利用者に完全な権利の束が割り当てられているわけではないが，それらは，しばしばある特定の漁場あるいは特定の漁具の使用について，個々人に優先権を与えている。彼らは，対象となる資源の使用から，部外者，別の言葉で言うと，共同体の非構成員を排除する。それらは，試行錯誤によって進化し，彼らが操業を行っている社会状況の変化や関連する生物地球物理学的（biogeophysical）な仕組みの変化に適応する形で，長年にわたり実際に調整が行われてきた非公式の取り決めであるという特徴を持つ。こうした制度的取り決めを含む使用ルール（rule in use）は，通常，関係する使用者の共同体の構成員によってよく理解されている。そして，ほとんどの場合それらは，利用者個人の行動をこうした慣行を形成する権利やルールと一致させるような効果的な遵守の仕組みによって支えられている[10]。

海洋資源の地域の利用者の活動を統治するこうした小規模な取り決めは，実際にはどのように機能しているのだろうか。土地保有の仕組みの場合と同様に，地域固有の熟練した海の利用の仕組みを，理想化するのは間違いだろう。確かに，人類学者は，こうした地域の仕組みが比較的長期間にわたって持続してきたという事例についての報告書を数多く取りまとめることに成功してきた。特に，こうした研究の興味深い点は，対象となる生態系の動態について科学的な知識を根拠としない場合にお

---

[10] 実際に行われているルール（rule in use）の役割と，そのようなルールと公式なルール（formal rule）との関係について議論を拡張するには，Ostrom（1990）を参照。

いてさえも，使用者の行動を持続可能なものへと導くという意味において有効だと証明された，遵守のメカニズム〈たとえば，禁忌を伴う取り決め〉が探求されてきたことである（Fienup-Riordan, 1990）。それにもかかわらず，海の保有に関するすべての小規模な仕組みが持続可能な結果をもたらすという考えの根拠は何も無い。これは，非常に微妙な問題であり，〈ある人々の間では〉論争になっている問題であるが，自給的で熟練した海の利用の仕組みに関する実際の記録は，特にその時々に大きく変化する生物地球物理学的（biogeophysical）な仕組みに巻き込まれている場合には，成功例と同様に多くの失敗例について取り上げられていることには，疑いの余地が無い（Wilson, 本書第 10 章）。

　同じ理由で，〈準〉中央政府によって創設された規制レジームによって集められた記録もまた感心できるものではない。統合された基盤上で大規模な海洋生態系を管理する必要性，そして，海洋資源の利用の持続可能性を確かなものにするために科学の成果を援用する必要性が正当化されるので，こうしたレジームは，許容量を超えた過剰利用と〈科学的そして政治的〉能力の欠如によって引き起こされている世界の多くの漁場で高まりつつある危機を食い止めたり，海洋生物資源の消費的な利用を統治するための適切な割り当てや他の規制を設定し，実効化したりするには，十分ではない（McGoodwin, 1991）。実際に，中央政府は，漁業者に，多くの借金を伴う形でより大規模で強力な漁獲能力を獲得させるような補助金を提供している。この考察が示しているように，中央政府によって設置された規制レジームは，ある特定の利用者を他人よりも優遇するような傾向を示している。したがって，海洋資源の利用に関して地域の範囲を超えた経験がほとんど無く，国家〈準国家でさえも〉の政策に影響を与えるための手段をほとんど持たない自給的で職人的な小規模漁業者よりも，大規模で金回りがよく政治的にも活発な漁業者が，海の利用に関する国家的な仕組みを導入することによって利益を得ることができる。

　その結果，小規模漁業者よりも大規模で商業的な漁業者のほうが有利になるような海洋資源の商品化（commodification）が進み，海洋の保有における地域共有の役割を侵食し，保全と効率性という点さえも守ることが難しくなる傾向にあると言うのが適切であろう。環境 NGO は，こ

うした傾向に対抗するための努力を強化するようになってきている。さらに最近，国家の規制によって，こうした商品化（commodification）の最悪の特徴を除去あるいは抑制しようとするような幅広い政策〈たとえば，漁獲許可証，譲渡可能個別割当（ITQs）〉が試み始められている（Iudicello et al., 1999）。こうした努力の実績は，確固たる結論を正当化するにはまだ十分ではない。総じて，こうした制度上の革新は，少なくとも過剰な漁獲という特定の問題に対応する上では，非常に有望であることが示されたと結論付けられるだろう（National Research Council, 1999a）。しかし，この段階において，海洋保有における国家を基盤とした仕組みが，長期にわたって持続可能な結果を生む，ましてや，効率性や公平性を根拠に正当化できるような結果を生むとみなすだけの根拠はまだ無い。

　海の保有に関する近代的で国家的な仕組みと非公式で地域的な仕組みとの相互作用が実際にはどのようになっているのかを見るために，東ベーリング海の過去25年間にわたる変化について考察しよう（National Research Council, 1996）。1970年代には，アラスカ州は，鮭の漁獲量の減少に対処するため，この海域における沿岸漁業に対して〈これらの漁業は，州が管轄権を持つ3マイルの帯状の海域の中で行われていた〉，入場制限レジーム（limited-entry regimes）を導入した（Young, 1982b）。その後，連邦政府は，漁業保全区域（Fishery Conservation Zone: FZC）を設定し，すべての魚種の漁を対象とした規制を州が管轄する範囲から200海里の範囲へと拡大することで，これに追従した（Young, 1982b）。こうした取り組みがなんらよい成果をもたらさなかったと論じることは正確ではないが，他の制度的取り決めとの相互作用の問題によって，意図しない多くの副次的効果がもたらされた。沿岸漁業を対象とした入場制限制度は，自給的漁業と商業的漁業との柔軟な共存を特徴とする非公式な取り決めを崩壊させてきた。漁場に入るための許可証を購入することができないような若い漁業者に対する厳しい制約を課し，資金的に不安定な漁業者が短期的な現金の必要性を満たすために漁業許可証を売却しようとする誘惑に次から次へと負けてしまい，地域の漁業者が許可証を失うことにつながった。これにより，東ベーリング海での漁業保全区域の設定は，この地域におけるアメリカの漁業者の劇的な増加をもたら

第 8 章 制度的相互作用　367

し，その結果，外国の漁業者は徐々に撤退していった。この海域における漁業を規制しようと導入されたレジームは，国家的取り決めという位置づけであったので，アラスカ州はこの地域の漁業において，ワシントンやオレゴンを拠点とする巨大な資本を有する大規模漁業者との競争から地域の漁業者を守るための制度的手法から締め出されてしまっている。漁業保全区域からの外国の漁業者の締め出しは，丁度，漁業保全区域の対象外となり，ドーナツの穴として知られているベーリング海中央の海域に彼らの関心を移させる要因となった[11]。1990 年代までに，この地域におけるスケトウダラ（pollock）の漁業資源は崩壊した。

　1990 年代の間，合衆国政府とアラスカ州は，1970 年代から 1980 年代にかけての制度改革によって生じた負の影響に対処するために，いくつかの取り組みを行った。これらの中には，小規模な沿岸地域の共同体の経済を支援するための共同体発展割り当て（community developed quotas: CDQs）の創設（National Research Council, 1999b）と中央ベーリング海におけるスケトウダラの過剰漁獲問題を扱うために設けられた 6 カ国協議会（Balton, 2001）とが含まれる。これらは，明らかに良い方向への数歩であるが，これらがベーリング海における制度的相互作用から発生する問題を解決するだろうと結論付けるには，時期尚早である。共同体発展割り当ては，社会文化的な意味で地域の漁業者たちの中核となる強力な人々の存在の代わりとなるものを生み出したわけではないし，6 カ国協議会の下で設けられた管理手続きに従って，ドーナツの穴におけるスケトウダラの漁業資源をこれから十分に回復しなければならない。それゆえ，1990 年代の改革は将来，不十分だった，あるいは，遅すぎたと，評価される危険性が十分にある。いずれにしても，沿岸の州における海洋資源への管轄権の増大と，それに伴う海の利用に関する〈準〉国家の仕組みは，この領域における制度的相互作用の新しい形態の引き金となり，その結果は，多くの個人だけでなく，アラスカのような地域における小規模な沿岸の共同体の福祉（welfare）にとっても，大きな犠牲をもたらしたことは明らかである。

　11）　ドーナツの穴とは，ロシアとアメリカの排他的経済水域に完全に囲まれた公海である。

2 国際環境レジームと国内環境レジームの間での相互作用

ここで，高い階層の社会組織での制度的相互作用，特に，国際環境レジームの効果〈その効果は，持続可能性と同様に効率性と公平性によって計られる〉は，かなりの部分が，国際的なレベルでのルールや意思決定の過程と，個々の参加国の国内での政治，経済，社会の仕組み，の間での相互作用によって決定されるという仮説に，議論の対象を切り替えよう。国際レジームは，それらのルールの履行は個々の参加国の公的機関によって担われるということを脇に置き，通常，すべての参加国に適用可能なように包括的なルールを設定する[12]。したがって，こうしたレジームの効果は，国家制度の能力に依存し，参加国ごとに大きく異なる。取り決めは，国際レジームでの規定が参加国の政治及び経済の仕組みと合致した場合には上手く機能し，こうした取り決めの間での相互作用が問題を含んだものであれば，失敗するだろう。この仮説の論理の説明に続き，本節では，東南アジアの熱帯林を扱うレジーム，北極周辺の自然地域の保護を扱うレジーム，そして，バレンツ（Barents）海とベーリング（Bering）海の漁業を扱うレジームという事例におけるこの種の相互作用について，簡単な記述を行う。地域と準国家的制度の相互作用（interplay）と同様に，他の多くの状況でも同様の力関係での動態が見られる。

2.1 権限，適合性，そして，行為能力

国際レジームによって設けられた合意事項に国が一度署名し批准すれば，彼らがその合意の下で当然果たすと考えられている義務を実行するであろうと想定したくなる。しかし，国際的な義務を国内で履行することに関する多くの研究が示すように，そのような仮定をおく根拠は全く無い（Skjaerseth, 2000; Undardal and Hanf, 2000）。履行は，同じレジーム

---

12) 近年の取り決め（たとえば，オゾンや気候レジーム）の中には，共通ではあるが差異のある責任の原則（the principal of common but different responsibility）として知られるようになった原則を基に，構成員を分類しているものもある。

における参加国ごとの違いと同様に，レジームごとにも大きく異なる。したがって，驚くべきことではないが，国家レベルでの履行に影響する要因についての研究は，レジームの分析において留意すべき重要な点になっている（Underdal, 1998; Victor et al., 1998; Weiss and Jacobson, 1998）。参加国が国際的な合意におけるルールを国内で履行することに成功するかどうか，そして，国際レジームの下での意思決定結果を受け入れるかどうか，を決定する主な要因は何であろうか。ある場合では，これは政治的な意志（political will）の問題である。政府は，履行するつもりが無くても，合意に署名することができ，実際に署名している。誠意を持って国際合意に署名した行政府担当者は，履行のための法律を成立させ，こうした合意を運用するために必要な資源を配分するように，立法府議員を説得できないかも知れない。さらには，政府の構成要素が変わることによって，そのレジームの創設に関わっておらず，前任者によって設定された義務を満たすことにほとんど関心を持っていない行政官が，力を持つことになる可能性もある。同時に，この文脈において，制度的相互作用に影響するより一般的な性向を持つ3つの要因について考察することの重要性が浮かび上がってきた。明瞭な表現のために，私たちは，これらの要因を，権限（competence），適合性（compatibility），そして，行為能力（capacity）と呼ぶことにしたい。

権限は，国際的な合意を履行するのに必要な政治的・法的権能の問題である。この意味での権限は，個々の国での憲法上の取り決めに依存するものである。たとえば，アメリカ合衆国では，国際協定は，上院の2/3以上の批准が無ければ，法的拘束力のあるものにならない。その場合でも，アメリカ合衆国憲法は，法的拘束力のある国際協定における合意が，国内法よりも常に優先されるということを保障しているわけではない（Higgins, 1994）。その結果，国際会合におけるアメリカの交渉担当者は，国内の法的・政治的過程において出てくる圧力に耐えられる見込みがほとんど無いという理由で，魅力的な制度的取り決めでなければ，しばしば反対する。国際レジームを創設し履行するという場合，多くの他の国々がアメリカ合衆国は難しい相手だと考えていることは不思議ではない。他の場合には，政府内の権力の分離の問題とは対照的に，国家と準国家の政府の間での権能の配分の問題が挙げられる。カナダで

は，連邦政府に対して，多くの問題に関する権能は州にある。たとえば，オタワ政府は，個々の州の明確な合意を得ることなしには，多くの事項に関して法的拘束力のある国際的な合意を行う権限を持ち合わせていない[13]。

　適合性は，国際的な合意事項の下での制度的取り決めの設定と個々の国の中で定着している社会的慣習との適合あるいは合致の問題である。権限は，権能の問題であるのに対して，適合性は，長年にわたって政治制度の中で培われてきた統治の問題を扱う標準的な実践や手続きに関するものである。国際社会の非集権的特質を所与とすると，参加国は，国際的合意を履行するかどうかは，たとえ彼らがそうすることを選択したとしても，自由であるべきだとする主張について，一般的な合意が存在する。しかし，このことによって，制度的適合性（institutional compatibility）の問題が排除されるわけではない。たとえば，許可証取引（tradable permits）〈具体的には，電磁スペクトルの帯域の排他的利用の許可証，ある特定の深海底から鉱物を採取する許可証，ある特定の量の温室効果ガスを排出する許可証など〉の制度を設立しようとする国際レジームの場合，他方で，ある参加国の影響力を持つ社会的慣行は，指令・統制型（command and control）による規制を基にしており，許可証取引を導入することによってもたらされる誘引の仕組みについての視点をほとんど持ち合わせていないこともある。この点をより明確にするため，衛星の静止軌道または電磁スペクトルの帯域の枠の配分に焦点を当てて考察してみよう。許可証取引は，これらを使って効率性を確かなものにするために，そしてこれらの資源利用を統治する上で広く受け入れられる取り決めとなることを確実なものにするために必須なものであると考えている人々にとって，軌道上の配置や帯域を扱う市場の創設を許可しさらに促進することの優位性は，疑う余地のないことである。しかし，こうした仕組みは多くの国々の政治文化にとってなじみのないものであり，こうした国々の行政組織は，この種の仕組みを彼らが慣れ親しんだ仕事の仕方に融合させていくという経験を持ち合わせていない(Chertow and Esty, 1997; Rose, 本書第 7 章 ; Tietengerg, 本書第 6 章)。

　13）　具体的な例として，鯨の捕獲の問題が挙げられる。カナダの憲法の下では，どのような鯨の捕獲についても，公式な捕獲割り当てを設定する権限は，州が有するとされている。

第 8 章　制度的相互作用　　　　　　　　　　　　　　　371

　ここでは，行為能力は，国際的な合意を成功させるうえで必要となる必須の資源であり社会関係資本（social capital）の存否を計る指標である（Chayes and Chayes, 1995; Keohane and Levy, 1996）。もちろん，我々は，途上国の経済と政治システムが，代替技術への転換〈たとえば，オゾン破壊物質の代替物質〉あるいは，彼らの管轄内におけるルールの実効化〈たとえば，絶滅の危機に瀕する野生生物の貿易に関するルール〉（Gibson, 1999）に必要な資源が不十分である場合のような行為能力の問題にもまた注意を払うことが重要である。しかし，行為能力の問題は，先進国の行動に関して発生することもある。合衆国では，たとえば，国際的な合意は，その履行に責任を持つ機関〈すなわち，主導機関として知られる機関〉になろうとしない場合や，責任を持つ機関がその役割を果たすのに主要な人的物的資源を得ることができない，あるいは得ようとしない場合に，善意の無視[14]（benign neglect）をもって扱われることがある。このことに関して，対照的な次の点について考察しよう。アメリカが関わった南極のレジーム，そこでは全米科学財団（National Science Foundation）が関連する問題の取り決めに際して主導機関の役割を果たしたことに疑いの余地が無いのに対して，新しく出現しつつあった北極のレジームにおいては，12 かそれ以上の機関は何が起こっているのかを主張したかったか，どの機関も主導機関としての役割を受け入れることができなかった，あるいは，受け入れようとしなかった（Osherenko and Young, 1989）。

　この議論で明らかなように，国際レジームは，通常，参加国の間での相当な制度的異質性を特徴とする社会的状況で運用されている。さらに，国際レジームを運用する責任を国家と準国家の間の相互作用を扱う通常の手続きに負わせることはまれで，国家レベルで設計・履行される取り決めに抵触しないようにするために，中央政府は，通常，それ以下の地方政府にルールと手続きを調整させる絶対的な権力を持っている[15]。その結果として，国際レジームのルールは，個々の参加国の行政担当者に

　14）（訳注）善意の無視とは，政治・経済・外交などの不都合に傍観を決め込むことを意味する。
　15）幾つかの国では（アメリカ合衆国がその好例であるが），中央政府とそれ以下の地方政府の間での権限の配分を巡る緊張の長い歴史がある。

自国での運用において十分な自由度を認めるような一般性を備えた運用方式となる。このことは,ある程度までは明らかに望ましいことである。国の行政担当者が国際レジームの管理者に頭ごなしに命令されることなく,個々の参加国は,国際レジームを彼らが適切だと考える方法で彼ら独自の仕組みに調和させることができる。

現在,超国家的あるいは全世界的とさえいわれる市民社会の出現が,国家に対して,その国の管轄内における環境レジームの実施において,世界標準を受け入れるように圧力をかけるようになりつつある（Florini, 2000; Princen and Finger, 1994; Wapner, 1997）。しかし,この節で述べていることは,国際レジームの帰結は,そのレジーム自体と個々の参加国の慣行との相互作用に負うところが大きいという仮説を強調するものである。とにかく,このことは,レジームが作られる過程で行われた合意事項を満たすという段階においては,参加国の成果に大きな相違をもたらすことを私たちに予想させる。たとえば,石油タンカーを建設する際の設備規格の場合,そのレジームは,主要な参加国が基準を完全に守っている限り,効果的な運用が可能になる（Mitchell, 1994）。しかし,他の場合,オゾン破壊物質の生産と使用を撲滅しようとする取り組みのように（French, 1997）,関連する自然システムを効果的に守るためには,すべて（ないし,ほとんどすべて）の関係者の遵守が必要になる場合もある。

2.2 陸域の資源に関するレジーム

この形態の相互作用が土地利用のあり方に与える影響について具体的に考察するために,国際熱帯木材協定（International Tropical Timber Agreement: ITTA）と北極保護区網（Circumpolar Protected Areas Network）の運用についてみていきたい。国際熱帯木材協定は,1983 年に始めて創設され 1994 年に大きな修正が加えられたが,最も重要な貿易協定であり,熱帯材の生産国〈たとえば,インドネシア,マレーシア,そしてフィリピンなど〉と消費国〈たとえば,日本〉が,熱帯林から採取される木材の世界市場を安定化させ規制しようとしたものである（Humphreys, 1996; Dauvergne, 1997b）。環境という観点からこのレジームを興味深いものにしているのは,森林の「採掘（mining）」として最も上手く表現

されているように，ほとんどの熱帯林の伐採がこの数十年間非常に破壊的な形で行われており，この産業をより持続的なものに再構築する必要があるという認識である。

　1994年の協定の要点は，天然及び植林された熱帯林が持続可能な形で管理され，かつ，これらの森林における生物多様性が保護されることを意図した指針を履行すると参加国の一部が合意したことである。この目的を達成するために，国際貿易の対象となるすべての熱帯材は，2000年までに，持続可能な形で管理されている熱帯林から生産されたものでなければならないとする2000年目標（Year 2000 Objective）に，参加国が自ら合意した。この合意事項は，わずかな国にしか達成されなかった。他の国々は，近々この目標を達成できるのであろうか。その答えは，このレジームに関心を持つNGOs〈たとえば，森林管理協会（Forest Stewardship Council)〉の活動次第だという面を持つ。しかし，この問題の重要な鍵は，国際レジームそれ自体とインドネシアや日本のような参加国の国内政治との相互作用にある（Guppy, 1996）。この段階で，その経過予測は特に好ましいものではない。近年の東南アジアにおける経済と政治の混乱，及び，根強く残る縁故資本主義を所与とすると，インドネシアのような国が2000年目標を満たすような行為能力は限定的であり，遵守しないことに対する制裁は効果がなさそうだということが明らかになった。その一例として，近年日本を苦しめている経済の低迷は，熱帯材の貿易に関わる大企業の政治的影響力と共に，国内の熱帯材の利用者に効果的な圧力を与えることにはなんら貢献することができないような状況を生み出している。

　北極環境保護戦略（Arctic Environmental Protection Strategy: AEPS）（1991年に始まり1996年に北極評議会（Arctic Council）に統合された）の主要な目的は，北極地域での植物相と動物相の保全を推進することであった（Huntington, 1997）。この目的のために，北極保護戦略は，北極の動植物保全に関する作業部会（Working Group on the Conservation of Arctic Flora and Fauna: CAFF）を設置し，その全般的な目的を達成するために革新的な方法を取るための主導的役割を果たす権限を与えた。公式な権限という意味での北極の動植物保全に関する作業部会の弱点にもかかわらず，この取り組みは相当な影響力をもたらした。北極の動植物保全に

関する作業部会は，政府機関の行政担当者とNGOs〈たとえば，世界自然保護基金（World Wildlife Fund）〉の代表者が自由に議論する討論の場となっている。これは，参加国の公的機関の関心を呼び，それを繋ぎとめておくことに成功し，生物多様性に関する普遍的な指針を北極地域における特定の状況に適用する仕組みとなった[16]。北極の動植物保全に関する作業部会が優先的に取り組んできたものの1つは，北極保護区網（Circumpolar Protected Areas Network: CPAN）の創設を促進及び監視することであり，言い換えれば，北極地域のすべての国々の公園，禁猟区（preserves），野生生物保護区などの仕組みを結びつけ，全体の仕組みとして調和した管理ができるように組織化することである（CAFF, 1996）。この構想の成功は，何よりもまず，効果的に協働（collaborate）しようとしたこと，言い換えれば，協調を基礎にした保護自然地域の管理を行った，個々の参加国の管理機関の意思と能力によるものである。しかしこの点は，この直感的に魅力的な取り組みに関連して，問題が生じ始めたところでもある。

幾つかの主要国〈アメリカ合衆国がそのよい例であるが〉の中では，関係する地域における管理の権限は，数多くの別々の機関〈たとえば，国立公園局（National Parks Service），魚類野生生物局（Fish and Wildlife Service），土地管理局（Bureau of Land Management）〉に与えられており，それらは互いに効果的な形で日常的に協力しているという状況ではなく，ましてや，他の国にあるそれらの対応する機関との協力が無いことはいうまでもない。他の国〈ロシア連邦がその代表例であるが〉では現在，政治と経済の問題が非常に深刻で，わずかなエネルギーと資源しか，国際協力のために使うことができない。この取り組みでは，国家の管轄が及ぶ範囲を超えた統一的な管理を必要とせず，関連する機関がその国内で，協力あるいは協調的な管理が実施されれば十分である。しかし，国際プログラムと個別国でのやり方との間の相互作用という複雑な制度的相互作用は，北極保護区網の見通しに深刻な疑問を投げかけている。

16）北極の動植物保全に関する作業部会の最新情報は，世界自然保護基金北極プログラム（World Wildlife Fund Arctic Program）の後援によって年4回発行される『北極速報（Arctic Bulletin）』で定期的に紹介されている。

2.3 海洋資源に関するレジーム

　ここで，バレンツ海（Barents Sea）とベーリング海（Bering Sea）における海洋資源に関する制度的相互作用に目を転じると，より複雑な制度的相互作用に焦点が当てられる。実際には，この地域に出現したレジームは，3つの異なった制度的取り決めの相互作用を特徴としている。3つの制度的取り決めとは，排他的経済水域を統治する全世界的ルール，個々の沿岸国がそれぞれの排他的経済水域の中での活動を統治するために設置した〈準〉国家的な規制制度，そして，個々の国の排他的経済水域が接する〈たとえば，関連している国が，隣接している国，あるいは対岸の国である場合など〉という状況，あるいは，国家の排他的経済水域に囲まれた公海という状況，を処理するために設けられた幾つかの地域的な取り決めである。排他的経済水域の導入は，大規模な海洋生態系の資源を持続可能原則に基づいて管理するために必要とされる制度的革新であるとして強く正当化されたが，この改革は，既存の問題を扱うことに関連する帰結とは別の新たな問題領域を生み出したことがすぐに明らかになった。

　海洋生態系は，どのような法的・政治的境界にも従うものではないが，それらを明らかにしようとする創意工夫に富む取り組みは存在する。その結果，個々の排他的経済水域における生物資源についての管轄を拡大したいと考える多くの国家は，・高・度・回・遊・性・資・源（straddling stocks）として知られるようになったことと関連する新しい大きな問題に直面していることがわかった（Stokke, 2001）。これへの対応の1つとして，あるときは特定の排他的経済水域の中にいて，またあるときは公海にいるような海洋資源を管理しようとする協調的な努力は，・高・度・回・遊・性・漁・類・資・源・協・定（Straddling Fish Stocks Agreement）として具体化しており，これは，環境と開発に関する国連会議（United Nations Conference on Environment and Development）をきっかけに交渉が行われた全世界的取り決めであり，1995年に調印された[17]。その他の対応としては，個々の排他的経済水域と特定の公海における共通の漁業資源を管理しようとする隣接あるいは対岸の国々の取り組みを調整しようとするもので，地域的な漁業レ

　17）　高度回遊性漁類資源協定は，回遊性の高い種〈たとえば，マグロ〉の消費的利用についての管理のように，他の問題も扱っている。

ジームの集約化という形で行われている。

　これらの地域的取り決めの特に興味深い2つの例は，バレンツ海（Barents Sea）の漁業を扱うノルウェーとロシアの2国間レジームとベーリング海（Bering Sea）に出現してきたより複雑な取り決めの集合である。これらの事例は，制度的相互作用を扱う異なった戦略を例証するだけでなく，異なった結果を生み出している。バレンツ海（Barents Sea）においては，ノルウェーとロシアは，排他的経済水域の創設を活用して，第3国からの漁業者を段階的に減少させる，あるいは，劇的に減少させる2国間レジームを設立し，この地域全体の主要な漁業資源を統一的な原則の下で管理する仕組みを導入した（Stokke et al., 1999）。この仕組みは，生物地球物理学的に生じる偶然の事象（biogeophysical surprises）から免れないのである。生物学的状態〈たとえば，春産卵ニシンの位置〉の変化に対応しなければならず，ソビエト連邦からロシア連邦への移行とそれに伴うロシアの漁業者を規制する政府の行為能力の低下に起因する深刻な苦難に対処しなければならなかった（Hønneland, 2000; Stokke, 2001）。しかし，多かれ少なかれ，2カ国の取り決めと国際レジームとの間の相互作用が正の結果をもたらす形で取り扱われた事例である。

　対照的に，ベーリング海（Bering Sea）で出現した状況は，制度的相互作用への対応としてはほとんど成功していない。ロシアとアメリカは，排他的経済水域の設定に対して，非常に複雑でやや調整のとれていない国内レジームを，それぞれ西ベーリング海と東ベーリング海に設定した。それに加えて，1990年代には，スケトウダラ資源のドーナツの穴問題に対処し，1980年代後半と1990年代前半に起こったこれらの資源の崩壊を防ぐために設計された六カ国協定（six-nation agreement）に加えて，2国間の排他的経済水域を往来するサケの漁業資源を巡って地域協定を創設した。バレンツ海とは異なり，NGOs〈たとえば，グリーンピース（Greenpeace）や世界自然保護基金〉の活動が活発になってきた地域でもあった。しかし，これらの発展途上に出現してきた複雑なモザイク状態は，安心できるものとは程遠いものであった。両沿岸国は，自国の排他的経済水域内での生物資源の漁獲量を統制する上で，問題を経験した。ドーナツの穴におけるスケトウダラの資源量は，これらの資源量を管理するために設けた国際協定の基で，漁獲を認めることができ

るまで十分に回復していない。とにかく，人為的な要因がベーリング海の生態系全体に深刻な圧力を与える引き金となっているという懸念すべき多くの指標がある（National Marine Fisheries Service, 1997; National Research Council, 1996; World Wildlife Fund and The Nature Conservancy of Alaska, 1999）。それらには，メガネケガワガモ（spectacled eider），そして，ガンカモ科（goose）の各種の野鳥等のように捕獲の対象となる幾つかの種と同様に，太平洋産のアシカ（sea lion），オットセイ（northern fur seal），ラッコ（sea otter），そして，アカアシミツユビカモメ（red-legged kittiwake）などの漁獲の対象とならない種の個体数の激減も含まれる。制度的相互作用の問題をこうした悩ましい事態の進展の唯一の原因とすることが，誤りであることに疑いの余地は無い。しかし，様々な社会的組織の次元にまたがる制度的取り決めの相互作用を管理する努力にそれを蝕む難問が存在することは，この問題の際立った特徴であるという結論は避けられない。

3　含意と残された更なる重要課題

　これまでに示してきた分析から導かれる主要な結論は，資源レジームの間での相互作用は，避けられない緊張をもたらすということである。高い次元での取り決めは，大規模な陸域及び海洋生態系の相互依存関係を考え，生態系管理の指針に則ったレジームを考案する機会を提供する。しかし，高い次元での取り決めには大きな犠牲が伴う。それは，生物地球物理学的状況の地域ごとの差異について合意に達することができなかったり，地域の利害関係者の知識や権利，そして利害に配慮することができなかったりという形で，具現化している。

　これらのより高い〈国や国際〉次元での運用は，広範なものを取り込み一般的な権利と規制ルールの体系を考案し普及させる。これらは，同質な海洋及び陸域の生態系を扱う上では，ほとんど問題の要因となることはない。しかし，妥当な生物地球物理学（biogeophysical）的な条件〈たとえば，漁業資源の個体数の動態〉と人間による天然資源の利用の慣行〈たとえば，狩猟や放牧〉との両面において，地域的な違いがある場合は，

急速に問題が表面化する。クロス・スケールな協力のための効果的な取り組みが存在しない場合，公式な権利とルールといっても地域の状況にほとんど合致しないことが横行したり，機能しなくなるような地域的例外や非公式な解釈が行われたりする傾向にある。

　同様のことは，様々な利害関係者集団の権利や利益に関しても見られる。高次元の社会組織へ移行することは，資源利用における効率性を高め，公平性へのより包括的な取り組みを行うための機会を生み出すことができる。一方でそのような発展のための費用は，大きくなる傾向にある。国のレジームは，経済的そして政治的に力を持つ者〈非政府組織を含む〉の影響を受け易くなっている。彼らは，自分たちが採取する資源の生態系の範囲内に居住せず，その地域の資源が枯渇すれば，新たに操業する場所へと比較的簡単に移動することができ，市場〈しばしば国際市場〉で取引される資源の採取を好む。これらの点に関する限り，国際レジームは，多くの場所で操業し，ある特定の地域の生態系の健全さとその土地に住み続ける人々の社会福祉に長期的な責任を負わない多国籍企業の利益に迎合するものである。そのような状況の下で，より高い次元の社会組織への移行は，そうした移行は広域な陸域および海洋の生態系を全体的な視点から管理するためとして正当化されるのであるが，次のような結果をもたらすのは明らかである。すなわち，より高い次元の社会組織への移行は，持続可能性という観点からだけでなく，公平性や効率性を含むより一般的な観点からも大いに疑問が残るような形で，土地や海の利用の仕方を変化させる。

　この種の問題は，政治的設計を行うきっかけとなったり，補完性原則（subsidiarity principle）として知られる原則が環境問題におけるクロス・スケールな相互作用の帰結を扱う効果的な方法を発見する上で重要であるという最近の議論を活発化させたりしている。しかし，関係する問題を解決できる最小単位の社会組織に，管理の権限を与えることを主張する補完性原則は，この章で扱った垂直的相互作用に関する問題を扱うという点では，十分に役に立つものではない。大規模な海洋及び陸域の生態系に関する人間の活動についての管理では，国の取り決め，そして国際的な取り決めさえもが必要とされている。しかし，地域のレジームから国のレジームへ，そして，国のレジームから国際的なレジームへの移

行に伴う固有の危険性は深刻である。こうした状況において必要とされるのは，次のような意識的な努力である。すなわち，地域的あるいは全世界的な規模での生態系の動態と調和することが求められている高い次元での社会組織における新しい仕組みの導入においても，知識の形式の違いを認識し，地域の利害関係者の権利と利益を守るような制度的取り決めを設計し運用していこうとすることである。

　ここで傾注して扱われるべき課題は，管理の権限をどの次元の社会組織に与えるのが適切であるのかを決定することではない。この緊張状態に対するより確実な対応は，近年研究者によって共同管理（co-management）という題目で研究されている制度的取り決めの設立を意味する（Berks, 本書第9章 ; Osherenko, 1988）。典型的な事例において，共同管理とは，地域の天然資源の利用者と，管理の仕組みを運用するために必要な資源ならびに，海洋及び陸域の生態系に関する人間の活動についての公式な決定権を持つ〈準〉国家機関とのパートナーシップを特徴とする環境レジーム又は資源レジームの創設を意味する。この本質的に魅力的な取り組みは，垂直的相互作用に固有の問題を扱う上で永続的に重要な，社会での幅広い実践に結びついている。しかし，この段階では，どのような結論をだすにしても，時期尚早である。共同管理は，あらゆる状況に対応できるもの（catch-all），又は，資源管理問題への取り組みとして少しでも関連性のあるものの雑多な集合体，として扱われるようになる危険性がある。地域と国の取り決めとの間の相互作用においてでさえも，共同管理を基礎にした経験は限られており，我々は，共同管理レジームを作り運用していく際の成功や失敗の決定要因について，よく検証された命題を定式化するには程遠い状況にある。地域と国の相互作用を扱った共同管理の実践を拡張すれば，国と国際レジームの間の相互作用を扱う効果的な方法を提供することができるのかについて，何も明らかになっていない。これは，機能的相互依存関係（functional interdependencies）によって生じる問題を扱おうとする政治的設計の実践において，共同管理の重要性が低くなるということを意味するものではない。近年，多くの研究者が共同管理の興味深い研究に従事している。それにもかかわらず，クロス・スケールな相互作用から生じる緊張状態を除外する，あるいは少なくとも軽減するために，そのような方法によっ

て制度が体系化されるという意味で、十分な進展があったと断言するまでには、多くの取り組むべき課題が残されている。

　私たちは、同様に、すべての水準の社会組織での制度の創設は、制度交渉（institutional bargaining）として記述しうる事項に焦点を当てた政治過程であるということに留意しなければならない（Young, 1994）。持続可能性や効率性などに関する考察からの結論が何であれ、環境レジームあるいは資源レジームは常に、それらのルールや意思決定過程に従わなければならない人々〈国家関係者であれそうでない場合であれ〉の利害に深刻な影響を与える。従って、驚くべきことではないが、個々の関係者は、しばしば、レジームが形成される過程における彼らの関心事がより有利になるように努力し、その結果は、こうした過程における主要な関係者あるいは関係者の連合の政治的影響力を反映したものになりがちである[18]。このことは、効率性や持続可能性といった社会の目標を成し遂げようと制度を設計する努力が、無駄な努力となってしまうことを意味するものではない。実際、制度交渉（institutional bargaining）は、伝統的な分配交渉よりも設計上の考察をより開かれたものにする幾つかの特徴を持っている（Young, 1994）。資源レジームの比較研究を通じて、そして、社会的な実践を通じてさえも、この分野における最善の実践的な手段を徐々に発展させていくことができると信じる理由がある。しかし、レジームの形成は、政治とは無関係の設計原則が優勢な社会工学的な課題というよりは、交渉力の強さが中心的な役割を果たす政治的な過程と理解するほうが適切であるという逃れられない事実がある。

4　結　論

　本章における本質的な議論は、異なった制度間でのクロス・スケールな相互作用は、人間と環境の関係の全体像を示す役割を果たすという点についての研究を開始するためのものである。土地利用と海洋利用の事例は、この点に関して特に興味深い。なぜなら、土地や海の利用の形態は、

18）　しかし、交渉力の強さと構造的な力あるいは純粋に物理的な意味での力を同等と考えることは間違いであるという点に注意が必要である。

生物多様性の低下や気候変動のような大規模な環境の変化と直接かつ密接に結びついているからである。しかし，他の関心に関連する制度的相互作用の問題には，大気圏や水系の人間による利用等が含まれる。一般的な制度，特に，別々の制度の間での相互作用が大気圏，水系，海洋系，陸域系に与える人的影響のすべての変化を説明することができるような仮説は，存在しない。それどころか，制度の原動力は，他の力と複雑に関係している。主要な課題の1つは，地球環境変化の人間活動に関わる側面について取り組むもので，制度の原動力と他の駆動力の相対的な重要性について結論を得ようとすることである。

　制度的取り決めは外界から隔離された状況で運用され，造りだされる結果はそれらが運用されている広範な地球物理学的そして社会経済的状況の特徴とは無関係にもたらされるという仮定を避けるように注意を払う限りは，この件に関して制度の役割を強調することは，非常に魅力的である。現在優勢な制度内容は計画的な改革を必要としており，そのことの示す事実とは，既存の制度の負の成果を最小化し，環境の変化を和らげたりそれに適応したりするためにこうした取り決めを補ったり置き換えたりすることに資する設計上の取り組みを行うための機会を広げていることである。制度的相互作用によって生じる問題を最小化するための取り決めを策定しようとする取り組みに関する本章の主張は，悲観主義的なものではないが，一種の強い警告である。環境問題をもたらす制度的な力を特定することに成功している場合でさえも，よく計画された方法によって，現在支配的な取り決めの運用を改めるために必要な方向に足を踏み出す〈政治的設計や管理の実施を含む〉ことができるかどうか，保障はない。それにもかかわらず，〈再〉設計された制度が環境の変化を統制あるいは管理する役割を果たすことができるかもしれないという見込みは，制度的相互作用の動態についての我々の理解を強化するために時間とエネルギーを投資するための説得力のある理由を提供している。

参考文献

Acheson, J.M. (1987), The lobster fiefs revisited: Economic and ecological effects of territoriality in Maine lobster fishing. pp..37-65 in *The Question of the Commons: The Culture and Ecology of Communal Resources,* B.J. McCay and J.M. Acheson, eds. Tucson: University of Arizona Press.

Anand, R.P. (1983), *Origin and Development of the Law of the Sea: History of International Law Revisited.* The Hague: Martinus Nijhoff.

Balton, D.A. (2001), The Bering Sea Doughnut Hole Convention: Regional solution, global implications. pp.. 143-177 in *Governing High Seas Fisheries: The Interplay of Global and Regional Regimes,* O.S. Stokke, ed., London: Oxford University Press.

Berkes, F., ed. (1989), *Common Property Resources: Ecology and Community-Based Sustainable Development.* London: Belhaven.

Biermann, F. (2000), The case for a world environment organization. *Environment* 42(9): 22-31.

Bromley, D.W., ed. (1992), *Making the Commons Work: Theory, Practice, and Policy.* San Francisco: ICS Press.

Brubaker, S., ed. (1994), *Common Property Resources.* Washington, DC: Resources for the Future.

Chayes, A., and A.H. Chayes (1995), *The New Sovereignty: Compliance with International Regulatory Agreements.* Cambridge, MA: Harvard University Press.

Chertow, M.R., and D.C. Esty (1997), *Thinking Ecologically: The Next Generation of Environmental Policy.* New Haven, CT: Yale University Press.

Clarke, J.N., and D.C. McCool (1996), *Staking Out the Terrain: Power and Performance among Natural Resource Agencies.* Albany: State University of New York Press.

Dauvergne, P. (1997a), *Shadows in the Forest: Japan and the Politics of Timber in Southeast Asia.* Cambridge, MA: MIT Press.

Dauvergne, P. (1997b), A model of sustainable trade in tropical timber. *International Environmental Affairs* 9: 3-21.

Fienup-Riordan, A. (1990), *Eskimo Essays: Yu'pik Lives and How We See Them.* New Brunswick, NJ: Rutgers University Press.

Florini, A.M., ed. (2000), *The Third Force: The Rise of Transnational Civil Society.* Tokyo and Washington, DC: Japan Center for International Exchange and Carnegie Endowment for International Peace.

Fondahl, G. (1998), *Gaining Ground: Evenkis, Land, and Reform in Southeastern Siberia.* Boston: Allyn and Bacon.

French, H.F. (1997), Learning from the ozone experience. pp.. 151-171 in *State of the World*

第 8 章 制度的相互作用

1997, L.R. Brown, C. Flavin, and H. French, eds. New York: W.W. Norton.（浜中裕德監訳『地球白書：1997-1998』ダイヤモンド社，1997 年）

Gibson, C.C. (1994), *Politicians and Poachers: The Political Economy of Wildlife Policy in Africa.* Cambridge, Eng.: Cambridge University Press.

Gibson, C.C., M.A. McKean, and E. Ostrom, eds. (2000) *People and Forests: Communities, Institutions, and Governance.* Cambridge, MA: MIT Press.

Guppy, N. (1996), International governance and regimes dealing with land resources from the perspective of the North. pp..136-162 in *Global Environmental Change and International Governance,* O.R. Young, G.J. Demko, and K. Ramakrishna, eds. Hanover, NH: University Press of New England.

Hallowell, A.I. (1943), The nature and function of property as a social institution. *Journal of Legal and Political Sociology* 1: 115-138.

Hesenclever, A, P. Meyer, and V. Rittberger (1997), *Theories of International Regimes.* Cambridge, Eng.: Cambridge University Press.

Higgins, R. (1994), *Problems and Process: International Law and How We Use It.* Oxford, Eng.: Clarendon Press.（初川満訳『ヒギンズ国際法：問題解決の過程としての国際法（訂正）』信山社出版，2003 年）

Hønneland, G. (2000), *Coercive and Discursive Compliance Mechanisms in the Management of Natural Resources: A Case Study from the Barents Sea Fisheries.* Dordrecht, Neth.: Kluwer Academic Publishers.

Humphreys, D. (1996), Hegemonic ideology and the International Tropical Timber Organization. pp..215-233 in *The Environment and International Relations,* J. Volger and M. Imber, eds. London: Routledge.

Huntington, H.P. (1997), The Arctic Environmental Protection Strategy and the Arctic Council: A Review of United States Participation and Suggestions for Future Involvement. Report prepared for the Marine Mammals Commission.

Iudicello, S., M. Weber, and R. Wieland (1999), *Fish, Markets, and Fishermen: The Economics of Overfishing.* Washington, DC: Island Press.

Juda, L. (1996), *International Law and Ocean Use Management: The Evolution of Ocean Governance.* London: Routledge.

Keohane, R.O., and M.A. Levy, eds. (1996), *Institutions for Environmental Aid.* Cambridge, MA: MIT Press.

Krech, S. (1999), *The Ecological Indian: Myth and History.* New York: W.W. Norton.

Levy, M.A., O.R. Young, and M. Zürn (1995), The study of international regimes. *European Journal of International Relations* 1(September): 267-330.

Lipschutz, R.D., and K. Conca, eds. (1993), *The State and Social Power in Global Environmental Politics.* New York: Columbia University Press.

McGoodwin, J. (1990), *Crisis in the World's Fisheries: People, Problems, and Policies.* Stanford, CA: Stanford University Press.

Mitchell, R.B. (1994), *Intentional Oil Pollution at Sea: Environmental Policy and Treaty*

Compliance. Cambridge, MA: MIT Press.

National Marine Fisheries Service (1997), Bering Sea Ecosystem – A Call to Action. Draft white paper dated September 21.

National Research Council (1996), *The Bering Sea Ecosystem.* Washington, DC: National Academy Press.

National Research Council (1999a), *Sharing the Fish. Toward a National Policy on Individual Fishing Quotas.* Washington, DC: National Academy Press.

National Research Council (1999b), *The Community Development Quota Program in Alaska and Lessons for the Western Pacific.* Washington, DC: National Academy Press.

Oberthür, S. (1999), Linkages Between the Montreal and Kyoto Protocols. Unpublished paper prepared for United Nations University conference on Synergies and Coordination Between Multilateral Environmental Agreements.

Osherenko, G. (1988), Can comanagement save Arctic wildlife? *Environment* 20(July-August): 6-13, 29-34.

Osherenko, G. (1995), Property rights and transformation in Russia: Institutional change in the Far North. *Europe-Asia Studies* 47:1077.

Osherenko, G., and O.R. Young (1989), *The Age of the Arctic: Hot Conflicts and Cold Realities.* Cambridge, Eng.: Cambridge University Press.

Ostrom, E. (1990), *Governing the Commons: The Evolution of Institutions for Collective Action.* Cambridge, Eng.: Cambridge University Press.

Peluso, N.L. (1992), *Rich Forests, Poor People: Resource Control and Resistance in Java.* Berkeley: University of California Press.

Pinkerton, E., ed. (1989), *Co-operative Management of Local Fisheries.* Vancouver: University of British Columbia Press.

Princen, T., and M. Finger (1994), *Environmental NGOs in World Politics: Linking the Local and the Global.* London: Routledge.

Rittberger, V., ed. (1993), *Regime Theory and International Relations.* Oxford, Eng.: Clarendon Press.

Sand, P.H. (1999), Carrots without sticks? New financial mechanisms for global environmental agreements. *Max Planck Yearbook of United Nations Law* 3: 363-388.

Sherman, K. (1992), Large marine ecosystems, pp..653-673 in *Encyclopedia of Earth System Science.* Vol. 2. New York: Academic Press.

Skjaerseth, J.B. (2000), *North Sea Cooperation: Linking International and Domestic Pollution Control.* Manchester, Eng.: Manchester University Press.

Stokke, O.S., ed. (2001), *Governing High Seas Fisheries: The Interplay of Global and Regional Regimes.* London: Oxford University Press.

Stokke, O.S., L.G. Anderson, and N. Mirovitskaya (1999), The Barents Sea Fisheries. pp..91-154 in *The Effectiveness of International Environmental Regimes: Causal Connections and Behavioral Pathways,* O.R. Young, ed. Cambridge, MA: MIT Press.

Svensson, T.G. (1995), *The Sami and Their Land.* Oslo: Novus forlag.

Underdal, A. ed. (1995), *The Politics of International Environmental Management.* Dordrecht, Neth.: Kluwer Academic Publishers.

Underdal, A., and K. Hanf, eds. (1998), *International Environmental Agreements and Domestic Politics: The Case of Acid Rain.* Aldershot, Eng.: Ashgate.

Victor, D.G., K. Raustiala, and E.B. Skolnikoff, eds. (1998), *The Implementation and Effectiveness of International Environmental Commitments: Theory and Practice.* Cambridge, MA: MIT Press.

Wapner, P. (1997), Governance in global civil society. In *Global Governance: Drawing Insights from the Environmental Experience,* O.R. Young, ed. Cambridge, MA: MIT Press.

Weiss, E.B., and H.K. Jacobson, eds. (1998), *Engaging Countries: Strengthening Compliance with International Environmental Accords.* Cambridge, MA: MIT Press.

Working Group on the Conservation of Arctic Flora and Fauna (CAFF) (1994), Circumpolar Protected Areas Network (CPAN) – Strategy and Action Plan. *CAFF Habitat Conservation Reports No. 6.*

World Wildlife Fund and The Nature Conservancy of Alaska (1999), *Ecoregion-Based Conservation in the Bering Sea.* Anchorage: World Wildlife Fund and The Nature Conservancy.

Young, O.R. (1982a), *Resource Regimes: Natural Resources and Social Institutions.* Berkeley: University of California Press.

Young, O.R. (1982b), The political economy of fish: The Fishery Conservation and Management Act of 1976. *Ocean Development and International Law* 10: 199-273.

Young, O.R. (1983), Fishing by permit: Restricted common property in practice. *Ocean Development and International Law* 13: 121-170.

Young, O.R. (1994), *International Governance: Protecting the Environment in a Stateless Society.* Ithaca, NY: Cornell University Press.

Young, O.R. (1996), Institutional linkages in international society. Global Governance. 2: 1-24.

Young, O.R., A. Agrawal, L.A. King, P.H. Sand, A. Underdal, and M. Wasson. (1999), *Institutional Dimensions of Global Environmental Change (IDGEC) Science Plan. IHDP Report No. 9.* Bonn: International Human Dimensions Programme.

第9章
クロス・スケールな制度的リンケージ
――ボトムアップからの展望――

フィクリット・ベルケス

　過去20～30年のコモンズ研究の成果を考慮すると，純粋に地域レベルでの管理も，純粋により高いレベルでの管理も，単独ではうまく機能することはないと言える。むしろ，地域レベルからより高次の規模にまたがる相互作用に注目し，2つ以上のレベルにおいて管理のための制度をデザインし，支援する必要がある。ここで言うクロス・スケールな相互作用とは，組織を水平に（場所を越えて），かつ垂直に（組織の規模を超えて）結びつけることを意味する。クロス・スケールな制度的リンケージとは，互いに独立したいくつかの規模での管理を考える以上の何かを意味する。様々な問題は，スケールの間で組み合わせや，相互作用が行なわれるよういくつかのスケール間で同時に考慮する必要がある。実際のところ，多くの資源，環境管理問題は，場所や時間においてクロス・スケールである。

　たとえば，カリブ海や東南アジア，オセアニアにあるような島嶼国の多くの沿岸熱帯漁業は，母港から1日以内の範囲であるような小規模な漁業単位によって営まれている（Berkes et al., 2001）。漁師は，コミュニティの規範に従い，もし漁業に何らかの規制があるとすれば，それはコミュニティ主導のものである。しかし，彼らが釣る魚のストックの多くは，島の周りの他集団によって漁獲される場所では変動する。そして魚のストックは，島全体や複数の島を含む広域で管理されることが理想的である。たとえば，カリブ海のトビウオのストックは少なくとも6つの島嶼国にまたがって存在しており，その管理には2国間，多国間での協

定が必要である（Berkes et al., 2001）。

　明らかに，そのような漁業は単一のスケールで管理されているというよりも，複数のスケールで管理されるべきである。スケールの間に結合があるので，管理のための制度についても地理的な空間を水平的に，そして組織の段階を垂直的に結び付けていく必要がある。さらに，グローバル化した世界において，クロス・スケールな制度と垂直的なリンケージの必要性はますます増している。グローバリゼーションは，リンケージを強化し，地域の制度（local institutions）[1]を非常に脆弱なものにする。国や国際的な市場の圧力の影響を被る多くの現代漁業において，「どれくらい」というよりも，「どうやって」ということに焦点を当てた地域ルール（Wilson et al.,1994）は頓挫している。そういった現代漁業は，捕獲量に上限を課す割当管理(Hilborn and Walters, 1992)のような他の手法や，新たな，異なった制度を作ることを要請している。

　制度への注目は，コモンズのディレンマを避けるために作られたルールには非常に豊富な方法について詳細に述べてきたコモンズ論があってのことである。コモンズ論の多くは地域レベルでのコモンズの制度に言及し，大半の研究はコミュニティによる管理に関心を抱いている。同様に，グローバルなレベルでもコモンズの問題があり，ローカルからグローバルまで様々なレベルにおいて，多くの研究がなされている。しかし，コモンズ管理の様々なスケール間のリンクは，あまり注目を集めていない。しかし，こうしたリンクとそれを提供するクロス・スケールな制度は，それ自体重要である。

　クロス・スケールな制度的リンケージとそのダイナミックスの重要さを考慮すれば，この領域においては驚くほど研究が行なわれていない。共同所有の制度に関する多くの研究があり，共同管理（co-management），すなわち政府と地域レベルの制度の間での管理の権力や責任の共有についての主として実証的な研究の基盤が増えつつある。しかし，クロス・スケールな制度それ自身については，比較的わずかな研究しかなされていない。Ostrom（1990）は，7つの設計原理を提示し，入れ子状のシステムについて8つ目の原則を加えている。これらは，頑健な共有資源組

1）（訳注）「地域の制度」の訳を充てた local institutions とは，コモンズの制度など地域に内在する在地の諸制度を指している。

第 9 章　クロス・スケールな制度的リンケージ　　　　　　　　　　389

織を特徴付けるものであると思われる。これらの原則は，その欠点が認められているにもかかわらず（たとえば，Steins et al., 2000），研究の手引きとして広く用いられてきた。Agrawal（本書第 2 章）は，コモンズの管理にとって重要であると思われる要因の数は，およそ 35 以上であろうと議論している。そして，現在の理論は持続可能なコモンズの管理に何が寄与するのか特定するには不十分であるとしている。Young（本書第 8 章）は，異なったレベル間や，その中での各主体のパートナーシップに注目している。そして，制度的相互作用（Institutional Interplay）において垂直的なリンケージを持つ問題に対処する際に，そのような調整の可能性に注目している。しかし彼は，そのようなクロス・スケール管理レジームの成否の決定要因について，検証された立論を秩序立って説明することは非常に困難であると指摘している。

　本章の主題は，共同管理のための調整を含むクロス・スケールな制度間のリンケージを発見し，新たな研究の方向を探究することである。この大きな目標の中で，具体的には（1）制度のレベルを超えてリンクするための望ましい制度の形態を明らかにすること，（2）順応的管理（adaptive management）とレジリアンスという考え方を参考に，クロス・スケールな制度に関するダイナミックスを探ることを目的とする。

　垂直的，水平的リンケージの重要性を述べるにあたって，本章はより高次のレベルの制度（国や国際レベル）が地域レベルの制度に与える影響についてのこれまでの研究の展望とまとめをすることから始めることにする。より広いスケールの制度がより小さなスケールの制度に介入したり，支援する様々な方法を要約する。ここでは，Young の章といくらか同じ問題を扱うが，Young が国家レベルとグローバルレベルを結びつけることで問題にアプローチした点は除くこととする。その一方で，本章はボトムアップからの観点を採る。本章の第 2 節では，クロススケールな資源・環境管理を促進する制度の形態を明らかにすることに着手する。しかし，生起しつつあるクロス・スケール・リンケージをもつ組織については，まだ一般的な類型がないことを述べておきたい。そういった制度のいくつかは，共同管理という当てはまる状況が広すぎる言葉で捉えられている。しかし，本章では，この言葉が複雑性を隠し，あらゆる種類のクロス・スケール・リンケージをとる制度を包含するのに不適

切であると論じる．そして同様に，ただ制度の形態に傾注しがちな静的な分析を超える必要がある．つまり，制度変化の過程を調査する必要があることを論ずる．

したがって，第3節はクロス・スケールな制度的リンケージのダイナミックスとスケール（規模，段階）の問題に注目する．順応的管理の手法はクロス・スケールな制度的リンケージに関する理論を構築するのに有益であろう．鍵となる概念はレジリアンスである．ここでレジリアンスとは，変動を吸収し，自己組織化，学習，適応を可能にする力を構築するようなシステムの能力のことをいう．レジリアンスの考え方は，社会システムと自然システムとを結びつけるのに役立つツールである（Berkes and Folke, 1998）．それは単に制度の観点からだけでなく，制度の位置するスケールと，様々なスケールで資源を生み出す生態系の適合に関してスケールの問題を考える際に役に立つ考え方である（Folke et al., 1998）．

クロス・スケールな組織のリンケージについて集中的に検討されてこなかったことを考えると，本章は厳密なレビューというよりも，今後の研究と理論発展に向けての出発点を提供するようないくつかの概念と仮説を提示するものになる．本章から提起される研究課題は，成熟したというよりも，まだ初期の段階にあるものである．

本章の射程は，地域から国家までで，地域の制度とより高次の政府主体とのつながりに焦点を当てている．たとえば連邦や州レベルでの主体や，EUやその加盟国間といった，異なったレベルの政府が関与する様々なクロス・スケール管理の問題は，本章では扱わない．同様に，国家，州，地方レベルでの政府間関係についての政治学や行政学で盛んになりつつある研究も，本章の対象を越えるものである．

1 地域レベルの制度に対するより高次なレベルの制度の影響

コモンズ研究には，地域レベルの制度に対する国家の影響についての事例が豊富にある．より高次の制度が地域レベルの制度に影響を与えるメカニズムや過程には，意思決定の集権化，知識体系の変化，植民地化，

資源の国有化，国や国際市場への参加の増大，国家レベルでの開発プロジェクトといったものも含む。表9-1 は，影響を6つに分類したものについてそれぞれの例を示したものである。ここでは，最初の2つについて議論を展開したい。

表 9-1 地域レベルの制度に対するより高次なレベルの制度の影響

影響の種類	例
意思決定の中央集権化	かつてのソビエト連邦は，合理的な資源管理と生産目標の設定のために意思決定を中央集権化し，その過程で地域の管理システム，例えばカスピ海地方の漁業管理を目的とするウラル川のコサック族のアルテリといった制度を消し去った（Kropotkin 1914）。
知識体系の転換	1950年代から，カナダ北極地方のカリブー管理は基本的に定量的な個体群モデルに基づいていた。科学が，蓄積された地域での観察と倫理的規則に基づいた先住民の管理システムに取って代わった（Berkes, 1999）。
植民地化	材木の伐採からの収入を創出するため，インドの植民地体制は森林と牧草地管理のための地域の制度を消滅させ，管理の所在地を中央へ移した（Gadgil and Guha, 1992）。
資源の国有化	ネパール政府は1957年に森林を国有化した（森林伐採を抑制するため）。しかし，政府の手法が森林資源の共有で機能していた地域の制度を無力にしたため，事実上のオープンアクセスを生み出す結果となった（Messerschmidt, 1993）。
市場への参入の増加	国際市場におけるエビの需要を利用するため，1960年代と70年代のインドのケララ州では，政府がトロール漁師に補助金を支出した。その地域ではかつては小規模で機械化されていないボートが支配的であったが，社会的危機と資源危機を誘発している（Kurien, 1992）。
開発政策	タンザニアのバラバイグ族の牧畜民によって占用され，利用されている土地で，国際的な開発機関に支援された政府の小麦農業開発政策は，持続可能な土地利用のための地域の制度の破壊という結果に終わった（Lane, 1992）。

資源管理の過度な集権化は，かつてのソビエト連邦のような中央計画経済の国に限ったことではない。資源管理機能が管理エリートによって支配されている政府のほぼすべてにおいて，そういった集権化がみられる。だが，そういった集権化は資源の類型や地理的な範囲を問わず一様に起こっているわけではない。たとえば，オンタリオとケベックというカナダの近接した州では，州の資源管理機関の発展は異なった道を辿っ

た。オンタリオでは，1940年代の終わりにはすでに州の資源管理機関が十分に組織化されていた。この機関の強い存在によって，主に先住民によって支配されていた北オンタリオでさえ，野生生物管理は早くから集権化された。対照的にケベックでは，1970年代になってもなお政府管理機関は北部において弱体な存在である。おそらくその結果として，野生生物管理のための地域の制度は1980年代後半まで北ケベックのクリー地区において強力な存在であり，効果的に野生生物を管理していた（Drolet et al., 1987）。反対に北オンタリオのクリー地区では，そういった制度はほとんど存在していない。おそらくそれは，集権化によって一掃されてしまったのだろう（Berkes et al., 1991）。

　地域の制度が集権的なものに置き換えられることによって，管理のための知識の利用の仕方に変化が起こることがしばしばある。地域の制度は独自の民俗知識を用いることが多く，それらは，地域の知識，土着の知識，伝統的生態学的知識などと呼ばれることが多い。他方で，集権化された管理機関は国際的に受容された科学的実践を用いて，地域の知識や実践を考慮しないことが多い（Berkes, 1999; Williams and Baines, 1993）。知識体系の変化は，資源に対する管理のやり方に変化を伴うため，政府レベルの制度が地域の制度に与える主な影響の1つである。2つの知識体系の違いは，資源に対する見方という点で重要となり得る。

　その一例が，北カナダのカリブー管理である（Berkes, 1999）。多くの研究によれば，北極や亜北極からの先住民の狩人はカリブーの分布や，移動様式やその変化，捕食者の存在，個体行動，群れの性別，年齢構成，そして脂肪組織について観測している。カリブー管理についての西洋科学も同様に，ほぼ同じことを観察しているが，根本的な違いがある。つまり，科学的管理の意思決定は基本的に個体群モデルによるものである。逆に，在地のシステムは地域の観察と倫理に基づいて行なわれ，カリブーは予測や管理ができないと想定しており，収穫量や個体群のサイズを推定しようとはしない。むしろ，脂肪の含有量（カリブーの健康についての優れた統合的指標）に高い関心を払い，狩人に長期的な傾向についての指標を与える質的な心理モデルを用いている。

　この質的モデルは，個体群の規模そのものを推定する必要なしに，個体群が向かう方向性（増加か減少）を明らかにする（Berkes, 1999）。地

域において発展したこの在地の管理手法は，良好な資源管理を生み出す可能性があるが，科学的管理とは異なるものである。管理の集権化は，現行の在知の知識システムに変化をもたらす。地域において発展した知識よりも普遍的な科学に基づいた政府の資源管理は，北部の在地集団の制度と同様に知識体系も弱体化させる。したがって，資源管理の集権化と「政府の科学」であるという主張は，地域の先住民を管理するための政治的な道具になるのである（Freeman, 1989）。

　表9-1に挙げられたより高次なレベルの制度が地域レベルの制度に与える影響のリストでは，多くの事例が否定的な影響を示していると思われる。しかし，"否定的"や"肯定的"といった影響の意味するところは，1つの価値判断である。たとえば，近代化と経済開発が地域の制度に与えた影響は，ある人は否定的に考え，ある人は肯定的に考えるかもしれない。市場への参入の増大は，資源に対する管理を地域組織からその外部へ移す結果となるかもしれない。しかし，自給的資源の商業化が地域レベルの制度を強化することになったという反証もいくつかある。

　1つの例として，カナダの東ジェームズ湾における，18世紀以降の毛皮貿易の出現に伴う，家族によって管理されたビーバー捕獲のなわばり制度の発展がある。民族歴史学的証拠は確かではないが，Berkes（1989a）はビーバー資源が貴重になり，希少になるにつれて，より厳格な管理が必要となり，緩やかに管理された共同利用システムから，年長の捕獲者（"ビーバー・ボス"）と一緒に行う家族管理システムへと変化したのではないかと推察している。そこでは地域の制度のもつ強さが（貿易やその他の要因の結果としての）資源利用の増大と，外部者（毛皮の高い価格に刺激された商業狩猟者）の資源利用システムへの侵入という2つの原動力によって支配されているというモデルが提起されている。そのモデルは，オープンアクセスが設けられ，資源が減少し，地域による管理が再強化され，資源が保全されるという，利用の3段階の歴史的記録と合致するものである（Berkes, 1989a）。

　一般的に歴史的要因は，より高次の制度が地域の制度に与える影響が肯定的なものか否定的なものかを決める際に重要になる。過程とその結果は，峻別されるべきである。S. StonichとP.C. Stern（両者との私信による，2000年8月）が指摘するように，脱植民地化といった過程は，それ

表 9-2 スケール間の相互作用に向けた地域レベルの制度の強化

活動の種類	例
地域の制度の国による正当化	もし資源利用者が外部権力に挑まれることなく独自の組織を考案する権利を持っていれば、彼らは自らにルールを守らせることが出来るだろう。これは、"組織する権利への最低限の承認"（Ostrom, 1990）という原則である。
ことを可能にする法制	この場合、効率的に機能する地域レベル組織のために、それを可能にしたり、法的な前提条件を作るような法制のこと。権能を付与する法制は、地域で作られたルールに正当性を付与するのに用いられるか、他の方法で地域の組織をエンパワーするだろう（Peters, 1986）。
文化的、政治的再生	支配的な文化的、政治的な力への抵抗。支配的集団が形態だけでなくイデオロギーにおいても崩壊するような、より広範な社会的、政治的行動をさすこともある（Smith, 1999）。再生の動きは、地域の組織の再生と同時に、エンパワーメントと文化的再発見であろう。
能力開発	国、地域、国際のすべてのレベルの人々と組織の技能と能力を養成し、強化し、活用するのに必要な努力の合計。特定の問題を解こうとするのではなく、むしろコミュニティ、政府、その他の組織において各自の問題を解決する能力を発展させようとする（National Round Table on the Environment and the Economy, 1998）。
制度構築	制度は構築しうる（Ostrom, 1992）。コモンズに関する地域の制度も自発的に立ち上がるだろうが、それはしばしば時間がかかる。地域の制度は、その発展を加速するような好ましい環境を作ることで促進されるだろう。いくつかのNGOは、そういった制度構築に特化している。

がどのように実行されるかによって地域の制度に対して肯定的な影響を及ぼすこともあるし、否定的な影響を及ぼすこともあるかもしれない。同じことが、自給的資源の商業化の過程についても言える。変化の速度も、1つの重要な指標であろう。つまり、地域の制度は数ヶ月単位の変動よりも、十年単位の変動に適応する傾向があると言えるだろう。資源の自然再生率に比した資源利用率といった生態学的考慮もまた重要である。また資源管理の現場がどこであるかということも議論すべき要素かもしれない。しかし、私たちは結果の規定要因について十分に検証された命題を手元に持ち合わせていない。

　より高次のレベルの制度は計画的な介入を通じても地域レベルの制度に影響を与えうる。コモンズ研究は、どのようにしてある種の国家介入が地域レベルの制度を強化したり、活性化させるのかについて、多くの事例を有している。それらには、国家の地域の制度に対する認識や、権

限を付与する立法の発展，文化再生，能力開発，地域の制度づくりが含まれる（表9-2を参照）。これらの5つの項目のうち，1つ目について議論を展開し，2つ目についても触れることにしたい。

地域レベルの制度についての正当化や承認は，コモンズ研究では良く知られたテーマである。Ostrom（1990: 90）が分析した長期間存立した共有資源制度によって描き出された設計原理の中に，外部当局によって侵害されることなく"資源利用者が自らの制度を編み出すことができる権利"がある。Ostromが指摘したように，これは"組織化する権利への最小限の承認（minimal recognition of rights to organize）"である。もし政府が地域で編み出されたたルールを妥当なものとして扱うならば，コミュニティにおける制度は自らそれらのルールを執行するのによりよい立場にあるだろう。いくつかの事例では，政府はさらに踏み込んで法的に地域ルールを認めているかもしれない。しかし，これには利点と同時に不都合な点もある。海洋の保有システムに関するルールのような地域ルールを成文化するようなことがあれば，それが内包するリスクは，それを明記することが場所と時間の点でそのルールを"凍結"させ，それによってその柔軟性が損なわれることにある（Baines, 1989）。

カナダ，ニュージーランド，オーストリアにおける先住民の土地に対する権利についての裁定のうちいくつかは，国家の地域の制度に対する承認の例を提供してくれる。たとえば，1975年のカナダのジェームズ湾と北ケベック協定は，明確に，法的にクリー族の狩猟者からなる組織と，主に魚類と野生生物といったある種の資源に対する管轄権，そしてそれらの管理を認めている（Berkes et al.,1991）。地域の制度に対し国家の承認を与え政府法制は，地域に権限を付与する法制であるかもしれない。権限を付与する法制の重要性は，1985年の共有資源管理についての会議の締めくくりのコメントにおいての参加者の合意（Peters, 1986）を考慮してみても，コモンズの専門家によって早くから認識されている。

地域レベルの制度を強化する追加的なメカニズムは，再生運動や能力開発，地域的な制度づくりによって供給される。これらの介入と変化について広く受容されている分類はないし，分類は間違いなく細分化することができる。しかし，詳細な類型論は必然的にあいまいで限定的な意味しか持たなくなる。おそらくより重要なのは，地域的な制度を支え

るメカニズムについての考察は，制度のダイナミックな本質を際立たせる，ということである。その中から制度が入念に構築（*crafted*）（Ostrom, 1992）されうるような"制度の銀行"や"制度の資本"があるという Ostrom の考えは，制度のダイナミックスを明らかにするのに役立つ。

　事例については豊富な研究蓄積があるにもかかわらず，我々は地域的な制度を作ったり，強化したりするための理論や指針を欠いている。おそらくそれは，その原動力が何かを検証することを通じて形成されるだろう。期待される一連の研究は，おそらくコモンズのディレンマについての実験（Kopelman et al., 本書第 4 章）や，コモン・プール資源ゲーム（Falk et al., 本書第 5 章），また同様にコモンズの管理体制について注意深く構築された多変量解析（Bardhan and Dayton-Johnson, 本書第 3 章）から現れてくるだろう。しかし，事例の歴史的，文化的な文脈は実に重要であり，こうした手法はそれだけでは十分なものとはならないだろう。

　批判者たちは，コモンズ研究のなかには，地域の制度に影響を与え，それを形成するような外界を排除して，地域レベルの制度分析に傾注するきらいがあると指摘している（たとえば，Steins et al., 2000）。より高次なレベルの組織の影響は明らかに広範であるので，この点については，ここでは十分な議論がなされていない。コモンズの管理は地域レベルだけでなされるものでも，国家レベルだけでなされるものでもない。つまりそれはクロス・スケールであり，より小さな規模の組織を様々なメカニズムを通じて干渉したり，支援したりするより大きな規模の組織とともに行なわれるものである。次節では，組織のスケール間の相互作用を促進するいくつかの制度の形態について考察し，様々なレベルの制度がどのようにリンクし得るのか，それはどのようにして，どのような場合に実現し，どのように変化するのかについて検討したい。

2　クロス・スケール・リンケージに向けて期待される制度

　近年，クロス・スケール・リンケージの可能性を持った制度の形態についての研究が発展してきた。そういった形態の 1 つは，共同管理である（Jentoft, 1989; Pinkerton, 1989）。その他では，複数の利害関係主体，

第9章　クロス・スケールな制度的リンケージ　　397

表9-3　スケール間の相互作用を強化するいくつかの制度の形態の特徴

制度形態	垂直的つながり	権力の共有	重点領域	例
共同管理	地域レベルの利用者と政府レベル	パートナーシップにおける公式の権力の共有	地域レベルの利用者が管理に参加できるようにするしくみ	先住民の土地所有協定
複数の利害関係者主体	複数の利用者集団や利害関係者と政府レベル	勧告であることが多い	市民参加の道具であることが多い	モデル林の利害関係者集団（表9-4参照）
発展やエンパワーメント，共同管理に関わる制度	利用者とNGOと政府機関の3方向の関係であることが多い	公式の権力の共有はめったにない	社会開発，エンパワーメント	バングラディッシュの漁業（図9-2参照）
市民科学	地域の活動家集団と政府機関	情報と政策のパートナーシップ。しかし，公式の権力の共有はめったにない	環境管理のための市民運動	ミネソタの流域組織
政策共同体	ローカルレベルとリージョナルないし国際レベル	公式の権力の共有はない	ローカルな知恵によって，リージョナルな問題を解決すること	地中海行動計画における認識共同体
社会運動世界的ネットワーク	水平的つながりの強調。垂直的なつながりもある	公式の権力の共有はない	より高次の制度による影響に対処するための南北のつながり	第三世界ネットワークと世界貿易機関の貿易に関連した知的財産権に関する協定

　発展・エンパワーメント・共同管理を志向する制度，生起しつつある分野である"市民科学"のための制度，政策共同体，社会運動ネットワークが含まれる。これらの研究の多くは，まだコモンズ研究のコミュニティとは結びついていないし，同じことが住民参加の研究についても言うことができる（たとえば，Renn et al., 1995; Dietz and Stern, 1998）。表9-3は，それぞれの類型のいくつかの特徴を一覧表にしたものである。後で7番目に挙げるもので，これらと幾分異なるグループは，クロス・スケール・

リンケージを可能にする研究と管理の方法に関するものである。それぞれについて，議論していきたい。

2.1 コミュニティと政府を結ぶ共同管理のための調整

最も単純な種類のクロス・スケールな制度的リンケージは，パートナーシップという点での地域レベル管理と政府レベル管理をつなげるものである。多くの資源セクターによる多様な地域における共同管理の調整例については，多くの研究がある。多くの共同管理の先導的取り組みは，インドの共同森林管理（Joint Forest Management）（Poffenberger and McGean, 1996）からアメリカ，カナダ，ニュージーランド，オーストラリアにおける先住民の資源に対する権利の実現に至るまで，漁業，野生生物，保護区，森林，世界中の様々な部分のその他の資源などの分野で進行中である。

共同管理のための調整を，先住民の土地や資源への申し立てに対するものとして制度化している法的な理由がある場合が多い（Singleton, 1998）。しかし，関心が高まりつつあるその他の理由は，効果的な資源管理は政府レベルと地域レベルの資源管理の力を合わせ，それぞれの弱点を緩和するためにパートナーシップを必要とすることがよくあるということにある（Pomeroy and Berkes, 1997）。フィリピンの沿岸漁業のように，いくつかの事例では，共同管理の発展は，執行に関する政府の問題と関連がある（Pomeroy, 1995）。紛争解決は，コスタリカの沿岸国立公園において立証されているように（Weitzner and Fonseca Borras, 1999），共同管理の調整が求められるもう一つの本質的な理由である。これは，コモンズの制度がしばしば紛争解決という目的を提供するというMcCayの考察（本書11章）と合致するものである。

図9-1は，2つの共同管理のための調整によるリンケージを示す2つの事例を示している。最初のもの（図9-1(a)）は，北カナダのビヴァリー＝カミヌリアク・カリブー共同管理委員会である。これは土地に対する主張にもとづいた共同管理のための調整でなく，法的拘束力もないが，長期間存続している主体（1982年から）であり，紛争解決と，かつて中央によって管理されていた資源すべてに効果的にローカルな知恵を生かすことを認めた点で成功したと考えられている（Kendrick, 2000）。2つ

第9章　クロス・スケールな制度的リンケージ　　399

目の例（図9-1（b））は，ジェームズ湾・北ケベック協定という，公式に法制化された先住民の土地に対する主張に対する裁定である（Berkes, 1989b）。2番目の例において，共同管理はカリブーの場合のように単一の種だけでなく，地域内のすべての資源に適用されている。図9-1が示すように，双方の場合において，共同管理のための調整は垂直的なつながりを提供しており，それは地域レベルと政府の間だけでなく，適切な地域や州の政府も関与している。

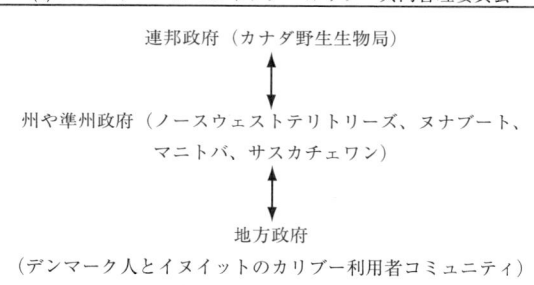

(a) ビヴァリー＝カミヌリアク・カリブー共同管理委員会

連邦政府（カナダ野生生物局）
↕
州や準州政府（ノースウェストテリトリーズ、ヌナブート、マニトバ、サスカチェワン）
↕
地方政府
（デンマーク人とイヌイットのカリブー利用者コミュニティ）

(b) ジェームズ湾・北ケベック協定

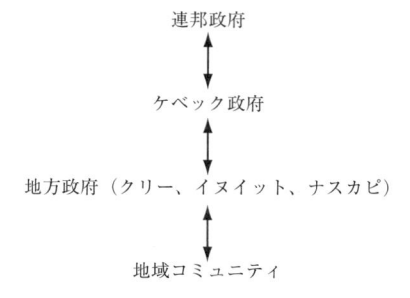

連邦政府
↕
ケベック政府
↕
地方政府（クリー、イヌイット、ナスカピ）
↕
地域コミュニティ

図9-1　共同管理のための調整におけるクロス・スケール・リンケージ：(a) ビヴァリー＝カミヌリアク・カリブー共同管理委員会、(b) ジェームズ湾・北ケベック協定（カナダ）

図9-1は，垂直的調整の概要を示しているが，協定への合意から実施に至るまでの事例にかかわる実際の相互作用の詳細は隠されている。共

同管理における協定は，実行可能な調整を生み出す方法の一部に過ぎない。単純に，政府機関が彼らの保持する権力を分け合うインセンティブはほとんどない（Lele, 2000）。成功する共同管理，少なくとも容易な成功に対するすべての批判に対して懐疑的になるだけの十分な理由はいくつもある。1974年のボルト決定に従ったアメリカ太平洋岸北西部のサケの共同管理のための調整についてのSingleton（1998）の研究のような詳細な研究は，関係者間の信頼形成には数十年単位の長い時を要するだろうと指摘している。Singleton（1998）やKendrick（2000）によって行なわれたようなより長期間の研究は，共同管理を終着点としてではなく，長期間にわたってお互いに学びあい，他者に適応するという相互社会学習の過程として特徴付けている。

2.2 複数の利害関係主体

2番目のクロス・スケール・リンケージに関連する形態は，複数の利害関係主体である。特徴的なことに，複数の利害関係主体は，複数の利用者集団と利害関係者，そしてローカルとリージョナルを，政府と結びつけ，利用者間での紛争解決や交渉のための場を提供する。表9-4は利害関係主体の例をいくつか示したものである。それらの中には，バルバドスやノルウェー，アメリカの例の場合のように，公式に設置されているものもある。何人かの論者は，特定のグループによる共同管理のための調整と比較して，利害関係主体は共有されることになる権力を配分しているとみなしている。Murphree(1994)によれば，利害関係者集団は，「非常に大きく不定形な利害関係者の輪によって，容易に利害を概念的な集合体に転換することができる。」

多くの利害関係主体は，次のような理由で効果的でない。つまり，それらは実に容易に立ち上げられ，"おしゃべりの場（talkshops）"と化し，政府によって考えを探る場や切迫した紛争を鎮めるための手段として利用され，関係者に対してどんな実際の共有管理権を譲ることもないだろう。しかし，アメリカの地域漁業管理協議会（McCay and Jentoft, 1996）のように，利害関係主体が管理の実施方法に重要な影響を与えた場合もある。また，ノルウェーのロフォーテン諸島のタラ漁（Jentoft, 1989）のように，複数の利害関係者集団が法的に定められた管理権を持ってい

第9章　クロス・スケールな制度的リンケージ　　401

表 9-4　複数の利害関係主体の例

例	説　明
資源と環境についての委員会（CORE）（カナダ，ブリティッシュコロンビア）	CORE(Comnittee on Resources and the Environment) は多様な森林利用のための計画づくりにおける環境大臣への助言主体として行動するために，1990年代中ごろに何度か円卓会議を開催し，あらゆる公共的価値について考慮した。それぞれの円卓会議は，約20の利用者集団からの代表者が出席していた。
マニトバのモデル森林（カナダ）	カナダ中の10のモデル森林の1つ（国際的なネットワークという点では他と同じ）が，森林生態系の持続可能な利用に向けた実例プロジェクトとして立ち上がった。それは，その地区に住む多様な利用者とコミュニティから構成される複数構成の利害関係者集団を含む。
ロフォーテンのタラ漁（ノルウェー）	ノルウェー政府が漁場を利用者に委譲するための長期間確立されている共同管理のための調整（ロフォーテン法，1895）(Jentoft, 1989)。漁業者の地区委員会は年毎の規制を作り，利用者集団の紛争に対処している。船の索具ごとの集団の代表によって組織され，主に組合を基盤としている (Jentoft, 2000)。
バルバドスの漁業顧問委員会	7名からなる主体が漁業法によって大臣に助言するために立ち上がった。それは，漁業の様々なセクター　－漁師，魚の加工業者，船主，魚商人－　を含むものである (McConney and Mahon, 1998)。
アメリカ地域漁業管理協議会	政府当局者や様々な漁業や沿岸環境に利害を有する公衆から構成されるいくつかの地域の主体の1つ。EEZにおける漁業管理計画の発展の役割を担っている (McCay and Jentoft 1996)
グレートバリアーリーフ管理当局	1975年グレートバリアーリーフ海洋公園法は管理計画について議論するために地域の利害関係者を探し出すという責任をもった当局を設立した。リーフの様々な利用を代表する主体は，最も海洋公園の資源に依存している人々に優先順位を置いた上で，より広いリーフ地域の生態系にもとづいた管理の実行を支援している (Kelleher 1996)。

る場合もある。複数の利害関係主体というものは，常に共同管理と容易に区別できるものではない。たとえば，ロフォーテン諸島の体制は，たとえ利用者側の管理権限が漁業に携わる漁業者自体を代表する組織でなく，多数の競合する漁具を所有する集団に与えられていたとしても，普通それは共同管理と呼ばれている (Jentoft, 2000)。

2.3　発展，エンパワーメント，共同管理のための調整

この形態のリンケージは，付随的な結果としての共同管理によるコ

ミュニティの発展とエンパワーメントを強調している点で、最初の2組とは区別されるように思う。こうした調整には、非政府組織（NGOs）やその他の能力開発主体が関与することが多い。そして、垂直的なクロス・スケール・リンケージと同様に、水平的なクロス・スケール・リンケージがしばしば見られる。図9-2は、漁業免許を持つ仲介人のために働くのではなく、政府から自らの漁業免許を得るようにバングラデシュの漁業コミュニティをエンパワーするように設計されたパイロットプロジェクトにおける、コミュニティ、政府機関、NGOの4つの異なった調整を示している（Ahmed et al., 1997）。

バングラデシュにおけるパイロットプロジェクトでの十年以上にわたる制度実験において、4つの戦略を見出すことができた。政府機関が主導する戦略において、開発援助はバングラデシュ漁業省という政府機関を直接通じて行なわれる（図9-2a）。しかし、コミュニティにおける長期間の発展のための取り組みは、公務員の3年単位での交代と適合しないということは、すぐに明らかになる。したがって、2, 3年で戦略はNGO主導型のほうに転換した。パイロットプロジェクト段階のいくつかのコミュニティでは、NGOが仲介の役割を果たした（図9-2b）。その他の場合、コミュニティ集団が直接政府と対話を持った。つまり、NGOはコミュニティが自らの問題に十分対処できるようになったときに徐々に撤退していく可能性を考慮に入れつつ、コミュニティを支援した（図9-2c）。政府機関とNGOがタイアップした戦略においては、政府機関とNGOからの一人ずつの現地担当者がコミュニティ内で共同で働き、NGOが撤退する準備ができるまでの間、開発と資源管理のための3方向の関係を与えることを目的とした（図9-2d）。こうした様々な戦略は、地域レベルから政府レベルへの垂直的つながりを含む、実に多様なクロス・スケール・リンケージを生むこととなった。

バングラデシュの事例は、はたして特異なものなのであろうか。西インド諸島のセントルシアにおける、沿岸資源と農村開発を専門とする地域NGOがかかわった長期間の開発の事例は、地理的な場所の違いや資源や開発の問題の性質が異なるにもかかわらず、バングラデシュの事例と非常によく類似している（Renard, 1994; Smith and Berkes, 1993）。開発におけるエンパワーメントの経験を、水平的にある集団からその他の集

9-2a　DOF ⇔ F

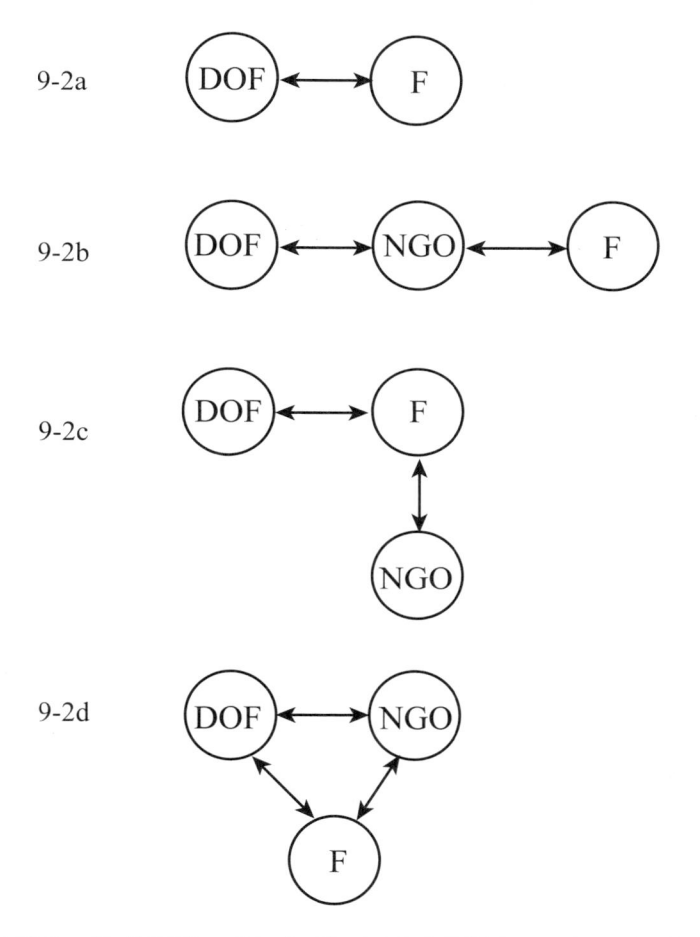

9-2b　DOF ⇔ NGO ⇔ F

9-2c　DOF ⇔ F ⇔ NGO

9-2d　DOF ⇔ NGO, DOF ⇔ F, NGO ⇔ F（三角形）

図9-2　バングラデシュでのプロジェクトにみる発展，エンパワーメント，共同管理のための調整にみられる異なった戦略（Ahmed et al., 1997より引用）

注記）DOF；バングラデシュ漁業省，F；漁業コミュニティ、NGO；4つのバングラデシュの非政府組織のうちの1つ—バングラデシュ農村発展委員会（BRAC），プロシカ，カリタス，グラミン—，NGO.

団へ，ある地域からその他の地域へ，ある国からその他の国へ（バングラディッシュのグラミンの事例のように），ある資源部門（たとえば，漁業，森林，保護区）から他の部門へ（セントルシアの場合のように），伝達され

ていく可能性は特に興味深い。

2.4 市民科学

クロス・スケール・リンケージの4つ目の分類は，いわゆる"市民科学"のために登場しつつある制度である。例としては，カナダの環境管理グループ（Lerner, 1993），スウェーデンの流域や湖の水質のための地域組織（Olsson and Folke, 2001），ミネソタの流域組織（Light, 1999），インドの国民生物多様性登録（People's Biodiversity Registers (PBR)）（Gadgil et al., 2000）などがある。分類としては，市民科学は環境管理のための市民活動や，環境NGOの参加によって特徴付けられており，開発におけるエンパワーメント組織とは基本的な注目点において異なる。

多くの市民科学の事例は，市民社会の強い伝統と，よく発達した環境運動のある工業先進国におけるものである。分類としては，スウェーデンの事例のように，科学知と地域における観察の混ざり合ったものを用いることが多い。市民科学の事例の多くは西洋社会におけるものであるが，注目すべき例外もいくつかある。

インドにおいて，"人々の科学運動"はケララ州の南部において，1960年代にまでさかのぼる歴史を持っている。1970年代には，大学の科学者が参加することで，もう1つの資源・環境評価の形をとるようになった。この中から，1980年代には村落レベルでの資源マッピングプログラムと呼ばれる活動が現れた。国民生物多様性登録は，1990年代の中ごろにインドの多くの州で，数百のコミュニティがかかわって発展したプログラムである。このプログラムは，生物や生態学的状況，進行中の生態系の変化，自らの発展への希望，そしてどのように資源を管理したいのかということについての農村や森林に住む人々の考えを記述することを目的としている。PBRプログラムは，参加型農村調査（PRA）式の方法を用いてローカルとリージョナルを（そして潜在的には国家と国際を）結び付けており，おそらく最も広大な市民科学運動であろう（Gradgil et al., 2000）。

2.5 政策共同体と社会運動ネットワーク

地域の問題をリージョナルな機関や国際機関と結びつけることで，ク

ロス・スケール・リンケージを図るタイプの制度がいくつかある。比較的良く知られているこの種の制度は，Haas（1992）が言うところの認識共同体である。例としては，地中海実行計画（Mediterranean Action Plan）を実行に移した科学者，政府の専門家，NGO の代表の集団がある。そういったコミュニティの構成員は，基本的な信条や妥当性の認識，政治的境界をまたぐ政策目標を共有している。Haas は，地中海行動計画はしばしば紛争にある国々を1つにしたと指摘し，認識共同体がそのような差異を乗り越えるのに有効であったと示唆している。より一般的に，すべての政策課題は，政府や他の活動分野からの関係者による"コミュニティ"を形成する。したがって，認識共同体を政策共同体の一部であると考える学者もいる（Coleman and Perl, 1999）。また，認識共同体を因果関係に関し主観的な信条に動機付けられた個人が集まった一風変わった意固地な集団であると考える人もいる。

　Auer（2000）は，国際関係論の研究者は NGO と政府間組織の環境政策能力を調査してきたと指摘している。急激に，国家でないアクター，特に NGO は，国家がしたくなかったり，できない機能を引き受けているように思われる。国家間での環境交渉を促進することに加えて，Haas のいう認識共同体におけるように，NGO は重要な情報収集や，普及，啓発，評価といった機能を果たすことができ，クロス・スケール・リンケージを促進している。

　国際的な「地球環境変動の制度的側面プロジェクト」の科学計画は，東南アジアと北極という世界の2つの地域において，ローカルとリージョナルをつなぐための制度について議論を行なっている（Young, 1999）。北極地域は，北極協議会やイヌイット周極会議（Inuit Circumpolar Conference: ICC）といったクロス・スケールな制度があり，いくつかの国のイヌイットの人々をつなぎ，垂直的なリンケージと同様に，水平的なリンケージも提供している。

　ICC のようなクロス・スケールな制度は，政策共同体というよりも，より適切には社会運動ネットワークとして見なされるかもしれない。そういったネットワークは，南（発展途上国）の地域の制度と，北（先進国）の支援集団とのつながりを作る。たとえば，第三世界ネットワーク（Third World Network, 2001）は発展途上国の市民集団と，世界貿易機関

などの国際機関が地域に影響を与えるような環境・開発の問題にかかわる北の支援集団から構成されている。第三世界ネットワークは，生命体の特許を得ることに対抗して，農民やその他の生物多様性の恩恵にあずかる人々の知的所有権を保護するといった問題を訴えている。

2.6 クロス・スケール・リンケージを可能にする協働型研究と管理

研究と研究者は，彼らが研究で所属する組織に対して影響を与えるかもしれない。特に用いられた手法がクロス・スケール・リンケージを刺激する効果がある場合，そのような影響を与えることになるだろう。強調する点は，表9-3にあるような構造や結果というよりも，技法にあるので，協働型研究と管理（Blumenthal and Jannink, 2000）という手法は別個のものとして考えるのが有益である。表9-5は，4つのそういった手法を示している。それぞれに，ローカルレベルとリージョナルレベルの間のリンケージを提供する潜在力がある。生態系にもとづいた管理や順応的管理は，明確に生態学的規模の問題に注目している。生命地域主義（Bioregionalism）は，実践の集合体であり単独では協働型手法でないが，生態系を基盤とした管理の特別な事例である。この考え方は，生活システムの規模をその集団が暮らす生態系の規模と適合させることを明確に強調している点で大変興味深い。

参加型農村調査（Participatory Rural Appraisal: PRA）と参加型アクションリサーチ（Participatory Action Research: PAR）は双方とも地域コミュニティをエンパワーする研究に焦点を当てている（Chambers, 1994）。これら2つの手法は，開発とエンパワーメントを志向する組織と大変共通点が多い。実際に，開発地区で活動するNGOの多くは，スケール間で情報を共有するのにPRAの手法を日常的に用いている。対照的に，PARのルールのもとでは，研究者はコミュニティに奉仕し，それ以上のものでも，それ以下のものでもない。コミュニティ自身が主導しない限り，情報共有の義務も，スケール間の相互作用の義務もない。

本節で取り上げたスケール間の相互作用のための制度の形態についての多岐にわたるリストは，もちろん不完全なものである。たとえば，どこに"包括的組織（encompassing organization）"（McCay, 本書11章）が適合するのだろうか。おそらく計画論，社会学，人類学，政治学，開発

第9章 クロス・スケールな制度的リンケージ 407

表9-5 クロス・スケール・リンケージを可能にする研究と管理の手法

手法	説明
生態系に基づいた管理，もしくは生態系管理	人間の資源利用を含むようになる。アメリカの森林局は，国有林管理の公式な政策として1992年に生態系管理を採用し，いくつかの機関もそれに従った。この政策は主に統合と地域の土地所有者の協力を要する管理の空間的規模の増大に対応して生じた（Grumbine, 1994）。しかし，生態系管理がどれほどスケール間のつながりを持った制度を提供したのかは疑問である。
順応的管理	科学的に進展させた経験による学習（習熟効果，learning by doing）。システムモデリングと，反復した仮説検証の手法を用いる。政策を仮説として扱うことで，決められた管理規範を「順応」させる。順応的管理は典型的にローカルな生態系のレベルに焦点を当てる。しかし，異なったスケールで生じる異なった生態学的な相互作用や資源利用様式のため，順応的管理は，少なくともより近年の応用では，明らかにスケール間の手法である（Walters, 1986; Holling et al., 1998）。
参加型農村調査（PRA）	簡易型農村調査（Rapid Rural Appraisal: RRA）と農業生態系分析（Agroecosystem Analysis: AEA）に由来する。両方とも開発の領域において，1970年代の後半に初めて現れた（Chambers, 1974）。3つすべての手法は個別の農家や村のスケールをリージョナルスケールの発展へ結びつけるのに役立った。PRAはその草の根についての主張で区別される。農民を第一にという手法によって，ローカルレベルでの意思決定と応用をエンパワーする。
参加型アクションリサーチ（PAR）	"行動人類学"と類似している。ローカルスケールの利用者のエンパワーメントを強調する点をPRAと共有している。PARは，研究と研究者をコミュニティのためのものと位置づける。研究者は，コミュニティが自身の優先順位と価値に従って研究課題を実行するのを助ける（Chambers, 1994）。

学やその他の分野といった異なった研究分野の観点から，他の人々が異なった類型を構築するかもしれない。ここで重要な点は，実際にクロス・スケールな制度形態が現存しているということである。我々の課題は，このリストを洗練することではなく，"共同管理"が一連のリンケージや制度の類型のなかに位置づけられることを示すことで，コモンズの現場で働く実践家の使えるツールの幅を広げることである。この点について，本章はTietenberg（本書第6章）の許可証取引についての関心を，一連の取引可能な権利と制度に広げようとする試みと似ている。

こういった発展について刺激的なことは，ほぼすべてのこうしたクロス・スケールな制度は新しいということである。1980年代に，多くのコモンズの制度の消滅についてコモンズ研究者の間で非常に関心が高

まった．すべてのローカル・レベルのコモンズの制度が政府管理とハーディン流の容赦ないオープンアクセスによって一掃されてしまうのは，時間の問題なのだろうか．過去20年間に我々が学んだことは，制度は少なくとも他の制度が消えるのと同じ速さで生起してくるということである．そして，それらのなかにはローカル・レベルのものだけでなく，クロス・スケールな制度も含まれている．しかし，私たちはそのダイナミックスについてはほとんど全くといっていいほど理解していない．多様性は創造の源なのだろうか．それは制度資本と言えるのだろうか．クロス・スケール管理の制度的側面に焦点を当てた研究が求められている．共同管理やその他のクロス・スケールの制度に関して，その成否の原因や，制度づくり，能力開発，支援政策のデザインといったことについてより体系的な情報が求められている．

3 クロス・スケールな相互作用における
ダイナミズムとスケール

　新たな研究の方向性に向けて，どのような期待される研究の流れがあるのだろうか．特に，スケール間の制度的リンケージを研究する際に，規模とダイナミックスに関してどのような期待される意見があるのだろうか．スケール間の制度的リンケージの重要性を紹介する方法として，本章は国家の参加が地域管理を促進したり，妨げたりする条件についてレビューを行なってきた．また本章は，スケール間のリンケージを向上させる潜在性を持ったいくつかの制度形態についても，それらの形態の流動的で多様な本質に言及しつつ探ってきた．実際に，実に多様な制度の形態がローカル・レベルやコミュニティを基盤とする制度をリージョナルや国家，国際的なレベルの制度とリンクするために存在している．バングラデシュの漁業の例によって示されたように，これらの制度の形態は高度に動的であり，場所ごとに，年ごとに変化している．
　これらの制度の形態に関連した管理体制に加え，スケール間のリンケージはある一定の研究と管理の手法の利用を通じて強化されることもあるかもしれない．表9-5に考察されたそういった4つの手法の中で，

第9章 クロス・スケールな制度的リンケージ

順応的管理は規模とダイナミズムへの明確な注目と，社会システムと自然システムをつなげる道具としての可能性ゆえに特に興味深いものである。本節では，順応的管理がスケール間のリンケージの理論と実践双方に有益であるという議論を，レジリアンスについて考慮しつつ，発展させる。

3.1 順応的管理

順応的管理は不確実性を意思決定過程に組み込み，政策立案者や管理者が自らの成功や失敗から学ぶことを保証するために設計された。資源管理手法や計画手法として，当初は参加型というよりも技術主義的なものであった（Holling, 1978）。Lee（1997）によれば，順応的管理は，"基本的に仮説を選びそれを検証する単一の支配的な関心がある時には，依然として役に立つ'トップダウン'の道具であると思われる"。しかし，習熟効果やフィードバックの関係，順応的な過程を強調しているので，特に自然，社会双方のシステムのダイナミックスを研究する上で有望な手法である。順応的管理は，最初のうちは生態系のダイナミックスと関連づけれられていたが，連関している社会・自然システムのダイナミックスの研究にも適応されるようになっている（Berkes and Folke, 1998）。

Hilborn と Walters（1992）によって用いられたように，順応的管理は次の6つの構成要素を必要とする。(1) 代替仮説（alternative hypotheses）の明確化，(2) 追加的情報の予想される価値を判断するために更なる段階が必要かどうかの評価，(3) 仮説についての将来的な学習のためのモデルの発展，(4) 政策の選択肢の明確化，(5) 選択肢の比較のための成果評価基準の発展，(6) 選択肢の体系だった比較。同時に，これらの段階は不確実性に対処するためのツールを提供し，学習のための基礎を築くことになる。それぞれについて順番に説明していきたい。

(1)(2)(4) という段階は，不確実性を管理戦略に入れるために，明らかに管理者を必要とする。これは，科学は資源管理に必要な情報を簡単に，明確に提供することができるという考え方とはずいぶんと隔たりがある。順応的管理は生態系における内在的不確実性を想定し，知識の限界を認識している。自然の内在的不確実性や予測不可能性ゆえに解決不可能な科学的不確実性もあるが，費用と時間がかかり過ぎて解決できな

い科学的不確実性もある（Wilson, 本書 10 章）。

　不確実性を考慮する根本的理由は，自然システムと社会システムが線形で予測可能であることはめったにないという認識と，関係性や文脈，フィードバックを強調するシステム理論による。生態学や経済学や他の多くの分野の発展は，非線形の現象や本質的な不確実性の質によって決定づけられている。こうした注目は，多くの人々やグループ，特にサンタフェ研究所（Santa Fe Institute, 2001）の研究を通じて発展した，複雑性という概念につながった。複雑系において，小さな変化はすぐに拡大し，多くの代替的進路のうちの 1 つへとシステムを反転（flip）させる。そういったシステムは，いくつかの起こりうる均衡状態か平衡点の 1 つにまとまる。状況が変わるとき，システムのフィードバック・ループは，ある点まではその現状を維持しようとする傾向にある。状況の変化があるレベル（閾値）になったとき，システムは急激に，劇的に変化しうる。そういった方向転換が正確にいつ起こるのかということと，システムが変化するであろう状態はめったに予測できるものではない（Holling, 1986）。

　学習の問題に戻れば，順応的管理の（3）（5）（6）は，管理者が過去の決定の結果から学ぶことが必要である。順応的管理は，習熟効果を強調する。そしてこのことは，政策を仮説として，管理を実験として扱うことで，そこから管理者が学ぶことができるようにすることによって実現する。組織と制度は，個人がそうするように学ぶことが可能であり，したがって順応的管理は社会学習に基づいている。Lee(1993)は，クロス・スケールな制度が多数存在する地域であるコロンビア川流域の豊富な経験にもとづいて，そういった社会学習について詳述している。Lee(1993)は，管理のための制度と生物物理学的システムの相互作用を強調して，この相互作用の影響を理解しない限り，環境を管理することはできないだろうと論じている。

　順応的管理の目標は，従来型の管理とは異なる。順応的管理において，目的は最高の生物学的，経済的収穫を産出することではなく，システムを理解し，システムを厳密に調べることによって不確実性についてより多く学ぶことである。管理の結果からのフィードバックは，生態系とそれにもとづく社会経済システムを脅かすであろう閾値を避けるための修

正をもたらす。したがって，順応的管理は政策形成において環境からのフィードバックに依拠しており，その次の政策形成のためにさらなる体系的な実験が続いて行なわれたりする。その過程は反復してなされるものである（Holling, 1986; Holling et al., 1998）。

順応的管理は，おそらく漁業の研究を除けばコモンズ論では研究の不足している分野である。Lee（1993）の研究は，どのようにして制度と参加過程の研究を順応的管理についての研究と統合することができるのかについて示している。多くの学際的な研究者は，複雑系の問題に対処する際に従来型の科学的手法の代替案として，順応的管理方式を模索している。たとえば，サステイナビリティの分野では，Katesら（2001）が，"サステイナビリティ学は我々が知っているような多くの科学と基本的に異なっているべきである"と論じている。問題を概念化し，データを収集し，理論を発展させ，結果を適応するといった，科学研究に共通の一連の分析局面は，生起しつつあるサステイナビリティ学においては，社会学習，順応的管理，政策実験と並列の機能になるべきである。

特に，こうした新たな類の科学は，科学的不確実性が解決可能になる前に行動する必要があるということを認識している（Dietz and Stern, 1998）。これは，専門家を同意させることが困難だからという理由だけでなく，科学によって解決できない不確実性もあるからである。したがって，McCay（本書第11章）は，科学者と資源利用者が共に取り組むことを可能にするような制度とプロセスを設計することがコモンズ管理にとって重要になると示唆している。たとえば，意思決定における漁民の参加は，漁民たちが意思決定に関する責任を"引き受ける"可能性を増大させるだけでなく，不確実な世界において彼らが意思決定を行うリスクを共有し，そしてそのことが管理者の謙虚な行動様式を生み出すことを確かなものにするのである（Berkes et al., 2001）。

3.2 レジリアンス

管理者と利用者のパートナーシップは，科学的不確実性を解決できない。しかし，それは関係者間での信頼形成や習熟効果，対応能力の発展，つまり，レジリアントな制度形成を促進するような，制度的文脈における不確実性の存在する場において役に立つ。レジリアンスは，順応的管

理を応用する際の中心的考え方である。レジリアンスは，3つの定義上の特徴がある。レジリアンスは，(1) システムが許容することができ，機能と構造について同様の制御を今までどおり保持することができる変化量，(2) システムが自己組織化可能な度合い，(3) 学習と適応の能力を築き，増加させる能力の尺度である（Resilience Alliance, 2001）。

　レジリアンスは，複雑系の用語では創発特性である。創発特性とは，単純にシステムの部分を考察することによって予測や理解することが不可能な特性のことである。レジリアンスが失われることによってシステムは閾値に近づき，ある均衡状態から別の均衡状態へ反転する危険にさらすことになるので，レジリアンスは決定的に重要なシステムの特性である。システムが正確にいつ閾値に到達するのかを予測することは困難である。そういった変化は，意外なことや，あとで考えたとしても予測不可能な出来事によるものである（Holling, 1986）。逆に言えば，レジリアンスの高まりはシステムを閾値から遠ざける。高度にレジリアントなシステムは，突然の反転を被ることなく，ストレスと常態からの逸脱を吸収することができる。つまり，レジリアンスの高いシステムは，自己組織化が可能であり，学習と適応の能力を築き，増加させる力量を持っている。

　レジリアンスという考え方は一般的に，更新サイクルや平衡シフト，順応的プロセスについての研究のために生態系のダイナミクスに適用されることが多かった。レジリアンスという考え方を用いることは，周期的な変化はすべての社会，生態学的システムの本質的特徴であるという仮定に基づいている。たとえば，資源危機（たとえば森林火災）は，生態系の更新には重要である。そういった更新は，利用－保全－解放－再組織化の局面からなることが多い"順応的サイクル"を通じて起きる。順応的サイクルは，自然に起きる危機によって支配されている。もし更新が遅れたり妨げられたりすれば，より広範で有害な危機が結果的に起こり，システムの機能と構造とその自己組織化能力を危うくする。たとえば，森林や公園における厳格な火の管理は，更新を妨げる。それは，林床に燃料（落葉）を蓄積し，1988年にイエローストーン国立公園の約半分に広がった火災のように，"かつて経験したことのない範囲と費用の火災"（Holling, 1986:300）が森林で起こるようになってしまう。

第9章 クロス・スケールな制度的リンケージ

　レジリアンスという考え方は，連関した社会的−生態学的システムに適用されてきた。いくつかの大きな生態系の環境管理の研究において，Gundersonら（1995）は生態系の危機とそれらの管理に責任を持つ政府機関の危機に強い関連があるとしている。いくつかの事例において,チェサピーク湾やフロリダのエヴァグレーズ湿地におけるように，環境の危機は制度の危機に結びつく。そして制度的学習や更新を伴ったとき解決がある。我々は，どれほど生態系と制度の連関をたどることができるのだろうか。資源危機はニューファンドランド州のタラの急減のように，常に制度危機とその更新を招くわけではない。しかし，危機は生態系と制度の更新と再組織化を引き起こす。すなわちレジリアンスを構築することで，いくつかの事例で有益な役割を果たしているという考えを支持するかなりの証拠がある（Gunderson et al.,1995）。

　こうした考察は社会システムと生態システムの間のつながりや，何が制度における適応能力を生み出すかという疑問に関する新たな経験的, 理論的研究を導くことになる。Levin et al.（1998）やLevin（1999）はレジリエントなシステムに貢献する2つの特徴群について強調している。1つは，効果的で堅固なフィードバックの仕組みか，場所と時間についての刺激と反応の組み合わせが存在することである。たとえば，ある問題への対処に近隣の人々の組織を向かわせることは比較的容易である。しかし，問題が規模の点で広がるにつれて（たとえば，地域的な大気汚染），フィードバックの輪は弱くなり，行動する動機も減少する。

　適切なインセンティブ構造の創出は，費用と便益のフィードバックの輪を強化することによって達成される。たとえば，所有権を設定することである。市場が適切に機能し，社会的費用が考慮されているようないくつかの事例では，私有化が有効な手段である（Levin et al.,1998）。その他の場合，共同体保有の所有権（communal property rights）の地域集団への移転が有効になり得る。たとえば，インド西ベンガルの共同森林管理計画（Joint Forest Management Programme）において，地域による管理と政府・村民間の利益分配の調整は，かつては荒廃していた森林地区の生産性を再生した（Poffenberger and McGean, 1996）。同様に，所有権の地域グループ（集団）への移転は，アフリカの一部での野生生物保護を促進した（Murphree, 1994）。

レジリエントなシステムの2つ目の特徴は，異質性（heterogeneity）の維持と条件が変化した際の行動の選択肢の多様性の利用可能性である。どんな複雑な順応型システムのレジリアンスも，その構成要素の多様性と適応的変化への対応力の中に具体化されている。異質性は，機能の冗長性を維持するのに役立つ。そうした冗長性は，もしシステムが1つの均衡状態しか持たず，状況に比較的変化がなければ，重要ではないだろう。しかし，実際はそうでないことが多い。"冗長性と異質性は表裏一体である。たとえば，同じような生態学的役割を果たす種の機能集団における異質性のもとで，多くの冗長性を示す"（Levin, 1999:202）。こうした考察は，社会的，制度的レジリアンスにとって何を意味するのだろうか。

　選択肢の多様性という考えは，Ostrom（1992）の制度資本（institutional capital）という考え方に近い。これは，Adger（2000）の制度のレジリアンスについての分析や，社会関係資本，制度の包括性，関係者間の信頼関係の発展の程度を強調することとも一致する。異質性／冗長性という考え方は，たとえば，礁（reef）と礁湖（lagoon）の保有システムや，オセアニアに見られるその他の共有資源制度（Baines, 1989; Williams and Baines, 1993）の多様性の解釈や，そうした多様性を漁業割当といった単純な科学的資源管理に置き換える愚行（Wilson et al.,1994）を考察する際にある種の洞察力を与えるのである。クロス・スケールな制度に関して，レジリアンスと多様性からの考察は，異なった種類の共同管理のための調整とその他の制度形態を継続的に発展させるのに有益である。どこでも再現可能な最適な調整といったものなどはない。

　レジリアンスの考え方は，コモンズ研究者が制度の形態を超えたものに注目し，代わりに社会集団とその制度が社会的，政治的，環境的変化の結果としての圧力に対処する適応能力について問いを立てるのに役立つだろう。この問に接近するひとつの方法は，社会−生態学的システムの変化についての有益な事例研究を探し，どのように社会が変化に対処したかを調査することである。こういった事例から，変化への適応力と同様に変化を形成する能力開発に関する洞察を得ることが期待される。実際に，進行中の共同プロジェクトにはそういった目標がある（Folke and Berkes, 1998）。

レジリアンスというアプローチはスケール間のリンケージの静態分析から制度の動態分析の研究へ移行する有望な導入点を提供する。変化を強調するとき，それは伝統的な均衡中心的な考え方の方向転換を強いる。van der Leeuw (2000) が言うように，安定を想定して変化を説明するよりも，変化を想定して安定を説明する必要がある。順応的管理とレジリアンスはリージョナル，国家，州レベルの機関の相互作用の研究 (Gunderson et al., 1995) や，地域環境管理における市民参加に関するスケール間の相互作用の研究 (Lee, 1993) に用いられてきた。

4 結 論

本章では，地域レベルの制度に対するより高次な制度の影響についてのこれまでの研究の展望とまとめをまず行ない，それによって垂直的・水平的リンケージの重要性を伝え，より高次の制度がより小さな制度を干渉したり，代わりに支援する様々な方法を詳述した。第2節では，スケール間のリンケージのために有望で，生起しつつあるいくつかの制度の形態を指摘した上で，当てはまる状況の広すぎる名称で呼ばれる共同管理では，すべてのスケール間をつなぐ制度を包括するには適切でないと結論を下した。この部分では，制度の形態についての考察は制度のダイナミクスについての疑問に直結することを強調した。第3節では，将来の研究の主要な課題領域として制度のダイナミクスについての問いを提起し，クロス・スケールな制度的リンケージの理論構築に向けて，レジリアンスを考慮した順応的管理手法について説明した。

多くのコモンズ研究は，社会科学と自然科学の領域にまたがっており，様々な研究分野から研究手法とアプローチを利用している。しかし，コモンズ研究者が統合的システムとしての人々と環境に対処することを可能にする道具が必要である。特に，どのように制度が環境的フィードバックに反応するのかについての研究が必要である。フィードバック学習に関する順応的管理の強調は，この点において重要である。順応的管理の鍵となる概念として，レジリアンスは変化の研究への窓を開き，学習，

自己組織化，適応能力を重視する。どのように社会と制度が環境変動に対処する知識を発展させるのか，同様に，変化を形作るためにはどのように行動できるのかという点について，さらなる研究が必要である。

　順応的変化とレジリアンスの重視は，生態系のダイナミックスとそれらが生み出す財，サービスに関する制度変化のダイナミックスに対処するのに有益である。生態系は，複数のスケールで自然資源とサービス（たとえば，清浄な空気と水）を生み出す。しかし，行政界はめったに生態学的境界と一致しない。制度と生態系の間にスケールの不一致がしばしばあるという事実は，資源の不適切な管理の原因の一部と考えられている（Folke et al.,1998）。したがって，主な課題は変化のサイクルにおいて自己組織化を促進し，学習を強化し，適応能力を増すような方法でスケール間の制度的リンゲージを設計することである。

　・社・会・的・，・生・態・学・的・シ・ス・テ・ム・を・リ・ン・ク・す・る（Linking Social and Ecological Systems）という本の事例は，地域レベルの制度は，中央集権的機関よりも早く環境的フィードバックに反応する能力を学び，発展させることができるということを示している（Berkes and Folke, 1998）。したがって，もし管理が過度に集権化されたならば，フィードバックという形で資源から得られる有益な情報は，スケールの不一致のために遅れたり失われたりするだろう。しかし，もし管理が過度に分権化されていれば，異なった資源の利用者集団間や，隣接した地区間でのフィードバックは失われるだろう。フィードバックの環を強化する1つの方法は，資源に所有権を設定し，持続可能な資源利用へのインセンティブを創出することである。所有権の割当は，持続可能性にとって必要条件かもしれないが，おそらく十分条件ではないだろう。

　資源管理システムは，容易に規模を広げたり縮小したりすることはできない。Young（1995）が指摘するように，"マクロスケールのシステムは，単に小さなスケールのシステムを大きく描いたものではない。同様に，ミクロスケールのシステムは，単に大きなスケールのシステムの縮図でもない"。スケール間の相互作用（たとえば，島嶼国の漁業の例）のため，コモンズに関する問題が提起されるべき適切なレベルは決して明白になることはない。分析上の目的のために1つの"正しい"スケールを模索する代わりに，ある資源管理システムはクロス・スケールで，異なった

第9章 クロス・スケールな制度的リンケージ 417

スケールで同時に管理されるべきであるという仮定から始めるのが有益である。

そうしたアプローチはより大きな規模のコモンズの問題に対処する上でも重要である。たとえば，地球規模の変動の領域では，研究者は重層的制度と生態系の適合についての疑問を提起し始めている（Folke et al.,1998）。こういった研究は，資源の存続や環境劣化が，ある程度スケール間の制度的病理や，スケールの不適合，クロス・スケール・リンケージへの注目の欠如と関連しているかもしれないと提起することで，コモンズ研究の新たな領域を切り開いている。

参 考 文 献

Adger, W.N. (2000), Social and ecological resilience: Are they related? *Progress in Human Geography* 24: 347-364.
Ahmed, M., A.D. Capistrano, and M. Hossain (1997), Experience of partnership models for the co-management of Bangladesh fisheries. *Fisheries Management and Ecology* 4: 233-248.
Auer, M. (2000), Who participates in global environmental governance? Partial answers from international relations theory. *Policy Sciences* 33: 155-180.
Baines, G.B.K. (1989), Traditional resource management in the Melanesian South Pacific: A development dilemma. pp..273-295 in *Common Property Resources,* F. Berkes, ed. London: Belhaven.
Berkes, F. (1989a), Cooperation from the perspective of human ecology. pp..70-88 in *Common Property Resources,* F. Berkes, ed. London: Belhaven.
Berkes, F. (1989b), Co-management and the James Bay Agreement. pp..189-208 in *Co-operative Management of Local Fisherie*s, E. Pinkerton, ed. Vancouver: University of British Columbia Press .
Berkes, F. (1999), *Sacred Ecology: Traditional Ecological Knowledge and Resource Management.* Philadelphia and London: Taylor & Francis.
Berkes, F., and C. Folke, eds. (1998), *Linking Social and Ecological Systems. Management Practices and Social Mechanisms for Building Resilience.* Cambridge, Eng.: Cambridge University Press.
Berkes, F., P.J. George, and R.J. Preston (1991), Co-management. *Alternatives* 18(2): 12-18.
Berkes, F., R. Mahon, P. McConney, R.C. Pollnac, and R.S. Pomeroy (2001), *Managing Small-Scale Fisheries: Alternative Directions and Methods.* Ottawa: International

Development Research Centre.

Blumenthal, D., and J.L. Jannink (2000), A Classification of Collaborative Management Methods. *Conservation Ecology* 4(2): 13. Available: http://www.consecol.org/vol4/iss2/art13. [Accessed October 2001].

Chambers, R. (1994), The origins and practice of participatory rural appraisal. *World Development* 22: 953-969.

Coleman, W.D., and A. Perl (1999), Internationalized policy environments and policy network analysis. *Political Studies* 47: 691-709.

Dietz, T., and P.C. Stern (1998), Science, values, and biodiversity. *BioScience* 48: 441-444.

Drolet, C.A., A. Reed, M. Breton, and F. Berkes (1987), Sharing wildlife management responsibilities with native groups: Case histories in Northern Quebec. pp..389-398 in *Transactions of the 52nd North American Wildlife and Natural Resources Conference*.

Finlayson, A.C., and B.J. McCay (1998), Crossing the threshold of ecosystem resilience: The commercial extinction of northern cod. pp..311-337 in *Linking Social and Ecological Systems*, F. Berkes and C. Folke, eds. Cambridge, Eng.: Cambridge University Press.

Folke, C., and F. Berkes (1998), *Understanding Dynamics of Ecosystem-Institution Linkages for Building Resilience*. Beijer Discussion Paper 112. Stockholm: Beijer International Institute of Ecological Economics.

Folke, C., L. Pritchard, Jr., F. Berkes, J. Colding, and U. Svedin (1998), *The Problem of Fit Between Ecosystems and Institutions*. IHDP Working Paper 2. Bonn: International Human Dimensions Programme on Global Environmental Change.

Freeman, M.M.R. (1989), Gaffs and graphs: A cautionary tale in the common property resource debate. pp.. 92-109 in *Common Property Resources*, F. Berkes, ed. London: Belhaven.

Gadgil, M., and R. Guha (1992), *This Fissured Land. An Ecological History of India*. Delhi: Oxford University Press.

Gadgil, M., P.R. Seshagiri Rao, G. Utkarsh, P. Pramod, and A. Chhatre (2000), New meanings for old knowledge: The People's Biodiversity Registers programme. *Ecological Applications* 10: 1251-1262.

Grumbine, R.E. (1994), What is ecosystem management? Conservation Biology 8:27-38.

Gunderson, L.H., C.S. Holling, and S.S. Light, eds. (1995), *Barriers and Bridges to the Renewal of Ecosystems and Institutions*. New York: Columbia University Press.

Haas, P.M. (1992), Introduction: Epistemic communities and international policy coordination. International Organization 46: 1-35.

Hilborn, R., and C. Walters (1992), *Quantitative Fisheries Stock Assessment: Choice, Dynamics and Uncertainty*. New York: Chapman and Hall.

Holling, C.S., ed. (1978), *Adaptive Environmental Assessment and Management*. New York: Wiley.

Holling, C.S. (1986), The resilience of terrestrial ecosystems: Local surprise and global change. pp..292-317 in *Sustainable Development of the Biosphere*, W.C. Clark and R.E.

Munn, eds. Cambridge, Eng.: Cambridge University Press.
Holling, C.S., F. Berkes, and C. Folke (1998), Science, sustainability and resource management. pp.. 342-362 in *Linking Social and Ecological Systems*, F. Berkes and C. Folke, eds. Cambridge, Eng.: Cambridge University Press.
Jentoft, S. (1989), Fisheries co-management. Marine Policy 13: 137-154.
Jentoft, S. (2000), The community: A missing link in fisheries management. *Marine Policy* 24: 53-59.
Kates, R.W., W.C. Clark, and R. Corell, J.M. Hall, C.C. Jaeger, I. Lowe, J.J. McCarthy, H.J. Schellnhuber, B. Bolin, N.M. Dickson, S. Faucheux, G.C. Gallopin, A. Gruebler, B. Huntley, J. Jäger, N.S. Jodha, R.E. Kasperson, A. Mabogunje, P. Matson, H. Mooney, B. Moore III, T. O'Riordan, and U. Svedin 2001 Sustainability Science. Statement of the Friibergh Workshop on Sustainability Science. *Science* 292: 641-642.
Kelleher, G. (1996), Public participation on "The reef." *World Conservation* 2: 19.
Kendrick, A. (2000), Community perceptions of the Beverly-Qamanirjuaq Caribou Management Board. *Canadian Journal of Native Studies* 20: 1-33.
Kropotkin, P. (1914), *Mutual Aid: A Factor in Evolution*. Boston: Extending Horizons.
Kurien, J. (1992), Ruining the commons and responses of the commoners. pp..221-258 in *Grassroots Environmental Action*, D. Ghai and J.M. Vivian, eds. London and New York: Routledge.
Lane, C. (1992), The Barabig pastoralists of Tanzania: Sustainable land in jeopardy. pp..81-105 in *Grassroots Environmental Action*, D. Ghai and J.M. Vivian, eds. London and New York: Routledge.
Lee, K.N. (1993), *Compass and Gyroscope: Integrating Science and Politics for the Environment*. Washington, DC: Island Press.
Lee, K.N. (1999), Appraising Adaptive Management. *Conservation Ecology* 3(2): 3. Available: http://www.consecol.org/vo13/iss2/art3. [Accessed October 2001].
Lele, S. (2000), Godsend, sleight of hand, or just muddling through: Joint water and forest management in India. Overseas Development Institute. *Natural Resource Perspectives* 53: 1-6.
Lerner, S., ed. (1993), *Environmental Stewardship: Studies in Active Earthkeeping*. Geography Publication Series No. 39. Waterloo, Ont.: University of Waterloo.
Levin, S.A. (1999), *Fragile Dominion: Complexity and the Commons*. Reading, MA: Perseus Books.
Levin, S.A., and S. Barrett (1998, Resilience in natural and socioeconomic systems. *Environment and Development Economics* 3: 225-236.
Light, S., compiler (1999), *Citizens, Science, Watershed Partnerships, and Sustainability in Minnesota: The Citizens' Science Project*. Minneapolis: Minnesota Department of Natural Resources.
McCay, B.J., and S. Jentoft (1996), From the bottom up: Participatory issues in fisheries management. *Society and Natural Resources* 9: 237-250.

McConney, P., and R. Mahon (1998), Introducing fishery management planning to Barbados. *Ocean & Coastal Management* 39: 189-195.

Messerschmidt, D.A. (1993), *Common Forest Resource Management: Annotated Bibliography of Asia, Africa and Latin America*. Rome: Food and Agriculture Organization Community Forestry Note 11.

Murphree, M. (1994), The role of institutions in community-based conservation. pp.. 403-427 in *Natural Connections: Perspectives in Community-based Conservation,* D. Western and R.M. Wright, eds. Washington, DC: Island Press.

National Round Table on the Environment and the Economy (1998), *Sustainable Strategies for Oceans: A Co-Management Guide*. Ottawa: National Round Table on the Environment and the Economy.

Olsson, P., and C. Folke (2001), Local ecological knowledge and institutions for ecosystem management of crayfish populations: A case study of Lake Racken watershed, Sweden. *Ecosystems.*

Ostrom, E. (1990), *Governing the Commons. The Evolution of Institutions for Collective Action*. Cambridge, Eng.: Cambridge University Press.

Ostrom, E. (1992), *Crafting Institutions for Self-Governing Irrigation Systems*. San Francisco: ICS Press.

Peters, P. (1986), Concluding statement. pp..615-621 in National Research Council, *Proceedings of the Conference on Common Property Resource Management*. Washington, DC: National Academy Press.

Pinkerton, E., ed. (1989), *Co-operative Management of Local Fisheries*. Vancouver: University of British Columbia Press.

Poffenberger, M., and B. McGean, eds. (1996), *Village Voices, Forest Choices: Joint Forest Management in India*. Delhi: Oxford University Press.

Pomeroy, R.S. (1995), Community based and co-management institutions for sustainable coastal fisheries management in southeast Asia. *Ocean & Coastal Management* 27: 143-162.

Pomeroy, R.S., and F. Berkes (1997), Two to tango: The role of government in fisheries co-management. *Marine Policy* 21: 465-480.

Renard, Y. (1994), *Community Participation in St. Lucia*. Washington, DC: Panos Institute, and Vieux Fort, St. Lucia: Caribbean Natural Resources Institute.

Renn, O., T. Webler, and P. Wiedemann (1995), *Fairness and Competence in Citizen Participation: Evaluating Models for Environmental Discourse*. Dordrecht, Neth.: Kluwer.

Resilience Alliance (2001), The Resilience Alliance: A Consortium linking ecology, economics, and social insights for sustainability. Available: http://www.resalliance.org/programdescription. [Accessed September, 2001].

Santa Fe Institute (2001), Homepage. Available: http://www.santafe.edu [Accessed September, 2001].

Singleton, S. (1998), *Constructing Cooperation: The Evolution of Institutions of Comanagement.* Ann Arbor: University of Michigan Press.

Smith, A.H., and F. Berkes (1993), Community-based use of mangrove resources in St. Lucia. *International Journal of Environmental Studies* 43: 123-131.

Smith, L.T. (1999), *Decolonizing Methodologies. Research and Indigenous Peoples.* London: Zed Books.

Steins, N.A., V.M. Edwards, and N. Roling (2000), Re-designed principles for CPR theory. *Common Property Resource Digest* 53: 1-5.

Third World Network (2001), Homepage. Available: http://www.twnside.org.sg/access.htm [Accessed September, 2001].

van der Leeuw, S.E. (2000), Land degradation as a socionatural process. pp..190-210 in *The Way the Wind Blows: Climate, History and Human Action,* R.J. McIntosh, J.A. Tainter, and S.K. McIntosh, eds. New York: Columbia University Press.

Walters, J.C. (1986), *Adaptive Management of Renewable Resources.* New York: McGraw-Hill.

Weitzner, V., and M. Fonseca Borras (1999), Cahuita, Limon, Costa Rica: From conflict to collaboration. pp.. 129-150 in *Cultivating Peace: Conflict and Collaboration in Natural Resource Management,* D. Buckles, ed. Ottawa: International Development Research Centre.

Williams, N.M., and G. Baines, eds. (1993), *Traditional Ecological Knowledge: Wisdom for Sustainable Development.* Canberra: Centre for Resource and Environmental Studies, Australian National University.

Wilson, J.A., J.M. Acheson, M. Metcalfe, and P. Kleban (1994), Chaos, complexity and communal management of fisheries. *Marine Policy* 18: 291-305.

Young, O. (1995), The problem of scale in human/environment relationships. pp..27-45 in *Local Commons and Global Interdependence,* R.O. Keohane and E. Ostrom, eds. London: Sage.

Young, O., ed. (1999), *Institutional Dimensions of Global Environmental Change. Science Plan.* Bonn: International Human Dimensions Programme on Global Environmental Change.

第IV部

新たに現れてきた課題

第Ⅳ部の3つの章はコモンズの問題にみられる変化や新たな事態の出現が投げかけるテーマを取り扱っている。まず第1に，両章において，現存の状況の変化と新たな事態や課題の出現が中心的なテーマとなっている。第2に，両章はコモンズ理論の性質に関する変化や新しい疑問や新しい理論的取り組みが起こってきていることを反映したものとなっている。そうだからと言って，これらの章が，コモンズのドラマのプロットを解き明かすような意味でのドラマの"幕切れ（denouement）"となる訳ではない。ここでこの締めくくりを意味するフランス語の元の意味は「解きほぐす」という言葉を語源としていることを知って欲しい。これらの章は，コモンズのドラマにみられる絡み合った複雑な問題のいくつかを解き分けるような革新的視点を提供するものである。例えば，コモンズにまつわる複雑性や不確実性にいかに対処したらよいのか？　コモンズの管理に使用される制度といったものはどのように現れてくるのか？　あるいはコモンズ管理の成功と不成功に重要な関わりをもつ「文化」を形成する過程はどのようなものか？　といった疑問である。第Ⅳ部の各章はそれらに直接解答している訳ではない。しかし謂わば「問題となるもつれを作る素材としての糸」をよくみて解きほぐしを可能にする初動作をどうしたら取れるかと言ったことを検討する際の新しい方法を提供してくれている。

　Wilsonは第10章において，海洋漁場の崩壊にまつわる古典的とも呼べるような管理の失敗の事例から説きおこす。この事例でのコモンズの悲劇といえば，それを語るまでもなく聞き慣れたことかも知れない。しかしこの章でWilsonは新鮮な観点を提供している。Wilsonは複雑なエコシステムを扱う場合，科学的側面での不確実性は不可避になるという事実に焦点を当てるとともに，その同じ不確実性は悲惨な結末をもたらしたコモンズの制度とどのように関係し合っているのかを問うている。ここでのWilsonの貢献は，科学的理解と制度上の動態の間でミスマッチが起ることそのものに拘泥せず，それを超えたところで議論することができるようにする方法を提案していることである。Wilsonは，大きすぎるような不確実性に対処することも，管理の対象として意図していたシステムの規模に合った制度を作り出すことによって，学習を通じて可能になることを提案している。漁場のような複雑な適合型システムは，

ぴったりと当て嵌まるモデルが見つけられない場合でも，まったくランダムに動いている訳ではない。むしろ，カオスや複雑系理論の概念を使って説明すると，このシステムの場合，ある状態から別の状態へ，またそれぞれの状態におけるシステムの作動を比較的容易に予測することができると Wilson は論じている。この説明で巧妙なのは，それを状態変化の予測に置いた点である。Wilson によれば，このことは，管理やモニタリングの制度が制御できる範囲をシステムの作動範囲に対応したものにすることで達成できると主張している。体系全体は複雑なものであっても，複雑さの程度の低い部分から構成されているとするならば，システムの作動は，計り知れない全体をみるのではなく，理解可能な部分に集中した制度を作り出すことによって理解可能にすることができるかも知れない。Wilson が留意点としてあげているように，どのような制度的設定が効果を表わすかを予め知ることはできない。何が有効かを知ることができると想定することは，海洋漁場でコモンズの悲劇を起こしたように傲慢の誹りを免れないといってよいだろう。その代わりに，彼は制度にとっても研究者にとっても指針となるべき制度設計上の仮説をいくつか提案している。

　McCay は第 11 章において，なぜコモンズの制度がある状況のときには生成し，他の状況では生成しないのかを分析している。そこで彼女は，コモンズ利用者を引き込んである種の制度が生成するときに必ずなくてはならない多くの条件について概説することから始める。さらに加えて，多くの事例において，コモンズ管理の制度は，コモンズを持続可能に管理していきたいといった欲求とはかなりかけ離れた理由によって生み出されているかも知れないといった点に注意を払っている。彼女はまた，コモンズの管理において，利用者の集団はある資源の保全を目的にするよりも対立・紛争を最小にしようということを優先して学びとっているようであるという挑発的な考えも述べている。章の後半で彼女は，理論としてのヒューマン・エコロジーの立脚点を検討している。コモンズ論の初学者はこれを解答が存在する演習問題のように受け取ってはいけない。McCay は，研究者がフィールドに出る際に，何を研究の対象にしているのか，何ならばそれを説明できるのかという問いに予断をもって出た場合，実際に起こっていることを見損なう虞があることに注意を発

している．一方で，理論と問題設定の選択が研究という取り組みにおいて必須の部分を占めることも認めている．しかし発端において理論的に深く考えたうえで取り組まないと，認識論的に単純な研究計画によっては得るものが少ないことになることを主張している．柔軟性の経済学やイベント・エコロジーに発する構想は，コモンズを巡る研究上の課題を概念化する際に，より精緻な方法をとるための理論的基盤を提供することになる．

　Richerson, Boyd, Paciotti の 3 人による第 12 章は，ダーウィン理論を適用した文化進化学の最近の議論に基づき，なぜ人間集団はコモンズの管理を行うことができる場合があるのか，何がそれらの努力に限界を加えることになるのかということについて示唆を与えるものである．3 人によれば，反社会生物学とも言うべきものであるが，文化をもった生命体において利他主義が遍く広がっているような状態が作り出されることがあることが主張される．そこでは，いわゆるコモンズの悲劇ではなく，人々が協力し合うひとつの「コモンズの喜劇」が期待されるのである．共通善の存在を気にかけるということがすべての関係者に広がることは期待できないかも知れない．すなわち，利他主義は同じ社会的グループのメンバーであると認識している個人にしか広げることができないということには理由があるというべきかも知れない．しかし一方で文化が，誰が「ウチ」に属し，誰は「ソト」であるかを決定するのである．コモンズ管理のための制度設計における課題は，「ウチ」と捉える集団に関する共通の定義の形成とそのことに全体として連帯意識をどう起こしていけるかという課題を意味している．Wilson と McCay は同様に，ここでなされる議論は，今日の理論の底に流れる潮流のいくつかを踏まえたものである．ここで示された構想は少数者の間だけのものではなく，実証研究にとっても制度設計にとっても指針となるものである．

　これら 3 章は，コモンズに関する研究の完成度の高まりを反映したものとなっている．コモンズ研究はその始まりのときから，社会理論の核となる課題に立ち向かうものであった．それは，利他主義と利己主義のバランスをとる問題，そして人々は合理的であると考えつつも代替的な方法があるのではないかといった問題を検討することを通じてなされてきたのである．これらの理論的にも実証的にも内容豊富な研究蓄積が進

むことによって，生成，変容，そして動態（ダイナミックス）の問題など複雑な問題に取り組むことに繋がってきていると言えよう。それらがあって，複雑系やイベント・エコロジー，文化的進化理論といった社会科学の最先端においてなされている理論的方法を投入することにもなっている。これらの章はほんの序章でしかないが，コモンズのドラマで言えば次の幕が心躍る内容であることを充分に予想させるものとなっているのである。

第10章
科学的不確実性，複雑系と
コモン・プール制度のデザイン*⁾

ジェームズ・ウィルソン

　本章では，海面漁業のような複雑で利用度合いの高い自然系における科学的な不確実性と，私たちはどのようにつきあうべきかという命題について取り組む。多くの大規模漁業の崩壊によって例証されるように海洋の生態系は複雑で非常に管理しにくいものである（Boreman et al. 1999; Ludwig et al., 1993; National Research Council, 1999）。大部分の問題は，科学的な不確実性と，不確実性に対する私たちの理解不足のために生じている。海洋のように複雑で，変化が早く高度に適応的な環境における科学的問題の困難さについては過小評価されるべきではない。漁業管理というゲームをプレイする人間たちが，戦略的な行動をとることによって不確実性を拡大しているのである。

　この論文では，複雑系における科学的不確実性は，以下の二つの点で環境保全を必要以上に難しい問題にしていることを主張したい。すなわち (1) 私たちがそうありたいと願う以上に自然のプロセスを管理できるという，大変はっきりとしているがしかし不適切な科学的概念を漁業管理に関する統治制度に組み入れたこと（つまり，私たちは単純で物理的な系と似かよったものと仮定して，海洋環境を扱っている）。そして，(2) こ

---

　*）本章の各段階の草稿に対してコメントをくださった多くの方々に筆者としてお礼を申し上げたい。また Spencer Apollonio, Jefferson White, Gisli Palsson, Teresa Johnson, Deirdre Gilbert, Yong Chen, Robin Alden, Ted Ames, Elinor Ostrom, William Brennan, Jennifer Brewer, Carolyn Skinder の各氏からは有益なコメントをいただき，それらはしばしば本章での考えを再考し改訂するきっかけとなった。

のフィクションから生じる個人のインセンティブは社会的な持続可能性という目標から乖離することであり，それが可能となる最適な状況が整っていても困難である。結果として，私たちは海洋について学ぶプロセスを明らかに緩慢にしてきており，科学的不確実性や予防的な行動というものを場合によって非常に危険なものとなりうるように定義し，機能不全を起こすような管理制度を形成してきたと確信するに至った。本章では，私たちがこの海洋というシステムを複雑適応系とみなすことで，個人のインセンティブを生態系の持続可能性と一致させるような方法を発見しやすいのではないかと提案したい。このような視点をとることで，私たちがこのシステムの中で働かせたいと考えている管理の程度と種類についての意識を変化させることができるだろう，そしてその結果，個人の権利の種類と有効性を持ちうる集合的統治構造に対して意義ある貢献ができると考える。

1　ニューイングランド漁業から得られる事例

　第二次世界大戦後に海面漁業管理が開始された時点では，実務的に適用される科学と政治的な関心が支配していたのは，大規模で単一の魚種に対する管理であった。国際的な漁業管理制度には，地理的に非常に広大な管轄範囲と，ごくわずかな資源と，ほとんど実体のない統治機関が与えられていた。にもかかわらず，これらの制度は，海洋資源の保全のためのレジーム開発を要請されていた。これらの制度とそこで働く科学者たちが直面した科学的な問題は，尋常ではないくらいに難しかった。特に，観察に関わる問題とその費用，そしてこの時点では生態学理論が未発達な段階にあったことが，事態を困難にしていた。
　この時点で一体誰が複雑系について構想に着手することができただろうか。そのようなシステムの考え方は非常に間接的で，費用がかかり，偶発的なものであるとしか受け止められていなかったからである。当時の漁業関連の科学者は還元主義的なアプローチを選択し，個々の個体群について洗練された数理モデルを重視していた。このアプローチは，当時の自然界に対する科学的な理解や，科学者らの（そうありたいと願う

測定・計量能力，科学者[1]が所属をしていた漁業管理機関に与えられた権限と整合的であった。特に，漁業管理の概念はおおよそ確認されている漁場や生態系に位置する，所在や魚種に特定化した個体群（資源全体）に集中していた。たとえば北西大西洋漁業国際委員会（ICNAF: the International Commission for the Northwest Atlantic Fisheries）は，その広大な管轄範囲を膨大な数にのぼるより小さな，といってもなお十分に大きい統計地区に分割していた。それぞれの統計地区は主要な生態区分あるいは漁場に対応していると想定していた。たとえば，ジョージズバンク，メイン湾，ニューファンドランドのグランドバンク，スコシア棚などである。そして科学的な労力は同委員会に所属する団体が関心を有する商業的対象種にのみ向けられていた（Haliday and Pinhorn, 1990）。

　科学と産業のどちらの視点からも，当時の海洋の生態系における制約と複雑さという前提からすれば，このような初期のアプローチが「誤っていた」と論じることは難しい。そうはいうものの，ある一定の科学的パターン，すなわち，現在もなお残存している，ある種の経路依存の思考方法が構築されたのである[2]。

　1977年に沿岸国の管轄する漁業水域が拡張されたが，アメリカとカナダはどちらも，単一種を対象とする科学的視点とICNAFのもとで開発された漁業管理適用範囲を，ほとんど何の変更も行わなずに採択したのである[3]。両国において，当初漁業管理計画はICNAFによって設定されたものの単なる継続でしかなかった。今日においてすら，アメリカとカナダは1950年代初期に定義されたものと同じ統計地区とその定義を用いている。統計的手続きの改良，より長期の時系列データの蓄積，

---

　1) 私はSchaefer, Gulland, Ricker, Cushing, Berverton, Holtのような科学者をイメージしている。彼らは1950年代から1960年代にかけて，現在まで続く漁業の個体群動態構造の数式化を行った。

　2) 経路依存性によって私は，特定の理論的なアプローチにとらわれる傾向として使っている（Waldrop, 1992）。この例では，ある領域における理論を立証したり否定したりする試みにおいて非常に大きな困難が伴うことから，特定の経路から離れることをできなくさせることが発生するという仮説である。時間の経過のなかで，研究プログラム，データの収集，設備，経歴，そして法的な権威のすべてが，研究手法に沿って調整されてしまうのである。変化することは難しく，検証ができないことで，変化を起こす本来の理由すらも曖昧にしてしまうのである。

　3) カナダとアメリカの科学者が，ICNAFに働いていたことのある人々であることを考えると，驚くほどのことではない。

いくつかの新しい対象種への関心，そして漁獲死亡に関するより完全な記録の整備を除いて，本質的には同じ方法論——もちろん同じ原理にもとづく理論——を使ってそれぞれの水産資源の状態を評価し，漁獲許容量に関する提言を行うために用いられている。

しかしながら，その国際化時代から引き継いだものでもっとも影響力をもったものは，個々の生物種をあたかも独立したあるいは孤立した存在であるかのように扱うことで，複雑な海洋のシステムの実態を単純化しようとする科学的なアプローチであったし，現在においてもそのアプローチは存続している。単一種理論の中核となる信念は，ある資源の将来のサイズは産卵親魚の生物量に強く相関し，産卵親魚の生物量は漁獲がどれだけ行われたかにより決定されるというものである。漁業と産卵親魚量の関連は明確にかつ容易に計測できる。しかし産卵親魚量と稚魚の育成や域外から域内へ流入することによる自然個体数増加の理論的な関連は一般的には不明であり，個体群サイズのごく小さい，わずかな資源でのみ解明されている（Hall, 1988; Myers et al., 1995）[4]。確固たる証拠を欠いているにもかかわらず，漁業科学者はそれぞれの個体群の持続可能性は適切な産卵親魚量の維持に依存すると固く信じている。

結果として，日常的な漁業管理では，個体数増加を予測しようとする試みは行われていない。個体数増加は，直近の一定期間——10年または20年間——の平均に近い値で起こるものと期待あるいは想定されているのである。漁業科学者はその予測の結果から，既に海中に存在する年級群を対象として産卵親魚量を一定に保ちつつ最適な漁獲を行うために，望ましい漁獲率，または漁獲量についてのアドバイスを行う。このとき，すべてのまたは多数の魚種に対し同時になされる，平均的なまたはやや高い程度の漁業行為があっても，生態学的な相互作用への影響は極小であり根本的になんら撹乱を起こさないという暗黙のしかし強い仮定が置かれていたのである。加えて，非常に難しい計測と推定の問題がある。30-50パーセント程度の計測誤差は一般的である（Hilborn and Walteres, 1992; Walters, 1998）。全国海洋水産局（NMFS：National Marine Fisheries Services）の科学ディレクターであるWilliam Foxは次のように

[4) 本章をちょうど編集者に送付した後に，私はBrodziak et al.(2001)がジョージズバンクの14の資源について，見分けることができると主張する論文の存在に気がついた。

述べている（Appell, 2001）。「そこにはある種の経験が含まれることになり，他の科学者が繰り返し検証しえないこともある。それは実際，科学ではない。むしろ芸術家がやっていることのようだ。そう，あなたの科学的アドバイスの大半は，芸術からきているのだ」。大半の漁業科学者は理論の不十分さと，個体群サイズの計測と推定に関する不確実性に気がついている。

2　不確実性への対応

　漁業水域が拡張された最初の数年間でこのような不確実性の問題が明白になると，水産業界のなかでそれに関心を示す少数の主体は率直に懐疑的な姿勢を示した。しかしより多くの人々は，さまざまな個人と集団の関心と条件を反映したゲームと見立てた戦略で対応しようとした。戦略的ではない産業界の反応は，産卵親魚量とその結果である個体数増加との関係に関する理論と，資源の最適な保全，あるいは維持がどうやってできるのかという点に対する不明瞭な懐疑論として表れた（Smith, 1990）。この議論がかつて政府の科学者によって認識されていたとは思われない。なぜなら，単純なことだが，公式に発表された政策原則（doctrine）に含まれていなかったからである（あるいはクーン（Kuhn, 1962）が論じたように"パラダイム"として議論はされたが無理解のままになっていたもの）。しかしながら，科学者が水産資源量の推定（またはその変化）に関して不確実性を説くことに対して，水産業界が高度に批判的で戦略的な反応を示すことは，この論と密接に関連している。これらの資源推定値は産業界にとって特に重要である。なぜならそれらは，水産業界が漁獲許容量やその他の漁業規制ルールに関して短期的な政策決定をする際の基盤としているからである。

　さらに，当時のニューイングランドの水産業は本質的にオープンアクセスの産業であったため，非常に近視眼的な視野に立つ傾向をもつことが普通であった。産業界の議論は大量ながら伝聞的な不確かな証拠によって形作られる傾向があった。このような証拠はほとんど例外なく，経済的な困難性を示し，また資源枯渇に関する生物学的推定ともちろん

のこと漁獲努力を減少する必要性について反論すべくまとめられたものであった。資源がパッチ状に分布し，漁業者の技術がこれらのパッチを突き止めることに関してすこぶる磨かれているという前提があるため，局所的な資源の豊富さに関する主張が，NMFSの科学者たちに強い印象を与えることはなかった。なぜなら彼らは，水産資源に対して階層化された無作為抽出法にもとづく調査を実施し最善を尽くそうとしていたからである。経済的な困難性に関する議論は，産業がオープンアクセス状態にあれば利潤のゼロ状態が予測されていることから，誇張された不満であるとして単純に解釈された。

しかしながら，ほとんどが科学者ではない管理協議会（management council）のメンバーは[5]，生物学的と経済学的困難さの議論の双方から影響を受けた。彼らは資源利用者の価値観に共感し，あるいは少なくとも利用者の考え方に対して信用を与えた。そしてその結果，より漁獲量を増大，あるいは規制を減少する方向へと，科学的助言を割り引いたり修正したりする傾向を見せるようになった。協議会の審議結果はほとんどいつでも，制限が緩やかであり，そうでなかったとしても，少なくともNMFSの科学者たちの勧告とは異なるものであった。NMFSの科学者たちの観点からは，あたかも協議会は，推奨された漁獲水準の前後に信頼限界が与えられた場合，平均値やより保全的な水準ではなく，常に区間の最大値を選ぶかのように見えた。これらの科学者たちによれば，協議会には資源を保全するために行動しようとする政治的な意思に欠けていた（Rosenberg et al., 1993）。

NMFSと環境保護コミュニティは，管理協議会が行動すること（あるいは，少なくとも彼らが望む方向に行動すること）に自発的でないために，大変な欲求不満を覚えた[6]。彼らは，協議会の不確実性への対応は，す

---

5) 1977年のThe Fisheries Conservation and Management Actは，8つの地域漁業管理協議会を設立し，それらがNMFSに対する諮問機関として機能することを定めた。NMFSは連邦商務省の全国海洋大気局（NOAA; National Oceanic and Atmospheric Administration）に所属する。協議会の委員は，関連する州の知事が用意した候補者リストから商務長官が任命する。一般に，委員には主な利害関係者の代表が任命されているようにみえる。地域協議会は通常の連邦諮問委員会（federal advisory committee）よりも重く位置づけられている。国の一連の基準に照らして妥当なアドバイスである限り，NMFS/NOAA/商務省は概ねそれに従うよう規制されている。

6) この解釈は，私がメンバーとして，時には議長として，ニューイングランド州漁業

第10章　科学的不確実性，複雑系とコモン・プール制度のデザイン　　435

ぐにではなくとも，徐々にそして確実に資源の崩壊を生じさせるものであると考えた。NMFS の職員らは，明示的であれ暗黙的（互いの）であれ同意するものとして，より大きな保全を達成するためには協議会の相対的に民主的なプロセスを当てにすることは出来ないと結論したようである。特に問題なのは，協議会が政治的に重要な経済問題を解決するためであれば，生物学的な抑制を犠牲にするはっきりとした傾向があると感じられることであった。

　NMFS は，協議会の意思決定において定量的なデータだけを使うことを要求する運動を開始し，資源量とその変化に関しそれらの点推定値だけを提供し，そして割当決定（allocative decisions）と呼ばれるものから生物学的な決定を分離するべく最善の努力を払った（たとえば，NOAA 1986［カリオ・リポートとしても知られている］; 1989［602 のガイドラインおよび乱獲の定義］; Sustainable Fisheries Act［Public Law No.104-297, 110 Stat. 355, 1996］）。同時に，規制のプロセスについて，法廷で不服申し立てを受ける機会が次第に増えるようになり，NMFS は自身の決定を防衛することを強いられた（実際のところ，彼らの決定は協議会の助言を受け入れたものである）。このような異議申し立てでは，頻繁に NMFS の科学（それは資源集団のサイズ変化についての推定であり，基礎的な理論ではない）に対して疑念が呈され，そして決定の基礎となる定量化の仔細を巡っての問題が，もっとも容易に法廷で取り上げられることとなった。結果として，規制のツールの選択に，強いバイアスが生じることとなった。容易に定量化できるルールが，強く好まれた。定量化がより難しい，または，基本的なマネジメントモデルの文脈では容易に解析できないルールは，好まれなかった。たとえば，水産業界は頻繁に産卵域の閉鎖を提案した。NMFS はこの提案に対して，便益がなんら見られない，または「いつ魚を殺すかとは全く関係がない」という主張をもって，いつでも反対を唱えた。

　要するに，すべての努力は規制プロセスを科学的不確実性によって提起される諸問題から隔離することに注がれたのである。一方，NMFS や多くの環境団体が好むアプローチは，科学的な異論に対処するためには

管理協議会の科学統計諮問委員会に携わった際の観察から得られた。

専門家（つまりNMFS）をあたらせ，そして協議会は誰が何を獲るのかという割当問題に対処するというものである（NOAA, 1986）。このアプローチを通じてNMFSらが望んだのは，たとえ社会（つまり協議会）が，誰が何を獲るかをめぐる割当問題で激論に終始したとしても，生物学的な意義が犠牲にならないことであった。

科学的不確実性によって生じた政治的な問題に対してこのような対応をすることは稀なことではない。人々は，このような政策的アプローチが信義にもとづく試みとして，資源保全と漁業の持続性を高めるために採用されたものだと考えるべきかもしれない。結局のところ，たとえ現在の理論が不十分であると判ったとしても，依然としてそれが利用可能な唯一の理論——唯一の指針——であり，資源に対する脅威と行動の必要性が認識されている以上，科学的不確実性に対する議論を回避することは正当化されることかもしれない。

しかしながら，この理論の中核となる関係性の検証が不可能である以上，不確実性問題に対するこの種のアプローチは，並ならぬリスクを伴っている。予防原則的管理の段階では，単一種の「産卵親魚量 (spawning) ／新規加入量 (recruitment)」を使った因果関係を，実務的に利用可能な長期持続可能性決定要素と想定しているが，このようなやり方では，仮に他の生態学的要因（たとえば生息場所，個々の水産資源の空間的分布，個体群の行動，栄養段階（trophic hierarchy）など，単一種に関する研究課題設定では無視されがちな要因）が種の豊富さを決定づける場合には，結果として非常に大きなリスクとなることが判ろう。このような環境下では，通常の単一種管理の処方箋——適度な漁獲——が乱獲を導くことさえある。なぜなら，局所的な産卵資源集団の少しずつの消失（Ames, 1998; Hutchings, 1996; Rose et al., 2000; Stephenson, 1998; Wroblewski 1998; Wilson et al., 1999），重要な生息場所の崩壊（Watling and Norse, 1996），平均的な栄養水準の緩やかな低下（Pauly et al., 1998），そして他の持続可能性にとって重要な生態学的要因の減少や崩壊などの原因によってである。つまり，単一種アプローチにとって適切な制限は，他の問題をそのままにして解決しないという可能性があるのである。不確実性を共通の議論の場から除外することによって，システムに関する不完全で不確実な理解のために生じたより重大で悲劇的な不確実性問題に対処する際

の，唯一の防御が私たちから奪われてしまうだろう。同様に不確実性を議論から捨象してしまえば，私たちの学習能力が妨げられ，科学に対する信頼と証明されていない理論を学問的に統御するプロセスにリスクが生じ，そしてなにより，私たちの長期的な資源保全の能力が失われかねない（Rosa, 1998a）。

　ニューイングランドの経験は，似たり寄ったりの形をとって世界中で繰り返されている。それは，ニューイングランド協議会（New England Council）の勧告の過程に悩ましい影響を与える問題であるのだが，カナダと他国の諮問の過程においても同様に難しい問題となっていた（たとえばFinlayson, 1994）。この歴史的に生じた問題は，民主的手続きであれ，利用者の参加に重きを置くそのほかの集合的プロセスであれ，資源を保全する方向で環境の不確実性をうまく取り扱うことができるのかという問題を投げかけるものである。あるいはこれは，さまざまな個体や集団による不確実性への戦略的対応とその結果として信頼の構築を困難していることからみて，成功に結びつくような相互自制による協定交渉に臨むことは，本来無駄なことであると主張する論拠だろうか。

　本章における議論では，私たちは不確実性を開かれた民主主義的に取り扱う。しかし，私たちが直面する不確実性の種類と，その不確実性を扱うために築こうとしている制度の設計について明らかにしなくてはならない。私たちはある特定の科学理論と私たちが直面する（と信じている）不確実性の本質についての予見に，すばらしくよく合った制度をつくることができる。あるいは，私たちはある別の原理に基づいて制度を設計することもできる。それは，因果関係についてはできるだけ仮定をおかずに，集合的な学習と制度の進化の役割を強調するものである。それぞれのアプローチの適切さは，私たちの科学的知識の状態，あるいはそれに代わって，私たちの検証と証明の能力に応じて，明らかとなるだろう。次節では，通常の還元主義的科学環境における不確実性の概念と，どのようにして私たちの不確実性に関する概念を複雑適応系の文脈に合わせて変化させるかについて短い議論を行う。

3 不確実性に関するこれまでの見解

　Pahl-Wostl（1995: 196）は次のように述べる。「伝統的な観点から判断すると，不確実性とそれに対する予測能力の欠如とは，無知であることに等しい。このような考え方は，未だに科学の慣習として浸透している。それが，どのように知識が評価されるか，どのようなタイプの知識が意思決定に要求されるかを定めている。またそれは，科学的および政治的制度の双方を形作っている。このような概念はわれわれが今日直面している環境問題の複雑さを扱うには不十分である。」一般的に，私たちは自然のシステムを学ぶ際に3つのタイプの不確実性を考える（Walters, 1986:162）。まず外因的な撹乱によって生じる不確実性がある——ノイズである。次にシステムのパラメータのとる値に関する不確実性がある。そして最後に，システムの構造に関する不確実性がある——時として モデル不確実性（model uncertainty）とも呼ばれる。最初の2種類の不確実性に関する定量的な尺度として，American Heritage Dictionary では単純に，「観察されるまたは計算される値が真実の値からどれだけ乖離しているかを示す推定量または推定する度合」としている。この定義は，私たちが，漁業であれその他の研究分野であれ，基本的な因果関係——システムの構造——については知っている，あるいは知っていると信じているという仮定を暗に含んでいる。

　このような条件下では，よい科学を表すものは，ノイズとみなされたりするものの中に有効な関係性を発見する能力，そして／あるいはシステムのパラメータの値に関する私たちの知識の不確実性を狭めたりする能力のことである。普通，一般には，パラメータ推定時の信頼区間が最小であることが，最良の科学であると信じられている。継続する科学的プロセスを通じて，私たちはパラメータの不確実性を減少したり解決したりする。モデル不確実性もまた，科学的プロセスを通じて最適に対処される。しかし，この場合は，因果関係の発見を含むことになる。いったんこの発見が生じれば，不確実性の問題はパラメータに発生する不確実性に伴う統計的なプロセスのなかの問題とほぼ見分けられないくらい

に混合されることになる[7]。

　社会的な観点からは，不確実性は望ましい状態ではないが，科学が急速な探究を旨としている限り特に問題にはならない。繰り返し一貫してよい予測がなされることにより，理論が証明され，信頼が作り出され，より詳細な知識に対する投資への意欲が生まれる。ついには，以前は戦略的で利己的な議論（たとえば，私とあなたの鉄鋼のどちらが橋をかけるのに適しているか，といった）の対象であった問題が，客観的な（あるいは社会的に関心ある）決定に携わる専門家によって参照されるようになる。通常行われる同種専門家による評価（peer review）は，品質管理のための予防措置として一般的に有効である。このような状況で，立法上の目標や規準の保護の下で相対的に個別利害から隔離された専門家が主導する制度は有効であり，社会の関心とも一致しているだろう。これは私たちが一般に建築，橋梁，自動車，製薬の安全性などについて構築する制度のタイプである[8]。

　過去200年間の技術発展の歴史はこの手法の持つ力を示している。しかし土木工学やその他の還元論的アプローチが功を奏する多数の分野とは異なって，海洋水産学のような複雑性を有する自然——人間システムを扱う科学では，広範な社会的信頼を生み出すような実績を示すことが出来なくてきている。Waltersは（少なくとも1986: 162-163では），このようなシステムを扱う私たちの能力について，非常に悲観的である。「私たちを脅かす不可避の構造的不確実性をどう取り扱うかについて，何らかの原則的なコンセンサスが成立することに，私は懐疑的である。すべての人類がリスクをとることについて一般的な合意をすると期待することなどとてもできないだろう」。

4　複雑適応系における不確実性

　複雑適応系に対する過去20年間の理解の伸張により，私たちは，生

---
7)　リスク研究に関する徹底したレビューについては，Rosa (1988a) を参照。
8)　しかしながら，本論文の2人の査読者は，このような分野に関して私の評価には過大な確信があると感じていると思われることを述べておくべきだろう。

態系と人間の関わるシステムを併せて取り扱うことができるかもしれない。このシステムの構造と動的な振る舞いは，伝統的な資源理論において特徴付けられる平衡で単一種の環境とは，似ても似つかぬものである。私たちが漁業システムについて複雑系の観点から概念化を行う場合，問題となる不確実性（そして制度設計）について，伝統的なやり方とは全く異なる方法でアプローチすることになるだろう。

　ニュートン的世界では，因果関係の安定性が還元論的科学の追究を可能にしていた。この安定性がシステムの関係性に関する観察と測定を信頼できるものとしてきたが，より重要なこととして，そのことで，私たちは有益な知識を蓄積することが可能になり，需要に応じたあらゆるスケールにおける結果の予測を持ってシステムに干渉することが可能になった。先に述べたように，私たちの世界の多くの部分が，このパラダイムにうまく適応していることは間違いがない。この点に関して複雑系が難しくしている問題とは，広範にみられる非線形な因果関係である（Holling, 1987）。いつでも多数の要因が，それぞれの程度は多かれ少なかれ，特定の出来事の結果に影響する。別の時では，同じ出来事に対する同じ要因の働く強さが大きく異なる。その結果，予測可能性は減少し，そして／あるいは予測のスケールや次元は頻繁に移り変わる（たとえば，Levin, 1992; Constanza and Maxwell, 1994; Pahl-Wostl, 1995; Ulanowicz, 1997）。

　要するにこの原因は，相対的な因果関係の強さが，システムの中で時間によって変化するからである。その極端な例が，世界中のいたるところで発生している漁業および／または環境の変化に対応したレジームシフトである（Dickie and Valdivia, 1981 [ペルー]; Boreman et al.,1999 [グランドバンク，ジョージズバンク]）。このような状況下では，類似した種が存在しても根源的に両者の割合が変化するため，過去の関係性からの外挿法に基づく予測は，はるかに的外れなものとなるだろう。もし誰か2つのシステム（シフトの前と後について）の全体像を比較することができる位置にあれば，構成要素の相互作用における強度や相対的重要性に大きな差異が生じているのを見出すだろう。

　レジームシフトほど極端ではない例が，複雑系の通常の出来事として発生している。システムの構成要素は，システム自身の内部で進展していること（たとえば，規制の変化，種分布の変化，あるいは経済システムに

おける駆動力などへの漁業者の反応）に対応して継続的に適応し，発展し続けている（単純に規模を変化しているわけではない）。システムに広範にみられる非線形性のために特定の因果関係の強度について私たちが無知であるだけではなく，特定の因果関係の要因を関連する方程式に入れてよいものかどうかも私たちには定かではない。このような複雑適応系の特徴のために，過去のシステムの状態に基づいて推測する私たちの能力と，そして当然ながら還元主義的な科学の観点によって通常の意味で定義される予測の利用可能性は，明らかに制限されることになる（Pahl-Wostl, 1995）。複雑適応系のパラメータの不安定さを認識することで，無知の範囲に対する私たちの理解を拡張することになる（Ulanowicz, 1997）。

にもかかわらず，このシステムにははっきりわかるほどの秩序がある。この秩序を理解することは可能であり，そして秩序に対する理解によって，将来のビジョン（あいまいな予測であっても）を形作ることが可能である。これまでに多くの科学者が動的なあるいは特徴的なパターンとして言及するものの中に，これらの秩序について示されてきた（Pahl-Wostl, 1995; Levin, 1999）。私はこの秩序を，類似のパターンが再発するものの，決して同じではなく，時々システムの構成要素が変化し適応するために非常に新奇であり，しかし同時に他のシステムのパターンからは通常，識別可能であるものとして記述する（Holling, 1987）。

ある特定の複雑系において変化のパターンを認識することは，システムの理解を導くだろう。つまり，私たちはパターンを歴史的な出来事とみなし，特定の結果を導く仕組みとして理解することができるからである。しかしこの理解では，私たちは大部分を定性的にしか予測できないだろう——特に私たちが現在の（惰性として続いている）期間を超えようとする際には。

この複雑系の特徴は，根源的で難解な問いを提起する。私たち自身の行動の長期的な結果を予測することができないのであれば，私たちはこのシステムの資源を長期的に持続する方向へと，どのようにして協力し，あるいは成功裏に干渉することができるだろうか，さらに，このような状況で私たちがどのようにして集合的な決定をなしうると望むことができるだろうか。短期的には費用が高く，長期的には便益が明らかではな

いために，集団や個人は規制に対して懐疑的であったり反対したりするという状況が，私たちの知識不足のために生じないだろうか。要するに，もし私たちが複雑系世界にいるならば，予測可能性の欠如とは，保全のための意思決定を行う際に，なんら合理的な基盤を持ち得ないということを意味するのではないだろうか。

5　複雑適応系における学習

　海洋の複雑系において，持続可能性のために必要な規制に関する適切な種類と程度について学ぶことは，単一種理論の観点で確信できるものに至ることに比べて，間違いなく難しい問題である。伝統的な資源管理の理論と実践では，漁業システムに対して物理系への適応において成功した手法と同じ手法を用いて，個別資源のスケールに即して単純化し予測することが可能であるという想定の上に築かれていた。もし管理者がこの方法で予測できれば，信頼区間は広くとも，システムの結果を操作できる立場につくことができるだろう。彼らは意味のある所有権を作り出し，明示的にせよ暗示的にせよ，漁業者との協定を結ぶことができる（たとえば，「もし現在，あなたの漁獲量を x に制限するならば，その後数年間は，漁獲量 y（プラスまたはマイナス）を得ることができるでしょう」）。このような協定は，個人的なインセンティブが社会的な目標と一致しているために，実効あるものになりそうであり，そしてその結果，資源の持続可能性につながりやすい（Scott, 1992）。残念なことに，この種のわかりやすい報酬設定やトップダウンで契約による手法は，私たちがすばやく学び，予測し，結果を制御できるときにしか有効ではない。

　複雑系における予測能力の欠如は，この種の直截な契約的方法論の有効性をはっきりと弱める。にもかかわらず，このようなシステムがある意味で理解できるために，抑制行為には価値があるという基本的に経済的アイディアは，実行可能な状態で残っている。一方，どんな種類の抑制が適切となるかを理解するための鍵は，パターン認識の中にある。

　多くのシステムがある状態から他の状態へと，認識可能だが通常は新奇なパターンを経て，それぞれ異なる因果関係の中で変化しているとい

う世界を想像してみよう．システムがある状態または他の状態にあるという傾向は，いついかなるときにか現れる，特定の価値の組み合わせをもった特定の因果関係の組み合わせが発生する確率に依存している（Ulanowicz, 1997）．時間または空間が近接した状況であれば，システムの状態が類似していると単純に慣性によって予測することができるかもしれない．しかし時間が蓄積すれば（または隔てる距離が大きくなれば），システムの状況が変化する幅はより大きくなり，予測可能性はより小さくなる．これは特定の場所のシステムが，その初期状態から永遠に分岐していくことを意味するわけではない．単に，ありうるシステム状態の変化の組み合わせを意味しているだけである．

パターンが再発する理由のひとつとして，システム内の変数の反応時間の違い（遅い，早い）に見出すことができるかもしれない（Simon, 1969; Allen and Starr, 1982; O'Neill et al.,1986; Holling, 1987）[9]．たとえば，海洋の多産魚は単一の産卵期間のうちに，個体数を劇的に変化させることができる．同様のシステム内の他の生物——カイメンやサンゴ——が同じような規模の変化を起こすとしても，より長い期間が必要である．一般に，ゆっくりした成長，発展，進化を遂げるシステムの側面——高齢個体を含む齢級構成，サンゴや棲管虫群落の物理的構造，回遊経路や産卵場所のような，学習および遺伝により獲得される個体群の行動の側面——は，より速い構成要素によって抑制されていると考えることができる[10]．換言すると，システムを構成する個体群間のエネルギーのタイミングやフローは，ゆっくりした，あるいは相対的に安定的なシステム構成要素の分布や構造によって抑制されている．

もし，このような緩やかでより長い期間をとる変数の値が変化すれば，ありうるシステムの配置の組み合わせも，同様に変化する．もし，長い

---

9) ここに示した観点の初期のバージョンは，Wilson et al. (1994) と Wilson et al. (1991) にみられる．これに同意しない場合には，Fogarty(1995)，Hilborn and Gunderson(1996) も参照のこと．

10) この用語使用に私が感じている疑問は，多くの環境の変数が，しばしば非対称または偶発的な割合で変化することに関連している．生物の生息場所は出来上がるまでに長い時間がかかるが，いったん出来上がってしまえば，長い時間にわたって存続する（ゆるやかな変数という定義の方が合致するかもしれない）．しかし，そのような生息場所が，人間や，嵐や，内的な動態によって，きわめて短い時間で崩壊することもありうるのである（Holling, 1987）．

期間を取る変数が相対的に安定，またはほとんど安定した状態で残存すれば，限られたシステム状態の組み合わせから導かれる配置が再発し，短い期間が特徴付けられる。こういうわけで，生息場所や非生物的要因のような長期間にわたる変数が不変のまま推移するようなシステムにおいては，常に変化するよく似たシステム状態の組み合わせが生成することを期待することができる（Pahl-Wostl, 1995）。（たとえば，季節的変化ははっきりして感知しやすいパターンである）。そうした場合，ありうるシステム状態の組み合わせを変化させることを目的に，生息場所，栄養構造，学習により得られた回遊経路といった行動要因のように，期間が長く抑制的な変数の崩壊や衰弱も起こり得る。そうなればシステムに，既に経験されたものとは異なる状態が含まれることになり，結果として，パターンを感知し学習する能力が減少することになる[11]。

Hollandは1998年の著作『Emergence』において，学習プロセスというものをコンピューター[12]（そしてたぶん人間も）がチェッカーゲームの学習を体験しなければならないような場合に相当すると述べた。チェッカーゲームは複雑適応的系のとても単純な事例である，と彼は述べている。チェッカーゲームでは，限られた数の駒がとても少ない移動のルールに従う。そしてそのうちの遅い変数（ゲームのルール，盤のサイズ，駒の種類）は十分に安定している。しかしチェッカーゲームを予測することは非常に難しく，ありうる盤の状態は計り知れないくらいに多数存在する。ゲーム開始直後のわずか数手の後に，盤上の駒の配置は，たとえ経験を積んだプレーヤーであっても，以前に出合ったことのないような状態になっている。「システム」の状態――盤上の配置――は，ほとんど常に新奇なものだが，配置のパターンは以前経験したものと，多かれ少なかれ類似しているということはありうるだろう。システム内の因果関係の流れは安定的ではなく，盤上のそれぞれの配置に応じて変化している。システム内で，誰かが干渉したときのフィードバックはほとんど

---

[11] しかし，Holling (1973, 1987) と Gunderson et al. (1995) は，より年を経た構造におけるエネルギーの蓄積（高齢の森林，よく茂った低木地など）は，火事などのプロセスを通じた劇的なシステムのシフトを起こすことができると論じ，一定に馴染んだ状態を長期にわたって達成することは簡単ではないことを示している。

[12] Samuel (1959) も参照。

第10章　科学的不確実性，複雑系とコモン・プール制度のデザイン　445

明らかではない。「よい」手かどうかはゲームが終わった後に明らかとなる。「ダブルジャンプ」によってゲームが敗退することも，「ひどい」手が勝利への道筋を提示することも起こりうるのである。代わりの手の組み合わせの中から結果を予測しようと先読みをしても，あいまいな答えしか導かれない。それでは私たちはどうやってチェッカーゲームをプレイすることを学ぶのだろうか。あるいは私たちの場合で言えば，どうやって生態系における人間活動の影響を学ぶのだろうか。

　先に論じたように，この種の環境における学習や予測の根本的な基盤は，パターンの認識にある。盤上の配置の多様性と新規性のために，そして特に相手プレーヤーの適応的な振る舞いのために，ある決断から得られる結果を，過去の類似的状況の結果の平均とすることはできない。相手プレーヤーの適応的な振る舞いによって，特に単純な統計的戦略を講じるプレーヤーにとっては，驚きや意図せざる結果が導かれる傾向が強くなる。

　Holland（1998）はプレーヤーが現在の盤上の配置を判断し，配置状態を評価するための数多くの方策について述べている（たとえば，「駒の前進」「王将の前進」「盤上の中央線を越える突破」といった簡単な方策などがそうである）。同じ方策の組み合わせを用いることで，プレーヤーが面する代替の指し手が取りうる結果を評価することができる。言い換えれば，プレーヤーは，代替の指し手が生み出すことができる盤上の配置──2,3手そして数手進んだ状態──について考え抜くことができる。保守的で一般的に成功しやすい評価というものは，他のプレーヤーが少なくとも評価するプレーヤーと同程度にゲームについて熟知していることが前提となる。もっとも最悪の場合を想定した予防原則が適用されるのである。間違いなく望ましくない結果を導く代替の指し手もあれば，耐えうる結果を導くものもあり，そしてゲームにおけるプレーヤーの位置を改善する結果を導くものもある。このような評価は，代替となる将来のビジョンの組み合わせを構成し，プレーヤーが次の一手を選択する基盤となる。下された決定は完璧ではなく，またプレーヤーの経験に依存するが，決定の不完全さがあるとしても，統計的アプローチを利用しようとする（相手の策略に気がついてはいるが）プレーヤーのほうがずっと脆弱であるといえる。

チェッカーゲームから生態系へ

 Holland のチェッカーゲームは，どのように学ぶか，そして特に因果関係が安定的でないときに，どのように将来のビジョンを見出すかという点について，とても興味深くはっきりと説明できるものにしてくれる。しかし，この方法で学習を進めることのできる前提条件は，状況が相対的に扱いやすいこと——チェッカーゲームの場合——である。特に，チェッカーゲームの学習が容易であるのは，有限なシステム状態や盤上の配置であること，ありうる未来を評価するために相対的に明確な基準を構築する能力，そしてすばやく，低コストでシステム（対戦相手を含む）を扱う経験を得ることができるプレーヤーの能力が備わってのことである。

 チェッカーゲームは生態系と異なり，時間ステップを変える変数を含んでいない。すなわち，盤上の配置の数が非常に大きくても，組み合わせは変わらないということである。もし盤のサイズが変わりうるものであり，あるいは駒の動きを定めるルールが変化しうるものであれば，チェッカーゲームは異常に難しいゲームになるだろう。ある一定の状況の組み合わせの下でプレイすることを学ぶことができても，駒の動きを定めるルールや盤の大きさが変化すれば，そのときまでに学んだことは消えるか無効になってしまう。ありうるシステム状態の数と，ゲームの典型的なパターン（古い状態と新しい状態のいずれにおいてもの）を認識するために必要な観察回数の双方が，著しく増大することだろう。そして学習の速度は低下するだろう。

 海洋の生態系では，すべてのありうる個体群水準とパラメータの状態を検討したとして，かつて観察したものと同一のシステムの配置が生じる可能性はほとんどない。反対に，システム内の長い時間のステップをとる変数（たとえば，気候，生息場所，特定の行動パターン）が安定している場合，よく似た，認識可能な配置を観察する確率はより高いと思われる。つまり，もし生息場所やその他の相対的に安定で，長い時間のステップを持つシステム内の変数が，長い時間にわたってある一定の状態にあれば，そのシステムは，近い過去に観察されたものとよく似た配置，またはパターンの組み合わせに落ち着く傾向を持つと予測することができるかもしれない。たとえば，個体数は大きく変化するとしても，メイ

ン湾の生態系の同一性は，そこでずっと働いてきた漁業者や科学者にとって明らかなのである。チェッカーゲームのプレーヤーのように，漁業者はシステムのパターンを認識し，証明しにくいような人間がシステムに与える影響を含む，ある種の将来に対する洞察力を有するようになるのである。

　同様に，チェッカーゲームと比べることが難しい点として，社会的な目標の設定がある。生態系においては，最終的な目標もおおよその目標も明確ではない。いずれも権利の構造と統治のプロセスに依存している。典型的なオープンアクセスのレジームでは，私的な権利が含まれるが，それはほぼいつでも短期志向への個人のインセンティブと，保全と何の関係もない利益最大化の目標を生成する。その他の権利のレジームは，より理性的な長期の目標を設定することが可能だが，そういう目標をどうやって達成するかという手ごわい問題と直面することになる。一方で資源の所有権（どのような種類であれ）によって，保全における集合的な利益が導かれるという単純な仮定は，本章の後半で論じられるように，複雑系においては明らかとはいえない。言い換えれば，チェッカーゲームと異なり，ゲームの目的が，権利の構造やかつてプレイされたゲームのルールから明らかになってくるのである。このため，どのような種類の規制が適切かを選択する過程は，より困難になるのである。

　どのような管理または統治のレジームが築かれたとしても，将来に対する，また人間の活動がシステムを創り出すやり方に対する非常に不正確なビジョンに到達するだけだろう。この限定的な将来のビジョンは，一般的な言葉遣いにおいて科学的とは言いがたいが，将来が完全に予測不可能であり何の影響も受けないという感覚よりは，ずっと価値がある。個々の漁業者にとっての特別な価値とは，システム状態の組み合わせが制限されることにより，将来の発生を合理的に予測することができるという事実にある（Palsson, 2000）。結果として，膨大な数の結果がすべて等しくありうるという理由で，彼らの現在の行動が固定されることがない。たとえば，もし誰かがある一定の季節的なパターンを予測すれば，たとえそれが強かろうと弱かろうと，早かろうと遅かろうと，また誰かが一定の種の存在を予測すれば，たとえその資源量が多かろうと少なかろうと，これらの予測によって説明される将来の有限の組み合わせ

によって，将来的なありうる状態への備えが可能になるだろう（Acheson, 1988; Wilson, 1990）。もし予測可能な将来の方向性を絞って考えることができなければ，現在の行動は，非常に近視眼的でただ受け身なものでないとしても，まったく合理的な基盤を欠くものとなるだろう。この限定的な個人の将来のビジョンは，どのような種類の集合的規制が必要であるかを判断するために重要である。

要するに，よく知ったシステムパターンの限定的な組み合わせをもつことで，個々の将来に対する洞察力の形成が可能になるのである。このビジョンは，前向きで適応的行動の基盤となる（Palsson, 2000）。これは物理的な資本と人間の資本の双方の投資に対する合理的な基礎となり，そして，重要なことに，現在の漁獲量または漁獲活動の制限の基礎となる。これらの個々の将来のビジョンは社会的な目標を構築するための究極の基盤となる。結果として，この観点からは，よく知られているシステムパターンの維持（つまり，「標準的な」システム配置のために必要な条件の維持）が管理の主要な目標となるのである。システムにおける「古い」構造を維持することは（Hollingの警告に従う限り），目標とするものを得る重要な手段となるのである。

これは伝統的な資源理論に含まれる規制のあり方と大きく異なる概念である。因果関係の完全な（あるいは確率的な）知識という仮定にもとづく理論では，およそいつでも，システム内の速く変化する変数に関連する定量的な処方箋を強調し（たとえば，漁獲量の割当，漁獲を許可される漁船の数，など），システム内のゆるやかに変化する変数を無視または一定と仮定している。他方，「よく知られたパターン」を強調するアプローチでは，特定の個体群とその他のシステム構成要素が長期的な性質をもつ側面（たとえば，個体群の齢級構成，回遊行動の学習，局所的なメタ個体群構成要素や生息場所の消失によって破壊されるかもしれない産卵場所，など）を維持するよう設計された政策に焦点を置くことを提案する。

このとき議論すべきは，長い時間のステップを持つ変数――システムの短期間の配置を決定する要因――の保存こそ規制において強調されるべきということである。なぜなら，その点については，かくかく云々であると，私たちがフィードバックと予測を利用できるからである。これは，相対的に安定したルールは，たまにしか変化しないということを意

味している．微調整を加えようとシステム内の速く変化する変数を懸命に追いかけることは勧められることではない．漁業者の感覚は，このことを別の面からみたものとなる．すなわち，もしシステムにおいて現在の条件が異なれば，──つまり，長期的な変数の構造が変化すれば──期待されたシステム状態の組み合わせもまたなじみが薄く膨大なものとなり，システムについて学び，将来的なシステム状態に対して経済的な適応をすることがより一層難しくなる．このとき，規制に対する合理的な根拠は薄らぎ，システムを科学的に理解することはより困難になる．

　要約すると，複雑系理論の観点から私たちは，種のレベルの予測では非常に限定的で，また非常に短い期間における予測能力を持ち，さらに限られた結果の制御能力を複雑系の中で持っているにすぎない．私たちは明らかにシステムに影響を与えるが，私たちの活動から生じる結果の特異性（特に，新規加入量による個体群サイズの変化のような，短い時間ステップを経る変数における）は，私たちの掌握の手を逃れてしまうようである．にもかかわらず，私たちは不完全な将来のビジョンを展開することができ，ビジョンはありうるシステムの配置に境界を定める．そこにはいくつかのシステムの構成要素──長い時間ステップをもつ変数──からなる特定の配置があり，それは，私たちが保護への手段をとれば，「典型的な」システムの状態とパターン（つまり，私たちが経験を通じて認識できる状態）へと進む傾向をもたらすものと予測することができる．このような「典型的な」システム状態とパターンは，代替する他の状態と比べて本質的にどこにも「良い」または「悪い」点がないかもしれない．しかし，馴染み深く良く知っているという点が有利である．それによって，私たちは，システム内に大きな不確実性が存在するにもかかわらず，将来の光景を知ったり，作り出したりもできるのである．このような知識によって私たちは，適応能力をもつことができ，資源の合理的な投資のための基礎を得ることができるのである．

6　複雑適応系における集合学習

　これらのシステムの複雑さ──大きさ，空間的分布，スケールの多様

性，構成要素数の多さ，継続的な変化，その他様々の要因——は，学習問題に的確に取り組むことができる個人や集団がだれもいないという状況を生み出している。この問題は集合問題（collective problem）であり，そのため，社会的な組織とプロセスに依存している。集合学習について私は，簡単に言って，私たちが海洋のパターンのような現象の観察を（一緒になって）蓄積し，これらの観察を解釈し関連付け（知識へと変化させ），その知識を記憶するやり方と考えている。資源管理の視点からすれば，複雑系におけるコモン・プールの問題を十分に学ぶことで，個人と集団に対して，説得力のある合理的な規制を展開することができる。これは科学の問題であると同時に社会の問題である[13]。実際，複雑な環境における集合学習の難しさこそが，社会と科学の問題を分割不能なマトリクスへと組み込んでいるのである。

　問題の社会的な側面は，集合学習問題に属する，互いに密接に関係しあう二つの側面をもっている。その第一は，責任ある運営（stewardship）の理論的根拠と学習インセンティブを生み出す制度——特にプロセスと権利構造——と関連性を持っている。第二は，制度の組織または基本構造（architecture）である。この第二の面はOstrom（1990）が調和（congruence）と呼んだ制度の特性と密接に関連している。問題のこの側面については，他の部分と比べてあまり関心が払われていない。しかし，システムに複雑性とそれに伴う不確実性があることを前提すると，この点はシステムの変化を十分に理解し，分析し，対応するための社会的な能力にとって重大である。

　ほとんどいつでも，コモン・プールの制度に関する著述では，ニュートン的世界で機能する相対的に完全な（あるいは確率的な）生物学的知識を想定している。これは経済学的な著述においてより明らかであるが，この問題に関するその他の社会科学の著述においても（たとえ書かれていないとしても）同じく浸透している想定である。私は，経済学，あるいはその他の社会科学における基本的な観点が，複雑系アプローチによって疑問視されているわけではないと考えるが，特定の種類の解決

---

[13] この後に続く議論では，社会組織の問題を科学的問題よりも強調している。これは科学的問題が重要ではないということを意味するわけではない。単に，この場では私の第一の関心がそちらにあるだけである。

──制度など関わる──はこのアプローチにより劇的な変化を遂げるのではないかと思う。これは他の社会科学よりも経済学にとって重要である。なぜならば経済学者は，完全またはほぼ完全な知識にもとづく最適化あるいは最大化行動を強調する分析モデルから得られた処方箋を，政策に対して適用しようとする傾向があるからである。共同管理について書かれた著述の多くでは，少なくとも人間環境を複雑なものとみなし，それだけを理由に，適切な経済学者の結論から遠ざかろうとする傾向がある（Ostrom, 1990, 1997; Pinkerton, 1989; McCay, 本書第 11 章）。ここで私は，複雑系アプローチが共同管理の著述に含まれる権利構造と制度組織について示される大部分の重要な結論と一致するような強固な理論的基盤を与えることを提示する。

6.1 組織に関する問題

この問題を概念化するにあたり，私は Simon（1962, 1964）によって初めて提起された複雑系の組織に関するアイディアについて考えてみたい[14]。これらのアイディアは多くの複雑系に関する論考において採用されており（O'Neill et al., 1986; Pattee, 1973），経済学と生態学に用いられるほとんどの集合スキーマ（aggregation schema）において暗黙の前提となっている[15]。それらにおいては，集合学習問題の取り組み，それとよく似た，管理制度の組織に関する問題について，実り多い概念的な基礎が提示されている。

Simon は，複雑系の組織について簡明な一般化を説得力を持って提案する。そこでは因果関係について仮説がほとんど置かれていない。すなわち，Simon はこれらのシステムは階層的に組織化され，分解可能（ま

---

14) このような着想を Simon ひとりに帰すことに異論はないと思われる。Pattee (1973)，O'Neill et al. (1986)，さらにフェデラリストペーパーズ (V. Ostrom, 1991) なども参照のこと。興味深いことに，集合学習に関する多くの研究，そして限定合理性の研究も同様に，Simonと Barnard に遡ることができる (Williamson, 1995)。おそらくここでしているような疑問は，世界を安定した時計仕掛けのメカニズムとしてではなく，あたかも複雑で適応的なシステムとしてみなし始めた場合に不可避なのであろう。

15) しかしながらそれらは，漁業管理で伝統的に用いられている種中心的個体群アプローチを暗黙に前提した，種からシステムに集合する方法に従うものではない。私は個々の種を基礎にシステムに集合する方法は，困難な計測とモデリングの問題を提起することが一般に認識されていると確信している。

たは独立した）な複数のサブシステムに分割されたものと提示している。Simon の理論において鍵となる構成要素は，ほぼ分解可能なサブシステムである。彼はこのようなサブシステムの境界を，相互作用の度合――それぞれのサブシステムにおいて，相互作用の度合が大きい，中間，小さい――を使って定義する。前述の議論での観点からすると，それぞれのサブシステムは速いあるいはゆるやかな変数（階層的なプロセスを反映したもの）を含むかもしれない。しかし，同時に，階層のなかで，より大きなスケールのサブシステムは，小さなスケールのものに比べて，よりゆるやかに反応するという傾向がある。

　自然と人工のいずれのシステムにおいても，ほぼ完全な分解可能性は情報，頑健さ，レジリアンスの有効利用を生み出す傾向がある（Simon, 1962）。複雑なコンピュータプログラムは，たとえば，継ぎ目が無く，全体的にぴったりと統合して組織化されていると，非常に扱いづらい。たとえシームレスなプログラムを構築することが可能であっても，その場合，後で行うちょっとしたどんな変更も実行することが非常に困難となり，すべてのものがその他のものと接続されていれば，予期せぬバグに対処することはほとんど不可能となるだろう。現実的には，複雑なプログラムを設計し，構築し，デバッグするための唯一の方法は，プログラムをゆるやかに結びついた入れ子状の一連の組織として，ほぼ分解可能なサブルーチンからなり，その中に高度に相互作用する変数のグループをまとめておくという構造をもつことである。このほぼ独立した構成要素からなる階層構造は，プログラム作成の概念ツールとして必要なだけではなく，作動上のレジリアンスや安定性にも影響を与えるという機能的な側面がある。

　すべての自然と人工の大きなシステムは協調という難問に直面するが，その難問のほとんどすべては，分解可能性の利点を保持する方法を見出すことによって解決される（Low et al., 2008*）。ビジネスの組織は，わずかでも効率性を持って運営しようとするのであれば，それぞれにかなりの自律度を持った諸部門に分割できなくてはならない。他にも組織の問題として，強い相互作用をもってして，複数の活動をひとつにまとめ，それらを組織の残りの組織と結びつけることもまた必要になる。そういった活動が影響を及ぼす，または会社の他のすべての部門の諸活動

との調整がなされる必要のあるときにのみ，この必要は生じるのである。こうすることにより，会社は特定の意思決定責任を，もっとも密接に関連する知識をもった部署に割り当てることができる[16]。さらにこれにより，報告義務の監視が容易になって，会社の目標に対する貢献に基づいた報酬を与えやすくなるのである。責任が不明確で，報告義務の内容が難解な場合に生じやすいのだが，インセンティブの不調和を避けることは，会社にとって重要な問題である。なぜならば，会社としての目標達成と社内の協調を，深刻なまでに弱める可能性があるからである（Hurwicz, 1972; Williamson, 1986; Demsetz, 1993; Rosen, 1993）。

　アメリカ合衆国の組織を定めている連邦制の政治システムでは，町や郡，州，そして国の政府といった多くの相対的に独立した地方自治体がつくられ，すべてきちんと空間的に入れ子状の階層構造に配置されている。合衆国憲法，同様の州憲法，そして諸法は，これらの明瞭なる階層構造の中で生じる相互作用を統治している。しかしそれらはまた，その他多くの特定目的の行政単位や協定をも統治している。そういった単位や協定の目的は，事柄の発生パターンが「通常の」入れ子状階層組織に向かない場合の協力体制を扱うことにある。たとえば，州は連邦の一部分だが，同時に州をとりまく特別の目的を持つあまたの連合や協定のメンバーでもある。それはたとえば，大西洋沿岸州海洋漁業委員会（Atlantic States Marine Fisheries Commission）などである。これらのすべてのシステムにおいて，ユニット間の関係は一般的にゆるやかであるが，その一方で，協調した活動が行われている（Ostrom, 1991）。

　このような組織の形の重要な利点は，組織の構成要素それぞれの運営のスケールが，いつでも選択可能となっている（効率性やその他要因によって）ことであり，そのことによって運営のスケールが，問題となる活動のスケールに見合ったものとなっている。すなわち活動の影響によって生じる結果（費用と便益）のスケールと適合することである。そのため，ローカルな活動はローカルな主体に，さらに広域の活動は広域

---

16) このような議論は生産が完全にルーチンで行われるような状況でのことに重きを置いて言っているのではない。ローカルな現場の状況で変化がなければ，そういった現場の運営を指令し管理するために必要な情報を中央の司令塔からでも得ることができる（Williamson, 1986）。

の主体にというように，割り当てられている。同じコインの別の面として，ローカルなスケールにおける統治によって生じる費用負担は，いつでもより大きなスケールへと移管することが可能であり，より広範な影響を取り扱うことができる。活動が空間的に入れ子状の階層構造に沿ってきちんと相互作用しない場合には，特定の問題の構造に即応した臨時の部署が配置されることになるだろう。経済学的には，この種の多極主義的な組織は，空間的に関連する外部性の内部化と同等であり，あるいは，空間的な外部性を解決するのに必要な取引費用の最小化にあたると言ってよいかもしれない。

このようなアイディアは社会システムと同様に自然のシステムにもあてはまる（O'Neill et al., 1986; Pattee, 1973; Walker, 1992, 1995）。Simon と他の著者らは，生態系，人体そして一般的な生物について，ほとんど分解可能なサブシステムという観点から記述している。このような視点からは，直截に（つまり単純に階層的なものとして）海洋生態系をみると，それは空間的に分離しつつも完全には独立していないサブシステムであり，それらは水平に接続し大きな入れ子状のこれまたサブシステムを構成しているとみなすことができる。

これは現代的な生態学がスケールと空間を取り扱う方法と一致している（MacArthur and Wilson, 1967; O'Neill et al., 1986; Levin, 1992, 1999; Hanski and Gilpin, 1997）。そして，この後述べるように，われわれにある集合学習のプロセスを組織化しようとする能力とも一致している。しかしこれは通常の管理に関わる種中心のアプローチとは整合しない。このような代替的な概念アプローチを提案する根本的な理由のひとつは，伝統的なアプローチは生態系を管理する際に実用的ではないからである。言い換えれば，海洋の複雑性を単一種に着目することで単純化する場合，私たちはシステム内の多くのフィードバックに目をつぶることになるかもしれない。まさに重要なことだが，種中心的なアプローチにもとづく生態系概念がもたらすものは，システム内のすべての生物的そして非生物的相互作用を「モデル化する」という発想のみである。これを実行しても著しく実用性の低いものしか生まれず，せいぜい，伝統的アプローチに対するその場限りの調整くらいしか生まれないだろう（たとえば，National Research Council, 1999 を参照のこと）。

十分に小さなスケールでの生物学的活動のパッチ（小区域, patches）（分割可能なサブシステムのようなもの）は，よく似た形で複製されると思われるかもしれないが，同じスケールでも異なる場所であれば，通常は新しい形をとるものである。パッチは環境の異質性によって形成されるとみなされているかも知れない。海底や沿岸の形状，潮流，風，その他多くの要因が，湧昇や吹き溜まりや渦の発生する場所を作り，さらに生物学的活動を集中させる様々な要因を作り出す。生物の密度と相互作用の程度が相対的に低い場所では，パッチは空間的に分かれて存在する。これらのパッチやサブシステムの間の流れ（たとえば漂流や回遊など）は，階層構造における次のレベルの集合度の高い層で起こるサブシステムのもつスケールに特徴的な現象を定めるのである（Levin, 1999）。

言い換えると，サブシステムの集合やクラスターの形成は，より大きなスケールのサブシステムを定義するのである。あるサブシステム（またはパッチ）における生物とその他の生物学的活動の構成の変化は，同じまたは異なるスケールのサブシステム間にある差異と同様に，パターンとして認識され解釈される情報である。さらに，プロセスに重点をおいた視点（種に関わらない（nonspecies specific）エネルギーの流れの観察など）からは，年周期（光合成周期など）の推移を通じて，相互作用のおこる割合は十分に変化すると考えられるが，それらは，例えば回遊種がある場所に栄養源や餌生物が十分にあることを発見したその年のある期間にのみ高い確率で生じる草食性と肉食性の相互作用といった機能の動きに応じたものとなる（O'Neill et al., 1986）。

サブシステム内の相互作用が高い割合で起こることは重要である。なぜならば，それらは人間や他の要因が起こす動揺に対するフィードバックの大部分を包摂するからである（Levin 1999; Levins, 1992）。もし私たちがシステムにおけるパターンや，適切な規制の種類について理解しようとするのであれば，私たちはこのフィードバックを捉えるようにならなければならない。それぞれのサブシステムは，仮に完全に他から独立していれば，そういったフィードバックは非常にあいまいであり，サブシステム自身によって生成されたパターンの，解読しづらい反映であるかもしれないが，自身の動態に深く関係した，ありうるすべてのフィードバックを含むだろう。しかしサブシステムというものは他のサブシス

テムと結合しているため，フィードバックのいくつかは（回遊や漂流のために）特定の局所的システムから逃れてしまう。このような「失われた」フィードバックは潜在的にはシステム内の隣り合う高次のスケールにおいてつかまえられる。そこでは，分離した集合的な現象として捉えられるのである。しかしながら，そのような情報の捕獲を意味のあるものにするためには，集合現象に関する情報を収集することができ，それを意味あるものにすることのできる何らかの種類のスケール相互間（cross-scale）のネットワークが存在しなくてはならない。したがって，人間の干渉の結果についての学習が可能な程度に応じて，そして私たちが自らのなす干渉の結果を限りなく正確に学ぼうとするならば，さまざまなサブシステムの階層や階層間でのフィードバックを捕捉することが必要である。

このため，組織や活動が自然のシステムの組織や活動とちょうど並列するような，マルチスケールの制度が有効であることが強く示唆される。並列性の根本的な根拠は，自然のシステムでのフィードバックをその本質と仮定していることと，社会のシステムでは，学習のために必要な情報を得る見込みを増やす方向へ，組織を形成しようとする要求があることに基づいている。ここでの見込みとしては，もし社会のシステムにおける「受容体」が自然のシステムにおけるフィードバックと連携するなら，情報の費用は削減され，学習と適応の可能性は増大し，そしてもちろん，不確実性に対処する能力は大幅に増幅されるというものである。

通常，資源の移動性を理由として，生態系管理において中央集権的アプローチが例証される。だが，移動性もひとつの理由であるが，（単純な）入れ子状あるいは（複合的な入れ子状である）多元的な形態の組織が，特に集合学習の視点からは重要なのである。中央集権的なアプローチは単一種理論で採用されがちだが，対象を集合したり平均化するために，大きく捉えたシステムの空間的時間的な振る舞い——すなわちパターン——をわかりにくくしてしまう。しかし，私たちがパターンとして認識できるものの大部分は，広範なスケールにおける空間的ないし時間的に生じる事象の発生と，局所的なサブシステムにおける出来事との間の相関関係である。局所的なスケールでの集合であっても，おそらくシステムにおける多くの変化の根源はわかりにくくなるであろう（Holling,

1987; Levin, 1992)。現在，資源の分布範囲全体に対して単一種的な管理を行い，また，システムの非常に小さな部分——すなわち個体群——のデータを集計する手法を基盤とした資源状態の評価が行われている。しかしこのようなアプローチでは，システムの理解に肝心なところでつながる局所——集合のパターン（個体群とプロセスの双方について）——の大部分が基本的に覆われて見えなくなってしまう。

　パターン認識の学習における問題は，まさに，システムの振る舞いと変化を，非常に多数のスケールと場所において捉えようとする際の問題である。科学的な目的のためには，分析対象を特定のスケールに限定し，階層制の上位に位置するすべてを安定したものとみなし，低い階層にあるサブシステムにおける変化を平均値周辺のノイズとして扱う，という方法が十分に役立つ場合も多いだろう（Ahl and Allen, 1996; O'Neill et al,.1986; Simon, 1996）。しかし，資源管理では単一スケールのみを相手にすればよいわけではない。管理のための観察と分析を実施するには，同じスケールのユニット間をむすび，また，高次と低次のスケールにおけるユニット——入れ子状の階層的構造ないしはいわゆる多元的構造——にまで及ぶ情報のネットワークが必要となる。このようなネットワークは，局所的な現象に関する局所的な経験を学習するために必要であるのと同様に，より大きなスケールにおいて生じる現象の空間的また時間的な特徴を学習するために重要である。たとえば，回遊パターンの全体像は，特定の大規模なスケールにおいてのみ観察されるかもしれないが，回遊の方向やタイミング（特に一般的なパターンの例外を含む）は，食料の利用可能性のようなより局所的な現象としばしば関連することが理解される。同様に，局所的な現象の理解は，大規模なスケールにおける事象についての知識によって明らかに進展する。こういうわけで，集合したレベルの現象の変化は，それが発祥したより小さなスケールの要因に関する知識と結びついたときに，よりよく理解される。そして小さなスケールの事象は，そのスケールが含まれるより大きなスケールの要因の文脈において，よりよく理解されるのである（Berkes, 本書第9章；O'Neill et al., 1986; Rosa 1998b; Young, 本書第8章）。

　この種の組織は，集合学習問題について，他にも重要な示唆を含んでいる。既に示された学習の難しさに関する絞り込まれた項目（short list）

を参照し、また、よく似ているがしかし同じではない多くのサブシステムを持つ複合スケールの自然環境と、並列する人類の組織について考えよう。第一に、私たちは複雑系においてゆっくりと経験を得るが、もし私たちがサブシステムの観察を共有し、比較することができれば、その速度を著しく加速することが可能である。類似する近接したサブシステムにおける経験は、実際的な価値のある共有経験として集合することができ、そのようなサブシステムのスケールに応用が可能である。このような方法は、私たちがこれらのシステムにおいて、実験を制御するようになるための方法と近いが（Walters, 1986）、この方法を通じて多くのことを学ぶことができる。さらに私たちは、新しいルールや手続きをもっとも適用しやすいローカルレベルでまず採用し、そのレベルでの注文に十分合わせられたものにすることで、それらをシステム全体で採択される過程を早めることができる（つまり、すべての費用と効果の変化を包含したものである）。異質な環境の下では、同じ目的を達成しようとする試みであっても、すべてのローカルな条件を同時に満たす必要ゆえに、完全に身動きのならない状態になるかもしれない[17]。

　州における地方、または国における州において、それぞれの経験がさまざまな領域で、積極的に比較され対比されていることは、非常に有益な事例である。実験、何かを行う新しい方法、自然または経済的混乱への対応——ある管轄地域で発生したものはなんであれ——他の管轄地域において追随され、修正され、そして適応される。このような情報の流れは、単純な入れ子状の階層組織ではなかなか発生しない。市や州など、さらにはすべての種類の同様の行政組織は、集合的な経験を統合共有化し、行政運営上の新しい実施手法を開発する目的で、集合的な組織を維持しようとする傾向がある。そこで、このような情報は、印刷物、モデルとなる法律、個人的な議論、会議、そしてさまざまなネットワーク活動を通じて、組織のメンバーの間で広まることになる（Levitt and March, 1995）。

---

17) およそ25年間にわたって、メイン州はロブスター漁業について、立法をもって州全体の収穫用罠（または収穫活動）に制限を設けることに失敗してきた。その後、7つの地域管轄区域を設置し、それぞれに限定的な権限を与えた。設立後の一年以内に、それぞれの管轄区域では収穫用罠（または収穫活動）の制限が採択された。

重要なことだが特定の局部的地域（locality）におけるそのような類の情報の価値は，とりわけ歴史を含め，変化の地域的要因について十分に詳細な知識を持つ個人（またはグループ）によってのみ評価されうる。たとえばモデル的な法律の制定がそうだ。このような法律は通常，初期に採択した小さなグループでの集合的（平均的）経験にもとづいて構築されるが，地域性に合わせた修正をおこなうことで，地域の環境にさらに適合することができる。地域性は実際，モデル法制を地域の状況が持つ細かい特性に合わせて仕立て直す際に必要となるような，下位スケールの「ノイズ」をもたらす。地域的特性が同じということが言えるとしても，それは無数の地域的な経験の集合的な価値（すなわち，集合効果）を，地域と集合的な状況両面についての相対的に特定化された知識によって評価することができたときということができよう。

　協議に参加する主体の数が増えれば増えるほど，それぞれの地域的な経験をとりまく状況が異なる場合でさえ，共通するパターンは確信を持って認識されるようになる。もちろん，参加する主体数が少ない場合は常に，地域との関係が未知の要因によって特定の結果がもたらされるという確率が，根強く残っている。その場合は，ある特殊な経験から得られた集合的知識の価値は，減少することになるだろう。にもかかわらず，多くの良く似た重複するユニットが存在する状況では，地域は，それぞれの似ていないところを理解する程度に応じて，少数のよく似たユニットの経験から学ぶことができる。地域は，それ自身とその他の間の知覚できる差異を埋め合わせすることができ，さらにその振る舞い（あるいは実験）を，よりよい結果を保障すると考えられる方法をとることで適応することができる（Dietz and Stern, 1998; Low et al., 2008*）。地域の状況に関する知識は平均値に埋め込まれた無知を突き抜けることができるのである。

　分権化が与える学習の有利さに注目する別の方法は，相当頑強になされ続ける諸政策の不適切な適用を回避する能力という観点に立つものである。科学的プロセスに関する伝統的な概念では，この問題についてはほとんど考慮されていない。なぜなら，理論や政策を証明する能力があれば不適切なものを除外できると仮定しているからである。しかし複雑系においては証拠が曖昧であるために，このような選択圧を著しく弱

めている。結果として，Gell-Mann（1994: 296-305）が指摘するように，政策の適応的な価値が必ずしも反映されている訳ではないにもかかわらず，外部の基準に替えようとする傾向がある。たとえば，ある方法にはっきりした証拠がない場合，規準は，特定の個人やグループ，機関，宗教または科学的ドグマの立場を強固にするような政策を選ぶ傾向があるかにみえる。継続する非効率な政策運営から深刻な腐敗，そして目前の基本問題に至るまで，やろうと思えばあらゆる種類の組織の病癖を追跡することができるだろう。この問題に対する唯一の合理的な制度的対応は，おそらく，独立した（可能な限り分解した）地方の統治主体を維持することである。莫大な費用をかけずに様々な政策を精査し，なお精査すべき疑いの余地を残しておくことのできるそれらの主体の能力は，不適切な政策の存続を抑制しうる，あるいは，より積極的にみれば，絶えざる制度の進化を保障する数少ない選択肢のうちの一つである。

6.2　組織，権利，そしてインセンティブ

　個人のインセンティブは一般に，組織構造が劇的に転換し結果を生み出す際の，最も重要な要素となる（Williamson, 1986; Pfeffer, 1995）。たえず強調されるように，ルールの順守と責任ある運営にとってインセンティブは重要なのだが，複雑系の文脈においては，集合学習問題と規制のためのルールの開発可能性おいてインセンティブは特に強い関連性を持っている。生態系管理に継承されてきたある種の学習問題に取り組む能力のある組織であっても，組織を構成する個人が組織の目的と一致するインセンティブを持たなければ，非常にその力は弱まりやすい。たとえば，国家は，いつでも（多大な費用を掛けて）強制力の脅威を用いて規則に従わせている。しかし，自律的なインセンティブが十分に与えられていないために，集合的な学習とルール開発のプロセスに前向きに取り組ませることは，ほとんどできていない。

　インセンティブの形成は，（よく言われるように）所有権または準所有権に依拠しているが，同様に，フィードバックを生み出す環境の組み合わせとフィードバックに応答する能力にも依拠している（Hurwicz, 1972; Libecap, 1995）。もし，意思決定者によって所有された資源の権利が，フィードバックが掛からない，あるいは資源を制御したり，影響を

及ぼしたりする手段を欠いたものであれば，たとえ権利所有者の関心が長期的な資源の生産性維持と一致していたとしても，その目標に到達するような行動はなかなか生まれないだろう。理由は単純で，適切な行動が何であるかが見つけられていないからである。単一種理論においてフィードバックは，直接的でややあからさまなこと（少なくとも社会学者にとっては）が前提されているが，この問題におけるインセンティブの形成面のもつ問題点は，通常，深い考慮無く除外されているように思える。

複雑で複合スケールをもつシステムの観点からは，種に特定な権利を強化する方法として，フィードバックを感知し，理解し，そしてフィードバックを受けて振る舞う能力という問題は，明らかに大きな障害となる。もし，ここで論じられたように，私たちが複雑なシステムで成果を制御するのに，ささやかな能力しか持ち合わせていないのであれば，私たちにできる最善の行為は，システムにおいて馴染み深いパターンの生成に必要な条件を確実にすることだろう。つまり，システム内でゆっくりと育つ構造の維持と保護である。加えて，単純な環境において活動する単一の神経物理系（neurophysical system）という，便利な分析上のフィクションも，深刻な誤解を招く。複合的な要因の観察は，複合的なスケールと場所において，行われなければならない。種々得られた情報は，協議または分析の場に伝達されなくてはならない。そして，行動を起こしたり規制を課したりするための意思決定へと変えられなくてはならない。このプロセスはその難しさゆえに，うまく適応する能力を弱めがちである

個人のインセンティブの観点からは，この十全でなくささやかな管理方式では，種に特定の権利に対して強く反発するのである。そのような権利は，たとえば生息場所といった，ひとつの種を越えて広く持続可能性を確保するために必要な共有資源の保護につながるようなインセンティブを提供しないだろう。同じくひとつの共有資源であるシステムのパターンの認識に寄与する情報の獲得や供給のためのインセンティブも存在しない。そしてもっとも重要なこととして，種に特定な権利は，たとえば，他者の資源に関わる生息場所の保護につながる漁獲の制限といった，システムの観点からは極めて賢明であるが，種に特定な権利の

所有者にとっては否定的ないし無価値なルールの創出に抵抗するような強いインセンティブを形成するのである。

　結果として，広範な権利は，規制に対してより有益な応答をもたらすと予測される。なぜならば，私たちに実行可能な，穏当なレベルの管理が形成されるからである。このようなシステムでは種に特定な成果を期待することが難しいと感じるかもしれない。しかし，より簡単に，広い成果を確信することができる。たとえば，短期的にあるいは継続的に漁業を禁止する区域では，その区域の生物量について，種を特定化した量的な構成を予測することは難しいかもしれないが，全体としてより大きな現存量を導くことは可能である。狭く特定化された権利を持つ人は，特定の成果に依存するので，このような政策によって便益を得られることもあれば，得られないこともあるだろう。広い権利と適応能力を持つ人は，特定の成果に左右されないので，ほぼ確実に利益をえることができる。そしてまさにそれが理由となって，この種の規制の設定に賛成しやすくなる。

　たとえば，1994年にジョージズバンクの大部分はタラ資源を再生するために禁漁となった。1999年の調査により，タラの資源はほとんど回復していないが，思わぬホタテの成長があることが明らかとなった（Murawski et al., 2000）。タラを漁獲する権利の所有者は，勝ち組になれるのはまったく無理か，偶々の場合だけでしかないと考えて，追加的な禁漁措置について非常に懐疑的となるかもしれない。他の魚種の権利所有者は，この度は利益を得たが，次の機会にはタラや小型ザメやその他のまったく予期せぬ魚種が豊富に見つかるかもしれないと熟考して，同じ結論に達するかもしれない。反対に，もしこのような漁業者たちが，禁漁の利益をシステム全体から得られるような権利（多様な種類の漁獲の権利など）を所有していれば，彼らは禁漁を受け入れるために強い経済的インセンティブをもつことになり，ジョージズバンクの禁漁区で得られた経験が，そのインセンティブをさらに強固にすることだろう。

　幸運なことに，権利は特定の因果関係によって規定されない。たとえば農地の権利は特定の生物学的な関係にもとづいていない。権利によって所有者が無数の既知の生物学的関係を利用できるがゆえに，権利は価値を持つのである。気候，市場，そして既に知っている生物学的な関係

性が変化したとしても，農地の所有者はその変化に適応できるのである。権利にとって大切なことは，私たちが因果関係を知っているかあるいは知らない大きな階層の現象があり，その及ぼす影響は所有財産の境界内に閉じ込められており，そのような現象が所有者の潜在的コントロールに服するところで起こっているということである。その結果，学び適応しようとする強いインセンティブは収益性と（おそらく社会的な保全への関心とも）一致する。たとえ，農業の権利がもちうるような，ある種の生物学的な管理に不足があったとしても，海洋生態系におけるより広範な権利によって，所有者は市場と環境の変化に適応することが可能になる。環境の変動がシステムにおいて予期される一定種類のパターンと一致する限り，個々人は適応を成功させるために必要な準備（投資）を行うことができる[18]。この能力は，集合的なネットワークを通じた情報と結びついて，規制は有益なものであるとする個人の期待を生み出す。

　この場合の問題は，特に資源量が加入量に依存するような周期に対して，種に特定した管理がほとんど行われないことである。最小限度の管理が行われている次元――（サブ）システムレベルにあるすべての種，あるいはおそらく，機能グループとして――と対応する広い権利は，生態系機能を学び維持しようとする要求と個人のインセンティブを一致させる。しかし，個人の権利は学習に向けての唯一の鍵ではない。

　個人は他者の経験から学び，彼ら「自身」のスケールにおける自身と他者の経験の複雑な相互作用を通じて，自身の生態系に関する概念を構築する。そして，その概念が集合的な図式の中で適応しているかどうかは，より大きなスケールで機能している個人または組織によって伝達される（Michael, 1995; Parson and Clark, 1995）。組織にとって問題となるのは，個人を適切なフィードバックを生み出すことができるようなネットワークの内部に配置することである。ここまで議論されたすべての理由から，階層的で，当然代表的な統治の構造は，システムのあらゆるスケールにおいて集合的な経験を個人に伝達しやすいといえる――つまり，システムのパターンに関するフィードバックを供給することに適し

---

18) このときのシステムでは，相当程度ニッチが重複し，種間に補償があり，システムにおけるエネルギーの投入が相対的に安定しており，そして市場では広範な種が受け入れられるというような仮定を置いている。

ているのである。

　これらの同じ統治の構造によって，観察を意味づけし，協議し，改善行動を取るためのメカニズムが得られる。このような能力は生態系を理解するために重要である。そして，分割可能な作業へと分割することができるが，システム全体から孤立することはできないという能力である。換言すれば，システム内で資源の移動性が前提とされる場合，階層構造の中の低いレベルで機能する個人の権利とインセンティブは，同じレベルとそれより高いレベルで生じた情報に依存するのである。すべてのスケールにおけるパターンと，同じくすべてのスケールにおけるルールの有効性は，個人にとって関心の対象である。

　要するに，複雑系では，集合的な規制につながるかもしれない個人的なインセンティブの創出は，システムパターンの認識や，狭く特定化されたものではなく広範な将来のビジョンの形成，そしてそのような将来への適応の能力を伴うのである。これまでに論じられてきた学習の困難さのすべてを鑑みると，個別の学習にのみ依存するような権利システムを擁護することはできない。集合的学習のプロセスは，システムのフィードバック構造と並列するような組織の事業でなくてはならない。Levin (1999) が言及する，生態系における局所的に緊密な結合は，社会系における局所的に緊密な結合によってしっかり捕捉されなくてはならない。多様な局所性に結節する，広範で相対的に安定したネットワークが存在しなければならない。集合的な協議は，意味のある規制またはそれにつなげることのできるプロセスに向けた協議を促し，転換を計るものである (Dietz, 1994; Dietz and Stern, 1998)。そういうわけで，個別の学習にのみ依拠するような権利システムは，擁護することができないのである。

　個人の環境の認知とインセンティブの形成は，この統治のプロセスに密接に依拠している。安定した議論のネットワークの中には，広範囲にわたる個人の分析と経験の一部，ルールの変化に対する他者の応答についての学習，決定プロセスにおける投票または実質的役割が含まれており，それらすべてが個人のインセンティブの一致に寄与することになる。しかしながら，もしこのようなプロセスが組織化されていないために人間による干渉の影響についてのフィードバックを把握することができな

第10章 科学的不確実性，複雑系とコモン・プール制度のデザイン　　465

ければ，個人とグループのもつインセンティブと実際の行動が，保全を導くことはないだろう。そして，外部性が働き続けるだろう。

　反対に，個人のインセンティブが社会的な保全（または持続可能性）の目標と一致している程度に応じて，政府部門は個人の行動を確実なものにするために，警察力や脅威を用いる必要が概ねなくなるだろう。行政費用やルール実効化の費用は削減され，実現可能なルールの対象範囲は拡張される[19]。しかしながら，最も重要なことは，個人（とグループ）が関心を持ち続けるような情報戦略の種類の変化である。管理において典型的なトップダウンの行政アプローチでは，個人（またはグループ）は情報を提供することに関心を持ち得ない。あらゆる種類の誇張，ゲーム，嘘，偽りといった行動が盛んになる。なぜなら，他者がそのような（誤）情報を検証する能力には，概して限りがあるうえに費用が掛かり，そして公的なプロセスにそれらを持ち込むことに対しては，通常何のペナルティもない――逆にしばしば報酬がある――からである。

　この種の行動を，複雑な環境において抑制することは難しいだろう。しかしながら，管理組織と資源に関わる権利が学習の問題に合わせて設計され，社会的なネットワークの形をとって「局所的で緊密な結合」を実際に導くのであれば，情報の検証という問題は削減され，偽ることのコストが増大する。個人と集合の学習は盛んになるだろう。これによって，建設的な「分析的協議」を実行する可能性が高まり，将来のビジョンが共有され，個人のインセンティブが結び付けられる。

　この種の制度的な調整は，私はそもそも分散化された民主的な統治と一致していると信じているのだが，科学的不確実性を解決しない。しかし，有益な知識の集合的な追求が生じるような建設的な環境を生み出す。これは非常に入り組んだプロセスに見えるかもしれないが，私たちの毎日の統治の中で達成していることにすぎない。社会と経済は，極端に複雑で複合的なスケールを持つ，急速に変化するシステムであり，私たちはそのなかで私たち自身を統治することを学んできたのである。

　19）法令順守の意識が低いときには，政府にとって低コストで実施できるようなルールのみが実行可能となる。このようなルールは，どんな意味でも，保全を達成するのに最適とはいえない。

7 要　　約

　複雑な生態系の中で，人間の行動を有効に抑制するための方法を探すことは非常に難しい。大部分の問題は科学的不確実性のために生じており，それはしばしば，保全について強力な政治的決定が行われないことの言い訳とされる。本章で示唆するように，私たちは自然環境についての知識を誤って特徴付けており，したがって，不確実性と学習問題を，あたかも技術的問題の典型とみなしてきた。その結果，私たちは，保全問題の解決にうまく適応できないような，不完全な制度と管理手続きを作り出してきた。

　通常私たちは伝統的なニュートン的システムを扱っていると仮定しており，そのシステムでは因果関係が安定しているか，少なくともそのように扱うことが可能である。この仮定に真に従うシステムでは，科学の一般的な手続きは理解と信頼できる予測を導く。社会的な観点からは，うまくあてはまる予測が繰り返されることで，理解が不足している場合においてさえ，影響を受けた非科学者の間で信頼を生み出す。それは同時に，有効な責任を要求する状況を生み出し，科学に関連する問題を解決するために専門家の備わった制度への信頼の根拠を与える。

　複雑適応系は，持続可能性の要求と一致するような，長期間の予測を与えることには向いていない。なぜならそのシステムは，変化し，複雑で，そして通常非線形な因果関係をもつからである。このようなシステムの構造と動態を，私たちは，予測可能性ではなく，広範なパターン，あるいはUlanowicz（1997）の言うところの傾向（propensities）によって理解することができるかもしれない。これは，ニュートン的システムと比較すると根本的に異なっているが，重要な特徴である。この特徴は2つの密接に関連した社会的問題を生む。(1) 私たちの理解不足のために，伝統的な還元論者の「予測→検証→学習→改良→そして再予測」というプロセスが利用できないときに，どのような規制が機能するかを，いかに集合的に学習することができるのか。(2) この種の環境において，学習，責任を一層促進し，インセンティブの位置づけを明確にするために

は，どのような制度が必要なのか。

　Holland（1998）が示すように，この種の環境における学習は，繰り返すシステムパターンを識別することに立脚している。彼がパターン学習の例としてあげたチェッカーボードゲームは，複雑適応系の相対的に分かり易い事例である。それは，ありうるシステム状態とパターンについて，限定的で安定的な組み合わせを示す。システムにおいてよい干渉であるかどうかの規準は明快であり，学習に必要な時間と費用は相対的に小さい。

　同様の学習問題が生態系に当てはめられると，特に，漁業のように，人間が積極的あるいは主要な役割を果たすような場合には，環境の複雑さと範囲によって，問題が変化する。この種のシステムにおけるパターンは，私が示すように，システム内の変数の時間変化に関する違いとして理解されるのがもっともよい。生息場所のようなゆるやかに変化する変数の相対的安定は，個体群の規模のようなシステムのよりすばやく変化する局面において，出現するパターンの範囲を抑制し，制限する。私たちが遭遇するパターンの範囲に影響するような政策を通じた学習問題は，改良または最小化することができるかもしれない。しかしながら，私たちは常に複合的な規模のシステムに直面しており，そこでは観察費用は大きく，分析は難しく，そして環境における私たちの干渉の特定の結果についての予測は不可能である。このような環境では，信頼性や信用の雰囲気をつくりだすことはできない。このような理由のすべてのために，この種の環境における学習とは，制度によって調整の必要なら集合的な活動である。それゆえ，諸制度の設計が重要になるのである。

　制度が観察と分析に掛ける費用とその困難さを最小化することに成功できるかどうかは，それ自身が統治するシステムのフィードバックを捕捉する能力次第である。これをうまく行うためには，パッチ状で，複合的な階層構造を持つ自然のシステムを反映して，制度の組織は階層構造をもたなくてはならない。階層のそれぞれのレベルにおいて，制度が一定の役割をするべく位置づけられ，そこではそれらの境界は，できる限りスケールと場所に関して生物学的システムにおける強い相互作用の境界に対応していなくてはならない。生態系の中では，同じスケールにおける場所の間で，そして，高次と低次のスケールの間で，関係性（情報

の流れ）が存在しなくてはならない。

　このような並列性をおく目的は，制度の「受容体」を可能な限りシステムにおけるフィードバックの空間的なパターンと一致させることにある。生態系の境界に全くに類似せずに，社会的な境界がつぎはぎ（crazy quilt）状態にある場合，分析や観察の費用がかからないのであれば，生態学的に意味を成すように，観察を分解し再結合することができるかもしれない。しかしながら，境界の不一致によって学習のプロセスは悪化，あるいは混乱しやすくなるだろう。他方，並列構造は観察と分析の問題を最小化し，あらゆるスケールや場所において，プロセスの理解を生み出すために利用できるような情報の流れを生み出す。

　集合学習問題のとても重要な――何よりも優先度の高い――側面は，学習のプロセスを個人レベルまで拡張する必要性である。個人のインセンティブ――そして，規制の合意に参加したいという意欲――は，現在の活動を規制することと将来の自然のシステム状態の間に，有益なつながりがあることの認知にもとづいていなくてはならない。システムの構成要素（種の現存量など）の将来的な状態を予測することが難しい複雑系のもとでは，その目的を達成することは難しいようにみえる。にもかかわらず，個人がシステム状態の変化に適応するという立場にある限り，現在と（予測される）将来の状態の間のつながりは，必然的に機械的に決まってしまうというものではない。結果として（予測される）将来の状態が，典型的なシステムを特徴とするパターンの組み合わせの中に納まっていれば，そして，新しい状態が生じたときに，個人が技術的にも法的にも適応できる位置（つまり，特定の種の運命に結び付けられていない状態）にあれば，十分なのである。このような条件の下では，個人にとって積極的な経済的成果が生じる確率はとても高く，そしてその結果として，規制の協定に参加する合理性もまた非常に高くなるのである。

参 考 文 献

Acheson, J.M. (1988), Patterns of gear changes in the Maine fishing industry. *Maritime Anthropological Studies* 1: 49-65

第 10 章 科学的不確実性，複雑系とコモン・プール制度のデザイン　469

Ahl, V., and T.F.H. Allen (1996), *Hierarchy Theory: A Vision, Vocabulary, and Epistemology.* New York: Columbia University Press.

Allen, T.F.H., and T.B. Starr (1982), *Hierarchy.* Chicago: University of Chicago Press.

Ames, E. (1998) Cod and haddock spawning grounds in the gulf of Maine. In *The Implications of Localized Fishery Stocks,* I. Hunt von Herbing, I. Kornfield, M. Tupper, and J. Wilson, eds. New York: Natural Resource, Agriculture, and Engineering Service.

Appell, D. (2001), The New Uncertainty Principle: For complex environmental issues, science learns to take a backseat to political precaution. *Scientific American* 284: 18-19.

Boreman, J., B.S. Nakashima, J.A. Wilson, and R.L. Kendall, eds. (1999), *Northwest Atlantic Groundfish: Perspectives on a Fishery Collapse.* Bethesda, MD: American Fisheries Society.

Brodziak, J.K.T., W.J. Overholtz, and P.J. Rago (2001), Does spawning stock affect recruitment of New England groundfish? *Canadian Journal of Fishery and Aquatic Sciences* 58: 306-318.

Costanza, R., and T. Maxwell (1994), Resolution and predictability: an approach to the scaling problem. *Landscape Ecology* 9: 47-57.

Demsetz, H. (1993), The theory of the firm revisited. In *The Nature of the Firm: Origins, Evolution, and Development,* O.E. Williamson and S.G. Winter, eds. New York: Oxford University Press.

Dickie, L.M., and J.E. Valdivia G. (1981), Investigations cooperativa de la anchoveta y su ecosistema (ICANE) between Peru and Canada: A summary report. *Boletin Instituto del Mar del Peru* Vol. Extraordinario: XIII-XXIII.

Dietz, T. (1994), What should we do? Human ecology and collective decision making. Human Ecology Review 1:301-309.

Dietz, T., and P.C. Stern (1998), Science, values and biodiversity. *Bioscience* 48(6):441-444.

Finlayson, A.C. (1994), *Fishing for Truth: a sociological analysis of northern cod stock assessments from 1997 to 1990.* St. Johns, Nfld.: Institute of Social and Economic Research, Memorial University of Newfoundland.

Fogarty, M. (1995), Chaos, complexity, and community management of fisheries: an appraisal. *Marine Policy.* 19: 437-444.

Gell-Mann, M. (1994), *The Quark and the Jaguar.* New York: W.H. Freeman and Company.（野本陽代訳『クォークとジャガー：たゆみなく進化する複雑系』草思社，1997 年）

Gunderson, L.H., C.S. Holling, and S.S. Light (1995), *Barriers and Bridges to the Renewal of Ecosystems and Institutions.* New York: Columbia University Press.

Hall, C.A.S. (1988), An assessment of several of the historically most influential theoretical models used in ecology and of the data provided in their support. *Ecological Modelling* 43: 5-31.

Halliday, R.G., and A.T. Pinhorn (1990), The delimitation of fishing areas in the northwest Atlantic. *Journal of Northwest Atlantic Fishery Science* 10: 1-51.

Hanski, I.A., and M.E. Gilpin (1997), *Metapopulation Biology: Ecology, Genetics, and*

Evolution. San Diego: Academic Press.

Hilborn, R., and D. Gunderson (1996), Chaos and paradigms for fisheries management. *Marine Policy* 20: 87-89

Hilborn, R., and C.J. Walters (1992), *Quantitative Fisheries Stock Assessment: Choice, Dynamics, and Uncertainty.* New York: Chapman and Hall.

Holland, J. (1998), *Emergence.* Cambridge, Eng.: Perseus Books.

Holling, C.S. (1973), Resilience and stability of ecological systems. Annual Review of Ecology and Systematics 4: 1-23.

1987 *Simplifying the complex: The paradigms of ecological function and structure.* European Journal of Operational Research 30: 139-146.

Hurwicz, L. (1972), On informationally decentralized systems. pp..297-336 in *Decision and Organization,* C.B. McGuire and R. Radner, eds. Amsterdam: North-Holland Publishing Company.

Hutchings, J.A. (1996), Spatial and temporal variation in the density of northern cod and a review of hypotheses for the stock's collapse. *Canadian Journal of Fishery and Aquatic Sciences* 53: 943-962.

Kuhn, T.S. (1962), *The Structure of Scientific Revolutions.* Chicago: University of Chicago Press.（中山茂訳『科学革命の構造』みすず書房，1971 年）

Levin, S. (1992), The problem of pattern and scale in ecology. Ecology 73: 1943-1967.

Levin, S. (1999), *Fragile Dominion.* Cambridge, Eng.: Perseus Books.（重定南奈子・高須夫悟訳『持続不可能性：環境保全のための複雑系理論入門』文一総合出版, 2003 年）

Levins, R. (1992), *Evolutionary Ecology Looks at Environmentalism.* Unpublished paper delivered at the Symposium on Science, Reason and Modern Democracy, Michigan State University, East Lansing, MI, May 1.

Levitt, B. and J.G. March. (1995), Chester I. Barnard and the Intelligence of Learning. pp..11-37 in *Organization Theory: From Chester Barnard to the Present and Beyond.* O. Williamson, ed. New York: Oxford Univ. Press.

Libecap, G. (1995), The conditions for successful collective action. In *Local Commons and Global Interdependence: Heterogeneity and Cooperation in Two Domains,* R. Keohane and E. Ostrom, eds. London: Sage.

Low, B. E. Ostrom, C. Simon, and J. Wilson (2008), Redundancy and diversity: Do they influence optimal management? In Fikret Berkes, Johan Colding, and Carol Folke (Eds.), *Navigating Social-Ecological Systems: Building Resilience for Complexity and Change.* Cambridge, UK: Cambridge University Press. *

Ludwig, D., R. Hilborn, and C.J. Walters (1993), Uncertainty, resource exploitation, and conservation: Lessons from history. *Science* 260: 17, 36.

MacArthur, R.H., and E.O. Wilson (1967), *The Theory of Island Biogeography.* Princeton: Princeton University Press.

Michael, D.N. (1995), Barriers and bridges to learning in a turbulent human ecology. pp..461-485 in *Barriers and Bridges to the Renewal of Ecosystems and Institutions,* L.H.

第 10 章　科学的不確実性，複雑系とコモン・プール制度のデザイン　　471

Gunderson, C.S. Holling, and S.S. Light, eds. New York: Columbia University Press.
Myers, R.A., N.J. Barrowman, J.A. Hutchings, and A.A. Rosenberg (1995), Population dynamics of exploited fish stocks at low population levels. *Science* 269: 1106-1108.
Murawski, S.A., R. Brown, and L. Hendrickson (2000), Large-scale closed areas as a fishery-management tool in temperate marine systems: The Georges Bank experience. *Bulletin of Marine Science* 66: 775-798.
National Oceanic and Atmospheric Administration (NOAA) (1986), *Fishery Management Study.* Washington, DC: U.S. Department of Commerce.
National Oceanic and Atmospheric Administration (NOAA) (1989), *50 CFR Part 602, Guidelines for the Preparation of Fishery Management Plans Under the FCMA.* Washington, DC: U.S. Department of Commerce.
National Research Council (1999), *Sustaining Marine Fisheries. Committee on Ecosystem Management for Sustainable Marine Fisheries. Ocean Studies Board. Commission on Geosciences, Environment, and Resources.* Washington, DC: National Academy Press.
O'Neill, R.V., D.L. DeAngelis, J.B. Waide, and T.F.H. Allen (1986), *A Hierarchical Concept of Ecosystems.* Princeton: Princeton University Press.
Ostrom, E. (1990), *Governing the Commons: The Evolution of Institutions for Collective Action.* New York: Cambridge University Press.
Ostrom, E. (1997, A Behavioral Approach to the Rational Choice Theory of Collective Action. Presidential Address to the American Political Science Association annual meetings, August 28-31.
Ostrom, V. (1991), Polycentricity: The structural basis of self-governing systems. In *The Meaning of American Federalism: Constituting a Self-Governing Society,* V. Ostrom, ed. San Francisco: ICS Press.
Pahl-Wostl, C. (1995), *The Dynamic Nature of Ecosystems: Chaos and Order Entwined.* Chichester, Eng.: John Wiley & Sons.
Palsson, G. (2000), "Finding one's sea legs": Learning, the process of enskilment, and integrating fishers and their knowledge into fisheries and science and management. In *Finding Our Sea Legs: Linking Fishery People and Their Knowledge with Science and Management,* B. Neis and L. Felt, eds. St. John's, Newfoundland: Institute for Social and Economic Research Press.
Parson, E.A., and W.C. Clark (1995), Sustainable development as social learning: Theoretical perspectives and practical challenges for the design of a research program. In *Barriers and Bridges to the Renewal of Ecosystems and Institutions,* Gunderson, L.H., C.S. Holling, and S.S. Light, eds. New York: Columbia University Press.
Pattee, H.H. (1973), *Hierarchy Theory: The Challenge of Complex Systems.* New York: George Braziller.
Pauly, D., V. Christensen, J. Dalsgaard, R. Froeese, and F. Torres, Jr. (1998), Fishing down marine foodwebs. *Science* 279: 860-863.
Pfeffer, J. (1995), Incentives in organizations: The importance of social relations. pp..72-

97 in *Organization Theory: From Chester Barnard to the Present and Beyond,* O.E. Williamson, ed. New York: Oxford University Press.

Pinkerton, E. (1989), *Co-operative Management of Local Fisheries: New Directions for Improved Management and Community Development.* Vancouver: University of British Columbia Press.

Rosa, E.A. (1998a), Metatheoretical foundations for post-normal risk. *Journal of Risk Research* 1: 15-44.

Rosa, E.A. (1998b), Comments on commentary by Ravetz and Funtowicz: 'Old-fashioned hypertext'. *Journal of Risk Research* 1: 111-115.

Rose, G.A., B. DeYoung, D.W. Kulka, S.V. Goddard, and G.L. Fletcher (2000), Distribution shifts and overfishing the northern cod (Gadus morhua): A review from the ocean. *Canadian Journal of Fishery and Aquatic Sciences* 57: 644-664.

Rosen, S. (1993), Transactions costs and internal labor markets. In *The Nature of the Firm: Origins, Evolution, and Development,* O.E. Williamson and S.G. Winter, eds. New York: Oxford University Press.

Rosenberg, A.A., M.J. Fogarty, M.P. Sissenwine, J.R. Beddington, and J.G. Shepherd (1993), Achieving sustainable use of renewable resources. *Science* 262: 828-829.

Samuel, A.L. (1959), Some studies in machine learning using the game of checkers. In *Computers and Thought,* E.A. Feigenbaum and J. Feldman, eds. New York: McGraw-Hill.

Scott, A. (1992), Obstacles to fishery self government. *Marine Resource Economics* 8(3): 187-199.

Simon, H. (1962), The architecture of complexity. *Proceedings of the American Philosophical Society* 106: 467-482. 1996 *The Sciences of the Artificial.* 3rd ed. Cambridge, MA: MIT Press.

Smith, M.E. (1990), Chaos in fisheries management. *Marine Anthropological Studies* 3(2): 1-13.

Stephenson, R.L. (1998), Consideration of localized stocks in management. A case statement and a case study. In *The Implications of Localized Fishery Stocks,* I. Hunt von Herbing, I. Kornfield, M. Tupper, and J. Wilson, eds. New York: Natural Resource, Agriculture, and Engineering Service.

Ulanowicz, R. (1997), *Ecology, the Ascendent Perspective.* New York: Columbia University Press.

Waldrop, M.M. (1992), *Complexity: The Emerging Science at the Edge of Order and Chaos.* New York: Simon and Schuster. (田中三彦・遠山峻征訳 『複雑系』 新潮社, 1996 年)

Walker, B.H. (1992), Biodiversity and ecological redundancy. *Conservation Biology* 6: 18-23.

Walker, B.H. (1995), Conserving biological diversity through ecosystem resilience. *Conservation Biology.* 9: 747-752.

Walters, C.J. (1986), *Adaptive Management of Renewable Resources.* New York: McGraw-Hill.

第 10 章　科学的不確実性，複雑系とコモン・プール制度のデザイン　　473

Walters, C.J. (1998), Evaluation of quota management policies for developing fisheries. *Canadian Journal of Fishery and Aquatic Sciences* 55: 2691-2705.

Watling, L., and E. Norse (1996), Disturbance of the seabed by mobile fishing gear: A comparison to forest clear-cutting. *Conservation Biology* 12: 1180-1197.

Williamson, O.E. (1986), *The Economic Institutions of Capitalism: Firms, Markets, Relational Contracting.* New York: Free Press.

Williamson, O.E.s (1995), *Organization Theory: From Chester Barnard to the Present and Beyond.* New York: Oxford University Press.（飯野春樹監訳『現代組織論とバーナード』文眞堂，1997 年）

Wilson, J.A. (1990), Fishing for knowledge. *Land Economics* 66: 12-29.

Wilson, J. A., B. Low, R. Costanza, and E. Ostrom (1999), Scale misperceptions and the spatial dynamics of a social-ecological system. *Ecological Economics* 31(2) (November): 243-257.

Wilson, J.A., J. French, P. Kleben, S.R. McKay, and R. Townsend (1991), Chaotic dynamics in a multiple species fishery: A model of community predation. *Ecological Modelling* 58: 303-322.

Wilson, J.A., J.M. Acheson, M. Metcalfe, and P. Kelban (1994), Chaos, complexity and community management of fisheries. *Marine Policy* 18: 291-305.

Wroblewski, J.S. (1998), Substocks of northern cod and localized fisheries in Trinity Bay, East Newfoundland and in Gilbert Bay, Southern Labrador. In *The Implications of Localized Fishery Stocks,* I. Hunt von Herbing, I. Kornfield, M. Tupper, and J. Wilson, eds. New York: Natural Resource, Agriculture, and Engineering Service.

（*は，原著出版時点で「印刷中（in press）」と表記されていた文献である。）

第11章
コモンズにおける制度生成
―― コンテクスト，状況，イベント――

ボニー・J・マッケイ

　この共同研究において筆者は，コモン・プール資源や「コモンズ」における制度生成について考察することを求められている。本章の目的は，生成というトピックを用いることで，新制度学派の研究成果を修正し補足するための着想や研究を提示することであり，そうすることで共有資源研究の新たな方向性についての考え方を提供するものである。そして「状況を負った選択」という概念を，生成に関する議論の枠組みとして提出する。この概念は，選択に焦点をあてているという意味では新制度学派の研究蓄積と密接に関連しているが，それよりもむしろ，歴史，政治力学や社会構造，文化，生態学の研究を通じて始めて知りうることとして，個人の合理的選択よりも大きなコンテクストや特定の状況に埋め込まれていること（embeddedness）を強調する批判的な展望をコモンズ研究に対しても行い得るという考え方により密接に結びついている。つまり本章では，何がコモンズの制度生成に関与するのかを議論することに加えて，より大きな方法論的・理論的課題を扱いたい。

　制度とコモンズに関する筆者の考えは，この後本章で触れる多くの制度学派や合理的選択論の研究成果とその背後でなされた集合的な努力に多くを負っている。コモン・プール資源に関する「新制度学派」の研究の多くは，人間の行動に関する「合理的行為モデル」（Dietz 1994）と「フリーライダー」や「囚人のジレンマ」の発生メカニズムを援用することによって，より協調行為を選好するように個人の認識する負担や便益の程度を変化させるインセンティブの構造と集団の力学の議論に集中する

ものであった（Bromley, 1992; Agrawal, 本書第 2 章）。

　筆者が主張する文化的・歴史的・生態学的アプローチは，コモン・プール資源管理研究における近年の主流に比べると，いくぶん異なる制度の見方を必要とする。制度は，「社会におけるゲームのルール」（North 1990:3）以上のものである。コモンズの制度を理解しようとするときに，ルールとルール形成に着目することは，研究にとって有効なことが判ってきている（Bromley 1989; Ostrom 1990）。ルール，法，ガバナンスは，人間の行動に影響をおよぼす主要な制度である。しかしながら，多くの社会科学者は，制度とはルールを含むだけでなく，規範と価値をも包含していると考えており（McCay and Jentoft 1998; Scott 1995），少なくともルールそのものに加えて，ルールによって形成されるかもしれない，そしてルールの変化をも促すような行動パターンの両者を含めたものであると考えている（Leach et al., 1997）。したがって，コモンズに向けた制度生成は，ルールやガバナンスのシステムだけではなく，行動様式，規範，価値の新しい変化も組み入れるべきである。たとえば，環境認識の変化や需要と供給のパターンの変化は，ルールの設定と変更にかかわる社会的動きや政治行動を引き起こすことなく，かなり大規模に人びとの行動を変化させることができる。つまり，ここでいう制度とは，ルールだけでなくパターン化された行動をも含めた概念であり，また行為し意思決定する個人と社会集団が埋め込まれている文化的・認識論的・生態学的領域が示す主要な特徴をも有しているものとして，幅のひろい概念であると考えている。

　筆者は「状況」や「コンテクスト」の重要性を強調するが，その場合，より完璧で満足のいく根拠には，不合理で非論理的な行為の可能性や狭義の金銭的動機を超えた動機の可能性を含むと信じる論者の考え方を支持するものである。この考え方は，古典的な新制度学派ほどには方法論的個人主義に依拠していないのである。方法論的個人主義は，集団行動を理解する場合に，便宜的にまず個人から出発する。そしてこの方法は「コモンズ」の問題群を，協力の基盤にあるものは何か，あるいは個人の動機づけや行為がどのようにして集合性に影響するのかという問題として枠づけ（frame）する。それも結構であるが，これらの枠づけをすることによって今度は，より大きな社会的・文化的現象において個

人の選択と行為がどのように埋め込まれ，それらによってどのような影響をうけ，どのようにしてそれらの構成要素になるに至ったのかということとともに，集合・共同体の間でなされる相互行為に関係する膨大な量の現象を軽視していることがある（Peters 1987）。人間生態学（human ecology）のより歴史的・文化的なアプローチでは，「コモンズ」の問題群を，社会的実在の間の競合と協調の問題，個人と社会的行為にみられる埋め込みの問題，人間－環境系の相互作用や制度の歴史的・政治的・社会文化的・生態学的特性に関する問題であると考える。さらに合理的行為モデルと関連づけられる方法論的個人主義をいったん保留にするか，少なくともそれに対して疑問を付す。理論上はあらゆる制度と社会的行為を個人のレベルにまで還元することができるかも知れない。しかしながら，複雑でローカルな状況あるいはローカルな制度やより大きな制度を個人に還元してしまうことは，十分な説明となること，問われている問題ごとに要求は異なりうること，そして研究対象となる事象の詳細であること，これらの要求に対してかならずしも必要ではないし適切でもない。

1　本章の構成

　本章の後続する第 2 節で，コモン・プール資源の選択に直面した人びとの行動を説明する際，コンテクストと状況の重要性を強調するために，「状況を負った選択」の概念を用いて，「生成」の問題に焦点をあてる。ここでの議論は，保健心理学とリスク研究の分野でなされてきた研究に基づいているが，これらの研究の伝統や新制度学派によってなされてきたコモン・プール資源研究の場合よりも，社会的・政治的・生態学的観点を要請するものであることが明らかになるだろう。たとえば，環境問題の評価における文化の役割の問題，漸進主義や「やり繰りして凌ぎ切ること」がなぜ制度の供給を助けるのかという問題，そして共通の問題を討議する場合には物理的・社会的空間と開かれたコミュニケーションが重要となるといったことを論じることになる。次の第 3 節では，コモンズの問題を理解するために，新制度学派のパラダイムに代わるべきも

のを検討する。まずは,コモンズの問題や制度生成を理解する助けになる人間生態学の2つのアプローチを紹介することからはじめたい。両者のうち古い方のアプローチは,おもに1970年代に展開され利用された「柔軟性の経済学」あるいは「応答プロセス」アプローチである。新しい方のアプローチは,「ポリティカル・エコロジー」である。そのうえで,コモン・プール資源研究の多くの批判の根拠となっている広範囲にわたる歴史や社会構築主義的,そして「埋め込み」論からの観点について論じ,さらに,この場合「コミュニティ」というキー概念について特に留意し,注意深くあるべきことを論ずる。第4節では,社会構築主義理論と「イベント・エコロジー」の両者を提示するが,それらは,一般にはややなじみのない論者によって共有されているものであるが,方法論的特徴をもっていることが強調されなければならない。そのなかの観点として,もし人間‐環境系の相互作用を理解し説明することが目的であるならば,ア・プリオリに特定の理論や仮説を採用することに対して懸念を表明しておきたい。

2　状況を負った合理的選択とコモンズにおける制度生成

　合理的選択アプローチとコンテクストや社会性を強調する社会科学の理論的・方法論的アプローチとを組み合わせる出発点は,状況を負って埋め込まれた合理的選択という概念に見いだせるかもしれない。合理的選択といってもそれは,人びとの選好,入手可能な知識,不確実性の質とレベル,直面しているリスク,アクセスのできる資源,交流をもつ人びと,さらには人びとの生活を枠づけ構成する制度――規範,ルール,価値,組織,行動様式――を含んだこれらの要素を構造化する状況やコンテクストに埋め込まれているのである。
　行動に関する新制度学派のモデルは,制度生成の議論において重要な役割をはたす。このモデルの分析的で弁じ立てる力は否定できない。「状況を負った合理的選択」の概念とは,合理的選択が,歴史的・地理的あるいはほかの方法で特徴づけられたコンテクストに関連するように,社会的・文化的・政治的・生態学的条件によって規定された状況において,

個人あるいはほかの意思決定主体によって強く影響をうけているということを意味している。それは，方法論的・理論的な重点を複雑性や歴と動態そして社会的・環境的現象のもつ相互作用という特徴に置いたものに，分析志向を強めようする動きである（McCay and Acheson 1987a; Leach et al., 1997 参照）。

リスク認知と人びとの行動に関する研究（Chess et al., 1995; Gardnerand Stern 1996, National Research Council 1996）は，筆者がコモン・プール資源制度の生成を考えるにあたって役立ってきた。自然資源の持続性や自然資源に基盤をもつ生計の生存能力に影響をあたえる問題は，リスクの状況，たとえば個人・家族・コミュニティの生活にとって価値があり必要不可欠な資源へのアクセスや利用権を失うリスクであると考えられるかもしれない。多くのコモン・プール資源の問題は，水質汚染・大気汚染・土壌汚染のようなリスクに関する古典的な問題である。しかしリスク概念は，再生可能な自然資源の条件の変化にまで拡張することができる。人びと——個人，組織，コミュニティ，専門家集団——が，これらのリスクからどのような影響をうけ，どのようにリスクを認知するかということは，リスクを軽減し防止するための制度生成に影響をあたえる対応を含むので，人びとが応答するかどうか，どのように応答するのかということを考える際に重要である。

自然のなかに存在するラドンや人間の活動によって生じたラドンによる病気や死のリスクを例にとってみよう。この種の研究の古典的で典型的問題は，自発的な個人の行為に関するものである。たとえば，なぜ，ある人びとは自発的に自分たちの家を検査しラドンにさらされる状態を低減させるために家の改造まで行うのに，ほかの人びとはそのように行動しないのか。人びとをラドンの被爆の脅威から保護するために予防措置をとるようにうながすものは何か。

その答えは，状況を負った合理的選択の概念にとって興味深くかつ重要である。Weinstein and Sandman（1992）によれば，以下のことによって，答えはすべて決まってくる。つまり，ある人びとは，自分たちの家のラドンの脅威について知らないか理解していない。ほかの人びとは，知っているが個人的に深刻な問題だと考えていない。また，ある人びとは，別の段階にあって，その問題にたいして何をなしうるかに関する情報を

収集して評価している。しかし，またある人びとは，あたえられた資源・能力や，その問題に対する知識の状況しだいで，その問題に取り組む余裕があるかないかを結論づける。ほんのわずかな人たちだけが，実際に教育的運動の意味を理解する。これは生活や健康への知覚されたリスクへの人びとの応答が，問題を認識し何らかの予防措置を講じたり，ほかの対応策を講じるといった，人びとが「段階」のどこにあるのかによって決まってくることを明らかにした保健心理学者の経験的・観察的研究の良い例である（Weinstein et al. 1998）。概念として段階といえば，すでに連関するイベントの展開過程が判っているようにみえるが，この概念もデシジョン・ツリー（decision tree）ないし段階をなす一連の状況とみておく程度がよい。「状況」とか「状況を負った合理的選択」の概念は，「段階」や意思決定上の節目に適用されるものである。これは予測可能なプロセスの一部であるかもしれないし，そうでないかもしれない（Vayda et al 1991 を参照せよ）。何が人びとの行為のやり方――コモン・プール資源に関する制度に影響をあたえる行為を含む――に変化を促すのかという疑問に答えるには，同じように人びとの状況を分析する必要があると結論づけるのが妥当である。

　コモン・プール資源や関連する環境問題についての問題関心からすると理論は次のようになる。人びとは状況に依存しているので，ある人びとは環境問題に気づかないかもしれないし，気づいているのかもしれないが，それにもまして自分たちに何かできるとは信じていない。また他の人びとは，それらの問題にたいして何かを行うために必要な資源をもっていないだけかもしれないし，費用とほかの義務を考慮にいれると，その問題に取り組むだけの価値がないと考えているのかもしれない。ある人々は，またある状況に置かれているが，集合行為に参加するか支援するかどうか，あるいは既存の政治的公開討論の場を通じて行うか，それとも社会運動を通じて行うかなど，そのような意思決定に影響をあたえる問題関心や資源をもっていることもある（Stern et al., 1999）。以下で示すように，制度生成の疑問に取り組むことは，重要な知見と研究領域を広げることにつながる。

　コモン・プール資源の利用と管理に関する制度の生成についての以下のアイデアは，状況を負った合理的選択という見方――状況を考慮にい

れると個人あるいは集団にとって合理的なもの——によって導かれる。一方で状況を強調することによって，状況とコンテクストの性質と説明上の重要性に関するより社会的・政治的・生態学的な見方を広げることになる。

2.1　状況を負った合理的選択の段階的モデル

コモン・プール資源のガバナンスに向けた制度生成は，いくつかの段階をなす条件に依存している。まず制度的変化を必要とする問題は，当事者とくに変化を引き起こすのに必要な資源と力をもった人びとによって，実際に認識されているのか。過去の経験だけでなくほかの問題と比較して，この問題は，どれだけ深刻なのか。この問題は，個人・家族・会社・社会運動組織・政府機関あるいはほかのアクター（活動主体）の課題となるに値するのだろうか。

　① 深刻な問題の認識　　資源や環境システムの性質は，以下のような状況に大きな差異を生みだす。たとえば人びとは，何が起っているかを本当に知ることができるのだろうか。人びとは，コモン・プール資源にかかわる問題の兆候となるかもしれない環境変化を認知するのだろうか。人びとは，一時的でローカルな問題と永続的で大規模な問題とを区別できるのだろうか。たとえば北アラスカのコユコン人（Koyukon people）にとって，ヘラジカとカリブーでは，人びとがそれらをどのように考え，それらに対してどのように行為するかに関する含意の点で非常に異なるものである。ヘラジカは，カリブーにくらべて移動性が低く縄張りを守る傾向にあり，一頭もしくは小さな集団でいるところをみつけることができる。つまり人びとは，特定のヘラジカとその習慣についてより多くのことを知っている。ヘラジカは，カリブーにくらべて，さまざまな集団の人びとに狩猟されることは少ない。ニカラグアの大西洋岸のミスキート族の原住民にとって，集約的な商業用捕獲をはじめた時でさえも，沖合の海ガメの存在・不在・豊かさは，かれらの行動とは何の関係もないように思われていた（Nietschmann, 1973 を見よ）。海ガメの捕獲数の減少は，海ガメがどこか別の場所に移動してしまったためだと解釈された。海ガメが巨大な地域を移動し，ニカラグアの沖合から遠く

離れたところで産卵する時にもっとも攻撃されやすいという事実を考慮に入れると，この解釈には一定の合理性がある。

　さらに，いくつかのコモン・プール資源の問題は，内在的に知覚したり評価したりすることが困難である。非常に拡散していたり，ほとんど不可視で無形であったり，特定の結果に簡単に結びつかないようなものの場合，とくに困難である。もっともわかりやすい例は，放射能による被爆，大気汚染や水質汚染，有害物質の放出や有害廃棄物である。そこでは，個人的なリスク理解の構築においてだけでなく，政治的討議過程においても，不確実性があることが大きな影響を及ぼすことになる（Freudenberg 1988）。

　何を問題とみなすかについて他者とコミュニケーションを図ったり教えたりすることや，過去に起こったことやほかの問題との比較において当該問題の深刻さを討議する場合に求められるコモン・プール資源利用者の能力に対しても，経験や社会組織，そして政治システムに備わった特質が差異を生みだす。人びとの注意を喚起して，当該の課題に関心をむけることが課題である。社会構造と文化は，リスクのレベルや本章の後半で議論するリスクや環境に関する一般概念だけでなく，どの現象が危険だと定義されるかを決定する際に，重要な役割を果たしうる。それらはまた知識や専門技術の伝達に影響を与えるが，専門家がより大きなコミュニティとどれだけ効果的にコミュニケーションを計れるかといったことに加えて，それらがひろく共有されたものとなっているか，少数者が堅く守り隔てた財宝のようにしているかで違ってくるものである。

　自治が生成されない多くの事例は，問題認識のレベルと「課題設定」の困難によるものである。ある集団は，生態システムのもつ捉え難さ，目新しさ，確率性あるいは監視システムの不備のために，直面している問題（河口での生産性の低下や放牧による土壌汚染の増大）の重要性を評価できないかもしれない。彼らは，私的利用と結びついた公共財の存在（生物多様性，流域の質）に気づいていなかったり無関心であるのかもしれない（Gibson and Becker, 2000）。もし集団のある人びとが問題を認識しているとしても，社会階層における彼らの地位や彼らのもつ知識が他の情報源との比較において社会的正当性を保有していること，そしてほかの社会的・状況的な要因にも依存しているのでそれ次第で，他者

と効果的にコミュニケーションを図ることで，より大きな課題に到達できるかどうかが決まってくる。人間 - 環境系の関係について文化的な理解をすることによって，問題の定義と解決の潜在的可能性に影響をあたえることができる。複雑な社会経済システムのなかで，ある人びとは，ほかの人びと以上に影響をうけやすく，また異なる利害関心や政治的権力やメディアへのアクセスの違いは，課題設定に大きな影響をあたえるかもしれない。事例では，環境主義者からなる非政府組織（NGOs），資源に依存するコミュニティ，鉱物等の採取企業を巻き込んだ状況を含んでいるが，現実の状況は，より複雑で微妙である（たとえば，NGO や企業と特別な取引を行っている地域コミュニティのエリート・メンバーの存在）（Sawyer, 1996）。中国と内モンゴル自治区の草地減少を解釈した事例のように，課題設定の多くは国家的イデオロギーと政治によっても形成される（Williams, 2000）。さらに，有害物質にさらされた多くの状況や漁業の事例でよくみられるように，環境問題に高い不確実性を伴う場合には，特別の利害を巡って紛争や機会主義的行動の起こる余地がことに多くなってくることになる（Wilson and McCay, 1999）。

　最後に，ある状況において，ほとんどの人びとや社会集団の予想される応答は，「だからどうしたというのか？」となる。内戦や飢饉においては，森林や水の供給を確保することをすぐ人びとに行動を起こさせることはないだろう。非常に重要で得難い力量とは，生存能力である。新たな機会の進展があまりにも早く，既存の制度がその事態に応答しうる（あるいはその事態によって圧倒される）間もないような場合，「だから？」も応答のひとつとなる。たとえば，もしコミュニティの人びとの大半が，サンゴ礁のダイナマイト漁による破壊的行為によって稼いでいるならば，誰かがそれに代わる資源や動機を提供できないかぎり，サンゴ礁の保護に向かうことはないだろう（Alcala and Russ, 1990 を見よ）。

　② 原因と結果の判定　課題が設定されると，まったく新しい問題群が生れてくる。人びとは，彼らの行動と目前の環境問題とのあいだに，因果関係や行為と結果の関係を理解し受け入れるものだろうか（これも問題が設定課題になるかどうかに影響する）。もし彼らがそうするとしても，その状況は修正されうるもの，あるいは「もはや手遅れなもの」とみな

されるのだろうか。
　多くの状況で文化，過去の経験，知覚された行為と知覚された結果とをとりもつ関係がはじめから切れてしまっているため，人びとは，問題の原因あるいは解決の潜在的源泉をめぐって，自分の行為や他者の行為が問題となっている資源にたいして実際に影響力をもっているという事実を受け入れない。Carrier（1987）は，人間ではなく神が魚介類やカメに変化を生じさせると信じているパプアニューギニア島のポナム島民が，これらの資源のいくつかが大幅に減少していることに懸念を示す人びとが喧伝していたような，収穫慣習そのものを変える必要性を受け入れようとしなかったことを示している。おなじように多くのニューイングランドの漁業者は，自然の無秩序なプロセスが，ながい年月をかけて豊漁と不漁のサイクルを生じるようになったと信じており，また漁獲制限は何も得るところがないと信じていたので，漁業管理の変化に抵抗した（Smith 1990; 本書 10 章の Wilson を参照）。
　人為作用であるという観念の放棄や疑念が果たす役割は，監視が困難な資源であるほど，より大きなものになりそうである（高速で動く魚と静止した貝，あるいは魚と木とを比較せよ）。可変性と不確実性のようなほかの生態学的要因も重要である。すでに述べたように，自然界の特徴というものは，人びとがコモン・プール資源に何が生じているのかを正確に見極めることができるのかとか，人びとの活動の影響は思ったより低いということができるのか，あるいは次に何がおこると予測することができるのかといったことに，影響を及ぼす。しかしながら知識体系や哲学における民族生態学的で宇宙論的な差異の認識を犠牲にしてまで，自然環境の特徴に焦点をあてるべきでない。これらの差異は，学問分野での学派文化にも見出される。ほぼ一世代にわたるポストモダン的批判理論や分析は，自然界や社会的世界におけるわれわれの表現がどれほど社会的事実や文化的偏見によって形成されているものであるかを示してきた（Soulé and Lease 1995）。これらは何も注意を払わずに理解するべきだと強く押しつけられた現実の不完全な鏡である。
　文化は人びとが因果関係を結論づけてイベントを結果に関連づけるやり方に重要な役割をはたしている。文化をこの種の分析に組み込む非常によく発展した方法のひとつに，文化人類学者の Douglas と政治科学者

の Wildavsky(1982) による「文化理論」がある。彼らは，人びとが自然環境に関心をもって，その関心にもとづいて行為するようになるかどうかということに加えて，人びとが原因・結果と適切な行為をどのように考えるかということに影響をあたえる根深い「文化的バイアス」の存在を仮定する。彼らは平等主義・ヒエラルキー・個人主義・宿命論を一般性のあるバイアスと認定した。それらは社会や文化の内部あるいは両者のあいだに異なって配分されているというのである。それらのバイアスは，環境変化の原因と結果をめぐる理解に存在する広範な差異をあらわし，さらにそれらの問題を処理する適切な方法が存在すると考えらえた。方法としては権威への依存（ヒエラルキー），あくまでも個人の行動（個人主義），おこりうる集合行為（平等主義），そして運命に任せることといったことが含まれる。多くの批判にもかかわらず（Rosa, 1996; Johnson and Griffith, 1996; Stern et al., 1999 を参照せよ），このアプローチは文化の重要性を強調する。またこのアプローチはリスク認識と行動に関して展開される領域横断的な研究領域のあることを知らせてくれるものであり，いくつかの点で共有資源研究の伝統と関連する。

「文化理論」のもつ危険性の一つは，その本質主義にある。文化理論の説明では，人びとは「個人主義者」か「宿命論者」であるか否かといったように本質主義的に規定される。状況規定はここでも，ある特定の状況において明白に示される文化の差異と変化を捉えたときに適用されるべきである。筆者は，ニューイングランドの多くの漁業者たちが，自然の無秩序なプロセスは長い年月をかけて豊漁と不漁のサイクルになっており，漁獲制限には何も益するところがないと確信していたので，漁業管理の変化に抵抗してきたと述べた（Smith 1990）。こうした自然認識，特に公開の場でのレトリックの使用は，たんに自然と触れ合ってきたということだけでなく，ニューイングランドの漁業管理をめぐって何十年にもわたって繰り広げられてきた紛争のプロセスで社会的に構築されたものと理解することができるのである（Miller and van Maanen, 1979 を見よ）。Smith(1990) が描きだしたコンテクストにおけるそれらの認識の表現は，間違いなく懐疑的で対立的なものであった。近年，ニューイングランドの漁業者たちは，漁業資源の減少という事態に直面して，みずからの果たすべき役割を受け入れるようになり，調査・管理において果た

すより大きな役割を求めるようになったことで紛争の形勢が変化してきたため，敵対する者同士が対立の際によく採用していた懐疑的イデオロギーの使用は少なくなり始めていた（本書10章のWilsonを参照）。これに関連する別の分析的視点からみると，文化の次元は，どのようにして特定の問題が枠づけされ社会的に構築されるのかを明らかにするほどには，全体的な「文化」について多くを語らない。ニューイングランドと中部大西洋岸諸州の多くの漁業者たちは，起こる問題を介入的なよそ者から自分たちの生計を守る必要性という観点に寄せて枠づけしているようにみえる。しかし，環境保護論者にとっては，規制機関が水産事業によって捕り込まれた状況（industry "capture"）にあるとみなすコンテクストにおいて，魚の個体数を保護する必要性を枠づけしてみせてきた。

次の段階に進もう。深刻な問題が存在し，それが人為的なものである可能性が認められた場合，次に出てくる課題は，問題が認識され受容されるまでに「もはや手遅れなもの」となっていたかどうかということである（Ostrom 2001）。コミュニティのメンバーは，その問題について自分たちには何もできないと結論づけるかもしれない。そしてその問題について何かをすることは，とても困難であることが判るかも知れない。アメリカ合衆国の太平洋岸における漁業管理の利用者の参加に関するHanna（1995）の分析は，自然資源が急激に減少した地域で協力関係を維持することが困難であることを示した。

結論として，人びとが自分たちの行動こそが問題の原因になっているのだと受け入れるかどうか，また何らかの規制の導入か制度的な変化を必要としているという場合に同意するかどうか，そして何かすればまだ間に合うという状況にあると信じているかどうかによって，コモン・プール資源管理制度は生れるかもしれないし，生れないかもしれないのである。

③ 何をなすべきか，する価値があるかどうか　理論上，たとえ人びとが重要なリスクや環境問題を認識し関心をもっている状況にあるとしても，人びとが，個人的あるいは集合的に，自分たちが引きうけることのできる問題解決に気づかなければ，そしてかれらが代替方法の費用と便益をはかり，それらにもとづいて行為しなければ何も起こらない

だろう。ひとつ以上の代替案について，実行する価値ありと考えるためには，予算的に可能で潜在的に効果的であるとみなされる必要がある（Weinstein et al., 1998）。さらに，コモン・プール資源や環境問題の原因として人為作用（本人であれ他者であれ）を認めたからと言って，それはかならずしも制度変化の必要性を受け入れることを意味するわけではない。制度的な枠組みが存在しないのであれば，それらの変化といっても，非常に費用のかかるものになるだろうし，既存のあるいは新しい豊富な手段が実際に機能するかどうかに関して大きな不確実性が残るかもしれない。

多くのコモン・プール資源の中でもとくに，われわれがよく「自然資源」とよぶ野生の状態のものに関しては，その行動と動態は高いレベルの不確実性をもっている。さらに官僚制の構造が支配的な状況では，何かが機能するかどうかという本来の争点が，種々の対立の問題に加えて，採られた方法の評価と適用にむけた計画の意志や資源の不足のために消失してしまうかもしれない（Lee 1993）。この対立・衝突問題は重要である。稀少性や共有資源に関するほかのトラブルの出現の認知にたいする典型的な社会的応答がその資源の使用から関係しない他者を排除することである（Oakerson 1992）。これは対立の可能性を直接的に引き上げる。Bruce（1999）が森林管理の共有資源制度の課題の概観で示したように（Pendzich et al., 1994 も見よ），これらあるいはほかの対立は，内部の対立も含め，適切な管理制度を構築あるいは変化しようとする試みを挫くことができる。競合する要求や利害関心のために，コモンズ管理は，しばしば利用の競合や争いにくわえて不安や暴力を帯びる。

ここまでの議論を要約するために，コモンズの管理制度が生成されない場合を説明することで，本章のトピックに応えよう。ある人びとが環境問題やコモン・プール資源問題にただ気づいていない結果，コモンズの不在状況が生じているのかもしれない。そういう場合もある。これに対して，他の人びとは，その人たちの状況を考慮に入れると，気づいているがその問題について自分たちに何かできると確信していないのかもしれない。さてある状況において問題になるのは，解決しがたい条件を処理する受け入れ可能で道理にかなった方法を思いつけられないことである。その他では，その問題について何かを行うために必要な資源を

もっていない人びととの問題，あるいはコストとほかの競合する義務を考慮に入れると努力する意味がないと考える人びととの問題であるかもしれない。勿論，利害関心をもった人たちや対立や紛争解決能力のない人たちからの仕返しを恐れているという場合もあることはある。

2.2 現存する制度の増強

合理的選択の観点からすれば，新しい目的に適応可能な制度が存在していることは，コモン・プール資源における自治の生成にとって非常に重要であるかもしれない（Ostrom 1990）。そういった制度ならば，意思決定の構造，執行力，経験，文化的期待を提供するので，取引費用を低減させることができる。もしそうした制度がなければ，そういったものを新規に作り上げねばならず，大きな経済的・政治的な対価を必要とすることになるだろう。したがって，制度生成と，すでに存在しておりほかの目的のために作られた制度を変更したり方針転換による事例を同一に扱うことは難しい。例外はシェトランド諸島のある事例で，コミュニティ・ベースの生産者組合が私有化された漁業権からコミュニティのための利益を確保するという革新的な手法の受け皿となったものがある（Goodlad 1999）。

コモンズ管理制度は，人びとがみずから資源の枯渇や資源の質の悪化に気づくようになった状況で生みだされた制度というよりも，コモン・プール資源をめぐって対立する権利請求の状況で生成した制度に近いと主張することは魅力的である。漁場に関わる「海の保有権」制度（Cordell 1989）のほとんどは，資源の持続性への関心よりも，むしろ利用者間の対立に応じて作られた。ルール・規範・ほかの制度は，漁場と漁業技術の使用を調整することで対立を軽減させる。これらも排他的な境界を形成したり（Acheson 1987），特定の漁業技術を制限したり，漁場でのゴミ投棄を禁止することを通じて（Stocks 1987），ほかの集団から自分たちの集団を守るために作られる。これは資源の保全を志向する行動の存在と価値を否定しているわけではない。漁業では，そうした多くの制度の価値は詳細に記録されている。アクセス・時期・間隔やほかの要因のコントロールとは対照的に，漁獲量が実際に管理されている事例はほとんどみられないという興味深い発見がなされている（Acheson and

Wilson 1996; Schlager 1994）。つまり「地域に根ざした保全」は，実際，多くの事例では，「地域に根ざした紛争の管理」であった。Polunin（1984）は，資源の減少阻止という課題にむけて設計されていない「地域に根ざした」海の保有権制度への過剰な依存について問題関心をもち，インドネシアとニューギニアにおける海の複雑な保有の取り決めに関する数多くの多様なシステムについても同様の主張をしている。

　コモンズ制度を生成している地域集団に関する事例の多くも，「保全」あるいは地域資源の「持続性」の保護がつねに正当性をもった目標であると想定することがいかに危険であるかを思い起こさせてくれる良い例である。ラテンアメリカの多くの地域でみられるように，地域住民による共有資源への権利請求や承認をめぐる闘争は，しばしば資源取得の勢力圏（territory）や文化的アイデンティティをめぐる他の権利主張者との闘争でもある（Bruce 1999：53）。長期にわたる政治や他の形式での争議は，これらの集団が求める法的・政治的な承認を獲得するためにしばしば必要なことである（Pendzich et al., 1994）。多くの事例では，コモンズの制度生成を試みることの目標は，地域資源の稀少性や環境問題に取り組む方法を見つけるということよりも，外部者の介入に対抗したり文化的アイデンティティと政治的権利を要求し重ねて主張することにある。これらの目標達成に成功することによってコモンズを持続的に管理するために適切な内的なルールを発展させるために必要な手段と動機を提供するようになるかどうかということは，また別の問題である。しかしおそらくそれは，境界設定，地域自治といったローカルコモンズを管理するほかの「設計原理」（Ostrom 1990）に基礎を与えるような重大な段階を意味しているのである。それは外部者の排除を越えた管理のあり方を引き起こすものであるかもしれないし，そうでないかもしれない。

　人びとに制度の生成や変化をうながす可能性のある共有資源の稀少化や共有資源への脅威によって，対立がまず生じることになる。そうなれば保全行為と対立は見分けがつかなくなる。資源の稀少化に対処する普通の方法は，他者を排除しようとすることである（Oakerson 1992）。これらの他者は排除の主張に抵抗を示すかも知れず，それは対立を生ずるだろう。実際，コモンズの制度生成のプロセス全体は，非常に対立を生じさせやすいものであり，対立を効果的に解決する方法を見いだすこと

は大変重要な課題である。Bruce（1999：53）は「資源をめぐる争いは，人びとを疲労困憊させ資源を使いはたし，最終的に共有資源制度の崩壊につながる」と言及している。

　紛争解決のための制度を開発し，制度を保全目的に転換する試みは，国家レベルや国際レベルの両者にみられる。1970年代と1980年代における海法をめぐる一連の手続きの過程で，国家は，排他的領域や「拡張的経済水域（extended economic zones）」（EEZs）によって沿岸から200海里を獲得するのに熱心であったが，その一方で，新たなEEZsの枠組みのもとで外部者の漁業を制限するだけでなく，自国の漁業をも管理するという要求に対してほとんど関心を示さなかった（Hoel 2000）。ローカルな制度と組織もまた同じ共通基盤にもとづいて展開した。持続的な資源利用と保全への再志向こそが，今日的課題である（Hall 1998; Noonan 1998）。

　「地域に根ざした市場管理」も存在する。McCay(1980)とBerkes and Pocock（1987）は，漁獲量を制限する漁業協同組合と先行研究にない例外事例について報告している。これらの事例では，仲間の漁業者によって捕獲され陸揚げされた漁獲量を制限するための理由は，過剰な漁獲を避けるためではなく，むしろローカルな市場への過剰供給を防ぐためであった。コモン・プール資源管理の目的は，価格とほかの市場活動の条件に関するものであり，資源それじたいの豊富さの水準に関するものではない。この観察から生まれるひとつの疑問は，これはコモン・プール資源管理の正統な事例かどうかという点である。多くの文献では，利用可能な資源の持続的水準を目的として想定しているようであるが，『管理』はより広い概念である（保全と比較せよ）。たんに資源保全が一番に意図されていないという理由だけで，特定の市場活動やほかの経済的問題に焦点をあてるコモン・プール資源管理の制度生成を主流から排除するべきではない。むしろ共有権と競合のコンテクストにおいて，なんらかの自主規制を行い発展させ，そして，かりに意図した主要な目的に付随したものであったとしても，生物保全の目的を支持するようなシステムも尊重されるようになるべきである。（たとえばMcCay 1980:37を見よ）これらの事例にみられるシステムに，より多くの注意や関心が向けられるべきである。特定の直接的な経済的ニーズや紛争解決ニーズによって

第 11 章　コモンズにおける制度生成　　491

生じたいくつかの制度は，漁業資源を過剰な漁獲から保護したり，生息地を破壊から保護することを含め，ほかのコモン・プール資源問題も解決しうる経験とインフラを提供する。

2.3　水平的／垂直的な連関

　これまでの筆者の議論は，外部世界からの集団の孤立を想定しているものと理解されたかもしれない。つまりコモン・プール資源制度の動機付けの源泉は内的なものであると想定しており，コモン・プール資源利用者にルールが課されている状況について何も言及していないと思われるかも知れない。ある場合には外部からの作用や資源のあり様が，すべてを変えてしまうかもしれない。また人為作用と環境のあいだにある因果関係的な連関を受け入れなくても，人びとは，ほかの便益によって制度的な変化を受け入れるように説得されるかもしれない。世界中の多くの農村地域において持続的発展への回路を探し求める政府機関と NGO は，仕事や医療サービスへのアクセスの改善といった副産物が入手可能なかぎり，「コミュニティに根ざした」自然資源管理プロジェクトに協力するよう人びとを納得させることができる。外部の資源やアクターは，内部のローカルな資源やアクターと相互作用しながら，市民的活動の場や市民フォーラム，討議のための社会的・政治的な場を形成する際に，非常に重要な役割を果たしうる。

　分析の射程を拡大して社会的実在のより大きな垂直的・水平的連関を含めると，コモン・プール資源利用者のコミュニティに外在する力が，制度変化の場面で非常に重要な役割を担うと考える人もいる。コミュニティは，外部の援助をうけて，ほかの人びとが行っていることや政府や非政府組織が作りだし普及した変化のモデルを模倣したり作り変えたりするかもしれない。たとえば Rudel（2000）が調査したエクアドル沿岸の熱帯雨林地域のプラヤ・デ・オロ（Playa de Oro）というコミュニティでは，外国の技術援助を利用しながら，エコツリズムを志向する持続的な林業プログラムを提案した。それからわずか数年のあいだに，多くの隣接するコミュニティが同様のプログラムを開発しはじめた。

　個々の意思決定を行う人びとの状況と選択は，コミュニティが上述の機会を受け入れるかどうかを決定する時に重要であるけれども，適切な

技術的アプローチの入手可能性やデモンストレーション事業およびそのプロセスに参与した個人や組織のネットワークの存在といった要因に目を向けることで，個人とは無関係に，そうした制度変化を採用したことについて効果的に説明することが可能なのである。多くの制度的活動は，議会や大統領，王や州の役人，組織化された集団や政府の森林・漁業機関——非政府な国内の組織や国際的な環境・開発組織のネットワークや連合も含めて——の行為に依存している（Stonich 1996）。したがって，生成の問題もまた，こういったアクターと社会のレベルに注意を向けるべきである。

近年，Bates and Rudel（2000）は，熱帯雨林地域における公園設立の説明方法に関する国際的研究において，この問題を論じた。かれらは，企業，政治家，土地所有者の提携活動による野生地への脅威や生物多様性に関する認識から出発し，一般的なプロセスを理論化する。この研究が環境保護論者の一部とほかの人びととの対立を引き起こすかどうかは，この問題がどれほど説得力をもっているかにかかっている。森林破壊を例にあげてみよう。もし森林破壊の速度が非常にはやく，相対的にみて森林のほとんどが残されていないのであれば，国が多くの豊かな森林を残している地域よりも，対応する可能性が高くなる。このように公園形成のもっとも重要な原因は，対立する連合の動員である。しかし，これだけでは十分説明したことにはならない。次の問いは，政府がひろく国民の支持を得られているかどうか，政府が公園を設立し管理する資源をもっているかどうか次第である。公園の設立を支持する政治的条件のような直接的原因に焦点をあてることが同じく重要である。これには，環境保護集団の政治的課題設定のために「寄付金の力」を利用する国際金融機関や地域開発銀行，そして自然保護管理委員会（Nature Conservancy）のような集団の活動を構成し，これらに対して自然保護団体が掛ける政治的圧力を含めて「緑の帝国主義」のさまざまな示威行為が含まれるかもしれない。一方でこうした集団の行動に影響をあたえる社会的・生態的条件を吟味する必要もあるだろう。

「外部」は明らかにとても重要である。発展途上国のいくつかの貧しい農村地域では，より裕福な地域とくらべて地域組織や市民社会のもつ多様な側面といったものをほとんどもたない（Esman and Uphoff

1984)。したがって制度生成は，しばしば内部者と外部者，資源利用者と開発業者や資源管理者を巻き込むことを意味する。「共同管理（Co-management）」は，この点について語るひとつの方法であるが，漁業の場合のコンテクストで，共同管理がひとつの資源利用集団とひとつの政府機関とのあいだの単純な協定を意味しているとするならば，それはあまりにも狭すぎる理解であるかもしれない。利害関心と問題は，しばしばさらに多様な形をとる。

　Rudel（2000）がエクアドルの持続的開発の試みに関する研究で論じているように，存続可能なコモンズ制度の生成は，このように多様な利害関心をもつ大規模な組織や「包括的で横断的な組織」の形成次第であるかもしれない。この事例では「調整役の組織」は，コミュニティ・木材会社・政府機関・環境NGO・外国の支援集団を代表する（メキシコで試されたモデルを利用して作られた）。それは持続的な林業問題に関する議論と討議のための公開討論の場になるとともに，コミュニケーションだけでなく，条件を出し合い，妥協と折り合いを交渉して生みだす市民的活動の場にもなった。たとえば，小さな地域コミュニティは，提示された問題に関する情報を交換し，より良い木材価格を求めるように協力できたので，木材会社との交易条件を改善することができた。木材会社もまた，コミュニティから森林地の売却額の方針について実行可能だと同意を得ることによって利益を得ることができる。流域連携は，強力な市民社会の存在によって促進された北（先進諸国）の優れた例である。

2.4　やり繰りして凌ぎ切ること

　コモン・プール資源を利用する人びとが，自治的制度を開発したり変更したりするのに時間・労力・金銭やほかの資源を投資する必要に直面すると，合理的に選択されたフリーライダー戦略がとられると，そうした努力を無に帰してしまう。「特権的集団」は，一層投資を行うことで便益を提供しつつ，他者をうまく乗せてついには貢献させるほどにすることで，フリーライダー行為の発生を防ぐことができるかもしれないし，あるいはルールを変更することでフリーライダーの大半を周縁に追いやるか排除することで対処するかもしれない。これはコモン・プール資源制度の生成に大きな差異を生みだしうる社会階層や富と権力の不平等な

配分の副次的効果である。しかしながら相対的に等しい力をもっている集団にとっても入手可能な，集合行為の束縛ではないもうひとつの方法は，小規模で安い，いわゆる「やり繰りして凌ぎ切る」公共政策形成の方法をとりながら，小さな追加手段で制度的変化を引き起こすことである（Lindblom 1959）。Ostrom(1990) は，これをロサンゼルスの大都市地区における私的・公的な水利権者のあいだの集合行為における取り組みを分析するなかで示した。小さな行動は，初期費用が低く，早く成功する可能性があり，そのことで意思決定を取り巻く環境を変更することができる（Ostrom 1990: 137）。つまり「それぞれの制度的変化は，将来の戦略的決定がなされる誘因の構造そのものを変化させた」のである。

Lindblom が「なおやり繰り中で，凌ぎ切ってはいない」と 1979 年に名づけたこのやり方の二点目の便益として，ノロノロとして問題解決に小出しで対処するアプローチは，複雑で非常に不確実な生態システムに関して，たいへん賢明な戦略かもしれない。これはニュージャージー湾の二枚貝の生産性を回復することを目的としたプログラムに関わった時に，われわれが学んだ重要な示唆であった（McCay, 1988）。その地域の二枚貝の生態と河口の水力学に関する無知と不確実性のレベルが高いことを考慮すると，状況に関して先立つ調査や代替方法が十分ない状況で行動する場合，追加的アプローチを採用することはとても有益であるとわかった。われわれが選択した方法で湾の二枚貝の生産性を増加することには失敗したけれども，われわれの方法から生産性を減少させる原因についてより多くのことを学ぶことができ，目的と手段を洗練するように設計されていたので，われわれは無知と不確実性を減少させもした。「やり繰りして凌ぎ切る」方法が，学習努力や適応あるいは「順応的管理」の能力に結びつけられる時，この方法は，効果的なコモン・プール資源制度の生成に貢献することができる（Walters 1986）。

3 コモン・プール資源論における新旧のアプローチ

これまでの議論は，おもに共有資源研究とより一般的には人間生態学における主流の方法と知名度は低いが新たな研究アプローチとなりつつ

あるものの影響を受けている。本章後半の目的は，筆者自身の思考に影響を与え，他の研究者や実践家にとって潜在的に関心の対象となり得るが，まだなじみの薄いより新しい研究アプローチに焦点をあてることである。

3.1 アクターに焦点を当てた生態学と柔軟性の経済学

やり繰りして凌ぎ切っていくというこの方法の意義は，それを使った最初の変化は小さく相対的に安くつくが，かならずしもより大きな価値や目標の達成という評価で知られるものとはならないが, Bateson（1963, 1972）と Slobodkin（Slobodkin and Rapoport 1974; Slobodkin 1968）が，進化と適応における「柔軟性の経済学（economics of flexibility）」に関して行った主張に似ている。1970 年代に人間生態学者が発展させたこの観点に立つと，順応的に対応することは，現下の問題を処理するように資源を配置するだけでなく，状況変化のために保存（柔軟性の源泉）しておくことでもある（Vayda and McCay 1975: 294）。最小限で費用がかからないさらに可逆的な対応は，最初におこると予想される。もし環境問題が悪化して最初の対応によって十分に満たされないならば，「取り組むのが困難でより本格的（deeper）」でもっとも費用がかかり不可逆的な対応がとられることになる（McCay 1978）。つまり，その問題を無視することによって，あるいは必要なら自分で邪魔者を追い払うことによって生き残れるならば，助けを呼ぶまでもない。しかし，助けを呼ばなければ，肝心のことをうまく処理できず，結局のところ生き残れないかも知れないのである。McCay（1978: 415-416）が以下のように述べている。

> 「柔軟性の経済学」の理論において，事態の動揺にたいして最小限の対応からはじめるということは，問題解決の効率という点だけでなく，問題の規模や期間，問題のそのほかの特徴を推し量るうえで，時間稼ぎができるというタイムラグが組み込まれているという意味で価値があるのかもしれない。この理論は，それゆえ些細で一時的な問題に終わるかもしれないことに関して，コストの高い不可逆的な対応を促すような可能性を最小化する。この理論に内包された慎重さは，複雑な問題を当面のせまい意味での解決手段で対応可能

なものととらえがちな人間というアクターに順応的かもしれない。（略）それゆえ，自然災害に対して「技術的措置」によって解決を図ろうとすると，自分たち自身とほかの人びとに新たな問題を作りだす場合がある。しかしながら，もし環境問題が存在しつづけるならば，（略）多様化（diversification）戦略の費用は，（略）それを採用するアクターにとって増大するかもしれない。そこで彼らは，ある方向あるいは別の方向に舵を切ってコミットメントの増大に導くような決定を行うと思われている。もし，それが事態に順応的なら，「強化（intensification）」対応戦略への変化は，これらのコストのいくつかを減少させ，アクターや社会的単位に「柔軟性」を回復させる助けとなる。

　このアプローチは，個人や社会集団を文化やシステム内での受動的な役割に帰属させる従来の傾向にくらべて，生物学におけるネオダーウィニズムへのシフトとも並行するアクター重視の生態学に適合しやすい事実を含んでいるという複数の理由から，生態人類学者たちに歓迎された（Vayda and McCay, 1975, 1977）。柔軟性の経済学は，現下の課題への適用範囲が広い。たとえば，もし技術における単純な解決が共有資源の減少を埋め合わせるのであれば，ひとの家族のために食物や避難場所をみつけるというほかの重要な問題から資源を転用することにもなる，規制的な制度を作ったり変更したりするという対策にかかずらう理由はほとんどない。一方で，これらの技術的変化が機能しなかったり，環境問題が悪化したり，その問題の範囲が拡大するのであれば，規制を形成・実施・強制するための社会運動や社会的合意形成やそれへの参加といったことが，個人の意思決定においても想定されてくることになり，「困難で」より費用のかかる変化の実現が一層現実のものとなってくる。これらの変化が進展するにつれて，ほかの新しい問題に対応する「低位レベル」の社会の潜在能力が解き放たれる。あらゆるリーダーシップがそうであるように，制度の統治は，人びとに最善を尽くすように任せる時に成功する。

　この種の思考は，大筋において技術変化や人口圧そして新しい制度を形成し維持するのにかかる費用と便益に影響をあたえるほかの要因に関わる取引費用に焦点をあてた，所有権やほかの制度における変化の条件

をテーマとする経済史学者の研究と軌を一にするものである（Anderson and Hill, 1977; Libecap 1986; North 1981）。しかし，いくらか差異もみられる。地理学者やほかの研究者を含めて人間生態学者が発展させた研究でみられたように（Grossman, 1977），自然災害への対応に焦点を当てたことによって，個人的・社会的な対応が環境変数とどのように関連すると期待されているかについての一般化へと展開したことである。当面得られたパターンは，ひとつのクラスの環境変数についてである。すなわち規模等級・初動速度・持続時間と環境変化の相対的な目新しさは，対応のレベルや種類に影響をあたえると期待されるかもしれない（Barton 1969）。空間パターンもまた対応に影響をあたえる。優れた例は，ニューギニア高地の周縁地域に暮らすエンガ（Enga）の人びとが，どのようにして頻発する深刻な植物の霜害に対処するのかに関してなされた地理学者 Waddell(1975) の分析である。さらに Vayda（1976）は，オセアニア社会の戦争に関する研究において，このアプローチを採用した。Lees（1974）は，水力管理制度と技術の開発に関する分析で，このアプローチを展開した。Rudel（1980）は，この観点から，1970 年代初頭のエネルギー不足にたいする合衆国における自動車関連の対応を検討した。Morren(1980) は，このアプローチを利用して，イギリスの洪水への対応パターンを分析した。筆者は，ニューファンドランド島における漁業資源の減少（McCay 1978, 1979）とニュージャージーにおける漁業資源の減少（McCay 1981）への対応を分析する際にこのアプローチを採用した。

「柔軟性の経済学」は，環境災害や環境リスクのもつ規模，範囲，持続時間といった環境の有するさまざまな側面に対して，それを引き受ける社会の組織的「強さ (depth)」を関連づけるうえで，一般的にどのようなことを想定したら良いかというフレームワークをあたえてくれる。その利用は，制度的・政治的な問題により鋭く焦点をあてることにもつながる。たとえばニューファンドランド島の漁獲量の減少への対応に関する筆者の研究では（McCay 1978），1960 年代を通じて，はじめのうち個人や家族単位での対応がなされ，2 つの一般的な戦略が認められることを示した。すなわち多様化（職業の多様化，異なる漁業技術の配置などを通じて実施された）と強化（一つの活動により多く投資すること）である。

「柔軟性の経済学」の論理は，強化の場合より多くの投資を要請し，人びとや組織を，ほぼ不可逆的な，「より結びつきの強い（deeper）」特化したモードに対応するよう固定するので，多様化の方を主要な戦略であるべきだと主張した。しかしながら問題が継続し悪化すると，福祉に頼ったり，転職したり，より大きな船を買ったりすることを含め，個人や家族は強化型の対応をより多く行う傾向になる。漁業に依存する家族やコミュニティが直面している問題に取り組むためには，漁業組合やその他の集団を形成することにつながる「地域開発」運動を含めた重要な社会的・制度的対応もある。

　予想されていたように環境問題は悪化し，それにつれて対応策が徐々に増加しているようにみえた。しかし，人びとがより大きな船に多く投資することは謎であった。なぜならそれは漁獲量減少の問題を悪化させるだけのように思われたからである。つまり，そうした状況と不確実な環境変化に直面した際に用心深さを強調することはどんな理論も教えるところであるが，そのことを考慮すると，大型船に投資する人びとは，あまりに動きが急激でありかつ不適切な方向に動いているように見えたのである。なぜそうした事態がおこるのかを調査することは，地域コミュニティの将来についてなされた決定において，コミュニティの外部にいるさまざまな社会集団と経済的・政治的アクターが果たす役割があると考えることを評価することにつながった。たとえば，協同組合の形成につながった社会運動と新しい漁業技術への投資の決定は，両者とも，政府機関や大学の公開プログラムで働く人々，映画制作者を含めたローカルな問題に関わる特定の「よそ者たち」が一緒になることで確実に実現していった。しかしながら，こうした外部者の巻き込みは，問題とその解決，特に漁業が取ろうとする方向を組み立てるローカルな力の喪失の原因ともなった。

　「柔軟性の経済学」や「応答プロセス」のアプローチは，これまでコモン・プール資源研究を通じて学んできたこととの関係で研究課題を進めようとした場合に考えられるものを超えて，様々な変化を受け入れる方法論として適しているのである。問題は，何が管理上のルールを生成し，ルールに変化を引き起こすのかではなく，むしろ制度化された行動様式をもっている人ももっていない人も，どのようにして環境的事

象（environmental event，たとえば植物を枯らす霜）や一連の事象（a series of events，たとえば長い不漁期）に反応するかである。それらの反応は，個人の行動あるいは家計における資源配置でのわずかな調整という形をとる場合もあれば，新しい技術や資源獲得手段への主要な投資という形をとるかもしれない。また反応は，近隣集団を急に襲ってみたりする場合もあれば，政府機関から支援を得るための一致した協力，そして環境問題やその結果に対処するための効果的なコミュニティに根ざした制度の提案など，組織化された社会的行為の形態をとるかもしれない。しかしそのようなことは起こらないかもしれない。筆者は以前，人類学や地理学の分野に使われる文化生態学，人口生態学，システム生態学，ポリティカル・エコロジーといった用語が示す暗示的な要素や個々の行為に先験的に決められた指示や前提を置くことを回避する必要性を知らせる方法として，「人々の生態学（people ecology）」（McCay 1978）の用語を使用することを主張した。人々の生態学は，重要な単位が，個人や家族，あるいは任意団体や一時的なネットワークから行政や国家のような政治単位にいたる広がりをもった様々な社会的実在かもしれないという可能性に開かれている価値を主張するように意図されていた。これらは，ローカルな文化やより大きな政治経済も含みこんで，環境的・社会的な状況とコンテクストの変化につれて変化するものである。

　しかし「柔軟性の経済学」アプローチは，環境的現象と人間行動との関係性を理解するための中範囲理論の複数ある源泉のうちの一つである。進化生態学は，また別の系統に属するが，最適化モデルの手法と最適食料獲得理論が説く予測を人間集団に適用することで発展してきたものである（Dyson-Hudson and Smith 1978; Smith and Winterhalder 1992）。このほかにはミクロ経済学と意思決定理論があり，これらは偶然にも進化生態学の最適化モデルに密接に関連している（Rapport and Turner 1977）。「柔軟性の経済学」アプローチは，人びとが合理的に節約するという前提（economizing assumptions）から簡潔に結論を導こうとするという点で，これらの理論と共通するが，効率性や最適化でなく柔軟性を適応プロセスのおおよその目標と捉えている点，包括適応度ではなく生存を究極の目標に据えている点が異なる（Slobodkin and Rapoport 1974）。柔軟性は，「変化における中立の潜在的な可能性」を意味する（Bateson

1972:497）。このアプローチは，狩猟民や採集民に関してだけでなく，未開部族の単純農業者（tribal horticulturists），小農，「零細経営を脱した（postpeasant）」漁業者，そして産業社会をテーマとする研究者たちによって用いられてきており，進化生態学よりも抽象的であるが応用において包括性をもっている。

3.2　ポリティカル・エコロジー

　ニュージャージーの漁業における戦略と違法行為に関する研究において，柔軟性の経済学の利用を報告した時，筆者は，狭義における環境の相互作用の研究から環境問題の政治性やポリティカル・エコロジーの研究への移行を刺激することは有益であると主張した。しかしながら，ここで疑問も示しておこう。「社会的・政治的プロセスに関する真っ正面からの分析でもうまくできる時に，いったいどうしてこの方法を用いるのか。この質問は最適食料獲得理論が呼び込まれるときにも妥当する。意思決定論や起業家活動論，そしてそれらの限界を語るだけでも同様にもしくはそれ以上の分析ができるのに，どうしてこの方法を用いるのか。」（McCay, 1981: 376）進化生物学と生態学の分野で，ある特定の問題やトピックのために発展された理論的アプローチを適用することは，人間生態の複雑な文化的現象や社会的・政治的現象を過度に「自然状態にして」扱う危険を冒す可能性があり，換言すると，これではオッカムの剃刀にある節減原則に背くことになる。

　筆者自身を含めて，地理学者や人類学者あるいはほかの社会科学者の投げかける疑問への応答を通じて，「ポリティカル・エコロジー」の用語とこの学問的企てが生まれたのである。これは，環境問題とそれによって人びとが影響を受けたり対処したりする仕方の両者を生みだす際に，人間社会の制度と社会的・経済的・政治的な力の役割をより明らかにする広がりのある一連のアプローチ全体に対するタイトルである（Blaikie and Brookfield, 1987; Greenberg and Park, 1994）。たとえば本章では，合理的な個人によるミクロスケールから特定の場所の資源利用者のコミュニティによるローカルスケール，そして制度を仲介し包含する制度のレベルであるメソ（中間）スケールまで移動してきた。これまで陰に潜んでいたマクロスケールの現象——現場を離れた権力と権威の構造や制

度，人口統計的・生態学的変化，政治的行為と社会運動を含むその他の社会的権力の様々な仕組み——は，Goldman（1998: 45）やほかの研究者も主張するように，ローカルな制度とコモンズ問題に関するどんな議論において必ず強調されるべきことである。権力と権威，支配と抵抗などの関係を強調するアプローチは，しばしば「ポリティカル・エコロジー」のラベルに包摂される。

状況を負った合理的選択の段階的モデルに戻ると，保健心理学の場合，おもに自発的な個人の行為の研究に限定されているのでモデルの限界がわかる——なおこの分野は，たとえば個人や個々の主体に，協調行為を生みだすために，いかにしてフリーライダー行為へのインセンティブを与えない方法を考えるかなど，コモン・プール資源研究の多くの仕事の焦点でもある。人びとがどのようにしてコモン・プール資源の課題に対応するのかを正確に説明できるために，われわれは，制度とその生成と変化につながる討議過程についてより多くのことを知る必要がある。いったい何が地方自治体，国家，連邦機関に教育的情報を提供させたり，基準を設定させたり，ラドン保護的な家屋構造に補助金を出させたりするように導くのだろうか。北アメリカで現在広まっている公共の場や空港や多くのプライベートな場での喫煙に反対するルールと規範は，副流煙の危険にさらされることから多くの人を保護するので，コモン・プール資源管理制度だと考えられるかもしれない。これらのルールと規範の発展の速度やプロセスの多様さを説明するものは何だろうか。多くの人びとがコモン・プール資源について語る際にもっているイメージにより近づけるなら，筆者が1970年代後半と1980年代初頭のニュージャージーの商業的漁業を研究していた時に観察したように（McCay 1980），魚の水揚げ量に関する複雑なルールを形成し維持しようとする漁船所有者集団の決定を説明するものは何かを問うべきだろう。あるいは自発的な行為と政府間の合意のどちらにも影響をあたえる地球環境問題に関する新しい原則と理解の発展を説明するものは何かという問いもある。権力と政治の問題は，このように疑問点の捉え方を変えてみるときに大きく現れてくる。

ポリティカル・エコロジーもコモン・プール資源と環境に関する地方政治をより強調することを求めるものであると理解されるかもしれな

い。保全と開発に関する単純で一般的なコミュニティ概念を利用することにたいする批判的検討のプロセスで，Agrawal and Gibson(1999:629) は，「コミュニティの重層的な利害関心とアクターに焦点を当てるとともに，これらのアクターがどのように意思決定に影響をあたえているのかを判るように，そして意思決定プロセスを形成する内部や外部の制度に焦点を当てて」，より「政治的」なアプローチを採用するよう主張する。コモン・プール資源研究では，ポリティカル・エコロジーも以下のように表現されている。

- コモン・プール資源を利用するコミュニティ内部におけるジェンダー・年齢・階級ないしカースト，エスニシティやほかの要因による分化現象とともに，権力の作用の仕組みに対してさらに焦点をあてる（Leach et al., 1997）。
- コミュニティ間とそれらコミュニティと制度や組織の間にみられる権力のダイナミックスにさらなる注目が必要である。制度と組織の内側にコミュニティは埋め込まれ，関連づけられてもいる。これはまたローカルなレベルで何がおこっているかを理解するメソスケールとマクロスケールの視点を持ち込むことでもある（Goldman 1998; Mosse 1997）。
- コモン・プール資源に関する知識の生産における権力の行使により敏感であること（Taylor 1998）。

政治的アプローチは，コモン・プール資源の研究実践と分析それ自体に，批判的な考えと研究を含んでいる。Goldman（1998）と Mosse（1997）は，コモン・プール資源の研究者が採用するアプローチとさまざまな政治的アクターの課題設定や利害関心とのあいだの関係をテーマとする研究者である。Brosius et al. (1998) は，「外部」を強調するが，コミュニティのパラダイムとコミュニティに根ざした管理がどのようにして「まったく異なる場において，政治的に多様な計画とプログラムに作用するのか」という疑問を提起する（Zerner 2000 を参照せよ）。コミュニティをめぐる観念は，勢力圏（territory）・慣習法・場所性（locality）の観念を加えて，共有財産の研究とコミュニティに根ざした資源管理運動にとって中核的

なものである。大きな差異が環境保護論者と開発組織にある。一方は生物多様性の保護と生息地がそのままであるべきことを強調し，もう一方はコミュニティの参加を強調する。地域住民の代弁者であれば，地域の権利や在地の知識（ローカル・ナレッジ）や地域文化にたいする敬意のような価値を付加するだろう。これらの考えが実際のケースでどの程度実現するかは，国家レベルやローカルレベルのアクターや制度としてだけでなく超国家的な働き方ができるかということ次第である。そして，これらの考えは，それぞれ違った思考の構成ないし地域の毎日の生活や個々の生態のなかで展開する「コミュニティに根ざした資源管理を「想像する」様々なやり方をもっている（West 2000）。Peter Taylor（1998）は，科学の社会的構築性を強調する視点から，コモン・プール資源の言説や政治との関連のなかで用いられた修辞的戦術を強調する。多くのコモン・プール資源アプローチにみられる「近代主義」志向は，管理とヒエラルキーや自然界と人間の経験とのはっきりとした断絶を強調しているので，自然と文化の二分法を打破することの必要性や自然と文化両者の社会的構築，そして社会文化的システムの不確定性と偶然性を認め，自然と文化の二分法に依存せずその強化もしないより実際的なアプローチの必要性を認識する「ポストモダニスト」（やポスト構造主義者（Escobar, 1996））のアプローチによって批判されている（Descola and Pálsson 1996; McCay 2000a; Pálsson 2006*）。

3.3 埋め込み

「ポリティカル・エコロジー」のラベルを貼られたものの多くは，マルクス主義や社会科学におけるほかの政治経済的アプローチだけでなく，みたところ個人的・経済的・自然的な現象に関する社会的埋め込みと文化的構築を強調する理論的展開からも影響をうけている。

社会理論上，「埋め込み」（Polanyi 1944）は，多くの社会科学でなお重要な問題である主体的行為（agency-based）アプローチと構造（structure-based）アプローチの矛盾を解決する方法である。コモン・プール資源研究にこの問題が現れた時に直接これを論じるために，Peters（1987：178）は，以下のように定義する。「これらの論争が過熱するのを避けるために，コモンズの社会的埋め込みを論じる。ある個人の推

論法がコモンズのシステムを説明できると想定するのは間違いである。むしろ，それは個人の推論法を説明するために社会的・政治的に埋め込まれたコモンズを理解しなければならない」。主体的行為にもとづく理論（agency-based theories）は，コモン・プール資源研究に支配的であり，社会科学においても長い強力な歴史をもっているが，そこでは社会を独立した個人的行動の集合体としてとらえており，しばしば，これらの行動はこれら個人にとっての効用の合理的追求を表現していると想定している。構造を基礎においた理論（structure-based theories）は，マルクス主義やその他の政治経済的アプローチだけでなく，デュルケムに発する社会学をも含んでいる。そこでは，社会における個人を超えた社会的な力と集団の役割を強調し，個人や効用関数に還元することに抵抗する。したがってわれわれは，一方の極に，コモン・プール資源や公共財に直面すると，離反してフリーライダーを選択する利己主義的な個人のイメージをもつ。もう一方の極として，商品化や資本主義のようなより大きな力にとり囲まれているものの，お互いが結びつき保護をし合うような「コモンズ」のモラル・エコノミーで満ちあふれた理想化された社会や地域コミュニティのイメージをもつ。たしかに経験的結果(Ostrom, 1998) によって示され，主体的行為と構造を統合しようと望む多くの社会理論家によって求められてきたように，より現実的な折衷案がある。本章の後半で議論する社会構築アプローチは，その方向への動きである。そして「埋め込み」もそうである。

埋め込みの「薄い」主張は，社会学者と社会的ネットワークを強調する人たちの著作に見いだすことができる（Swedberg and Granovetter 1992）。アクターや意思決定主体は，社会的ネットワークやパターン化した相互行為（制度として構築されうる）に埋め込まれている。Granovetter（1992, 1985）は，主体的行為アプローチはアクターを「社会化されておらず（undersocialized）」，自分の利益だけを追求しているとみなすが，構造的アプローチは，アクターを階級や集団によって「過度に社会化された（oversocialized）」産物とみなすと主張する。もし社会構造を，アクター間のパターン化した相互行為や社会的ネットワークとして目にすることができるならば，われわれは構造がある決まった方法で個人に影響していると判るだろうが，個人が主体性をもっているこ

とや社会的に規定されたカテゴリーを単に代表する存在以上のものであることも判っている（Wilson and McCay 1999）。

「厚い」，より民族誌学的な視点は，集団分化や集団アイデンティティ，権力と意味づけをめぐる争いに関するより強い感覚だけでなく，意味づけやコミュニケーションでできる内容について欠落している要素を追加する（Emirbayer and Goodwin 1994）。この視点は，「相互依存性に対して，より具体的な概念化を与えるものであるが，それには関係（個々のコモンズの権利者が織りなす）の構造や集団間の分化，そして特定のコモンズとその利用にあって，共有しつつある場合は競合する一連の意味づけと価値が含まれる」（Peters 1987:178）。Peters によるボツワナの放牧地の事例研究は，そうしたアプローチの分析的な潜在可能性を見事に示したものである。Peters は，コモンズの利用に関する重層的な連関とコモンズ利用の要求がおこっている状況に適用する時に，このパースペクティブがコモンズ問題の根源的な再定義に帰結しうることをしめす。つまりコモンズの「ディレンマ」は，個々の利用者と（多くのコモン・プール資源研究が前提にしているような）ほかの人びとのあいだに社会的紐帯が存在しないということではなく，利用を正当化するために競合している権利と主張から生じる」（Peters 1987:178）。Peters の論文が掲載された本の序章で述べられているように，「コモンズのディレンマは，無限定な合理的で倹約家の個人とこれまた無限定な集団との間のことではなく，むしろ歴史と社会システムに位置づけられた異なる社会集団間での対立と競合のダイナミクスの点から説明されなければならない」（McCay and Acheson 1987a: 22）。

埋め込みは，ほかのいくつかの分析的機能をもっている。漁業と共同管理制度に焦点をあてた研究では，資源利用者といえば，まずは本質的にフリーライダー，悪ければ機会主義の「雌鶏小屋のキツネ」と考えられがちであるが，「埋め込み」のメタファーは，かれらがコミュニティ内の意味の網の目と組織の歴史をつうじて相互に結びつけられ，協調・協力行為を行う可能性をしめす側面を強調することに用いられてきたといえよう（Jentoft et al. 1998; Mccay 1996; McCay and Jentoft 1996, 1998）。そこで埋め込みの行われるコミュニティの価値と文化の役割を示そう。いくぶん違った意味で（Giddens 1990），埋め込みの概念は，特定の活

動——たとえば漁労と水産加工——が，生産，商品化，その他のプロセスのグローバル化によって，より大規模なコミュニティのなかに埋め込まれているか，あるいは埋め込みから脱しているか，その程度によって地域コミュニティを区別するのに使われている（Apostel et al., 1998）。

　もっとも重要な点として，埋め込みのメタファーは歴史的・地理的・生態学的・社会的状況および個人と集団のコンテクストを特定化することの重要性を伝える手段のひとつであるということである。埋め込みの概念は，このように特定のコモン・プール資源の状況とコンテクストに関する微細で長期にわたる歴史的かつ民族誌的研究の必要性を強調する。埋め込まれているコンテクストを特定化することで，社会的行為を個人的選択のみに還元せず，制度の形成と変化の源泉として文化的・社会的現象を中心に考えていくことになる。同時に，これは，そうした現象に埋め込まれた個人の主体性，とくに自然環境と社会環境を解釈し改造する社会的プロセスに関わる場合の主体性を認めることである（Helgason and Pálsson 1997）。

3.4　討議・言説・埋め込み

　コミュニケーションは，社会関係と文化の中心である。またそれは，人びとがどのようにして環境問題とリスクに対応するのかという問題の核心に位置する。心理学的研究は，個人がどのようにしてリスクを認知するかということに関して興味深いパターンを明らかにしてきたが，環境管理の実践的問題に直面したときに人びとが，どのように振る舞うのかを研究した内容で発見するものと，心理学的研究が示すパターンとが一致するものであるとは限らないものであった（Rent et al. 1996）。コミュニティに属する人びとは，特定のリスクについて相互にあるいは外部者と話しあう。これが意味のある行為をうながすリスク認知を生みだすものである。認識は言語的であり計算的でない。言語とコミュニケーションは，認知と意思決定の核である（Dietz 1994）。会話や弁じたてる行動そして込められた意味は，アイデンティティと権力——これらは社会関係と文化の付き物である——によって形成された言葉と行為から解釈される。言説分析とコミュニケーションの社会的文化的側面に関する研究は，それゆえコモン・プール資源研究の一部である。

コモンズの制度生成の場合には，公共財の供給を伴うような状況をフリーライダーやひねくれたインセンティブの発生がしつこく苛むため，何らかの意思決定構造を必要とすると同時に，本当に開かれた建設的な討議が可能となる状況を必要とする。コモン・プール資源問題に良い解決を思いつくことが時々であっても，それがどれほど困難であるかが正当に評価されていない場合が多い。人間の心の「限定合理性」(Simon, 1983) と困難な政策の選択に直面した時のとかく「何とか凌ぎ切る」やり方に向かう傾向を考慮すると (Lindblom, 1959, 1979)，制度変化に利用できる代替的方策は非常に限られており，多くの場合，人びとが同じ問題やほかの問題に対してすでに行った対応に基づいているだろう。ゆえに，いくつかの事例から判るように，決定的に重要な要素は「既成の枠を破る」ためには，他の集団との間だけでなく集団のメンバー間で，経験と考えを共有する能力が必要になるのかもしれない。これを行うことは情報が共有され意見の衝突や主張を議題にのせられるある種の討議の場を要請する。相互に学び議論する政治的・社会的・物理的空間の存在は重要な「設計原理」のひとつであり，その成立を当然のことと思うべきではない。政治的抑圧が存在するならば，コモンズについて語り討議する場を見いだし，そうした場を利用することはほとんど不可能になることが，多くの国家と歴史的に幾度となくみられた。経済的窮乏が存在するならば，たとえ多くの人びとがそういった場への参加を認められていても，実際かれらがそのような場に参加することは非常に難しいだろう。これとおなじことは地域コミュニティのなかの問題としても起こり得ることである。

　もうひとつの基準は，そのような討議の場における言説の性質である。認知されたコモン・プール資源問題の解決を議論し決定するプロセスの性質と実際の機能が明らかに重要である。コモンズの問題に関し実際行われている公開討論や継続中の討議は，「理性的コミュニケーション」の条件や開かれた正当な交換と討議であることの条件をどの程度満たしているだろうか (Habermas 1984; Dryzek 1987)。協力的解決がコミュニケーションと信頼と互酬性を必要としていることはよく知られている。しかし信頼や互酬性の源泉と効果的なコミュニケーションを可能にする条件は，いったい何だろうか。何がこれらの条件を支え，再現させるの

だろうか (Hajer 1995)。それらは，地域のリーダーシップ，富の配分，権力と権威の構造，ほかの制度の存在，外部の政府集団や非政府集団との関係を含む多くのもの，そして理論上，コミュニケーションを通じた理性の成立可能性を変えるすべてのものによって影響を受けるかもしれない。

問題になるのは，開かれた正当な交換と討議による決定がどの程度なのか，あるいはそのかわりに金と政治的権力と権威の「統治メカニズム」の行使の結果なのか，もう一方で名声と社会的影響の結果なのか，それらの程度はどのくらいなのかということである[1]。結果として社会的・生態的影響はどうであったのか。理性的コミュニケーションは，信頼と情報交換と共同での問題解決という要素を含んでいる。これは，何が真であり正しいかを相互に確信することを通じて機能するもので，他者に同調するよう誰かに強制する場合に金と権力と権威がはたす役割とは対照的である。理性的コミュニケーションは，どれだけ背後にある前提を共有しているか，共通の世界観や文化に関して埋め込みがあるかどうかに非常に依存している。Wilsonと筆者が論じたように (Wilson and McCay 1999)，すべての参加者が，似たような文化や社会構造や経験を踏まえた状況を負いそのなかで埋め込まれているならば，かれらは理性的コミュニケーションに参画する可能性が高まるだろう。さもなければ金や権力そして影響力が物を言うことになる。

コミュニケーションと意思決定にたいする社会学的アプローチは，生態学的な意味ももっている。われわれは環境変数が高い不確実性と流動性をしめす状況において，金と権威の統治メカニズムにもとづいた制度よりも，理性的コミュニケーション（とある程度の名声と影響力）にもとづいた制度のほうがよりよく機能すると論じた (Wilson and McCay 1999)。一方でコモン・プール資源問題の規模が非常に大きい状況においては，それらの問題を官僚的規範や所有権さらには社会的審議においても金や権威の役割を表明する「頼みの綱ともいうべき組織」といった社会的強制に頼ることなく解決することは難しいかもしれない。

コモン・プール資源問題における自治的な制度生成にとって，討議を

---

1) 「統治メカニズム」概念は，ハーバーマスのコミュニケーション的システム理論に関するウィルソンの再規定の一部である (Wilson and McCay 1999を参照)。

することがローカルな文化や社会関係や経験に埋め込まれている程度，あるいは環境問題やコモン・プール資源問題の規模，そして結論を導くために「コミュニケーションを通じた理性」を媒介するのか，もしくは権力・権威・金の力によって根拠づけられた制度の行使を通じてしか結論を得られないのかといった社会の条件が重要となる。

3.5 コミュニティに関しては具体的に検討し，批判を忘れないこと

コモン・プール資源管理にむけた制度生成は，政府・市場・コミュニティのいずれかに依存していると広く想定されている。この点に関してなされた多くの重要な研究はコミュニティに回帰する。コミュニティが自然保護や環境管理に主要な役割を果たしうるし，果たすべきであるという考え方は，世界銀行から世界自然保護基金（WWF）のような国際的NGOまで，世界の多くの重要なプレイヤーによって採用されてきた。それは，コミュニティに根ざした持続的開発と自然資源管理に専念する人びとのより大規模に拡散したネットワークだけでなく，国際共有資源学会（IASCP：International Association for the Study of Common Property）に参集した研究者と実践家によるネットワークのメッセージを統合する考え方である。その理由は簡単である。「十分に資金を提供されたものであっても強制的な保護活動は一般的に失敗する」（Agrawal and Gibson 1999:632; Peluso 1993）のである。

一般的な考えでは，一緒に住んだり働いている人びとがアイデンティティや帰属感（ゆえにいくつかの境界概念とメンバーシップの基準をもつ）を共有するところや，人びとが問題になっている資源（あるいはそれらの資源から入ってくる収入の流れ）に対するいくつかのレベルの依存や関心を共有しているところや，人びとが多くの規範や目的を共有しているところでは，人びとはコモン・プール資源の利用をめぐって直面している課題に対処するために適切な制度を発展させられるだろう。またそうであれば人びとは，集合行為への利己主義からくる障害，フリーライドの誘惑，換金や背信行為への興味を克服する傾向が高まるだろう。アイデンティティや帰属感を共有することも，なんらかの共有された歴史や祖先そして共有された未来のなんらかの期待を意味するだろう。これらは協力的な関係を発展させるために必要不可欠だと知られている信頼と

互酬性を発展させるうえで重要である（Ostrom 1998）。これらの要素は，相互的な脆弱性という概念をつけくわえた Singleton and Taylor（Singleton and Taylor 1992 と Taylor 1982 を見よ）によって示されたコミュニティの定義にも見いだすことができる。コミュニティは，共有された信念と選好——メンバーシップの安定性，将来の相互作用の期待，メンバー間の直接的で重層的な関係性——の存在と不在と強度によって測られる。相互的な脆弱性は，集団メンバーの中のあるメンバーの貢献もしくは力の出し惜しみによってうける影響の程度にそのまま表われる。つまりメンバーは良い意見や友情や他者の協力を評価するので，相互的な脆弱性は，かれらが仲間同士の牽制（peer pressure）にどれだけ囚われているかを意味する。どちらの属性もローカルな共有資源を管理するために重要で内生的な要因であるとひろく認められている相互的な監視と制裁にとって必要不可欠な条件である。集合行為問題の解決の説明に役立つ概念が，Singleton and Taylor(1992:316) と Ostrom(1990, 1992) のモデルにおける取引費用である。コミュニティが多ければ多いほど，情報収集・交渉・監視・ルールの実効化の費用は低くなる。討議や言説や埋め込みを議論する際になされた主張にもとづくと，「コミュニティ」が多ければ多いほど，人びとはあつかう必要のある問題があるかどうか，もし必要であるならば何をなすべきかをたがいに話し合うことがしやすくなるだろう（Wilson and McCay 1999）。

　Singleton and Taylor（1992）は，経済的・社会的差異によって蝕まれているものの，コミュニティは不平等と異質性をある程度克服できると主張する（Agrawal and Gibson 1999 を見よ）。かれらはまた結果として生じる解決のタイプがコミュニティの強度に依存していると理論づける。ひとつの極は十分に分権化した内生的な解決であり，タイトなコミュニティかどうかに依存している。もうひとつは，ルースなコミュニティの場合には解決は国家に大きく依存することなる。そして共同管理のようなハイブリッドも存在する。

　コモンズあるところコモンズ的共同性ありである。"The Question of the Commons"（McCay and Acheson 1987b）が特徴づけた3つのコミュニティの事例をとりあげよう。Netting(1976, 1981)が調査し，Ostrom(1987)が再度分析した Torbel のスイスの山村，Taylor（1987）が調査したアイ

ルランド Teelin の沿岸のコミュニティ，Acheson (1987) が調査した沿岸部のメイン州のロブスター漁のコミュニティである。スイスの事例は，山地の森林やアルプ（山腹の牧場）のような共有地と共有資源の利用に関する定式化されたルールが非常に長い歴史をもっているケースである。これは地域コミュニティが自分自身で共有資源を管理できるという理念に関する共有資源研究のシンボルになっている（生態系と土地利用の多様性は所有権の多様性を説明するという Netting の明確な主張も併せて）。しかし，これは同時に農業の非常に集約的で制限されたシステムやほとんどの若者がどこかに出ていくという見込みを前提にしており，より大きな政治システムや文化におそらく関連づけられて，村落の内部においては，日頃から非常によく定義され，かなり固定化した権威のヒエラルキーが存在するところでもある。

　アイルランドの事例は，ローカルな人びとが重要な共有資源であるサケ漁に直接的な管理権を持たないように決定しているものである。人びとは輪番制をとることで共有資源へのアクセスを管理するが，資源保護ルールの創設と実効化を外部の権威にゆだねることを好む。それでは村落の構造が非常に弱いリーダーシップしかもたない大変平等主義的なものであることは偶然ではないのだろうか。特有の社会秩序を犯そうとするものは誰もいない。「川が血で赤く染まるだろう」とは，村人たちがもはや違法に漁獲しつづけないためにサケの権利を買ったらどうかという司祭の考えにたいして，村人たちがそれを拒絶した理由を説明する際に，司祭が言った言葉である (Taylor 1987)。ヒエラルキーと対立関係は，村内部よりも村人と外部者とのあいだでより大きい。これは違法な漁業のせいで罰金を課せられる危険を負いながら，サケの管理に直接権利をもたないということを意味するけれども，地元の人びとはそのようにすることを好んでいるように思われる。

　三つ目の事例は，メイン州のロブスター漁の場合で，政府措置によって制限を受けない限り，あらゆる近代的な商業漁業はオープン・アクセスであるという観念を無効にするテリトリー制をロブスター漁業者みずからが構築したということを示すデータによって，共有資源研究の代表例になっている (Acheson 1981)。しかしながら地理的・政治的な意味でのコミュニティは，ここで何の役割もはたしていない。ロブスター管

理に関しては組織上の発言権をもたず，一方で観光と郊外生活者たちの関心のもと，次第に組織化の進んだコミュニティから，いくつかの沖合の島を除くとロブスター漁業者は離脱している。さらに州法は，あらゆる人びとの参加権を保護している。調査が行われた時，Acheson が「ロブスター・ギャング」と呼ぶ参入規制と取締り機能を果たすものの形成を通じて，自主規制が非公式ながら巧妙に行われていた。島のコミュニティだけが，インチ単位で現実にテリトリーを守らせることができた。さらに，「ギャング」——職業上あるいは機能上のコミュニティと考えられるかもしれない——は，近年のロブスター漁の大規模な増加を止めることはできなかった。州管理の権威の枠組みの範囲内でロブスターの管理区域を作ろうとする試みは，分散して複雑なコミュニティの上に築かれている。

　これらの社会が，なぜ現在のように作られたのか，これがどのようにしてその社会内部の人びとの信念と規範，社会の型と信念と自然環境利用の統治能力との相互作用，「どのように制度を考えるか（1986; Douglas 1985 も見よ）」において Douglas の提示した課題にどのように関連するのかを知りたいだろう。Singleton and Taylor(1992) が明らかにしたコミュニティの範囲の概念は，ある程度まで参考になるかもしれない。メイン州の海岸線に面したコミュニティに比べスイスのアルプスのコミュニティは，より親密な相互作用やより多様な社会的相互行為や，アルプスのより長い歴史があるという理由から，ロブスター漁のコミュニティ以上にアルプスのコミュニティには多くの「コミュニティ」があるということができる。しかしアイルランドの事例をどのように説明すれば良いだろうか。ここにおいて権力と権威のヒエラルキー的で対立的な関係の特質が差異を生みだしているようにみえるが，たとえば人びとが環境だけでなく隣人たちとどのように関わるべきであるかと考える際，支配と抵抗の特有の歴史や微妙な文化的差異も事態の変化を生みだしているようである。「コミュニティ」とコモン・プール資源管理との関係は，さらに詳細に調べてみなければ，そして富と権力との地域的・国家的・グローバルな関係だけでなく，その環境・歴史・文化のなかにある特定の場所と人びとを明確に位置づけることなくしては意味をもたない。

4 疑問連鎖型研究――社会構築主義とイベント・エコロジー

埋め込みを強調する理論的パースペクティブは,「現実の社会的構築」を強調する理論的パースペクティブに密接に結びつけられている。社会学と人類学における構築主義者の伝統は,科学を対象にした社会学の学術論文がきっかけとなり (Berger and Luckmann 1966), 個人や企業など団体性をもったアクターが自分たちを取り巻く環境を認知し, その認知にもとづいて行為し, しだいに自分自身や環境を構築・再構築する解釈プロセスに焦点をあてるようになった (McLaughlin 2001*)。そこでのひとつの重要な着想は,「共有された意味を作りだし, 社会的行為を調整する基盤を提供する」「フレーム (frames)」あるいは社会的に構築されたカテゴリーの相互に連結された集合という概念である (McLaughlin 2001*：6；Snow and Benford 1992; Snow et al. 1986)。明らかに「フレーム」は, 人びとが環境問題に気づいてそれに基づいて行為するかどうかという, これまでにも述べてきた「ある段階での行動 (steps)」において, 大きな差異を生みだすようである。「フレーミング」(問題の枠組みを構築すること) を中心に議論することもまた, 社会運動のダイナミクスと社会運動による政治的・文化的変化への影響が重要であるという見方に貢献してきた。制度生成に関する問題は, アクターにルーティン化された前提を疑問視させたり, 変化に向けた計画を開始させたりするほどに,「マスター・フレーム」がもはや変化する状況に対処できない時がいつくるのかという問題と同種のものとなる (Krauss 1983; McLaughlin 1996)。この一連の研究は, コモン・プール資源問題と環境問題をあつかう組織として社会構築を通じて生成された新しい制度に正当性の根拠はあるのかという疑問に取り組んだものである (Snow et al., 1986)。そうしたアプローチは, コミュニティに根ざした管理やコモンズの自治といった概念の隆盛と展開を分析するうえで有効だろう (Brosius et al. 1998; Taylor 1998)。

Stein and Edwards(1999) は,「標準的なコモン・プール資源管理の理論」を批判し改良するために社会構築主義の視点を採用した。コモン・プー

ル資源には複合的で矛盾する利用があるにもかかわらず，通常単一目的の資源であるとしている前提や，資源利用権者の意思決定に影響をあたえる外的要因を犠牲にして資源利用コミュニティに内在する要因に関心を集中する傾向，そして「集合行為が資源利用権者によって構築される（そして再構築される）」プロセスの役割を評価することに失敗していることを指摘する（Stein and Edwards 1990: 540）。Stein と Edwards は，カキ養殖業者の共同組織が形成されたが，ほとんどの人がその義務をはたすことを拒否したアイルランドの事例を通じて，上述の議論を主張する。かれらは，このフリーライダー行動を説明しようと試み，この状況に関する詳細とより大きなコンテクストとより長い歴史のなかに上記要因に基づく説明を見いだした。かれらは日常の現実と環境の社会構築プロセスに関する注意深い分析の重要性を示す。その制度は「失敗」なのか「成功」なのかといった調査対象の状況をみる重要な要素やアクターによる政治的環境の理解はどのように社会的に構築されるのか，その態様についてより明確な焦点をあてるよう提案する。かれらはまた，これらの構築や理解が社会的アクターのあいだで異なる態様および時間と経験により変化する態様を指摘する。集合行為のプロセス自体が，利害関係者の選択に影響をあたえるネットワークや意味や認識そして社会的経験そのものを再形成するだろう（Stein and Edwards 1999: 544）。非常に近い研究として，Selsky と Memon はニュージーランドの港湾開発問題に関係した制度生成に社会構築主義をあてはめて検討している（Memon and Selsky 1998; Selsky and Memon 2000）。かれらは港湾のような複雑なコモン・プール資源の領域[2]の研究によって，より単純で利用目的がひとつのコモン・プール資源の領域の研究ではできない方法で理論を発展させるかもしれないと示唆する。それらの領域は，協働や制度的刷新だけでなく権力や対立や競合のダイナミクスを含みこんだ利害関係者の間の重層的で不確定な相互作用の場である（Selsky and Memon 2000）。かれら

---

2) Selsky と Memon は，コモン・プール資源とその資源の利用と規制に関わる集団が含まれるより大きな社会的場の存在に言及することで領域概念を導入した。かれらは，「資源の動員と特定の財産概念を伴う制度形成という属性をもつ地域的なプロセスの持続的単位」という意味で「コモンズ」の用語を用いる（Selsky and Memon 2006：6）。そして，かれらは，コモンズ内部で生成するものとコモンズの生成とを区別し，複数の領域に焦点をあてることによって，コモンズの制度生成の研究が成立することになると主張する。

が使用する構築主義の志向は，正式の法的権利や地域外から加えられる政策に対抗した事実上の権利やローカルルールの生成だけでなく，所有権やその他の制度の構築方法を決めたり，適用領域の変更を決めるのに際して関係する多様なアクターの役割と彼ら同士の関係を強調する。

　Steins と Edwards は，分析の初めからコモン・プール資源の「設計原理」アプローチを使用することはコンテクスト依存的な要因や外部要因の役割を調べたり価値を認めることをより困難にしてしまうだろうと主張する。さらにかれらは，設計原理の分析的モデルの利用が「設計原理に照らした規範性」の有無の問題ばかりを論ずる一般化にいともたやすく帰結するとも主張する。反則行為の発見の容易さといった設計原理は，分析の有効な出発点になるかもしれないが，ルール遵守であれフリーライダー行為であれ，対象としている事例において，特定の原則が実際に条件になっているかどうか，それが観察された現象を説明しているかどうか，を問うことが重要である。

　人間生態学のあるグループは似たような方法論的立場になってきている。Vayda and Walters（1999）と McCay and Vayda（1996）は，行為や分析の規模とレベルについて予め前提を置き，丁度便利な説明手段（「コモンズの悲劇」の理論やそれを前提にした言説を含めて）を用意して始めるという慣習が，人間－環境の相互作用を説明するという課題の遂行に害をなすようになっていることを強調している。また，ある地域においてなぜ森林伐採が急速に進んでいるのかとか，ある場所においてなぜ漁場の個体減少がおこっているのかといった問題を説明する時に，イベント（たとえば何が起こったのか，どこで誰が巻き込まれたのか，それはなぜかなど）や，これらのイベントの状況とコンテクスト（どれがそれらの説明にとって重要であるか）の説明に関する注意深いボトムアップ型の調査もなく，説明する時にただ理論とモデルを特定の問題にもちこむという研究上のやり方に，社会構築主義の論者と同様に彼らも反対して警告している（McGure 1997; Walters and Vayda 2001）。

　どちらのグループも，特定の方法や仮説の適用を前提に組織化された研究よりもむしろ疑問連鎖型研究を求めている。Steins と Edwards の場合，最初の問題設定は，Olson(1965) や Ostrom(1990) やほかの研究者の中範囲理論のなかでも使われている新制度学派の問題設定と類似してい

る。たとえば，なぜある人びとは，協力への努力に貢献するよりもフリーライダーを行うのかというように。しかしながら，かれらはフリーライダー行為一般についてというよりも，むしろフリーライダー行為の具体事例に関する疑問点に対して答えたいと思っている。かれらの主張は，対象としている事例の特質を吟味する代わりに，ただこれらの理論に依存することでは，重要な因果関係を示す要因を見失うことにつながるかもしれないということである。Vayda と Walters にとって，かれらが今日「イベント・エコロジー」と呼ぶアプローチにおいて（Vayda and Walters 1999; Walters and Vayda2001）[3]，最初の問題設定は，制度的あるいは社会的問題というよりも，むしろ環境問題（熱帯雨林破壊の原因と結果のような）に関するものであったようである。もっとも前者は分析一般にとって重要になるかもしれないものである。Vayda と Walters の因果論的歴史的な説明アプローチは，森林変化一般の原因と結果のような大きな問題設定から，ある具体的な森林変化の事例の原因と結果のような，より特定の問題設定に移行することを要求するものであり，これは Steins と Edwards が特定のフリーライダー事例の説明にこだわったことと同じである。最も優先されるべき目標は，理論的な主張のメリットを評価することではなく，そうした特定の問題に応えることである。もっとも，方法と理論の双方が利益を得ることも可能である。

　Steins and Edwards（1999）の社会構築主義のようにイベント・エコロジーの方法論によれば，コモン・プール資源論的発想の適用はあくまでも説明を探究する疑問連鎖的というよりも，「疑問回避的」あるいは過度に「理論適合的」なものに導くという批判を行っている。人びとの協力や裏切り（あるいはフリーライダー行為）の発生する条件やオープンアクセスの度合いやコミュニケーションやリスクの多寡によって影

---

　　3)　「イベント・エコロジー」は，「進展型コンテクスト理論」（Vayda 1983）や「人間生態学」の認識論（McCay 1978; McCay 2000）として知られている方法だけでなく，本章で先に説明した「応答プロセス」や「柔軟性の経済学」アプローチから展開したものである。イベントは，引き起こされた結果であったり，原因ともなる変化を意味しており，また因果関係の連鎖の一部を形成している。そこではあるイベントが別のイベントを引き起こすという関係性が生まれる場合がある。（Walters and Vayda 2001)。この定義は，ただ描写的にすぎない事実や，原因を示唆するが因果関係のメカニズムの問題に対して十分な注意をはらうことなく相関分析をつうじて提案される要因から，イベントを区別する。

響を受けるモデルの働きといった問題設定は本質的に興味深いが，それらはかならずしも特定の社会的・環境的イベントを説明するという課題に適したものや直接関連するものというわけではない。それらはメタ言説であって，従属理論やグローバル化の主張のように説明的な仕事に適切であるかもしれないし，そうでないかもしれないものである。一方ここでする議論は，説明というものはかならずしも法のような一般化の要請に依存しなければならないというわけではないということを前提にしている。因果的・歴史的な説明アプローチは，歴史的によく認められ科学でも認められているが，進展型コンテクスト理論 (progressive contextualization) (Vayda 1983) と反事実的推論 (counter-factual reasoning) (もし X が存在しなかったら，結果は同じだっただろうか) (Walters and Vayda 2001) のような方法を利用しながら，特定のイベントを因果的前提や結果に結びつける言説に帰結させるものである。

　Steins and Edwards(1999) が，分析の初めからコモン・プール資源の「設計原理」アプローチを利用することが，コンテクストや外的要因に依存する要素の役割を客観的に観察し評価することを困難にさせると主張したように，人間生態学者は，説明上適当と考えられるモデル・理論・方法を先験的に適用することをまず回避するよう勧める。重要な点は，研究を始めて経験的分析から重要なことが現れはじめた時に，人間と環境の関係に関する特定の側面（政治的・社会構造的・経済的・文化的）に特権をあたえることでもなく，人間と環境の関係の特定の規模（ローカル，リージョナル，グローバル）に特権を与えることでもない。

　この推論のやり方から，本章でまさに話題にしていることは誤解を招きやすい。ここでの適切な問題は，かならずしもコモン・プール問題の解決に適切な制度に関するものではなく，むしろ人間と環境をめぐる特定の状況の原因と結果に関するものであり，それらに関連する限りでコモンズ管理のための制度の問題を含んでいる。

　乾燥地の生態系における放牧民の役割の一般的な問題を例にとろう。放牧民が破壊されやすい草地を過剰に開発しがちであるとか，かれらがそうした生産システムの利用を規制する独自のシステムをもっていると主張する代わりに，適切な最初の一歩は，説明に相応しい具体的で明確に特定化されたイベントを見つけ出すために，できれば複数の特定事例

の草地の生態を調査することである。最初に究明する問題は，特定の乾燥地における飼料用の草の質の低下の原因かもしれない。コモン・プール資源の研究者は，長い歴史をもつ相対的に小規模で同質的な集団が共有地の過放牧を回避するのを助けるルールやほかの制度を発展させてきたことを発見した中範囲理論（たとえば Ostrom 1990）が導いてくれる，ローカルな集団の放牧者に関する規制制度の研究にすぐに飛びついてしまうかもしれない。しかしながら，これは「許可なくはじめるフライング」である。おそらく，飼料用の草の質と量の変化は，放牧民の家畜の群れとほとんど何の関係もない。もちろん，関係がある場合もある。インフォーマルまたはフォーマルなルールやほかの制度によって非常に影響を受けた複数のパターンがあることが判るかもしれない。そうなればそのような事例における制度はさらなる研究の候補である。それは「過放牧」という用語を保証するかにみえたこれらの放牧の変化が，市場需要の変化や放牧者集団間の対立，都市エリート側の家畜への投資拡大，外来種による草地の侵入といったことと比較してみるとき，ローカルな制度と何の関係もないことが明らかになるかもしれない。そうであるならば研究者は，これらほかの要因のうちどれでも重要と思われる因果的連関を究明することを優先させて，コミュニティの制度を調査することに払う努力を減らすだろう。

　社会構築主義とイベント・エコロジーは，どちらも特定の因果関係のメカニズムを調査することを強調する。多くの進化論的心理学者・生態学者・人類学者が，究極の原因（たとえば包括的適合性など）に依拠したり，原因と擬せられたが実は結果であるものに依拠して何かを説明する場合がある。しかし，かれらは行動や制度と意図された原因や結果とを関連づけるメカニズムを探りあて究明をすることにほとんど失敗するのである（Vayda 1995a, 1995b）。われわれの仮説的な放牧の事例にもどると，結果主義者（あるいは「ナイーブな機能主義者」）の説明は，特定のテリトリーを支配する部族管理の制度は，その部族の支配する地域であれば備わった過放牧を回避する機能によって説明されるというかもしれない。これに関する意味のある一般化は，テリトリー的な統制の欠如は資源の過剰開発（「コモンズの悲劇」に関するオープン・アクセスの仮説）に帰結するとか，他のあらゆるものが平等であるとしても一群の人びと

は問題に対処するように意図づけられたルールを開発することによって過剰開発の兆しに対応するだろう（コミュニティに根ざした管理の仮説や「コモンズの喜劇」の譬え）というものであるかもしれない。さらには，試行錯誤のための十分な時間の必要性，行動を監視しルールを実効化する能力の必要性，あるいは他の「設計原理」の必要性のような，より焦点を絞った普遍性のあるメッセージが存在するかもしれない。しかしながらメカニズムや因果的連関の説明は，しばしば欠如しており未発達である。テリトリー的な統制行為が，どのようにして放牧のパターンや程度に影響するのか。そもそも放牧地の条件の変化がどのようにして行動を統制する制度的手段の利用のきっかけとなるのか。テリトリー的統制の発展につながり，その維持や崩壊や変化に影響をあたえた条件とイベントは何だったのか。

　相違は，モデルの利用にあるのではなく調査と説明におけるモデルの支配的な役割にある（Vayda 1995a; McCay and Vayda 1996）。より賢明な利用は，「われわれはモデルを必要としているかどうか——すなわち現象とそれを生成するメカニズムを認識しようとする時，また興味深い現象の説明で探しているものを知ろうとする時に，モデルは他に先んじた手立てをあたえてくれるか」を問うたSchelling（1978:89）の忠告に従うことだろう。イヌイットの狩猟採集者間のなわばり選びに最適食料採集モデルは，コンテクストの変化に関連した食料採取者の日常的な決定や行為，そしてかれらの認識基盤の調査などと同様に必要とされないかもしれない（Beckerman 1983: 288-289）。漁業の資源開発問題に関する経済学者のオープン・アクセス・モデル（Gordon 1954）——コモンズの悲劇に関する近代的思考の重要な起源——は，大きな誤解を招き，要点外しをしているといえよう（McCay and Acheson 1987a）。特定の状況において漁場へのアクセスや漁獲権の配分に影響をあたえる制度は，資源の減少を引き起こしたり回避したりする原因となる場合もあればならない場合もあるだろう。その適例は，ニューファンドランド北部のタイセイヨウマダラ（*Gadus morhua*）の個体数とこれに依存している漁業コミュニティにおける近年の悲劇的な個体数の減少である。減少の原因と個体数回復の失敗は，いまだに研究と議論の焦点である。しかし漁獲権はよく制限されていたし，それまでなされていた乱獲の多くが科学的

とみられたやり方と科学的知見を解釈した政治における失敗によるものであることは明らかである（Finlayson and McCay 1998; Hutchings et al., 1997）。これらは魚の個体数の変動と漁業参加のインセンティブの生物経済学的モデルに依存するならば，ほとんど関心を集めない問題である。さらに「コモンズの悲劇」モデルの利用は，研究者にほかの原因を見えなくさせ，「コモンズの権利保有者」に不当に不利益をあたえる社会政策の採択を正当化してしまうかもしれない。

　理論適合的な課題設定によって制約されない限り，さらに広範な説明の可能性が生成するのである。それら理論主導のアプローチには，「共有資源」モデルやテーマ主導の課題設定が含まれるが，さらにこれにはコモン・プール資源を扱うまず規則ありきの規則適合的制度研究という誰もが興味を惹かれるものまで含まれている。コモン・プール資源へのアクセスと利用規制に影響する制度は，実際，環境変化の重要な原因であるかもしれない。そしてそれらの研究自体重要あるが，われわれの最終的な目的が環境変化の原因を説明することであるならば，われわれは状況固有のコンテクストのなかでの制度をそのままに，どこからでも研究に着手するべきなのである。

5　結論——コモンズを詳細にみるということ

　コンテクストは人びとの選択と行動にとって重要であると広く認められているが，その観察にたいする理論的・経験的基礎は大きく欠如している。Ostrom は，構造化した場合と自然の状態のコモン・プール資源に関する実験において，協力のレベルを高めるうえで，信頼・信望・互酬性がはたす役割を概観し，集団の規模や対面的コミュニケーションの有無さらに過去の行為に関する情報を含んだ差異を生みだすコンテクスト的な要因を提案した（Ostrom 1998：15）。Ostrom が主張し展開した実験的で行動主義的なアプローチは，集合行為や協力の問題に焦点をあてたものである。個人や状況によって協力のレベルが非常に大きく変化し異なるのはなぜか，状況に関わる条件の特定の配列が協力に影響するのはなぜかという問題に焦点をあてた「限定合理性下の道徳的行動に関す

る第二世代理論」を発展するために，協力して研究に取り組むことを呼びかけた（Ostrom 1998：16）。本書のほかの章では，オストロムがまとめた取り組みや課題に取り組んでいる。

　筆者は，社会的・コンテクスト的なものをより直接的に分析的研究に導入する方法で「コモンズ」の問題を扱っている社会理論家の取り組みに注目してもらうために，いくぶん異なる方針をとった。ひとつは，現実の社会構築性を強調するよく知られたアプローチである。もうひとつは，「埋め込み」アプローチであり，人間の行動と制度を分析する経済学的個人主義者の方法と社会構造主義の方法とのあいだに和解を見いだせると信じられている。次に密接に関連しているものとして，大雑把にはポリティカル・エコロジーと呼ばれる一連のアプローチがある。これは人間―環境系の関係を扱う研究に，政治経済学で強調されるマクロな構造的権力を導入し，環境的・社会的リアリティの社会構造における――そして「コモンズ」や「コミュニティ」を含む重要な用語の構築と利用における――言説と権力の役割も強調する。コンテクストとは，とくに問題となる事象が人びとを協力させたりさせなかったりするものではなく，むしろ特有の制度的・環境的結果の説明方法であるならば，集団規模・コミュニケーションの性質・集団の歴史以上のものである。筆者も，人間生態学の「生態学的」側面や「柔軟性の経済学」理論やVaydaとWalters（Walters and Vayda 2001）が「イベント・エコロジー」と呼ぶようになった方法論をより強力に志向する二つのアプローチを見いだした。

　今後の研究にあたえる示唆は単純なものではないかもしれないが，筆者の主張はシンプルである。つまり，どのようにして人びとがコモン・プール資源に関連づけたり応答したりするのかを説明するには，人びとのおかれた「状況」や，どのようにして所有権やほかの制度が歴史的・生態学的・文化的状況のなかで規定されるかについて，より多くのことを知る必要があるということである。それには，それらの「状況」とそれを取り巻く広範囲のコンテクストを明らかにしていかなくてはならない。これらは特定の「コモンズ」に関する決定や行為が埋め込まれたフレームワークを構成する必須の要素となるものである。したがって自分たちを取り巻く環境における人びととコモン・プール資源との相互作用

を説明する研究には，個人の意思決定の計算プロセスを観察するだけでなく，人びととは誰か，かれらは何をしてきたのか，自分たちのコモン・プール資源あるいはガバナンスの問題と関係して何を行おうとしているのかについて，より十全に特定化した説明が必要である。そのためには特定の人間 - 環境間の相互作用につながり，そこから生じるイベントを記録することと，原因と結果を説明することが必要である。こうした説明の仕事は，それらのイベントや相互作用を説明するために重要だと思えるもの次第なので，みずからを象徴したり再生産し変化するのを助けたりする社会的存在を調査することが必要であるかもしれない。社会的存在には，たとえば家族・世帯・自発的な団体・特定目的の連合や行為集団・専門家の学会・政治団体・政府機関などがある。このほかの調査対象には，1）人びとの歴史・価値・資源・社会的ネットワーク，2）人びとが直面しているコモン・プール資源と環境問題の本質，3）人びとの行動に影響を及ぼすコミュニティ・地域・グローバルな経済的政治的な力，4）人びとがコモン・プール資源と環境問題を認知し構成して理解するために用いる「意味の網の目」や文化的な「フィルター」，5）人びとの知覚や解釈と人びとが直面している選択とインセンティヴを形成したり抑制したりする政治的・法的・文化的な制度やほかの制度を包含している。これらの仕事は，「コモンズのドラマ」が悲劇・喜劇・ロマンスあるいは人間生態学の平易な物語と評されようとも，このドラマを十分に説明するように要求される課題である。

参考文献

Acheson, J. (1981), The lobster fiefs: Economic and ecological effects of territoriality in the Maine lobster industry. *Human Ecology* 3(3): 183-207.

Acheson, J. (1987), The lobster fiefs revisited: Economic and ecologic effects of territoriality in Maine lobster fishing. pp..37-65 in *The Question of the Commons,* B. McCay and J. Achison, eds. Tucson: University of Arizona Press.

Acheson, J.M., and J.A. Wilson (1996), Order out of chaos: The case for parametric fisheries management. *American Anthropologist* 98(3): 579-594.

Agrawal, A., and C.C. Gibson (1999), Enchantment and disenchantment: the role of

community in natural resource conservation. *World Development* 27(4): 629-649.
Alcala, A.C., and G.R. Russ (1990), A direct test of the effects of protective management on abundance and yield of tropical marine resources. *ICE Journal of Maritime Science (Journal du Conseil International pour l'Exploration de la Mer)* 46: 40-47.
Anderson, T.L., and P.J. Hill (1977), From free grass to fences: Transforming the commons of the American West. pp.200-216 in *Managing the Commons*, G. Hardin and J. Baden, eds. San Francisco: W.H. Freeman & Co.
Apostle, R., G. Barrett, P. Holm, S. Jentoft, L. Mazany, B. McCay, and K. Mikalsen (1998), *Community, Market and State on the North Atlantic Rim: Challenges to Modernity in the Fisheries*. Toronto: University of Toronto Press.
Barton, A.H. (1969), *Communities in Disaster: A Sociological Analysis of Collective Stress Situations.* New York: Doubleday.
Bates, D., and T.K. Rudel (2000), The political economy of conserving tropical rain forests: A cross-national analysis. *Society and Natural Resources* 13: 619-634.
Bateson, G. (1963), The role of somatic change in evolution. *Evolution* 17: 529-539.
Bateson, G. (1972), *Steps to an Ecology of Mind.* New York: Ballantine.
Beckerman, S. (1983), Carpe diem: An optimal foraging approach to Bari fishing and hunting. pp..269-299 in *Adaptive Responses of Native Amazonians,* R.B. Hames and W.T. Vickers, eds. New York: Academic Press.
Berger, P.L., and T. Luckmann (1966), *The Social Construction of Reality: Atreatise in the Sociology of Knowledge.* New York: Anchor Books.（山口節郎訳『日常世界の構成：アイデンティティと社会の弁証法』新曜社，1977 年）
Berkes, F. and D. Pocock (1987), Quota management and 'people problems': A case history of Canadian Lake Erie fishiries. *Transactions of the American Fisheries Society* 116: 494-502.
Blaikie, P., and H. Brookfield (1987), *Land Degradation and Society.* London: Methuen.
Bromley, D.W. (1989), Institutional change and economic efficiency. *Journal of Economic Issues* 23(3): 735-759.
Bromley, D.W., ed..(1992), *Making the Commons Work: Theory, Practice, and Policy.* San Francisco: ICS Press.
Brosius, J.P., A. Lowenhaupt Tsing, and C. Zerner (1998), Representing communities: Histories and politics of community-based natural resource management. *Society and Natural Resources* 11: 157-168.
Bruce, J.W. (19999, *Legal Bases for the Management of Forest Resources as Common Property. Community Forestry Note* 14. Rome: Food and Agriculture Organization of the United Nations.
Carrier, J.G. (1987), Marine tenure and conservation in Papua New Guinea: Problems in interpretation. pp..142-167 in *The Question of the Commons,* B. McCay and J. Acheson, eds., Tueson: University of Arizona Press.
Chess, C., K.L. Salamone, and B.J. Hance (1995), Improving risk communication in

government: Research priorities. *Risk Analysis* 15(2): 127-135.
Cordell, J., ed. (1989), *A Sea of Small Boats. Cultural Survival Report 26.* Cambridge, MA: Cultural Survival, Inc.
Descola, P., and G. Pálsson, eds. (1996), *Nature and Society: Anthropological Perspectives.* London: Routledge.
Dietz, T. (1994), "What should we do?" Human ecology and collective decision making. *Human Ecology Review 1*(Summer/Autumn): 301-309.
Douglas, M. (1985), *Risk Acceptability According to the Social Sciences.* Social Research Perspectives, 11. New York : Russell Sage Foundation.
Douglas, M. (1986), *How Institutions Think.* Syracuse: Syracuse University Press.
Douglas, M. and A. Wildavsky (1982), *Risk and Culture.* Berkeley: University of California Press.
Dryzek, J.S. (1987), *Rational Ecology: Environment and Political Economy.* New York: Basil Blackwell.
Dyson-Hudson, R., and E.A. Smith (1978), Human territoriality: An ecological reassessment. *American Anthropologist* 80: 21-41.
Emirbayer, M., and J. Goodwin (1994), Network analysis, culture, and the problem of agency. *American Journal of Sociology* 99: 1411-1454.
Escobar, A. (1996), Constructing nature: Elements for a poststructuralist political ecology. pp..46-68 in *Liberation Ecologies,* R. Peet and M. Watt, eds. London: Roudledge.
Esman, M., and N. Uphoff (1984), *Local Organizations: Intermediaries in Rural Development.* Ithaca, NY: Cornell University Press.
Finlayson, A.C., and B.J. McCay (1998), Crossing the threshold of ecosystem resilience: The commercial extinction of northern cod. pp..311-337 in *Linking Social and Ecological Systems: Institutional Learning for Resilience,* C. Folke and F. Berkes, eds. Cambridge, Eng.: Cambridge University Press.
Freudenberg, W.R. (1988), Perceived risk, real risk: Social science and the art of probabilistic risk assessment. *Science* 242: 44-49.
Gardner, G.T. and P.C. Stern (1996), *Environmental Problems and Human Behavior.* Boston: Allyn and Bacon.
Gibson, C.C. and C.D. Becker (2000), A lack of institutional demand: Why a strong local community in western Ecuador fails to protect its forest. pp..135-161 in *People and Forests; Communities, Institutions, and Governance.* C.C. Gibson, M.A. McKean, and E. Ostrom, eds. Cambridge, MA: MIT Press.
Giddens, A. (1990) *The Consequences of Modernity.* Stanford, CA: Stanford University Press. (松尾精文・小幡正敏訳『近代とはいかなる時代か？：モダニティの帰結』而立書房，1993年)
Goldman, M. (1998), Inventing the commons: Theories and practices of the commons professional. pp..20-53 in *Privatizing Nature: Political Struggles for the Global Commons,* M. Goldman, ed., New Brunswick, NJ: Rutgers University Press.

Goodlad, J. (1999), Industry Perspectives on Rights-Based Management: The Shetland Experience. Unpublished paper presented to Fish Rights Conference, November 11-19, Fremantle, Western Australia, November. http://www.fishrights/org. にて入手可能

Gordon, H.S. (1954), The economic theory of a common property resource: The fishery. *Journal of Political Economy* 62: 124-142.

Granovetter, M. (1985), Economic action and social structure: The problem of embeddedness. *American Journal of Sociology* 91:481-510.

Granovetter, M. (1992), Economic action and social structure: The problem of embeddedness. pp..53-81 in *The Sociology of Economic Life,* M. Granovetter and R. Swedberg, eds. Boulder, CO: Westview Press.

Greenberg, J.B., and T.K. Park (1994), Political ecology. *Journal of Political Ecology* 1(1): 1-12.

Grossman, L. (1977), Man-environment relationships in anthropology and geography. *Annals of the Association Geographers* 67: 126-144.

Habermas, J. (1984), *The Theory of Communicative Action.* Volume 1: reason and the Rationalization of Society. T. McCarthy, Trans. Boston: Beacon Press.

Hajer, M.A. (1995), *The Politics of Environmental Discourse: Ecological Modernization and the Policy Process.* Oxford, Eng.: Clarendon Press.

Hall, C. (1998), Institutional solutions for governing the global commons: Design, factors, and effectiveness. *Journal of Environment and Development* 7(2): 86-114.

Hanna, S. (1995), User participation and fishery management performance within the Pacific Fishery Management Council. *Ocean and Coastal Management* 28(1-3): 23-44.

Helgason, A. and G. Pálsson (1997), Contested commodities: The moral landscape of modernist regimes. *Journal of the Royal Anthropological Institute (incorporating Man)* 3(3): 451-471.

Hoel, A.H. (2000), Performance of Exclusive Economic Zones. Institutional Dimensions of Global Environmental Change Project, Dartmouth College, Hanover, NH. http://www.dartmouth.edu/~idgec. にて入手可能

Hutchings, J.A., C. Walter, and R.L. Haedrich (1997), Is scientific inquiry incompatible with government information control? *Canadian Journal of Fisheries and Aquatic Sciences* 54: 1198-1210.

Jentoft, S., B.J. McCay, and D. Wilson (1998), Social theory and fisheries co-management. *Marine Policy* 22(4/5): 423-436.

Johnson, J.C., and D.C. Griffith (1996), Pollution, food safety, and the distribution of knowledge. *Human Ecology* 24(1): 87-108.

Krauss, C. (1983), The elusive process of citizen activism. *Social Policy* 14(Fall): 50-55.

Leach, M., R. Mearns, and I. Scoones (1997), *Environmental Entitlements: A Framework for Understanding the Institutional Dynamics of Environmental Change.* IDS Working Paper. Sussex, Eng.: Institute of Development Studies, University of Sussex.

Lee, K.N. (1993), *Compass and Gyroscope: Integrating Science and Politics for the*

Environment. Washington, DC: Island Press.
Lees, S.H. (1974), Hydraulic development as a process of response. *Human Ecology* 3: 159-175.
Libecap, G. (1986), Property rights in economic history: Implications for research. *Explorations in Economic History* 23: 227-252.
Lindblom, C.E. (1959), The science of "muddling through." *Public Administration Review* 19:79-88.
Lindblom, C.E. (1979), Still muddling, not yet through. *Public Administration Review* 39: 517-526.
McCay, B.J. (1978), Systems ecology, people ecology, and the anthropology of fishing communities. *Human Ecology* 6(4): 397-422.
McCay, B.J. (1979), 'Fish is scarce': Fisheries modernization on Fogo Island, Newfoundland. Pp.. 155-189 in *North Atlantic Maritime Culture,* R. Andersen, ed. The Hague: mouton.
McCay, B.J. (1980), A fishermen's cooperative, limited: Indigenous resource management in a complex society. *Anthropological Quarterly* 53:29-38.
McCay, B.J. (1981), Optimal foragers or political actors? Ecological changes in a New Jersey fishery. *American Ethnologist* 8:356-382.
McCay, B.J. (1988), Muddling through the clam Beds: Cooperative management of New Jersey's hard clam spawner sanctuaries. *Journal of Shellfish Research* 7(2): 327-340.
McCay, B.J. (1996), Foxes and others in the henhouse? Environmentalists and the fishing industry in the U.S. Regional Council System. Pp.. 380-390 in *Fisheries Resource Utilization and Policy; Proceedings of the World Fisheries Congress. Theme2,* R.M. Meyer, C. Zhang, M.L. Windsor, B. McCay, L. Hacek, and R. Much, eds. New Delhi: Oxford & IB. Publishing Co. Pvt. Inc.
McCay, B.J. (2000a), Post-modernism and the management of natural and common resources, Presidential address to the International Association for the Study of Common Property, Part I. *Common Property Resource Digest* 54(September): 1-6.
McCay, B.J. (2000b), The Evolutionary Ecology of Ecologies in Anthropology. Unpublished paper presented at the Annual Meeting of the American Anthropological Association, San Francisco, November 15-20.
McCay, B.J., and J.A. Acheson (1987a), Human ecology of the commons. pp..1-34 in *The Question of the Commons,* B. McCay and J. Acheson, eds. Tucson: University of Arizona Press.
McCay, B.J., and J.A. Acheson (1987b), *The Question of the Commons.* Tucson: University of Arizona Press.
McCay, B.J., and S. Jentoft (1996), From the bottom up: Participatory issues in fisheries management. *Society & natural Resources* 9: 237-250.
McCay, B.J., and S. Jentoft (1998), Market or community failure? Critical perspectives on common property research. *Human Organization* 57(1): 21-29.
McCay, B.J., and A.P. Vayda (1996), Question-Driven Research in Ecological Anthropology:

Lessons from Applied Research in Fisheries, Forestry, and Conservation. Unpublished manuscript, Department of Human Ecology, Rutgers University.

McGuire, T.R. (1997), The last northern cod. *Journal of Political Ecology* 4: 41-54.

McLaughlin, P. (1996), Resource mobilization and density dependence in cooperative purchasing associations in Saskatchewan , Canada. *Rural Sociology* 61(2): 326-348.

McLaughlin, P. (2001), Toward an Ecology of Social Action: Merging the Ecological and Constructivist date Traditions. *Human Ecology Review* 8(2): 12-28. *

Memon, P.A., and J. Selsky (1998), Institutional design for the co-management of an urban harbour in New Zealand. *Society and Natural Resources* 11(4): 587-602.

Miller, Marc L. and John van Maanen (1979), "Boats don't fish, people do": Some ethnographic notes on the Federal management of fisheries in Gloucester. Human Organization 38(4):377-385.

Morren, G.R.B., Jr. (1980), The rural ecology of the British drought of 1975-76. *Human Ecology* 8(1): 33-63.

Mosse, D. (1997), The symbolic making of a common property resource: History, ecology and locality in a tank-irrigated landscape in South India. *Development and Change* 28: 467-504.

National Research Council (1996), *Understanding Risk: Informing Decisions in a Democratic Society*. Committee on Risk Characterization. P.C. Stern and H.V. Fineberg, eds. Washington, DC: National Academy Press.

Nelson, R.K. (1983), *Make Prayers to the Raven: A Koyukon View of the Northern Forest*. Chicago: University of Chicago Press.

Netting, R.M. (1976), What alpine peasants have in common: Observations on communal tenure in a Swiss village. *Human Ecology* 4: 135-146.

Netting, R.M. (1986), *Balancing on an Alp: Ecological Change and Continuity in a Swiss Mountain Community*. Cambridge, Eng.: Cambridge University Press.

Nietschmann, B. (1973), *Between Land and Water: The Subsistence Ecology of the Miskito Indians, Eastern Nicaragua*. New York: Seminar Press.

Noonan, D.S. (1998), International fisheries management institutions: Europe and the South Pacific. Pp.. 165-177 in *Managing the Commons*. 2d ed., J.A. Baden and D.S. Noonan, eds. Bloomington: Indiana University Press.

North, D. (1981), *Structure and Change in Economic History*. New York: W.W. Norton.

North, D. (1990), *Institutions, Institutional Change and Economic Performance*. Cambridge, Eng.: Cambridge University Press.

Oakerson, R.J. (1992), Analyzing the commons: A framework. In *Making the Commons Work: Theory, Practice, and Policy*, D. Bromley, ed., San Francisco: ICS Press.

Olson, M. (1965), *The Logic of Collective Action*, Cambridge, MA: Harvard University Press.
（依田博・森脇俊雅訳『集合行為論：公共財と集団理論』ミネルヴァ書房, 1983 年）

Ostrom, E. (1987), Institutional arrangements for resolving the commons dilemma: Some contending approaches. pp..250-265 in *The Question of the Commons*, B.J. McCay and

J.M. Acheson, eds. Tucson: University of Arizona Press.

Ostrom, E. (1990), *Governing the Commons: The Evolution of Institutions for Collective Action.* Cambridge, Eng.: Cambridge University Press.

Ostrom, E. (1992), Community and the endogenous solution of common problems. *Journal of Theoretical Politics* 4(3): 343-351.

Ostrom, E. (1998), A behavioral approach to the rational choice theory of collective action, presidential address, American Political Science Association, 1987. *American Political Science Review* 92(1): 1-22.

Ostrom, E. (2001), Reformulating the commons. In *The Commons Revisited: An Americas Perspective,* J. Burger, R. Norgaard, E. Ostrom, D. Policansky, and B. Goldstein, ed. Washington, DC: Island Press.

Pálsson, G. (2006) Nature and society in the age of postmodernity, In *Reimaging political ecology,* A. Biersack and J. Greenberg, eds. Durham: Duke University Press. *

Peluso, N.L. (1993), Coercing conservation? The politics of state resource control. *Global Environmental Change* 3(2): 199-217.

Pendzich, D., G. Thomas, and T. Wohigenant, eds. (1994), *The Role of Alternative Conflict Management in Community Forestry.* Forests, Trees and People Working Paper No. 1. Rome: Food and Agriculture Organization of the United Nations.

Peters, P.E. (1987), Embedded systems and rooted models: The grazing lands of Botswana and the commons debate. pp..171-194 in *The Question of the Commons,* B. McCay and J. Acheson, eds., Tucson: University of Arizona Press.

Polanyi, K. (1944), *The Great Transformation.* Boston: Beacon Press. (吉沢英成他訳『大転換：市場社会の形成と崩壊』東洋経済新報社，1975 年)

Polunin, N. (1984), Do traditional marine tenure systems conserve? Indonesian and New Guinean evidence. pp..267-283 in *Maritime Institutions in the Western Pacific.* Senri Ethnological Studies No. 17, K. Ruddle and T. Akimichi, eds. Osaka: National Museum of Ethnology.

Rapport, D.J., and J.E. Turner (1977), Economic models in ecology. *Science* 195: 367-373.

Renn, O., T. Webler, and H. Kastenholz (1996), Perception of Uncertainty: Lessons for risk management and communication. pp..205-226 in *Scientific Uncertainty and Its Influence on the Public Communications Process,* V.H. Sublet, V.T. Covello, and T.L. Tinker, eds. Dordrecht, Neth: Kluwer Academic Publishers.

Rosa, E.A. (1996), Metatheoretical foundations for post-normal risk. *Journal of Risk Research* 1(1): 15-44.

Rudel, T.K. (1980), Social responses to commodity shortages: The 1973-1974 gasoline crisis. *Human Ecology* 8(3): 193-212.

Rudel, T.K. (2000), Organizing for sustainable development: Conservation organizations and the struggle to protect tropical rain forests in Esmeraldas, Ecuador. *Ambio* 29(2): 78-82.

Sawyer, S. (1996), Indigenous initiatives and petroleum politics in the Ecuadorian Amazon. *Cultural Survival Quarterly* 20(1): 26-30.

Schelling, T.C. (1978), *Micromotives and Macrobehavior.* New York: W.W. Norton.

Schlager, E. (1994), Fishers' institutional responses to common-pool resource dilemmas. pp..247-265 in *Rules, Games, and Common-Pool resources.* E. Ostrom, R. Gardner, and J. Walker, eds. Ann Arbor: University of Michigan Press.

Scott, W.R. (1995), *Institutions and Organizations.* Thousand Oaks, CA: Sage. （河野昭三・板橋慶明訳『制度と組織』税務経理協会，1998 年）

Selsky, J.W., and P.A. Memon (2000), Emergent Commons: Local Responses in Complex Common-Pool Resources Systems. Unpublished paper presented at 8th Biennial Conference of the International Association for the Study of Common Property (IASCP), Bloomington, IN, June 1-4.

Simon, H.A. (1983), *Reasons in Human Affairs.* Stanford, CA: Stanford University Press.

Singleton, S., and M. Taylor (1992), Common property, collection action and community. *Journal of Theoretical Politics* 4(3): 309-324.

Slobodkin, L.B. (1968), Toward a predictive theory of evolution. pp..187-205 in *Population Biology and Evolution,* R.C. Lewontin, ed. Syracuse: Syracuse University Press.

Slobodkin, L.B., and A. Rapoport (1974), An optimal strategy of evolution. *Quarterly Review of Biology* 49: 181-200.

Smith, E.A., and B. Winterhalder (1992), *Evolutionary Ecology and Human Behavior.* New York: Aldine de Gruyter.

Smith, M.E. (1990), Chaos in fisheries management. *MAST/Maritime Anthropological Studies* 3(2): 1-13.

Snow, D.A., and R.D. Benford (1992), Master frames and cycles of protest. Pp.. 133-155 in *Frontiers in Social Movement Theory,* A.D. Morris, and C.M. Mueller, eds. New Haven and London: Yale University Press.

Snow, D.A., E.B. Rockhord, Jr., S.K. Worden, and R.D. Benford (1986), Frame alignment processes, micromobilization and movement participation. *American Sociological Review* 51: 464-481.

Soulé, M.E., and G. Lease, eds. (1995), *Reinventing Nature? Responses to Postmodern Deconstruction.* Washington, DC: Island Press.

Steins, N.A., and V.M. Edwards (1999), Collective action in common-pool resource management: The contribution of a social constructivist perspective to existing theory. *Society & Natural Resources* 12: 539-557.

Stern, P.C., T. Dietz, T. Abel, G.A. Guagnono, and L. Kalof (1999), A Value-Belief-Norm Theory of Support for Social Movements: The Case of Environmentalism. *Human Ecology Review* 6(2): 81-97.

Stocks, A. (1987), Resource management in an Amazon Varzea Lake ecosystem: The Cocamilla case. pp..108-120 in *The Question of the Commons,* B. McCay and J. Acheson, eds. Tuscon: University of Arizona Press.

Stonich, S.C. (1996), Reclaiming the commons; Grassroots resistance and revitalization in Honduras. *Cultural Survival Quarterly* 20(1): 31-35.

Swedberg, R., and M. Granovetter (1992), Introduction. pp..1-26 in *The Sociology of Economic Life,* M. Granovetter and R. Swedberg, eds. Boulder, CO: Westview Press.

Taylor, L. (1987), 'The river would run red with blood': Community and common property in an Irish fishing settlement. pp..290-307 in *The Question of the Commons,* B. McCay and J. Acheson, eds. Tuscon: University of Arizona Press.

Taylor, M. (1982), *Community, Anarchy and Liberty.* Cambridge, Eng.: Cambridge University Press.

Taylor, P. (1998), How does the commons become tragic? Simple models as complex socio-political constructions. *Science as Culture* 7(4): 449-464.

Vayda, A.P. (1976), *War in Ecological Perspective: Persistence, Change, and Adaptive Processes in Three Oceanian Societies.* New York: Plenum Press.

Vayda, A.P. (1983), Progressive contextualization: Methods for research in human ecology. *Human Ecology* 11(3): 265-281.

Vayda, A.P. (1995a), Failures of explanation in Darwinian ecological anthropology: PartI. *Philosophy of the Social Sciences* 25(2): 219-249.

Vayda, A.P. (1995b), Failures of explanation in Darwinian ecological anthropology: PartII. *Philosophy of the Social Sciences* 25(3): 360-375.

Vayda, A.P., and B.J. McCay (1975), New directions in ecology and ecological anthropology. *Annual Review of Anthropology* 4: 293-306.

Vayda, A.P., and B.J. McCay (1977), Problems in the identification of environmental problems. pp.411-418 in *Subsistence and Surficial: Rural Ecology in the Pacific,* T.P. Baylor-Smith and. R.G.A. Feachem, eds. London: Academic Press.

Vayda, A.P., B.J. McCay, and C. Eghenter (1991), Concepts of process in social science explanations. *Philosophy of the Social Sciences,* 21(3): 318-331.

Vayda, A.P., and B.B. Walters (1999), Against political ecology. *Human Ecology* 27(1): 167-179.

Waddell, E. (1975), How the Enga cope with frost: Responses to climatic perturbations in the Central Highlands of New Guinea. *Human Ecology* 3: 249-273.

Walters, B.B. and A.P. Vayda (2001), Event Ecology in the Philippines: Methods and Explanations in the Study of Human Actions and Their Environmental Effects. Unpublished manuscript; revised version of paper presented by Walters at the 97th Annual Meeting of the American Association of Geographers, New York, NY, February 27-March 3.

Walters, C.J. (1986), *Adaptive Management of Renewable Resources.* New York: Macmillan.

Weinstein, N., and P. Sandman (1992), A model of the precaution adoption process: Evidence from home radon testing. *Health Psychology* 11:170-180.

Weinstein, N.D., A. Rothman, and S. Sutton (1998), Stage theories of health behavior. *Health Psychology* 17: 290-299.

West, C.P. (2000), The Practices, Ideologies, and Consequences of Conservation and Development in Papua New Guinea. Unpublished Ph.D. thesis, Anthropology, Rutgersthe State University, New Brunswick, NJ.

Williams, D.M. (2000), Representation of nature on the Mongolian steppe: An investigation of scientific knowledge construction. *American Anthropologist* 102(3): 503-519.

Wilson, D.C., and B.J. McCay (1999), Embeddedness and Governance Mechanisms: An Approach to the Study of Institutions. Unpublished manuscript, August.

Zerner, C., ed. (2000), *People, Plants, & Justice: The Politics of Nature Conservation.* New York: Columbia University Press.

(*は，原著出版時点で「印刷中（in press）」と表記されていた文献である。)

第 12 章
コモンズ管理に関する一つの進化理論

ピーター・J・リチャーソン，ロバート・ボイド，
ブライアン・ピチオッティ

　共有資源やコモン・プール資源のディレンマは，長い間，進化論者が興味を持っていたより広範な協調に関する問題の一つである。Darwinは彼の著書『種の起源』と『人類の由来』の中で，個体が他の個体を助けて，自身の繁殖の機会を犠牲にする社会性昆虫のような事例を自らの理論でどのように扱うか悩んでいた。Darwinは，そのような犠牲が通常，自然淘汰において有利になることはないと分かっていたはずである。彼はミツバチと人間は似ているのだと主張した。つまり，ミツバチのなかでも，不妊の働きバチは群れのために自分の繁殖を犠牲にするが，同胞の繁殖を通して代償的な繁殖の成功を享受するのだろうということである。Darwin（1874: 178-179）は，人間は個体同士と同じように部族同士でも争い，その結果，集団競争の影響下で「社会的，道徳的能力」が進化したと考えた。

> 　道徳性の高さは，特定の一個人やその子供たちを，同じ部族の他のメンバーに比べて，ほとんど，またはまったく有利にするものではないが，道徳の水準が上がり，そのような性質を備えた人物の数が増えれば，その部族がほかの部族に対して非常に有利になるだろうということは忘れてはならない。愛国心，忠誠，従順，勇気，そして共感の感情をより高く保持していて，たがいに助け合ったり，全員の利益のために自分を犠牲にする用意のあるような人物をたくさん擁している部族が，他の部族に打ち勝つだろうことは間違いない。そしてこれは自然淘汰である。（長谷川眞理子訳，1999 年，『人間の進

化と性淘汰』文一総合出版，145）

　Darwin がこのように書いてから 100 年以上が過ぎたが，進化論的発想を取り入れる社会科学者と生物学者の間での議論は，未だに Darwin となお同じ枠組みのなかにいる。つまり，個人主義的な行動と社会志向的な行動との進化的対立が，個体の淘汰と集団の淘汰という対峙によって導かれているということである。これまでのところ，社会科学者は，協調について進化社会科学者や生物学者の理論に対応する理論を発展させてきた。つまり合理的選択理論が個人主義的アプローチをとる一方で，機能主義は制度の社会志向的な側面を分析するのである。

　本章では人間の協調の問題に関連する進化理論をレヴューし，その結果を他の理論的展望と比較する。その後，我々自身の研究の幾つかをレヴューするが，それらは，人間の協調と利己主義について，妥当な理由を与えてくれると思われる複合的な説明を抽出するものである。この理由は，文化の相違についての群選択論に大きく依拠しているが，ミクロな社会志向的動機や純粋に利己的動機の両方が主動因となる下位レベルに与える影響力についても考慮している。次にコモンズ管理に関する実験による研究成果をレヴューする。人間の協調の問題に関してなされるべき研究は数多く残っているが，既存の研究成果は我々の説明と一致すると結論付ける。さらに，我々は我々自身の仮説を用いて，コモンズ管理の制度作りに関する応用研究のための学問的成果を提示する。一方では，文化的群選択の理論において，通常，人間は，合理的選択理論では扱われないような協調的感情を持つことが主張されている。他方では，協調的制度の発展速度が遅いということは，相当な軋轢の存在によって，コモンズ管理の制度が存在しない場合に我々がそれを作り上げる能力を発揮できず，そして急速な技術的・経済的な変化に対して既存の制度を再順応させる能力が蝕まれているということを示している。長期的に見て，協調的制度が成立する過程をよりよく理解することによって，必要なときにその制度がより速く進化できるように促したり，必要に応じてその成果を調整したりするためのよりよい道具を手に入れることができると考える。

1 協調の諸理論

協調に関する我々の考えは，数多くの資料から導き出されている。民俗文献は，多種多様な信仰教義，規範と慣習，そして民俗心理に関する記録を含んでいる。人類学者や歴史学者は膨大な幅を持つ人間の社会組織を記録しており，それらのほとんどは互いに対立するものであれ，十分な正当性を伴っている。Johnson and Earle（1987）は，社会文化人類学者によって収集されたデータの膨大な蓄積へと，適切に導いてくれる。コモンズ管理の比較文化的研究はすでに，人類学，政治学，そして経済学の学問分野に依拠し，研究が進捗している分野である（Agrawal，本書第2章；Baland and Platteau，1996；Bardhan and Dayton-Johnson，本書第3章；Berks，本書第9章，McCay，本書第11章；Ostrom, 1998）。

1.1 人間の協調は広範囲にわたり，多様である

人間の協調には数多くの特徴があり，説明が求められている。
・ 人間はときには見知らぬ人とさえ協調する傾向がある。

したがって，多くの人々は匿名でなされる1回限りの囚人のディレンマ・ゲームにおいて協調し（Marwell and Ames, 1981），そしてしばしば利他的に投票する（Sears and Funk, 1990）。人々は経済学の実験において公共財部門に相当の寄与を始めることにもなる（Falk et al., 本書第5章；Kopelman et al., 本書第4章；Ostrom, 1998）。実験の結果は，一般的な経験と一致する。我々のほとんどは外国の都市を旅しても，さらには貧困国の都市で周りが我々の所持品や所持金をかなりの財産に値すると見るような見知らぬ人々ばかりのところを旅しても，強盗や商売でだまされることのリスクは小さいことを見出す。

・ 協調は多くの事に依存している。すべての人が協力するわけではない。

もし潜在的な利他主義者の共感が呼び起こされれば，苦しんでいる犠牲者への救済は実質的に増加する（Baston, 1991）。あらかじめゲームについて相談することができ，そして協調することを約束できれば，

成功率は高くなる（Dawes et al.,1990）。コモンズ管理において協調が生じるかどうかには，資源規模や，排除と資源利用の技術，そして同様の細々とした細部が影響を及ぼす。(Ostrom, 1990: 202-204)。科学的な知見は，個人的経験とよく一致する。我々は熱心に協調するときもあれば，しぶしぶと協調するときもあるし，全く協調しないときもある。たとえ同じ環境条件下であっても，人々の協調する意志はかなり変動する。

・　制度が重要である。

異なった社会の人々は異なった行動をとるが，それは異なる制度を持つ社会に長く参画することで，その習慣が身についているからである。共同所有の実験を繰り返し行うなかで，初期の非協調が更なる非協調を引き起こし，結果的に公共財部門への寄与がゼロに近づいていく。しかしながら，もしプレーヤーが，たとえば裏切ったプレーヤーを罰するというような，現実の世界では使用される戦略を用いることが許されるならば，コモンズへの参画，つまり協調は安定的に生じる（Fehr and Tyran, 1996）。コモンズを成功裡に管理するための戦略は，一般的に参加者から見て正当性（legitimacy）を持っている規則によって制度化されている（Ostrom, 1990: 第2章）。家族，地域コミュニティ，雇用主，国民，政府，これらすべてが賞罰によって忠誠心を刺激し，それぞれの行動に大きな影響を与える。

・　制度は進化の産物である。

Nisbettのグループによる優れた研究は，人々の感情や認知のスタイルがそれぞれの社会的制度とどのように密接に絡み合っていくかを示している（Cohen and Vandello, 2001; Nisbett and Cohen, 1996; Nisbett et al.,2001*）。そのような複雑な習慣は深く根付いているので，生成するのにも崩壊するのにも時間がかかる。多くのコモンズ管理制度は相当な時間的深度を有しているのである（Ostrom, 1990: 第3章）。人類史上の多くの時を通じて，制度の変化は非常に時間がかかり，個々人にはほとんど認知できなった。しかし今日，変化は認知できる程早くなってきている。大学とは，変化に対してひどく疑念を持っている保守的な教授陣によって変化を妨害されるものだが，そんな大学でさえ，一世代という時間的尺度において，はっきりと変わってきている。

・ 制度の多様性は非常に大きい。

いままでにも社会とゲームに関する非常に短いデータを用いて Henrich et al.(2001) と Nisbett et al.(2001)＊の実験民族学アプローチは，それらのなかの著しい差異を明らかにしてきた。比較文化的なコモンズ研究は，さらにより多くの差異を明らかにして，価値ある発見が実験研究者を待ち受けているということを示唆している。Agrawal（本書第2章）は，コモンズ管理において地域的協調が生じるかどうかに影響することが証明されてきた数多くの条件（38前後）について記述している。ありそうなことだが，設計上の複雑性，調整を伴った均衡およびその他の現象が，特定の制度の進化において複数の進化的均衡と多くの歴史的偶発事象を生じさせる（Boyd and Richerson, 1992c）。我々は，異なるコミュニティ，異なる大学，そして異なる国民が，同じ問題を解決するのに，どのくらいの差異があるのか，少なくとも多少は経験している。

1.2 進化モデルは選好と制度の性質を明らかにすることができる

合理的主体理論（rational actor theories）に課題があることは事実である。高水準の協調が行われることと，選好はもっぱら自己配慮的に行われるという通常の前提が両立するのは困難であるし，制度的解決に多様性がみられることは，普遍的な人間の性質に基づく理論で説明しようとする場合，大きな挑戦となる。Ostrom（1998）によって支持された「第二世代の」限定合理的選択理論や McCay（本書：第11章）によって特徴づけられた「状況依存的」合理的選択といった理論は，合理的選択という伝統に沿って，こうした課題を扱っている。これらのアプローチは，標準的な合理的選択理論に，心理学的基礎と制度的制約を加えるものである。心理的，社会的構造は，個人の行動や変異を説明するために用いられるのだが，心理的，社会的構造の説明はその理論には含まれない。

進化理論によって，我々は選好が起きる原因について論じることができるようになった。多くの経済学者が，進化理論と経済学理論の間には極めて整合性があると指摘してきた（Becker, 1976; Hirshleifer, 1977）。彼らがみたところ，進化は生物が求めるものを説明し，経済学は生物が求めるものを得るのにどのように取り掛かるべきかを説明する。進化が

なければ，選好は外生的で，経験的に推定されるものであって，説明されるものではない。人間の社会的行動を十分説明するためには，選好の単純な概念を拡張し，限定および状況依存的合理性を有する個々人そして制度という概念的に豊かな特性を含ませる必要がある。そうして，我々の定型化された事実のリストに記述されたような，合理的選択理論において通常では考えられない形態の社会的行動を，人間がとるのはなぜかを説明するために，我々は文化的進化という特別な性質を持ち出してくる必要がある。

進化モデルは理論的利点も実践的利点も持っている。理論的利点とは，進化モデルは現代の問題への解答を，非常に重要な長い時間的尺度の過程と関連づけるということである。過去500年間で最も重要な経済的現象は，資本主義経済の興隆と人間生活のすべての側面に対するその途方もない影響である。時間的尺度を少し引き延ばして，過去1万年間で最も重要な現象は，農耕の起源に起因するそれまで以上に複雑な社会制度の進化と，それまで以上に洗練された技術の進化である。現在の行動とその変異の両方の説明はこうした長期の過程に関連付けられねばならず，そうした過程においては，進化的均衡に達する時間は1,000年単位で測られる。そのため現代の行動とその変化の両方の真の説明は，そのような長期にわたるプロセスに関連づけられなければならない。現実に即して言うと，現代世界の大変動は，コモンズをこれまで管理してきた制度に対して，大きな緊張を生み出している。進化理論はしばしば役立つであろうが，それは制度的進化を加速させて急激な技術的，経済的変化により良く追従する方法の理解につながるからである（医療の文脈における類似の議論に関しては，Nesse and Williams, 1995 を参照せよ）。

1.3 進化モデルは時間を通して継がれる遺伝子的及び文化的変化を形作るプロセスを説明する

進化論的説明は再帰的である。個人の行動は遺伝属性と環境的偶然性の相互作用から帰結する。ほとんどの種においては遺伝子が主要な遺伝属性だが，人類においては時代を経て継がれる文化的情報もまた重要である。異なる遺伝属性を持つ個々人は，同じ環境においても，異なる行動を展開するかもしれない。全世代において，自然淘汰がその範例であ

第12章 コモンズ管理に関する一つの進化理論

るが，つまるところ進化過程は，個々人がその一生を生きるなかで，彼らに環境的影響を課す。こうした影響が，個体群全体におよび，遺伝情報のプールを変化させ，そうして次世代の個々人の遺伝属性は，たいてい微妙に前世代の属性とは異なる。進化の時間を通じて，血統は，一世代に一度の原因から続いて起こるプロセスという再帰的パターンを通って循環し，多かれ少なかれ徐々に遺伝子プールを方向づけて，そうしてそこから遺伝子標本を取り出す個々人の継承をも方向づける。たとえば遺伝子頻度のような，遺伝属性のプールを記述する統計量は，進化論的分析の基本的な状態変数である。それらは通時的に変化するものである。

再帰的モデルにおいては，個体の行動や個体群レベルの過程を同じモデルで説明することに注意しなければならない。任意の所与の世代において，個体の行動は遺伝属性が抽出される遺伝子プールに依存する。一方この遺伝属性のプールは，各個体がその属性を行動で明らかにするとき，今度はその個体群に何が生じるかに依存するのである。進化生物学者は，自然淘汰や突然変異，遺伝子浮動など，遺伝子頻度を変化させる過程の長いデータリストを持っている。しかしながら，自然淘汰自体を経験する生命体は存在しない。ただ単に生きるか死ぬか，繁殖するかしないかである。ある特定の環境において，ある類型の個体が他の個体よりも上手に立ち回るのならば，そしてこの変異が遺伝可能な基底であるならば，我々は，こうして帰結する遺伝子頻度の変化を「自然淘汰」と分類する。我々はそのような特定の事象を記述するために選択のような抽象的範疇を使用するが，なぜなら我々は具体的事例を積み重ねて行くことで，進化過程について幾つかの有用な一般化を構築したいと望んでいるからである。一般化の試みに労力を投じるには進化生物学はかなり貧弱であると論じ立てる人はほとんどいないだろう。

文化的変化をもたらす過程は，遺伝子の変化をもたらす過程とはかなり異なるが，それらの論理は同じである。たとえば，急速に普及する知識の場合，その文化の世代時間は短いが，半導体技術のような急速に進化していく文化的現象をモデル化しても特別な問題は生じない（Boyd and Richerson, 1985: 68-69）。同様に人間の選択は，自然淘汰によって間接的にというよりも，直接的に遺伝属性を変化させるものを含んでいる。これらの「ラマルク」効果（"Lamarckian" effects）は容易にモデ

に加えられるし，そこでの合理性が限定されたままである限り，そのモデルは進化論的なままであるといえる。進化モデルに新たな要素を加えるのでなく，むしろそれから要素を減らしてしまう簡略化事例については，もちろん再帰の必要はない。なぜなら，すべてが（典型的な合理的選択モデルでは，すぐさま）第一世代において生じるからである。進化モデルは限定合理的選択という概念の自然な拡張である。それらは，選択や合理性が課される生来的，文化的な制約がどのようにして生じるのか説明するのに役立つ（Boyd and Richerson, 1993）。

① **進化は重層的である**　進化理論は常に重層的である。少なくとも，遺伝子型というような個体の特性の継承もすれば，特定の遺伝子の頻度といった個体群の特性の継承もする。他のレベルもまた重要になることがある。表現型は，互いに作用し合う多くの遺伝子と環境に由来する。個体群は構造化されることもあるし，ことによると，メンバーの入れ替えが制限された社会集団に分かれることもある。このように進化論は体系的で，生物学のすべての部分を統合している。原則として，通時的に変化を生じさせるものはすべて理論に内包され，理論において現象を説明するための適切な役割を演じる。

こうした原則的完備性から Mayr(1982) は生物学における「近因」と「最大要因」について論じることになった。近因とは，生理学者や生化学者が，一般に生命体はどのように機能しているかを問う際に用いるものである。これらは，環境と相互作用し，またその環境に影響を与える属性を持った個体によって生み出される原因のことである。人間はコモンズの問題を解決するために生来的な協調的傾向を呈するのだろうか，それとも利己的な生来的動機しか持っていないのだろうか。また近因は，これらの主張のどちらか一方というよりも，より複雑なのだろうか。生命体の行動の最大要因は進化の歴史であり，そのなかで遺伝子プールが形づくられ，そこからまた生来的属性の我々の標本が引き出されている。進化論的分析はこのような疑問に対して答えを出そうとするものである。人間のコミュニティは，多くの場合，少なくともいくつかのコモンズのディレンマを解決し，他の霊長類やサルには見られないスケールで協調問題を解決するが，それはなぜだろうか。人間に育てられたチンパンジー

は多くの人間のような行動をするが，それでも多くのチンパンジー本来の行動を残し，人間のコミュニティの完全な構成員として活動することができない（Temerlin, 1975）。このように人間は，チンパンジーとは異なる生来的な影響をその行動に受けているし，こうした影響は人間とチンパンジーの共通の祖先から2つの種に分岐する過程で発生してきたに違いないということを知っている。

ダーウィン的な進化理論において，協調行動の本源は伝統的に，組織のなかの異なるレベルで作用する3つの進化的過程に分類される。

・ 個体レベルの選択。

個体とそれらがもたらす変化は，明らかに選択された遺伝子座によってである。このレベルでの選択は，自分自身の生存や繁殖の成功を最大化するように進化している利己的な個体を有利にする。一組の利己的主体が繰り返して相互行為するとき，協調することができる（Axelrod and Hamilton, 1981; Trivers, 1971）。Alexander（1987）は，そのような互恵的な協調によってもまた人間の複雑な社会システムを説明することもできると論じたが，ほとんどの数式モデルによる研究はこの主張に疑問を投げかけている（Boyd and Richerson, 1988, 1989; Leimar and Hammerstein, 2001; Nowak and Sigmund, 1998）。

・ 血縁選択。

Hamilton（1964）の論文は，血縁は共通の出自によって同一の遺伝子を共有する範囲で協調するはずであると主張しており，社会生物学の理論的基盤の一つを与えている。血統選択は，シロアリ，アリ，そしてハチやスズメバチのコロニーに見られるような，並外れた規模の協調的社会システムをもたらすことができる。しかしながら，多くの動物の社会が小規模なのは，各個体が近い同族をほとんど持たないからである。一匹の女王がいて，途方もない数の不妊の労働個体，ひいては近い同族から成る大きくて複雑な社会を生み出すことを可能にするのは，昆虫や特定のげっ歯類の多産性のためである（Campbell, 1983）。

・ 群選択（group selection）。

選択は，存在する遺伝可能な変異のどのようなパターンに対しても作用しうる（Prince, 1970）。部族間の競争による協調の進化という

Darwinのモデルは，今のところ，かなり信頼できそうなモデルである。問題となるのは，血縁集団以外の集団間の遺伝子の変異は，集団間の移動が非常に小さいか，非常に強力な力が集団間の変異を生み出すのでない限り，それを維持することが困難である（Aoki, 1982; Boorman and Levitt, 1980; Eshel, 1972; Levin and Kilmer, 1974; Rogers, 1990; Slatkin and Wade, 1978; Wilson, 1983））。利他的な習性については，選択はすべての集団において利己的な個体を有利にする傾向があり，そして移動が集団間の変異を縮小するのを容易にするだろう。比類なき，また高度に組織化された動物社会（人間を除く）を説明する血縁選択によって多くの進化生物学者は群選択のかなりの重要性を確信するに至った。もっともそれは進化生物学者すべてではないが，多くの進化生物学者は，群選択は自然界において一定の重要性をもつ論であると確信している（群選択論者の側からの論争の見え方についてはSober and Wilson（1998）を参照せよ）。

我々はこの図式を，より高度な階層，より低度な階層，横断的な形態の構造を加えることによって，ずっと複雑にすることができる。たとえば性差のように，人間社会における多くの例が読者には思い浮かぶだろう。実際にRice（1996）は，異なる性別に表象される遺伝子の選択が，これらの遺伝子間の深い利害対立を引き起こすことを的確に論証している。もしメスのショウジョウバエの防御力の進化を妨げれば，オスの遺伝子が進化し，メスの適合度を著しく低下させることになる。ゲノムにはそのような対立が多く存在するが，こうした対立は，通常，次のような事実によって緩和されている。つまり個体の遺伝子はみな，複雑な生命体の進化した生態によって，その子孫に表象されていることにおいて等しい機会をもつようになっているのである。我々自身の身体は，遺伝子の群選択された共同体であり，その遺伝子は，機能する配偶子に入る公正な機会を一対の染色体のそれぞれに与える減数分裂のクジというような，遺伝子伝達における公正性を保障する複雑な制度によって組織されている（Maynard Smith and Szathmáry, 1995）。

1.4 文化の進化

人類の進化について理論化する際，我々は進化の過程のリストのなか

に，遺伝子に影響する過程とともに文化に影響を与える過程も含めなければならない。文化は遺伝の一体系である。我々は親から遺伝子を得るのと同様に，他の個々人を模倣することによって習慣を身につける。高度に忠実な模倣をするという珍しい能力は，我々を原始的な同類から区別する最も重要な派生的特徴の一つである（Tomasello, 1999）。我々はまた非常に従順な動物でもあり（Simon, 1990），親やその他の人々による承認と不承認の表明の影響を非常に受けやすい（Baum, 1994: 218-219）。このように親，教師，仲間は，より高価で物質的な報酬と罰則を用いて他の動物を訓練するのに比べて，短時間で容易かつ正確に我々の行動を形づくることができる。ついには，子どもが一度言葉を身につけると，親やその他の人々は新しい考えをかなり効率的に伝達することができる。人間の行動の研究に対する我々自身の貢献は，文化的進化の基礎的過程とみなしているものについて，ダーウィン主義的様式に基づく一連の数理モデルを構築したことである（たとえばBoyd and Richerson, 1985）。ダーウィン主義的手法の文化的進化の研究への応用は，Campbell（1965, 1975）によって強力に支持されている。Cavalli-Sforza and Feldman（1973）は，数理モデルを構築して，初めて文化的再帰を分析した（Durham, 1991 も参照せよ）。

　文化の変化を形づくる過程のリストには以下のものをあげることができる。

・　バイアス（Biases）

人間は見るものすべてを受動的に模倣するわけではない。むしろ，文化伝播は，個々人が観察したり試みたりする変異を選択するのに適用される意思決定ルールによってバイアスがかけられる。こうした選択的模倣の背後にある意思決定ルールとは，生来的なものかもしれないし，以前の模倣の結果かもしれないし，両方が混ざり合ったものかもしれない。多くの種類の意思決定ルールが，模倣にバイアスをかけるように用いられているかもしれない。個々人はある行動を模倣し，フィードバックによって，その行動を採用したり拒絶したりする。あるいは，様々な経験則を用いて，費用のかかる試行や手痛い錯誤に直面する困難な状況を減らすかもしれない。「郷に入っては郷に従え」というかたちの大勢順応主義的意思決定ルールを用いるのは，人間の

行動のなかの協調的傾向の起源に関する我々の仮説において重要な一例である。
・ 無作為ではない変異
遺伝子レベルの革新（突然変異，遺伝子組み換え）は，何が進化的に適応できるかについて無作為である。人間の個体の革新は，既成の文化的選択肢にバイアスをかけるように適用されるのと同じ，多くの意思決定ルールに誘導される。バイアスと学習に関するルールは，無作為的な突然変異，遺伝子組み換え，そして自然淘汰，これらによって実現されるものの進化の速度を増大させる効果を持っている。文化は，鮮新世から更新世（約500万年前から約1万年前まで）という氷河期における気候悪化への適応というかたちで，人類の祖先に生まれたと考えられており，その適応には，バイアスのかかった革新と模倣による適応を有利にすることになる性質だけについて，急速で相当大きな変異が含まれていた（Richerson and Boyd, 2000）。
・ 自然淘汰（Natural selection）
自然淘汰は遺伝される変異や模倣ならどのようなものにでも作用し，教育は遺伝の諸形態であるので選択は遺伝子の進化と同じように文化にも影響を及ぼす。しかし文化は，遺伝子の自然淘汰によって有利にされる行動とは異なる行動を有利にしやすい。我々は仲間をしばしば模倣するため，文化は個体以下のレベルにおける淘汰になりやすく，ことによると，病原性の文化的変異，つまり利己的なミームを有利にするかもしれない（Blackmore, 1999）。他方で，体制に順応的な模倣という法則はそれとは反対の効果を持つ。こうした法則は，集団内の文化的変異を抑制することで集団間の変異を維持し，遺伝子の変異よりも，ずっと強力な群選択効果に文化的変異をさらすことがある。(Henrich and Boyd, 1998; Soltis et al., 1995)。人間の協調のパターンは，文化的な群選択に多くを負っているのかもしれない。

1.5 進化論モデルは多種多様な理論と密接に関係する

進化理論は解答ではなく方法を処方し，そして様々な特定の仮説を進化の枠組みで検討することができる。もし個体群レベルのプロセスが重要であるならば，我々は遺伝される変異やそれを通時的に変化させる過

第12章　コモンズ管理に関する一つの進化理論

程を追跡する体系を作り上げることもできる。方法としてのダーウィン主義は，どのように進化が作用するのか，また何を生み出すのかということに関する特定の図式にはまったく関わりを持っていない。

　多くの社会科学者がダーウィン主義について持っている見解は，人間社会生物学者の研究に強く影響され過ぎている。この研究を擁護して多くのことが論じられてきており（Bourgerhoff-Mulder et al.,1997），人間行動生態学（Cronk et al.,2000）や進化心理学（Barkow et al.,1992）といったその主要な研究プログラムの下では非常に有益な研究もなされている。しかしながら，これらの研究プログラムは2つの大きな弱点を持っている。つまり，文化の無視と群選択に対するタブー視である。

　社会生物学者は，典型的に文化が厳密に近因的な現象で，個々による学習と同様のもの（たとえばAlexander, 1979）ないしは，遺伝子によって強く制約され事実上は近因的なもの（Wilson, 1998）であると仮定する。Alexander（1979: 80）によると「文化の新奇さは間接的にでさえ，それ自身を複製したり広めたりはしない。それらは遺伝子複製を行う媒介物の行動の結果として複製されるものである」。コモンズの制度は，文化の伝承に深く根付いている。理論的モデルは，文化の進化の過程は決定的な点において，遺伝子のみを含むモデルとは異なる挙動をとりうることを示している。もしそのような効果が現実の世界において重要であるならば，それらを無視することは，我々が進化理論を用いて得ようとしている近似的に正確な解答を求めるうえで，好ましくない。

　ほとんどの進化生物学者は，集団の利益になる行動は常に，個人的な利得の副産物であると考えている。理論において集団間の変異を維持することに伴う問題に関してこれまでとは違う説明として，個体が自身を犠牲にして集団の利益を優先するという考えが，集団の利益になる行動の説明として成功しているようにみえることはすでに指摘している。生物学者の議論に説き伏せられて，ダーウィン主義を継承するほとんどの社会科学研究者は，Williams（1966）によって強力に明瞭化された主張に従ってきたし，群選択を非難してきた[1]。しかしながら，文化的差異は

---

1)　現代における著名なダーウィン説の信奉者の何人か——Hamilton（1975），E.O. Wilson（1975: 561-562），Alexander（1987:169）そして，Eibl-Eibesfeldt（1982）——は，人間のもつ強い社会性の特別なケースにおいて発揮する力としての群選択を特に考慮してきた。

遺伝子の変異よりも群選択の影響を受けやすいとみることの信憑性は高い。たとえば，もし人々が重要な社会的行動を身につける際に，体制に順応主義的なバイアスを働かせるならば，群選択が作用するために必要な集団間の変異は，集団間移動による均質化の圧力から保護されていると言えることがある（Boyd and Richerson, 1985: 第 7 章）。文化的群選択が人間の社会的進化において重要な役割を果たしているという仮説を，かなりの証拠が支持していると我々は考える（Richerson and Boyd, 2001）。

1.6 進化モデルは広く社会科学に用いられている

人間の行動の研究において，進化論的分析手段はまだ一般的ではないが，我々が提唱する一般的アプローチは，長い歴史を持ち（Campbell, 1965, 1975），現在では非常に勢いのある分野もいくつかある。進化心理学と人間行動生態学についてはすでに言及した。他には進化経済学（Alchian, 1950; Day and Chen, 1993; Gintis, 2000; Hodgson, 1993; Witt, 1992），進化社会学（Diez and Burns, 1992; Luhmann, 1982; Maryanski and Turner, 1992; MacLaughlin, 1988），進化組織科学（evolutionary organization science）（Baum and McKelvey, 1999; Hannan and Freeman, 1989），進化認識論（Callebaut and Pinxten, 1987; Derksen, 1998; Hull, 1988），進化行動分析（Baum, 1994）そして応用数学（Vose, 1999）などがある。ミーム（Blackmore, 1999），複雑適応システム（complex adaptive systems）（Holland, 1995），そして普遍的ダーウィン主義（Dennet, 1996）といった概念は多くの注目を集めてきた。文化の研究における進化理論の重要性を示す最も興味深い証拠としては，社会科学の研究者がそれを必要としたときに，基本的なダーウィン主義の改良がしばしば行われてきたことである。ダーウィン主義的な意味合いを強く帯びた経

彼らは，私たちと同じように，協力の他の形には言及しないが，他集団との死活的な戦いに持ちこたえ続けた集団の中に，人間の個体群が組織化されていることに感銘を受けた。群選択仮説の単純な適応で問題となるのは，我々の交尾のシステムである。我々には社会性昆虫のような交配関係に関し集中が成り立つことはなく，部族居住地の境界においては，近親結婚はよくあることなのである。さらにいえば，人間の闘争の詳細をみると，参加個々人の問題であるよりも，遺伝子の群選択の仮説を強く脅かすのである。単純な社会における最も暴力的な集団の内のいくつかにとっては，妻となるべき女性を獲得することが近くの同胞への攻撃の主要な動機の一つであり，集団間の遺伝子の相違を消し去るためによりよく計画されることはほとんどなかったプロセスなのである。

験主義的研究の伝統のなかには，歴史言語学（Mallory, 1989），社会言語学（Labov, 1973），革新（innovations）の伝播に関する研究（Rogers, 1995），人間の社会的学習理論（Bandura, 1986），文化進化の実験研究（Insko et al.,1983），そして宗教人口統計学（Roof and McKinny, 1987）などが含まれる。Weingart and colleagues（1997）は，歴史的にみて非生物学的で非ダーウィン主義的な社会科学の諸理論と，生物学からのダーウィン理論とを統合することに伴う課題についての包括的な概説（survey）を試みている。

2　協調的制度の進化

本節においては，我々が他で発展させてきた制度的進化の理論についてより詳細にまとめてみることにしたい（Richerson and Boyd, 1998, 1999, 2001）。その理論は文化的進化の過程についての数学的分析に基づいており，我々がそれらの論文で論じているように多くの経験的データと一致する。我々は自分たちの特殊な仮説について限定的な主張しか行なわないが，すでに言及した定型化された事実によって要約されているような，経験的データによる批判的な検証がなされており，我々の理論ならともかく現在の代替的な理論では協調的な制度の進化については対処しづらいと考えている。我々は，ある種の二元的な遺伝子的－文化的理論は人間の協調的制度の進化を説明するために必要であると強く考える。

現在の人間の協調の進化を理解するには，2つの異なる時間のスケールに注目する必要がある。まず，更新世における長期間の進化のなかで，現代の人間の行動をつくりあげている生来的な「社会的本能」が形成された。この期間に，人間が社会的制度を伴った集団のなかで生きた結果として，多くの遺伝子的変化が生じたが，その社会的制度は，群選択された文化も含め，文化の影響を大きく受けていた（Richerson and Boyd, 2000）。この時間のスケールにおいては，遺伝子と文化は共進化（coevolve）し，この過程において文化の進化はおそらく，もう片方（遺伝子）より遅れているようなことはなく，むしろ的確に先導している。

次に，ほんの約1万年前，農耕による自給的システムが始まったことで，社会システムの規模において革命的変化の基礎が築かれた。過去1万年以上の社会的本能における遺伝子変化は，取るに足らないことを示している。対照的に複合的社会の進化においては，制度的「次善策」についてゆっくりとしながらも文化的蓄積を伴っていた。次善策は，同じ象徴によって特徴付けられた部族に属しながらも関係の薄い個人やそもそも関係のない個人とも協調するために進化した心理を利用しており，その一方で，この心理は，これらの社会システムが更新世末期の部族規模のものよりも広範囲で，匿名的で，階層的であるという事実にも多少なりとも成功裡に対処している（Richerson and Boyd, 1998, 1999）。

2.1 部族的な社会的本能仮説

我々の仮説は，遺伝子の変異を形づくるよりも，文化的に伝播した変異を形づくるうえで，群選択が重要な役割を担っているという考えを前提としている。その結果として，文化が人間の進化に重要な役割を担うようになってから，ながらく人間は高水準の協調によって特徴づけられるような社会環境の中で生きてきたのである。他の現存する類人猿から推測すると，我々の遠く離れた祖先は原始的な文化しか持たず（Tomasello, 1999），近親の集団より大きな規模での協調を欠いていた（Boehm, 1999）。協調を促進する遺伝子の群選択に関する理論モデルを構築することの難しさは，ほとんどの社会的動物における協調が血縁集団に限られるという経験的な証拠と正確に一致する。反対に，複数の安定的な社会的均衡が存在するときは，いつでも順応主義的な社会的学習，象徴によって特徴付けられた境界，規範の道徳主義的な実効化によって，急激な文化の適応は集団間の大きな変異を生じさせることができる（Boyd and Richerson, 1992a）。群選択のこのようなモデルが相対的に説得力を持つのは，そのモデルが現実に成立するためには集団の社会的な絶滅のみを必要とし，物理的な絶滅は求めないからである。数式を用いたいくつかの理論モデルによれば，順応主義とは，多種多様な条件下で模倣にバイアスをかけるための適応的な発見法であることを示している（Boyd and Richerson, 1985: 第7章 ; Henrich and Boyd, 1998; Simon, 1990）。同様に，象徴による集団の特徴づけが生じるのは，文化的進化モデル

第12章　コモンズ管理に関する一つの進化理論　　549

におけるいくつかの適応的理由によるのであって，そこでは，生態学的差異か協調ゲームに対する異なる解のどちらかが，近隣の諸集団に共通な行動を模倣することを特定の集団においては不適応なものにしてしまう（Boyd and Richerson, 1987; McElreath et al.,2003*）。もし罰則が社会志向的なものならば，道徳主義的罰則の諸モデル（Boyd and Richerson, 1992c）は，複数の安定的な社会的均衡をもたらし，非協調的戦略を減少させる。我々が考えるところでは，結論として，文化の進化にますます依存することで，25万年かそれくらいかけて，人間社会はより大きく，より協調的になってきたということである。

　この主張と整合的なことに，更新世末期の人間社会は部族規模で組織化されていた（Bettinger, 1991: 203-205; Richerson and Boyd, 1998）。現存する狩猟採集民の民族誌学的研究から判断すると，部族は，同じ地域言語を話すが共同生活をしないいくつかの小集団からなり，合計で数百人から数千人であったと考えられる。部族レベルの制度を典型的に示せば，小集団間の平和を維持し，仲間の部族メンバーに対する緊急援助に関する取り決めをつくり，共通の儀式を執り行い，近隣部族による略奪的侵略に対抗して部族を（そして，しばしば他部族による侵犯から特別ななわばりを）守り，また，部族内の異端者の処罰を正当化するものであった。戦争，平和，資源利用，制度の変革などについて集合的な合意による意思決定の制度が存在した。男性間の平等主義的社会関係は，他の人々を支配したり，搾取したりしようとする野心家や実力者を抑えるための，潜在的な従属者たちの協調によって維持された（Boehm, 1999）。民族誌学的に有名ないくつかの狩猟採集民社会には，カリフォルニアや北西海岸のそれらのように，より強力な統率的制度と相当の不平等があったのであって，更新世末期の社会は，それらと似ていた可能性がある（Price and Brown, 1985）。我々の議論としては，更新世の社会と更新世後の社会の主要な傾向は，これらの側面において著しく異なっているということをそのまま反映させればよいことになる。ある境界が定められた集団に属するという意識は，その典型例である。更新世後において政治的，経済的，文化的な同盟は，文化的に類似した部族とそれほど類似しない部族でさえ，よくあることだった。他方で，部族はしばしば先祖代々の敵をもっていた。法の支配は現代の基準でみれば，かなり限られた数の

人々にしか及んでいなかったし，慣習や世論，弱いリーダーシップが問題の解決策を見つけられないときには，正義を守るために，自助のための暴力が日常的に必要であった（Horowitz, 1990）。もし民族誌学上の狩猟採集民がなんらかの目安になるのなら，こうした制度の効力やそれらの実施の詳細は，おそらく高度に変動的なものであったということである（Kelly, 1995）。複合的社会とは異なり，（男女間や異なる年齢集団間のものを除くと）分業は確固たるものではなかった。

　部族内で生活するという人間の能力は，遺伝子と文化の共進化（coevolution）によって開発されていったと考える。文化的群選択によって作り出された原始的な協調的制度は，より協調的集団のなかで生きることがよりよくできる遺伝子型を有利にしたのだろう。最初，そのような個体群は，人間ではない典型的な霊長類よりわずかに協調的なだけであったと思われる。しかしながら，より従順な気質というような遺伝子的変化によって，より精巧な制度の文化的進化が可能になり，それが今度は協調の範囲を拡大する。共進化の変化のこうした循環は，最終的に人々がわずかな関係しかない人々とも協調する能力，象徴によって特徴付けられた集団への情緒的愛着，そして集団のルールに対する違反を理由に他の人々を罰する意思を備えるまで続いた。文化的制度がこの方向へと牽引する力を発揮する仕組みは，すぐに分かる。文化的規範は配偶者選択に影響するし，配偶者を探す人々は，文化的規範に従うことのできない遺伝子型を冷遇する傾向がある（Richerson and Boyd, 1989）。自らの利己的な侵害行為を制御できない人々は，最終的には小規模な社会においては追放されるか処刑され，現代社会においては刑務所に送られることになる。家族を当惑させるような社会的技能の持ち主では，配偶者を惹きつけるのは難しかっただろう。また利己的および縁故的な衝動が完全に抑えられることもなかっただろう。我々の遺伝子的に伝達されて進化した心理は人間の文化を形成し，その結果，なおも文化の適応はしばしば，包括的な遺伝的適合性という大昔からある至上命題に服しているのである。しかし，文化的進化は，また新たな淘汰環境を作り出し，そうして我々の遺伝子に組み込まれることになる文化に関する至上命題が生じることになる。

　古人類学者は，人間の文化が後期旧石器時代である5万年前までに本

第12章 コモンズ管理に関する一つの進化理論

質的には現代のものになったと考えている（Klein, 1999）。したがって，たとえ文化的群選択の過程が後期旧石器時代にようやく生じたとしても，この過程によって，こうした社会的な部分は容易に，人間の遺伝子の進化に広範囲の影響を与えることができたということになる。それどころか，後期旧石器時代の社会は，傾向として部族社会の生活に向かう，長期間の共進化の増幅の頂点であった。

　我々としては，結果として起こる「部族的本能」は，チョムスキー言語学者の「原理とパラメーター（principles and parameters）」式の言語観における原理のようなものだと考えている（Pinker, 1994）。生得的な原理が，高度に可変的な文化的制度つまりパラメーターを通じて実践過程で得られる基本的な性質，感情的能力，社会的傾向を人々に身につけさせるのである。人々は生まれつき部族の一員として行動する準備ができているのだが，文化は，誰が我々の部族に属しているか，どのようにして識別するのか，部族の仲間にどのような援助や賞賛，罰則が与えられるべきなのか，そして自分の部族が他の部族をどのように遇するのか，つまり同盟者としてか，敵対者としてか，また従属者としてかを我々に教えてくれる。生得的要素と文化的に獲得された要素の間の分業についてはあまり理解されていないし，我々の心理の進化を制御するはずの相乗作用と二律背反の性質に関する手引きを，理論はほとんど与えてくれない（Richerson and Boyd, 2000）。人間が育てた類人猿でさえ人間のように行動するよう社会化することができないという事実は，いくつかの要素が生来のものであることを保証している。反対に，社会制度の多様性や時折の急速な変化は，我々の社会生活に文化的な影響力が存在することの証拠となっている。つまり，文化的に継承される規則や知識，そして感情でさえも，我々の社会生活の多くに影響を与えているということである。読者には，ここでの我々の主張が，やむなく短くて断定的な性質を見逃してほしい。部族的本能仮説の論拠と民族誌学的裏付けについては，Richerson and Boyd（1998, 1999）においてより詳細に述べられている。同じ著者たち（Richerdson and Boyd, 2001）は，仮説を裏付ける経験的な証拠を広範囲に再検討している。

2.2 次善策仮説

　現代の人間社会は，我々の社会的本能がそのなかで進化した部族社会とは大きく異なっている。更新世期の狩猟採集社会は小規模であり，平等主義的で強力な指導者が存在していなかった。しかし，現代社会は大規模であり，不平等で，強力な指導者層が存在する（Boehm, 1993）。もし社会的本能仮説が正しいとするならば，社会的本能は複合的社会システムの進化の一面では構成要素であり，また一面では制約となる（Salter, 1995）。大規模かつ複合的社会システムを進化させるために，文化的な戦略のためには，本能がその進化を後押しするのに役立つなら，どんなことでも利用した。たとえば，生物的再生産と第一次的社会化のために必要不可欠な役割を，家族は快く引き受けている。同時に文化的進化は，全く異なる種類の社会で生きていくために進化した心理にも対処しなければならない。大規模だが適切な制度であるためには，多数集団が好む規則を少数集団がくつがえさないように規制しなければならない。そうするために，文化的進化はしばしば次善策を活用し，つまりは部族的本能を新しい目的のために動員するのである。たとえば，大規模な国家的制度や国際的な制度（たとえば大宗教）は，象徴によって特徴付けられた一体性というイデオロギーを発展させ，それはしばしば部族規模よりもはるかに大きなものへと部族的本能を服させることにかなり成功している。このような次善策は多くの場合において厄介な妥協策であって，家族以外に対しての忠誠心がほとんどなくなってきたり（Banfield, 1958），比較的小規模な部族のみに捧げられ，他に対して攻撃的な忠誠心（West, 1941）が起きることによって，現代社会に害を及ぼす実態があることがそれを示している。

　複合的社会を支えるために必要な最も重要な文化的革新とは，数十万人から数億人の人々から成る社会において，協調，調整，分業を体系的に組織化できる指令・統制型制度である。指揮・統制型制度は，より生産的な経済，より安定した国内治安，そして外部からの侵略に対するより優れた抵抗をもたらす。ただし，指令と統制は分離可能な概念であることに注意すべきである。指令はかなり限定的な統制を目的にすることがある。たとえば，略奪的な征服国はほとんど社会志向的な事業ではなく，可搬的な富の持ち出すためだけに指令を用いるかもしれない。制度

第12章 コモンズ管理に関する一つの進化理論　　553

はしばしば指令なしに統制を実現する。よく知られているように市場では，匿名の買い手と売り手が散らばった世界からの価格シグナルによって行動が統制される。市場狂信者はときとして，市場を機能させるためには，基準調整された（calibrated）度量衡の強制的な使用から中央銀行の設置まで，一般に指令システムが必要であるということを忘れている（Dahrendorf, 1968: 第8章）。次善策の主要な類型と思われるものを以下の項で記述する。

　　強制による支配　　複合的社会を構築するのには，権力に裏付けられた指令という仕組みが存在する，というのが冷笑家お気に入りの議論である。国家形成の対立モデルは，コモンズ管理のためのHardin（1968）の処方箋のように，この性質をもっている（Carneiro, 1970）。

　強制的な支配の諸要素は，複合的社会を機能させるために疑いなく必要である。部族で認められた自助暴力は，社会志向的な強制を形成するものとしては限定的で高くつくものである。複合的な人間社会は，公式の治安維持制度によって部族社会の道徳的結束を補完しなければならない。さもなければ，協調，調整，分業の広範な諸便益は，個々人や親類縁者，互いに貸し借りのある者同士の派閥，組織された略奪者の一味，そして強制手段に訴えることのできる階級やカーストが搾取しようとする目的で示す利己的な誘惑に直面し，消滅してしまうだろう。同時に，究極的な制裁としての組織的な強制を求めることは，その強制を狭量な利益のために利用できる権力を伴う役職，階級そして分派集団を生み出してしまう。ある種の社会制度は，警察が相当程度により大きな利益のために活動するように，警察自体を取り締まらなくてはならない。そのような取り締まりは決して完全ではなく，最悪の場合，とても貧弱なものであるかもしれない。複合的システムにおける統率には，常に少なくとも若干の経済的不平等を伴うという事実は，個々の利己性や血縁関係，そしてしばしばエリートの部族的団結に根ざした狭量な利益が常に影響力を発揮しているということを示唆している。複合的社会において強制が行われるということは，利己的な本能と社会志向的な本能の間の相容れない緊張関係に起因する社会的取り決めが存在し，そこにはいくつかの不備があるということを示している。

強制的であり搾取的なエリートは十分に一般的な存在だが，どのような複合的社会でも，純粋に強制に基づくことはできないと考えられる二つの理由がある。一つ目の問題は，ほとんどの下位集団による強制とは，エリート階級もしくはカーストは，複合的で協調的な変動ある主体であることを求めることである。そして，純然たる強制に関する二つ目の問題は，敗北し搾取されている人々が犠牲の多い抗議なしに，隷属を永続的な情勢として受け入れることは滅多にないということである。あからさまに不公平な社会的取り決めによって生じる強度の不公正感は，人々を決死の行動へと突き動かし，短期的には社会を機能不全にし，長期的には維持することができない水準にまで支配の費用を押し上げる事態が頻繁に起こっている（Insko et al., 1983; Kennedy, 1987）。永続的な征服，つまり近代ヨーロッパ国民国家，漢王朝またはローマ帝国をもたらしたような征服とは，より社会志向的な制度をもって，むき出しの強制を徐々に変化させるものである。中国の儒教システムと西洋のローマ法システムは，略奪的征服者やさらには内部のエリートたちによって時として打ち立てられる高度に強制的なシステムよりも，はるかに洗練されていて永続的な制度であった。

　現代のコモンズ研究は，Hardin（1968）の論文を発端にして，このテーマを取り上げてきたが，このことは彼のその後の研究により詳しく取り上げられる（たとえばHardin, 1978; Low, 1996 も参照せよ）。基礎をなすモデルは，コモンズを保護するように個人主義者たちを動機付けるためにレヴァイアサンを必要とするという利己的合理性のモデルである。我々は，この分析が完全に自己矛盾になっていると考えている。レヴァイアサンには，彼らが役に立つというだけで，ご登場願うわけにはいかない。彼らは，進化しなければならない。もし進化が，レヴァイアサンを必要とする個人主義者たちを生みだすならば，その時はどんなレヴァイアサンであれ，同様に利己的になるであろうし，そうしてそのレヴァイアサンは，それぞれの利益になるようコモンズを保護するだろうが，他の誰の利益にもならないだろう。現代の世界においては，モブツ，スハルト，マルコスといった，多くの泥棒レヴァイアサンがいて，彼らは貧弱な国家制度を利用し彼ら自身の偏狭な目的のためにコモンズを搾取しようとした。そして腐敗した官僚機構を取り仕切る男達だが，その官僚機構は

といえば，泥棒政治家の利己心のための効率的な管理さえできていない。なぜなら，全員がそれぞれできる限りの不正をするからである。賢明な人ならこの種のレヴァイアサンを望まない。強制的なエリート官僚たちは，根本的に社会志向的な制度のなかに埋め込まれているときにだけ，効率的にコモンズを管理することができる。過去と現代において作動している文化的群選択のような過程は，社会志向的な態度と制度が機能する可能性を残している。実際，費用のかかる社会志向的行動が一般的である。泥棒政治家に対する抵抗はしばしば報道価値があるが，それは彼らの人権侵害が一般に顕著であり，高圧的だからである。少なくない人々が，そのような政府に対して，残忍で，しばしば死に至る弾圧というまさに現実の危険を冒して抵抗している。

2.3 分節的な階層制

更新世末期の社会は，おそらく公式な政治的組織を欠いていたけれども，より上級の集合体としての民族言語学的単位が社会的機能を果たしていたという意味において，疑いもなく分節的であった。分節の原理は，平等主義的な社会に存在する最も身近なリーダーシップの持つ対面的性質を崩壊させることなく権威の系統を強化することで，よりいっそうの指令・統制の必要性を満たすことに資する。ポリネシアの序列的血統システムは，政治的役職を血縁関係に基づく世襲にすることが，いかにして指令・統制階層を深化させ強化するのを助けるかを明らかにしている（Kirch, 1984; Sahlins, 1963）。複合的社会において指揮・統制の階層制を深化させ強化する一般的な方法は，役職への任命の際，帰属原理と功績原理を様々に組み合わせてそれを行い，役職の入れ子状の階層性を構築することである。階層の各レベルでは，狩猟・採集集団の構造を再現している。どのレベルのリーダーであれ，その人が主に付き合うのは，そのシステムにおいてその人よりも一段下のレベルに属し，お互いがほとんど同等の数人の人々なのである。新しいリーダーが選ばれる場合，おおよそ副リーダーの序列の人々のなかから採用され，採用された人はしばしばその副リーダーレベルでの非公式なリーダーである場合が多い。Eibl-Eibesfeldt（1989）が指摘しているように，現代の階層制度における高位のリーダーたちでさえ，謙虚な首長がリーダーシップを狙う際に

使う慇懃な接近法の多くを採用しているのである。

　コモンズ管理制度は，ときに分節化を利用することがある。Hundley (1992) は，カリフォルニアを含むメキシコ北部国境地帯へのスペインの水資源管理慣習の導入について記述している。Hundley によると，スペインの国王令のなかには，スペイン式の他制度を維持するために新世界でスペイン式の経済を確立しようとしたというのである。これらの国王令は，「ピティックの計画（the Plan of Pitic）」として成文化された水管理に関する詳細な条文，つまり模範としての水の法令を含んでいた。水の管理は町の評議会の責任であるとされた。管理の詳細はいくつかの基本的な原則のもとで町に委ねられていた。第一に，何人といえども独立した権利を持つことができなかった。すなわち，水は，正式に設立された町の場合，共有財産として管理されるべきとされたのである。第二に，水が不足しているときは，すべての利用者の間で公平に分け合うこととされた。王政当局は同じ二つの原則に従って，川上の利用者と川下の利用者との紛争のような，地域での管理では扱いきれない紛争を解決しなければならなかった。したがって，町と王政官僚との間の権力の分割は注意深く整えられたものであった。ここでの計画は，水の地域管理について成功したイベリアの伝統に基づいて意識的に模範とされたものであり，その地域水管理の現代版を Ostrom (1990: 69-82) は論じている。

　複合的社会において社会的単位を階層的に入れ子状にすることは，相当の非効率性をもたらすこともある（Miller, 1992）。実際に，粗暴な保安官，無能な指導者，堕落した聖職者，そして彼らの同類が，複合的社会における社会組織の有効性を低下させるのである。Squires (1986) は，Tullock (1965) について詳述しながら，リーダーの意図と整合的に機能するように設けられた近代の階層的な官僚主義の問題と可能性を詳細に分析している。複合的社会におけるリーダーは，同僚のあいだで同意を取り付けようとするだけでなく，命令を下に伝えなければならない。対面関係のなかで正当性を持つ小規模集団のリーダーをつくるために，実質的な統率責任を指令系統のかなり下位の部下に委ねることは必要なことである。しかしながら，そのようなことをして，もし下級指導者が，上級指導者と異なる目的を持つようになったり，あるいは自分の部下に遠く離れた指導者の操り人形も同然だと見なされたりすれば，大きな摩

第12章　コモンズ管理に関する一つの進化理論

擦を生み出す可能性がある。層化はしばしば硬直的な境界を作り出すので，生来のリーダーであっても特定のレベルを越えて昇進することを許されず，結果として人的資源の非効率な利用と恨みが大きくなる原因を生み出し，社会的不和を増大させることになる。

　Young（本書第8章），Berkes（本書第9章），そして Baland and Platteau（1996: 第13章）は，小規模コモンズ管理制度と大規模コモンズ管理組織との間に存在する，複合的社会においてはそれらが必然的に埋め込まれている垂直的なつながりの問題に大きな関心を払っている。国の資源や財源を私物化する政治家の行動は，しばしば政官システム全体に感染する。非効率な国家レベルの制度をもつ国々においては，しばしば指令系統の上層にも下層にも腐敗が存在している（Baland and Pltteau, 1990: 235ff）。コモンズを管理する官僚は，インドのような相対的に成功している民主主義国家においてさえ，しばしば部族規模のコモンズ管理システムを法律に組み入れず，それらに代えてずっとお粗末な仕事しかしない官僚機構を導入する。強固に組織化された大規模な指令・統制型官僚機構は，その行動を規制する組織が効率性と誠実さとを尊重するときのみ，適切に機能する。さもなければ，つねに存在する利己的で縁故主義的な部族規模での動機が，階層制のあらゆるレベルでの腐敗の発生を容易にするだろう。

　本章の著者たちは，2種類の問題を見つけ出（同定）している。ボトムアップ的視点では，地域共同体の問題に対する上層からの干渉は破局的なものになると受け取られるが，トップダウン的視点では，その上層からの干渉が同時に，適切な機能を保証するためにしばしば重要なのである。破局が生じるのは，大規模の制度が，無知もしくは悪意を通じて，小規模の制度を損耗させ，もしくは破壊するときである。「ピティックの計画」におけるように，成功が遂げられるのは，上層部の役割と下層部の役割が補完的であるとき，かつ，それらの関心がおおよそ一致しているときである。我々はこれらの著者よりも強く主張するだけだが，小規模な制度の最も重要な特徴とは，最も直接的に，また問題を含む次善策などを不用にして，部族の社会的本能に訴えかけることができるということである。高度な協調は，監視と罰則が織りなす微妙なシステムによって強化されながら，士気が高く非常に有効なシステムを生み出す。

利己心はこのような協調を説明できないばかりか，もし制度を強化ないし変更しようと用いられたりするならば，危険でもあるかもしれない。階層システムにあっては，どのレベルの部族的結束であっても，機能の重要な要素であることを失わずにそれをなくすことはできないと考える。これは，我々の仮説のひとつの要点であることから，検証するに値する主張であるが，階層的組織は単にコミュニケーションやモニタリングの機能に資するだけであるとする合理的選択に依拠する人々にとっては無用なものである。我々の観点からすれば，分節的な階層制には，電話連絡網による下への伝達と，監督情報の上への伝達といった意味以上の多くの機能がある。

　他方，部族規模の単位を適切に見極めることができないと，しばしば高度に病的な状態を作り出す。部族社会では，たびたび部族間の紛争のために，慢性的に危険な状態で生活しなければならない。我々の一人がかつて「パリオ（the Palio）」というシエナの競馬大会で，このトスカーナの小都市の各区つまり各コントラーダが一頭の馬を後援するというものに参加したことがある。騎手に支払ったり，必要な賄賂を賄ったり，さらには祝勝パーティを主催したりするために必要な有志の寄付は，50万ドルに達する。コントラーダは明らかに，部族的な社会的本能を呼び起こしている。コントラーダはそれぞれに，ドラゴンやキリンの形をして，特別な色，儀式などをかたどったトーテムを持っている。そのレースは，猛烈で情熱的な対抗意識を焚き付ける。ちょうどニューギニアの部族間（Rumsey, 1999），ギリシアの都市国家間（Runciman, 1998），都市中心部のストリートギャング間（Jankowski, 1991），そして民族の民兵同士の間の武力衝突においても生じていたし，あるいは現在も生じているように，剣のぶつかり合う音が鳴りひびき，区民が死んでいった中世のシエナというものを容易に想像することができる。紛争を解決するための上位制度がなければ，しばしば自然資源は，暴力につながる紛争の源となる。異なる港の漁師同士の「戦争」は，現代的な司法サービスが存在していても時折勃発してしまう。異なる国家の漁師が関係している場合には，他の面では友好的な国家間でさえも，漁業戦争が重大な外交的なもめごととなる。第二次世界大戦後にタラの漁業権をめぐってイギリスとアイスランドとの間に起こった三回の漁業戦争（Kurlansky,

1998）や，19 世紀のカリフォルニアの先住民管理漁場（ethnic-controlled fisheries）は，それぞれの集団の領域の厳格な防衛に関係していた（Baland and Plateau, 1996:328）。領域の防衛は，民族誌学的に知られている狩猟・採集者集団において非常に頻繁に起こっていること（Cashdan, 1992）から判断すると，部族の古くからの役割であり，領域侵入は暴力的な紛争の原因となることが多々ある。

① **象徴的システムの利用**　高い人口密度や分業，改良されたコミュニケーション手段は，複合的社会の革新によって可能となり，象徴的システムを洗練する領域を拡大させた。大規模な儀式の遂行に供される記念碑のような建築物は，発生しつつある複雑性を示す最古の考古学的指標のひとつである。たいていの場合，国教として公認された教会もしくはそれより公式ではないイデオロギー的な組織が，複合的社会の制度を支える。同時に，複合的社会は象徴的な同族本能を広範に利用して，多種多様な文化によって互いに区切られた下位集団をひとまとめにし，そのなかで一定の協調が日常的に成し遂げられるようにする。軍事組織における民族集団のような感情は，しばしば 1,000 人から 10,000 人程度の規模（イギリスやドイツの連隊，合衆国の師団）において最も強化される（Kellett, 1982）。一般市民といった非軍事の象徴的特徴をもつ単位の典型例として，国家や行政区（たとえばスイスの州），組織化された部族的要素（Garthwaite, 1993），民族的離散者集団（Curtin, 1984），カースト（Gadgil and Malhotra, 1983; Srinivas, 1962），大規模な経済事業体（Fukuyama, 1995），市民組織（Putnam, 1993），その他多数（Stern, 1995）がある。

近代国家と同じくらいに大きな単位が部族的な社会的本能をどのように引き出すかは，興味深い問題である。Anderson（1991）は，識字者コミュニティとそれらを取り巻く社会的組織（たとえばラテン語識字者とカトリック教会）は，「想像の共同体」を創出するのに一役買い，その共同体が今度はその構成員から意味のあるコミットメントを引き出すことになると論じている。部族社会はしばしば大規模であることから，互いに知り合いではない構成員がいるため，ときには同じ部族の構成員であることが，共有されている文化的理解を相互のうちに発見することで確立

されなければならなかっただろう。大衆の識字能力と活字媒体の出現，Anderson はなかでも新聞を強調するが，それは，彼ら全員が同じ新聞や関連する新聞の読者となることで，すべての読者は多くの文化的理解を共有しているのだという確信を持つことを可能にしたことである。このことは特に植民地政府や経済活動といった組織体が現地語を話すことのできる者に共通の制度を実際に与えたときに効果をもったと言えるだろう。民族主義的な思想家は，想像の共同体の変形版をいくつか形成するためには新聞が有用であるということを即座に発見し，各民族を近代世界おける支配的な疑似部族的制度に組み込んだのである。もし Wolfe（1965）が正しければ，マスメディアは専門雑誌やニュースレター，今日ではウェブサイトのような伝達手段を用いることによって，多種多様な想像の下位共同体の礎となりうる。想像上のものとしての下位共同体は，環境系圧力団体にはじまり，環境管理において役割を担う専門的職業者の共同体にいたるまで，コモンズの管理のためにしばしば重要となる。

　複合的社会において，象徴的特徴を持つ集団の周りには多くの問題や対立が存在する。公式な教義は時として望ましい革新を愚かなことにみせかけ，異端者との激しい対立を引き起こす。特徴を有する下位集団は，多くの場合，より大きな社会システムを犠牲にして組織化するのに十分な部族的結束を有している。文民ガバナンスの貧弱な制度を持つ国家において軍による権力奪取が頻繁に生じるのは，ある種の愛国的イデオロギーにしばしば基づいて進められる軍事訓練や社会の分節化が，比較的実効性のある大規模制度の形成に結びつき易いという事実の副産物でもあるからだろう。日常的に人々の集団が相互に影響し合っているならどこでも，彼らは部族的エートスを発達させる傾向にある。階層化社会において有力な集団は，従属集団の遇し方について不注意なものから残虐なものまでそのあり方を補強する自己正当化のイデオロギーを容易に構築する。南部の白人は奴隷制を正当化する精巧な理論を持っていたし，Jim Crow（1830 年前後に流行した喜劇の登場人物。黒人という設定）と西部開拓者は，インディアンに対する野蛮な扱いを正当であり必要なものだと思っていた。民主主義国家において公共政策を左右するために争い合う政党や利益団体は，自らの利己的な行動について見事に合理化して

いる。共有された象徴的文化に訴えることによって引き起こされた忠誠心に伴う主要な問題点は，このシステムによって可能となったまさに言語の如き多産性である。社会的下位集団の隠語の特徴は，断層線にも比すべき社会的分断線に沿って即座に現れる（Labov, 1973）。カリスマ性のある革新者は，きまって新しい信念と威信のシステムを立ち上げ，それはときには新しいメンバーの忠誠を極端なまでに要求し，ときには既存の制度を犠牲にした大きな要求をし，ときにはそれが爆発的に増大する。もしくは逆に，近代のナショナリズムの場合のように，より小規模の忠誠心を圧倒して，より大きな忠誠心が生じることがあり，それがよい場合もあれば悪い場合もある。社会システムの現在進行中の進化は，前述のような過程によって，予測不可能で不適応な方向に進化するかもしれない（Putnam, 2000）。近代国家の制度に挑戦する原理主義者集団の世界規模での拡大は，現代における実例である（Marty and Appleby, 1991; Roof and Mckinney, 1987）。現在進行中の文化的進化は，少なくとも完全には制御できない。

　コモンズ管理に関する文献には，部族的制度が効果的にコモンズを管理している事例が豊富にある。Gadgil and Guha（1992）は，伝統的インドにおける村落レベルでの森林管理や村落による他のコモンズについて記述し，伝統的体制の成功をイギリスによって持ち込まれ，独立したインドによって残された官僚的制度下での失敗と対比している。Ruttan（1998）は，村落コミュニティによる真珠貝漁場の成功した管理について記述している。Acheson（1998）は，地元漁師による漁場の管理について記述している。Ostrom（1990: 第3章）の事例は，すべて村落規模の制度に関する記述である。彼女は，明確な境界とコモンズを監視し違反者への罰則を算定する複雑な制度の存在について述べている。彼女はまた，より上級の当局は，地域共同体にそのような制度を行使するのに十分な自治権を残しておかなければならないとも指摘している。コモンズの地域レベルの管理の多くの事例に関する Baland and Platteau（1996: 第Ⅱ部）によるレヴューが，これらの点を強調している。Bardhan and Dayton-Johnson（本書第3章）は，しばしば平等主義的な村落規模のシステムのほうが，所得分配が不平等となるシステムよりも，より成功をおさめているコモンズ管理制度を有していたと指摘している。

我々が言える限りでは，コモンズ管理制度に関する文献は，コモンズ管理において象徴的特徴を有する集団が果たす明確な役割について依然として扱っていない。コモンズがしばしば部族規模の集団によって効果的に管理されているという事実は，単に管理されている資源が小さいからというだけのことかもしれないのか，コモンズを効率的に取り締まるには，コモンズの利用に参加する権利を誰が付与されていて，誰が付与されていないのかをはっきりとさせる必要があり，結果的に明確な境界 (Ostrom, 1990: 91) に帰結するからというだけのことなのか，または，その両方によるものなのかもしれない。我々は，個々人の集団に対する感情的結束が，しばしばこれらの合理的選択効果を強化していると考える。我々の一人は，チチカカ湖周辺のアルチプラーノ (Altiplano) の村人，特に女性が，ときとしては男性も，独特の衣装を着ていることを観察した。これらの村人たちは，ペルー当局からの妨害にもかかわらず，効果的に湖コモンズを管理している (Levieil, 1987)。また我々は世界中で，部族規模の共同体は，しばしば共同体の「色」を装うことで体現されるような，地域一丸となった自尊心を持っていて，それらが多くの種類の公共財を供給するうえで有効な水準の協調と信頼の生成を容易にしているのではないかと考えている。実験主義者は集団の象徴的特徴を用いて，そのような効果が公共財の文脈における協調を刺激するかどうかを検証したことがないように思われる（しかし Kramer and Brewer (1984) を参照せよ）。Tajfel (1981; Turner (1995) も参照せよ) の古典的な最小限の集団実験においては，とても単純に集団分けをして被験者に象徴的なラベルを付けるだけで，仲間集団のメンバーに有利になるような相当程度明確な差別化が生じた。この実験の証拠は，前述の2つの段落で表面的にレヴューしたフィールドのデータとの適合性が高い。我々の予想では，もし実験の被験者が，自分はほとんど信用できそうにない仲間集団とコモンズ・ゲームをプレーしているのだと信じるように誘導された場合でも，共有経済への参加率は基準的な参加率を著しく上回るだろう。もし，ゲームに最も多くの金銭を獲得したことに名目上のあるいは象徴的な賞を授与するといった，象徴的特徴をもつ集団間の競争であるという最小限の要素が付加されるならば，参加率は特に高くなるに違いない。

② 正当性をもった制度　　小規模な平等主義の社会では，個人は大きな自律性を有し，地域問題に関してかなりの発言力を有しており，リーダーによる公平で迅速な行動を目立たない形で盛り立てることができる（Boehm, 1999）。平等主義社会の最も機能的かつ象徴的な制度に関していうと，一定の公平な法や慣習，有効なリーダーシップそして社会的分節の円滑な接合から成る体制は，複合的社会におけるこのような条件について概略的な模擬実験をすることができる。合理的に運営される官僚機構や活発な市場，社会的に有益な財産権の保護，そして公的な事柄への参加の普及などによって，個々人の自律性を十分に保持しながら，公共財と私的財を効率的に供給することができる。現代社会における多くの個人は，自分のことを，たとえば地元の政党組織のような，文化的に分類される部族規模の集団の一部であると感じており，またそのような集団は，最も関係性の薄いリーダーに対する影響力を持っている。過去の複合的社会においては，村落議会，地元の名士，部族の首長，あるいは宗教指導者が，しばしば身分の低い請願者に開かれた法廷を設けている。そしてこれらの地元のリーダーが今度は，より上級の権威に対して自分たちのコミュニティを代表する。管理に関する決定の順守を低費用で実現するために，支配層のエリートは，市民にこれらの決定がより大きくコミュニティの利益になるということを納得させねばならない。ほとんどの個人が，既存の制度ではほどよく正当なものだと，そして必要だと感じている改革のいずれも，通常の政治行動によって実現可能なものだと信頼している限り，大規模な集団的社会行動の可能性が十分に存在している。

　しかしながら，正当な制度やその制度への信頼は進化の歴史の結果であり，管理するのも設計するのも容易なことではない。異なる階級間や異なるカースト間，異なる職業集団間，そして異なる地域間の社会的な距離は客観的にみて大きなものである。我々が見てきたように，狭量な利害関係を持つ部族規模の制度は，そのような社会においてはありふれたものである。これらの集団の中には，権力の源泉にアクセス可能で，それを偏狭な目的のために利用しようとするものもいる。そのような集団はエリートを含んでいるが，エリートに限定されているわけではない。警察はその権力を乱用するかもしれない。下っ端の行政官は一般市民を

欺いたり，上司を騙したりするかもしれない．民族的な政治機構は伝統的なエリートを役職から排除するかもしれないが，同時にエリートの結託が拡大するのを回避するために詭弁を弄するかもしれない．

制度への信頼なくしては，信頼が崩壊する境界に沿って対立が協調にとって代わることになる．経験的には，信頼し合うコミュニティであることの限度が，協調が容易な領域を規定する（Fukuyama, 1995）．最悪の場合，信頼は家族を越えて成り立たないし（Banfield, 1958），より大規模な協調が生じる可能性はほとんどない．そのようなコミュニティは不幸であるし，同時に貧困でもある．複合的社会においては，信頼の有り様にかなりの変差があり，信頼の変差は，それぞれの社会の幸福感に違いが出る主たる原因であるように思われる（Inglehart and Rabier, 1986）．最も効率的で正当な制度でさえ，小規模な政治的組織や派閥，などのいわゆる現代民主主義国家の利益団体による巧みな操作の餌食となってしまう．Putnam（1993）によるイタリアの北部と南部の市民組織の対比は，機能する制度を持っていてもその伝統が生みだしうる差異を明らかにしている．過去2世紀の間において西欧人によって先駆けられた国家の民主主義的形態は，一般に正当な制度を創る強力な手段である．その成功によって世界中で模倣されることになった．ドイツからサハラ砂漠以南の様々な国々において，民主主義国家形成の遅々とした拡がりは，正当な制度が憲法を採用するだけで急にひねり出すことができるものではないということの証拠である．民主主義がヨーロッパ文化圏の外側で根付いたところでは，インドや日本のように，新しい文化環境に民主主義も独特の適応をしているのである．

正当な制度はコモンズ管理において非常に大きな役割を果たす．我々の一人は，地方，州，連邦の機関と関心のある市民と市民団体とが一緒になって共有のコモンズに取り組んでいる協調的資源管理委員会（Cooperative Resource Management Committees: CRMCs）のシステムが急拡大する場に立ち会うという，非常に有意義な経験をした（Richersonはレイク郡，カリフォルニア州のクリア湖流域 CRMC（Lake County, California's Clear Lake Watershed CRMC）に関わってきた）．このような委員会の決議は法としての有効性はもたないが，クリア湖の事例においては，それら決議はたいてい参加者の強力な同意を表していて，しばしば適切な行動

第12章 コモンズ管理に関する一つの進化理論

を生み出している。クリア湖の問題を取り組む過程において最も人目を引いた欠席者は、アメリカ合衆国環境保護庁（the U.S. Environmental Protection Agency: EPA）であり、スーパーファンド・プログラムによって湖沿岸にある広大な水銀の廃鉱の浄化を担当していた筈である。EPAの専門技術者たちと他の連邦機関の間ですら信頼の水準はとても低い。この一つの事例から、EPAの芳しくない評判が単に不参加の結果なのか、あるいは不参加自体が当機関に広がるこの種のことへの不快感の現れの一部なのか、決めつけることはできない。いくつかの証拠は、EPAの文化が、理工学コミュニティよりも、法学コミュニティの規範と習慣のほうに由来しており、それは主に、初代長官 William Ruckelshaus の下した決定のためであるということが示唆されている（Richerson, 1988））。結果として EPA は、最高の能力を持つ技術職員を引き寄せたり引き止めたりすることが困難となっており、それゆえ、技術的問題が発生したときに、それらに専門的に対処することが難しいことになるのである。

Hundley（1992）はカリフォルニアの水のコモンズを管理するために作られた多くの制度について記述している。小規模なところでは、町が水道企業を創設したり、企業家は相互水道会社を作り、町に供給図面を提供したり、そして農場経営者は灌漑区を組織した。中規模では、成長している都市、特にロサンゼルスとサンフランシスコが市営の水道会社を組織して、その水道会社が、広大な排水区域の水利権を掌握し、市街につながる長い送水路を建設した。最大規模では、連邦中央渓谷プロジェクトとカリフォルニア州水プロジェクトが州の最大河川であるサクラメント川の流れのほとんどを南方に向けた。巨大プロジェクトと多くの小規模プロジェクトのすべてが、激しい論争を呼び、州議会、市議会、群会議での投票を乗り切らなければならなかった。ほとんどが、建設資金を確保するための公債発行の承認を得るための総選挙に直面した。また、多くが訴訟を乗り切らねばなければならなかった。ごまかしの文言はよく使われていたが、しばしば、一般的利益のためと信じて行動する公務員によるものであった。利己的な不正行為もまた一般的であった。大土地所有者は、政府の決定を自分に有利に操作するため、規模の経済を積極的に利用した。当時新設されたシエラクラブ（Sierra Club）がサンフランシスコのダムからヘッチヘッチー渓谷を守れなかったような逆転判

決にもかかわらず，法廷外での抵抗に飛び出した敗訴側の人間はほとんどいなかった。オーエンス渓谷の市民は，ロサンゼルスの送水路への膨大な分流によって被害を受けたため，幾度か主要なパイプラインをダイナマイトで破壊した。これらの行為から帰結した風評はロサンゼルスを悪者のように描き，市は最終的に水利権保持者ではないことになり，渓谷の私的な土地所有者全員から土地を買収することになった。

このように，どのような規模であっても，成功するコモンズの管理は，正当性をもった制度のシステムを必要とする。特に，それらが存在しないところでは，もし国家が積極的に介入しないならば，適切な組織が部族のレベルで自生的に発生するかもしれない。問題の規模がより大きい場合には，次善策の総動員を図り，環境系の省庁といった大規模な管理システムを生み出すことで得られるのと同等なくらいの効率性をもって対処しなければならない。このような官僚機構が適切に機能する時は，いくつかの部族的特性を採用していることが多い。個人であれば組織に対して高い忠誠心を持ち，その組織を機能させるために深く関与するだろう。多くの社会において，このような制度は悲惨なほど，そのような部族的特質を欠落したままである。たしかに，貧困国における生物多様性を守るための保護・発展プロジェクトに対する現代的情熱は，国家の諸制度の貧弱さに対処するための努力であるし，その努力は裕福な国家における生物多様性保護の根幹である。当然ながら，グローバル・コモンズを管理するための制度的基盤はなおも多くの問題を含んでいる。

3 論点のおさらい：仮説を検証すること

我々は部族的な社会的本能仮説と次善策仮説をどれほど信用して良いのだろうか。複数の領域から示された多くの証拠は，最も明確に表現された競合理論よりも，部族的な社会的本能仮説の方とより整合的であると我々は他の論文で論じている（Richerson and Boyd, 1998, 2001; Boyd and Richerson, 2002*）。Soltis et al.（1995）は，高地ニューギニアにおける群絶滅のデータを用いて群選択の潜在的割合を推定した。ニューギニアの絶滅に関する詳細は，文化的な群選択に関する我々の体制順応主

第 12 章 コモンズ管理に関する一つの進化理論　　567

義に基づくモデルにおいてなされた仮定と整合的である。Kelly（1985）と Knauft（1985; 1993）は，互いの集団を犠牲にして生じる文化の拡大の作用を記述し，群適合性の差異を説明する制度的根拠を指摘するという特に優れた事例研究を行っている。我々は，第二次世界大戦の軍隊の成果に関する分析歴史学に基づいて，次善策仮説を検証した（Richerson and Boyd, 1999）。

　コモンズ管理制度の経験的データもまた，これらの仮定によって予見されるパターンと一致すると考えている。特に，フィールドと実験に基づく証拠の双方からわかったことは，利己的な行為主体の行動とはなかなか一致しないようなやり方で，人々は協調するということである。他の種ではなく，人間が親族ではない個体との間の協調を相当な規模で組織化できるのかについて，既存の説明のなかでは文化的群選択がもっとも適切な説明であると考えている。コモンズ研究から言えることは，人間は生来的に，個人主義的でもなければ社会志向的な合理的行為主体でもない。十分な合理性と社会志向的な衝動が与えられれば，人間は一足跳びにコモンズ・ディレンマを解決するだろう。コモンズ研究では，さらに協調を機能させるために我々は文化的に進化した制度に依存しているということを示している。制度はコモンズを運用するためのルールが埋め込まれており，そのルールは生得的でもなく即座に学習されるわけでもない文化的伝統である。成功も失敗もつねに制度的次元に関係しているように思われる。いくつかの社会は次善策を進化させて，ほどよく機能する環境管理活動を可能にしてきたのに対し，他の社会は現在も苦闘している。

　ある意味では，我々の仮説は十分には検証されていない。現代進化理論の人間行動への体系的な適用は，ようやくこの四半世紀のことになる。我々が思い浮かべることのできる進化理論の多様性は，特に，もし文化的進化および遺伝子と文化の共進化が重要な役割を果たすなら，かなり大きなものになる。部族的本能仮説と次善策仮説を定式化するという我々の選択は，証拠と照らし合わせれば我々にとっては理にかなったことであるが，すべての可能な理論の空間の小さな部分にしかまだ踏み込めていない。たとえば，Campbell（1983）は，より単純な社会は血縁関係や互恵関係を基礎に成り立っており，そして，文化的な群選択が重

要になったのは，過去数千年間の複雑な社会の台頭につれてであるにすぎないと論じた。我々としては，狩猟採集社会では，一般に互恵関係と血縁関係だけでは説明がつかないほど大規模に協調がなされていたという考えを証拠は支持していると考えているが，当然ながら更新世社会の社会的組織に関する直接的データを持ち合わせているわけではない。

4　未解決の疑問点

　より優れた理論の最も重要な成果とは，その優れた理論がさらなる研究のために新しくて興味深く，特別に重要な問題を提起することである。二重遺伝進化理論は，それにあてはまるものだと考える。

　我々は，進化理論が4つの一般的分野において将来の研究に有益な指針を提供するだろうと考える。

4.1　複雑さと多様性の問題

　コモンズの制度は機能的で複雑にして独特である。それらは深く埋め込まれた文化の一部分であるように思われ，それゆえ幾分深い進化の歴史を有しているようにも思われる。コモンズ管理を組織化するための方法は数多くある（Agrawal, 本書第2章）。そのような多様性を説明する支配的な仮説は，大なり小なりに高度に組み立てられた仮説の設定をしてきている。近代主義的改革論者は理論立った国家による自然資源の管理（制御）に関して，論理性にやや乏しく慣習的な アンシャン・レジームじみたコモンズ制度に勝った近代的後継者として描き出す。こうした見方では，これらコモンズ制度の地域的多様性と文化的埋め込みは非効率性の証拠となる。過度に熱狂的な近代主義者は必要以上に他の仮説を無視する。人工的システムの複雑な設計上の問題点とは，多くの最適解を持ち，そのうちのいくつかはおおよそ同等に機能的であることが知られている。我々は，生物学的システムと文化的システムには共通点があると論じてきた（Boyd and Richerson, 1992b）。近視眼的な進化過程はそれぞれ複雑なシステムの機能を局所的に改善しながら，複雑な適応の地勢を切り開く。そのうちのいくつかは他よりも機能的ではない局所的な

ピークにおいて均衡に行き着く。コモンズ制度の研究者が繰り返し観察してきたように，大がかりで単純な一足飛びでの移行が，ある複雑な代替策のすべての部分を適切に位置づけることなく，極めて機能的な制度を崩壊させることがある。「より進歩した」制度への大それた変化を主張する外部の改革論者の失敗はよくあることである。

　我々の眼前にある主要な課題は，協調を助長する制度がどのように機能するのか，そして，進化過程がこれらの細部をどのように形成してきたのかについて，その根幹となる細部の見取り図を描き出すことである。伝統的な民族誌学的省察はこの計画のすぐれた始まりであったが，より詳細に機能と過程を記述するためには，より批判的で定量的な手法が必要である（たとえば Edgerton, 1971）。Ostrom（1990）によるコモンズ管理の分析は，民族誌学と歴史学の資料に基づいており，的を射た多くの疑問を投げかけている。我々は，Henrich et al., (2001) と Nisbett et al., (2001)＊によって開拓され，進化に着想を得た実験比較民族誌学は，重要な洞察を提供していると考えている。最も原子的な人間社会においてでさえ，人々は経済的交換における公平性への性向を幾分は持ち合わせており，その性向はその人々が近代世界へ移行をするのを助けることができる。社会的組織は思考様式と密接に関連するという指摘は，複雑かつ歴史的に偶然な進化が実際に制度内において，強い進化的惰性を生み出しているということを示している。我々は，次善策のリストを，コモンズ制度の強みと弱みを評価する際の実践的な道具として推奨する。たとえば，Young（本書第8章）と Berkes（本書第9章）は，分節的階層制次善策に関する我々の議論と同様な表現を用いて，クロス・スケール・リンケージは摩擦と必要な相互作用の重要な源泉であると論じている。

4.2　協調を生み出す制度はどれくらい柔軟か？

　Putnam（1993）の南北イタリアの比較では，制度システムには他のシステムよりも，変化のきっかけに対して，素早く対応するものもあると示している。もっとも，民衆のニーズや欲求，関心に無関心な政治制度よりも，おおまかな合意形成もしくは公的な投票行動によってもたらされる開かれた政治システムは，新たな状況に適応できる行動計画を策定するために，正当な制度を用いて広く多様な公共財の問題を解決する

のに適している。Boehm（1993, 1996）は，一般的に狩猟・採集の社会においては，開かれた議論と合意形成によって，順応的な集団決定が行われるのだという。先進国（多くはヨーロッパ）において生活の満足度や幸福感と強い相関関係をもつのは，自分に身近な市民同士の信頼の水準（高さ）であると指摘した Inglehart and rabier（1986）の発見に再注目すべきである。最も幸福な国家は比較的領土が狭く，スウェーデンやオランダ，スイスのように高度に民主的な社会である。合意形成に関して，他の手法がどんなに高度化しても，部族単位での強固な参加システムが維持され続けると我々は考える（オランダより精巧な社会を見つけるのは困難であろう）。

　非常に数ある目的達成のための制度の中で，開かれた政治システムが最も柔軟なものの一つであろう。開かれた政治システムは，非常に高度な地域の英知と信頼を維持しているからである。共同資源管理委員会（Cooperative Management Committees）のように，これらのシステムを利用する革新的な方法は，高レベルの官僚組織と地域コミュニティの間に，健全なレベル間のつながりをもたらすように思われる。それらは，ローカルレベルでの合意が得られないとき，もしくはローカルレベルを越えた強力な行為者によってローカルな合意が受け入れられないときに失敗しがちである。たとえば，これはローカルにおける木材生産に関して伐木搬出を促進するのか搬出を認めず生物多様性を重視するのかというクインシー・ライブラリー・グループ（Quincy Library Group）[訳注1]の合意形成の事例に当てはまる。ただクインシー・ライブラリーの活動が目立った先例作りの取組みであったこともあり，健全なレベル間のつながりといった概念のテストとしては公正な例ではなかったかも知れない。なぜなら，そのような活動は，局地的に激しく対立する分野において，全国レベルで本件に関心のある利益団体により非常に厳しい詮議の目を引き付けたからである。我々の個人的な知人も属している共同資源管理委員会は，非常に草の根的に機能し，ローカルな合意形成を促すことができている。

　その他の制度でも，同様の特性を有するものもある。多くの経済学者は，人間の行動を管理することにおいて，市場は最も一般的なツールであると主張する。Tietenberg（本書第6章）と Rose（本書第7章）は，環

境資源を管理するための方法としての許可証取引（tradable permits）の利点と欠点を議論している。一方で許可証取引というと，総じてそのような市場的解決への懐疑をもつ者たちによって反発されている。しかし，我々の考え方の最も悩ましい問題は，そのような権利が生み出す大量の富である。能力のある，誠実な官僚によって適切に行政管理された場合には，そのようなシステムには大きな期待を抱くことができる。しかしながら，それらは，管理制度が効果的ではない，もしくは崩壊している地域においてはほとんど有用ではないだろう。縁故資本主義システムの場合，規制によって現在のコモンズを公正に管理しているとも言えるが，許可証取引の場合はそのようには公正にコモンズを管理できないだろう。効果的な市場はあくまで効率的で公平な制度の結果として起こるのであり，市場信奉者たちが信じ込ませようとするような人間性によるなんらかの直接的な結果によるものではないと，Dahrendorf（1968）が指摘していることを我々は再度強調したい。この議論に反して，Baland and Platteau（1996: 134）は，市場経済が道徳的規範の衰えを引き起こすと示唆する考えをレヴューしている。しかし, Henrich et al.(2001)のデータはその逆を示している。市場取引を経験している集団の人々は，通常，最後通牒ゲームにおいては公平な申し出をする。それはもしかすると，市場での経験が，見知らぬ人は一般的に公正な取引相手であるということを参加者に教えるからなのかもしれない。過去に孤立していた村社会へ市場の浸透を伴う急速な変化は，伝統的なコモンズの制度を不安定にする原因となる可能性がある。

4.3　新たな制度はどれほど迅速に現れ，広がるか？

　複雑な社会制度の伝播は，おそらく技術革新の伝播よりも困難であろう。制度の革新速度は，いくつかの理由で相対的に遅くなりがちである。我々はすでに，制度を簡単に最適化することを妨げる複雑な社会構造の問題に言及した。また，協調による見返りがある制度によって，社会を多様な均衡状態に到達させるであろう。ただし，その中には，改善するのに比較的効率が悪く，難しいものがある（Sudgen, 1986）。文化的群選択のモデルの中には，集団間の制度革新の交流に対し，かなり背反的であるものもある。なぜなら，ある制度を一方のグループから他方のグルー

プに移すことによって、グループ間の異質性を混合したり弱めたりするからである。そして本来ならそのようなことは、群選択によって決められなければならない（Soltis et al.,1995）。Soltisらによってレヴューされたデータとモデルは、制度の革新を行うと、革新を行う者から一つの地域社会の大部分に広がるのに1,000年の期間を要すると示している。文化的群選択以外のモデルでは、必要に応じて異文化を導入することが妥当であるとする（Richerson and Boyd, 2001*）。協調ゲームの成立のために、複数の均衡状態の存在が、グループからグループに最適な解決策の急速な広がりを必ずしも否定するわけではないということを、このモデルは示している。

　望ましい制度の伝播を困難にする課題は他にもある。社会制度が、有益な制度の革新の伝播を促進する傾向にある四つの条件を妨げている（Rogers, 1995）。異質な社会制度は、（１）既存の制度と共存できず、（２）複雑であり、（３）（相互）観察が困難で、（４）小規模な試行実験が難しい。このような諸々の理由から、より集約的な経済への進化における技術革新によるものよりも、全体の速度が最も遅いステップにあわせる律速段階として、社会制度の進化を捉える解説者もいる。たとえば、North and Thomas（1973）は、所有権に関する新たなより優れたシステムが近代産業革命を引き起こしたのであり、より容易な課題とも言うべき技術革新そのものではなかったという主張を行っている。同様に所有権における難しい制度的革新が、より集約的な狩猟、採集、農耕をおこすためにも必要であったのである（Bettinger, 1999）。社会組織における歴史的差異というものは、たとえ一方の組織の形態は劣位とされるものであっても極めて持続するものであることを、緩やかな伝播がまた示している。結果として、高度な社会における社会制度に関する比較史学は、他の競争相手の追従を許さない独自の制度的変革を行っていることから、複数の要素において永続的に競争優位にある多くの社会の事例を示してくれる。たとえば、中国において漢王朝（2,200B.P.）に始まり、唐の時代（1,400B.P.）に完成された能力主義に基づく政府の官僚制のシステムは、土地所有に基づく貴族階級を排除する形で確立したものである（Fairbank, 1992）。このシステムが広範囲に伝播したのは近代になってのことであり、多くの社会でなお実施されているが、完全なものでは

ない。
　そのような考えと一致して，制度的進化は実際に，相対的に緩やかな速度である。1万年という時間が我々を更新世の部族の先祖から引き離してしまった。我々は他の論文でも主張しているが（Richerson et al.,2001），氷河期後期の厳しく，激しい気候変動を伴った気候レジームから完新世のはるかに温暖な気候レジームに移ることによって，社会システムのより適した組織化とより効率的に生存を支える生活を絶え間なく求める競争が始まったのである。人類は完新世の温暖な気候によって可能になった経済的，社会組織的な潜在的可能性が，まだ均衡に達していなかったという事実（Richerson and Boyd, 2001*）は，相対的に文化的進化が緩慢な速度であることを証明するものなのである。均衡に到達する日も近いとしても（Fukuyama, 1992），1万年とはずいぶん長い歳月であった。現在，制度的進化の速度は加速してきたように思われるが，それは疑いもなく識字能力の向上，マスコミによる情報伝達の発達，そして自然科学と社会科学の知識の広がりによるものである。異文化の習慣は，以前よりもはるかに把握しやすくなり，学者は関心をよせる社会実験の結果の相違点についての相対的評価を多少なりとも精巧なものにした。しかし，たとえそのような変化があったとしても制度的革新は，驚くべきほどの時間がかかる傾向がある。たとえば，社会主義者による一党独裁国家から市場経済の導入と代議制民主主義制度へのロシアの転換は，市場経済下で10年間以上の社会的作業を経験したにもかかわらず，その成果はいまだに得られていない。
　現代世界における一般的な文化的進化の速度と，その速度を調整するプロセスに関する緻密な分析研究は，研究の初期段階にある。進化生物学において，進化に関する最も重要な研究は，自然淘汰や遊送のような，特定の過程へ変化する要因の性質や属性の進化の変化率を定量的に計測するものである（たとえば Endler, 1986）。そのような実験は社会科学者によっては通常はなされないが，同種のプロジェクトは完全に実現可能であること示す数多くの事例が存在する（Weingart et al.,1997: 292-297）。この種の最も精巧な文献のひとつに，政策転換を研究するための『政策学習／アドボカシー連合』の方法が提起されている（Sabatier and Jenkins-Smith, 1993）。この手法を用いている研究の幾つかは，コモンズ

に関する政策課題についての研究であった。確かに，実際に適用された制度発展を伴う機関は，制度的進化に関する比較自然史学の確かな知識から多大な利益を得るだろう。現実的課題は，具体的な目的のために機能的な制度を取り入れられるよう，脆弱な制度しかない社会を手助けすることである。良好な政策介入が起きている可能性もあるが，不適切な介入では好影響よりも悪影響を与えてしまうということを記録が証明していると言えよう（Baland and Plateau, 1996: 243-245, 279-283）。

5　小規模の文化的進化は問題となるのか，それとも富となるのか？

　協調して望ましい成果を得るために，社会は個人レベルの信条や願望を集約する複合的社会に適応した政治制度を有している（Boehm, 1996; Turner, 1995）。もっとも，理論（Arrow, 1963）でも実際の実験においても，賢明な集団的合意形成は，難題に対して脆いと示されているが，限定的にはその合意形成システムは，国家のような制度に個々の合理的なアクターの多くの意思を伝えることになる。集団的合意が代表性を持っていようとなかろうと，そして合理的であろうとなかろうと，時として文化的進化をもたらすような継続的な影響力をもっている。たとえば，アメリカ合衆国の憲法は 2 世紀にわたって，自国の政治文化を形成してきた。まったくの個人レベルとより大規模な集団的制度を伴う小集団レベルの文化との連鎖は，組織の階層の中を上に行ったり下に行ったりする因果の矢を有する複雑な問題である。いずれにせよ集団的合意形成の可能性は，多くのアクターが関係している制度に関して，それをサポートする規範と信念を持つアクターが十分に存在しているかどうかに依存している。Putnam（1993）らの著作物が正しいとすれば，草の根の政治文化の進化は，高次の意思決定がうまく働くようにするために必要となる。しかし，少しのいさかいは常に存在する。国家によるコモンズの管理を拡大しすぎると，良好な村落レベルのシステムを損ねる可能性がある。また，ハプスブルクやスペイン，そしてオーストリアのような権威主義的なシステムにおける国家の影響力によって，すべての市民に特定

のイデオロギーや行動規範への服従を要求される場合，健全な政策立案を究極的に担保する社会関係資本（social capital）を損ねる可能性がある（Gambetta, 1993）。

発展した国家における多くの集団は，相対的に身近な私益，あるいは，少なくとも他の信念をもつ者にとっては制約されていると感じられる利益を主張するために組織される。たとえば，荒野であることを良しとする人々は，自分自身の満足のために，広大な土地を囲い込んでいるということで非難される。なぜなら，健康に自信がなくレクリエーションを求める人々を排除し，採掘業者の利益が損われているばかり（持続可能性には問題がなくとも主張し，無害であると通常主張している範囲で）だからである。情熱的なグループの特質はそのままにして，そのようなくだらない主張はしばしば繰り返し起こる。アメリカ合衆国において，地球規模の気候変動問題に賢明に対処することへの反発は，黙示録の信仰に由来するものである。もしキリストの再臨が近いならば，地球規模での気候変動は見当外れのことであり，ひょっとすると崩壊の日に向けた神の計画の一部なのかもしれない。科学（そして同じように，自然資源の科学的な管理）に耐えられないイデオロギーによる主張が増えているということが世界的な問題であるという報告もある（Marty and Appleby, 1991）。管理（それは過剰管理でも誤った管理でもいけないのであるが）に関する賢明で許容度の大きい政策を開発するにあたって，文化的革新は，もしかすると最も困難で慎重な取り扱いを要する政治術の問題なのかもしれない。文化的趨勢のうち，どれが脅威でどれがそうでないかという疑問に，何らかの判断の基準でもって答える科学が，すでにもたらされたとは我々は思っていない。

協調的に管理された文化的進化のためのシステムの一部は，賢明な集団的合意形成を文化的革新に適応することが可能である例として注目されている。現代の開かれた社会では，調査機関や研究大学において，政府が支援する科学を公共政策立案プロセスに役立てることは，科学が扱いやすく，進むべき方向についての社会の合意形成されている場合にうまく機能するのである。いくつかの他のモデルも検証する価値がある。たとえば，Dupuy（1977）はプロイセンの歴史と軍事行動を分析し，続いて19世紀初期から20世紀半ばまでのドイツ軍参謀本部のそれを分析

した。その結果，この制度は，過去の成功と失敗から教訓を学び，それらを改革に適用することで，多くの場合競争相手を凌いだものであると主張する。ドイツ軍参謀本部がそのようにうまく機能した主要な理由の一つは，名声があり，幾分か学識のある参謀将校（staff officer）が，いつも戦闘での十分な役割を果たし，現場指揮官（line officer）から尊敬を集めていたということがある。工学と経済学といった少数の学問では，理論的な領域から実践的なラインとスタッフ（line and staff）への人的移行は，もしかすると指揮命令権から離れた参謀幕僚への任官に十分すぎるほどよく似た規定通りの流れなのかもしれない。やや誇張すると，ほとんどの学問において，理論的な面と実践的な面は，なかなか相容れないものである。様々な農業の普及的サービスや他の実用的な科学分野の組織化は，モデルを求めて探求される。革新的なコモンズ管理制度を「発達」させるための実践的な計画は，もしかすると，実用性から離れた単なる一つ二つのひらめき的な革新なのかもしれない。実利的な科学や政策の場面でスタッフとしてかなりの興味深い，有益な経験をしてきた二人の高齢の著者は，そのような仕事と学問的な職業とを結合させる方法を最終的に発見できなかったということを自ら認めなければならない。

6 結　　論

　本章において，我々は協調に関係する進化の文献とコモンズの管理制度の文献との接点を求めた。コモンズに対する人々の行動を説明するのに必要な，精巧な限定合理性モデルと二重の遺伝的形質，もしくは遺伝子的文化共進化論の間には，興味深い類似点が存在すると考える。もしかすると生得的なものかもしれないが，性質というものは個々人で，個々の社会で，そして個々の時代で，かなり異なっているにもかかわらず，あたかも自分たちが強固な協調的性質をもっているかのように，実験やフィールドにおいて人々は行動する。その多様性は，社会的行動の複雑な文化的伝統，すなわち我々が社会制度と呼ぶところの集合的合意の存在によって最もよく説明される。強制されない，自分本位の合理性に基

第12章　コモンズ管理に関する一つの進化理論　　　　　　　　　577

づく理論，もしくは最も進化したメカニズムによって予見されるよりもはるかに広範囲で協力関係を組織化できるという我々の能力は，我々の種の最も際立った特徴の一つである。もう一つの際立った特徴は，模倣と教育に関する並みはずれた能力である。我々の主要な仮説は，我々の種において文化と協力が同時に生じたということは，偶然の一致ではないのではないかということである。文化の多様性における群選択は，広範囲での協調が生じるかもしれない，信頼できるメカニズムを提供するのである。文化的群選択は，少なくとも我々が研究したいくつかのモデルにおいて，ゆるやかな進化のプロセスであり，それを補足するプロセスが協調的制度の短期間での進化をする際には，より重要になりそうである。

　文化的であれ生得的であれ，もともと文化的群選択，あるいは似た過程によって好都合に働く協調的性向は，文化的革新と遺伝上のバイアスとして必ず作用するであろう。その他すべてのことも同様に，人々は公正に思え，そして公共財の効率的な生産者であり，競っている外部集団と比較して，内部集団のポジションの向上に寄与する革新を好む傾向にあるだろう。チームスポーツが示すように，人々は楽しみのために協力ゲームを行うのである。我々は望ましい制度的進化を促進するために制度を編成することさえできる。そしてそれは，研究中心の大学や政党から村の議会にまで亘る。当然ながら人々は協調の化身では決してない。我々の利他的な性向と利己的な性向の混合の程度は，文化を越えて多様であるが，どちらの要素も完全に抑圧されることはない。遺伝に準えた遺伝子－文化の共進化に関する理論は，我々の条件付きであるが，不完全な利他主義を自然な形で説明する。人間社会において協調する人たちでも，根本的に生殖競争において，包括的適応度を増す行動を支持するために遺伝子における選択がまだ強力に働くことを意味している。文化的群選択では，利己的で身内びいきな衝動を消し去ることはできず，部分的に和らげることしかできないのである。

　人間にみられる協調パターンに対する究極的な説明を提供することは別として，我々は進化理論をコモンズ制度の理解に適応することが，コモンズ管理を向上させる方法につながることを願っている。もし我々独自の進化理論が正しいとすれば，実践家にとっては良い知らせと悪い知

らせの両方を持っていることになる。良い知らせとは，人々が有すると考えられている理論家が考える利己的な合理性よりも，コモンズの管理を向上させるのにはるかに役立つ素材を我々は持っているということである。悪い知らせとは，我々の社会志向的な本能と伝統を利用する制度が，相対的にゆっくりと，そして不確実に進化するということである。退化も進化と同じように起こりうる。集団における協調は，競争的な関係にある国家の目的と，グローバル・コモンズの規定との間での葛藤におけるように，他集団との破壊的までとはいかなくとも有益ではない争いに向けられることが非常によくあるのである。

　コモンズの新理論では，すでにこれらすべてのことを取り込んでいる。進化理論は，ただ単にどのように制度は進化するのかということを調査するためのプログラムを提供するだけである。いくつかの異なった進化プロセスが時として強く，そして時として弱く機能する際，我々は可能な限り起こり得る複雑さの概略を少しだけ描いてきた。そして，その概略は，ある程度，身近な事例に依拠している。進化の産物は，複雑であるのみならず，多様でもある。文化的進化の速度と様式を探求することは，長期にわたるプロジェクトである。結局，生物学者は，Darwin以後1世紀半の間，系統的な生物についての進化に取り組み続けており，彼らの多くの楽しみがまだまだその分野にはある。もちろん，彼らは取り組むべき非常に多くの種を抱えており，我々はその内の一つである。もっとも，我々人間は適度に多様であり，複雑であるという以上の種ではあるはずだ。いくつかの点で，文化的進化は，系統的な進化よりも研究することが容易である。文化は遺伝子プールよりも即座に変化する。歴史学者や人類学者は，我々の進化と多様性に関する非常に多くの定性的な情報を蓄積してきた。また，革新的な学者の中には，量的なデータを示してきた者もいた。我々は文化的進化を研究するために必要な経験的方法のすべては，専門的に応用され，その他においても効果的に用いられてきたと考える。たとえそれらが未だにすべての社会科学者が使う道具にはなっていないとしても，そうである。人間の行動について厳格な進化理論を発展させ，証明することによって失うものなど何もない。それどころか，得られるものばかりなのだと我々は信じている。

第 12 章　コモンズ管理に関する一つの進化理論　　　579

訳注

1) Quincy Library Group は，1980 年代から 1990 年代にかけてアメリカで起こった「森林戦争」（国有林を木材生産地として利用するのか，希少種の生息地確保のために保護するのかという対立）に対して，コミュニティ主導による資源（国有林）の管理・利用を提案した団体である．その提案は，連邦議会において，多くの賛同者を得て，1998 年「森林再生法」が成立した．（参照 HP：「Quincy Library Group」http://www.qlg.org/）

参 考 文 献

Acheson, J.M. (1988), *The Lobster Gangs of Maine.* Hanover, NH: University Press of New England.

Alchian, A.A. (1950), Uncertainty, evolution and economic theory. *Journal of Political Economy* 58: 211-222.

Alexander, R.D. (1979), *Darwinism and Human Affairs.* Seattle: University of Washington Press.（山根正気・牧野俊一訳『ダーウィニズムと人間の諸問題』思索社，1988 年）
1987 *The Biology of Moral Systems.* Hawthorne, NY: Aldine de Gruyter.

Anderson, B.R. (1991), *Imagined Communities: Reflections on the Origin and Spread of Nationalism.* Rev. and extended ed. London: Verso.

Aoki, K. (1982), A condition for group selection to prevail over counteracting individual selection. *Evolution* 36: 832-842.

Arrow, K.J. (1963), *Social Choice and Individual Values*. 2d ed. New Haven, CT: Yale University Press.

Axelrod, R., and W.D. Hamilton (1981), The evolution of cooperation. *Science* 211: 1390-1396.

Baland, J.M., and J.P.Platteau (1996), *Halting Degradation of Natural Resources: Is There a Role for Rural Communities?* Oxford, Eng.: Oxford University Press.

Bandura, A. (1986), *Social Foundations of Thought and Action: A Social Cognitive Theory.* Englewood Cliffs, NJ: Prentice-Hall.

Banfield, E.C. (1958), *The Moral Basis of a Backward Society.* Glencoe, IL: Free Press.

Barkow, J.H., L. Cosmides, and J. Tooby (1992) *The Adapted Mind: Evolutionary Psychology and the Generation of Culture.* New York: Oxford University Press.

Batson, C.D. (1991), *The Altruism Question: Toward a Social Psychological Answer.* Hillsdale, NJ: Lawrence Erlbaum Associates.

Baum, J.A.C., and B. McKelvey, eds. (1999), *Variations in Organization Science: In Honor of Donald T. Campbell.* Thousand Oaks, CA: Sage Publications.

Baum, W.B. (1994), *Understanding Behaviorism: Science, Behavior, and Culture.* New York: HarperCollins.

Becker, G.S. (1976) Altruism, egoism, and genetic fitness: Economics and sociobiology.

Journal of Economic Literature 14: 817-826.

Bettinger, R.L. (1991), *Hunter-Gatherers: Archaeological and Evolutionary Theory*. New York: Plenum Press 1999 From traveler to processor: Regional trajectories of hunter-gatherer sedentism in the Inyo-Mono Region, California. pp... 39-55 in *Settlement Pattern Studies in the Americas: Fifty Years since Virú*, B.R. Billman and G.M. Feinman, eds. Washington, DC: Smithsonian Institution Press.

Blackmore, S. (1999), *The Meme Machine*. Oxford, Eng.: Oxford University Press.（垂水雄二訳『ミーム・マシーンとしての私』草思社, 2000年）

Boehm, C. (1993), Egalitarian behavior and reverse dominance hierarchy. *Current Anthropology* 34: 227-254.

Boehm, C. (1996), Emergency decisions, cultural-selection mechanics, and group selection. *Current Anthropology* 37: 763-766.

Boehm, C. (1999), *Hierarchy in the Forest: The Evolution of Egalitarian Behavior*. Cambridge, MA: Harvard University Press.

Boorman, S.A., and P.R. Levitt (1980), *The Genetics of Altruism*. New York: Academic Press.

Borgerhoff-Mulder, M., P.J. Richerson, N.W. Thornhill, and E. Voland (1997), The place of behavioral ecological anthropology in evolutionary science. Pp... 253-282 in *Human by Nature: Between Biology and the Social Sciences*, P. Weingart, ed. Mahwah, NJ: Lawrence Erlbaum Associates.

Boyd, R., and P.J. Richerson (1985), *Culture and the Evolutionary Process*. Chicago: University of Chicago Press.

Boyd, R., and P.J. Richerson (1987) The evolution of ethnic markers. *Cultural Anthropology* 2: 65-79.

Boyd, R., and P.J. Richerson (1988), The evolution of reciprocity in sizable groups. *Journal of Theoretical Biology* 132: 337-356.

Boyd, R., and P.J. Richerson (1989), The evolution of indirect reciprocity. *Social Networks* 11: 213-236.

Boyd, R., and P.J. Richerson (1992a), Group selection among alternative evolutionarily stable strategies. *Journal of Theoretical Biology* 145: 331-342.

Boyd, R., and P.J. Richerson (1992b), How microevolutionary processes give rise to history. pp...179-209 in *History and Evolution*, M.H. Nitecki and D.V. Nitecki, eds. Albany: State University of New York Press.

Boyd, R., and P.J. Richerson (1992c) Punishment allows the evolution of cooperation (or anything else) in sizable groups. *Ethology and Sociobiology* 13: 171-195.

Boyd, R., and P.J. Richerson (1993), Rationality, imitation, and tradition. pp...131-149 in *Nonlinear Dynamics and Evolutionary Economics*, R.H. Day and P. Chen, eds. New York: Oxford University Press.

Boyd, R., and P.J. Richerson (2002), Group beneficial norms can spread rapidly in a structured population. *Journal of Theoretical Biology* 215(3): 287-296. *

Callebaut, W., and R. Pinxten (1987), *Evolutionary Epistemology: A Multiparadigm Program*.

Dordrecht, Neth.: Reidel.

Campbell, D.T. (1965), Variation and selective retention in socio-cultural evolution. pp...19-49 in *Social Change in Developing Areas: A Reinterpretation of Evolutionary Theory,* H.R. Barringer, G.I. Blanksten, and R.W. Mack, eds. Cambridge, MA: Schenkman Publishing Company.

Campbell, D.T. (1975), On the conflicts between biological and social evolution and between psychology and moral tradition. *American Psychologist* 30: 1103-1126.

Campbell, D.T. (1983), The two distinct routes beyond kin selection to ultrasociality: Implications for the humanities and social sciences. pp...11-39 in *The Nature of Prosocial Development: Theories and Strategies,* D.L. Bridgeman, ed. New York: Academic Press.

Carneiro, R.L. (1970), A theory for the origin of the state. *Science* 169: 733-738.

Cashdan, E. (1992), Spatial organization and habitat use. pp... in *Evolutionary Ecology and Human Behavior,* B. Winterhalder and E.A. Smith, eds. New York: Aldine de Gruyter.

Cavalli-Sforza, L.L., and M.W. Feldman (1973), Models for cultural inheritance: I. Group mean and within group variation. *Theoretical Population Biology* 4: 42-55.

Cohen, D., and J. Vandello (2001), Honor and "faking" honorability. pp...163-185 in *The Evolution and the Capacity for Commitment,* R.M. Nesse, ed., New York: Russell Sage.

Cronk, L., N.A. Chagnon, and W. Irons (2000), *Adaptation and Human Behavior: An Anthropological Perspective.* New York: Aldine de Gruyter.

Curtin, P.D. (1984), *Cross-Cultural Trade in World History.* Cambridge, Eng.: Cambridge University Press. （田村愛理・中堂幸政・山影進訳『異文化間交易の世界史』ＮＴＴ出版，2002年）

Dahrendorf, R. (1968), *Essays in the Theory of Society.* Stanford, CA: Stanford University Press.

Darwin, C. (1874), *The Descent of Man and Selection in Relation to Sex.* (2d ed.) New York: American Home Library. （長谷川眞理子訳『人間の進化と性淘汰』文一総合出版，1999年）

Dawes, R.M., A.J.C. van de Kragt, and J.M. Orbell (1990), Cooperation for the benefit of us—not me or my conscience. In *Beyond Self-Interest,* J.J. Mansbridge, ed. Chicago: University of Chicago Press.

Day, R.H., and P. Chen (1993), *Nonlinear Dynamics and Evolutionary Economics.* New York: Oxford University Press.

Dennett, D.C. (1996), *Kinds of Minds: Toward an Understanding of Consciousness.* New York: Basic Books.

Derksen, A.A. (1998), *The Promise of Evolutionary Epistemology.* Tilburg, Neth.: Tilburg University Press.

Dietz, T., and T.R. Burns (1992), Human agency and the evolutionary dynamics of culture. *Acta Sociologica* 35: 187-200.

Dupuy, T.N. (1977), *A Genius for War: The German Army and General Staff, 1807-1945.* Englewood Cliffs, NJ: Prentice-Hall.

Durham, W.H. (1991), *Coevolution: Genes, Culture, and Human Diversity.* Stanford, CA: Stanford University Press.

Edgerton, R.B. (1971), *The Individual in Cultural Adaptation: A Study of Four East African Peoples.* Berkeley: University of California Press.

Eibl-Eibesfeldt, I. (1982), Warfare, Man's indoctrinability, and group selection. *Zeitschrift für Tierpsychologie* 67: 177-198.

Eibl-Eibesfeldt, I. (1989), *Human Ethology.* New York: Aldine de Gruyter.

Endler, J.A. (1986), *Natural Selection in the Wild.* Princeton, NJ: Princeton University Press.

Eshel, I. (1972), On the neighborhood effect and the evolution of altruistic traits. *Theoretical Population Biology* 3: 258-277.

Fairbank, J.K. (1992), *China: A New History.* Cambridge, MA: Harvard University Press.

Fehr, E., and J.-R. Tyran (1996), Institutions and reciprocal fairness. *Nordic Journal of Political Economy* 23: 133144.

Fukuyama, F. (1992), *The End of History and the Last Man.* New York: Free Press. （渡部昇一訳『歴史の終わり』三笠書房，1992年）

Fukuyama, F. (1995), *Trust: Social Virtues and the Creation of Prosperity.* New York: Free Press.

Gadgil, M., and R. Guha (1992), *This Fissured Land: An Ecological History of India.* Delhi: Oxford University Press.

Gadgil, M., and C. Malhotra (1983), Adaptive significance of the Indian caste system: An ecological perspective. *Annals of Human Biology* 10: 465-478.

Gambetta, D. (1993), *The Sicilian Mafia.* Cambridge, MA: Harvard University Press.

Garthwaite,G.R. (1993), Reimagined internal frontiers: Tribes and nationalism—Bakhtiyari and Kurds. Pp... 130-148 in *Russia's Muslim Frontiers: New Directions in Cross-Cultural Analysis,* D.F. Eickelman, ed. Bloomington: Indiana University Press.

Gintis, H. (2000), *Game Theory Evolving: A Problem-Centered Introduction to Modeling Strategic Behavior.* Princeton, NJ: Princeton University Press.

Hamilton, W.D. (1964) Genetic evolution of social behavior I, II. *Journal of Theoretical Biology* 7: 1-52.

Hannan, M.T., and J. Freeman (1989), *Organizational Ecology.* Cambridge, MA: Harvard University Press.

Hardin, G. (1968), The tragedy of the commons. *Science* 162: 1243-1248 （京都生命倫理研究会訳『環境の倫理』下，晃洋書房，1993年に訳出）．

1978 Political requirements for preserving our common heritage. In *Wildlife and America: Contributions to an Understanding of American Wildlife and Its Conservation,* H.P. Brokaw, ed. Washington, DC: Council on Environmental Quality.

Henrich, J., and R. Boyd (1998), the evolution of conformist transmission and the emergence of between-group differences. *Evolution and Human Behavior* 19: 215-241.

Henrich, J., R. Boyd, S. Bowles, E. Camerer, E. Fehr, H. Gintis, and R. McElreath (2001), Reciprocity and punishment in fifteen small-scale societies. *American Economic Review*

第 12 章 コモンズ管理に関する一つの進化理論　　583

91: 73-78.
Hirshleifer, J. (1977), Economics from a biological viewpoint. *Journal of Law and Economics* 20: 1-52.
Hodgson, G.M. (1993), *Economics and Evolution: Bringing Life Back into Economics*. Ann Arbor: University of Michigan Press.
Holland, J.H. (1995), *Hidden Order: How Adaptation Builds Complexity*. Reading, MA: Addison-Wesley.
Horowitz, A.V. (1990), *The Logic of Social Control*. New York: Plenum Press.
Hull, D.L. (1988), *Science as a Process: An Evolutionary Account of the Social and Conceptual Development of Science*. Chicago: University of Chicago Press.
Hundley, N. (1992), *The Great Thirst: Californians and Water, 1770s-1990s*. Berkeley: University of California Press.
Inglehart, R., and J.-R. Rabier (1986), Aspirations adapt to situations—but why are the Belgians so much happier than the French? A cross-cultural analysis of the subjective quality of life. Pp... 1-56 in *Research on the Quality of Life*, F.M. Andrews, ed. Ann Arbor: Survey Research Center, Institute for Social Research, University of Michigan.
Insko, C.A., R. Gilmore, S. Drenen, A. Lipsitz, D. Moehl, and J. Thibaut (1983), Trade versus expropriation in open groups: A comparison of two types of social power. *Journal of Personality and Social Psychology* 44: 977-999.
Jankowski, M.S. (1991), *Islands in the Street: Gangs and American Urban Society*. Berkeley: University of California Press.
Johnson, A.W., and T.K. Earle (1987), *The Evolution of Human Societies: From Foraging Group to Agrarian State*. Stanford, CA: Stanford University Press.
Kellett, A. (1982), *Combat Motivation: The Behavior of Soldiers in Battle*. Boston: Kluwer.
Kelly, R.C. (1985), *The Nuer Conquest: The Structure & Development of an Expansionist System*. Ann Arbor: University of Michigan Press.
Kelly, R.L. (1995), *The Foraging Spectrum: Diversity in Hunter-Gatherer Lifeways*. Washington, DC: Smithsonian Institution Press.
Kennedy, P.M. (1987), *The Rise and Fall of the Great Powers: Economic Change and Military Conflict from 1500 to 2000*. 1st ed. New York: Random House.（鈴木主税訳『大国の興亡』草思社，1993 年）
Kirch, P.V. (1984), *The Evolution of the Polynesian Chiefdoms*. Cambridge, Eng.: Cambridge University Press.
Klein, R.G. (1999), *The Human Career: Human Biological and Cultural Origins*. 2d ed. Chicago: University of Chicago Press.
Knauft, B.M. (1985), *Good Company and Violence: Sorcery and Social Action in a Lowland New Guinea Society*. Berkeley: University of California Press.
Knauft, B.M. (1993), *South Coast New Guinea Cultures: History, Comparison, Dialectic*. Cambridge, Eng.: Cambridge University Press.
Kramer, R.M., and M.B. Brewer (1984), Effects of group identity on resource use in a

simulated commons dilemma. *Journal of Personality and Social Psychology* 46: 1044-1057.

Kurlansky, M. (1998), *Cod: A Biography of the Fish That Changed the World*. London: J. Cape.

Labov, W. (1973), *Sociolinguistic Patterns*. Philadelphia: University of Pennsylvania Press.

Leimar, O., and P. Hammerstein (2001), Evolution of cooperation through indirect reciprocity. *Proceedings of the Royal Society of London* B268: 745-753.

LeVieil, D.P. (1987), *Territorial Use-Rights in Fishing (Turfs) and the Management of Small-Scale Fisheries: The Case of Lake Titicaca (Peru)*. Unpublished dissertation, Ph.D., University of British Columbia.

Levin, B.R., and W.L. Kilmer (1974), Interdemic selection and the evolution of altruism: A computer simulation study. *Evolution* 28: 527-545.

Low, B.S. (1996), Behavioral ecology of conservation in traditional societies. *Human Nature* 7: 353-379.

Luhmann, N. (1982), *The Differentiation of Society*. New York: Columbia University Press.

Mallory, J.P. (1989), *In Search of the Indo-Europeans: Language, Archaeology, and Myth*. New York: Thames and Hudson.

Marty, M.E., and R.S. Appleby (1991), *Fundamentalisms Observed*. Chicago: University of Chicago Press.

Marwell, G., and R.E. Ames (1981), Economist's free ride: Does anyone else? *Journal of Public Economics* 15: 295-310.

Maryanski, A., and J.H. Turner (1992), *The Social Cage: Human Nature and the Evolution of Society*. Stanford, CA: Stanford University Press.

Maynard Smith, J., and E. Szathmáry (1995), *The Major Transitions in Evolution*. Oxford, Eng.: W.H. Freeman Spektrum. (長野敬訳『進化する階層：生命の発生から言語の誕生まで』シュプリンガー・フェアラーク東京, 1997年)

Mayr, E. (1982), *The Growth of Biological Thought: Diversity, Evolution, and Inheritance*. Cambridge, MA: Harvard University Press.

McElreath, R., R. Boyd, and P.J. Richerson (2003), Shared norms and the evolution of ethnic markers. *Current Anthropology* 44(1): 122-130. *

McLaughlin, P. (1988), Essentialism, population thinking and the environment. *Environment, Technology and Society* 52: 4-8.

Miller, G.J. (1992), *Managerial Dilemmas: The Political Economy of Hierarchy*. Cambridge, Eng.: Cambridge University Press.

Nesse, R.M., and G.C. Williams (1995), *Why We Get Sick: The New Science of Darwinian Medicine*. 1st ed. New York: Times Books. (長谷川眞理子・長谷川寿一・青木千里訳『病気はなぜ, あるのか：進化医学による新しい理解』新曜社, 2001年)

Nisbett, R.E., and D. Cohen (1996), *Culture of Honor: The Psychology of Violence in the South*. Boulder, CO: Westview Press.

Nisbett, R.E., K. Peng, I. Choi, and A. Norenzayan (2001),Culture and systems of thought:

第 12 章　コモンズ管理に関する一つの進化理論　　585

Holistic and analytic cognition. *Psychological Review* 108: 291-310.*
North, D., and R.P. Thomas (1973), *The Rise of the Western World: A New Economic History.* Cambridge, Eng.: Cambridge University Press.
Nowak, M.A., and K. Sigmund (1998), Evolution of indirect reciprocity by image scoring. *Nature* 393: 573-577.
Ostrom, E. (1990) *Governing the Commons: The Evolution of Institutions for Collective Action.* Cambridge, Eng.: Cambridge University Press.
Ostrom, E. (1998) A behavioral approach to the rational choice theory of collective action. *American Political Science Review* 92: 1-22.
Pinker, S. (1994), *The Language Instinct: How the Mind Creates Language.* New York: William Morrow.（椋田直子訳『言葉を生みだす本能』日本放送出版協会, 1996 年）
Price, G.R. (1970), Selection and covariance. *Nature* 277: 520-521.
Price, T.D., and J.A. Brown (1985), *Prehistoric Hunter-Gatherers: The Emergence of Cultural Complexity.* Orlando: Academic Press.
Putnam, R.D. (1993), *Making Democracy Work: Civic Traditions in Modern Italy.* Princeton, NJ: Princeton University Press.（河田潤一訳『哲学する民主主義』NTT 出版, 2001 年）
Putnam, R.D. (2000) *Bowling Alone: The Collapse and Revival of American Community.* New York: Simon & Schuster.（柴内康文訳『孤独なボウリング：米国コミュニティの崩壊と再生』柏書房, 2006 年）
Rice, W.R. (1996), Sexually antagonistic male adaptation triggered by experimental arrest of female evolution. *Nature* 381: 232-234.
Richerson, P.J. (1988), Improving cooperation between EPA and the universities: Some hypotheses. Pp... 296-318 in *Science, Universities and the Environment.* Chicago: Institute of Government and Public Affairs, University of Illinois.
Richerson, P.J., and R. Boyd (1989), The role of evolved predispositions in cultural evolution: Or sociobiology meets Pascal's wager. *Ethnology and Sociobiology* 10: 195-219.
Richerson, P.J., and R. Boyd (1998), The evolution of human ultrasociality. Pp... 71-95 in *Indoctrinability, Ideology, and Warfare: Evolutionary Perspectives,* I. Eibl-Eibesfeldt and F.K. Salter, eds. New York: Berghahn Books.
Richerson, P.J., and R. Boyd (1999), Complex societies - The evolutionary origins of a crude superorganism. *Human Nature* 10: 253-289.
Richerson, P.J., and R. Boyd (2000), Built for speed. Pleistocene climate variation and the origin of human culture. *Perspectives in Ethology* 13: 1-45.
Richerson, P.J., and R. Boyd (2001), The evolution of subjective commitment to groups: A tribal instincts hypothesis. Pp... 186-220 In *Evolution and the Capacity for Commitment,* R.M. Nesse, eds. New York: Russell Sage Foundation.
Richerson, P.J., and R. Boyd (2001), Institutional evolution in the Holocene: The rise of complex societies In The Origin of Human Social Institutions, W. G. Runciman eds. Oxford: Oxford University Press. *
Richerson, P.J., R. Boyd, and R.L. Bettinger (2001), Was agriculture impossible during the

Pleistocene but mandatory during the Holocene? A climate change hypothesis. *American Antiquity* 66: 387-411.

Rogers, A.R. (1990), Group selection by selective emigration: The effects of migration and kin structure. *American Naturalist* 135: 398-413.

Rogers, E.M. (1995) *Diffusion of Innovations.* 4th ed. New York: Free Press.

Roof, W.C., and W. McKinney (1987), *American Mainline Religion: Its Changing Shape and Future.* New Brunswick, NJ: Rutgers University Press.

Rumsey, A. (1999), Social segmentation, voting, and violence in Papua New Guinea. *Contemporary Pacific* 11: 305-333.

Runciman, W.G. (1998), Greek hoplites, warrior culture, and indirect bias. *Journal of the Royal Anthropological Institute* 4: 731-751.

Ruttan, L.M. (1998), Closing the commons: Cooperation for gain or restraint? *Human Ecology* 26: 43-66.

Sabatier, P.A., and H.C. Jenkins-Smith (1993), *Policy Change and Learning: An Advocacy Coalition Approach.* Boulder, CO: Westview Press.

Sahlins, M. (1963), Poor man, rich man, big-man, chief: Political types in Melanesia and Polynesia. *Comparative Studies in Sociology and History* 5: 285-303.

Salter, F.K. (1995), *Emotions in Command: A Naturalistic Study of Institutional Dominance.* Oxford, Eng.: Oxford University Press.

Sears, D.O., and C.L. Funk (1990), Self interest in Americans' political opinions. pp...142-170 in *Beyond Self-Interest,* J.J. Mansbridge, ed. Chicago: University of Chicago Press.

Simon, H.A. (1990), A mechanism for social selection and successful altruism. *Science* 250: 1665-1668.

Slatkin, M., and M.J. Wade (1978), Group selection on a quantitative character. *Proceedings of the National Academy of Sciences USA* 75: 3531-3534.

Sober, E., and D.S. Wilson (1998), *Unto Others: The Evolution and Psychology of Unselfish Behavior.* Cambridge, MA: Harvard University Press.

Soltis, J., R. Boyd, and P.J. Richerson (1995), Can group-functional behaviors evolve by cultural group selection: An empirical test. *Current Anthropology* 36: 473-494.

Squires, A.M. (1986), *The Tender Ship: Governmental Management of Technological Change.* Boston: Birkhäuser.

Srinivas, M.N. (1962), *Caste in Modern India, and Other Essays.* Bombay: Asia Publishing House.

Stern, P.C. (1995), Why do people sacrifice for their nations? *Political Psychology* 16: 217-235.

Sugden, R. (1986), *The Economics of Rights, Co-Operation, and Welfare.* Oxford, Eng.: B. Blackwell.（友野典男訳『慣習と秩序の経済学：進化ゲーム理論アプローチ』日本評論社, 2008 年）

Tajfel, H. (1981), *Human Groups and Social Categories: Studies in Social Psychology.* Cambridge, Eng.: Cambridge University Press.

Temerlin, M.K. (1975), *Lucy: Growing up Human, a Chimpanzee Daughter in a Psychotherapist's Family.* Palo Alto, CA: Science and Behavior Books.

Tomasello, M. (1999), *The Cultural Origins of Human Cognition.* Cambridge, MA: Harvard University Press.

Trivers, R.L. (1971), The evolution of reciprocal altruism. *Quarterly Review of Biology* 46: 35-57.

Tullock, G. (1965), *The Politics of Bureaucracy.* Washington, DC: Public Affairs Press.

Turner, J.H. (1995) *Macrodynamics: Toward a Theory on the Organization of Human Populations.* New Brunswick, NJ: Rutgers University Press.

Vose, M.D. (1999), *The Simple Genetic Algorithm: Foundations and Theory.* Cambridge, MA: MIT Press.

Weingart, P., S.D. Mitchell, P.J. Richerson, and S. Maasen (1997), *Human by Nature: Between Biology and the Social Sciences.* Mahwah, NJ: Lawrence Erlbaum Associates.

West, R. (1941), *Black Lamb and Grey Falcon.* New York: Penguin.

Williams, G.C. (1966), *Adaptation and Natural Selection: A Critique of Some Current Evolutionary Thought.* Princeton, NJ: Princeton University Press.

Wilson, D.S. (1983), The group selection controversy: history and current status. *Annual Review of Ecology and Systematics* 14: 159-188.

Wilson, E.O. (1975), *Sociobiology: A New Synthesis.* Cambridge, MA: Harvard University Press. 1998 *Consilience: The Unity of Knowledge.* New York: Knopf.(坂上昭一他訳『社会生物学』思索社, 1983年)

Witt, U. (1992), *Explaining Process and Change: Approaches to Evolutionary Economics.* Ann Arbor: University of Michigan Press.

Wolfe, T. (1965), *The Kandy-Kolored Tangerine-Flake Streamline Baby.* New York: Farrar Straus and Giroux.

(＊は，原著出版時点で「印刷中（in press）」と表記されていた文献である。)

結　論

第 13 章
15 年間の研究を経て得られた知見と残された課題[*]

ポール・C・スターン，トーマス・ディーツ，
ニーヴェス・ドルジャーク，エリノア・オストロム，
スーザン・ストニック

1　はじめに

　1985 年ごろに始まったコモン・プール資源の管理を司る制度に関する研究蓄積もかなりなものとなってきている。本章は，科学的な営為としてこの分野での進展をまず跡づけし，過去 15 年間で何を学んできたのか，そして今後の 15 年を見通したとき重要な研究の方向性とは何なのかを確認することである。この分野の研究は，社会科学において議論に成熟がみられる分野に共通するように，はっきりとした発展の軌跡を描いてきているといえるだろう。はっきりと成果が上がっている部分としては，自然資源の管理において有用な価値をもたらしているといえる。一方，それら管理者に対してまだ十分な手引きとなるようなものをもたらしてくれない段階に留まっているものもある。また当然のことだが，これらは科学に基づく知識のみならず個々の事情に対する理解に基づいた実用に耐えうる手引きでなければならない。本章では，最近の研究にみられる重要な学問的成果のいくつかを要約し，制度設計上の 7 つの主要課題を議論し，まだ研究の進んでいない分野を含めてこれからの研究

---

[*]（謝辞）本章の著者たちは，James Acheson, Kai Lee, Ronald Mitchell, そして本編各章の著者たちと本章の草稿段階で行った洞察力に富んだ議論と文章でいただいたコメントに，多くを負っており感謝を申し上げたい。

で重要と考えられる方向性を抽出し，またどのようにしたら，関連する社会科学研究にリンケージをつけることで，この分野の研究も利益を得られるような方法をとれるか，を論じていきたい。

2 進展のみられる研究分野

コモン・プール資源管理に関する制度設計の研究の場合も，現実社会の複雑な現象を解明したり，そういった現象を管理する際に有用な知識を作り出している他の社会科学分野においてみられる場合と同じような経路をたどってきている。こういった分野の場合，答えが一意に決まらず，経路依存性をもっていたり（すなわち時間経過のなかでどうなるかは判らない），研究を通じて自己回帰的な性格（研究の方式を変えることで結果が可変となってしまう）をもっていたりする現象をできるだけ理解するように努力するものである。研究方式に選択肢があるといっても，現場で実験をやるという研究方式では必ずしもない場合が多く，一方で研究室での実験結果だけからの一般化には十分な注意が必要な場合が多い。それゆえ，因果関係の確定にはいつも課題が多い。捉える現象が複雑であるということは次のようなことも意味している。すなわち，実験に基づかないデータから構築するモデルの場合，観察件数に比べて推定すべきパラメータの数が多すぎる場合が多いのである。同じようなことは，国際紛争解決のモデル構築の場合（Stern and Druckman, 2000）や比較政治学，比較社会学の場合（King ほか 1994，Ragin 1987,2000，Ragin and Becker 1992）にも当てはまる。プログラム評価の場合も，同種の問題を抱えるという長い歴史を背負っている（Cook and Campbell, 1979，Chen, 1990，Chen and Rossi, 1992，Weiss, 1998 など参照）。こういった分野における研究の進展は，個々には重要な要因と思えるものを含んだ様々な現象に振り回されることなく，測定可能な変数に基づく管理可能な実験計画に落とし込んでいけるかが鍵となる。またその進展の度合いは，変数間の関係をどんな理論で特定化するかにかかっている。そこでは意図的な操作の犠牲になりうる（意図的な操作の影響を排除して）変数間に因果関係をどのように同定するかという作業も含まれている。そのような作業

第13章　15年間の研究を経て得られた知見と残された課題　　　593

の進展においては，普通，次にあげる4つの要素を少なくとも挙げることができる。それらは，コモン・プール資産管理の研究においても共通するものである。

2.1 類型化の進展・差異化

　類型化は必要である。それが必要となる対象とは，目下研究の領域で起こる中心的な現象，何かの結果で探求に値するもの，また中心的な現象にとって内的なものも外的なものもあるがそれらを形作る要素やそれらを取り巻くより大きなシステムに影響を与える効果などである。そのような場合，核となるコンセプトとなるかどうかを見分ける言語を共有しない限り，理論における進歩は不可能である。所有権のあり方を，個人財産，政府財産，集団財産，オープンアクセス（他を排除する権利を欠如）といった主要な4種類に分類することが急速に馴染み深いものとなっているが，その好例である（Feeny et al., 1990 など）。この種の分類はさらに掘り下げた分類に進んでいるものもある（Tietenbergによる第6章では，私有財産をさらに分類している）。あるいは，制度が示す機能に与える要因から分類するという別のタイプもある。それらの要因とは，対象となる資源，その資源専用権者（appropriator, 以下，資源利用者），関わる制度，そしてそれぞれのさらなる下位分類といったものからなる（Agrawalによる第2章参照）。これらをさらに分類していくことが有益な場合もあるであろう。たとえば，本論第2章においてBardhan and Dayton-Johnsonは，資源利用者には様々な種類の異質性があると述べたうえで，以下のように結論づけている。すなわち，経済的な異質性と社会的な異質性はそれぞれ独立した影響を与え，異なった因果のメカニズム（インセンティブに対し規範といった異種の）に従って作用する。研究者にとっては，以上のような類型基準があってこそ，制御可能な変数に焦点を当てて議論できるのであり，研究仮説を設定のうえ，それらの変数を使って，体系立って検証していくことになる。[1]

---

　1)　類型化をあまりに厳格に進めた場合，プロクルステスに譬えのある無理な画一化が現実のものとなり，そんな状況に陥りかねないことは留意されなければならない。

2.2 状況依存のもとでの一般化

無限定な2変量の研究仮説から状況依存的ないし条件付仮説に変えるということも研究方法の進展のセカンドステージである。たとえば，だんだん分かってくることであるが，環境や社会的な条件を幅広くとったうえで，対象とする資源を保持する方法にベストな単一の制度形態はないことなのである。この分野の研究者はこれまでも，ある特定な制度形態でうまくいくとみられる条件に関する仮説を組み立てようとしてきた。同様に，資源管理の持続可能性を規模，異質性，資源利用の集団の貧困度合といった2変量に着目し，それらの相関がプラスなのか，マイナスなのか，あるいは曲線回帰がフィットするのかといったことも研究されてきたが，いずれも2変量の裏にある両者間の意味の繋がりに依存するものであった（Agrawal による第2章参照）。これまでの研究においても，こういった条件設定の問題を考慮した仮説が作り出され，検証することで，ここに潜む問題に取り組んできたということは言えるだろう。

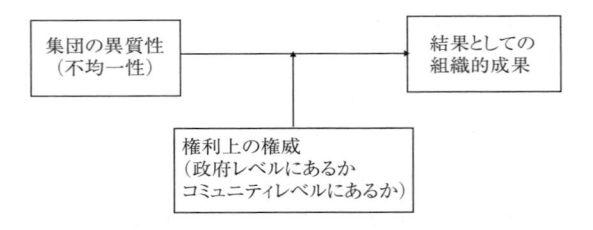

図13-1　実証的に裏づけられた集団内の異質性と制度に表れた成果の状況依存的な関係

多くのケーススタディ（large-n studies）を伴った研究の場合，着目していない変数の影響に変化を引き起こす要因において異なることが，副次的なサンプルのなかに見出されるように規則性が組み込まれているため，この種の仮説の形成においては，このようなタイプの研究が役に立つだろう。たとえば，1992年の Tang の研究（Bardhan and Dayton-Johnson が第3章で引用）では，灌漑施設の管理のような場合，資源利用者の間の異質性がみられると，政府機関管理の場合には成果に結び付かないが，共同体管理の場合反対の結果が生まれている（図13-1参照）。共同体管理のいくつかの事例では，異質性が生み出す課題に対応すべく，配分や

費用分担の規則を形成することができるようになっているが，政府機関管理の場合そうはなっていないという明白な違いがある。Varughese and Ostrom は 2001 年の論文において，森林資源の利用者集団にみられる様々な異質性のタイプといったものは，それらが集合行為に与える影響に関しては，それら集団を形作っている特有の組織形態に多くを依存しているという事実を明らかにした。異質性がどのように影響するかというその差異を明らかにするためには，共同体管理と政府機関管理の体制のどちらにおいても，それら異質性の違いが明白になるようにケーススタディを準備しなければならない。[2]

2.3 因果関係分析

研究の発展として3番目にあげなければならない要素とは，相関関係から因果関係へのシフトである。観察される関連付けの原因や説明できる因果の経路やメカニズムについて作業仮説を立てたり究明することが研究されてきている。こういった因果モデルには，ある独立変数が従属変数に与える影響が，第3の変数の値とともに変わるといった相互関係を含んでいる。たとえば，Bardhan and Dayton-Johnson が第3章で理論化しているように，異質性の影響を詳しくみることによって因果関係の道筋を辿ることができる。なぜ「オルソン効果」（図 13-2(a) にみられる因果経路を参照。Olson, 1965）が有効かというと，フリーライダーの存在があっても，特定の資源利用者は，それらの資源を保持することにおいて十分なほど利害関係や豊富な冨を保持しているからである。他に二つの因果の連鎖を想定することができる。それは (b) と (c) の場合で，資源に対して負の影響が働いており，Bardhan and Dayton-Johnson によれば，灌漑システムで観察される事実と整合的である場合が多い。

他の事例として，資源利用グループの間でコミュニケーションがよく取られている場合ほど協働がうまくいっているという事実を理解するために設定された実験を含んだ研究手法において使われている因果関係モデルがある。その場合，三つの因果メカニズムで説明できる可能性が報

---

[2] 資源管理の形式がもつ効果を無視したり，それを後から追加した効果として扱うような分析をすれば，異質性に関する結論はケースについて作り出された政府管理とコミュニティ管理の構成比率が示すものを単に得るものになってしまう。

告されている。すなわち，コミュニケーションによって集団としての自己認識や連帯を促進すること，協働のための一致点を持とうという認識を促すこと，あるいは協力に至る実際のコミットメントを引き出していること（これは第4章でKopelman他が説明しているように，メンバーが進んで守ろうとする規範として機能しているとも言える）が報告されている。実験を組み入れた研究者は，観察されるコミュニケーションの効果について(a)から(c)のすべてのメカニズムが重要なのか，その一部に意味があるのか，ずっと研究してきた。フィールドからケースを取り出す手法の場合，いくら多くのケースを選んだところで，実験手法をとった研究にはひとつそれに優る利点がある。それは，因果関係を取り出すために仮説として設定した変数の効果の推定値を明解に得られるように，説明変数に特定の数値を組み込んで構築することができることである（Gintis, 2000）。実験手法の場合，フィールド研究ではできない，決定的に単純化した問題設定が可能となる。ローカルなコモン・プール資源の管理に携わっているコロンビアの村民に実際の状況下で行った最近の実験は，大学実験室で行って得られた実験結果に対して，それらを補完する結果をもたらしている（Cardenas他，2000）。

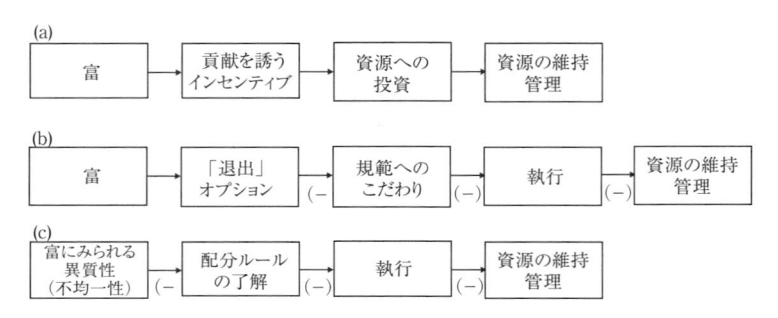

図13-2　コモン・プール資源の維持に対して富の保持ないし富の不平等がもたらす仮想的影響を置いて示した三つの因果経路

(注)マイナス記号は，左の項目が右の項目に負の影響を与える場合を指す。

コミュニケーションと集団規範に関する研究は，次のような因果モデルの構築という大きな努力の一部をなしている。すなわち，この研究を通じて対象にしている資源と使用している集団の特性が，資源管理のシ

ステム全体のなかで成果を出していくために，それぞれの社会制度を通してどのように結びついていくのか，それを説明できるモデルの構築を目指している。図13-3 はそのようなリンクを図式的に示したものである。そこでは特にモニタリングと実効化に関する現存の規則を仲介要素として働く役割を示したものである。このモデルは概ね観察される証拠と整合的である。しかしながら，これは一方で，理論に傾きすぎ，不完全なものでもある（たとえば，そこではなおコミュニケーションのもつ様々な影響について取り込めていないし，独立変数のいくつかについては，それらがどの程度互いに影響し合うのか，またそもそも自己組織化のメカニズムの形成に影響があるのかないのかといったことに応えていないなど）。

図13-3 に示したようなモデルによる提示は，理論と実践の程度を間違いなく高めている。それらはこの分野での理解を相関関係の記述から因果関係の究明へと進めるものである。その結果，検証すべき変数と仮説の数を著しく絞り込むことができた。こういったモデルを使えば，経験的な検証を通じて，説明変数に関しその重要度の順にランキングを付けることができる。ある種の変数は，資源の持続性維持に対し強い直接の影響をもつこと，また研究関心への寄与が大きいといった理由によって，注目を集めることになる。またある種の変数に関しては，その間接効果が大きいという理由によって重要性を得る。後者に関しては，たとえば，資源や資源利用者の有する特性の影響は，モニタリングや実効化の際の費用に主として影響するといった，あくまで間接的に作用している場合である。もちろん，政策形成や制度のデザインを行う場合には，説明変数を変えることが比較的自由にできたり，その変更によってコモンズの管理などとは別種の課題とはいえ，それらに与える影響がどう出るかといったことは，コモンズの持続可能性に関わるような直接・間接の変数からの影響がどのくらいの規模になるかといったことと同様に重要性な意味をもつことがある。さらに付け加えれば，制度のデザインに関する選択の問題は通常政治力をもった関係者の交渉に委ねられるため，オプションの技術的な特性に関しては，それらが政治的にみてどの程度受け入れられるかという観点から秤量される。

図13-3 に示されるようなモデルの場合，変数のグループ化や関係する分野の研究と関連づけることで一層理解を深めることができる。ここ

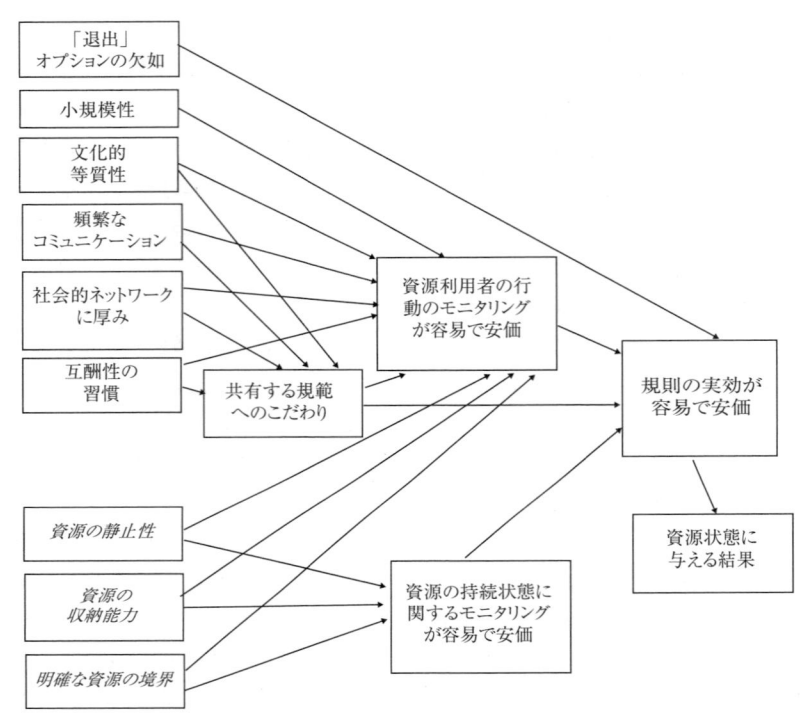

図13-3 モニタリングと執行のコストが資源と資源利用者の特性と資源管理制度の成果を媒介する様を仮設的に示した因果モデルの図解

（注）左端カラムの上半分は、資源利用者とその集団の特性を示し、下半分のなかのイタリック文は資源の特性を示す。すべての矢印はプラスの関係を仮定していることを示す。

では，コミュニケーション，濃密な社会ネットワーク，互酬の実践といったことすべてがまさに同じ因果の経路を辿って成果に影響を与えている。このことは，いくつかの変数があるひとつの共通する構成概念――たとえば，共同体の有する力（Singleton and Taylor（1992），Gardner and Stern（1996））や社会的靭帯（Petrzelka and Bell（2000））のあるいは社会関係資本（Putnam ほか（1993），Ostrom and Ahn（2001）。また Abel and Stephen（2000）も参照。）と呼ばれてきたもの――の多様な指標となっていると理解することができる。これらの構成概念を巡ってなされてきた研究を検討することは，資源管理の制度をデザインする際の課題に応えることになるかも知れない。

因果モデルは，実践家が望ましい結果を得るために事態に介入する際とるべき方法を認識する場合に役に立つという意味において，有用であるということもできよう。図 13-3 のモデルに注目すると，図の左手にある変数は制度設計をいじっては決して変更することができないが，図の真ん中に示される，制度的な解決により深く関係する特色に関心を移す効果をもっている。[3]

2.4 研究成果の統合

本研究の進展で，4番目に上げられることは，多様な研究手法から得られた成果を統合することである。個々の研究手法には他に貢献できる部分もあれば，手法上の限界も抱えている。前章で紹介した因果モデルはひとつの統合を示す形態である。しかしここでは，正統的な統合手法に言及するとともに，横断手法（クロス）による比較研究の意義についても説明したい。統御された実験計画に基づく研究は因果関係の成立を確認できる最も強固な証拠を提供するものである（第 4 章，Kopelman ほかを参照）。しかし資源の管理制度にみられるような複雑な状況を説明することに即座に適用するのには困難を伴うといえよう。なぜならそのような状況をラボのなかで実現することは難しいし，現場での実験の可能性は限られているからである。実験手法はラボにおいても模擬実行可能な個人や小集団の行動への種々の影響を解析する場合に最も力を発揮するように思われる。なぜなら実験手法を実行する場合，必ずと言っていいほど，ある模擬的な資源使用の状況下での実験であるからである。それなるが故に，それらの実験は，その模擬的な状況設定を超えて一般的に妥当性をもつものなのかにはいつも議論の余地が残ってしまう（open to question）。

一方でケーススタディは，これまでに資源の管理制度の研究の際，最も多くなされてきた手法である。注意深く実行されたケーススタディによって，現実の状況設定を深く理解することが可能となる。しかし，あ

---

3) もちろん，個々の要素のもつ可塑性は利用可能な技術を含む文脈（コンテクスト）に依存している。たとえば，政府は灌漑システムの貯水能力を変更するような溜池を建設することはできる。可塑性は時間に依存すると言わねばならない——短期には変更不可能なことも，長期には比較的変更可能なことになるかも知れない。

る特定のケーススタディから得られるものは，それが特定の状況と歴史的な特異性をもつが故に，そこから他の状況に適用できる一般的な命題を取り出すことが困難でもある。もちろん，注意深いケース間の比較を行うことにより，一般性をある程度有した複数のケースの状況と，ある特定のケースに特異的な現象を峻別することができるかもしれない。それを本論第2章で Agrawal が繰り広げていることをみることができる。しかしながら，ケーススタディの手法をとる研究の場合，依拠する理論が様々に広がりがあること，またケース同士の比較が可能なようにデータ収拾がなされていない状況にあり，そのため一般化を強固に支持するように性質を揃えた変数を具備したケーススタディというはまず見出せないことになる，言い換えるとそこで得られるデータには他の解釈を与える余地が残ってしまうのである。

　研究者は，強固な証拠を提供するのに十分な数の多変量のデータセットで研究を実行してくる場合がある。本論第3章の Bardhan and Dayton-Johnson では，多変量分析の事例をいくつか紹介している。そこでは今後このタイプの研究に意義がでてくるように開発されたデータベースが使われている（Gibson et al.（2000），Poteete and Ostrom（2001）参照）。このような研究進行の戦略を採用することによって，個体や小サンプルを対象に進めたケーススタディでは得られなかった幅を研究に与えることは事実である。しかしながらその研究戦略によっても，そのデータセットを使って作成されるケーススタディに共通の尺度の範囲と質によって限定されてしまうことになる。このような場合もある。理論的に重要な意味をもつ変数があるデータセットには含まれていなかったり，そうでなくとも質に問題があるような代理変数を通じて計測可能の状態になっていたりする。Dayton-Johnson（2000）では灌漑施設管理人が生活している村落の数を以って社会的な異質性を測る尺度として使っている。この方法では空間的な異質性は計れても，社会・経済的な異質性を計ることはできない。

　さらには，演繹的で形式の整った合理的行動理論（ゲーム理論（第5章の Falk et al. を参照）がその典型）や合理的行為論（第3章，Bardhan and Dayton-Johnson），さらに最適配分論（第6章の Tietenberg を参照）を援用する重要な研究手法に触れなくてはならない。形式理論は精確さという

第13章　15年間の研究を経て得られた知見と残された課題　　　601

美点を有するが，理論に基づく定式化が実際の状況に関連付けて説明ができるかということは実証的に裏付けられなければならない。別の言い方をすると，理論からの演繹的方法とは実証的手段を伴いつつ探究の末，仮説を生み出すものである。もし観測事実が理論と整合しない場合には，基礎データを説明できるように理論の方が修正される可能性がある。このプロセスこそ新しい見識の創造である。たとえば本論第6章においてTietenbergは，許可証取引の仕組みは漁場や水資源管理において利用されるよりも，大気汚染物質の排出規制に利用される方が有効に機能する理由を説明している。単純な経済モデルを使って許可証取引の擁護者は3つの資源タイプにまで広げて適用しようとしてきているが，外部不経済が発生している場合など，過去の経験からしてこれには意義が唱えられている。規制のかかっていない魚種をとっている漁民や下流での水資源利用者は，許可証取引制度のお蔭で被害を被っている。これに対して，大気汚染物質に関わる排出権取引の制度は，これらの制度の存立を困難にするような外部性を作り出しているようには見えない。この例によって，ケーススタディが顕わにしているのは，理論家も制度設計に携わる者も，排出許可証を保持する汚染者が作り出す外部不経済の存在に目を向ける必要性である。

　研究手法に確定的なものはないが故に，「多角インタビュー手法」(triangulation)（たとえばCampbell and Fiske（1959））や批判的多プリズム主義（Cook（1985,1993））としばしば呼ばれる戦略に従って，種々の研究手法を複合して使うことによって，我々の有する知見に最も進展がみられることになるということができる。ひとつの方法によって得られた結果は，他の方法を使って探索するときに種々の仮説を提供するかも知れない，また他の方法では解答の得られなかった問題に答えを出すかもしれない，さらには他の方法によって矛盾のない結論と言われてきたことに疑問を呈することになるかも知れない。関連文献を充実させていくことは，研究方法を横断的に見通すことができ，さらにいわば研究手法の異種交配（Bennet and George（2001），King et al.（1994），McGinnis（2000），Ragin（1987,2000），Ragin and Becker（1992））を生み出していくことに繋げたいからである。また研究方法の統合に関していえば，メタ分析（たとえば，Glass et al.（1981），Rosenthal（1984），Petitti（2000））という

手法の問題でもある。すべてこのような取引所機能は知見の充実に寄与することになる。1980年代の半ばから進んだ，コモン・プール資源管理の研究方法に関する横断的なコミュニケーションや集大成化は，この分野の発展に益するものであった。

2.5　理論上の枠組の形成に向けて

　本書を通じて明らかになっていると思うが，資源管理制度の成果についての理解と管理のあり方にとって重要性をもつ変数を見つけ出すことに研究者は研鑽を積んでいる。本論第2章においてAgrawalは過去の文献の幅広い精査を通じてそのような性質を有する30件を越す変数を認定している。──これらの文献リストは今後研究が続くにつれて長いものになっていくだろう。Agrawalが注目するように，長い文献リストはさらなる研究上の課題を提供している。なぜなら長ければ長い故に，それらから連想させる新たな課題，そして検証されなければならない因果関係の山に直面するからである。またAgrawalが記すように可能な仮説群のなかから一本の筋道を提示するのが理論的発展というものだからである。結局のところ，一層の検討に耐え理論的に意義のある学説を絞り込むことができるのは理論をもってしかない。

　図13-1，図13-2，図13-3に図解された関係に基づいた命題が説明されたように，理論的な命題が最近の研究の中に現れて始めている。本巻の第2章から第12章までに示されたその他の命題については本巻の付録に列挙した。我々は，個々の命題が位置づけられる一般的な概念的フレームワークの設定を提案することが今や利便に適ったときになったと信ずる。Agrawalほかによって識別された説明変数のグループは以下の4つの包括的な機能概念に分類することが可能であろう。これらの機能概念に関しては，相互に理論的関係を形作っていることを示すことができる。

　・可能性のある介入要素（独立変数）
　　政策的介入によって，短期的に成果に変化を起こし得る，影響力をもつ要素（制度の属性を含む）。
　・成果（従属変数）
　　資源の状態，資源の利用および介入要素によって影響を受ける可能

第13章　15年間の研究を経て得られた知見と残された課題　　　603

性のある，資源利用者にとって重要性をもつ事項。
・偶発的状況変動要素（調整変数）
　　短期的な政策的介入によっては現実的に変更不可能であるが，介入要素が結果に影響する方法を長期的に決定する要素。
・間接的媒介要素（媒介変数）
　　結果に影響を与えるとともに，偶発的状況変動要素の変化次第でそれ自体が介入要素の影響を受けるかもしれない要素。

　これらの変数の間で起こる典型的な関係については表13-Aで示した因果モデルの中に図解で説明されている。コモンズ研究の文献に現れる変数を4つの区分に分けたものがボックス13-1に記載されている[4]。この枠組みと因果モデルは，将来なされる研究や実際的分析において特段の注目に値するようになり得るいくつかのポイントを強調するものである。ひとつは，しばしば介入要因が結果に影響するやり方が，キーとなる媒介変数にそれらが与える効果という間接的な方法による場合である。当面の政策面での課題は資源のモニタリングが容易な条件や集団規範への忠実な支持といった特質をもった変数に影響が加わることである。モデルは次の3つを理論に課せられた任務と強調している。それらは1）キーとなる媒介変数が如何にして結果に影響を与えているのかを解明すること，2）仲介者の存在が決定的な意味をもつような状況的条件を識別すること，3）特定の介入が成功裏に変数に与える場合，それを支えている条件を識別すること，の3つである。関心の高い成果はたくさんの政策が絡む変数のみならず，資源管理制度の設計に依存していることを理論的枠組の研究は示している。それ故，即座に明白なものではなく，望ましい目的を獲得する方法はまだ他にもあると思われ，限りはないのである。
　図13-3は，一般的なモデルをさらに入念にしたもの，そして特定化したものと受け取られるかも知れない。この図では向かって左端にいく

　4）　重要なことであるが，ここでの分類は試行的なものであることを留意願いたい。合理的な読者はある変数がある範疇にぴったりすると言っても賛成するとは限らないと思う。適切な範疇を作っていくことはコンテクストが違えば変化を余儀なくされる。我々の望みとしては，このような範疇を作成したことで思考を際立たせることにあり，コモンズの力学においてすべての重要な変数に確定的な概念を提供するという意図ではない。

つか偶発的条項変動要素を挙げ，そして図の半ばには間接的媒介要素のリストを置き，前提となるそれらへの影響力を確認する。すべての変数は，順々に結果に影響を与えるのである。図13-3では偶発的状況変動要素と間接的媒介要素を区別して認識したこと，またいくつかの媒介要素があればその間での因果の方向性を仮定したことによって，このモデルに理論的な特定化を加えたことが挙げられる。しかしここでは，図に示される変数に介入要素からの影響力については前提を入れていない。

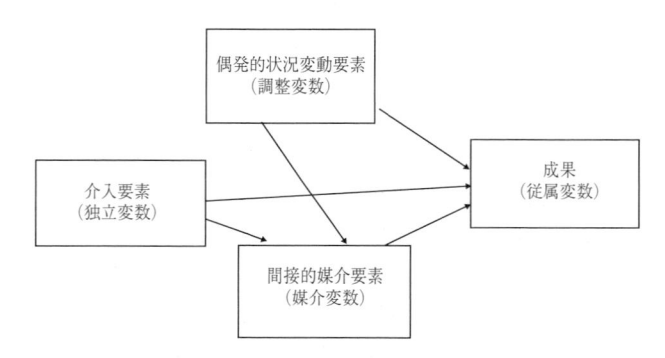

図13-4 タイプの違う変数間の典型的な関係を示す図解による因果モデル

我々はここで説明した枠組は，理論的な意義を持ちうるある種の命題に焦点を当てることが助けとなって理論を発展させることができると考えている。我々はまたこれが実務にも適用できる可能性をもっているものと信じている。なぜなら，ここでは政策用の梃子（独立変数）となるような変数のタイプをもう2つのタイプの成果に影響を与える可能性のある変数から明確に区分したことである。後者のうちの1つは，政策介入があればそれ自体が適格な目標となるような間接的媒介要素であり，もう1つは偶発的状況変動要素で，政策がそれらの条件を変えることは短期的に簡単ではないが，これは政策上の選択を行う際には考慮に入れるべきものである。なぜなら介入の結果は，その介入が試みられたときの各変数の状態にも依存しているからである。

この枠組はなお不完全なものであり，すべての目的に使えるものではない。たとえば，制度を跨いだリンケージの設計という課題の推論には

必ずしも有益とはみなされないだろう。にも拘わらず，我々はこれがその推論を進めていくうえで有益であると証明していくことを望んでいる。

3 研究から得られた学問的成果

　前節で説明されたように，1985年以降この分野の研究は扱う対象の様相を変え，理解のあり方に洗練度が高まってきていたが，実際的な質問に対しては必ずしも確定的な回答を用意したということはできていなかった。この節では強固な理論的支持を得た少数のキーとなる重要な学問的成果を要約したい。その上で，前の節までに幅広く描き出された，これまで展開された限りで得た知見のもつ現実問題との関連性について論じていきたい。
　この要約は，言うまでもなく限られた選択であり，これまでのほぼ一ダースに達する節で挙げられたすべてのキーポイントに触れている訳ではない。読者のためには，これらの節で展開された豊かな鉱脈とも呼べるこの分野に関するアイデアを発見する助けを提供するものとして，この章の終りに付録としてキーとなる結論ないしは命題の十分な長さのリストアップと注釈を付けた。

3.1　いくつかの重要な学問的成果
　① 「コモンズの悲劇」モデルにおける主要な限界　　具体的なコモン・プール資源管理の研究から学ぶもっとも基本的なレッスンは，「コモンズの悲劇」の比喩は非常に特殊な条件の成立のもとにおいてのみ適合するものであったということである。資源利用者がコミュニケートできず，相互にまた管理体制に信頼を置くような方策を一切採らない場合には，資源利用者はモデルが予想するように資源の過剰利用や破壊に向かいがちとなろう。より典型的な資源利用の実態においては，利用者はコミュニケーションも可能であり，信頼を形成する手立ても持っている。このような条件下では，利用者は資源を保全し，同時に自らのための経済的成果を得られるように資源利用のパターンを統御するために一連の規則

の設定（すなわち，一つの制度的様式）に合意する。1985年以降の多くの研究は次のような要素を確認する努力であったと理解してよいであろう。すなわち，資源利用者たちは自らないし外部当局と共同でそのような規則を作り出し，それにはインセンティブを随伴し，それらの規則に遵っているということである（Jensen, 2000）。

Box 13-1
コモンズ研究文献に現れた変数に関する機能面からの分類
（変数タイプ毎の例示を記載）

介入要素（独立変数）
　資源基盤に関わる制度的アレンジメント（例：資源のための所有権制度、規則内容が平易・簡素であること、段階を設けた制裁措置、モニター当事者の説明責任、規模の違いや地域の違いによる制度間での調整）
　その他の制度的アレンジメント（例：開発・発展、租税、投資政策、代議制の規則）
　技術的な選択（例：新しいモニタリング技術採択の意思決定）

偶発的状況変動要素（調整変数）
　資源システムの特性（例：規模、境界、資源の移動性、貯蔵、予測可能性）
　利用者の特性（例：集団の規模、境界、社会関係資本、リーダシップ、異質性、誠意の慣習の程度、相互依存性、貧困度）
　資源特性と利用者特性の相互関係（Box2-5を参照）
　規模の違いや他地域と比較した制度様式の位置づけ（例：ローカルルールの政府による支持、制度の入れ子状態の程度、国際政治体制の状態）
　利用可能な技術の程度（例：資源利用の排除可能性やモニタリングのための技術とそのコスト）
　資源を取り巻く環境のグローバル市場への統合の程度

間接的媒介要素（媒介変数）
　利用者の共有規範に対するこだわり
　利用者行動のモニタリングの容易さ・コスト
　資源状態のモニタリングの容易さ・コスト
　規則強制の容易さ・コスト
　規則・制裁に対する利用者の理解

成果（従属変数）
　資源システムの維持（持続可能性）
　資源管理制度の頑健性
　資源システムの生み出す経済的産出（物）（例：生産性、効率性）
　経済的産出物の分配（公平）
　民主主義的社会統制の状態

---

　②　自己組織化のされた制度生成のための３条件：必要条件ではあるが十分ではない　本章に先んじる各章において３つの基礎的条件が，効

果的な資源管理制度を創出し維持するために資源利用者に要求されるものとして識別されている。第1は，資源は利用者が喜んで時間とエネルギーを注いで新しい制度を作り上げるくらいに重要で顕著な性質をもっていることである（Gibson, 2001）。第2は，資源利用者には自ら規則を作り出し変更を可能にする自律性が求められる（これには外部の制度的環境がその自律性を与え許すことが必要である）。第3は，少なくとも集団内にできるサブ集団では互いに直接のコミュニケーション（メンバー同士で経済条件での交渉などを含む）をとることができるようにしなければならない。そのような条件を前提にすると，資源利用者同士は組織化に向かうのかとか，どの制度設計を選ぼうか，ということが課題になってくる。このように，ある制度設計の成果や生存は資源の具体的な特性や資源利用者，そして検討の結果選ばれた制度の規則に依存することになるのである。

③　すべてに適用できるモデルはない　　すべてのコモン・プール資源管理の成功を保証する制度設計は不可能であることをこれまでの研究が実証している。生態学的そして社会的複雑性の存在を前提にすると，この知見は驚くに当らないというべきかも知れない。私有所有または政府所有，あるいはコミュニティ所有の制度であれ，資源管理に成功もあれば失敗もある。何が最善に作用しているのかといえば，その資源のだけのもつ特性，資源利用者，外部環境，制度設計の詳細，これら要素間の相互作用ということになる。それ故，実務家が必要とするものは，そこで使われている生物物理的システムの要求と資源利用者の置かれた社会的コンテクストにフィットした制度形態を見つけることである。幸いにも現実的な目的にとって研究はこれまでに数多くの多様な制度形態の存在を確認してきている。これによって実務家が選ぶことのできる用具一式は一層充実してきている。一方残念なことに，資源や資源利用者の特性やそれらがもっとも適合するコンテクストといったものに，制度形態の詳細な特性がどのようなものであれば適合できるのかという研究はまだ未完成である。

④　人それぞれに成功の意味するものは違うもの　　コモン・プール

資源研究の伝統は資源の持続可能性に関する問題設定によって始まっている。このことは引き続き研究にとって重要な疑問であるが，これは単に資源利用者に対する問題という訳ではない。彼らにとって，人間の生活と福利はある特定の資源よりの重要なことが多い。研究者がもし実際的な価値に関わる知見を作り出すことを目的としているなら，人々にとって掛け替えのない資源を誰が使用し，管理し，そして研究対象の資源に誰が依存しているのか，成果の条件に関する全面的な内容を識別し検討しなければならない。研究成果を知らせるべきはこのいう人々である，また重要なトレードオフと直面しているのもこういう人々である。一つの望ましい成果（たとえば，持続可能性や公平性）を得るために他を犠牲（たとえば，効率）にしなければならない場合が確かにある。制度というものは，それが仕事や富を与えること，コミュニティのなかでのよき社会的関係を維持すること，外部からの資源へのアクセスを提供すること，これらが如何にうまく運ばれているかという基準で判断されるのかも知れないのである。その基準は持続可能性のほかに多くの判断基準が存在する。成果が様々に価値付けられている以上その多様性を認めない研究は，現実の判断のための現実的なモデルを生み出すことは困難だろう。なぜなら現実の判断はこれら多様な成果を考慮に入れた上でなされなければならないからである。

⑤　間接的効果あるいは媒介項の役割には留意が必要である　多くの資源や資源利用者の特性が制度（これも定義できるとして）としての成功要因になっていると仮定されていることが多いが，それはその限りで起こっていることであり，間接的なものに過ぎない。たとえば，多くの結果は，モニタリングや実効化のコストによって媒介され達成されているとよく指摘されている。関連文献において報告されていることであるが，間接効果への理解は，整合的でない2変量が関係するときそれを合理的に位置づけすることのために重要なことになる。このことは制度設計者にとっても重要なことである。なぜなら，ほとんど場合，媒介変数が資源や資源利用者の特性に変化を与えることはないが，それらはしばしばモニタリングや実効化，そしてその他の媒介変数にそれらが直面するコンテクストを妨げない形で影響を与えることができるからである。

3.2 どうしたらこの研究は実用的な価値を持ちうるか

社会科学が現実的問題との関連性をもつことを志向するとき，科学の通常の目的である世界に関する普遍命題に辿り着くこと，と高度に特殊であるが絶えざる状況の変化のなかで行動する実務家の要請というふたつのことの分裂に直面しなければならない。普遍的な知識はこのような実務家にとって役に立つのだろうか？社会科学の知識を有効なものにするために思考を重ねてきたひとつの分野に国際関係論がある。以下の結論はこの学問の現場から取り出されたものであるが（George, 1993; National Research Council, 2000)，コモン・プール資源管理の研究においても応用可能である[5]。

実務家は，目的達成のために多種多様な知識を常に必要としている。ある種必須な知識は，高度に状況特定性をもち，そしてあるものは現下の特定の状況の現状（資源と資源利用者，その他に影響を与え，ある特定の地点に立地する勢力など）を具に検討することで始めて得られるものでもある。これは「時と空間に関する情報」(Hayek, 1945) と呼んでもよい。その他の必須情報としては，状況を貫くために使われるものである。この形式をとる科学的知識は研究者と実務家に対し，あるタイプの集団，国家，資源を考えたときには何が期待されているかを告げるものである。この種の知識は包括的なものであり，状況縦横であるが，それなるが故に，体系的な経験科学によって改善に服す必要があるのである。

実務家が対処しなければならない特定のコンテクスト抜きに扱えない問題は，資源管理に関する包括的問題を含んだ典型的な例示である。そのたびに起こるコンテクストは違え，同様の状況は繰り返して起こるものである。事例としては，資源のモニタリング，強制すべき規則，紛争の仲裁，協調の獲得などである。事務家は通常，包括性の強い問題を個々に対処できる複数の特定の政策手段や戦略をもって検討しようと考えるだろう。こういったプロセスにおいて，実務家はそれらの状況に対処する複数タイプの知識を得ることで変易を得ることができる。

---

5) この結論を分野を越えて適用可能かどうかについては，以下に述べられた7つの段落にあるキーとなる文章の多くは，前に触れた National Research Council (2000:15) の国際紛争決議に関する研究内容から，そのままの引用か多少言葉を換えて，使われていることをもって，そのベストの回答と考えている。

第1に，普遍的概念モデルの形成とは，問題となっている現象を効果的に扱える変数を見つけ出し，またあるタイプの問題に取り組む際に戦略や技法を使って成功に結びつけられるようにする普遍的な論理を見つけ出すことを意味している。たとえば，最適配分の理論はコモン・プール資源管理のために，関係する個人に権利と義務や如何に持続可能な管理と関係しているのかといった知識を明解に得ることのできる制度を形成するという普遍的概念モデルを提供する。概念モデルはある特定の状況に対処する戦略を構築するための初動動作である。これがあれば，実務家を問題のキーとなる局面や改革を実行するのに苦渋をともなうような制度的構造の全体に積極的に立ち向かわせることができる。

　第2に実務家は，現下で考慮中の戦略を支えるものは何なのかという条件付の一般化方法の知識を必要としている。この種の知識は，すでに述べているように，条件制限や状況的条件の言明の形式をとるのが一般的である。言い換えると，ある戦略はある条件下で有効であり，その他のときには無効であるといったことになる。もっとも，条件付き一般化はどの行動をとるべきかを判断する際の十分条件とはならない。このことはこれを状況診断に使う際に注意すべきこととして役に立つ。実務家はそこにある特定の戦略や管理のアプローチを活用しようとすることに対して良好な条件は存在するのか，さもなければ作り出すことはできるのかを観察することで，状況の検討をすることができる。条件付の一般化方法をうまく使うと，実務家は特定の戦略的介入を使うべきか，使うとしたらいつかという判断に関し，賢明な選択をする可能性を高めることができる。

　第3に実務家は，個々の戦略を成果に結びつける因果プロセスとメカニズムに関する知識を必要としている。たとえば価格メカニズムの有効性は資源そのものの属性に大きく依存するものである。安定した貯水施設をもたない灌漑施設に価格メカニズムを適用してもまず成功は期待できない。得られる水量が算定できないならば，どんな農民も水量の不明なものの価格を支払う筈はない。一方，ダムが建設され信頼のおける水量の測定が存在するならば，農民は何世紀にも亘って快く毎週の水市場に参加することに応じてきた（たとえば，Maass and Anderson, 1986 を参照）。このような因果関係のリンケージに関する知識は資源管理制度の活動を

第13章　15年間の研究を経て得られた知見と残された課題　　　　611

モニターすることや彼らに追加の支援が必要なのかといった問題を判断するために必須なことである。

　第4に，ある状況のための的確な戦略を巧妙に策定するには，実務家はアク・タ・ー・に・関・し・正・し・く・全・体・の・判・断・の・で・き・る・能力を必要とするが，その戦略はアクターにその戦略が影響を及ぼすように設計されなければならない。効果的に動けるように，その状況のなかにあって，その立場からの観点で事態を観察する必要がある。そのようにすることによってのみ，実務家は状況の変化を正確に診断し，他者とコミュニケーションをとりながらも他者に影響を与えることのできる適切な手段を選択することができる。他者の理解に間違いを犯すと，政策上の重大な過誤，避けられたはずの大破局，機会獲得の喪失に繋がる見込み違いの大きな原因となる。

　すべてこのタイプの知識は，同じ特質を有する状況一般に適用しているという意味で，包括的な性格を有する。そのような知識は利用価値があり，さらに言えば不可欠といってよいが，実務家は同時に行動の効果を上げるために，正確な時と場所の知識を必要とすることを強調しておくことが重要である。熟達した実務家は，その行動がさながら唯一無二の意思決定の場であるかのように，そしてそのことが歴史的必然の軌跡と現下の資源と制度の特性に配慮したものであるかのように，どのように包括的な知見と個別の知識を組み合わせるかに自らの判断を適用する。この巻の寄稿者は前半3つの知識のあり方について展開を試みた。すなわち，1）資源管理の状況に関する一般的概念モデル，2）特定の制度形態を成功に導く条件に関する知識，3）成否のどちらかに導く因果プロセスについての知識である。これを行う過程で，彼らはその他の重要で扱いの困難な課題と取り組まざるを得ないことになった。それらとは，この場合の成功をどう定義するか，成否の評価を行うための根拠ある期待の設定と評価のタイミング，成功を示す指標の認定，最後に下記のような不確実性のもとでの総合的な推測を如何に行うかの決断である。最後の不確実性とは，歴史的な事実を求めても論理として不完全であり，実務家が別の行動で対応する場合，また管理不能の状況下で起こりうる別の事態があるなかでは，結末はどうなるかということに関し誰も予想ができないという状況にあるからである。

何人かの著者（たとえば，Ostrom, 1990）は包括的知見を制度設計の原理のなかに形を変えて埋め込んでいる。すなわち制度の長期的な成功の度合いを増すような，制度の中に組み込まれるべき特性についての包括的な提案といった形式である。これには次のような原則が含まれる。1）資源には明確に定めることのできる境界を有すること，2）供給や利用の規則はローカルな条件に調和していること，3）資源に関する将来の政策決定には資源利用者が参加すること，4）モニタリングに工夫を施すこと，5）段階的に傾斜をつけた制裁方式であること，6）紛争処理メカニズムを内部にもっていること，7）組織する権利を自覚していること，などである。これは，実務家がこれらの設計原理は暫定的なものであり，知見の進展に合わせて改善もまた必要になり得ることを認識しているならば，研究成果を実務政策上のガイダンスに翻訳したものとして有益なものである（Morrow and Hull, 1996; Asquith, 1999 を参照）。もちろん，設計原理の適用は制度設計に関する意思決定がなされる政治的プロセスのフィルターを通したものとなるが，それ故これらの選択はある特定の状況下に包括的知見を単純に適用する以上のものを含んでいる。設計原理の応用可能性は，時間を経てまたコンテクスト次第で変化し，それゆえ状況依存となることが判明することになる（Weinstein, 2000）。たとえば，本巻第1章に取り上げられているが，1985年のアナポリス会議において提出された実証的ケーススタディに対する議論を元にすると，Ostrom（1986: 611）は単純な規則を整備した制度は生存の可能性が高いという主張を行った。詳しく言うと，議論された要因は，「すべての参加者が判り合意をみるような明解であいまいさのない一連の規則の整備」の表現であった。この言明のもとになった論理は次の言明である。「活動の複雑さに比較して，組織化のための規則が少なければ少ないほど，個人がそれを理解でき，記憶し，従い，ルール違反があった場合も全員でそれが違反として受け留める確率が高まる」（Ostrom, 1986: 611）。このことは，資源システムそれ自体の複雑性，利用者の文化的異質性，そして彼らのコミュニケーション様式に対し，個別綿密に対応するという大変に状況依存的な原則であることを意味する。定型化した設計原理に従ったものを盲目的に採用しただけでは，成功を約束した戦略とはならない（Steins et al., 2000）。実証的にも，「単純規則」原

第13章　15年間の研究を経て得られた知見と残された課題　　　613

則は制度の規模が大きく，コミュニティの絆の弱い多様化の進んだ集団に適用されている場合が多いことが確認されている。これに対し，小規模で強いリンクで結ばれた集団の場合，複雑な規則の元でも利用者がそれらを理解している限り，運営をうまくこなしていくことができる（Berkes, 1992）。

　包括的知見というものはいかにすれば実務的な価値とすることができるのだろうか。[6] 我々は，実務家に対して特定の状況の下で何をすべきかを具体的に伝える標準的な手続き一式の提供といった意味で，それが規範的なものになることを期待していない。それでも包括的知見はそれを現下の状況に関する詳細な知識と組み合わせるとき，実務家にとって有益である。包括的知見はそれがあれば実務家にとって診断力になるという価値がある。それは有効な行動を選ぶ際にこの分野のもつ特性を伝えるだろう。実務家がある状況を正確に診断したら，ある状況ではあることが有効であるという知識は，現実の課題の前で力強く働くだろう。

　状況に関する完全な診断があっても，包括的な知見だけでは行動のための詳細な処方箋を書けることを期待できないのにはそれなりにいくつかの理由がある。まず第一に，社会科学の場合，包括的知見と言っても，物理学の法則のように堅固に確立したものになることはないからである。たとえば，人間というアクターの場合自らの行動を統べると想定されている法則を否定した行動をとることがある。また過去の経験から得た結論を無効にするように取り巻く条件に連続的な変動が起きることもある。自然科学を支える知識の体系にとって中心的な，時空を通して統一的な法則をもつという原則は，人間行動を対象に発展させている理論の場合，現実的ではない。第二に，意思決定を行う際に伴う多数のトレードオフの関係があることによって，包括的知識は行動に対する不完全な指針でしかない。理論の有効性といった望ましい性質のすべてを一度にそろって得ることはできないうえ，選択は常にトレードオフに晒され，妥協によることを認めざるを得ない。実務家にとって，資源の持続可能性だけが唯一関心のある成果物ということではないのである。彼らは，持続可能性をコミュニティのガバナンスや経済発展といった他の望

---

　[6]　この文章と続く2つの段落で書かれた語句は，National Research Council（2000:15）より引用。またここでの文意はGeorge（1993）の論考に多くを負っている。

ましい成果と一緒に天秤に掛けざるを得ないのである。

　このような限界があるにも拘わらず，本書で展開された種々の知見は，現時点での限られたものではあるが，資源管理の実務家にとって有益なものになると確信している。実務家にとってそれらは，検討の対象にしなかったかも知れないものを含めて選択のオプションを認識し，実務家が選択して採る行動の意味を考えぬくチャンスとなり，採用された行動が順調に進んでいるかどうか[7]をモニターする場合の方法を認識するときのガイドである。しかし，実務家は体系的に分析された結論を受け入れることを拒否するかもしれないことも知っておかなければならない。多くの実務家がそのような結論に不審を抱き，自らの経験に根ざした知識や他の実務家が展開した知識を好むものである。もちろんそこには，実際に有効であったことを信頼し，有効でなかったことを避けるという賢明さが働いているが，我々もコンテクストの違い，時間単位を通しての一般化には困難が生ずることには留意が必要である。これは，経験を重んじがちな実務家にとっての問題であると同時に研究者にとっての問題でもある。研究者と実務家の間の絶えることのない相互交流が，やがて，直接の経験と体系的な分析を共に着手することがもたらす知識のあり方に対する相互の尊敬と理解を改善していくと信じるものである。学問と実践の間のギャップに架橋することは引き続き最重要の課題として残っている。

3.3 制度設計上の課題

　研究が示してきたことに従えば，制度設計の実行者が直面する状況は，これまでにも正確に理解してきたつもりであるが，それ以上に多岐に亘るものである。1968年段階で認識していた以上に主要な制度の形態が一層多様に存在する。そしてその形式はさらにはっきりとしたサブ形式をもつ。Tietenbergが本書の第6章で示した論考はその好例である。そこ

　7）　もちろん，モニタリングは，資源とその管理組織に関する情報を渡さなかったり虚実の情報を流すようなことがあれば，正確さは完全でなく不正確なものになるかも知れない。正確なモニタリングがなければ管理自体が成功に導かれる可能性が低くなることになる。しかし，正確さは本当に正確といってよいかは，そのおかれたコンテクストによることも事実である。

第 13 章　15 年間の研究を経て得られた知見と残された課題　　　615

では，これまでの単純な許可証取引——ひとつの私的所有権という制度形態——を，取引可能な権利としての形式から複雑な資源システムの範囲で単一ないし複数の資源を規制する場合に発生する外部不経済に対処するひとつの制度までを含む概念に拡充されている。このような研究は，様々な制度的可能性とその含意するものを解明し，実務家のいわば工具一式の規模の充実に役立つものである。

　そのような工具一式を得ても，実務家にとっては制度設計を提案するに際して，自らの経験のみを頼りにすることは難しいであろう。限られた経験のみから理由付けることには多くの落とし穴があるという意味でその判断は賢明なものであろう（Neustadt and May, 1984）。長い間には，経験に関する体系的なデータベースを開発し，成功する運営の助けとなる条件に制度の形態を繋ぐことのできるより良き地図を構築することによって，こういった研究も貢献していくことだろう。しかしこの活動には相当の時間を要する。

　この間，入手可能な研究成果を制度設計が直面する課題——すなわち資源管理制度として成功していくために取り組まねばならない潜在的な問題群——として理解していくことが有益だろう。この節では 7 つのキーとなる課題を列挙し，それぞれの課題を特に決定的にしている条件を議論し，いくつかこの問題を解決するために提案されてきた揺ぎ無い戦略——Ostrom（1990）がかつて提唱した設計原理のように——を指摘していこうと思う。

　① 　低いコストでの規範の実効化　　成功する制度とは，コモン・プール資源へのアクセスと維持のための規則の案出と規則違反行為の制裁を資源利用者自身が実施できる能力を有していることに依存していると広くみなされている。これらの制度設計上の要件が穏当なコストで実行できるのか，またそれらのコスト負担に資源利用者を協力させることができる状況にあるのかという点に多くがかかっている（Trawick, 1999; Ostrom, 2000）。図 13-3 が示すとおり，規則（紛争の判定を含む）を実効あるものにするコストは，モニタリングのコストとともに，資源とそれを巡るコミュニティのもついくつかの特質によって強く影響を受ける。資源利用者が共有する規範に忠実であるように督励する強いコミュニ

ティのメンバーとしての特質を持っていない場合，実効化の問題は大きな課題として立ち現れる。主要な資源利用者に対し退出オプションが与えられていると実効化を進めることは大きな挑戦を受けることになる。

　配分の規則は，自主的遵守（そうなれば実効化のコストも低下する）を促す資源利用者の意欲に影響を与えるものである。米国における大気を二酸化硫黄のシンクとして利用しようとする権利の配分は一つの例である。新しい制度設計に資源の大量利用者（電力会社）は賛成を示したが，これは既存利用権者には無償で配分され，新規の購入者には有償配分となることが理由であったろう（Tietenberg, 第6章を参照）。

　研究者は，実効化を巡る課題に答えをだすいくつかの設計原理を見つけ出してきている。それらとは，規則違反者へ制裁を加える権利を資源利用者が有していることに対し，上位権威者による支持が得られていること，資源へのアクセス権を有する者は誰であるかについて明解な定義の確立，規則形成プロセスに資源利用者が参加することの重要性，違反に対する段階的な制裁措置の確立，紛争解決のための低コストで済むメカニズムの必要性である（Ostrom, 1990）。

　② 資源状況のモニタリングと利用者の規則遵守　　コモン・プール資源の運営あるいは同資源規制のための規則施行のためには，2種類のモニタリングが必要である（McCay. 第11章；Tietenberg, 第6章；Rose, 第7章）。資源と資源利用者を比較的簡単で安価の方法でしかし確実にモニターできる場合には，資源を過剰使用から保護することが比較的容易である。モニタリングが困難かつ不確実，あるいはできるとしても高度の測定技術を要する場合，かなり解決の難しい問題となる。図13-3は，モニタリングの難度やコストに影響を与える資源と資源利用者のいくつかの特性を示している。原則としてそれらの特性は個々に別種の応答行動（response）があることを期待している。図に示されていない要素は，モニタリングの費用に影響することになるとみている。

　たとえばRoseは本書第7章において，コモン・プール資源ストックからグッズ(資源サービス)が取り出されること(抽出・採取による資源使用)をモニターする方が，バッズが資源のなかに貯められる場合（流し台に汚染物質を廃棄）より容易であると指摘している。それ故，モニタリン

グに関しては，何らかの抽出過程を伴うものや発生源集中型公害に比べて発生源不明の公害の場合，制度設計に深刻な課題を投げかけるかも知れない。汚染物質のなかでは，影響の結果に一様のパターンがみられない場合（すなわち，汚染レベルの変化がどこで起こったかで汚染への影響が依存している場合）が特に問題を困難にする。不均一性は大気の性質の維持のための規則考案にとって不均一性は大きな問題となってきていたし（Tietenberg, 1974, 1980, 1990），そのために様々な制度のあり方がそのために採用されてきていた（Dolšak, 2000）。一方，大気中への温暖化効果ガス放出の例が立証するように，均一な影響を与える一様性汚染分布も形式こそ違え困難な問題を提起していると言えよう。

したがって制度設計にとって極めて重要な任務には，モニタリングの際に必要とされる条件の理解，モニタリングのための制度的・技術的方策・装置の考案，これらを実施するための必要な予算・要員の確保などが含まれる。成功した制度であれば，状況にぴったりの方法でこれらの任務を遂行する。モニタリングを成功に繋げる簡単には壊れない戦略とはモニタリングの当事者が資源利用者に対して少なくとも一部の説明責任を有するように制度を作り込むことである（Ostrom (1990)のあげる設計原理との関係を参照）。モニタリング担当者が政府雇用で，賃金が低く，長期的な利益とは無縁の遠隔地に配置された場合を考えよう。そういった場合，非合法の賄賂を引き出そうとする誘惑は，公務を全うしようとする努力が個人的にコスト高となるために，その努力が生む利益を圧倒するかも知れない。

③ 他資源に与える外部不経済の問題解決　資源に関わる制度の管理について言えば，それが他の資源を取り巻く条件に影響をもたない場合，様々な資源と複雑な相互関係があり，それらの一部分となっているような場合に比べて容易であるといえよう。たとえば，単一種といっても魚類ストックの場合，他種の旅漁獲量によって影響を受けるかも知れない（すなわち，捕食種の個数を減少させることで，現存の種のストックを補強することに繋がるかも知れない。被食用種の個数を減少させると，目的とする種の個数まで減少してしまうかも知れない。）。さらには，水の利用が汚染防止のための流し台としての使われている度合を表す関数となっ

ているとき，魚類ストックの水準は水質によって影響されるかも知れない（Olsen and Shortle, 1996）。一つの資源が複合的なシステムの一部となっているとき，管理にあたる当事者はそこにみえない残りのシステムに関する情報も必要となる。それらはその資源の利用を暫く行ってみてからでないと得られないことが多い。相互に連結した資源システムや相互関係のある利用集団を管理する場合にはより総合的な制度が必要になることが多い。管理の成功は，人数が増え不均一性の上がった資源利用者の集団とともに，複数の種あるいはエコシステム自体を規制していくことにかかっているようである。その成功は又，システムの個々の部分を管理することに責任を負った既存制度同士のリンケージを必要としているのかも知れない。TietenbergとRoseが本書第6章，第7章で指摘しているように，資源管理を効果的に遂行できるような簡易で個人に適用される譲渡可能所有権体制（たとえば，譲渡可能環境許可証）を考案することは困難な現状にある。

　④　対立する価値・利害関係の調整　　実験的手法，アンケート調査を使った研究は，理論的分析と同様に，資源利用者からなる集団のなかに，その集団の福利に価値づけを行い，どんな場合にも約束を違えず他の集団メンバーに信を置くことにやぶさかでないような個人が相当の比率でいることが，資源管理における効果的な協同行為の成否を決めているとの示唆を行っている（Cambell, 1975; Axelrod, 1984; Sober and Wilson, 1998; Kopelman et al., 本書第4章; Richardson and Boyd, 2001*）。資源利用者のコミュニティのなかに協力的な価値観と態度が行き渡っているということは，文化的な伝統とそのコミュニティの強靭さという，制度設計者が容易には変えることのできない二つの要素によって結びつけられている。この協力的な価値観と態度が欠如するようなことがあればそれはこのコミュニティにとって甚大な挑戦であり，常に注意を怠らないことが必要である。制度設計での非常に重要な課題の一つは，明確な制裁を持たない状態で協同を維持するその備わった性質を尊重しながら，資源利用者間での異質性の出現にどう有効に対処していくのかである。
　同じような課題は資源利用者の間に表れる対立する価値や利害である。この問題は政策決定のあるところ遍在するものであるが，関係する

第 13 章　15 年間の研究を経て得られた知見と残された課題　　　619

集団が経済的・文化的に混成している場合，そのメンバーと資源との関係が様々で単一でない場合（例としては水資源の上流利用者と下流利用者の関係など）（Lam, 1998; Tang, 1992），そしてメンバーのそれぞれの当該資源への依存度に相違がある場合（Berkes, 1992），集団内対立の問題はたいへん深刻になる。資源を取り巻く力学が必ずしも理解されていない場合，事態は一層混乱に陥る（されに詳述の予定）。資源管理の設計が，許可証取引のように市場原理で成されている場合，元々そこにあるトレードオフの関係を利用して利害の対立に臨もうと意図されている。しかしそれは，一部の資源利用者からは公平性の観点から拒否されるかもしれない。紛争解決のメカニズムを開発する最も安価な手立ては，全面的に価値と利害の争点にきちんと対応することである。

⑤　**不完全な知見のもとでの資源管理**　　実証研究によれば，対象となる資源に関わる力学を理解すれば，その資源管理のための制度の形成と維持は容易になると示唆している（Gibson et al., 2000a; McCay, 本書第 11 章；Wilson, 本書第 10 章）。同様の知見が理論的分析でも報告されている（Olsen and Shortle, 1996; Pindyck, 1984, 1991）。不幸なことに，海洋漁場，熱帯のエコシステム，そして地球の大気をはじめ，多くのコモン・プール資源について主要な管理上も課題を作り出す力学について知見は甚だ乏しい状態にある。

なぜそのような資源に関わる力学の理解が不完全にならざるを得ないかに関しては二方向からの問題がある。一つは，資源ストックに影響を与える変数は判ったとして，それらの関係が確率論的であるか，それと同時に高度に非線形の関係にあり，確定的かつ線形の関係にはないことである。不完全な理解に留まっていることは，次の問題に対してさらに深刻な課題を投げかける。それは資源利用者が，どの変数が資源ストックや自然に対し影響しているか（少なくとも関数形で functional form），またそれらの関係の強さについて知識をもたない場合である（Wilson, 第 10 章；Rosa, 1998; Dietz et al., 2000）。この状況はモニタリングを困難にする。なぜならモニターすべきものとその方法が不確定だからである。大気汚染に対する規制がその好例となる。大気分水界はいくつかの変数によって相当程度影響を受けていることは事実であるが，それらの変数は

制度設計上の管理を越えて統御不能な対象（たとえば，風速や風向，大気温）なのである。加えて，短い時間スケールでの変動は様々な要因変化の影響を受けて結果のみが判る性質である。結論としては，モニタリングは長期間（年単位）で必要であるとともに，短期間（時間単位での最高値）でも必要となる。

　不完全な理解は，モニタリングから得たデータから複数の解釈ができることによって，また重大な管理上の問題を引き起こす。科学専門家と資源利用者は解釈を巡って不一致を起こしがちである。それは特に資源利用者の間に価値評価と利害に相当の相違が存在する場合である（Dietz and Stern, 1998; National Research Council, 1996, 1999）。資源フロー利用権や譲渡可能なそれらの権利の配分は，その資源の利用に関しあるべき配分上限に関する知見が欠如しているとき（Tietenberg, 第6章; Rose, 第7章）や多様な資源利用者の間でどのくらい資源保全的であるべきか不確実性のもとで一致が見られない場合，問題含みとなってしまう。

　Wilson は第10章で，資源ストックが不確実性をもち変動が大きいほど，次のような努力を一層注ぐ必要があると提案している。すなわち，ストックの状態へのモニタリングの頻度を上げること，資源保全上の懸念が発生する資源ストックのレベルを予め，利用者と管理者双方に告知しておくこと，資源取得の限界を改定する場合の手続きについて。多くの研究者が状況の無知を理由に不確実性がある場合には制度に判断の柔軟性を求めるとともに，次のような対処方法があることを結論づけている。すなわち，知見に改善があった場合にはそれに対処すること，資源利用の上限変化を資源ストックが要請しているときには利用者にその変更を速やかに求めること，紛争解決のコスト削減策があればすぐに取り入れることなどである。意志決定面での必要な柔軟性や需要面に対立があればすぐに対処できるようにするための，意志決定面での最善な設計をいかにやるかについてはいまだに不明な部分が多い（National Research Council, 1996; Wilson, 第10章）。

　⑥　適切な制度間のリンクをどう定着させるか　　環境システムは，それが管理の対象となる社会システムのもつ境界とぴったりと一致する訳ではない。ある社会システムの規則が資源管理に適用されたからと

第13章　15年間の研究を経て得られた知見と残された課題　　　621

いって相互に矛盾のない関係になるとは限らないのである。制度間のリンケージは水平的（空間を越えた）であるとともに垂直的（組織レベルを越えた）なものである必要がある。垂直のリンケージは，その資源が大規模なとき，高度に複雑なとき，そしてその資源の利用が他のコモン・プール資源にとって相当の外部不経済を及ぼすとき，その必要性は特に決定的に重要となる（Karlsson, 2000）。上部にある制度は下部のローカルなレベルでの規則等の実効化を支持できるかも知れないし，ローカルなレベルでのモニタリングや実効化の際に資源提供が可能かも知れない。ローカルなレベルでのモニタリングや実効化の実施にとって良好な条件が整っていないときに，権威ある外部機関はローカルな資源利用者の観点も考慮に入れながら，情報，長期契約や実効化のメカニズムを提供することで援助が可能である（Morrow and Hull, 1996）。リンケージに関して最も困難な課題は，グローバルな資源管理（たとえば，大気，海洋，グローバルな生物多様性）の場合に発生する場合が多い。それは個人や組織の地域ベースの行為が直接に影響を与える資源の管理なのであるが，そこにグローバルな利害が存在するからである。地域ベースの行為といっても，それらはローカル，リージョン，国家レベル，そしてグローバルな制度によって具体的に方向づけられている。そこでの課題とは，資源を保全しつつ関連するすべてのレベルでのガバナンスの要求を調整できるような制度の形態を設計することである。

　第8章でYoung，第9章でBerkesが両者とも指摘しているように，リンケージの課題とは，資源管理のための最適な制度レベルを見つけることではなく，レベルの違う制度にはそこでなくては貢献できない要素をもっているが故に，様々なレベルの制度をどのようにすれば垂直にリンクさせるかことができるかを決定することである。たとえば，空間的にばらつきのある資源の場合，たとえ高位レベルのガバナンスに服していても異なった地域ごとに相違する利害が形成されており，一方高位レベルの制度は地域レベルとは違った経済的・政治的利害に応えるものである。Ostrom（1990）は必要とされるリンケージの形成の設計原理として制度を入れ子状態に置くことを提案しているが，他のアプローチもまた可能なのである。第8章および第9章においてYoungとBerkesはそこでの課題を概念化するとともに，それぞれのレベルの組織にとっての

便益を維持できるような取決めを提案している。

⑦　社会・環境条件の変化への適応　ケーススタディに基づいた研究では，効果的な資源管理制度であればそれらが管理する資源に差異が発生したり変化が起こることに対して，また資源利用者に変化が起こることに対して適応していることを明解にする。しかしながら，適応型管理制度（たとえば Holling, 1978; Lee, 1993; Berkes, 第9章）への高い関心にも拘わらず，いかに適応はなされるのかという疑問に対しては，体系的調査の実施に至るほどの関心を受けることはなかった。制度上の適応や柔軟性は，コモン・プール資源管理にとってこれからだんだんと重要度を高めていくようにみえる。なぜならある種の資源ストックや特に国際的レベルで問題となる制度的環境において変化の程度が徐々に高まっているからである。この問題について，さらに本章の後半にある研究の不足している分野を論じた節で取り上げる。

4　今後の研究の方向性

コモン・プール資源管理制度に関する研究は1980年代に入って以来，大幅な進歩を遂げた。これからの10年間には，研究の方向性を確率すること，いくつかの未着手の課題群に取り組むことで，さらなる進歩が可能であろう。我々は研究分野の状態は次のようだと信じている。すなわち，この分野に投資をすれば健全な科学として成果を，また実務家にも利用価値のある成果を作り出すことができる領域であると考えている。

4.1　この分野での知見を系統的に発展させ続けていくこと

我々はこれまで，この研究分野はこの段階にある科学が典型的に示す発展の径路を辿っていることを述べてきた。研究コミュニティがこれを自覚的に歩んで行けば，この進歩は加速するようにみえる。このことは研究スタイルでのいくつかの変化と研究コミュニティが理論と検証の関係について一層の調整を図ることを意味していると思われる。

第13章　15年間の研究を経て得られた知見と残された課題　　　　623

①　ケース研究手法の役割　　ケーススタディは主要なコアとなる変数の同定や仮説の形成を通じて，「コモンズの悲劇」モデルに限界と欠陥があることを記述してきたことで，この分野の知見に貢献するところ大であった。ケーススタディは，特に「新しいコモンズ」や制度としてのリンケージを調査する場合，そして参加型研究（追って検討）の場合も含めて新機軸を切り開くものであった。そのような研究フロンティアとも言うべき分野では，従来から研究の進んでいる分野において重要と看做されている変数のみに研究者が注意を向けているようなであれば，これまで研究対象にし損ねていたかも知れない現象や変数を見つけ出すためには，綿密な観察が必要である。とは言え，理論要請の強い研究プロジェクトに限っても，今やいくつかのケーススタディの方法論を活用することが可能になっている。たとえば，フォーカス・構造ベースのケース比較法（Bennett and George, 出版準備中）や理論要請型評価法（Birckmayer and Weiss, 2000; Chen, 1990; Chen and Rossi, 1992）といったものである。理論的に関連性を担保された変数に関し共通の情報を抽出するために，開発した構造化したコーディング様式を使って既存のケーススタディのデータマイニングを行い，その後，命題の検証をすることも可能になっている（Ragin, 1987, 2000; Ragin and Becker, 1992; Tang, 1992; Schlager, 1994）。そのような体系だった既往ケーススタディの評価を行った結果，新しいケーススタディのためにクリティカルな質問を投げかけることができる。将来ケーススタディ法を使う場合，このような研究戦略が益々盛んになっていくだろう。しかしながら，ケーススタディによるアプローチには本源的な欠陥があることを記憶しておいて欲しい。それは，その代わりにそうであったかも知れないという事実に反するシナリオを想定し，それとの比較をしたいというニーズによってケースが作られた場合を想起して欲しい（Tetlock and Belkin, 1996; Roese, 1997）。

②　作業仮説の吟味のための多ケース比較モデル利用の充実　　理論は，多ケース，多変量の分析手法で特色づけられる状況変動型一般化モデルを提供するまでに発展してきている。この発展の意味するところは，先に説明した新しいタイプのケーススタディを基礎にした方法論とともに10年の内には大規模標本による多変量の手法を元にして大きな役割

を担うものに発展していくことだろう。大規模標本からなる多変量データベース（Agrawal and Yamada, 1997; Ostrom, 1998）は多くのケースについて多変量分析を可能にするモデルのためには必須のインフラを提供するものである。丁度本書の何章かが行っているように現在ある研究の総括を行うことも必須なことである。なぜならそれによって大量データベースからは割愛される変数を使った仮説の形成ができるからである。しかし一方でフォーカス・ケース比較法によってそれらは吟味されることにもなる。

③　因果関係説明用モデルの開発とその検証　　実証的にも支持された因果関係分析仮説が急速に登場してきている。因果関係の確立のために実験手法が有用な手法として長く利用されてきた。そして特に個人や小集団で運用される変数を使っての研究では今後とも有用性を失うことはないであろう。ゲーム理論を使った論理形式の備わったモデル分析やその関連アプローチは今後とも有意義であるが，実証的手法による妥当性の検証が必要である。これからの10年この分野の研究では，現在発展しつつある多ケース，多変数のデータセットを集中的に活用した因果関係モデルによる分析を開始しなければならない。この手法はこの分野の初期の研究ではほとんど使われなかったものである。この手法に向けて移行していく場合，次の点に十分に注意を払わなければならない。理論的に関連性ありと認められる変数について，その質と独立性の確保されたデータであること，もう一点は，個人のケースを前提とした時系列データ，理想的にはパネル分析の適用可能な十分な数のケースに関する時系列データの整備である。

④　多角的インタビュー手法の重要性　　異なった研究手法や研究分野の伝統を背景にした研究者の間でのコミュニケーションからは，得られる研究成果に手法の如何によらない強靭さが加わり，この研究分野としても継続して便益を得ることができる。手法としての多角インタビューは課題解決志向の設定において最も実施されている。たとえば国際共有資源学会の研究部会や制度設計に関わる特定の課題に焦点を当てた研究プロジェクトの場合などである。普段はコミュニケーションをと

第13章　15年間の研究を経て得られた知見と残された課題　　　625

らない研究伝統の異なる分野からの代表者を引き合わせことが肯定的に実行されなければならないと思われる。学会の研究分科会において異なったタイプの資源に議論を行い，理論にはその特定の要素がもつ幅広い応用可能性があることを判らせることなどを通してコミュニケーションを高めていくことも重要である。制度設計の理論を新しくなじみのない設定にも適用することで，このような活動の重要性が生かされていく。

⑤　理論レベルでの彫琢　　理論化の進展し，幅広い現実のデータと付き合わせるテストを経ると，解像度の高いコンセプトに高めたり，複数のコンセプトを合体したりする段階に進むことができる。第6章におけるTietenbergによる許可証取引に関する究明は，執行体制についてどのくらいの詳しさで調査を行うことが理論上の高度化や差別化に繋がるのかを示す格好の事例（大気汚染防止ではうまく働いた執行体制が，魚場の場合では同じようにはうまく機能しなかった事実をどう説明できたかなど）を提供している。図13-3を使って本章の前の方での説明が提案するように，文化的異質性，コミュニケーション，社会のネットワークの深さ，互酬の習慣などは，コミュニティや社会関係資本の強さといったこれひとつでその社会の基盤を作っていると言ってよいものを反映した変数の束の一部を成していると言ってよいかもしれない。このような理論における特定分野での発展が全般的な成果に結びつくかどうかは判らないが，それらに，理論の発展が望ましい方向に進んでいることが反映していくと考えられる。すなわち，経験のもつ規則性をよく反映したコンセプトに基づく高度化した範疇の形成などを意味する。

⑥　制度設計への深い理解　　研究者集団としては，すべての制度的な体制は成功に結びつけるために，いくつかのコアとなる任務（たとえば，規則，モニタリング，実効化に関し共通の理解と合意の形成）の遂行が義務であることに関し，考え方に収束がみられる。資源管理者はこれら必要と要請されている任務，すなわち，個々人が非常に難しい立場に立たされる場合を作り出す条件，そのような条件が突きつける課題に対して制度が対応できるとしたときの態様について理解が必要である。研究者集団としては，資源管理者の理解を進めるための支援を継続して努力

することによって実際的な有用なアドバイスや理論の高度化に繋がっていくと考えられる。

4.2 研究の不足している主要な課題

この研究分野にとってすでに中心的な路線，また前節で議論した路線に沿って継続した知見の発展に加えて，この分野の研究者に一段と集中した注目を求めたい4つの重要なテーマについてみておきたい。それらは，①資源管理制度における力学への理解，②コモン・プール資源のもつ広範な部面への洞察の拡充，③資源管理制度へのコンテクストを通じた影響への理解，④制度を跨るリンケージの役割への理解，である。

① **資源管理制度における力学** 資源管理制度に関してはそこに内包される力学について理解することが一層必要である。力学とは，その制度の進化過程と適用過程，意思決定と内部対立に纏わる問題への対処方法，制度自体の変化と制度と資源の関係の変化の際の統治するメカニズム（資源制度の変化に関する研究としては Becker, 1999; Futemma et al.,(2001) * を参照）を意味する。これらに関する分析は，特定のコンテクストにあって制度を効果的に運営することのために，なぜ特定の条件はプラスとなりその他はマイナスとなるのかを説明できる因果モデルを開発するためにも必須なものである。資源制度は環境変化に対処していかなければならないが，そのプロセスと制度変化を理解することが，制度設計と運営という実務的任務にとって決定的に重要な意味をもつ。以下の議論が提示するように，制度の力学を研究することを通じて，他の活発な社会科学研究領域に対してリンクを張ることができるになるのである。

イ．**意思決定における熟議プロセス** ある資源の状態に関する科学的分析は，その利用についての意思決定に関わって発生した対立関係から遮断してなされるべきであるというのが常識である。また，科学は意思決定に影響するだろう，しかし政策形成で生まれる対立関係や二律背反の関係が科学に影響してはならないという考え方も常識となっている。コモン・プール資源に関する文献はしばしば，Wilson が第 10 章で論じたように科学的分析に対しかかる政治的圧力の問題を取りあげてき

ている。制度設計における住民参加は今や民主主義の与件となっているが，制度の成功が環境に関する科学的・技術的情報に依存しているようなとき，科学が要請するものと民主主義が要請するものとの間に対立関係が生まれることを多くの場合にみることができる。

環境政策研究の業績には，少なくともここ20年に亘ってこの問題に取り組んできた跡がみられる。そのいくつかは，「リスク評価」と「リスク管理」とを大変厳密に分離すべきことを主張するものであるが（National Research Council, 1983は，この問題で必ず引用される），一方で科学者以外からの意見提示を含んだ公共討議のプロセスと，公共政策に対して客観的に提出される科学的分析とが統合されなければならないという主張（たとえば，Cramer et al., 1980; Dietz, 1987）もされてきている。今や後者の観点が環境政策研究文献の主流となってきている（たとえば，National Research Council 1996, 1999; Commission on Risk Assessment and Risk Management, 1997; Environmental Protection Agency, 2000）。

科学分析における「利害関係者と被影響者（interested and affected parties）」（National Research Council, 1996）の役割に一定の見通しを示す観点は資源制度に関する文献ではたぶん新しいものであろうが（Berkesによる第9章を参照），後者の文献では制度設計における参加型プロセスの重要性が長らく強調されてきていた（たとえば，Ostrom, 1990では参加は制度設計の原則のひとつとしている）。地域レベルや全国レベルの団体と多様なステークホルダーからなるグループを繋いだ共同管理形態を含みながら，国家政府とのリンクが見られる場合には制度は様々な形態をとり得るとBerkesは言及している。第11章でMcCayは，科学専門家や資源利用者を含んだ熟議プロセスはコモン・プール資源管理体制を形作るうえで重要な道具立てではないかと提案している。Wilsonは第10章にてこの種の議論で興味を惹く事例を提出している。Tietenbergは第6章で，譲渡可能許可証システムを旨く機能させるよい設計原理とは，市場の構造の徹底した分析とシステム始まりの際の許可証配分について，市場構造と富の分配に関する社会的価値の両方を考慮できるよう徹底した熟議の場を設けることであると述べている。

多くのコモン・プール資源のおかれた設定は，広義の意味での分析・熟議併用意思決定過程から便益を受け取れる状況にあり，そんな状況の

もつすべての特性が備わっている。この意思決定プロセスでは多次元の議論から結論に達するものであり，資源に関し科学的不確実性を認め，関係者の間で価値観の対立と不確実性を認め，アクター間相互には不信があることを認め，しかし科学的不確実性に結論が出る前に行動が必要なことを認めようとするものである（Dietz and Stern, 1998）。それ故に，共有資源管理に関する理論と実践は，環境問題や技術的問題の意思決定への住民参加のプロセスに関わる業務団体が増加してきており，それらとの交流から得るものが大きいはずである（たとえば，Renn et al., 1995; Sclove, 1995; Chess et al., 1998; Chess and Purcell, 1999）。こういった研究方法をとることで，制度設計のもつ全体としての性格が成果に影響するように働くプロセス部面での変数の役割を解明することに繋がる点と制度設計のなかのプロセスに関する側面について説明のできる有望な手法について示唆を得ることができる点がある。科学的な不確実性と意見の分かれる論争に直面しながら活動を行う場合や資源管理問題に関する多様な観点の調整のためには，効果的な住民参加のメカニズムが特に必要である。

ロ．制度形成の学習プロセス　　Ostrom（1990）によれば，資源管理の成功はほとんどの場合制度自体にどれだけ学習能力があるかに依存しているという事実に基づいて，制度設計者に対し，規則変更がいつでも可能なように制度に組み込むことを提案している（Wilsonの第10章を参照）。学習とは多様な情報内容にどれだけ応答できるかに依存している。すなわち，資源基盤や資源利用者の行動を監視しながら得られる情報，資源に関する基礎的科学的理解における変化，そして資源利用者に関する情報と認識に誤りを犯さない枠組みを意味している。上記Wilsonの章には，学習がうまくいかなかった場合や洞察の際に関連性のある情報源をもたなかった場合の危険についての解説がある。

学習は必須であるが，資源管理制度の学習とはいかにあるべきかを験証している実証研究はまだ限られている。したがって，学習のための制度設計に提案できるだけの実証的裏付けはほとんどないと言ってよい。いくつかの研究がスタート段階に関して役に立つ提案をできる程度である。適応型管理の研究がこの分野に関連性がありとのWilsonの指摘がある（Holling, 1994）。すでに触れたが，討議と参加型の運営プロセ

スに関する理論と研究も今後の洞察に資する。環境への組織的適応（たとえば，Aldrich and Marsden, 1988）や政策システム形成における学習問題（Sabatier, 1999）に関する理論と研究内容が増加してきており，これらも関連性が深い。どうしたら制度を適応可能なものにするかということに関心のある研究者や実務家であれば，有益なコンセプトをゼロからのスタートではなく手持ちの研究から提示してくれるかも知れない。最後に学習過程のモニタリングの問題がある。学習プログラム評価に関する何十年にも亘る研究成果から得られた知見のひとつに，方針（規則の体系など）の徹底は実験してみることに如くはないということであった（たとえば，Campbell, 1969）。初めて試みたときに完璧な運営は期待できない。しかし結果をモニターすることで，調整し改善することはできる。そして実際に改善が進むことになる。プログラム評価の文献には，方針策定や研修プログラムの管理者や参加者にとって，評価や調整に関する改善の方法論が豊富に掲載されている（たとえば，Cook and Campbell, 1979; Chen and Rossi, 1992; Weiss, 1998）。

　ハ．**紛争管理**　紛争管理に関する低コストの方法に対するニーズは資源管理のコンテクスト（たとえば，Ostrom, 1990）からもこれまでずっと認識されてきていたが，制度設計の側面での研究上の関心は必ずしも得られてこなかった（例外的に Blomquist, 1992）。紛争管理は次のような場合，非常に厳しい課題となる。すなわち，制度が不均一な価値観，関心，目的をもったひとびとを統治しなければならない場合，また管理上の意志決定によって資源と資源利用者がどのように影響を受けるか見解に対立がある場合である。そのような課題をいかに解くか。紛争管理一般や特にグループ間紛争や様々なレベルの組織を統べる制度の紛争管理を扱った豊富な研究成果から資源管理の研究者や実務家は有益な着想を得ることができるだろう（たとえば，Deutsch and Coleman, 2000; Fisher, 1997; National Research Council, 2000）。これらの文献のいくつかは環境政策やその他の政策も含めてそれらにみられる紛争対立に取り組んだものである（たとえば，Susskind and Cruikshank, 1987; Wondolleck, 1988; Wondolleck and Yaffee, 1994）。

　ニ．**制度の生成・順応・進化**　自己組織化された資源制度がなぜ生成し，どこで，いつ活動をするのかということに関して研究者はほんの

限られた理解しか得られていない。また制度の社会的で生物物理的な環境の変化への適応を統べるプロセスについても限られた理解しか示していない。第11章でMcCayは制度生成の問題に取り組むため，心理学および人間生態学の理論を利用している。第12章でRichardsonほかは，この生成と適応の両者について，また関連する問題点に，進化論的アプローチを使って解明する方法を提案している。この進化論的アプローチは，人間集団が自己統治の資源管理制度を作り・維持する事実に対して，もっぱら個人の自己利益に基づく説明に代替するものとして，理論的な説明を提案するものである。組織論におけるエコロジー論を活用する並行的なアプローチは，組織の形態に関する人口問題が含む力学を理解するために進化論的論理を利用し，そのほか有益な概念や方法を提示が可能となっている（Hannan and Freeman, 1989; McLaughlin, 1998）。進化論的分析は，第12章にみられるように新しい研究上の作業仮説を生み出している。以下のような疑問の提示を行えることもこれらの仮説の有用性である。社会的に形成された規則のシステムに引き起こされる進化の頻度を決定する要因とはどんなものか（すなわち，急速に変化を遂げる環境に制度を適応させる人間集団の能力とは）？ 急速に変化する環境に在りながらも規則を巡るシステムに関しては緩やかな進化を伴うように人間集団を支援するためには何ができるだろうか？ 一部の理論家が論じてきたように，人間集団の集合において制度の形態における多様性は，制度に単一性が卓越した場合と比べてその集合体に適応上の優位性を与えることができるか？ 生物物理学的また社会的環境のどのような特徴が新しい制度の形態を作り出したり，消滅させたりすることに資するか？

② コモン・プール資源のもつ広範な部面への洞察の拡充　コモン・プール資源の概念は抽象的に定義できるとしても，理論の経験的基礎の多くは地域資源利用者の生計維持にとって適合する地域資源の調査から成っている。過去15年に亘って研究者と実務家はこの研究を得た洞察を拡張して，共用資源の定義には当て嵌まるもののこれまでもっぱら研究の対象としてきたものとは相当に違った状況にこれを適用することを始めている（Barkin and Shambaugh, 1999; Burger et al., 2001; Dolsak and

第13章　15年間の研究を経て得られた知見と残された課題　　　631

Ostrom, (2003) *)。

　早い段階での拡張は，資源抽出の状況設定から汚染問題の設定に替えたものである。第7章でRose，第6章でTietenberg，第8章でYoung等彼ら全員が，資源抽出の状況ではうまく機能していた制度形態について，汚染問題の場合どの程度変更が必要であるかという問題に取り組んでいる。もうひとつの拡張は，ローカルコモンズから大気や生物領域での窒素循環といったグローバルコモンズへの適用である。そこでは人間活動によって脅威にさらされている徴候を見てとることができる。各種技術によって今やグローバルコモンズに影響を与えるローカルな環境の微細な変化を監視することができるようになったために，様々なレベルでの管理制度に関する設計可能になったともいえよう。鍵になる研究上の問題は伝統的なコモンズから得られるレッスンを如何にそしてどの程度新しいコモンズに応用できるかということである。この問題のひとつの側面，すなわち規模を跨ぐ制度上のリンケージの問題であるが，それについては本稿の後半で詳述したい。

　資源制度の研究から得られた洞察を拡張するためにいくつか別の設定が試験台として提案されてきている。それらのいくつかは，インターネット，遺伝子プール，人間の臓器バンク，電気通信で使用されている周波数帯域，公共道路といったどれも技術進歩が生み出すものであり，またそれらには，企業，国家，国際機関の予算制度のような新しい制度的整備の生み出すものが含まれる。すべてこれらはコモン・プール資源の定義に当て嵌まるものである。

　こういった方向で理論を拡張しようという努力はいろいろな仕方で成果を生むかもしれない。課題として資源管理が採り上げられるような場合，価値ある洞察を提供することになるかも知れない。過去の研究における経験的な知見の一般化の成否が試験される。それらのことは，制度上の成功に影響を与える条件やプロセスに関し現在得られている知見の問題点の発見や改善に繋がる可能性が高い。たとえば，ローカルコモンズに関して得られた過去の研究結果と対立はするが（Bardhan and Dayton-Johnsonの第3章を参照），国際的でグローバルなコモンズに関する研究が提案することによれば，関心の不均一性は却って課題領域を超えた取引を発生させる動機を誘発させ，それによって協調連携の発生確率を高

めることができる (Martin, 1995)。またたとえば，グローバルコモンズに注目が集まることによって，伝統的コモンズ研究ではさほど重要とみられなかった不均一性のタイプに注目が集まることになる。多国籍企業によって占有される国際市場の相対的シェアの有様が国際条約交渉の緩和やそれらにおいて使用される文書形式にまで影響を与える可能性をもっている（たとえば Benedick, 1991）。

　新しい方向に理論を拡張する努力は新たに注目すべき変数を加えることになる場合がある。たとえば，多くのグローバルコモンズや高度技術に基づくコモンズの場合，ローカルで生存維持に関わるシステムから分かつものとして，便益ばかりを享受するメンバーとリスク負担をもっぱら被るメンバーにほとんど完全に分解する可能性があるという興味深い特質を有することがある。地域ベースの汚染からグローバルな汚染まで多くの形態があるが，大気を捨て場として使用することで便益を得ている場合，企業の生産コストの低下を通じて直接的に収益性に影響を与え，そこが提供する財・サービスの価格にまで間接的に影響を与える可能性がある。このように，便益は企業の所有者にまずは集中し，次いでその企業の労働者に，さらに少ない部分が財・サービスの購入者に及ぶということになる。しかしながら，気候変動や酸性雨といった随伴するリスクは，そのことで便益を得る集団とはほとんど重なることはない，広範囲な住民全体に負担が及ぶことになる。受益者とリスクに晒されている人々が同じ国に住んでいることはないかも知れない。まして同じコミュニティに属しているというようなことはないであろう。そのようなコモンズに関する研究は分配問題に焦点を当てることに繋がる。分配問題は，小規模のコモンズを研究している限りさほど注目をされることはなかったが，資源のシステムが一層グローバル化するにつれて，この問題は益々重要度を増してくることになるのではないか。これは小規模コモンズにおいてさえそのように思われる。このテーマについては次節で戻ることにしよう。

　次に種類の違う多数の資源を扱う場合に注目されている変数として，資源の補充・再生のスピードと資源の消費率との関係である。多くの現在進行中の研究では，10年単位の時間の経過のなかではっきりとした劣化が見られる一方で，同様の時間単位で補充や再生が進むような資源

基盤について注目が集まっている。しかし第1章で言及されているように，資源によって再生率に大きな違いがみられる。化石燃料の埋蔵量のように社会制度の観点から見ると再生率はほとんどゼロに等しくほど緩慢なものである。どんな社会制度も石油の再生を待つほど長く生存することはないからである。一方，周波数帯域幅やインターネットトラフィックといったものは，ひとつの使用が終われば瞬時に回復する。そこでの問題は混雑現象であり，資源基盤の退化・枯渇ではない。他のコモン・プール資源，たとえば西ヨーロッパの温暖な気候を維持している北大西洋の海洋循環を退化率や再生率で示すように精確に説明することはまだできないだろう。資源退化は人間活動の影響を受けた物理的プロセスとして，閾値を越えるまでは変化がなく，越えた途端に劇的に変化を示す非線形関数で記述されるものとなろう。一方で，閾値を越えても資源再生の可能性があるのかないのかこれも判らないのである。

　資源によってそれらの再生が異なったスケジュールでなされる場合，別のシグナルを提供していることになる。たとえば，再生が緩慢な非再生可能資源の場合，価格メカニズムは代替資源の探索，飛躍的な効率向上，新しい供給源の探査を誘発する。瞬時に再生可能な資源の場合，利用者の行動変化に即座に報いるように定義として調整が進む。資源の再生が年単位から10年単位で緩やかに進むおおかたの資源（ほとんどの研究対象はこのタイプである）の場合，生態学的あるいは水文学的システムのどちらかあるいは両者の原理に従うことになるが，関係式は非線形であり精確な予測が困難な状態にある[8]。それらの資源の場合，平常モード（BAU）が突然に危機モードに変化するといった，管理上の問題を引き起こす急激なモードシフトに晒される。いままでのところ，資源利用者が管理制度の組織化と維持を図る際の志向性などに，異なった再生スケジュールがどのように影響するか，このようなことに対する知見は非常に限られている。実証研究の成果によれば，再生可能資源の利用者は資源の取得率と更新率に注目することを勧める。資源の更新率がグロスの取得率を上回っているか，また取得率が回収率を上回っているような

　8）　資源の力学が非線形で予測不可能であるとしたとき，価格と市場に資源配分を行う機能ありとする標準的な前提は適用できないだろう。すなわち，価格シグナルは差し迫った需給関係における不足を的確に指し示すことができないだろうからである。

場合には資源利用者は資源管理のために制度に特段の工夫をする程度はずっと少ないといういくつかの証拠が挙がっている（Berge and Stenseth, 1999）。また資源のストックが時間の経過から独立した資源の維持の場合でない限り，保有ストックは期間内の資源取得量とその期首のストック量に依存することになり，資源維持は小集団であればあるほど，困難な状態に置かれることが判っている（Herr et al.,1997）。

③ 社会的・歴史的文脈（コンテクスト）の影響　Agrawalは第2章において，制度を対象にする研究者はこれまで，制度が機能している場のコンテクストよりも制度そのものの特性や機能の解明に精力を注いできていたという点を指摘している。最近の関心である他の制度へのリンケージ（次節を参照）は，うまい一般化を図ろうとするときには例外的なものとなる。以下では今後暫く系統だった注目に値する，制度の機能に関しコンテクストが果たすいくつかの重要な影響について述べることにする。

イ．グローバル化症候群　「グローバル化」という用語は科学的な概念ではない。にもかかわらず，この用語によって通常描写される現下に起こっている現象のいくつかの特徴は，どんなローカルなレベルのものであれ，効果的な資源制度を設計する際の様々な可能性に対して確実に影響を与える要素なのである。それらの特徴を列記すると以下のとおりである。

・従来は相互に孤立し独立していた構想，文化，人々，地点が急速に統合され，相互依存状態に入ったこと。

・人々やコミュニティが国家レベル，グローバルレベルの市場経済に急速に統合されていること。

・インフォーマルかつ伝統的に管理されていたローカルコモンズであったものが国際的でグローバルな経済・ガバナンスのシステムに統合されていること。

・経済的統合への動機と政治的分権化や権限下部移譲への動機に相互対立があること。これは発展途上国において特に顕著である。

・国際機関から構成する一般国家に対し標準化や義務付けの活動があること。

第 13 章　15 年間の研究を経て得られた知見と残された課題　　　635

・ローカルとグローバルの差異があいまいになってきていること（たとえば，熱帯湿潤林はグローバル管理の争点といった主張）。
　これらの変化する現象のいくつかは，今度はガバナンス制度の有効性を担保する変数に直接的に影響を与えるものとなる。たとえば，資源利用者が世界経済に統合されていくにつれて，利用者のその地域資源に対する依存度を低下させることになり，それら地域資源と管理ルールを捨て去る退出オプションの価値を高めていくことになる（図 13-2 や図 13-3 は退出オプションの価値増加が意味することとの関係で参考になる）。地域が貨幣経済化しておらず，緩やかに展開し，地域にとって効果的な制度であったものは，貨幣経済化が急速に進んだ場合，深刻な挑戦を受けることになる。貨幣形態での「税」収を個人の利得にしてしまう誘惑を断ち切る規則や規範を発達させていくことは常に挑戦となる。長い世代に亘って「税」というものが労働役務や物品によって納められていた場合，公的財政の一部が密かに個人目的に配分することが可能であるという問題に対処する規則や規範は発達しようもなかっただろう。グローバル需要の存在によって，地域グループのみによる資源アクセスへの統制は困難になっていくだろう。広範な商業というものを概念にもつことで，地域グループが相互に学習し，制度構築の知識や技能の移転を行うことを容易にするだろう。こういったすべての変化が残すネットの効果については何も知られていないし，理論化や調査もほとんど行われていない。
　グローバル化のある側面はコモン・プール資源管理にとって今後重要なことになる可能性の高い新しい現象を引き起こしている。一つはローカル，リージョナル，国家，そして国際的・グローバルな各レベルにおいてみられるグローバル化への抵抗である。地域レベル・国家規模レベルの運動は遺伝子技術適用穀物の広がりへの反対や知的財産権での地域の権利保全（たとえば，製薬目的の地域植物），グローバルな貿易自由化に反対を唱えてきたが，それらは新しい社会運動組織を発生させ，その多くが地域資源に対する地域単独での権利の留保やコモンズ資源の利用や管理に関する地域固有の権利の保全に関心をもっている（たとえば，Burger et al., 2001）。こういった組織は制度設計への参加の権利を主張した。彼らの同意が今後制度が機能するために必要かも知れない。こういった制度変革を広めるため有効と考えてか，彼らは規模・地点を越えてリ

ンケージを図ろうとしてきている。
　グローバル化の現象は，ガバナンスの中心はどこにあるべきかという新しい課題に問題のレベルを引き上げてきている。たとえば，遺伝子操作を経た穀物が，遺伝子技術を適用した資源を支配しそれらを世界で商品化している多国籍企業によって開発されていることは周知の事実になってきている。これらの物質の使用は，プラスであれマイナスであれ，重要な因果関係をもつものとして国家レベル，地域レベル両方の制度を巻き込むものである。またこのような事例もある。グローバル市場と連結した国家規模の経済開発方針（たとえば，観光，水産養殖）を進めるために湿地と沿岸地帯を治めていた地域資源利用者の権利を無効にするという政府レベルでの決定を行った国々のケースである（Ganjanapan, 1998; Agrawal, 1999 を参照）。これまで地域ベースで管理されていた資源が，地域の資源利用者，国家政府，多国籍企業，国際開発金融機関，そして様々なレベルでの社会運動家たちの間で起こる紛争の場となってしまうのである。このリストに挙がったアクターの一部はこれまでコモン・プール資源管理の研究関心の対象になどなったことのない面々であることに注目されたい。
　もうひとつ浮かびあがってきた現象には，ローカルとグローバルコモンズの区分や伝統的なコモンズと新しいコモンズとの区分があいまいになってきたことである。たとえば，多くの農民，もともとの地域住民，漁民といった人々（彼らの基本的な目的は顔と顔で付き合うコミュニティを通じてローカルコモンズへのアクセスと統制であった）が，インターネットといういわば新しいコモンズを通じてヴァーチャルなコミュニティに結びつき，多くの新しいグローバルなネットワークを動き始めていることである。またこのような事例もある。観光リゾートの建設やエビ養殖地のためにマングローブの生態系を破壊は，住民にとっての伝統的なローカルコモンズの喪失である。これを「マングローブ活動プロジェクト保全国際連携」といった国際的活動グループの視点でみると，アジアやラテンアメリカのいたるところに類似例のあるこの種の破壊は重大なグローバルコモンズの劣化を代表するものであるという。
　ロ．その他グローバルな社会変化　　グローバル化が引き起こす諸問題と関係するとみられているその他主要な社会変化は，グローバルなレ

第 13 章　15 年間の研究を経て得られた知見と残された課題　　　　637

ベルで起こっており，資源管理制度が適応を迫られるコンテクストの一部を形成している。グローバルな社会のトレンドを列挙するリストは時間につれて変化するだろうが，現時点でのリストには以下のものが必ず含まれると言ってよい。国民国家における政治的民主化，政府保有資産の私有化，地域的な経済制度とグローバルな経済制度の同時出現，そして政治権限の国家レベルから下方各レベルへの同時移譲である。これらのトレンドはほとんど間違いなく地域資源管理と様々なレベルの社会組織においてリンクをなしている資源制度の将来に影響を与えることになる。これらの社会変化は国々ごとで違い，社会組織の違いによってまたそれぞれに違った影響を与えていくことが予想されるのである。研究者集団は資源制度に与えるこれらの重要な影響を研究対象として取り組むことになお遅れをとっている。

　ハ．主たる人口統計上の変化　　今やそして今後の十年単位では以下の変化が予想される。持続しその後は減速するものの地球上の人口増加，途上国における急速な都市化（一方で農山漁村コミュニティの規模縮小や安定喪失への潜在的変化），家計規模の縮小，教育受給と労働人口への女性参加の増加，そして出身地を離れた親族による送金に依存する地域資源消費者の増加である。このような人口統計的な変化は，地域グループ自らによる資源管理の能力と国家における農山漁村資源への関心レベルをおそらく共に低下するように影響するのではないかとみられる。

　ニ．技術の変化　　第 2 章において Agrawal が言及しているが，技術変化は資源管理制度のコンテクスト形成において重要な要素である。新技術の問題は，資源の収穫効率を引き上げること（たとえば，漁獲効率の高い漁具）によって，また消費者に魅力的な製品の提供（たとえば，オフロードカー）によって，共に資源需要を高め，結果として資源の枯渇を速めてしまうかも知れない。一方で新技術はまた，汚染物質の排出を低減しモニタリングや実行化を容易にすることなどを通して，資源劣化の回避に資するものであるかもしれない。もちろん，技術変化は，小規模のローカルな共同体にとっては外生的と言えようが，社会制度に対して外生的というばかりではない。制度設計の仕方次第で，その目的の達成を促進する場合もあれば阻害することにもなる技術変化を引き起こすこともできるのである。資源管理の制度設計の研究に，そのような誘発

型の技術革新に関する見識（たとえば，Binswanger and Ruttan, 1978）を本格的に適用しようといったことは未だ行われていない。

　ホ．歴史的文脈　　共用資源管理の制度に関する理論は，現場のケーススタディ研究を重要とする論文集積を踏まえると，これまで驚くほど歴史的認識を欠いたものであった。しかし制度設計の上採り得た選択肢は，実際は歴史的にみてまったくの偶然であったかどうかは必ずしも明確ではない（第6章で Tietenberg が論じた大気汚染物質の許可証取引の制度開始時の配分に関する研究を参照）。歴史的にみての偶然性のもつ特質については将来の研究にとって重要なテーマである。この研究の場合，資源管理制度に関する時系列データの蓄積が貢献できること甚大である。

　④　制度上のリンケージ　　すでに言及してきたことであるが，制度設計上で非常に難しい点は様々な制度の間に適当なリンクを設けることである（Young et al.,1999）。小規模の資源管理の制度については数多い文献が存在するが，この著書ですでに明らかなように，同様に相当数の文献が国際的なものから地球大のテーマに焦点を当てているが（たとえば，Krasner,1983; Rittberger, 1993; Levy et al.,1995; Hasenclever et al., 1997），対象の規模を縦に繋ぐリンケージの問題をテーマとした知見はまだ初歩の段階にある（例外として Grafton, 2000 の良質の研究をあげる）。グローバルコモンズの管理の場合，この適切な垂直リンケージが特別に要請される。すなわち，社会組織の様々なレベルでの制度を繋ぐリンケージのことである。気候や生物多様性といったグローバルコモンズの管理に関し国際間合意が取られるよう制度の案出に注目が集まるときには特にこの種のリンケージが緊急に必要となる。繰り返すが，垂直のリンケージの抱える課題に応えるような知見はまだ初歩の段階なのである。学会がその問題に取り組むことのできるスピードを越えて，実務の世界は研究課題を問い始めている。たとえば，管理目標の設定を国際的に実施するために国民国家レベル以下でリンケージを確立するための方法といった具体的な調査テーマに関する問題などである。

　次の問題もよく触れられるが，垂直のリンケージに関するスケールの上下に関する問題である（Gibson et al.,2000b; International Human Dimensions Program,1999; Young,1997）。これは，あるレベルの社会組織

第13章　15年間の研究を経て得られた知見と残された課題

に備わった制度で得られた経験や実際的知識は他のレベルにそのまま適用できるのかという問題に関係する。レベルの違いによってそれぞれで活躍するアクターは，完全に同じということはない故に，経験移転の可能性は不完全であるとみておかなければならない。たとえば，ローカルコモンズを利用する個々人は自己に強制する一定の規則を創出するかも知れず，それらに関し高いレベルの政府から支持を取り付けるかも知れない。国民国家の場合も，それ自体の管轄領域に対して規則の強制は可能であるが，それを現在のところ世界政府に支持を求めることは不可能である。個人レベルに関しては目標や動機をひとつのセットとして保有することは合理的なことと受け取られるかも知れないが，国家がそのようなことをできると考えるとしたら，それは社会観念としてかなり深刻な過度の単純化となる。国家の成す様々な行為というものは，いろいろな利害を反映したものであり，国家の確約は個人のそれと違ってそう簡単に変化への対処という形に移行することのできないものである。スケールの上下というものはそう単純なものではない。すなわち，規模を越えて得られた知見の適用可能性を検討することは，経験科学における研究の重要テーマとなる。

　第8章でYoungが言及した水平のリンケージの研究は，垂直リンケージに比べても必ずしも進んでいるとは言えない（8章において十分な検討まではしていない）。そのようなリンケージに関する議論を定着させようという努力が増大し広がっているようにはみえない。たとえば，これはすでに触れた点であるが，グローバルコモンズの問題やグローバル化が引き起こす諸問題への対処のいくつかは，次のようなリンケージの形成としてなされてきたのである。すなわち，ローカルな資源利用者グループと外部にあってそれらをサポートするグループを繋げることである。後者には地域・国家・国際レベルの社会活動組織が含まれ，それらは立ち代って他の資源利用者にリンクを付けることになるのである。このようなネットワークは地球大で「北」と「南」（大凡には夫々，温暖で高所得な国と熱帯の低所得国）の制度を頻繁に結びつけることで目的を可能にする機会を高めるが，一方で調整のための行動に纏わる問題を引き起こすこともある。問題は「北」と「南」をベースとする組織が異なった目標や到達点，そして違った業務様式で行動しているときに起こりがち

である。たとえば，「北」のグループはグローバルコモンズやグローバルな環境ガバナンスに関心を示す場合が多いのに対し，「南」のグループは地域の生計問題への一層の配慮をサポートしようとする。

5 結　語

　人間によるコモン・プール資源の利用に関する研究は，1968年のHardin論文と80年代半ばには学会において新しい学問分野の発生として認知を受けて以来，大幅に進展をみることができた。そしてこの研究は現実のコモン・プール資源の利用状態に関する膨大なデータを蓄積してきたし，そのデータを使って理論と概念形成に関し際立った進展をみたことを報告してきている。Hardinの段階での単純な理論的定式化は，いまや経験的な事実をより正確に反映したより複雑な理論建てによって取り換えられている。研究現場では，資源の持続を可能にする制度を決定づける重要な変数の同定が続けられており，利用価値のある説明モデルの開発が始まっている。これは，理論やモデルの改善のため図られる様々な研究分野，研究手法，研究タイプから得られたものを統合していくことでもある。そしてこの研究は資源管理者に対しても有益な判断材料の提供を始めていると考えている。

　もちろん，この研究の道のりは遠い。理論的進展は初期段階にあり，多くの核となる疑問点がまだ解決していない。加えて，ここでも触れてきた点であるが，いくつかの重要課題について検討が進んでいない。しかしながら，すでに示したように，理論的であると同時に実践にも役立つこの分野の理解を一層進めることに繋がる一連の研究の方向性に関しては明確に確定することが今やできるようになった。この方向に沿って研究を進めて行けば次のような成果を生む見込みができている。すなわち，社会科学における中心的な問題のいくつかの理解の前進させること，そして資源管理者が賢明な選択をするために必要とされる制度設計原理に関する包括的な知識と言ってよいものを提供できるということである。

　我々はコモンズ研究の未来に関して楽観的である。すでに述べたよう

第13章　15年間の研究を経て得られた知見と残された課題　　　　　　　　641

に，今は，理論面の総合，方法論の高度化，分野を越えての統合を行う時である。我々のコモンズへの理解が充実してくるにつれて，公共政策に関わる問題には多様性があることの解明に注目が集まり，コモンズからの視点が効果的に活用されるようになるのではないかと信じている。コモンズの視点は二つの重要な問題を提起している。一つは，このような状況にコモンズのダイナミズムは適用可能だろうか？　二つ目は，そうであるとしたら，うまく適用しないのは資源そのものなのか？　それとも資源を管理する制度なのか？　そしてそれはどのようにしてなされるべきなのか？　という問いである。コモンズ研究者は周波数帯域幅や交通混雑といった新しい分野において同種の問題の検討をすでに始めている。これらの方向に研究を進める場合にコモンズの視点を入れることは，制度と資源のダイナミックな相互作用を検討する方法を提示することを通じて，人間に関わる一連の問題を解決する適合的管理のやり方をデザインする際，有益であると判明することになるかも知れない。

参 考 文 献

Abel, T.D., and M. Stephen (2000), The limits of civic environmentalism. *American Behavioral Scientist* 44: 614-628.

Agrawal, A., with C. Britt and K. Kanel (1999), *Decentralization in Nepal: A Comparative Analysis. A Report on the Participatory District Development Program.* San Francisco, CA: ICS Press.

Agrawal, A., and G.N. Yadama (1997), How do local institutions mediate market and population pressures on resources?: Forest *panchayats* in Kumaon, India. *Development and Change* 28(3): 435-465.

Aldrich, H.E., and P.V. Marsden (1988), Environments and organizations. In *Handbook of Sociology,* N.J. Smellser, ed. Newbury Park, CA: Sage.

Asquith, N.M. (1999), *How Should the World Bank Encourage Private Sector Investment in Biodiversity Conservation?* Durham, NC: Sanford Institute of Public Policy, Duke University.

Axelrod, R. (1984), *The Evolution of Cooperation.* New York: Basic Books.

Barkin, J.S., and G.E. Shambaugh (1999), *Anarchy and the Environment. The International Relations of Common Pool Resources.* Albany: State University of New York Press.

Becker, C.D. (1999), Protecting a garua forest in Ecuador: The role of institutions and ecosystem valuation. Ambio 28(2): 156-161.

Benedick, R. (1991), *Ozone Diplomacy: New Directions in Safeguarding the Planet.* Cambridge, MA: Harvard University Press.

Bennett, A., and A.L. George, (2005) *Case Study and Theory Development.* Cambridge, MA: MIT Press. *

Berge, E., and N.C. Stenseth, eds. (1999), *Law and the Governance of Renewable Resources.* San Francisco, CA: ICS Press.

Berkes, F. (1992), Success and failure in marine coastal fisheries of Turkey. pp..161-182 in *Making the Commons Work: Theory, Practice, and Policy,* D. Bromley et al., eds. San Francisco: ICS Press.

Binswanger, H.P., and V.W. Ruttan (1978), *Induced Innovations: Technology Institutions, and Development.* Baltimore: Johns Hopkins University Press.

Birckmayer, J.D., and C.H. Weiss (2000), Theory-based evaluation in practice: What do we learn? *Evaluation Review* 24: 407-431.

Blomquist, W. (1992), *Dividing the Waters: Governing Groundwater in Southern California.* San Francisco, CA: ICS Press.

Burger, J., E. Ostrom, R.B. Norgaard, D. Policansky, and B.D. Goldstein, eds. (2001), *Protecting the Commons: A Framework for Resource Management in the Americas.* Washington, DC: Island Press.

Campbell, D.T. (1969), Reforms as experiments. *American Psychologist* 24(4): 409-429.

Campbell, D.T. (1975), On the conflicts between biological and social evolution and between psychology and moral tradition. *American Psychologist* 30(11): 1103-1126.

Campbell, D.T., and D. Fiske (1959), Convergent and discriminant validation by the multitrait-multimethod matrix. *Psychological Bulletin* 56: 81-105.

Cárdenas, J.-C., J.K. Stranlund, and C.E. Willis (2000), Local environmental control and institutional crowding-out. *World Development* 29(10): 1719-1733.

Chen, H. (1990), *Theory-Driven Evaluation.* Newbury Park, CA: Sage.

Chen, H., and P.H. Rossi, eds. (1992), *Using Theory to Improve Program and Policy Evaluations.* New York: Greenwood.

Chess, C., T. Dietz, and M. Shannon (1998), Who should deliberate when? *Human Ecology Review* 5: 45-48.

Chess, C., and K. Purcell (1999), Public participation and the environment: Do we know what works? *Environmental Science and Technology* 33: 2685-2692.

Commission on Risk Assessment and Risk Management (1997), *Framework for Environmental Health Risk Management.* Washington, DC: Presidential/ Congressional Commission on Risk Assessment and Public Management.

Cook, T.D. (1985), Post-positivist critical multiplism. pp..21-62 in *Social Science and Social Policy,* R.L. Shotland and M.M. Mark, eds. Beverly Hills, CA: Sage.

Cook, T.D. (1993), A quasi-sampling theory of the generalization of causal relationships. In *New Directions for Program Evaluation: Understanding Causes and Generalizing About*

第 13 章　15 年間の研究を経て得られた知見と残された課題　　　643

Them, L. Sechrest and A.G. Scott, eds. San Francisco: Jossey-Bass.

Cook, T.D., and D.T. Campbell (1979), *Quasi-Experimentation: Designs and Analysis Issues for Social Research in Field Settings.* Boston: Houghton Mifflin.

Cramer, J.C., T. Dietz, and R. Johnston (1980), Social impact assessment of regional plans: A review of methods and a recommended process. *Policy Sciences* 12: 61-82.

Dayton-Johnson, J. (2000), The determinants of collective action on the local commons: A model with evidence from Mexico. *Journal of Development Economics* 62: 181-208.

Deutsch, M., and P. Coleman, eds. (2000), *Handbook of Conflict Resolution: Theory and Practice.* San Francisco: Jossey-Bass.

Dietz, T. (1987), Theory and method in social impact assessment. *Sociological Inquiry* 57: 54-69.

Dietz, T., R.S. Frey, and E.A. Rosa (2000), Risk, technology and society. In *The Environment and Society Reader,* R.S. Frey, ed. New York: Allyn and Bacon.

Dietz, T., and P.C. Stern (1998), Science, values, and biodiversity. *BioScience* 48: 441-444.

Dolsˇak, N. (2000), Marketable Permits: Managing Local, Regional, and Global Commons. Doctoral Dissertation, Dissertation Series, No. 5. Center for the Study of Institutions, Population, and Environmental Change, Indiana University, Bloomington.

Dolsˇak, N., and E. Ostrom, (2003) *The Commons in the Millennium: Challenges and Adaptations.* Cambridge, MA: MIT Press. *

Environmental Protection Agency (2000), *Toward Integrated Environmental Decision-Making.* Washington, DC: EPA Science Advisory Board.

Feeny, D., F. Berkes, B.J. McCay, and J.M. Acheson (1990), The tragedy of the commons: Twenty-two years later. *Human Ecology* 18: 1-19.

Fisher, R.J. (1997), *Interactive Conflict Resolution.* Syracuse, NY: Syracuse University Press.

Futemma, C., F. de Castro, M.C. Silva-Forsberg, and E. Ostrom (2001), The Emergence and Outcomes of Collective Actions: An Institutional and Ecosystem Approach. Working paper, Center for the Study of Institutions, Population, and Environmental Change, Indiana University, Bloomington.

Ganjanapan, A. (1998), The politics of conservation and the complexity of local control of forests in the Northern Thai highlands. *Mountain Research and Development* 18(1): 71-82.

Gardner, G.T., and P.C. Stern (1996), *Environmental Problems and Human Behavior.* Needham Heights, MA: Allyn and Bacon.

George, A.L. (1993), *Bridging the Gap: Theory and Practice in Foreign Policy.* Washington, DC: United States Institute of Peace Press.

Gibson, C. (2001), Forest resources: Institutions for local governance in Guatemala. pp..71-89 in *Protecting the Commons: A Framework for Resource Management in the Americas,* J. Burger, E. Ostrom, R.B. Norgaard, D. Policansky, and B.D. Goldstein, eds. Washington, DC: Island Press.

Gibson, C., M. McKean, and E. Ostrom, eds. (2000a), *People and Forests: Communities,*

Institutions, and Governance. Cambridge, MA: MIT Press.

Gibson, C., E. Ostrom, and T. Ahn (2000b), The concept of scale and the human dimensions of global change: A survey. *Ecological Economics* 32(2): 217-239.

Gintis, H. (2000), Beyond homo economicus: Evidence from experimental economics. *Ecological Economics* 35(3): 311-322.

Glass, G.V., B. McGaw, and M.L. Smith (1981), *Meta-Analysis in Social Research*. Beverly Hills, CA: Sage.

Grafton, R.Q. (2000), Governance of the commons: A role for the state. *Land Economics* 76(4): 504-517.

Hannan, M.T., and J. Freeman (1989), *Organizational Ecology*. Cambridge, MA: Harvard University Press.

Hardin, G. (1968), The tragedy of the commons. *Science* 162: 1243-1248.

Hasenclever, A., P. Mayer, and V. Rittberger (1997), *Theories of International Regimes*. Cambridge: Cambridge University Press.

Hayek, F.A. (1945), The use of knowledge in society. *The American Economic Review* 35(4) (September): 519-530.

Herr, A., R. Gardner, and J. Walker (1997), An experimental study of time-independent and time-dependent externalities in the commons. *Games and Economic Behavior* 19: 77-96.

Holling, C.S., ed. (1978), *Adaptive Environmental Assessment and Management*. New York: Wiley.

Holling, C.S. (1994), An ecologist's view of Malthusian conflict. pp..79-103 in *Population, Economic Development and the Environment*, K. Lindahl-Kiessling and H. Landberg, eds. New York: Oxford University Press.

International Human Dimensions Program (1999), *Institutional Dimensions of Global Environmental Change*. Bonn, Ger.: International Human Dimensions Program.

Jensen, N.N. (2000), Common sense and common-pool resources. Bioscience 50: 638-644.

Karlsson, S. (2000), *Multilayered Governments. Pesticides in the South-Environmental Concerns in a Globalized World*. Linköping, Sweden: Linköping Studies in Arts and Sciences, Linköping University.

King, G., R.O. Keohane, and S. Verba (1994), *Designing Social Inquiry. Scientific Inference in Qualitative Research*. Princeton, NJ: Princeton University Press.

Krasner, S.D., ed. (1983), *International Regimes*. Ithaca, NY: Cornell University Press.

Lam, W.F. (1998), *Governing Irrigation Systems in Nepal: Institutions, Infrastructure, and Collective Action*. San Francisco, CA: ICS Press.

Lee, K.N. (1993), *Compass and Gyroscope: Integrating Science and Politics for the Environment*. Washington, DC: Island Press.

Levy, M.A., O.R. Young, and M. Zürn (1995), The study of international regimes. *European Journal of International Relations* 1: 267-330.

Maass, A., and R.L. Anderson (1986), ⋯*and the Desert Shall Rejoice: Conflict, Growth and Justice in Arid Environments*. Malabar, FL: R.E. Krieger.

第 13 章　15 年間の研究を経て得られた知見と残された課題　　　　　645

Martin, L. (1995), Heterogeneity, linkage, and commons problems. pp..71-91 in *Local Commons and Global Interdependence,* R. Keohane and E. Ostrom, eds. London: Sage.

McGinnis, M., ed. (2000), *Polycentric Games and Institutions: Readings from the Workshop in Political Theory and Policy Analysis.* Ann Arbor: University of Michigan Press.

McLaughlin, P. (1998), Rethinking the agrarian question: The limits of essentialism and the promise of evolutionism. *Human Ecology Review* 5: 25-39.

Morrow, C.E., and R.W. Hull (1996), Donor-initiated common pool resource institutions: The case of the Yanesha Forestry Cooperative. *World Development* 24(10): 1641-1657.

National Research Council (1983), *Risk Assessment in the Federal Government: Managing the Process.* Washington, DC: National Academy Press.

National Research Council (1996), *Understanding Risk: Informing Decisions in a Democratic Society.* Committee on Risk Characterization. P.C. Stern and H.V. Fineberg, eds. Washington, DC: National Academy Press.

National Research Council (1999), *Perspectives on Biodiversity: Valuing Its Role in an Everchanging World.* Washington, DC: National Academy Press.

National Research Council (2000), Conflict resolution in a changing world. pp..1-37 in National Research Council, *International Conflict Resolution after the Cold War,* Committee on International Conflict Resolution. P.C. Stern and D. Druckman, eds. Washington, DC: National Academy Press.

Neustadt, R.E., and E.R. May (1984), *Thinking in Time: The Uses of History for Decision Makers.* New York: Free Press.

Olsen, J.R., and J.S. Shortle (1996), The optimal control of emissions and renewable resource harvesting under uncertainty. *Environmental & Resource Economics* 7(2): 97-115.

Olson, M. (1965), *The Logic of Collective Action: Public Goods and the Theory of Groups.* Cambridge, MA: Harvard University Press.

Ostrom, E. (1986), Issues of definition and theory: Some conclusions and hypotheses. pp..599-614 in *National Research Council Proceedings of the Conference on Common Property Resource Management.* Washington, DC: National Academy Press.

Ostrom, E. (1990), *Governing the Commons: The Evolution of Institutions for Collective Action.* New York: Cambridge University Press.

Ostrom, E. (1998), The international forestry resources and institutions research program: A methodology for relating human incentives and actions on forest cover and biodiversity. pp..1-28 in *Forest Biodiversity in North Central and South America, and the Caribbean: Research and Monitoring,* F. Dallmeier and J.A. Comiskey, eds. Man and the Biosphere Series, Vol. 21. Paris: United Nations Educational, Scientific, & Cultural Organization.

Ostrom, E. (2000), Collective action and the evolution of social norms. *Journal of Economic Perspectives* 14(3): 137-158.

Ostrom, E., and T.K. Ahn (2001), *A Social Science Perspective on Social Capital: Social Capital and Collective Action.* Report prepared for the Bundestag-Enquete Commission. Bloomington: Indiana University, Workshop in Political Theory and Policy Analysis.

Petitti, D.B. (2000), *Meta-Analysis, Decision Analysis, and Cost-Effectiveness Analysis: Methods for Quantitative Synthesis in Medicine.* New York: Oxford University Press.

Petrzelka, P., and M.M. Bell (2000), Rationality and solidarities: The social organization of common property resources in the Imdrhas Valley of Morocco. *Human Organization* 59(3): 343-352.

Pindyck, R.S. (1984), Uncertainty in the theory of renewable resource markets. *Review of Economic Studies* 51: 289-303.

Pindyck, R.S. (1991), Irreversibility, uncertainty, and investment. *Journal of Economic Literature* 31: 1110-1149.

Poteete, A., and E. Ostrom, (2004) An institutional approach to the study of forest resources. Working Paper W01I-8, IFRI(International Forestry Resources and Institutions). **

Putnam, R., R. Leonardi, and R.Y. Nanetti (1993), *Making Democracy Work: Civic Traditions in Modern Italy.* Princeton, NJ: Princeton University Press.

Ragin, C. (1987), *The Comparative Method: Moving Beyond Qualitative and Quantitative Strategies.* Berkeley: University of California Press.

Ragin, C. (2000), *Fuzzy-Set Social Science.* Chicago: University of Chicago Press.

Ragin, C., and H.S. Becker (1992), *What is a Case? Exploring the Foundations of Social Inquiry.* Cambridge, Eng.: Cambridge University Press.

Renn, O., T. Webler, and P. Wiedemann (1995), *Fairness and Competence in Citizen Participation: Evaluating Models for Environmental Discourse.* Dordrecht, Neth.: Kluwer.

Richerson, P.J., and R. Boyd, (2001) The biology of commitment to groups: A tribal social instincts hypothesis. In *The Biology of Commitment,* R.M. Neese, ed. New York: Russell Sage Foundation. *

Rittberger, V., ed. (1993), *Regime Theory and International Relations.* Oxford: Clarendon Press.

Roese, N.J. (1997), Counterfactual thinking. *Psychological Bulletin* 121: 133-148.

Rosa, E. (1998), Metatheoretical foundations for post-normal risk. *Journal of Risk Research* 1: 15-44.

Rosenthal, R. (1984), *Meta-Analytic Procedures for Social Research.* Beverly Hills, CA: Sage.

Sabatier, Paul, ed. (1999), *Theories of the Policy Process.* Boulder, CO: Westview Press.

Schlager, E. (1994), Fishers' institutional responses to common-pool resource dilemmas. pp..247-266 in *Rules, Games, and Common-Pool Resources,* E. Ostrom, R. Gardner, and J. Walker, eds. Ann Arbor: University of Michigan Press.

Sclove, R. (1995), *Democracy and Technology.* New York: Guilford Press.

Singleton, S., and M. Taylor (1992), Common property, collective action, and community. *Journal of Theoretical Politics* 4: 309-324.

Sober, E., and D.S. Wilson (1998), *Unto Others: The Evolution and Psychology of Unselfish Behavior.* Cambridge, MA: Harvard University Press.

Steins, N.A., V.M. Edwards, and N. Röling (2000), Redesigned principles for CPR theory. *The*

第 13 章　15 年間の研究を経て得られた知見と残された課題　　　　647

Common Property Resource Digest 53(June): 1-3.
Stern, P.C., and D. Druckman (2000), Evaluating interventions in history: The case of international conflict resolution. pp.. 38-89 in National Research Council, *International Conflict Resolution after the Cold War*, P.C. Stern and D. Druckman, eds. Washington, DC: National Academy Press.
Susskind, L., and J. Cruikshank. (1987), *Breaking the Impasse: Consensual Approaches to Resolving Public Disputes*. New York: Basic Books.
Tang, S.Y. (1992), *Institutions, and Collective Action: Self-governance in Irrigation*. San Francisco, CA: ICS Press.
Tetlock, P.E., and A. Belkin, eds. (1996), *Counterfactual Thought Experiments in World Politics*. Princeton, NJ: Princeton University Press.
Tietenberg, T.H. (1974), The design of property rights for air pollution control. *Public Policy* 27(3): 275-292.
Tietenberg, T.H. (1980), Transferable discharge permits and the control of stationary source air pollution: A survey and synthesis. *Land Economics* 26(4): 392-416.
Tietenberg, T.H. (1990), Economic instruments for environmental regulation. *Oxford Review of Economic Policy* 6(1): 17-33.
Trawick, P. (1999), The moral economy of water: 'Comedy' and tragedy in the Andean commons. Working paper, Department of Anthropology, University of Kentucky, Lexington.
Varughese, G., and E. Ostrom (2001), The contested role of heterogeneity in collective action: Some evidence from community forestry in Nepal. *World Development* 29(5): 747-765.
Weinstein, M.S. (2000), Pieces of the puzzle: Solutions for community-based fisheries management from native Canadians, Japanese cooperatives, and common property researchers. Georgetown International Environmental Law Review 12(2): 375-412.
Weiss, C.H. (1998), *Evaluation: Methods for Studying Programs and Policies*. Upper Saddle River, NJ: Prentice Hall.
Wondolleck, J. M. (1988), *Public Lands Conflict and Resolution: Managing National Forest Disputes*. New York: Plenum Press.
Wondolleck, J. M., and S. Yaffee (1994), *Building bridges across agency boundaries*. Seattle, WA: U.S. Department of Agriculture Forest Service Pacific Northwest Research Station.
Young, O. (1997), *Global Governance: Drawing Insights from the Environmental Experience*. Cambridge, MA: MIT Press.
Young, O., A. Agrawal, L.A. King, P.H. Sand, A. Underdal, and M. Wesson (1999), *Institutional Dimensions of Global Environmental Change Science Plan*. Report no. 9. Bonn: International Human Dimensions Program.

(*は，原著出版時点で「印刷中（in press）」と表記されていたものでその後出版年が確定したもの，また**は，原著執筆時点での予定が実行されておらず，初出の

Working Paper の記載に替えたものである。)

第 13 章　15 年間の研究を経て得られた知見と残された課題　　　649

第 13 章への補足

　表 13-A は本巻第 2 章から第 12 章までの著者が提示した結論ないし命題を集計したものである。それらは以下のとおり，1) 制度的調整，2) 資源システムの特性，3) 集団および個人の特性，4) 外的環境，5) 要因間の相互作用の 5 つからなる。図 13-4 に示された因果モデルの図解に従うと，第 1 の標題は要因の介入・干渉に関する命題，つづく 3 つの標題は様々な条件命題である。最後の区分，これには 1 つ命題を含むが，条件が形作る介入・干渉の起こる可能性を反映したものとなっている。

　必要に迫られて，ボックスの説明は，簡潔であり，ハイライトとなるものだけを採り上げ，注意深く扱わなければいけない論点を単一句にまとめたものである。それらは我々の知見すべての完全な要約ではない。むしろ，本書の中心を成す第 11 章の理論と実質内容を検討する際のガイドとしての位置づけたものである。

　表 13-A　第 2 章から第 11 章で提案された資源管理制度に関する仮説

1) 制度的調整
◆　効果的なコモンズの管理形態とは，社会組織の的確なレベルに特定の課題を付すことができ，クロス・スケールの相互作用が相互干渉や足の引っ張り合いを起こすのではなく補完的な行動を生み出すような，クロス・スケールでの共同管理（ローカルレベル，行政レベル，国家レベル，国際レベルで）のプロセスを実現できることである。（第 6 章，第 8 章，第 9 章，第 12 章）

◆　上位の制度であればあるほど，ローカルなステークホルダーが持っている知識，権限，利害関係に対して敏感であるべきことを失っている。（第 8 章）

◆　「制度をどのレベルに置くことが適切か」ということを見つけるよりも，垂直方向に様々な制度のレベルに繋がりを付ける方法を検証す

ることが必要である。(第8章および第9章)

◆　制度を縦に結びつける繋がりは，各層で設定されている制度の態様が生み出す便益とコストの対立という緊張関係を作り出すことになる。こういった緊張は，資源と資源利用者のもつ特性によって左右されるものである。(第8章)

◆　コモンズによる管理が成功するためには，時間をかけて発達し，エコシステム（そこで財貨・サービスが提供される）の力学を反映した，回復力に優れた制度からなるシステムとなっていることを最も必要とする。(第9章)

◆　許可証取引制度は，漁場や水資源管理の場合よりは大気汚染防止プログラムで成功する場合が多い。許可証取引制度でもっとも問題となる初期配分の問題が，大気汚染防止の場合が最も軽微であり，漁場の場合最も深刻なものとなる。(第6章)

◆　許可証取引制度は，資源管理に対する柔軟な方法を提供するひとつの手段である。この制度をうまく適用すれば，資源の保全のみならず，利用者にとって持続可能な所得機会を提供する。(第6章)

◆　共有資源の体制というものは，緊密な関係構築がなされている場合，変化への適応性，長期間に亘る安定，リスクの共有の進展を容易にする。(第7章)

◆　取引可能環境許可証は，関係者の関わりがさほど緊密でなく間接的な場合に利用される場合，投資，技術革新，取引を振興するものになる。(第7章)

◆　取引可能環境許可証の制度は自然環境そのものに適応的というよりも，関わる人間の求めていることに適応的な制度である。一方，共有資源制度の場合には丁度事態は正反対である。(第7章)

◆　非政府組織や政府組織は，個人や小集団が所要コストを負担することに積極的でなかたり，負担能力の存否に差異があることもあり，組織の育成を担うことに疎かであってはならない。(第11章)

◆　制度のあり方によって，どんなタイプ（利己的か互恵を考えるか）の個人が社会的な成果を生むにあたって決定的な意味を持つかに影響を与える。(第5章)

◆　制裁があることによって，それに反応するプレイヤーが存在し，

一方で制裁が引き起こすコストがさほど高いものにならない場合，協調行動の可能性を高める。（第5章）
　◆　コミュニケーションをとることによって，全体の調整を計たり，承認にせよ不承認にせよそれを表現する機会を提供し，また集団であることの認識が作り出されることにより，協調行動の可能性が高まることになる。（第4章および第5章）
　◆　多数回行われるゲームにおいて協調行為を促すことに重要な要因となる互酬性の発生は，ゲームにおける利得の相対性や他のプレイヤーの親切心を個々のプレイヤーが認識することから始まるものである。（第5章）
　◆　成功している制度の場合，誘因設定，社会的な集団操作，制裁などの各種措置の間のバランスに留意している場合が多い。（第4章）

2）資源システムの特性
　◆　資源の規模が大きく，単純で，利用目的が単一で，また利用に関し加法性をもっているならば，規模が小さく，複雑で，利用してしまえば後に残らないという意味で相互作用がある場合に比べて，許可証取引の方式による管理が容易となる。（第7章）
　◆　複雑な資源システムの場合，予測可能性といったものを著しく制限することになるが，その状況の把握が不能ということを意味している訳ではない。（第10章）
　◆　生物地球物理学的条件に関する地域ごとの差異は，社会の上部で決定される一様な制度設計にとって課題となる。（第8章）
　◆　資源管理の特性は，大なり小なり共同管理のあり方と関係してくるものである。大気汚染や大規模な資源の場合，共同管理は起こりづらいが，地下水盆や漁場の場合，共同管理を伴う場合が多い。（第6章）

3）集団および個人の特性
　◆　大きい集団よりは小さい集団の場合の方が，社会性をもった行動特質を生み出し易く（第12章），協調行動を達成し易い（第4章）。
　◆　経済的そして社会的不均一性は，別個の因果関係（誘因に対する規範の存在など）をもって作用する独立した効果をもっている。大きな

初期費用を伴う場合には，どちらかの不均一性があると，集合行為を阻害するものとなる可能性がある。（第3章）
　◆　権力の作用にばらつきがあることが，裏切りや過剰収穫や捕獲を引き起こすことがある。（第4章）
　◆　人間には一般的にいってお互いに協調しようという傾向をもっている。もちろん，その傾向は個々人によって，社会によって，そして時間を経るに従って，相当に変動を伴うものである。その変動値は，社会制度が有する複雑な文化的伝統の存在によってもっともよく説明することができる。（第12章）
　◆　人類のなかで起こってくる社会形成を好ましいと思う傾向は，文化として発達する制度形成を伴いながら，協調行動を起こしやすく，そして効果的にする。（第12章）
　◆　該当する資源の構造とそれを巡る力学に影響を与える変数について，また資源枯渇の深刻さについて資源利用者に十分な情報がある場合には，利用者は資源保全のための制度を作り出す場合が多くなる。また該当する資源を巡る力学に影響を与える要因が何であるかを識別することやその要因自体，制度設計次第で操作される可能性があることを認識していることは，制度を適応力あるものにするために重要である。（第11章）
　◆　構成員個人にみられる差異（動機，信頼と不安，性，そして文化）と個人に関わらない差異（制度設計，社会構造，資源枯渇の原因の認知，そしてその問題のフレーミング状況）が，個々人の資源利用の程度に関する意思決定に影響を与える。（第4章）
　◆　経済的誘因と社会のメカニズムの相互応答というものが資源管理を司る制度の示す成果に影響を与えている。（第3章）

4）外的環境
　◆　コンピュータと情報技術の発展によってモニタリングのコストが削減され，そのことによって制度の示す成果に向上がみられる。（第6章）
　◆　市場そのものではなく市場化を伴う社会の急速な変化が伝統的なコモンズの制度を不安定なものにする原因となっている。（第12章）

5）要因間の相互作用
◆ コモン・プール資源の制度の生成は，集合的選択・実際の規則と当該資源とその利用者両者の態様に多くを依存する。（第11章，第2章）

以上の編集にあたっては，Indiana University, Workshop in Political Theory and Policy Analysis 所属の T.K.Ahn, Jianxun Wang, Oyebade Kunle Oyerinde, Paul Aligica の協力を得た。

著者紹介

(職位は本書発刊当時のもの)

Arun Agrawal	イェール大学准教授（政治学）
Pranab Bardhan	カリフォルニア大学バークリー校教授（経済学）
Fikret Berkes	マニトバ大学教授（自然資源学）
Rob Boyd	カリフォルニア大学ロサンジェルス校教授（人類学）
Jeff Dayton-Johnson	ダルハウジー大学（カナダ）准教授（経済学，国際開発論）
Thomas Dietz	ジョージ・メイソン大学教授（環境学，政策学，社会学）
Nives Dolšak	インディアナ大学「政治理論および政策分析に関するワークショップ」研究員
Armin Falk	チューリッヒ大学准教授，英国ECPR労働経済学プログラム客員研究員
Ernst Fehr	チューリッヒ大学教授（労働経済学および社会政策論），同大学実証経済学研究所長
Urs Fischbacher	チューリッヒ大学実証経済学研究所研究員
Shirli Kopelman	ノースウエスタン大学ケロッグ経営大学院博士課程（経営学および組織論）
Bonnie J. McCay	ラトガース大学教授（人類学およびエコロジー論）
David M. Messick	ノースウエスタン大学ケロッグ経営大学院教授（倫理学および意思決定論）
Elinor Ostrom	インディアナ大学教授（政治学），同大学政治理論および政策分析に関するワークショップ科長
Brian Paciotti	カリフォルニア大学デービス校博士課程（環境学専攻）
Peter J. Richerson	カリフォルニア大学デービス校教授（ヒューマン・エコロジー）
Carol M. Rose	イェール大学教授（法学および組織論）
Paul C. Stern	全米研究評議会研究部長，「地球環境変化の人間活動に関する側面についての検討委員会」担当

著者紹介

Susan C. Stonich	カリフォルニア大学サンタバーバラ校教授（人類学および環境学）
Tom Tietenberg	コルビー大学（メイン州）教授（経済学），同大学環境学プログラム科長
Elke U. Weber	コロンビア大学教授（経営および心理学），同大学意思決定科学研究所副所長
J. Mark Weber	ノースウエスタン大学ケロッグ経営大学院博士課程（経営組織論専攻）
James A. Wilson	メイン大学教授（海洋科学および資源経済学）
Oran R. Young	ダートマス大学教授（環境学），同大学北極研究所および国際環境ガバナンス研究所両所長

翻訳者一覧
(五十音順)

大野　智彦（おおの・ともひこ）　阪南大学経済学部准教授　9 章
小南　仁司（こみなみ・ひとし）　京都大学大学院経済学研究科非常勤講師　4, 5, 7 章
齋藤　暖生（さいとう・はるお）　東京大学大学院農学生命科学研究科附属演習林富士癒しの森研究所助教　1 章
嶋田　大作（しまだ・だいさく）　福岡女子大学国際文理学部講師　6, 8 章
田村　典江（たむら・のりえ）　自然産業研究所上級研究員　2, 10 章
廣川　祐司（ひろかわ・ゆうじ）　北九州市立大学基盤教育センター兼地域創生群講師　12 章
茂木愛一郎（もぎ・あいいちろう）　慶應学術事業会代表　13 章
山本　早苗（やまもと・さなえ）　富士常葉大学社会環境学部講師　3, 11 章

人 名 索 引

Acheson, James M.　11, 338, 362, 488, 511, 512, 561
Agrawal, Arun　38, 51, 52, 82, 89, 126, 320, 502, 602
Baland, Jean-Marie　60, 65, 69–73, 82, 83, 87, 114, 118, 121, 124, 557, 559, 561, 571, 574
Bardhan, Pranab　39, 51, 52, 119, 120, 123, 128–37, 139, 195, 595
Berkes, Fikret　39, 327, 346, 348, 390–93, 398, 399, 414, 490, 569, 613, 621, 622, 627
Boyd, Robert　426, 537, 539–41, 543, 544, 546–51, 566–68, 572, 573
Bromley, Daniel　21, 25, 476
Dayton-Johnson, Jeff　39, 51, 52, 117, 119, 123, 126–29, 131, 134, 135, 137, 195, 334, 561, 593, 595, 600
Dietz, Thomas　459, 464, 475, 627, 628
Dolšak, Nives　617
Fischbacher, Urs　50, 213, 230, 240
Gordon, H.S.　13, 15, 210, 323, 519
Hardin, Garrett　5, 6, 9, 10, 12, 15–18, 23, 83, 147–49, 209, 210, 311, 312, 315, 554, 640
Holland, John　444–46, 467
Kahneman, D.　185, 186
Kopelman, Shirli　39, 51, 114, 158, 241, 596
Leach, Edmund R.　19, 117, 476, 502
McCay, Bonnie J.　6, 11, 19, 20, 40, 194, 262, 277, 319, 320, 398, 401, 406, 411, 425, 426, 490, 494–97, 499-501, 508, 510, 515, 516, 537, 627, 630
McKean, Margaret　21, 85, 86
Messick, D.M.　54, 150, 182, 190, 191, 195

Morgenstern, O.　148
Netting, R.M.　19, 56, 75, 328, 510, 511
Oakerson, R.J.　21, 487, 489
Olson, Mancur　7, 35, 82, 116, 138, 149, 515, 595
Ostrom, Elinor　21, 23, 24, 29, 31, 34, 35, 37, 58–62, 64–69, 71–73, 75–77, 80, 83, 84, 86, 88, 90, 113, 114, 116, 117, 119, 127, 136, 209–11, 220, 224, 226, 227, 231, 234, 236, 243, 312, 313, 319–21, 330, 339, 388, 394–96, 414, 450, 453, 476, 486, 488, 489, 494, 504, 510, 515, 518, 520, 521, 535–37, 556, 561, 562, 569, 595, 612, 615–17, 621, 624, 627–29
Paciotti, Brian　40, 426
Pahl-Wostl, C.　438, 441, 444
Platteau, Jean-Philippe　60, 65, 69–75, 77, 82, 83, 87, 90, 114, 118, 121, 124, 557, 571
Richerson, Peter J.　40, 426, 537, 539, 540, 544, 546–51, 564–68, 572, 573
Rose, Carol M.　39, 89, 196, 256–58, 263, 314, 324, 326, 338, 339, 616
Runge, C.F.　18, 19
Schaefer, M.B.　13, 15, 431
Simon, Herbert　451, 452, 454, 507, 543
Smith, Adam　6, 150
Stern, Paul C.　6, 241, 393, 411, 459, 464, 480, 628
Stonich, Susan　393, 492
Tietenberg, Tom　39, 256–58, 262, 265, 267, 276, 279, 284, 286, 290, 297, 298, 326, 407, 593, 601, 617, 620, 625, 627
Tversky, A.　185, 186
Ulanowicz, R.　441, 443, 446
von Neuman, J.　148

Wade, Robert　64-68, 71-75, 77, 83, 87, 88, 90
Walker, James　172, 218-20
Weber, J.Mark　39, 51
Wilson, James　7, 15, 197, 388, 414, 424, 425, 448, 483, 489, 505, 508, 510, 620, 628
Yamagishi, T.　163, 164
Young, Oran R.　30, 78, 196, 346-48, 350, 351, 366, 371, 380, 389, 405, 569, 621, 638, 639

事 項 索 引

ア 行

アメリカ合衆国国際開発庁（USAID）
　　10
異質性　　34, 35, 39, 50-52, 73, 82-84,
　　111-16, 118, 121, 125-30, 133-39,
　　141, 371, 414, 455, 510, 572, 593-95,
　　600, 612, 618, 625
　　不均一性　　50, 51, 84, 617, 618, 631,
　　632, 651, 652
1992年ベーリング海共同体発展割当計画
　　283
イヌイット周極会議　　405
イベント・エコロジー　　426, 427, 478,
　　513, 516, 518, 521
埋め込み　　477, 478, 503-06, 508, 510,
　　513, 521, 568
縁故資本主義　　358, 360, 373, 571
エンパワーメント　　104, 348, 394, 397,
　　401, 402, 404, 406, 407
エンタイトルメント　　274, 276-79
オープン・アクセス　　299, 511, 518,
　　519
オルソン効果　　116-21, 138, 595

カ 行

外部性　　58, 76, 120, 139, 210, 219, 220,
　　222, 236, 262, 268, 283-85, 301, 302,
　　312, 454, 465, 601
海洋保有（sea tenure）　　361, 366
海洋資源　　354, 361-65, 367, 375, 430
　　水産資源　　432-34, 436
科学的不確実性　　36, 409-11, 429, 430,
　　435, 436, 465, 466, 628
過剰利用　　5, 17, 26-28, 30-33, 36, 183,
　　209, 227, 257, 330, 365, 605
灌漑　　24, 39, 61, 65, 66, 73, 76, 111-19,
　　124, 126-41, 195, 312, 319, 320,
　　328-30, 334, 337, 358, 359, 565, 594,
　　595, 599, 600, 610
環境大気質基準　　277, 285
環境と開発に関する国連会議　　375
環境レジーム　　350, 368, 372, 379, 380
規模　　19, 22, 32, 34, 35, 39, 50, 51,
　　66, 71, 73, 75, 76, 82-84, 88-91, 95,
　　117-19, 122, 124-28, 141, 152, 153,
　　165-69, 175-77, 183, 184, 220, 225,
　　237, 257, 298, 300, 317-22, 329, 330,
　　336, 351, 352, 354-56, 358, 359, 364,
　　365, 367, 375, 387, 390-92, 396,
　　406-09, 413, 416, 417, 424, 441, 443,
　　457, 476, 481, 493-95, 497, 506, 508,
　　509, 515, 517, 518, 520, 521, 536,
　　548-50, 552, 556-68, 572, 574, 594,
　　597, 613, 621, 631, 632, 635-39, 651
　　スケール　　196, 197, 345, 346, 349,
　　394, 440, 442, 452-59, 461, 463-65,
　　468, 500, 502, 540, 547, 620, 649
キャップ・アンド・トレード方式
　　272, 273, 293
境界規則　　29, 129
共進化　　547, 550, 551, 567, 576, 577
協調的制度　　534, 547, 550, 577
協調的資源管理委員会　　564
共通善　　312, 354, 426
共同「リベラル所有」体制　　339
共同管理　　263, 269-72, 280, 301, 348,
　　379, 388, 389, 396-401, 407, 408, 414,
　　415, 451, 493, 505, 510, 627, 649, 651
共同体管理体制　　333
　　CBMRs, CBMR　　312, 313, 315-23,
　　326, 328-31, 333-39

事 項 索 引

共同体に根ざした管理制度　314
共同森林管理（計画）　398, 413
共同所有　13, 26, 85, 197, 311-13, 315, 316, 318, 339, 388, 536
共有資源
　――制度　17, 55-57, 65, 69, 70, 73, 75, 78, 79, 82, 85, 88, 95, 97-99, 256-59, 395, 414, 487, 490, 650
　――管理　10, 20, 60, 148, 346, 395, 628
　――レジーム　17, 32
　――管理に関するパネル　10, 20
共有レジーム　21-23, 25
許可証取引（tradable permits）
　256-59, 261-63, 265-75, 278, 280, 281, 284-89, 292-96, 298-303, 370, 407, 571, 601, 615, 619, 625, 638, 650, 651
漁業　13-16, 24, 32, 33, 114, 121, 122, 124, 140, 141, 152, 153, 172, 261-63, 266-73, 275, 276, 278, 280-84, 287, 288, 290-93, 295-303, 325, 326, 328, 329, 337, 338, 362, 364-68, 375-77, 387, 388, 391, 397, 398, 400-03, 414, 429-34, 436, 438, 440-42, 447, 449, 451, 458, 462, 467, 483-86, 488, 490-93, 497, 498, 500, 501, 505, 511, 512, 519, 520, 558
　水産業　322, 323, 433, 435
漁場　73, 119, 314, 321, 424, 425, 515, 559, 561, 601, 619, 650, 651
漁獲可能量（total allowable catch, TAC）
　261, 266, 272, 275, 278, 287, 295-97, 362
クロス・スケール（・）リンケージ　39, 346, 389, 396, 397, 399, 400, 402, 404, 405, 407, 417, 569
群選択　534, 541, 542, 544-48, 550, 551, 555-67, 571, 572, 577
ゲーム
　保証――　18
　チキン――　18

調整――　211, 233, 234
繰り返し――　114, 218, 226, 231, 232, 242, 243
フォーク定理　242
PD――（囚人のディレンマゲーム）
　17-19, 149, 156, 181, 187, 232, 233, 535
非協力――　58
ゼロサム・――　149
非ゼロサム・――　149
分解――　155
実験――　212
独裁者――　181
利益フレーム　187
損失フレーム　187
最後通牒――　571
公共財――　190, 212, 236, 237, 239
コモン・プール資源――　66, 212, 213, 218-20, 226, 229, 232, 233, 235-39, 248, 396
　一段階――　237, 239
　二段階――　237, 238
　環境――　322
限定合理性　213, 451, 507, 520, 576
控除性　27, 28, 30, 32, 33
公益　354
公共信託法理　274
公正性理論　213, 240
高度回遊性資源　375
公有　347, 352, 354-63
公有財産　358, 363
公有地　356, 358, 363
合理的選択　103, 210, 211, 213, 475, 478-81, 488, 501, 534, 537, 538, 540, 558, 562
国際共有資源学会　11, 509, 624, 147
国際コモンズ学会　111
国際熱帯木材協定　372
国際林業資源制度機構　24
国立公園局（米国）　374
互恵主義　115, 193, 196, 211, 212, 220, 226, 228, 230, 232-235, 241-43

事　項　索　引　　　663

コモン・プール（common-pool）
　　——効果　　317, 329
　　——資源システム　　112, 140
　　——資源管理　　40, 51, 59, 60, 62, 63, 71, 80, 85, 90, 91, 348, 476, 486, 490, 501, 509, 512, 513, 592, 602, 605, 607, 609, 610, 622, 627, 635, 636
　　——資源　　5, 7, 10, 12, 13, 15, 16, 18, 19, 21-36, 38-40, 50, 51, 55, 58-60, 62-67, 70-73, 75-77, 79, 80, 82, 84-86, 88-92, 94, 97, 111-13, 120, 121, 138-40, 193, 195, 198, 209-14, 218-20, 226-29, 232-40, 242, 248, 256-59, 292, 312, 346-48, 354, 396, 475-82, 484, 486-88, 490, 491, 493, 494, 498, 501-09, 512-18, 520-22, 533, 591, 592, 596, 602, 605, 607, 609, 610, 615, 616, 619, 621, 622, 626, 627, 630, 631, 633, 635, 636, 640, 653
コモンズの喜劇　　6, 426, 519
コモンズの悲劇　　5, 7, 10, 19, 40, 42, 111, 140, 149, 209, 311, 318, 424-26, 515, 518-20, 605, 623
混獲　　270, 284, 288-91, 298, 301, 302, 326
混獲割当　　302

　　　　　　サ　行

再生可能資源　　266, 311, 315, 358, 361, 363, 479, 633
再生不可能な資源　　33
最大持続可能生産量（収量）（maximum sustainable yield, MSY）　　13-15, 322
最大経済生産量（的収量）（maximum economic yield, MEY）　　14, 15, 323
最大利用持続可能収量（maximum use, sustainable yield, MUSY）　　322
在地の知識　　40, 503
　　土着の知識　　392
参加型アクションリサーチ　　406, 407
参加型農村調査　　404, 406, 407

参照点　　186
酸性雨計画　　273, 295
シエラクラブ　　565
自給　　96, 354, 357, 359, 365, 366, 393, 394, 548
資源管理制度　　39, 40, 62, 486, 501, 602, 603, 607, 610, 615, 622, 626, 628, 630, 637, 638, 649
資源管理体制　　59, 67, 79, 313, 315, 319, 346, 627
資源レジーム　　270, 301, 353, 354, 377, 379, 380
資源システム　　6, 29, 36, 37, 50-52, 62, 66-68, 71-76, 80, 81, 87-89, 99, 112, 115, 140, 302, 606, 612, 615, 618, 649, 651
自己志向的　　115, 155, 158
自己組織化　　61, 62, 86, 314, 390, 412, 416, 597, 606, 629
自然保護管理委員会　　492
市民科学　　348, 397, 404
社会関係資本　　95, 371, 414, 575, 598, 625
社会志向的　　115, 155-58, 166, 242, 534, 549, 552-55, 567, 578
社会的コンテクスト　　89, 607
私有　　19, 22, 28, 59, 65, 70, 354-56, 361, 362, 607
　　——化　　59, 69, 70, 79, 125, 163, 255, 256, 261, 262, 274, 311, 356, 413, 488, 637
　　——財産　　12, 19, 22, 31, 55, 56, 69, 70, 314, 315, 355, 593
集合行為　　44, 56, 61, 105, 118, 119, 121, 123, 124, 136, 139, 144, 149, 160, 204, 272, 301, 480, 485, 494, 509, 510, 514, 520, 527, 595, 652
集合財　　83, 116, 120
集合的効力感　　175
集合問題　　450
柔軟性の経済学　　426, 478, 495-500, 516, 521

664　　　　　　　　　　　事　項　索　引

周波数帯　　33, 631, 633, 641
狩猟採集民社会　　549
順応的管理　　275, 276, 302, 323, 324, 327, 328, 330, 335, 348, 389, 390, 406, 407, 409-11, 415, 494
「状況依存的」合理的選択　　537
ショウジョウバエ　　8, 542
譲渡可能個別割当　　269, 271, 274, 282, 283, 287, 288, 295-300, 362, 366
譲渡可能排出許可証　　296
情報規則　　29
指令・統制型　　266, 370, 552, 557
事例研究　　9, 20, 23, 24, 39, 61-63, 65, 75, 81, 82, 91, 92, 95, 97-99, 127, 414, 505, 567
審議するプロセス　　40
新制度学派　　475-78, 515
森林　　5, 10, 12, 13, 24, 30, 32, 73, 85, 99, 119, 124, 125, 136, 139, 141, 311, 322, 336, 357-60, 372, 373, 391, 398, 401, 404, 407, 412, 413, 487, 492, 493, 511, 515, 516, 561, 579, 595
森林管理協議会（FSC）　　373
水利経済　　112
スーパーファンド・プログラム　　565
ストックホルム宣言　　355
政治的設計　　351, 378, 379, 381
生計　　12, 61, 111, 133, 479, 486, 630, 640
生成　　12, 21, 57, 114, 122, 170, 193, 319, 346, 425, 427, 444, 447, 455, 461, 475-82, 487-90, 492-94, 498, 501, 507-09, 513-15, 519, 520, 536, 562, 606, 629, 630, 653
　創発　　412
制度
　――分析　　61, 73, 396
　――交渉　　380
　――資本　　408, 414
　――的相互作用　　347, 349, 350, 352-54, 367-69, 374-77, 381, 389
　――供給　　116, 121, 122, 140

正当性　　170, 394, 482, 489, 513, 535, 536, 556, 563, 566
正統性　　173, 174
生物多様性　　24, 34, 36, 321, 352, 373, 374, 381, 404, 406, 482, 492, 503, 566, 570, 621, 638
生物学的漁獲可能量　　266, 278
世界環境機関　　351
世界自然保護基金　　374, 376, 509
世界貿易機関　　351, 397, 405
設計原理　　23, 37, 67, 68, 86, 388, 395, 489, 507, 515, 517, 519, 612, 615-17, 621, 627, 640
全国海洋大気局　　434
全米科学財団　　371, 147
全米研究評議会　　10, 11, 20, 26, 262

　　　　　　　　タ　行

大気浄化法　　274, 294
大気清浄化地域市場制度　　270, 278, 284, 286, 294, 295, 297
大西洋沿岸州海洋漁業委員会　　453
大標本（large-n）　　51, 94-97, 594
地位規則　　29
地域漁業管理協議会　　400, 401, 434
地球環境ファシリティ　　352
ディレンマ
　コモンズの――　　51, 61, 65, 94, 97, 256, 388, 396, 505, 540
　コモンズ・――　　147-49, 151, 153, 157, 158, 161, 163-65, 168-70, 172, 174, 176, 180, 189, 192, 195-97, 567
　囚人の――（ジレンマ，PD）　　7, 17-20, 148, 149, 154, 156, 157, 180, 188, 233, 311, 475
　公共財――　　156, 160, 167, 178, 186, 189, 190
　資源――　　148, 155, 157, 158, 167-69, 173, 179, 181, 189, 190, 195, 196
　社会的――　　147-49, 155, 156, 158, 159, 163-65, 167-69, 172, 173, 177,

事 項 索 引　　　　　　　　　　　　　　　665

　　　　181, 185-88, 191, 196, 209, 219, 241
適用範囲規則　29
統合規則　29
土地保有（land tenure）　350, 354-56,
　　　361, 364
取引可能環境許可証　39, 197, 256,
　　　311, 314, 336, 650

ナ　行

流し台（廃棄物の捨て場）　27, 28, 33,
　　　35, 616, 617
ナッシュ均衡　210, 218, 220, 224, 233,
　　　234, 248, 252
南岸大気質管理行政区　294
二重相続理論　40
2000 年目標（熱帯材国際貿易に関する
　　　もの）　373
入場制限レジーム　366
認可基準規則　29
人間生態学　477, 478, 494, 495, 497,
　　　515-17, 521, 522, 630
　ヒューマン・エコロジー　425

ハ　行

ハイグレーディング　288, 289, 291,
　　　298
排除　16, 25-30, 32, 59, 70, 75, 79, 82,
　　　83, 88, 89, 135, 224, 226, 229, 300,
　　　362, 364, 370, 396, 487, 489, 490, 493,
　　　536, 564, 572, 575, 592, 593
ビヴァリー＝カミヌリアク・カリブー共
　　　同管理委員会　398
不均一性　50, 51, 84, 617, 618, 631,
　　　632, 651, 652
複雑系　41, 410-12, 425, 427, 429, 430,
　　　440-42, 447, 449-51, 458-60, 464,
　　　468-70, 472
不公平回避性向　214, 218
不正　179, 191, 233, 235, 268, 326, 330,
　　　333, 447, 555, 565, 614

フリーライディング　161, 175, 176,
　　　237-39
フリーライド　117, 120, 509
　ただ乗り　18, 29, 31, 117
フレーミング　181, 185-89, 191, 513,
　　　652
文化的進化　40, 427, 538, 543, 547,
　　　548, 550, 552, 561, 567, 573-75, 578
米国海洋水産局　270
ベースラインに関わる問題　272
補完性原則　378
北西大西洋漁業国際委員会　431
北極の動植物保全に関する作業部会
　　　373, 374
北極保護区網　372, 374
北極環境保護戦略　373
北極評議会　373

マ～ワ　行

マグナソン・スティーブンス法　270,
　　　287
水資源　76, 134, 140, 261, 271-74, 276,
　　　278, 284, 298, 301, 302, 556, 601, 619,
　　　650
無償割当て方式（無償割り当て方式）
　　　269, 279, 280, 293, 303
リオ宣言　355
利害関係者　269, 293, 348, 352, 354,
　　　358, 377-79, 397, 400, 401, 434, 514,
　　　627
　ステークホルダー　627, 649
利得配分規則　29
林業　312, 320, 322, 337, 491, 493
ルールの実効化　66, 71, 72, 74, 87, 90,
　　　95, 371, 510
レジリアンス　348, 389, 390, 409,
　　　411-16, 452
　回復能力　275
ワイタンギ条約解決法　283

茂木愛一郎（もぎ・あいいちろう）
1949年生まれ。現在慶應学術事業会代表。専門分野：コモンズ論，地域開発論
〔業績〕『社会的共通資本　コモンズと都市』（共編著，東京大学出版会，1994年），「水利文明伝播のドラマ　スリランカから日本へ」（『社会的共通資本としての川』所収，東京大学出版会，2010年），『この世の中に役に立たない人はいない』（共訳，創風社出版，2002年）

三俣　学（みつまた・がく）
1971年生まれ。現在兵庫県立大学経済学部准教授。専門分野：エコロジー経済学，コモンズ論
〔業績〕『入会林野とコモンズ：持続可能な共有の森』（共著，日本評論社，2004年），『コモンズ研究のフロンティア』（共編著，東京大学出版会，2008年），『ローカル・コモンズの可能性：自治と環境の新たな関係』（共編著，2010年）

泉　留維（いずみ・るい）
1974年生まれ。現在専修大学経済学部准教授。専門分野：地域通貨論，コモンズ論
〔業績〕『なるほど地域通貨ナビ』（共著，北斗出版，2000年），『環境と公害：経済至上主義から命を育む経済へ』（共著，日本評論社，2007年），『コモンズと地方自治：財産区の過去・現在・未来』（共著，日本林業調査会，2011年）

〔コモンズのドラマ〕　ISBN978-4-86285-132-1
2012年5月20日　第1刷印刷
2012年5月25日　第1刷発行

監訳者　茂木愛一郎
　　　　三俣　学
　　　　泉　留維
発行者　小山光夫
製版　　ジャット

発行所　〒113-0033 東京都文京区本郷1-13-2
電話03(3814)6161 振替00120-6-117170
http://www.chisen.co.jp
株式会社　知泉書館

Printed in Japan　　　印刷・製本／藤原印刷